6

춘추전국이야기

· 초한쟁패, 엇갈린 영웅의 꿈
· 제자백가의 위대한 논쟁

공원국 지음

위즈덤하우스

제1부 주요 등장인물

유방劉邦(한 고조漢高祖, 기원전 247?~기원전 195)

서민 출신이지만 성격이 대담하고 포용력이 있어 유협遊俠 무리와 어울리다 장년에 이르러 하급관리인 사수정장泗水亭長이 되었다. 여산의 황릉 공사에 부역하는 인부의 호송 책임을 맡았으나, 호송 도중 도망자가 속출하자 나머지 인부를 해산시키고 도망쳐 산중에 은거했다. 진나라 말기 각지에서 반란과 봉기가 일어나자 향리의 지도자와 청년층의 추대를 받아 기원전 209년 패공沛公이라 칭하고 군사를 일으켰다. 이듬해 항우의 군대와 만나 연합세력을 구축했으나, 항우가 북쪽에서 결전을 벌이는 사이, 남쪽 샛길로 진격해 항우보다 앞서 함양을 함락시키고 진왕 자영子嬰의 항복을 받았다. 이후 '홍문의 회'에서 항우에게 목숨의 위협을 받았으나 장량과 번쾌의 도움으로 위기를 모면하는 등 항우와 대결 구도로 상황이 바뀐다. 4년에 걸친 항우와의 쟁패(초한쟁패)에서 유능한 신하와 장수들의 보좌를 받아 마침내 해하의 결전에서 항우를 대파하고 기원전 202년 통일제국을 세웠다.

항우項羽(?~기원전 202)

귀족 집안에서 태어났지만 어려서 부모를 잃고 삼촌 항량項梁에게 맡겨져 가난하게 자랐다. 키가 8척에 힘이 장사였으며 어려서부터 기개가 남달랐다. 항량이 죄를 짓자 가족 모두 회계會稽로 달아나 정착했는데, 마침 회계군으로 행차하는 진시황秦始皇의 성대한 행렬을 보고 황제 자리를 대신하겠다고 호언한 일화는 유명하다. 기원전 209년 진승과 오광의 기의로 진나라가 혼란에 빠지자 항량과 함께 봉기해 세력을 형성했다. 책사 범증의 건의로 초나라 왕족을 추대해 봉기의 명분과 민심을 얻은 후 전면에 나섰다. 거록의 전투에서 진나라 장한章邯의 군사를 격파하고 정예병을 패퇴시키며 가장 유력한 인물로 떠올랐고, 이후 관중을 공략한 뒤 진나라 자영을 죽이고 도성 함양을 불사른 다음 돌아와 팽성에 도읍을 정하고 스스로 '서초패왕西楚霸王'이라고 칭했다. 유방과 천하를 두고 경쟁했으나 난폭한 성격을 두려워한 수하의 장수들이 유방에게 투항하는 일이 생겼고, 유방이 주변 제후국을 아우르고 포위하는 전략을 구사하자 점점 고립되었다. 결국 '해하의 전투'에서 유방과 한신에게 패해 자살했다.

진승陳勝 (?~기원전 208)

진秦나라 말기 농민 반란의 지도자. 젊어서부터 남달리 포부가 커서 남에게 고용되어 농사를 짓는 처지였지만, 운명을 바꾸기 위한 희망을 포기하지 않았다. 2세 황제 즉위 후 환관 조고의 횡포를 위시하여 진나라의 학정으로 백성들은 도탄에 빠져 있었다. 진승 또한 수자리에 징발되어 900명의 일행과 함께 어양으로 출발하다 대택향에서 큰 비를 만나 기한 안에 도착할 수 없게 되자 참형에 처하느니 무리를 이끌고 반란을 일으키고자 결심한다. "왕후장상의 씨가 따로 있는가"라는 유명한 말을 남기기도 한 그는 진에 반기를 든 농민 반란군 무리를 이끌고 진현陳縣을 점령한 뒤에 왕위에 올라 국호를 '장초張楚'라고 했다. 하지만 각지에 파견된 장수들이 과거 6국의 귀족 세력과 연합해 독립하면서 농민군의 세력이 점차 약화되었고 장한의 공격에 패해 성보城父로 물러났다가 마부馬夫였던 장가莊賈에게 살해되었다.

한신韓信 (?~기원전 196)

회음淮陰 사람으로 끼니를 챙기지 못할 정도로 가난하여 남창南昌 정장亭長의 집과 아낙들에게 밥을 얻어먹었다. 비렁뱅이에 무능력한 인물로 여겨졌다. 소싯적 저자에서 무뢰배의 가랑이 사이를 기어 지나갈 정도로 참을성이 있었다. 진나라 말 항우와 항량이 일으킨 군사에 가담했으나 신분이 미천하다는 이유로 한직을 전전하다가 결국 항우를 떠나 유방의 진영으로 합류했다. 그의 재능을 알아본 하후영의 추천으로 승상 소하의 눈에 떠어 천거되었고, 삼군의 대장군이 되어 위魏, 조趙, 제齊 등의 군세를 격파했다. 큰 공을 세운 후 유방에게 제나라 왕 자리를 요구했고, 항우와의 싸움이 시급했던 유방은 할 수 없이 그를 제나라 왕으로 임명한다. 해하의 전투를 승리로 이끈 이도 그다. 한 제국의 성립 이후 유방과 참모들의 견제를 받다가 모반죄로 붙잡혀 참살되었다.

영포英布(?~기원전 195)

유방을 도와 한漢을 세운 장군으로, 원래 죄수 출신이다. 처음엔 항량에게 의탁했지만 항량이 죽자 항우에게 속했다. 전투 때마다 적은 병력으로 많은 적군을 물리쳤고, 항우를 따라 입관入關한 뒤 구강왕九江王에 봉해졌다. 그러나 초한쟁패 중에 한나라가 수하隨何를 보내 설득하자 한나라로 귀순했다. 이후 회남왕淮南王이 된 그는 유방을 따라 해하의 전투에서 항우를 격파했다. 한나라 성립 후 한신과 팽월 등 개국 공신들이 피살되자 반란을 일으켰다가 실패하고, 강남江南으로 달아났지만 장사왕長沙王에게 주살당했다.

팽월彭越(?~기원전 196)

원래 도적이었다. 진秦나라 말 진승과 항우가 병사를 일으키자 거야에서 병사를 일으켰다. 초한쟁패 시기 병사 3만여 명을 이끌고 한나라에 귀순해 유방을 도왔고, 위 상국魏相國이 되어 양梁 땅을 공략해 평정했다. 그는 언제나 유격병을 거느리고 초나라의 후방을 괴롭혔다. 이후 해하의 전투에서 항우를 격멸한 뒤 양왕梁王이 되었다. 통일 후 북방의 반란을 진압하고자 유방이 양나라 병사를 징발할 때 병이 났다고 하며 장령將領을 대신 한단으로 보내 유방의 미움을 샀지만, 정작 호첩扈輒이 반란을 권유했을 때 따르지 않았다. 이후 유방(한 고조)에 의해 서인으로 강등되어 촉蜀으로 옮겨지는 와중에 여후에게 발각되어 기어이 살해되었다. 한의 건국 무장 중 가장 무고하게 죽음을 맞은 이다.

장량張良(?~기원전 186)

전국시대 한韓나라의 이름난 가문 출신으로, 기원전 218년 박랑사博浪沙에서 시황제始皇帝를 습격했으나 실패했다. 진승과 오광의 기의가 일어났을 때, 그도 역할을 구하다가 유방을 만났다. 명복으로는 한韓의 신하였으나 실질적으로는 유방의 책사였다. 후일 항우와 유방이 만난 '홍문의 회'에서 위기에 처한 유방을 구했다. 선견지명이 있는 책사策士로, 한漢나라의 서울을 진秦나라의 오래된 땅인 관중으로 정하고자 한 유경劉敬의 주장을 지지했다. 소하와 함께 책략에 뛰어난 인물로 한나라 창업에 힘쓴 공으로 유후留侯에 책봉되었다.

범증范增(기원전 277~기원전 204)

진秦나라 말, 진승과 오광吳廣이 반란을 일으키고 각지에서 군웅이 할거하던 시기, 항량과 항우의 휘하로 들어가 책사가 되었다. 칠순의 나이에도 비범함과 정치적 안목을 가졌던 그는 초 회왕의 손자인 웅심熊心을 초나라 왕으로 옹립해 민심을 얻었다. 항우에게 높은 신망을 얻었던 그는 유방의 야심을 눈치채고 '홍문의 회'에서 유방을 죽이려고 했지만 실패했다. 뛰어난 지략을 가지고 있었음에도, 유방의 모사 진평陳平의 계략에 빠진 항우가 그를 의심하고 배척하자 고향으로 돌아가는 길에 실의에 빠져 죽었다.

소하蕭何(?~기원전 193)

한신, 장량과 함께 한나라 개국공신 3걸로 칭해진다. 진秦나라의 하급관리로 있으면서, 일찍이 유방이 벼슬이 없을 때부터 알고 지냈다. 유방이 진나라를 토벌하고자 군사를 일으키자 종족 수십 명을 거느리고 객원으로서 따르며 모신謨臣으로 활약했다. 초한쟁패 때에는 관중에 머물러 있으면서 원정군을 위해 양식과 군병의 보급을 확보했기에 유방은 싸움에 전념할 수 있었다. 유방이 한 고조로 즉위할 때에 으뜸가는 공신이라 하여 찬후酇侯로 봉해지고 식읍 7000호를 하사받았다. 그후 한신의 반란을 평정하고 임종 때까지 상국相國으로 국정을 수행했다. 진나라의 법률을 토대로 〈구장률九章律〉을 편찬했다.

제2부 주요 등장인물

묵자墨子(?~?)

전국시대 초기의 사상가·철학자. 이름은 적翟이다. 묵가墨家의 시조로, 유가儒家에게 학문을 배웠으나 무차별적 박애론인 겸애兼愛를 설파하고 '먼저 공격하지 않는다[非攻]'는 평화론을 주장해 유가와 견줄 만한 학파를 이루었다. 유가가 봉건제도를 이상으로 하고 예악禮樂을 기조로 하는 혈연사회의 윤리임에 비해 묵가는 신분과 혈연에 관계없이 오직 능력에 따라 지배자를 선발하고, 상하의 구분 대신 상하의 일치를 추구하는 수평적 관계의 윤리를 주장했다. 그와 그의 후학이 묵가의 설을 모은 《묵자墨子》가 현존한다.

플라톤Platon(기원전 428~기원전 347)

고대 그리스의 대표적인 철학자. 소크라테스의 제자이자 아리스토텔레스의 스승으로, 아카데미를 개설해 생애를 교육에 바쳤다. 철학자가 통치하는 이상국가의 사상으로 유명하다. 저서에 《소크라테스의 변명》 《향연》 《국가》 《법률》 등이 있다. 30여 편에 달하는 대화록을 남겼는데 그 안에 담긴 이데아론·형이상학·국가론 등은 고대 서양철학의 정점으로 평가받는다.

맹자孟子(?~기원전 289)

전국시대의 유교 사상가. 이름은 맹가孟軻다. 공자孔子의 유교사상을 공자의 손자인 자사子思의 문하생에게서 배웠다. 공자의 인의仁義사상을 발전시켜 성선설性善說을 주장했으며, 제후들에게 왕도王道정치, 인仁의 정치를 권했으나 현실과 동떨어진 이상적인 주장이라 생각되어 채택되지 않았다. 유학의 정통으로 숭앙되며, '아성亞聖'이라 불린다. 저서로는 《맹자孟子》가 있다.

장자莊子(?~기원전 270)

전국시대의 사상가, 도가道家의 대표자로 이름은 주周다. 맹자와 거의 비슷한 시대에 활약했던 것으로 전한다. 유교의 인위적인 예교禮教를 부정하고 자연으로 돌아가자는 자연철학을 제창했다. 그는 적극적인 반전주의자로서 인간은 물론 자연계 전체의 생명체에 절대적인 가치를 부여했다. 저서로는《장자莊子》가 있다.

상앙商鞅(?~기원전 338)

전국시대 진秦나라의 정치가. 위앙衛鞅 또는 공손앙公孫鞅이라고도 한다. 진 효공孝公 밑에서 부국강병의 계책을 세워 법제, 전제田制, 세제 등을 크게 개혁해서 후일 진 제국 성립의 기반을 세웠다. 10년 동안 진나라의 재상을 지내며 엄격한 법치주의 정치를 폈다.

순자荀子(?~기원전 238)

전국시대 말기 조趙나라의 정치사상가. 성은 순荀이고 이름은 황況이다. 예의로써 사람의 성질을 교정할 것을 주장하고, 맹자의 성선설을 비판하는 성악설性惡說을 주장했으며, 예를 강조하는 유학사상을 발달시켰다. 저서로는《순자荀子》가 있다.

한비자韓非子(?~기원전 233)

전국시대 말기 조나라의 정치사상가. 이름은 비非다. 순자의 성악설과 노장老莊의 무위자연설을 받아들여 법가法家사상을 집대성했다. 진의 시황제는 한비의 고분孤憤, 오두五蠹의 논설을 보고 "이 사람과 교유할 수 있다면 죽어도 한이 없겠다"고 감탄하기도 했다. 저서에《한비자韓非子》가 있다.

차 례

제2부 제자백가의 위대한 논쟁

제1부

_____

초한쟁패,
엇갈린 영웅의 꿈

들어가며

1. 위대한 평민 유방 ━━━━━━━━

드디어 이야기를 마칠 시간이다. 대개 진秦의 천하통일에서 춘추전국시대는 끝났다고 말한다. 그럼에도 이야기를 지금까지 끌고 온 것은 진과 한을 다르게 보는 필자의 역사관 때문이지만, 첫 이야기의 주인공인 관중管仲에 필적할 인물의 등장을 기다렸던 까닭도 있다. 천하의 2인자 관중이 설계한 세상을 갈무리할 천하의 1인자, 그가 유방劉邦이다. 관중과 유방, 이 둘은 뫼비우스의 띠의 양면처럼 2차원적 시각에서는 각자 반대 면을 차지하고 있지만, 한 면을 따라가다 보면 결국은 다른 면으로 연결되어 있다. 면이 아닌 공간에서 융합되는 존재, 즉 관중과 유방은 3차원적 융합물이다.

유방은 평민이었다. 혈혈단신 평민에서 몸을 일으켜 천하의 우두머리가 된 이, 역사가 생긴 이래 그런 1인자가 또 있었던가? 관중조차 어쩔 수 없이 선택을 기다리는 2인자였다. 유방은 기다리는 대신 스스로 사람을 모아 천하를 얻었다. 그러니 태사공太史公(사마천)이 말했듯이, 과연 하늘이 돕지 않았다면 어떻게 그리될 수 있었겠는가? 허나 하늘이 이유 없이 누구를 도울 리 있겠는가? 하늘은 만민을 사랑하므로, 오직 만민을 사랑할 덕이 있는 대리자를 선택할 뿐이다. 우禹와 탕湯이 사람을 사랑하자 하늘이 하夏와 상商을 도왔고 걸주桀紂가 포학하자 그 나라들을 버렸다고 한다. 진시황과 2세가 포학하자 하늘은 눈 깜짝할 사이에 반석에 올랐다고 자신하던 진을 버리지 않았던가? 하늘이 버리면 금성탕지金城湯池와 천군만마千軍萬馬도 아무 소용이 없었다. 어리석은 듯하면서도 모든 것을 굽어보는 하늘, 그 하늘은 도대체 어떤 분인가? 그 하늘은 곧 백성이다. 음양오행의 정수만을 받아 이 땅에 자리를 잡은 이, 우주에서 가장 존귀한 존재인 인간, 그 인간 중에도 가장 많은 수를 차지하는 이들이 바로 백성이다.

공자孔子는 자산子產이 힘으로 언로를 막지 않았다는 이야기를 듣고는, "앞으로 누가 그를 착하지 않다고 비난해도 나는 믿지 않겠다"고 했다 한다. 유방에 대한 필자의 평가 또한 마찬가지다. 정장 유방이 형도刑徒들을 풀어주고 함께 달아날 때 그에게 희망을 품었고, 관중關中에 들어가 약법삼장約法三章을 선포할 때 마음이 기울었으며, 천하를 통일하고 부세를 미미할 정도로 줄일 때 그 사람을 흠모했고, 천하가 평정된 후 반란지의 백성을 용납할 때는 이미 흠모하는 마음을 되돌릴 수가 없었으니, 심지어 공신을 살해하는 장면에서 뭇사람들이 유방을 음험하다 하더라도 믿지 못할 정도가 되었다. 필자는 유방이야말로 오패五霸의 정수를 모은 사람이요 그 흠결은 미미하다고 주장하겠다. 그는 생의 마지막에 연명 치료를 거부하며 이렇게 말했다.

"나는 포의布衣의 몸으로 세 자의 칼을 들고 천하를 취했으니 이가 곧 천명이 아니겠는가? 사람의 명이 하늘에 있는데 편작이 온들 무슨 도움이 되겠는가?"

죽음 앞에 당당한 이를 의심한다면 더 이상 믿을 사람이 누가 있겠는가? 그는 하늘의 명을 알았던 것이다. 이 사람이 아니면 누가 중국을 다스릴 것인가?

혹자는 반박한다. 유방은 창업을 도운 용장들을 모두 제거한 이다. 의심투성이에다 배은망덕하게 토사구팽兎死狗烹하는 이로 유방만 한 이가 누가 있겠는가? 실로 한신韓信, 영포英布, 팽월彭越 등 한초의 무장 3걸이 모두 제거되었다. 그러나 필자는 반박하겠다. 전쟁을 끝냈는데 전쟁의 논리를 버리지 못한 이들을 어떻게 용납한단 말인가?

한신은 원죄가 있는 장수였다. 역이기酈食其의 공을 시기하여 그를 솥에 삶겨 죽게 하고 무고한 제나라 백성들에게 다시 전란의 고통을 안긴 이가 한신 아닌가? 한신의 그런 잔혹한 행위에 유방은 한 번 치를 떨었다. 한신이 그 무력武力의 반만큼 덕을 갖췄어도 제거되었겠는가? 진흙으로 돌아간 용은 함부로 몸을 보여서는 안 되건만 한신이 그런 처신의 도리를 지켰던가. 영포는 자기가 죽인 이들의 해골 위에서 왕 노릇을 하던 이였다. 항우項羽가 관중의 자제 20만 명을 묻어 죽이고 무고한 의제義帝(회왕)를 살해할 때 그 하수인 노릇을 한 이가 바로 그였다. 건국을 도운 공이 아무리 큰들 관중 백성들의 원한을 잠재울 수 있었으랴. 그러나 팽월을 죽인 일만은 변명의 여지가 없다. 누가 봐도 그는 큰 잘못 없이 토사구팽된 것이다.

그러니 무력의 시절이 가면 반드시 문치의 기치를 올려 백성을 위무해야 한다. 유방의 휘하 중 문관들은 아무도 해를 입지 않았다. 다스리는 재주가 있는 이들은 모두 큰 자리를 얻었고, 평지풍파를 일으키지 않는 한 재주가 부족할지라도 공신들은 높은 자리에 올랐다. 그는 죽을 때조차 함부로 일을 일으키지 않는 사람들에게 권한을 나눠주라고 당부했다.

"더는 일을 일으키지 마라. 일을 일으키면 백성이 고달프다."

이런 유언을 했던 선배가 있었다. 선한 자든 악한 자든 모두 아우를 수 있는 이를 후계자로 지명했던 이, 그는 바로 관중이다. 그는 "선으로 사람을 복종시키려 하지 말고 기르라[以善養人]"고 말했다.

사회학적 관점에서 엄밀하게 본다면 관중이든 유방이든 옛 왕조 시대의 지도자들은 본질적으로 착취자들이다. 국가 권력을 차지한 자들이 언제인들 공평무사했으랴. 그러나 인류의 역사를 바꾼 이들은 무결한 성인聖人들이 아니라, 사리를 취하면서도 가끔 공익을 생각했던 사람들, 바로 차선次善의 인물들이었다. 관중과 유방은 당시 역사가 만들어낸 차선이었다. 우리가 평가해야 할 지점은 '한의 정치가 진과 질적으로 달랐는가, 유방이 기존의 제왕들과 얼마나 달랐는가'일 뿐, 그 이상은 모두 윤리학의 영역에 맡길 수밖에 없다. 다시 말해 그는 시대의 한계 안에서 나올 수 있는 최선이었다.

유방은 실제로 기존의 제왕들과 질적으로 달랐다. 일차적인 이유는 물론 그가 평민의 삶을 아는 사람이었기 때문이다. 그러나 우리는 종종 낮은 곳에서 높은 곳으로 올라간 이들이 오히려 더 잔혹한 행동을 하는 것을 목격한다. 학대받던 이들이 학대자의 행동을 배워 더 잔혹하게 이용한다.

그리스의 철학자 플라톤은 이렇게 말한 적이 있다.

"가난한 집안 출신은 철학을 해서는 안 된다. 돈에 목말라서 결국 철학을 버릴 테니까."

우리는 이 우스꽝스러운 현실을 역사에서 무수히 목도한다. 천민이었던 조고趙高가 권력을 잡자 어떻게 진을 망쳤던가? 출신이 천한 것을 숨기려 하기에 더욱 포학해진다. 한미한 출신이 일단 높은 곳으로 올라가면 아래를 의심하는 증상을 불치병으로 키우는 경우도 많다. 멀리 갈 것도 없이 거지에서 황제가 된 주원장朱元璋을 보라. 그 사람의 의심과 질시로 공신조차 성한 이들이 없었다. 배은망덕이란 바로 그런 이의 행동을 가리키는 말이리라. 허나 유방은 그런 사람이 아니었다. 그의 정치는 초지일관 상하의 무사無事를 추구했다. 전국시대와 진의 통치, 그리고 농민전쟁을 거치면서 거의 뼈에 걸친 살가죽만 남은 인민들을 조금 "덜" 착취하는 것이 그의 목표였다. "글을 모르는 백성들을 덜 귀찮게 하자", 그것이 그의 정치의 전부였다.《한서漢書》는 여러 조칙을 통해 그의 정치의 일관성을 보여준다. 처음과 끝이 이렇듯 비슷한 이는 찾아보기가 쉽지 않다. 한미한 출신을 딛고 패자의 재상이 된 관중의 정치가 바로 그런 것이었다. 그들은 바닥에서 일어섰고, 끝까지 바닥의 삶을 버리지 않았다.

그러므로 선대의 경쟁자인 진시황과 당대의 경쟁자인 항우 모두 개성이든 정치적 식견이든 유방의 상대가 되지 못했다. 안타깝게도 사람들은 그저 유방이 싸움만 잘한 줄로 알지만 그가 정치를 잘했다는 사실을 모른다. 고백하자면《한서》〈고제기高帝紀〉를 거듭 읽으면서 필자는 몇 번이나 눈물을 훔쳤다. 선대의 관중이 다시 태어나지 않았다면, 누가 그처럼 시대의 한계 안에서 최선을 다할 수 있었겠는가? 요순堯舜의 시절은 갔으며, 주 문왕과 무왕도 전설 속에만 존재한다. 현실에 존재했던 제왕으로 유방만큼 원대한 안목을 가지고 철저하게 자신의 철학을 관철시킨 사람이 또 누가 있으랴.

그러므로 '재통일再統一'이나 '초한쟁패楚漢爭霸'라는 한두 마디 말로는 유방과 그 집단이 만들어낸 질적인 변화와 당시의 역사적 대립점들을 제대로 묘사할 수 없다. 유방 집단은 진시황이 통일한 천하를 물려받되 혁신을 통해 온전히 재구성하려 했다. 그중 가장 혁신적인 이는 수하들이 아니라 유방 자신이었다. 한편 유방은 혁신을 통해 진의 결함을 고치되 진이 이룬 성과를 그대로 물려받고자 했으나 항우는 모조리 버리고 전국시대 말기의 상황으로 돌아가는 것에 만족했을 뿐이다.

인민의 본성이 복잡한 것임을 간파한 이는 유방이지 진시황이 아니다. 유방은 인민을 주체적인 개인들의 유기적인 결합체로 파악했지만 진시황은 표준화된 개인들의 합으로 파악했다. 통치의 근본이 인민을 얻는 것임을 간파하고 처음부터 인민을 얻기 위한 싸움을 벌인 이도 유방이었지 항우가 아니었다. 그러므로 진과 한의 싸움은 인간의 복합

성을 재정의하는 싸움이었고, 한과 초의 싸움은 제왕이 되고자 하는 이와 패자로 만족하고자 하는 이의 싸움이었다.

《대학大學》에서 제왕의 자산은 오직 인민이라고 했다. 정예 군단이 들판을 덮고 황금이 창고를 가득 채워도 인민의 믿음을 얻지 못하면 이들은 제왕의 자산이 아니다. 군단이 적병으로 변하고 황금은 자기 목에 걸린 상금으로 둔갑한다. 《대학》이 제왕의 학문이라면, 바다부터 이를 써 나간 이가 바로 유방이었다. 결국 평민 유방이 쓴 제왕의 서書는 또 한 번 전통과 혁신의 3차원적 융합이었다.

2. 한은 변증법적 제국이다

국가 운영의 성패는 법의 지위를 올바르게 정의하는 것이다. 사회가 말단으로 치달을 때 옥리들이 제 세상을 만나듯이, 자본주의 사회 어디에서나 법리들이 판을 친다. 과거의 정위廷尉나 옥리獄吏가 여러 종으로 진화해 현대의 판사, 검사, 변호사로 분화되었다. 한마디로 오늘날 법은 과도한 지위를 누리고 있다. 정치 행위로 해결되지 못한 수많은 문제들이 결국 법정으로 가지만 사실 법정이 정치적 판단의 꼭대기에 있음을 모르는 이가 있을까? 카를 마르크스Karl Marx가 법은 그 사회의 정치적·경제적 토대의 표상에 불과하다고 했듯이, 정치적·경제적 토대가 모순 덩어리라면 법 또한 그 모순의 성 위에 서 있을 수밖에 없다. 또한 인치의 결함을 넘어 법치를 실현한다지만, 법을 만들고 집행하는 이는 바로 정치 행위의 대리자인 인간임이 자명하다. 그러므로 법은 반드시 도道(철학과 정치)의 인도를 받아야 하니, 그 도는 법보다 따듯하고 유연해야 한다.

최소한 형식 논리상 도의 꼭대기를 표상하는 천도天道가 백성의 복지를 지향하는 것이므로, 도는 먹고 입고 짝짓고 살아가는 백성의 생존권의 입장에서 끊임없이 진화하며 세상을 해석하는 모든 인식체계라고 할 수 있다. 그 인식체계의 사상적인 축은 철학이며 실천적인 축은 정치다. 법은 철학과 정치라는 두 바퀴의 테두리 역할로 족하다. 테두리는 진흙탕과 자갈길과 맞닿은 것이므로 질기고 강해야 한다. 그러므로 법은 일단 집행될 때는 추상같이 엄해야 한다. 그러나 테두리는 바퀴가 가는 곳으로 따라갈 뿐 스스로 길을 찾아서는 안 된다. 진이 그토록 빨리 망한 이유는 이사李斯나 조고 따위의 법리들이 철학과 정치를 넘어 권력을 잡았기 때문이다. 그들은 숫제 수레를 뒤집어놓았다. 바퀴가 아무리 빨리 돌아도 뒤집힌 수레는 앞으로 가지 못한다. 다람쥐가 쳇바퀴를 돌리듯, 진은 민력이 고갈되도록 바퀴를 돌리고 돌렸지만 시간이 지날수록 몸통이 진창으로 빠져들었다. 뒤집힌 순간 더 무겁고 튼튼한 수레가 쉽게 진창으로 빠져든다. 이것이 역사의 역설이다.

수레를 바로 세울 정치와 철학을 갖춘 이들이 다시 초 땅에서 나왔다. 그러나 그들은 진창에서 수레를 건져 바로 세웠을 뿐 부수지는 않았다. 마침 최근 출토된 〈이년율령二年律令〉이나 몇 가지 죽간 자료를 근거로 한이 진의 법을 그대로 가져갔다고 주장하며, 한을 간판만 바꾼 진의 아류 왕조로 폄하하는 이들이 있다. 그러나 이런 주장은 방법론과 실재론의 측면에서 모두 심각한 오해다. 먼저 당시의 실상이 어떠했는가? 똑바로 서 있기만 한다면 엄정한 법이 좋은 법이다. 예컨대 사람을 죽인 자를 벌하지 않을 수 있는가? 원칙상 살인은 목숨으로 갚아야 한다. 기본적으로 행정력의 한계가 있는 고대사회의 법의 특징은 일벌백계—罰百戒다. 그러니 한나라 초기에 한이 진의 형벌 조항을 베낀 것은 당연한 일이다. 물론 나라의 경제가 거덜나 법조문을 고칠 여력도 없었다.

법 아래에 있는 근본적인 문제는 혹독한 부역과 징세와 군역이고, 법이 이를 보장하기 위한 수단으로 전락할 때 국가는 착취 기구로 전락한다. 한나라 초기의 제도 개혁은 근본적인 것이었다. 부역과 징세 대상 연령 자체를 높였고, 부역과 조세를 획기적으로 줄였으며, 군대를 해산했다. 또한 정치적인 판단으로 연이어 사면령을 내려 감옥을 비우며, 법의 목적이 죄수의 노동력을 확보하는 수단이 아님을 천명했다. 그럼에도 제도사가 중 일부는 진 시절에 뒤집혀 있던 수레를 한이 바로 세운 것을 외면하고 그 수레의 모양이 비슷하다고 비난한다. 한이 전국을 통일한 후 펼친 일련의 정치는 진과 완전히 상반된 것이었다. 범법자를 양산하는 체제를 바꾸었고, 법을 집행하는 정치의 강령을 바꿨으며, 법을 집행하는 관리들이 바뀌었다. 무엇보다 건국자 자신의 법 관념이 이전 왕조의 우두머리와는 완전히 달랐다. 그러기에 태사공은 고조 유방 시절 "법망이 성글어 배를 삼키는 물고기도 빠져나갔다[網漏於吞舟之魚]"고 평가했다.

한과 진의 법이 별 차이가 없다고 말하는 이들은 방법론적으로도 큰 오류를 저질렀다. 《사기史記》〈혹리열전酷吏列傳〉과 《한서》〈형법지刑法志〉는 모두 구체적인 근거와 통계에 의거한 책이다. 법제의 변화는 물론 형사 사건의 숫자까지 파악하고 있는 이들이 진과 한의 법 집행의 차이도 몰랐단 말인가? 또한 진한시대 율령이 반포되는 방식과 책이 만들어지는 과정을 무시한 채 이른바 〈이년율령〉의 "이년二年"을 "여후呂后 이년"으로 확정하고, 또한 그해를 법률 포고 시기로 보고 논리를 전개하면서 연이어 오류를 양산했다. 사서에 왜곡이 많다고 하나 출토 유물과 문헌자료는 반드시 교차 검증해야 하며, 사관들을 오직 정권의 하수인으로 매도해서는 안 된다. 한 무제 시기를 산 태사공이 언제 자기 군주를 미화했던가? 나아가 초기 몇 년의 휴지기가 지나자 한은 진의 악법을 근본적으로 제거했다.

백 번 양보하더라도 앞으로 다양하게 검증되어야 할 출토 유물의 단편적인 해석을 근거로 진과 한의 차이를 부정하는 것은 대지를 피로 물들였던 엄연한 농민 반란을 폄하하는 일이다. 진이 전국시대 투쟁의 변증법적인 창조물이듯 한은 진의 체제와 농민 반란 정신의 변증법적인 결과물이다. 한의 제도에는 전대의 계승과 극복이 동시에 등장하며, 현재의 자료로 판단하면 그 극복의 의미는 여전히 굳건하다. 6국을 쓰러뜨리고 통일을 이룬 이는 진이요, 농민 반란의 태풍을 타고 뒤집힌 수레를 세운 이는 한이다.

3. 차선을 위한 집단적인 투쟁

누가 뭐래도 《사기》는 소설보다 더 재미있는 역사책이다. 태사공은 다양한 소설적인 장치들을 유기적으로 엮어 무수한 인간상을 보여준다. 그러므로 이 책을 사가의 '절창絶唱'이라 부르는 것이리라. 초한쟁패의 광풍 속에서도 태사공의 붓은 전장을 휘몰아치는 준마처럼 거침없이 달린다. 허나 일견 난마처럼 종잡을 수 없이 얽힌 사건들이 어느덧 갈피를 잡아가다 종국에는 역사와 인간사의 대하로 수렴된다. 하류로 가면서 느려지는 자연의 강과 달리 태사공이 묘사한 인간사는 산비탈을 구르는 눈덩이처럼 커질수록 빨라진다. 태사공은 기승전결이 뚜렷한 이야기 수십 개를 겹겹이 얽어 불후의 서사시를 써내려 갔다. 태사공이 아니라면 누가 자갈을 모아 바위를 만들 것인가? 그러므로 이 책의 1부에서 필자는 진과 한의 차이를 법제적으로 분석하는 제10장을 빼고는 사회과학적 분석은 자제하고 옛 사관의 길을 따라 '문학으로서의 역사[文史]'의 형식을 따라 서술할 것이다. 그간 《춘추전국이야기》를 쓰면서 서사 대신 지지부진한 상황 설명으로 마무리했던 책들도 있었다. 그러나 눈덩이가 이렇게 커진 지금, 풀어놓은 이야기가 장애물을 넘어 스스로 비탈을 치달아 내려가는 것을 막을 도리가 없다.

초한쟁패는 이끄는 이와 따르는 이, 지키는 이와 뒤집는 이, 뛰어드는 이와 지켜보는 이, 이들 군상이 만들어가는 이야기로 숨 막히는 반전의 연속이다. 독자들은 잠시 승패의 결과를 잊고, 관망자의 소심한 마음을 버린 채, 한 영웅의 진영에 몸을 던지고 마음에 드는 등장인물로 변신해보시라. 평민 유방이 되어 술 한잔 들이키고 그 활달한 기질로 사람들을 그러모을 것인가? 항우가 되어 산을 뽑고 땅을 덮는 기세로 몰아칠 것인가? 아니면 장한章邯처럼 망하는 나라의 장군이 되어 사직을 붙잡아볼 것인가? 한신이 되어 백만 대군으로 휘몰아칠 것인가? 소하蕭何가 되어 장정을 징발하고 군량을 모을 것인가? 장량張良과 괴철蒯徹 중 누구의 지모를 좇을 것인가? 역이기와 육가陸賈처럼 단신으로 적진으로 들어가 언변을 펼칠 것인가? 번쾌樊噲와 조참曹參처럼 몸소 성벽을 기어오를 것인가? 만약 우리가 항우가 되어 먼 길을 떠나왔는데 말도 지치고 강이 길을 막고 있다면 어떤 선택을 할 것인가? 권토중래捲土重來를 꿈꿀 것인가, 아니면 영욕의 세월을 그만 마감할 것인가? 누가 되든, 또 어떤 선택을 하든, 이는 모두 독자들의 몫이다.

초한쟁패를 서술하고 나서 얻은 결론은 역시 고전적인 것이다. 수천 번 방향을 바꾼다 해도 황하와 장강은 동쪽으로 흐르듯이, 그예 하늘은 덕 있는 이를 사랑했으며, 인민의 지난한 투쟁은 조그만 성과라도 얻어냈다. 길게 보면 이유 없는 무덤도 없고 까닭 없는 결실도 없었다. 예컨대 사람들은 항우가 홍문의 연회에서 범증范增의 간언을 받아들이지 않아서 실패했다고 한다. 허나 사서가 말하는 원인은 복합적·중층적이다. 본시 너그러운 하늘은 한 번 실수한 사람을 내치지 않는다. 항우는 자신의 업보가 쌓이고 쌓여 넘어진 것이지 어느 날 갑자기 패망한 것이 아니다. 항우가 그 힘의 반만큼만 공평한 마음을 가지고 있었다면 누가 그를 넘어뜨릴 수 있었겠는가? 과연 하늘의 그물은 성기어도 빠트리는 바가 없었도다.

그러나 정情 많은 독자들은 그 많은 피의 대가가 겨우 이 정도인가 반문할 만하다. 그러나 처음과 끝을 비교해보라. 족장의 시대에서 평민의 시대까지 왔다. 비록 그것이 지선至善이 아닐지라도, 심지어 개악改惡에 불과할지라도 그것이 인민들의 투쟁과 피의 대가라는 사실은 변하지 않는다. 우리의 행위에 대한 결과는 언제나 열려 있으며 모든 인간사의 집단적 행위의 최선이란 바로 '차선을 추구하는 것'임을 믿을 수밖에 없다. 차선을 위한 집단적인 투쟁이 모여 언젠가 최선을 이룰 수 있으리라. 춘추전국시대 역시 차선을 추구하는 무수한 집단적인 노력들이 어우러진 시대였다.

마지막으로 서술자로서 부끄러움을 고백한다. 사서가 숫자로 표현했던 그 많은 사람들, 기록이 무시했던 당대 인민들의 삶을 기어이 복원하지 못했다. 다행히 최근에 출토된 유물 덕분에 그와 그녀의 투쟁이 미미하게나마 복원되었다.

책을 쓰려고 책상에 앉으면서 매번 〈주언서奏讞書〉에 나오는 노비 미媚를 상상했다. 그녀는 초 땅의 노비였다. 해방을 위해 한으로 탈출한 방년 40세의 여인. 호적에 이름을 올리지 않아 다시 팔려간 그녀. 그리고 다시 달아난 그녀. 그녀는 법리 앞에서 당당했다.

"저는 당연히 제가 노비가 아니라고 생각하기에 달아났습니다."

그녀는 다시 노비가 되었을까, 아니면 서민이 되었을까? 관리들은 답을 내리지 못했다. 필자는 그녀의 지난한 투쟁이 성공했기를, 어쩌면 오늘날까지 이어지고 있는 수많은 그와 그녀들의 투쟁이 성공하기를 기원했다. 그러므로 그녀는 이 책에서 겨우 한 번 등장하지만, 이 마지막 책은 주인공 유방 대신 그녀 미에게 바치고 싶다.

겹겹이 얽힌 이야기를 주마간산 격으로 마무리하는 것은 쉽지 않은 일이다. 허나 우리의 전국시대는 끝나고 이 책도 끝을 봐야 한다. 한의 재통일과 함께 전국시대는 끝난다. 그러나 완전하지 않은 인간사회의 투쟁이 끝날 리는 없다. 한의 재통일 이후 이어지는 2000년 동안 통일과 분열의 과정은 끊이지 않았다. 그 과정은 이미 더 재능 있는 이들이 서술해왔고 앞으로도 그럴 것이다. 그분들의 건투를 빈다.

제1장

한 알의 불씨가
광야를 사르다

...

혹독한 가뭄, 메마른 벌판을 태우는 데는 불씨 한 알이면 족하다. 광대한 인민들은 진의 정치에 지쳐갔다. 정치는 길을 잃어 나날이 가혹해지고, 이리저리 뿌리를 흔들어대는 통에 인민들은 안락을 잃었다. 중원 사람들은 아열대의 우림으로 옮겨지고 혹독한 추위를 모르던 초나라 사람들이 대거 북방의 수자리로 동원되었다. 그예 전쟁은 끝난 것이 아니었다. 삶이 곧 전쟁이었으니. 진이라는 벌판을 태울 한 알의 불씨, 농민 반란의 발화점이자 구심점이었던 진승陳勝은 보통 농민도 못 되는 고용살이 출신이었다. 그들은 불길에 장작을 더할 자산이 없었기에 스스로 불씨가 되고 장작이 되었다.

이 책 1부의 주인공은 유방이며, 조연은 항우다. 항우는 기어이 진을 결딴냈고, 유방은 다시 통일 제국을 세웠다. 그들은 불길에 장작을 던져 넣을 자산이 있었기에 각자의 업적을 이뤘다. 그럼에도 첫 장의 주인공은 당연히 스스로 불길이 된 진승과 그의 친구 오광吳廣이다. 그들이 깃발을 먼저 들지 않았다면 유방과 항우가 사서에 이름을 올릴 수 있었겠는가? 물론 진승은 끝을 보지 못하고 좌절했다. 그러기에 진승은 실패와 성공을 모두 비추는 거울이었고, 진승의 실패를 거울 삼아 성공한 이와 그의 성공을 거울 삼아 실패한 이들이 진말-한초의 정치사를 가득 채운다. 기원전 209년 여름, 옛 초나라 땅에서는 무슨 일이 벌어진 것일까?[*]

• 이야기는 주로 《사기》와 《한서》의 여러 편에 의거했다. 《한서》는 대략 《사기》와 내용이 유사하지만 완전히 새로운 내용도 있고, 칙령 등의 공식 문서를 실었으며, 사건의 선후관계를 명확하게 했다. 이 두 책 외에 다른 책을 인용할 때는 출처를 밝히겠다.

1. "왕후장상의 씨가 따로 있는가?"

진시황 2세(영호해嬴胡亥, 이하 2세) 시절, 빙하의 표면은 여전히 단단해 보였지만 아래는 서서히 녹고 있었다. 진나라 정치 체제의 가장 아래에 위치한 인간들, 이 가진 것 없는 인간들이 얼음 아래 녹은 공간을 표류하고 있었다. 사서를 찬찬히 살펴보면 아주 조그마한 자율성을 가진 이 집단이 스스로의 진동으로 열을 만들어 얼음 아래 공간을 키우고 있었음을 알 수 있다. 이 공간이 커지고, 그것이 윤활유로 작용하면 빙하는 중력을 이기지 못하고 움직일 것이다. 이렇게 빙하를 움직일 잠재력을 가진 무리 중에 진승과 오광이라는 인물이 있었다.

진승은 양성陽城 출신이고 자가 섭이라서 흔히 진섭이라 하고, 오광은 양하陽夏 출신으로 자는 숙叔이다. 양하는 원래 초나라 땅이고 양성은 옛 한나라와 초나라의 접경지대다. 하지만 둘은 어떤 이유인지 훨씬 먼 동쪽의 대택향大澤鄉으로 옮겨 갔다. 황제가 서쪽에 있으니 동쪽으로 간 것일까? 일자리를 찾아간 것일까? 진나라 말기에는 저마다 사연은 다르지만 대개 동쪽으로 간 사람들이 무섭다. 곧 등장할 항량項梁과 장량 역시 진의 법을 피해 동쪽으로 달아난 사람들이다. 진승은 고용살이로 남의 밭을 갈았던 적이 있으니, 그는 아마 고용살이 무리들과 함께 옛 초나라 땅을 떠돌아다니던 최하층 빈민이었던 모양이다. 둘은 당시 입추의 땅도 없었다고 한다. 아마도 애초에 땅이 없으니 고향을 떠나 조금이라도 일하기 좋은 동쪽에서 삶의 터전을 찾았을 것이다. 진승이 고용살이 시절 밭을 갈다가 쉬는 시간에 동료들에게 말했다고 한다.

"우리 나중에 부귀해지거든, 서로들 잊지 말게나."

동료들이 코웃음을 쳤다.

"고용살이로 남의 밭이나 가는 주제에 무슨 수로 부귀해진단 말이요?"

그러자 진승이 크게 탄식했다.

"안타깝다. 어찌 제비나 참새 따위가 기러기와 고니의 큰 뜻을 알리오?"

이렇듯 그는 처지는 빈곤하지만 제 나름대로 포부가 있는 인물이었다. 그러나 그의 집안 사정은 별로 나아지지 못했던 듯하다. 2세 원년(기원전 209) 7월* 진은 대택향 여좌閭左의 사람들을 징발해 어양漁陽으로

---

* 진의 역법에 따르면 겨울이 시작되는 음력 10월이 세수歲首다. 향후 표기하는 월은 모두 진의 달력에 의거한 것이다.

보냈다. 여좌가 무엇을 뜻하는지는 의견이 분분하지만 고문헌의 맥락으로 보면 대략 빈민 거주지였던 듯하다.* 그런데 어양이라면 오늘날 북경의 북쪽 장성 바로 아래에 있는 방어기지다. 어찌하여 남쪽의 빈민들을 그 먼 북쪽으로 수자리를 보내야 했을까? 사람이 정말 부족했기 때문일까, 아니면 빈민을 가치 없이 보았기 때문일까? 혹은 남방 사람들을 길들이기 위함일까.

이 부분에서 《사기》〈이사열전李斯列傳〉을 다시 주목할 필요가 있다. 2세는 정통성이 없었기 때문에 위협이 되는 사람들을 무수히 죽였다. 물론 반기를 들려는 사람들도 많았다. 진은 왕자들에게 분봉하지 않았기 때문에 지방의 군대는 수령守令과 위尉의 손에 달려 있고 감어사監御史가 이들을 감시했다. 비록 과장이 있겠지만 태반의 세를 거두고 가혹하게 부리는 와중에 지방 행정을 위협할 수 있는 요소는 누구일까? 잃어버릴 것이 없는 사람들이 아니겠는가? 진시황 이래 진은 항상 위협이 되는 세력들의 삶의 터전을 제거하는 식으로 그들의 위협을 제거했다. 당시 차출된 대택향에 여좌 출신 장정이 무려 900명이었다고 한다. 2세 시기 정치가 더욱 가혹해져 지방의 민심이 동요하자 남쪽의 빈민 위협세력을 무더기로 북쪽의 수자리로 옮기는 중이 아니었을까? 분석은 뒤로 미루고 일단 이야기로 돌아가자.

• 여좌에 대한 사마정의 해석은 이렇다. "여우는 부강, 여좌는 빈약한 사람들이 살았다. 진은 수자리 요역이 많아 부강한 사람들을 다 징발하니 결국 여좌까지 미쳤다." 《한서》〈식화지食貨志〉나 《회남자淮南子》 등에도 "모두 태반의 부세를 거두고 수자리 징발이 여좌까지 미쳤다[收太半之賦, 發閭左之戍]"라고 서술했으니, 그 맥락은 같다.

그때 진승과 오광은 공히 둔장屯長을 맡고 있었다. 둔장이란 고정된 벼슬은 아니고 이번 행렬에서 인부들을 관리하는 역할을 하는 이에 불과했을 것이다. 한데 하늘이 이 일행을 미워했는지 아니면 도와주려고 했는지 비가 억수로 쏟아졌다. 대택이라는 이름이 말해주듯이, 회수 북쪽 땅은 물길이 거미줄처럼 얽혀 있고 소택지가 널려 있다. 큰비가 오고 길이 끊어지니, 정해진 기일 내에 도달할 수 없었다. 도달하지 못하면 둔수법에 따라 모두 참형을 받을 판이었다. 비가 쏟아져서 어쩔 수 없으니 분명 참작의 여지가 있었을 것이다. 하지만 당시 어리석은 2세는 조고의 말을 듣고 오직 혹형으로만 나라를 다스릴 수 있다고 믿는 천치였다. 상황이 이렇게 되자 진승과 오광이 모의했다.

"지금 도망쳐도 죽고, 큰일을 일으켜도 역시 죽게 되었소. 죽을 일만 남았다면 국가를 위해 죽는 것이 낫지 않겠소?"

진승이 더 구체적으로 말했다.

"천하가 진의 정치를 괴로워한 지 오래요. 듣자 하니 2세는 막내라 제위에 오를 수 없고, 응당 공자 부소扶蘇가 오를 이라고 하오. 부소는 여러 차례 간하다가 상上(황제)에게 내쳐져 밖에서 군대를 이끈다 하오. 근자에 어떤 이는 부소는 죄가 없으나 2세가 죽였다고 하오. 백성들은 부소가 현명하다는 소리를 자주 들었지만 그가 죽은 줄은 모르오. 그리고 항연項燕은 초나라 대장으로 여러 차례 공을 세웠고 사졸들을 아꼈기에 초나라 사람들은 모두 그를 안타까워하오. 혹자는 그가 죽었다고 하고 혹자는 어디로 달아났다고 하오. 오늘 우리들이 스스로 부소와 항연을 사칭하고 천하를 위해 선창하면 응하는 이들이 많을 것이오."

오광은 그럴듯하다고 여겨 점을 치러 갔다. 점치는 이가 그 의도를 알고 이렇게 말했다.

"족하께서 하려는 일은 모두 이루어질 것입니다. 허나 족하께서는 귀신에게 점을 한번 쳐보시지요."

진승과 오광은 만족하며 신점神占을 염두에 두고 서로 말했다.

"이는 우리더러 먼저 대중에게 위세를 세우라는 뜻이오."

그러고는 붉은 천에다 "진승왕"이라 쓰고는 남이 잡아온 물고기 배 속에 욱여넣었다. 사람들이 잡은 물고기를 삶아 먹으려는 차에 배 속에서 "진승왕"이라고 쓰인 붉은 천이 나오자 응당 괴이하게 여겼다. 오광은 여기에서 그치지 않고 한밤중에 주둔지 곁의 사당에 들어가 화톳불을 피우고 여우 울음소리를 내며 소리쳤다.

"위대한 초나라가 흥하고 진승이 왕이 된다."

이 소리를 들은 대중이 모두 두려워했고, 아침이 되자 서로 수군대며 진승을 지목했다. 이런 수단들은 대략 졸렬한 잔꾀에 불과하지만 당시 하층민의 마음을 얻기에는 적잖이 효과가 있는 방법이었을 것이다. 그들은 죄를 받을까 벌벌 떨고 있는 차였고, 대개 문맹이었다. 진법에 글을 읽을 수 있는 위치에 있는 자가 아니면 서적을 보관하거나 선생에게 배울 수도 없으니 빈민이 무지렁이인 것은 당연하다.

진승은 물론 오광도 인물이었다. 무엇보다 이 사람은 평소에 주위 사람들을 아꼈다. 그 무리 중에는 오광이 오래전부터 알던 이가 상당히 있었을 터인데, 오광은 그들의 마음을 얻어서 부렸다. 마침 인솔하는 장위將尉가 술이 취하자 오광은 슬금슬금 그를 도발했다.

"나는 도망가고 싶소."

역도를 도망가게 하면 인솔자가 벌을 받는다. 장위가 주의를 줬지만 오광은 반복해서 도망가겠다고 부아를 돋웠다. 술에 취한 장위가 도발을 견디지 못하고 욕을 하고 오광을 매질하다가 기어이 칼을 뽑으려는 찰나 오광이 벌떡 일어나 칼을 빼앗고는 오히려 그를 베어버렸다. 진승도 오광을 도와 함께 인솔자인 위 두 명을 죽였다. 그들 주위에 있던 대중은 아연실색했을 것이다.

반란의 칼부림은 이미 일어났다. 그 자리에 있던 대중에게는 두 가지 선택지가 있다. 진승과 오광을 잡아서 관아에 바쳐 죄를 면하거나 그들을 따라 함께 반란의 길에 오르는 것이다. 목숨이 경각에 달린 찰나 진승이 숨은 재능을 발휘한다. 그는 대중을 모아놓고 피 끓는 연설을 했다. 무지렁이 하층민의 언사라고는 믿을 수 없을 정도로 유려하고 강렬한 연설이었다.

"그대들은 큰 비를 만나 이미 모두 기일을 어겼소. 기일을 어기면 응당 참형이요, 다행히 형을 면한다 해도 수자리에서 죽는 이가 열에 예닐곱이오. 게다가 장사란 누가 쉬이 죽일 수 없소. 또한 기어이 죽는다면 큰 이름이라도 날려야 하지 않겠소? 왕후장상의 씨가 어찌 따로 있단 말이오[王侯將相寧有種呼]!"

그러자 대중이 일제히 대답했다.

"삼가 명을 따르겠습니다."

"왕후장상의 씨가 어찌 따로 있단 말인가?" 2200년의 시간이 흐른 지금도 여전히 깊은 울림을 주는 이 명언이 무지렁이 하층민의 입에서 나왔다. 그리고 이 연설이 900명의 하층민을 일깨웠다. 당시에는 이 900명이 철옹성인 줄 알았던 진의 지방 행정조직을 산산이 깨트릴 것이라고 예측했던 이들은 많지 않았을 것이다.

그들은 먼저 백성들의 염원을 따라 부소와 항연을 사칭했다. 오른쪽 어깨를 드러내고 스스로를 대초大楚(위대한 초나라)라 하고 단을 만들어 맹서한 뒤 죽인 위의 머리를 제단에 바쳤다. 그 후 그들은 거침이 없었다. 그들은 예리한 창칼을 지닌 것도 아니었지만 생사의 갈림길에 서자 누구보다 용감해졌다.

진승이 스스로 장군이 되고 오광은 도위都尉가 되어 바로 대택향을 공격해 뽑아내고 병사들을 거둬들인 후 기蘄를 공격하여 떨어뜨렸다. 여기에 근처에 있던 부리符離 사람 갈영葛嬰에게 기의 동쪽을 접수하도록 명하고, 자신은 서쪽으로 나아가며 차례차례 고을을 함락시키고 초譙를 지나 진陳(진현)에 이르렀다. 진현은 한때 초나라의 수도가 있었던 곳으로 진나라의 명망 있는 현이었다. 진승은 서쪽으로 나오며 끊임없이 병력을 모아 진현에 이르렀을 때는 이미 전차 600~700대에 기병이 1000, 보병은 수만이나 되었다고 한다. 이런 기세에 눌려서 수령(군수)은 이미 달아나고 수승(군승, 부군수 격이다)만 남아서 저항하다 초문譙門에서 살해되었다.

진승의 연승 행렬을 보면서 잠깐 진의 군현제를 짚고 넘어가자. 이론적으로 군현제가 봉건제보다 반란의 소지가 적다. 그러나 반란을 진압하는 데도 그런 효과가 있을까? 서른 개가 넘는 군郡에 병력이 분산

되어 있으니 작은 반란을 막는 데는 효과적일 것이나 반란 세력이 한 군의 수비 능력을 넘어서면 각 군에 분산 배치된 병력은 손을 쓸 도리가 없었다. 반란군은 한 군을 치면 그 병력을 합쳐 계속 늘어나는데 각 군의 병력은 그대로이니 도미노처럼 쓰러질 수밖에 없는 이치다. 물론 두 개 혹은 세 개의 군이 연합한다면 쉽사리 반란을 진압할 수 있을 것이다. 그러나 당시 진의 체제에서 두 개 이상의 군 병력을 아우를 상부 단위는 없었다. 그리하여 거의 균일하게 군대를 배분해놓은 군현제하에서 고립된 일개 군은 성을 지키며 중앙군이 나설 때까지 기다릴 수밖에 없었다. 또한 진시황이 정책적으로 6국이 세워놓은 지방의 거점 거성들을 없앴기에 성의 규모 또한 고만고만했을 것이다. 오히려 봉건 제하에서는 두 개 이상의 군을 다스릴 명망이나 실력을 갖춘 지방의 군왕이 있다. 그러니 지방의 봉건 제후 자신이 반란을 일으키지 않는 한, 하층민의 반란을 제압할 때 봉건제는 제 나름대로 역할을 수행한다. 하지만 알다시피 진에는 봉건 제후가 없었다. 물론 진은 제국을 남북으로 관통하는 치도馳道를 통해 순식간에 지방으로 군대를 보낼 수 있었다. 그러나 그것 또한 중앙의 정치가 제대로 작동할 때의 이야기이고, 당시 진의 지도자는 진시황이 아니라 2세였다.

다시 이야기로 돌아가자. 진군을 함락시킨 지 며칠 후, 진승은 삼로와 지방의 유지들을 모은 다음 앞으로의 일을 논의했다. 그들은 이구동성으로 말했다.

"장군께서 몸소 예리한 무기를 들고 무도한 자와 난폭한 진나라를 주벌하고 초나라 사직을 다시 세우셨으니, 그 공으로 의당 왕위에 올

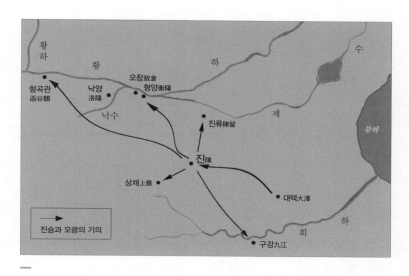

진승 기의군의 초기 활약. 진승은 스스로 장군이 되고 오광은 도위가 되어 사람들을 이끌고 진의 지방 행정조직을 산산이 깨트렸다. 대택을 공격해 뽑아낸 뒤 진(진현)에 이르러 진군을 함락시켰다. 이후 오광이 서쪽의 형양을 쳤으며, 장이와 진여가 옛 조나라 땅을 접수했고, 등종이 구강을 평정했다.

라야 합니다.”

실로 하층민에게는 대담한 제의였고, 진승은 이를 받아들일 배짱이 있었다. 진승은 이 의견을 받아들여 왕위에 오르고 나라 이름을 장초張楚라고 했다. 장張과 대大는 대략 비슷한 뜻이니 장초는 ‘위대한 초나라’라는 뜻이다. 오광은 가왕假王(임시로 세운 왕)이 되어 군대를 이끌고 서쪽으로 형양을 쳤고, 진승은 왕으로서 진현에 머물렀다. 당시 여러 군현은 진나라 관리들의 학정에 넌더리가 나서 스스로 높은 관리들을 죽이고 진승에게 호응했다. 왕이 된 진승의 다음 행보는 거침이 없었다. 오광은 서쪽으로 형양의 진나라 요새를 치고, 바로 진陳 출신 장이張耳

와 진여陳餘를 보내 옛 조나라 땅을 접수하게 했으며, 등종鄧宗을 보내 구강九江을 평정하도록 했다.

2. 동상이몽: 첫 배신자들

진승은 동·서·남 세 방향으로 군대를 움직였다. 물론 주력은 서쪽으로 형양을 치고 함곡관을 돌파하여 함양을 접수하는 것이 목표인 중군이었다. 오광은 형양을 포위하고 있었는데, 당시 삼천군수는 진나라 승상 이사의 아들 이유李由였다. 이유는 이름에 걸맞게 형양을 지켜냈다. 형양을 두고 관으로 진격하자니 불안했던 진승은 위나라 사람 주불周市에게 군대 하나를 보내 옛 위나라 땅을 거두게 했다. 전선이 자칫 교착 상태에 빠지려 할 때 진승은 여러 사람의 의견을 모으고자 했다. 그래서 책사로서 상채 사람 채사蔡賜를 찾아 상국으로 삼고, 옛 초나라 대장 항연 밑에서 종군했고 한때는 춘신군을 섬기기도 했기에 군대 일을 잘 안다고 자부하는 주문周文을 얻어 군대를 훈련시켰다. 진승은 주문을 장군으로 삼아 서진하게 했다. 이런 일련의 인사 조치를 보면 진승은 여전히 원대한 포부를 가진 인물이었다.

그러나 갓 일어난 반란군이 힘을 사방으로 분산시키고 관을 돌파할 수 있을까? 물론 후방을 안정시키지 않고 관으로 들어가기는 꺼림칙했을 것이다. 그러나 그는 빈민 출신이다. 일을 맡긴 자들이 제 딴에는 군대를 부릴 줄 안다는 이들인데 그들이 과연 그와 같은 마음일까? 하지만 한 가지 과오는 명백하다. 진승은 왕이 되어 진현에 주저앉았다. 반란군은 예리한 무기와 가지런한 군율에 의거해 싸우는 군대가 아니라 오직 기세로 싸우는 흥興의 군대다. 그럼에도 수장이 되어 스스로 화살 맞기를 무릅쓰지 않고 승리를 바란다면 지나치게 안일한 것이다. 진현에 근거지를 구축했다면, 그는 응당 스스로 군대를 이끌고 함양으로 진격했어야 했다. 반란군은 쉽게 모이고 쉽게 흩어진다. 대의가 흔들리면 군심이 흔들리고 패배의 조짐이 보이면 각자 살 길을 도모할 수밖에 없다. 그러므로 스스로 중심이 되어 오직 입관이라는 구체적인 목표를 향해 선두에 서서 달리면서, 수하들에게 진을 멸하면 군공에 따라 포상하겠다고 철석같이 약속을 해야 한다. 작위와 신분제에 익숙하던 시절, 옛 관원이나 사대부 중에 진승에게 마음으로 감복하는 이들이 몇이나 있었겠는가? 대개 괴로움을 이기지 못하거나 더 나은 삶을 얻고자 신분의 상승을 노리는 이들이었다. 그럼에도 안타깝게도 진승은 왕이 된 후 발걸음이 느려졌다. 갑자기 찾아온 부귀는 사람을 더 빨리 부식시키는 모양이다.

진여와 장이*는 진현에서 문지기로 고달픈 삶을 이어가던 위나라 사

• 조를 접수하기 위해 떠난 장이는 위나라 대량 출신인데 소싯적 신릉군의 식객이 된 적이 있다고 한다. 어쩐 일인지 그는 죄를 짓고 떠돌이 생활을 하다 부잣집 여인을 처로 얻게 되었다. 혐의가 풀려 도망살이에서 벗어나자 그는 처가의 돈으로 식객들을 사귀고 결국 위나라 외황外黃의 수령까지 이르렀다. 유방이 어릴 적에 떠돌아다닐 때 장이의 식객이 된 적도 있다고 하니 그가 얼마나 위망이 있었는지 알겠다. 진여 또한 대량 사람으로 역시 부잣집 딸과 결혼했다. 그는 어릴 적 장이를 아버지로 섬겨 둘은 나이를 뛰어넘은 친구가 되었다. 그러던 차에 진이 전국을 통일했고, 진은 장이와 진여가 위나라에서 이름난 사람이라는 것을 알고 커다란 현상금을 걸어 잡아들이려 했다. 이들은 모두 성명을 바꾸고 진현으로 달아나 동리

대부 출신 인사들이었다. 그런 차에 진승이 기의군을 이끌고 진현으로 들어온 것이다. 이들은 스스로 진승을 만나고자 청을 넣었다. 진승의 휘하들은 모두 그들의 명성을 알고 있었기에 둘을 크게 반겼다. 알다시피 진현의 원로들은 모두 진승에게 왕이 될 것을 권했다. 진승은 이들, 이른바 두 현자에게 자문을 구했다. 이들의 대답은 현지 원로들의 생각과 달랐다.

"저 진나라가 무도하게도 남의 나라를 깨트려 그 사직을 멸하고 후손을 끊었으며, 백성의 힘을 고갈시키고 그들의 재산을 모두 탕진했습니다. 그예 장군께서 눈을 부릅뜨고 담을 부풀려, 1만 번 죽더라도 구차한 일생을 돌아보지 않겠다는 대계를 내어 천하를 위해 잔폭한 적을 제거하셨습니다. 지금 갓 진陳 땅에 와서 왕이 되신다면 이는 천하에 사심을 내보이는 것입니다. 원컨대 장군께서는 왕위에 오르지 마시고, 급히 군대를 이끌고 서쪽으로 들이치시고 사람을 보내 6국의 후예를 세우십시오. 이리하면 우리로서는 같은 편을 세우는 것이고 진으로서는 적을 더하는 셈입니다. 적이 많으면 (진의) 힘이 분산되고 함께하는 이들이 많으면 (우리의) 병력이 강해집니다. 이리하면 들판에는 우리와 맞서 싸우는 병력이 없고 현에는 성을 지킬 이들이 없어질 테니, 이리

의 문지기 역할을 하면서 밥벌이를 했다. 둘은 마주 보며 문을 지켰는데 어느 날 진여가 이유도 없이 마을 아전[里吏]에게 매질을 당한 적이 있었다. 진여가 발끈하여 아전에게 대들려 하니 장이가 진여의 발을 밟아서 제지하고는 아전이 간 후에 꾸짖었다.

"처음 내가 공과 어떻게 약속했나? 지금 자그마한 치욕을 당했기로, 일개 아전의 손에 죽으려는가?"

그리하여 진여는 참고 견뎠다.

하여 난폭한 진나라를 멸하고 함양에서 천하의 제후들을 호령하십시오. 저들 제후들은 망했다가 다시 섰으니 덕으로 설복하십시오. 이리하면 제업은 완성됩니다. 지금 홀로 여기서 왕이 되시면 천하의 힘이 흩어질까 두렵습니다."

칭왕이 급한 것이 아니라 급히 함양으로 들이쳐야 한다는 그들의 주장은 백번 타당하다. 진을 치는 것이 우선이지 자리를 탐하여 민심을 잃어서는 안 된다. 그러나 그들의 의식 세계는 여전히 과거에 갇혀 있다. 6국을 다시 세우면 그들이 또 할거할 것이 아닌가? 물론 진승은 그들의 말을 듣지 않았다. 장이와 진여는 기어이 진승이 왕을 칭하자 태도를 바꾸어 엉뚱한 제안을 한다. 진여가 이렇게 말했다.

"대왕께서는 양梁(위)과 초의 군대를 이끌고 관을 돌파하는 데 힘을 쓰고 계시니, 하북을 거둘 겨를이 없습니다. 신은 일찍이 조 땅을 돌아본 적이 있어서 그 땅의 호걸들과 지형을 압니다. 청컨대 기병奇兵을 써서 북으로 조 땅을 공략하고자 합니다."

진승은 이 의견을 받아들여서 진陳 사람 무신武臣을 장군으로 삼고 장이와 진여를 좌우 교위로 삼아 3000명의 병력을 이끌고 조 땅을 공략하게 했다. 원래 장이와 진여가 말한 바에 의하면 조 땅에는 조씨의 후손을 세워야 한다. 그러나 형식상 진승을 정점으로 하는 체제를 받아들여 조 땅을 장초의 것으로 확보하겠다는 것이다. 그들은 지금 강한 진과 결전을 앞두고 있는 차에 무려 3000명의 병력을 떼어 받으며 조 땅으로 향하겠다고 한다. 조 땅을 접수하면 물론 진을 쳐야 한다. 이제 그들의 진심이 도마 위에 올랐다.

일단 화북 공략은 순조로웠다. 무신은 황하를 건너자 회유 작전을 구사했다. 하북으로 진격한 병력이 겨우 3000명이었지만 진나라의 현들은 전혀 연합하여 대응하지 못했다. 무신은 각 현의 호걸들을 회유했다.

"진이 어지러운 정치와 잔혹한 형벌로 천하를 해친 지 수십 년입니다. 북으로는 장성을 쌓는 부역이 있고 남으로는 오령을 지키는 군역이 있으며, 안팎이 한꺼번에 동요하고 백성들은 피폐했음에도 사람 수에 따라 거두어들여 군비에 충당하니 재물은 바닥나고 민력은 다하여, 백성들이 살아갈 도리가 없습니다. 여기에다 엄한 법과 혹독한 형을 더하니, 천하의 부자父子들이 서로를 편하게 여기지 못합니다. 이에 진왕陳王께서 어깨를 드러내고 천하를 위해 먼저 기의하시어 초 땅의 왕이 되시니, 그 땅이 사방 2000리요, 가는 곳마다 호응하지 않는 이가 없었습니다.

집안은 스스로 분노를 떨치고 사람은 스스로 싸움에 나서, 각자 원한을 갚고 원수를 공격하니, 현은 그 령과 승을 죽이고, 군은 그 수와 위를 죽였습니다. 지금 이미 초나라를 크게 넓히고 진에 왕도를 세웠으며, 주문과 오광을 시켜 수백만 명을 이끌고 서쪽으로 진을 치게 했습니다. 이런 시기에 봉후封侯의 업을 이루지 못한다면 호걸이라고 할 수도 없습니다. 제군들은 서로 상의해보십시오. 무릇 천하가 한마음으로 진의 정치를 괴로워한 지 오래입니다. 천하의 힘에 기대어 무도한 군주를 공격하고, 아버지와 형의 원수를 갚고 땅을 떼어 받아 제후의 업을 이룰 수 있으니, 이는 용사에게 주어진 절호의 기회입니다."

무신의 주장에는 원수라는 말이 수없이 반복되고 있다. 실로 조나라 사람들에게 진은 원수였던 셈이다. 장평의 싸움, 한단 포위 공격, 둔류의 학살, 파오의 연패를 통해 할아버지와 아버지를 잃고 고아가 된 이들이 수두룩했다. 과연 현지의 호걸들은 벌 떼처럼 호응했고 무신은 한편으로 행군하면서 한편으로 군대를 거둬들이니 그 수가 무려 수만 명이었다. 이리하여 무신을 무신군武信君이라 불렀다. 그는 진격하며 조나라 성 열 곳을 떨어뜨렸지만 나머지 성은 수비하며 항복하지 않았다. 이리하여 군대를 이끌고 동북으로 범양范陽을 쳤다. 막 일어선 군대가 이기지 못하고 장기 대치하면 사기가 떨어지기에 당장 무엇이라도 해야 할 판이었다. 이때 어찌 보면 희대의 책사요, 어찌 보면 당대의 화근거리인 어떤 사나이가 등장한다. 그의 이름은 괴철이었다. 괴철은 범양 현령을 찾아가 유세했다.

"가만히 듣자 하니 공께서는 앞으로 돌아가실 운명이라 조문을 하러 왔습니다. 허나 다행히 공께서 저 철을 만나 살아나게 되셨으니 경하드립니다."

현령이 괴이해서 되물었다.

"어찌 나를 조문하는가?"

괴철이 대답했다.

"진나라 법은 엄한데, 공께서는 범양의 현령이 되신 지 10년이 되셨으니, 남의 아비를 죽이고 자식을 고아로 만들며 발을 자르고 얼굴에 먹을 들인 일이 수도 없습니다. 하지만 자애로운 아비와 효성스러운 아들이라도 감히 칼날을 공의 배에 들이밀지 못하는 이유는 그저 진의 법을 두려워하기 때문일 뿐입니다. 그러나 지금 천하가 크게 혼란하여 진의 법이 미치지 못해, 이제 그 아비와 자식이 칼날을 공의 배에 박아 넣어 이름을 떨치려 할 것이니 저는 공을 조문할 수밖에요. 지금 제후들이 진에 반기를 들었고 무신군의 군대도 이제 도착할 터인데, 공께서 범양을 지키려 한들 젊은이들은 앞다투어 공을 죽이고 무신군에게 항복할 것입니다. 공께서 급히 신을 무신군에게 보내 만나게 하면 화를 복으로 바꿀 수 있으니 지금이 바로 절박한 순간입니다."

현령이 듣기에 일리가 있어 괴철을 무신에게 사신으로 보냈다. 무신도 진나라의 지방관들이 성을 닫아 걸고 지키는 통에 걱정이 컸다. 마침 괴철이 오니 그를 만났다. 괴철은 이렇게 유세했다.

"족하께서는 반드시 싸움에서 이겨서 땅을 얻고 반드시 성을 공격해서 떨어뜨리려 하신다는데, 신이 가만히 생각하기로 이는 실책입니다. 족하께서 진실로 신의 계책을 받아들이신다면 공격하지 않고도 성을 함락시키고 싸우지 않고도 땅을 얻을 수 있으며 격문만 돌리고도 1000리를 평정할 수 있습니다. 들어주실 수 있겠습니까?"

무신이 솔깃해서 물었다.

"무슨 말씀이신지?"

괴철이 이야기를 풀었다.

"지금 범양 현령은 응당 사졸들을 정돈하여 성을 지키며 싸워야 함에도 죽음이 두려워 겁을 내고 부귀를 탐내어 천하에서 제일 먼저 항복하려 합니다. 그러나 군께서 옛 진의 관리라 하여 이전 열 개 성을 함락시킬 때처럼 자신을 죽일까 두려워하고 있습니다. 그리고 지금 범양의 젊은이들도 현령을 죽이고 성에 기대어 군께 저항하려 합니다. 군께서 신에게 제후의 인수를 들려 범양의 현령을 만나게 하시면 현령은 성을 들어 항복할 것이고 성의 젊은이들도 감히 현령을 죽이지 못할 것입니다. 그런 후에 범양 현령더러 붉은 바퀴에 화려한 치장을 한 수레를 타고 연과 조의 교외를 달리게 하십시오. 연과 조의 교외 사람들이 그를 보고 입을 모아 '이자는 먼저 항복한 범양 현령이다' 하고 기뻐할 것입니다. 그러면 연과 조의 성들은 싸우지 않고도 항복할 것입니다. 이것이 신이 말하는 바, 격문만 돌리고도 1000리를 평정한다는 계책입니다."

이어지는 장을 재미있게 읽기 위해 독자들은 이 '배신을 권하는 천재' 괴철의 이름을 기억하시기 바란다. 과연 괴철의 계략을 따라 범양 현령에게 제후의 인수를 내리고 조나라 땅을 진무하니 싸우지 않고 떨어지는 성이 무려 30개에 달했다. 그리하여 무신은 옛 조나라의 수도 한단으로 들어갔다. 무신에게 남은 임무는 바로 태행로를 넘어 진을 협격하는 것이다. 그러나 그때 장이와 진여는 엉뚱하게도 무신에게 배신할 것을 권했다.

"진왕陳王이 기 땅에서 일어서 진陳에서 왕 자리에 올랐으니, 꼭 옛 6국의 후예들만 세우는 것은 아닙니다(진승 자신도 6국의 후손이 아니지 않은가?). 장군께서는 (겨우) 3000명의 병사를 이끌고 조나라 성 수십 곳을 떨어뜨리고 홀로 하북에 근거지를 잡았으니 왕을 칭하지 않으면 이곳을 안정시킬 수 없습니다. 또한 진왕은 참소하는 말을 믿으니 장군께서 돌아가 보고한다고 해도 화를 면하지 못할 듯합니다. 장군께서는 기회를 놓치지 마십시오.'"

과연 무신이 그 말을 좇아서 스스로 조왕에 오른 후 진여를 대장군
으로, 장이를 우승상으로 삼았다. 무신 또한 진나라 관리였기에 장이
와 진여처럼 진승을 대단치 않게 여겼는지도 모른다. 그렇지만 당시
장초張楚의 군대는 함곡관을 공략하고 진과의 일전을 기다리고 있었
다. 그런 절체절명의 시간에 장이와 진여는 배신한 것이다. 그들은 애
초에 일관성이 없는 이들이다. 진승에게 왕위에 오르지 말라고 하더니
자신들은 무신을 왕으로 세우고 2인자를 자처했다. 함곡관을 넘는 것
이 주요 임무라고 하더니 버젓이 할거를 획책하고 있다. 게다가 조나
라의 후손을 세워야 한다더니 버젓이 무신 아래서 벼슬을 한다. 대략
그들은 겉은 군자이나 속은 소인배에 불과했다.

여기서 잠깐 선후관계를 정리하자.《사기》〈장이진여열전〉에 의하
면 장이와 진여는 진승의 장초 군대가 진秦나라 군에게 패배한 것을 목
격하고, 진승이 참언을 믿고 사람들을 죽이며, 자신들의 계책을 듣지
도 않고 장수 대신 교위로 임명하자 이런 결정을 했다고 한다. 그러나
〈진초지제월표秦楚之際月表〉는 아직 장초의 군대가 패하지 않았을 때,
즉 8월에 이미 무신이 한단에 도착해 자립하여 왕이 되었다고 서술한

• 《사기》〈장이진여열전張耳陳餘列傳〉에는 "또한 차라리 (조나라의) 형제를 세우는 것이 낫고, 아니면 조나라
후예를 세우십시오[又不如入其兄弟, 不卽入趙後]. 장군께서는 기회를 놓치지 마십시오"라고 되어 있으나
《한서》〈장이진여전張耳陳餘傳〉은 그저 "원컨대 장군께서는 기회를 놓치지 마십시오"라고 되어 있다. 《사
기》의 내용은 잘 통하지 않는다. 장이 등이 "조나라 후예를 세우라" 운운했는데 어찌 무신은 그 말을 듣
고 스스로 조왕이 된단 말인가? 그러므로 《한서》는 이 구절을 뺀 듯하다. 대략 조나라 후손을 세우든지
여의치 않으면 스스로 자리를 차지하라고 한 이야기로 보인다.

다. 또한 《한서》 〈고제기〉는 무신이 8월에 자립했다고 못 박았다. 9월에야 장초의 군대는 함곡관을 넘어 희戲에 이르렀고 얼마간의 대치 후 희정에서 진에게 패한다. 게다가 《사기》 전체에서 가장 신뢰할 수 있는 〈본기〉, 특히 〈진시황본기〉에는 "2년 겨울, 진섭이 주장 등을 보내 서쪽으로 희에 이르렀다[二年冬, 陳涉所遣周章等將西至戲]"고 씌어 있다. 그러자 2세는 군신들을 모아놓고 "어찌하오"라고 했다는 것이다. 그러므로 무신이 장초의 군대가 처음으로 패하는 것을 보고 왕을 칭한 것이 아니라 장초의 주력이 패하기 전에 이미 장이와 진여의 말을 듣고 왕을 칭한 것이 분명하다. 그러니 이는 어쩔 수 없는 선택이 아니라 자발적인 배신이다.

이제 장이와 진여를 어떻게 평가할 것인가? 그들은 진나라 말기 농민전쟁 와중에 처음으로 배신의 씨앗을 뿌린 자들이다. 물론 그들이 보기에 진승이 실망스러웠을 수 있다. 그가 진현에 멈춰서 왕 노릇에 만족한 순간 이미 그의 미래는 어두워지기 시작한 것이다. 그러니 장이와 진여는 그를 주군으로 인정하지 못했을 수도 있다. 난세에는 누구든 갈림길에 선다. 잘못된 주군을 섬겨 파멸로 들어갈 수는 없다. 그렇다면 그들은 왜 최소한 진승을 가르쳐 끌고 가려고 하지 않았을까? 그들이 손에 들어온 화북을 가지고 당장 진섭을 도왔다면 판도가 어떻게 변했을까?

필자가 보기에 그들은 인습에 찌든 배신자일 뿐이다. 태사공은 진나라 말기 농민 반란을 묘사하면서 장이와 진여(〈장이진여열전〉)를 열전의 가장 앞쪽에 놓았다. 왜 그들을 맨 앞에 놓았을까? 이들 모두 일세를 풍미한 똑똑한 사람들이었고 여러 이야깃거리를 던지긴 했지만, 이들은 애초에 원대한 안목이나 의리를 갖춘 이들이 아님은 물론 농민 반란의 칼끝을 꺾은 자들이며, 내전을 장기화시킨 화근이었다. 그들은 농민 반란을 팔아먹고 사욕을 챙긴 모리배다. 필자가 보기에 그들은 옛 사대부의 말석이나마 차지하고 있었으니 졸지에 왕이 된 진승을 끝내 인정하지 못한 것에 지나지 않는다.

앞으로 그들의 행보를 보면 필자의 심증은 더욱 굳어진다. 그들은 힘을 합쳐 서쪽으로 진격하자는 진승의 요구마저 거절하기 때문이다. 그들은 천하의 대업을 이루는 것보다 할거하는 것에 만족하는 이들이었다. 그러니 생각을 쉽사리 바꾸고 배신을 권하는 것이다. 이런 이들이 언제나 정국을 복잡하게 만든다. 진승의 앞길을 가로막아, 어쩌면 빨리 끝났을 수도 있는 농민 전쟁을 미궁에 빠트리고, 유방과 항우에게 길을 열어준 이는 이들이다. 하지만 역사에 가정은 없으니, 이제 와서 이들의 선택을 돌이킬 방법은 이미 없다. 그리고 무신 등에게 군대를 나눠준 진승의 선택을 되돌릴 수도 없다. 그러나 배신의 상처는 너무나 깊었다.

3. 희戲의 패배

겨우 7월에 기의한 군대가 9월(혹은 8월)에 이미 함곡관에 이르렀다. 꼭 구멍 난 배에 물이 차 들어오는 형국이었다. 하늘이 진을 멸하려고 하지 않는다면 어찌 이리 일이 빨리 진행되는가? 그러나 진이나 장초 모두 강점과 약점을 지니고 있었다. 진은 여전히 관중의 험준한 지세를 유지하고 있었지만 정치 상황은 곤두박질치고 있었고, 장초는 민중의 염원을 업고 있었으나 이미 장이 따위의 할거 세력에게 침식당했으며 진승 자신은 왕 노릇에 취했는지 일선으로 나서지 않았다. 그러나 세상에 이상적인 상황에서 전쟁을 치르는 쌍방은 없다. 이상적인 상황이라면 애초에 전쟁이 일어나지 않았을 것이다.

지금 최대의 변수는 오직 시간이었다. 산동의 반란군은 함곡관에 이르기까지 파죽지세로 움직였지만 사졸들은 정규군이 아니었고, 경험과 명망을 가진 장수가 부족했다. 그러므로 기세가 죽기 전에, 진이 전열을 가다듬기 전에 싸우는 것이 유리했다. 진은 수도에 정규군이 있었지만 주력 30만 명(사서를 믿는다면)을 북방에 보내 흉노와 대치하고 있었다. 변경의 사령관도 몽염에서 왕리王離로 갓 교체된 터라 장악력도 부족했을 것이고, 강력해진 흉노를 상대하는 한편 변경의 군대를 빼자면 조정할 기간이 필요했다. 이론상 북지와 상군에 주둔한 진의 강군은 직도를 따라 불과 한 주만 달리면 수도에 닿을 수 있지만 움직이지 않았다. 일률적으로 요새를 비울 수는 없기 때문일 것이다. 그들이 전열을 정비해 도착했을 때 이미 대세는 결정되었을지도 모른다!

《사기》〈진시황본기〉에 진나라 말기 정치의 난맥상이 고스란히 나와 있다. 진승이 파죽지세로 서진할 수 있었던 것은 새로 병합한 땅의 젊은이들이 진나라 법리들의 소행을 못 견뎠기 때문이다[山東郡縣少年苦秦吏]. 젊은이들은 기질상 나이 든 사람보다 더 큰 자유를 원한다. 원래의 강법에다 6국에서 그러모은 온갖 잡다한 법을 들이대고, 약관이 안 된 이들을 요역으로 끌고 가니 젊은이들은 견딜 도리가 없었다. 훗날 한은 획기적으로 요역 연령을 높여서 청소년들이 지는 부담을 줄였다. 요역 연령이 낮다는 것 자체가 당시 국가가 요구하는 노동력 각출량이 얼마나 큰지 보여준다. 또한 이 젊은이들은 멀리는 전국 말기 진과의 싸움에서 죽고 다친 어버이와 할아버지를 둔 사람들이고, 가까이는 당장 진의 혹법에 가족들이 걸려 상심한 이들이 아닌가? 이들이 주도적으로 나서 현의 우두머리들을 죽이고 반란군에 가담했기에 진승은 승승장구할 수 있었다. 진의 알자가 동쪽으로 와서 상황을 보고 돌아가 보고했지만 2세는 분노해서 오히려 알자를 형리에게 넘겼다. 그러니 다시 실정을 보고 온 사자는 제 몸 하나 살자고 거짓 보고를 올릴 수밖에 없었다.

"떼도적[群盜]은 군수와 군위가 마침 모두 잡아들였으니 걱정할 필요가 없습니다."

이렇게 보고하자 2세는 흡족해했다. 2세는 조고가 자기 입에 넣고 씹어서 건네준 음식만 먹을 수 있는 어린아이에 불과했다. 단, 이 어리고 무능한 자는 포학했다. 진에도 선대의 중신들이 있었지만 그 우두머리 격인 이사는 조고로 인해 정치 일선에서 멀어졌고, 그 자신도 '창고 쥐'의 성품을 버리지 못한지라 목숨을 걸고 간할 위인이 아니었다. 당시 황제는 아예 신하들과 얼굴도 마주하지 않고 있었다. 조고는 2세에게 이렇게 우스꽝스러운 충고를 했고, 2세는 받아들였다고 한다.

"천자가 귀한 까닭은 그저 신하들은 목소리를 듣기만 할 뿐, 감히 얼굴을 보지 못하기 때문입니다. 그러므로 천자를 일러 짐朕이라 합니다. 또한 폐하께서는 춘추가 높지 않으시니 아직 여러 일에 모두 통달할 수 없습니다. 허니 지금 조정에 앉아 실수하는 모습을 보이시면 대신들에게 못난 점을 드러내는 셈입니다. 이는 천하에 폐하의 신명을 드러내는 좋은 방법이 아닙니다. 그런즉, 폐하께서는 궁궐 깊은 곳 금소禁所에서 팔짱을 끼고, 신과 법을 익힌 시중과 더불어 보고를 기다리다가 올라오면 가끔 처리하십시오. 이리하면 대신들은 감히 상주문을 올려 일에 대해 왈가왈부하지 않을 테고, 천하는 폐하를 성스러운 군주라 할 것입니다."

동서고금을 막론하고 간신이란 다른 이가 아니다. 식물의 물관과 체관을 막는 좀벌레나 동물의 혈관을 막는 암이나 기름덩이처럼 상하 간의 말을 통하지 못하게 하는 자다. 조직도 생물인지라 통하지 않으면 썩을 수밖에 없다. 그러기에 간신을 흔히 고蠱, 즉 생물의 속을 파먹는 벌레에 비유하는 것이다.

다시 이야기로 돌아가자. 막 겨울이 오는 차에 때 아닌 동풍은 멈추지 않고 서쪽으로 불어닥쳤다. 장초의 군대가 이미 함곡관을 들이쳤다는 소식을 듣고야 2세는 군신들을 모아 놓고 화들짝 놀라 불안에 떨었다.

"이를 어찌하오?"

어떤 사나이가 안을 냈다. 소부少府의 직책을 가진 장한이었다. 그는 이렇게 건의했다.

"도적이 이미 도착한 데다 수도 많고 세도 강하니, 지금 가까운 현의 군대를 징발한들 늦습니다. 여산의 형도들이 많으니 그들을 사면하여 무기를 들려 적을 치고자 하옵니다."

다급한 마음에 2세는 그 의견을 받아들여 대대적인 사면령을 내려 여산의 형도에게 무기를 들리고 장한이 지휘하게 했다. 진나라 치하 가장 바닥에서 학대당하던 이들이 역시 학대를 참다못해 일어난 산동의 인민들과 대치하는 기이한 상황이 벌어진 것이다. 역사에서 이런 일은 드물지 않다. 이이제이以夷制夷를 국내 규모에서 응용해 이민제민 以民制民의 책략을 쓰는 것이다. 결과적으로 이 사면령은 이른바 신의 한 수였다. 사실상 노예 상태의 굴레를 벗어나 신분 상승까지 노리던 한 형도들의 사기는 과연 진나라 지배층의 기대를 만족시켰다.

정규군을 쓰지 않고 형도를 쓴다? 장한이라는 사람의 역할을 분석해보자. 소부少府란 도대체 무엇을 하는 사람일까?《한서》〈백관공경표 百官公卿表〉에 의하면, 소부는 산해천택山海川澤의 세를 거두어 황실에 자금을 대고, 또한 황실에 공급하는 온갖 수공업 물품을 관리하는 관직이다. 한대에는 소부를 보좌하는 승丞이 무려 여섯 명이나 있었다고 한다. 간단히 말해 황실의 경제 업무를 관장하는 사람이다.

군대를 관장하는 이는 태위太尉인데 어찌하여 소부少府가 군대 일에 나섰을까? 두 가지 분석이 가능하다. 먼저 진나라 말에 지은 아방궁과 황릉 혹은 사냥터 따위는 국가를 위한 것이 아니라 그저 황실을 위한 시설이었다. 이런 불필요한 곳에 소모되는 재원을 관리하는 이가 바로 소부다. 그러니 진의 2세는 장한을 잘 알고 있었을 것이고 장한은 황제와 가까운 인사들은 물론 황실의 살림살이도 꿰고 있었을 것이다. 그러니 노역 형도들의 상황을 잘 알고 있는 그가 나섰을 것이다. 또한 사서를 믿는다면 황실의 살림살이가 오히려 일반 행정을 위한 살림살이를 능가했을 수도 있다. 그러니 장한이 오늘날의 재경부 장관과 같은 역할을 했다고 해도 무리가 아니다.

전쟁터에서 형도를 관리하자면 이런 살림꾼이 필요하다. 태위나 일선 장군이 아닌 소부가 사령관으로 나섰다는 것도 이미 진이 거꾸로 선 나라임을 여실히 증명한다. 《사기》〈진섭세가陳涉世家〉로 보충하면 여산의 형도뿐 아니라 노비가 낳은 자식들도 모조리 사면해 전선에 투입했다고 하니 당시 상황이 얼마나 급박했으랴. 물론 그들은 노비의 신분을 벗어나고자 처절하게 싸울 것이다. 진은 이렇게 자신들이 학대하던 이들을 전선으로 내몰았다.

동방의 상황은 어떠했는가? 무신이 조왕을 칭하자 진승은 격노했다. 진승은 분을 참지 못하고 무신의 일족을 죽이고 군대를 들어 조를 치려 했다고 한다. 물론 진과 대치하는 상황에서 실현되기 어려운 일이지만 그 가족을 죽이는 것은 가능했다. 그러나 상국 채사가 타일렀다.

"진이 아직 망하지 않았는데 무신의 가족을 죽인다면, 또 하나의 진을 만드는 셈입니다. 이참에 무신이 왕으로 오른 것을 축하하고, 그더러 급히 군사를 이끌고 서쪽으로 진을 치라고 하는 것이 낫습니다."

진승은 옳다고 여기고 계책을 따르기로 했으나 그의 가족은 여전히 구금했다. 하지만 장이의 아들 장오張敖는 성도군成都君으로 삼아 우대했다. 이쯤 되면 진승으로서는 양보할 만큼 한 셈이다. 무신을 왕으로 인정하고 축하 사절이 찾아와 함께 관중으로 들어가자고 했다. 그것은 당연히 형세나 도리에 맞는 요구였다.

비슷한 상황으로 후한 말 제후 연합군이 황제를 끼고 관중에서 온갖 포학한 짓을 하던 동탁을 치던 때를 살펴보자. 조조가 강력하게 동탁을 몰아치자고 했지만 최대 군세를 가진 원소가 은근히 발을 뺐다. 원소는 연이어 하북에 근거지를 만든다. 원소가 하북에 강대한 근거지를 만들었지만 천하의 일급 사대부들은 조조를 밀었다. 원소가 그저 할거를 노리는 군벌에 불과하다는 것을 간파했기 때문이다. 나중에 다시 천하를 다투더라도 목전의 주적主敵을 칠 때는 연합해야 할 것이 아닌가? 그러나 장이와 진여는 훗날 원소만 한 세력도 없고 그만한 신망도 없는 주제에 또다시 주군에게 배신의 길을 권했다.

"왕을 조나라 왕으로 인정하는 것은 초나라(장초)의 본뜻이 아님에도 특별히 계책을 내어 사신을 보내 축하했습니다. 초가 진을 멸하면 분명 군대를 우리 조에 들이댈 것입니다. 왕께서는 서쪽으로 군대를 보내지 마시고, 북으로 연과 대 땅을 거두고 남으로 하내를 얻어서 자기 땅을 넓히십시오. 그리하여 조가 남쪽으로 황하에 기대고 북으로 연과 대 땅을 보유하면 초가 비록 진을 이길지라도 필시 감히 조를 제어하지 못할 것입니다."

장이 등은 복안을 이어간다.

"만약 초가 진을 제어하지 못한다면 필시 (판도를 좌우할 수 있는) 우리 조를 중시할 것이니, 우리는 진이 피폐한 틈을 타서 천하를 차지할 수 있습니다."

누구에게라도 솔깃한 제안이었고 얼핏 들으면 실현 가능성이 있는 이야기였다. 무신은 전에 조왕이 되었듯이 이 제안을 덥석 받아들였다. 그는 즉시 자신의 부장들에게 군대를 딸려 일대는 멀리 연나라 땅을 거두고, 일대는 북의 상산常山을 치고 일대는 서의 상당을 치게 했다. 옛 조나라와 연나라를 합친 땅을 얻겠다는 심사였다. 하지만 그들은 몰랐을 것이다. 다음 장에서 상술하겠지만 연나라를 치려고 간 한광韓廣은 곧 배신하고 스스로 연왕의 자리를 꿰찼으며, 이량李良은 창끝을 무신에게 돌린다. 무신의 행동을 그 부장들이 그대로 반복했던 셈이다. 배신은 배신의 연쇄 고리를 만들었다. 처음 무신의 마음에 배신의 씨를 심은 이는 장이와 진여다. 그들의 심중에 과연 인민의 열망 따위가 있었는지 궁금하다. 군대를 가진 이들이 지역의 할거 세력으로 변모하여 민중의 염원을 배신하고 자기 욕심을 채우는 사이 진은 착실히 반격을 준비하고 있었다.

이제 다시 희戱의 대치장으로 돌아가 보자. 오광이 형양을 떨어뜨리지 못했으므로 장초의 군대는 형양을 우회해서 함곡관으로 들어갈 수밖에 없었다. 형양을 떨어뜨렸다면 장초 군대는 후방 걱정 없이 낙양을 거쳐 관중으로 이어지는 직도를 이용해 진격했을 것이다. 그러지 못했으므로 장초의 군대는 함곡관을 돌파하고 희에 도달하면서 분명 지쳤을 것이다. 한편 진은 당연히 함곡관을 지켜야 했음에도 함곡관이 이렇게 쉽사리 돌파된 것을 보면 진의 조정이 아무런 준비도 하지 못했거나, 함곡관을 지키던 이들이 싸울 의사가 없어 싸움을 포기한 것으로 보인다. 이 기세를 타서 희에서 이기면 싸움은 끝난다. 어쩌면 장초는 승리를 확신하고 있었을 것이다. 그러나 장한은 희에서 회심의 반격을 도모했다.

이렇게 동서에서 학대받던 자들끼리 싸움이 시작되었다. 함곡관을 지날 때 장초는 전차 1000승에 보졸 수십만 명을 보유했다고 사서에 서술되어 있지만 분명 과장이 있을 것이다. 또한 보병이란 훈련이 부족한 상황에서 한번 밀리면 아군끼리 짓밟는 참극을 연출한다. 이런 대회전大會戰은 선봉의 투지가 성패를 좌우한다. 진은 무엇에 기대고 있는가? 2세가 특별히 뽑아 훈련시킨 5만 명의 함양 주둔군, 그리고 사람이 먹을 것을 먹여가며 키운 주둔군의 군마와 군견이 핵을 이루었을 것이고, 오합지졸의 목을 가지고 인생 역전을 노리는 노비의 자식들과 형도들 중 선발된 이들이 선봉에 섰을 것이다. 군관들은 말할 나위도 없이 수급 한둘을 베면 노비 신분에서 노비를 부리는 신분으로 탈바꿈할 것이라고 선동했을 것이다(《춘추전국이야기 5》 2부 참조). 반면 장초는 함양으로 입성하기만 하면 군졸들에게 기존에는 상상하지 못한 미래를 주겠다고 약속했을 것이다. 훗날 한漢의 건설자들이 노병들에게 부여한 작위, 토지, 그리고 면역免役 특권으로 당시 희의 싸움 전에 있었음직한 약속을 충분히 미루어 짐작할 수 있다.

사서는 덤덤하게 겨울이 찾아오는 길목에 벌어진 희의 대회전에서 진이 대승을 거뒀다고 전한다. 아쉬움만 남는 전투였다. 적진에서 싸우는 군대가 더 잘 뭉치고 자기 땅에서 싸우는 군대는 잘 도망간다. 그러나 신분 해방을 노리는 진의 노비·형도 군대는 흩어지지 않았다. 동란 시기 가장 처절한 상황이 바로 학대받는 자들끼리의 싸움이다. 가장 학대받던 이들이 가장 열심히 싸워 마찬가지로 학대받던 이들을 물리친 기묘한 싸움이었다.

그날 싸움터가 관중이 아니었으면 장초의 군대는 완전히 궤산潰散해서 수습할 수도 없었을 것이다. 다행히 관중은 달아날 구멍이 하나밖에 없는 호리병이라 사령관 주문은 다시 함곡관 일대 조양曹陽에서 패잔병을 수습하고 밖으로 나오려는 진군을 몇 달간 저지하다 다시 민지澠池로 퇴각할 수 있었다. 이제 전세는 완전히 역전되어 이른바 '군도群盜'는 공세는커녕 자칫하면 흩어질 지경에 이르렀다. 이렇게 진승의 대담한 기획은 진현에서 멈추는 순간 한 차례 꺾이고, 희에서의 패배로 완전히 꺾였다. 설상가상으로 북방에 주둔하던 진의 정규군이 동쪽으로 나가 신생 조를 칠 움직임을 보였다.

그러나 또다시 반전이 기다리고 있었으니, 먼저 각지에서 들불처럼 일어난 6국의 후손들이다. 더욱 결정적인 반격은 농민 반란의 대의를 조종할 능력과 군사적인 재능을 동시에 갖춘 항우와 유방 등 신흥세력의 등장이다. 그들은 진승의 실패와 성공을 순식간에 체화하고 다른 길을 걸었다. 또한 그들은 옛 제후로서의 자의식이 없었으므로 행동이 유연했다. 투지의 화신 항우는 적을 앞에 두고 미적거리지 않는다. 그는 진승처럼 장막 안에서 안주하는 사람이 아니라 스스로 창을 휘두르며 적진을 유린하는 행동파, 비유하자면 조조의 풍격을 지닌 이였다. 한편 유방은 대의를 부여잡고 신중하게 행동했기에 패배하더라도 와해되지 않았으니, 훗날 유비가 역할 모델로 삼은 인물이다. 그 또한 전장에서만큼은 목숨을 걸고 진군과 맞섰다. 그들이 이렇게 행동했던 까닭은 다름 아니라, 원래 품은 뜻이 천하 제패는 몰라도 최소한 할거는 아니었기 때문이리라.

진승의 실패는 여러 반란자들에게 큰 교훈을 주었다. 진승은 처음으로 기의를 일으켰으니 표적이 되었고, 남은 선택지는 진을 멸하든지 거꾸로 진에 멸망당하든지 두 가지밖에 없다. 그렇다면 기의군은 어떻게 움직여야 하는가? 다시 《삼국지三國志》의 두 영웅 조조와 유비가 답을 준다. 후한 말 당시도 이와 참으로 비슷한 상황이었다. 관중에 자리 잡은 천하의 악한 동탁이 반격을 가하자 이른바 산동 제후 연합군은 흩어져 눈치만 보았다. 그러나 조조만은 수천 명에 불과한 자신의 군대를 다 잃어가며 혈투를 벌였다. 의를 기치로 든 군대는 기치를 내리는 순간 사람들의 마음을 잃는다는 것을 알았기 때문이다. 모두 기치를 내릴 때 그는 일선에서 가장 용맹하게 싸우니 천하의 인재들이 모두 목을 빼고 조조만 바라보게 되었다. 유비는 또 어떤가? 유비는 조조와 한중에서 싸울 때 화살과 돌을 피하지 않고 선봉에서 싸웠다. 이미 근거지를 얻어 주인 노릇을 하면서도 선봉에 섰던 것은, 열세에 처한 자가 왕 노릇을 하며 안락을 구하면 망한다는 것을 알았기 때문이다. 진을 멸하겠다고 하면서 결전을 앞두고 근거지에 멈춰서 왕 노릇에 만족하는 것이 무슨 소용인가? 설령 패배하더라도 조조나 유비처럼 목숨을 걸고 선봉에 선다면 군대는 흩어지지 않을 것이다.

이미 들판에 불은 붙었다. 진이 관중에서 전열을 정비했다지만 산동은 호걸들의 천지가 되었다. 다시 관중과 산동 6국의 익숙한 싸움이 펼쳐질 것인가? 핏빛 상잔의 형세에도 질적인 도약이 이루어질 것인가? 이제 훨씬 복잡해진 현실로 들어갈 때다.

제2장

비범한 자와
평범한 자

...

난세亂世가 영웅을 만든다고 하지만, 대개 난세의 폭우가 산을 무너뜨리니 영웅이라는 옥석이 드러날 뿐이다. 그러나 섣불리 땅 위로 올라온 그 많은 옥석들은 부숴지거나 다시 묻히기 일쑤였다. 지금 우리는 살아남은 자가 쓴 역사를 두고 결과에서 원인으로 거꾸로 읽어나갈 수밖에 없다. 그러므로 극히 확률이 희박했던 난세의 기의 상황을 당시 분위기에 맞게 인식할 수 없다. 대부분은 쓰러졌고 기록마저 남기지 못했다. 그러나 극히 드물지만 실로 난세와 대화하며 영웅으로 성장하는 이가 있다. 하지만 그들을 읽을 때 그들이 처음부터 천하의 일인자가 되겠다는 천명의식을 가졌다고 상상해서는 안 된다. 실로 행운이랄 수밖에 없는 무수한 우연의 도움을 받고, 스스로에게 주어진 상황을 받아들이고 생존을 모색하며 그는 영웅으로 성장해갔다.

영웅이란 뜻만 큰 몽상가가 아니라 그에 걸맞은 실력을 갖춘 현실적 인물이다. 난세에 필요한 실력은 사람을 모으고 쓰는 것이 전부다. 과연 누구에게 사람이 모이고, 그를 위해 끝까지 힘을 다하는가? 평상시라면 권력이나 재력으로 남의 마음을 얻는다. 하지만 난세에는 심심찮게 아무 배경도 없이 맨손으로 일어선 사람들이 무대로 오른다. 대체 그들은 무슨 자질을 가졌기에 사람을 모으고 그들로 하여금 전력을 다하게 하는가?

여기 거의 정답을 제시하는 인물이 있다. 옛 책에는 '하늘의 운[天運]'이라 하지만, 맨손으로 일어선 사람에게는 오늘날 분석틀로는 설명할 수 없는 매력魅力이 있다. 의외로 그것은 평범平凡의 힘이다. 비범한 자는 못난 자들을 이긴다. 비범한 자는 제법 준수한 사람 여럿도 이긴다. 그러나 비범한 이는 결코 평범한 다수를 이길 수 없다. 평범이란 다수의 마음이고, 절대 다수는 영원히 이길 수 없는 상대다. 어떤 이상이나 신념도 절대 다수를 극복할 자격이 없다. 그 다수가 아무리 우매하더라도 절대 다수는 사회 그 자체이며, 그 자체가 존재의 이유다. 공산주의 치하 소련이나 오늘날의 북한처럼 이념 혹은 이상으로 절대 다수를 굴복시킨 체제가 존재할 수도 있다. 그러나 그 체제의 꼭대기에 있는 모종의 관념은 이미 상식이나 이상과는 거리가 먼 것이다.

그러나 진나라 말기 농민 반란기의 다수는 그다지 우매하지 않았다. 그들은 이미 통일이라는 선악과를 먹었기에, 고통이든 기쁨이든 기존 인민들은 가지지 못한 공통의 세계관을 가져본 사람들이다. 그들은 이미 대하를 이뤘으니, 그 물 위에 배를 띄우는 사람이 영웅이다. 어떻게 범인들의 대하에 배를 띄울 것인가? 지금 필요한 이는 마음이 한없이 낮은 사람, 그 낮은 마음으로 남을 헤아리는 사람이다.

이제 전국시대를 끝내고 다시 관중과 맹자가 부활할 시간이다. 평범의 비범성, 즉 나의 마음을 통해 남의 마음을 헤아리는 능력을 가진 사나이가 일어선다. 유방, 이 평범하기 그지없는, 출신마저 평민인 사내의 평범한 매력에 끌려 평범한 사람들이 모여들었다. 함께 일을 도모하는 사람들이 갖춰야 할 평범이란 무엇인가? 이익을 보고 냉큼 달려들지 않는 적당한 어수룩함, 위기에 처했을 때 당장 친구를 버리지 않는 적당한 의리, 어제 한 말을 뒤집을 때는 최소한 말을 더듬는 적당한 염치, 신분이 바뀌어도 변하지 않는 적당한 소박함 따위 모두 평범한 것들이었다. 그러나 그의 상대들은 대개 이 평범의 비범함을 간파하지 못했다. 그런 점에서 그들은 유방에 비해 구시대 사람들이었다.

《춘추전국이야기 2》에서 누누이 밝혔듯이 영웅은 성인이 아니다. 그들에게 순수 이성을 요구해서는 안 된다. 하지만 영웅이 아니라면 누가 난세를 마무리할 것인가? 성인군자는 난세를 안정시킬 수 없다. 균형이 무너진 후, 그것을 당장 수습하지 못하면 항상 내란 상황으로 치닫는다. 훗날 전국시대 그 이상의 동란의 시기인 오호십육국五胡十六國 시대를 보라. 천하는 인민의 손을 떠나 무수한 조각으로 쪼개지고, 그 쪼개진 작은 부분의 꼭대기에 오르는 길은 오직 잔혹함과 폭력뿐이었으므로, 중국사상 유례없는 정신병자 군주들의 시대를 열게 된다.

다시 진 제국의 붕괴 시점으로 돌아가 보자. 당시 들불처럼 일어난 군웅, 그들 모두가 의로운 사람들이었을까? 아니, 태반은 진이 놓친 사슴을 쫓는 모리배들이었을 것이다. 모리배와 의사義士, 도적떼와 의병이 구분되지 않는 상태에서 무정부 상태가 이어지면, 그야말로 악화惡貨가 양화를 구축하는 상황이 벌어진다. 포학한 석호石虎가 가면 극악한 염민冉閔이 오는 식으로, 잔혹한 자들이 연이어 일어나 상식을 지닌 이들을 도륙하고 천하를 도탄에 빠트린다.

이런 상황에 들어가지 않으려면 모리배들과 결별하고 당장 중심을 잡아 줄 영웅이 필요하다. 눈치 볼 것 없이 주적主敵을 향해 직선으로 달려갈 장사가 필요하다. 그런 점에서 역발산기개세力拔山氣蓋世의 열혈한 항우 또한 영웅이었다. 항우가 벼리를 잡고 끌지 않았다면 진나라 말기의 상황은 오호십육국 시대 같은 장기 동란의 시대로 악화했을지 모른다.

평범의 비범성을 지닌 이와 힘과 기세가 천하를 덮는 이, 이 두 사나이가 거의 동시에 칼을 뽑았다.

1. 유방의 기의: 협객이 뱀을 자르다 ━━━━━━

이제 이 책의 주인공인 유방이 등장한다. 그는 평민 출신으로 자는 계季
다. 기록에 있는 이야기는 다음과 같다.

그의 어머니가 큰 저수지의 제방에서 쉬다가 잠간 잠이 들었는데 꿈
에 신을 보았다고 한다. 신은 모양을 보이지 않고 대략 용의 모습으로
현신한다. 갑자기 날이 어두워지더니 천둥번개가 쳤다. 유방의 아버지
가 아내 곁으로 가보니 교룡이 아내 위에 올라타고 있었다. 그러고는
곧 회임하여 유방을 낳았다고 한다.

유방은 외모가 준수했다. 코가 우뚝하고 이마가 툭 튀어나온 데다
수염이 멋있었다. 성품이 너그럽고 인자하고 사람들을 아꼈으며, 평민
주제에 뜻은 커서 생업을 돌보지 않았다고 한다. 그러나 그는 천성적으

로 남을 골리기를 좋아하고 예식 따위는 차리지 않았다. 하지만 이기적이지 않아서 곁에 사람들은 모였다. 그렇지만 실속이 없고 알뜰히 생업도 돌보지 않는 건달 같은 사내, 진나라가 싫어하는 인간상의 전형이었다. 그럼에도 제 나름대로 뜻은 있었는지 장성해서는 시험을 쳐서 사수정泗水亭의 정장亭長이 되었다. 훗날 그가 스스로 밝혔듯이 자그마한 벼슬을 했다고 해서 전문적으로 글을 읽을 줄 아는 것은 아니었다.

정은 여행자들을 위해 국가가 운영하는 여관 겸 파출소였다. 정장은 말단 관리지만 휘하에 포졸 몇몇을 둘 수 있는 자리였다.˙ 그런데 이 유방이라는 말단 관리는 다른 관원들을 예사로 놀리고 업신여겼으며 술과 여자도 좋아했다. 그래서 항상 친구를 따라 단골 술집에서 술을 퍼마셨는데 취하면 그대로 자리에 드러누워 버렸다. 그런데 말단 관리가 무슨 돈이 있겠는가. 그래도 그는 술을 줄이는 대신 항상 외상으로 먹었다. 기이하게도 유방이 들어와 술을 마시는 날에는 술집 매상이 몇 배로 올랐다. 그러기에 술집 노파는 연말에는 외상 장부를 꺾어버렸다. 신릉군信陵君과 형가荊軻로 대표되는 협의 분방한 술버릇이 느껴지지 않는가?

그러나 유방 또한 야망은 있었던 모양이다. 그는 한때 함양으로 요역을 간 적이 있었는데 멀리서 진시황의 행차를 보고 이렇게 탄식했다고 한다.

• 《한서》〈고제기高帝紀〉안사고安師古의 주에 따르면 진나라 법에는 10리마다 정을 하나씩 두었다고 한다.

"오호라. 대장부라면 마땅히 저래야지."

하지만 정장이 아무리 진급을 한들 황제의 발뒤축에나 미칠 수 있을 것인가? 법에 걸리지 않고 녹이나 챙겨 받다 보면 짧은 인생은 끝날 것이다. 게다가 그는 술에 취하면 칼싸움도 곧잘 했으니 오랫동안 법에 걸리지 않고 살기도 어려웠을 것이다. 이미 그는 술에 취해 실수로 동네 친구이자 역시 패의 말단 관리인 하후영夏侯嬰을 찔러서 입건된 적도 있었다. 관리로서 칼부림을 했으니 그는 중형을 받을 처지였다.' 그런데 하후영은 유방이라는 친구를 얼마나 아꼈는지 1년 이상이나 옥살이를 하고 수백 대 매질을 당하면서도 자신은 친구의 칼에 상처를 입지 않았다고 우겼다. 그래서 결국 유방은 중형을 면할 수 있었다. 이 또한 법리도 유생도 아닌 영락없는 협객의 행태였다. 그는 무슨 재주로 그토록 사람의 마음을 얻었기에 하우영이 고문을 당하면서도 그를 보호했을까?

이렇게 술도 마시고 심한 장난도 치면서 그럭저럭 정장의 임무를 수행하던 차에 그에게 예기치 않은 복이 굴러들어 왔다. 선보單父의 장자 여공呂公이 패현의 현령과 친했기에 원수를 진 사람을 피해서 현령의 빈객이 되었다가, 이참에 아예 집을 패현으로 옮겨 왔다. 현의 호걸과 관리들은 현령에게 귀한 객이 왔다는 소리를 듣고 와서 축하했다. 당시 소하가 현의 주리主吏로서 예물을 주관했다. 주리란 한대의 공조功曹

- 《수호지진간睡虎地秦簡》 등 출토자료에 따르면 진나라에는 관리가 범죄를 저지르면 가중처벌을 받았다. 폭력범을 잡는 정장이 스스로 폭력에 연루되었으니 걸리면 크게 형벌을 받는다.

로서, 대략 현령의 기록 담당 비서관 격이니 대단한 직책은 아니다. 하지만 이 사나이의 이름은 꼭 기억하자. 비록 한 현에서 관직 하나 차지하고 있었지만 누구도 따를 수 없는 행정관리의 천재였다. 그날 소하는 여러 하객들에게 공표했다.

"예물이 1000전을 채우지 못한 분들은 당 아래 앉으십시오."

당시에도 축의금 따위로 사람의 등급을 나눴던 모양이다. 그러나 유방은 정장으로서 평소에 소하 같은 관리들을 하찮게 보았다. 그는 대범하게도 예물 장부에다 "축하금 1만 전"이라고 허위로 기재했다. 물론 실제로는 한 푼도 없이 그저 술이나 얻어먹으러 온 것이다. 허나 "1만 전"이라 쓰인 장부를 보고 여공은 깜짝 놀라 일어나 문까지 나가 유방을 맞았다. 마침 여공은 사람의 관상을 잘 봤는데 유방의 상을 보니 비범한지라 그를 이끌고 자리에 앉혔다. 그러자 입바른 소하가 말했다.

"유계는 본시 종종 큰소리를 치지만 실행한 적은 거의 없습니다."

소하는 유방을 익히 알았고 사이도 나쁘지 않았지만 잔칫날에 지나친 허풍이 문제가 될까 봐 그렇게 말한 것이다. 그러나 유방이 어디 굴할 사람인가? 그는 소하의 말은 아랑곳 않고 빈객들 전체를 업신여기면서 상석에 앉고는 전혀 예의를 차리는 기색이 없었다. 유방은 언제나 신릉군의 협기를 숭상했기에 현령의 술자리 따위가 대단하게 보일 리가 없었다. 여공은 이 특이한 사내를 꼼꼼히 살피는 중이었다. 배짱하나는 현에서 으뜸 아닌가. 술자리가 거의 파할 무렵 여공은 눈짓을 보내 유방에게 남으라고 했다. 이리하여 술자리가 끝나자 여공이 유방에게 말을 걸었다.

"신은 어릴 적부터 관상 보기를 좋아해서 상을 봐준 사람이 많으나 계씨만 한 상을 본 적이 없습니다. 부디 스스로를 아끼십시오. 신에게 여식이 있는데 계씨를 위해 키를 까불고 청소하는 첩으로 드리고 싶습니다."

유방은 거저 들어온 복을 거절하지 않았다. 일개 정장이 장자의 요청을 거절할 이유가 있겠는가.

술자리가 파하고 집으로 돌아가 여공이 아내에게 이야기를 전하니 아내가 벌컥 역정을 냈다.

"당신은 처음부터 항상 이 딸애가 기특하다고 귀인에게 시집보내겠다고 했잖아요. 패현의 현령이 당신과 사이가 좋아 딸을 달라고 해도 주지 않더니, 어찌 경솔하게 유계에게 딸을 주기로 하셨나요?"

그렇지만 여공은 "이는 아녀자가 알 바가 아니오"라며 기어이 딸을 유방에게 시집보냈다. 이 여식이 바로 남편을 일인자의 자리에 올리는 여걸 여치呂雉다. 여치는 장자의 딸이었고, 그 부모가 본 대로 보통 여인이 아니었다. 그러나 유방에게 시집간 후 평범하게 밭에서 김을 매는 아낙이 되었다.

그러던 어느 날 유방은 인생을 바꾸는 역사의 격랑에 말려들게 된다. 때는 진나라 2세 황제 원년, 폭정 때문에 전국이 서서히 달아오르는 중이었다. 유방은 정장으로서 형도들을 여산酈山으로 호송하는 역할을 하고 있었는데 도중에 달아나는 자들이 많았다. 이런 행태로 보아 진나라 법은 엄정하지만 이미 말단 단위에서는 법을 이행할 행정력에 균열이 가고 있었음을 알 수 있다. 죄수가 달아나면 간수가 책임을 져야 한다. 이미 도망자가 많았으므로 유방은 극형을 면할 수 없었을 것이다. 대충 계산해보니 목적지에 달한 즈음에 죄수들은 모두 달아날 판이었다.

보통 사람이었다면 당장 추격전을 벌여 잡아들인 자를 죽이든지 해서 본을 보였을 것이다. 달아난 자를 잡으면 형이 줄어든다. 진승이 기의할 때 호송 간부가 한 행동을 상기해보라. 그러나 유방은 격이 다른 사람이다. 그는 격을 깨는 협기를 가진 이, 평범의 비범함을 갖춘 이였다. 그의 마음속에 어떤 복안이 있었을까? 사실 복안은 전혀 없었다!

그는 풍읍 서쪽의 소택지에 도착해서는 멈춰 대뜸 술을 마셨다. 신릉군은 막다른 골목에 이르러 술로 달아났다. 평소 유방이 그의 협기를 숭상했으니 이제 자신도 막바지라 생각한 것일까? 습관대로 진탕 마시다가 밤이 되자 그는 형도들에게 폭탄 선언을 했다.

"그대들은 모두 떠나라. 나도 여기서 도망치겠다."

이것이 과연 관리가 입에 담을 말인가? 죄수들은 과연 달아나 버렸다. 그러나 감동한 장사 여남은 명이 유방을 따라나섰다. 같이 도망자 처지가 되었으니 함께하자는 것이었다.

기실 유방이 사람의 마음을 사는 방식은 특별하지 않다. 그는 절체절명의 순간에 자신을 던져버린다. 그가 자신을 던질 때 주위의 몇 명 또한 부득이하게 혹은 감동해서 그와 운명 공동체가 되는데, 일단 함께하면 유방은 이 운명 공동체를 중핵으로 삼아 세를 불렸다. 훗날 대업을 이룬 후에도 그는 문지기조차 꼭 옛 친구처럼 대했다고 한다. 특이한 격식이 있는 것도 아니었다. 신분이 낮을 때나 고귀해진 후에나 상하좌우 누구든 술친구 대하듯 했을 뿐이지만 사람들은 여지없이 그에게 감복했다.

협객은 자잘하게 계산하지 않는다. 그렇지만 그는 탕왕과 같은 고대의 성왕처럼 사람을 살리는 덕[好生之德]이 몸에 배어 있었다. 그가 아니라면 누가 죄수들을 위해 자신의 일생을 망치려 들겠는가? 그는 현령 이하 모든 관리를 업신여기는 사람이요, 황제도 그의 눈에는 별 것 아니다. 그런 그가 사회의 밑바닥에 처한 죄수들을 위해 도망자 신세가 되었다. 위로 아부하지 않고 아래로 어진 것, 이것이 호협豪俠의 첫 번째 자질이다. 추격자에게 붙잡혀 죽을지도 모르는 상황에서도 술을 마시고 드러누워 잔다. 감정에 충실하여 가끔 생사를 가볍게 보는 것, 이것 또한 옛 협객들의 태도다. 그러나 이런 작태는 법가 사상가들과 진 나라의 법리들이 그토록 싫어하는 행동이 아닌가?

그날 유방은 여전히 술에 취해 소택지의 오솔길을 지나가다가 한 사람을 시켜 먼저 가서 길을 살펴보라고 했다. 길을 살피러 간 사내가 돌아와서는 고했다.

"앞에 커다란 뱀이 길을 막고 있습니다. 돌아가는 것이 좋겠습니다."

유방은 술에 취해 호기를 부렸다.

"장사가 가는 길에 두려울 것이 무엇인가?"

그러고는 그대로 앞으로 가서 뱀을 두 동강으로 잘라버렸다. 자신의 큰 몸집을 믿고 길에 드러누워 있던 뱀으로서는 운수 사나운 날이었다. 유방은 그대로 몇 리를 더 가다가 취해서 자리에 드러누워 버렸다.

유방이 뱀을 벤 이유는 아마 술에 취해 객기를 부린 것이었으리라.

뒷날 유방의 추종자들은 검으로 뱀을 벤 유방의 행동을 미화한다. 그러나 굳이 견강부회하지 않더라도, 마치 헤라클레스가 히드라를 베어버린 것처럼 유방이 뱀을 벤 행동의 상징적 의미는 만만치 않다. 아마도 당시에는 큰 뱀이 길을 막으면 상서롭지 못하다고 여겼던 듯하다. 이런 관습은 근대 이전 세계 전역에 남아 있던 풍습이다. 그러나 유방은 그런 관습을 개의치 않는 사람이다. 크든 작든 그에게 뱀은 미물에 불과하다. 헤라클레스가 남들이 모두 경원시하는 불사의 뱀 히드라를 불사로 생각하지 않는 것과 마찬가지다.

검은 결단하는 물건이다. 그는 결단의 순간에 머뭇거리지 않는다. 그는 자기 목숨을 버려 사람을 살리고 탈출하는 중이다. 감히 짐승이 사람을 살린 사람의 앞길을 막는단 말인가?

뱀을 벤 것은 그저 그의 성격을 알려주는 행동에 불과하다. 그러나 사서에는 전설 같은 이야기가 덧붙어 있다. 뒤따라오는 사람이 뱀이 죽은 곳에 이르니 어떤 노파가 울고 있었다. 왜 우느냐고 물으니 노파가 이렇게 대답했다.

"누가 내 아들을 죽였기에 울고 있습니다."

"할멈의 아들은 어쩌다 죽음을 당했소?"

"내 아들은 백제白帝의 아들입니다. 뱀으로 화하여 길을 막고 있었는데 적제赤帝의 아들이 베어버렸기에 울고 있습니다."

그 사람은 노파가 황당한 소리를 한다고 여겨 한 소리 하려고 했으나 그 노파는 홀연 보이지 않았다. 그 사람이 유방이 취해 누웠던 곳에 다다랐을 때 유방은 술이 깨었다. 그 사람이 이 이야기를 하자 유방은 내심 기뻐했고, 함께 있던 사람들은 더욱 그를 외경했다고 한다.

물론 이 이야기는 후대 사람들이 유방의 행적을 신비화하고 그의 기의를 정당화하기 위해서 만들어냈을 것이다. 백제란 서방을 주관하는 신 소호少昊이며, 진의 군주 가문이 사당을 짓고 숭배하던 신이다. 그렇다면 적제란 누구인가? 바로 염제炎帝 신농씨다. 응소應邵는《한서》주註에 "소호씨는 금덕金德(쇠의 덕)을 대표한다"고 썼다. 그렇다면 염제의 뜨거움으로 쇠를 녹여버리겠다는 이야기 아닌가? 또한 염제는 남방을 상징한다. 그러니 진을 멸할 이가 바로 남방에서 일어난 유방이란 이야기리라.

이렇게 단순한 행동은 의미를 얻어 확산된다. 하지만 구체적인 행위에 상징적인 의미를 부여하고 십분 활용하는 것이, 오늘날 이른바 말하는 '부드러운 힘(연성권력, soft power)'의 본질이니 결코 무시할 수 없다. 격변의 시기라도 그저 무력만이 자산이 아니다.

아쉽게도 사서에는 유방이 죄수들을 풀어줬을 때가 진승이 기의하기 전인지 후인지 밝히지 않고 있지만, 그 전이었다면 사서는 반드시 밝혔을 것이니, 명백한 언급이 없는 것으로 보아 아마도 기의 후였을 것이다.

이렇게 유방은 도망자 무리의 수장이 되었다. 바로 그때 진승이 일으킨 기의의 불길이 사방으로 번지는 중이었고, 여러 군현의 인민들이 고위 관리들을 죽이고 동시다발적으로 호응하는 순간이었다. 이런 상황에서 패의 현령도 두려워 현을 들어 진승에게 호응하고자 했다. 당시 현의 옥연이던 조참과 주리 소하가 조언했다. 지금 등장하는 조참도 한나라를 건설하는 주연급 인물이니 꼭 기억하자.

"군은 진나라 관리이면서 지금 배반하고 패의 자제들을 거느리려고 하니, 그들이 말을 듣지 않을 듯합니다. 군께서 달아나 밖에 있는 이를 불러들이면 수백을 얻을 수 있을 겁니다. 그들을 데리고 대중을 위협하면 말을 듣지 않을 수가 없을 겁니다."

현령은 이를 그럴듯하게 여겨서 번쾌를 시켜 유방을 불러들였다. 번쾌는 이른바 개백정이었다.*번쾌에게 유방을 찾아오라고 부탁한 이는 유방의 오랜 친구인 하후영이었다. 번쾌란 자도 기억하자. 이 사람은 유방이 숨을 때 함께 들어가 있던 자다. 이리하여 하후영이 현령의 사자가 되고 번쾌는 유방의 사자가 되어 오랜 친구들이 격변의 장에서 다시 모였다. 그때는 유방이 이끌던 무리가 벌써 수백 명이었다고 한다. 이리하여 '산적 유방'은 현령의 초대를 받고 친구들의 도움을 얻어 성으로 들어갈 참이었다.

그러나 막상 번쾌가 유방의 무리를 데리고 오자 현령은 덜컥 겁이 났다. 저자들을 어떻게 믿는단 말인가? 그들은 도망자들이요, 이미 법을 어긴 적이 있다. 그들이 순순히 자신의 통제를 따를 것인가? 의심이 들자 그는 무슨 변고가 생길까 두려워 후회하면서 성문을 닫아걸고 오히려 소하와 조참을 죽이려고 했다. 소하와 조참은 이를 눈치채고 성을 넘어가 유방에게 몸을 맡겼다. 산을 나오라 하여 나왔더니 성 앞에

• 천민이었던 번쾌가 난세에 유방을 형으로 모신 덕에 훗날 여씨 가문의 여식을 얻어 유방의 동서가 되고, 통일 전은 물론 후에도 유방의 충복이 되어 각종 전투를 치른다.

서 현의 관군과 대치하게 된 형국이었다. 그러나 유방은 침착하게 현의 부로들에게 보내는 서신을 화살에 달아 성안으로 쏴 올렸다. 서신의 내용은 이러하다.

"천하가 진의 학정을 괴로워한 지 오래입니다. 지금 부로들께서 비록 현령을 위해 성을 지키고 있으나, 장차 제후들이 한꺼번에 일어나 패를 도륙할 것입니다. 지금 패가 함께 들고일어나 현령을 죽이고 자제들 중에 세울 만한 사람을 세우고 제후들에게 응하면 집안은 온전할 것입니다. 그리하지 않는다면 부자가 한꺼번에 도륙당할 것인데 무슨 소용이 있습니까?"

이 편지를 받고 부로들은 그리 여기고, 오히려 현령을 죽이고 유방을 받아들였다. 이렇게 난세에는 결단 하나하나가 목숨을 좌우한다. 현령은 어쩌다 결단하지 못했단 말인가. 부로들은 유방을 패의 수령으로 맞이하고자 했다. 그러나 유방은 사양했다.

"지금 바야흐로 천하가 어지러워져 제후들이 한꺼번에 일어나는 형국인데, 지금 못난 우두머리를 세웠다가 한번 패하면 땅을 피로 철갑할[壹敗塗地] 것입니다. 내가 감히 한 몸을 아끼겠다는 것이 아니라, 능력이 부족하여 부형자제들을 온전히 보호하지 못할까 두려워 그런 것입니다. 이는 큰일이니, 원컨대 여러분들께서 서로 추천하시고 될 사람을 고르소서."

어쩌면 그는 진심을 토로한 것일지도 모른다. 비록 뜻이 크다고 하나 신분도 한미한 그가 자그마한 현을 차지하고 벌써 천하를 꿈꾸기야 했겠는가? 그러나 대안이 마땅치 않았다. 소하나 조참은 모두 문리인지라 자기 몸을 아꼈다. 거사가 실패하고 진이 되돌아오면 그들의 종족을 멸할 것이 분명했으므로 실패하더라도 살아날 구멍을 만들어놓아야 했다. 그래서 그들은 극구 유방을 밀었다. 현의 부로들 또한 목소리를 모았다.

"지금껏 들은 바로 유계 그대에게 여러 귀하고 기이한 징조가 있다고 하니 당연히 귀해지겠지요. 또한 점을 쳐봐도 당신이 가장 길하게 나옵니다."

유방이 여러 차례 사양했지만 여러 사람 중에 감히 우두머리가 되려는 이가 없어 결국 그가 패공沛公의 직함을 차게 되었다. 패공을 굳이 우리말로 번역하면 패에서 독립한 우두머리 정도가 되겠다. 그는 황제와 치우에게 제사를 지내고 북에 피를 바른 후 깃발은 모두 붉은색을 썼다. 백제의 아들을 죽인, 혹은 앞으로 죽일 적제의 아들이 자신이라는 뜻이었다. 이리하여 젊고 이름깨나 있는 관리들인 소하와 조참 등과 힘깨나 쓰는 번쾌나 하후영 등이 뭉쳐 패의 자제 2000~3000명을 모아서 기의했다.

이렇게 유방이 역사의 무대로 등장했다. 그러나 유방의 주위에 있던 소하·조참·하후영·번쾌 등은 모두 오랜 친구들이고, 나머지 인력은 아내의 가문에서 빌렸다. 시작은 미미했던 셈이다. 그 친구들의 실력은 아직 의문이나 유방에 대한 의리만큼은 모두 남달랐다. 훗날 유방이 패배를 거듭할 때도 그들 중 한 사람도 배반하지 않았으니 어디를 가든 믿고 사람을 맡기고 작전할 수 있었다. 그러니 난세에는 믿음을 얻는 일 또한 큰 실력이다.

서주 풍현 중양리에 있는 유방의 조상과 필자. 유방은 비록 신분은 한미했지만 주변 사람들의 추천으로 패공의 직함을 차고 소하, 조참, 번쾌, 하우영 등 인재들과 함께 뭉쳐 2000~3000명을 모아 기의했다. 사람을 잘 사귀었던 그는 격식이 없어 주위를 감동시키는 힘이 있었고, 이를 기반으로 세력을 키울 수 있었다.

실로 유방은 사람을 잘 사귀었던 모양이다. 얼핏 보면 공자가 안영을 평가하며 "오래 사귀어도 여전히 공경하는구나[久而敬之]"라고 말한 것과 같은 유형의 사귐은 아닌 듯하지만, 그 내막은 바로 안영의 사귐과 똑같았다. 스스로 격식은 차리지 않았지만 주위를 감동시키는 힘이 있었다. 저마다 형세를 관망하며 몸을 사릴 때 그가 어려운 일을 받아들였으니 누가 이의를 제기할 것인가.

2. 항우의 기의: 역사ヵ士가 관리를 베다 ————

이제 주연급 조연, 아니 또 하나의 주연 항적項籍이 등장한다. 이 사람의
개성 또한 짝을 찾기 힘들 정도로 이채롭다. 우리에게는 자인 '우羽'로
더 알려져 있으니 앞으로는 항우로 부르자. 유방은 배경이 없었기에
작은 세력으로 고향 주변에서 미적거릴 수밖에 없었다. 그러나 항우는
옛 초나라의 거성귀족 항씨 출신이다. 항씨는 대대로 초나라의 장군을
지냈고 항에 봉해졌기에 성을 항으로 삼았다고 한다. 그는 오중에서
일어나자마자 한 번에 강동을 평정하고 웅거한다. 처음부터 그의 세력
은 유방과 비할 바가 아니었다.

　이제 이 사내의 내력을 들어보자. 항우는 하상下相 사람이니 유방의
고향 패와 그리 멀지 않은 곳이다. 그가 처음 기의할 때는 겨우 스물네
살이었다. 이 젊은 사내는 키가 8척이 넘고 힘은 구리 솥을 들 정도였
고, 패기가 좌중을 압도했다. 그런데 항우는 어떻게 해서 훨씬 동남쪽
인 강동에서 기의하게 되었을까? 항우의 작은아버지는 항량이고 항량
의 아버지가 왕전에게 죽음을 당한 초나라 대장 항연이다. 그런데 왜
《사기》에는 항우의 아버지가 등장하지 않을까? 항우는 아버지를 잃고
작은아버지 밑에서 자란 고아일까? 그의 아버지는 할아버지를 따라
종군하다 죽었을까? 다시 기록을 읽어보자.

　항량은 한때 역양櫟陽에서 체포된 적이 있는데, 옛 초나라 수도 인근
기蘄 땅의 옥연 조구曹咎가 역양의 옥연 사마흔司馬欣에게 구명 편지를
써서 형을 면했다고 한다(사마흔은 훗날 거물로 성장한다). 그런데 역양은 관

중 땅이다. 왜 초나라 대장 가문 출신인 항량이 관중 땅으로 가서 체포된 것일까? 진은 통일 이후 천하의 부호들을 관중으로 모았다. 지방의 반란 위협을 제거하기 위한 것이다. 그때 항씨도 관중으로 이사 갔을 것이다. 그러나 그곳에서 항량은 문제를 일으켰고, 안면이 있는 관리의 도움으로 벗어난 것이다. 아마도 죄목은 살인 사건이었던 듯하다. 비록 당시의 법이 엄해도 호걸들은 돈으로 문제를 해결할 수 있었다. 항량이 사람을 죽인 까닭에 원수를 피해 항우를 데리고 멀리 오중으로 옮겨 오자, 오중의 능력 있는 인물들은 모두 그 아래서 나왔다고 한다. 항량이 오중으로 간 까닭은 물론 진의 시야에서 벗어나 초의 옛 인사들을 찾고자 한 까닭이리라. 춘신군이 오 땅에 자리를 잡은 후로 강동은 초나라 인재들의 도피처이자 요람이었다.

항량은 초나라 대장의 아들답게 뜻이 원대했던 모양이다. 그는 오중에 큰 요역이나 상이 있을 때 항상 일을 주관하면서 은밀하게 병법에 따라 빈객과 자제들을 배치하고는 그들의 능력을 살폈다. 항우는 그런 작은아버지를 보면서 배웠을 것이다. 그러나 그는 성품이 조밀한 사람은 아니어서 어렸을 때 글을 가르쳤더니 성취가 없었고, 검법으로 바꿨으나 역시 끝마치지 못했다. 그러나 기세만은 대단하여, 항량이 그가 성취가 없는 것에 화를 내니 대뜸 이렇게 대답했다.

"글은 제 이름이나 쓸 정도면 족하고, 검법은 겨우 한 명을 상대하는 기술이니 배울 가치가 없습니다. 만인을 대적하는 법을 배우고자 합니다."

이리하여 병법을 가르쳤더니 상당히 좋아하다가, 그마저 대강 깨치고는 끝까지 마치지 않았다고 한다.

여기서 우리는 진의 협서율挾書律을 기억해야 한다. 민간인이 실용 서적 외의 책을 함부로 보유하다 걸리면 중형이다. 특히 병법은 위험 하니 감히 배우다 발각되면 일족이 위험에 빠질 수 있다. 그런데도 항 량은 조카에게 병법을 가르쳤으니 분명 숨은 뜻이 있었을 것이다.

항량과 항우가 오중으로 이사 온 후 진시황이 회계로 순행을 나섰 다. 진시황이 절강을 건너는 모습을 보고 항우가 문득 말했다.

"제가 저 자리를 대신할 수 있습니다."

항량은 급히 그의 입을 막으며 주의를 줬다.

"함부로 입을 놀리지 마라. 일족이 주멸된다."

하지만 항량은 그 후로 항우를 달리 보게 되었다고 한다. 기세가 이 정도이니 강동 사람들이 항우를 두려워하는 것은 당연했다.

드디어 2세 원년 가을이 시작된 무렵 진승이 대택에서 반란의 기치 를 들었고, 그 부장들이 동쪽을 경략하기 시작했다. 그해 9월 꼭 패현 에서 있었던 일과 같은 상황이 회계에서도 벌어졌다. 회계군수는 평 소에 항량이 똑똑하다고 알고 있었기에 항량과 상의했다. 항량이 말 했다.*

"강서는 이미 모두 진에 반기를 들었으니, 지금은 하늘이 진을 멸망

---

* 이어지는 이야기는 《사기》 〈항우본기項羽本紀〉와 《한서》 〈진승항적전陳勝項籍傳〉의 내용이 자못 다르다. 《사기》는 "강서는……" 운운하는 말을 회계군수가 한 것으로 기록한다. 그러나 문맥으로 보아 《한서》 가 옳은 듯하다. 정황상 군수가 "진이 망할 테니 먼저 손을 쓰자고" 하겠는가? 필자는 《한서》의 말을 따 른다.

하려는 시절입니다. 선수를 치면 남을 제어하고 늦게 일어서면 남에게 제어당한다고 합니다."

군수가 기뻐하며 대답했다.

"듣자 하니 그대는 대대로 초나라 장수를 역임한 가문 사람이라더군요. 족하밖에 맡을 사람이 없습니다."

항량이 대답했다.

"오 땅에 환초桓楚라는 뛰어난 선비가 있습니다. 지금 소택지에 숨어 살고 있으나, 아무도 그가 어디 있는지 모르고 제 조카 적(항우)만 압니다."

항량은 이에 밖으로 나가 항우에게 밖에서 칼을 들고 대기하라고 일러놓고는 다시 들어와 이야기했다.

"적을 불러 환초에게 명을 전하라고 하시지요."

이리하여 항우가 들어오자 항량은 눈짓으로 알렸다.

'지금이다.'

그러자 항우는 대뜸 칼을 뽑아 군수의 목을 쳐버렸다. 항량이 군수의 머리를 들고 인수를 차자 문하 사람들이 깜짝 놀라서 우왕좌왕하는데, 항우가 달려들어 수십 명을 베어내니 부중 사람들은 두려워 엎드려 감히 일어날 생각도 못했다. 약관을 갓 넘긴 사내의 힘과 대범함이 이 정도였다.

이어 항량은 옛날부터 알던 호리들을 부르고 설득하여 오중의 군대를 거두고 현으로 사람을 보내 정병 8000명을 모았다. 이른바 '강동자제 8000명'이 바로 항씨의 최대 자산이 된 셈이다. 하나의 군단을 얻자 항량은 교위, 사마 등을 임명하여 체계를 세웠다. 평소 항량과 안면이 있지만 자리를 못 얻은 이 하나가 연고를 묻자 항량이 이렇게 대답했다.

"언제 자네에게 상사를 맡긴 적이 있었으나 그대는 잘 처리하지 못했지. 그래서 그대에게 자리를 주지 않은 것이다."

이렇듯 항량은 준비된 사람이었다. 항량은 회계의 장군이 되고 항우는 그 비장이 되어서 현을 돌며 땅을 거둬들였다.

《사기》와《한서》는 공히 유방과 항씨의 행동을 극명하게 대비하고 있다. 유방이 몇 번의 사양을 거쳐서 패공이 된 것과 항량이 스스로 인수를 빼앗아 찬 것, 유방이 스스로 현령을 죽이지 않았으나 항우는 칼을 뽑아 군수를 벤 점, 유방이 무혈 입성했으나 항우는 현령의 수하를 수없이 벤 점 등을 대비하고 있다. 분명 한쪽은 미화되고 한쪽은 폄하되었을 것이다. 그러나 앞으로 두 사람의 행보를 보면 이 점은 더욱 분명히 드러난다. 항우는 확실히 하극상을 일삼았고 살인을 꺼리지 않았지만 유방은 명분을 중시하며 살인을 꺼렸다.《춘추전국이야기 5》2부에서 필자는 살인을 좋아하지 않는 이가 천하를 통일할 것이라는 맹자의 말이 실현되지 않았다고 했다. 이번에는 과연 실현될 것인가? 아니면 훨씬 먼 훗날 실현될 것인가?

이제 강동의 호랑이가 세력을 얻어 웅크리고 앉았다. 항량은 강동을 평정하고도 성급히 강을 건너지 않았다. 아직 성패는 알 수 없다고 여겼기 때문일까? 때는 역시 장초의 군대가 희에서 결전을 기다릴 때였다. 그리고 얼마 후 그들은 장초가 대패했다는 소식을 들었다.

3. 북방의 군벌들

이제 이 복잡한 무대의 제후들을 하나씩 호명할 차례다. 아직까지 진을 무너뜨릴 수 있을지도 불분명했지만 한을 제외한 옛 산동 제후국 땅에서는 곧 새 왕이 섰다. 앞 장에서 우리는 무신이 조왕이 된 사실을 밝혔다. 무신은 서쪽으로 군대를 보내 장초의 서진 군을 돕지 않고 장이와 진여의 의견을 받아들여 한광을 보내 연 땅을 접수하려 했다. 한광이 연 땅으로 들어가자 그 땅의 호족들이 그를 꼬드겼다.

"초도 왕을 세웠고 조도 역시 왕을 세웠습니다. 연이 비록 작으나 역시 만승의 나라입니다. 원컨대 장군께서 자립하여 연왕이 되소서."

한광의 모친은 조에 인질로 있었다. 그러나 그 전에 무신은 가족이 진섭의 손에 있었지만 배반했다. 한광인들 다를 리가 없었다. 일단 한광이 대답했다.

"제 어머니가 조에 있습니다. 그리할 수 없습니다."

그러나 연 땅 사람들이 다시 설득했다.

"조는 장차 서쪽으로 진을 우려하고 남으로 초를 걱정하는 처지이니 저들 힘으로 우리를 저지할 수 없습니다. 또한 이전에 그 강한 초나라도 조왕과 장상들의 가족을 어찌하지 못했는데, 조나라 혼자 무슨 수로 감히 장군의 가족을 해코지하겠습니까?"

그들이 이렇게 나오는 이유는 물론 연 땅을 기반으로 독립해 자신들의 이익을 지키는 것, 혹은 진의 군현제로 인해 잃어버린 자신들의 기득권을 회복하는 것이리라.

중국에서 이른바 기득권을 표현할 때 쓰는 '봉건주의封建主義'라는 경멸적인 꼬리표가 완전히 근거가 없는 것은 아니다. '봉건주의자'들은 동란의 종결을 원하기보다는 지역에서 자신들에게 맞는 정권을 세우고, 그 공으로 지위를 공고히 하려는 자들이다. 게다가 그들은 감히 서쪽으로 나간들 승리를 장담할 수도 없었다. 이미 진의 북방 주둔군이 움직여 정형에서 태원으로 들어가는 길을 막아버렸기 때문이다. 또 조나라 사람들은 기억하고 있을 것이다. 불과 십수 년 전 진장 왕전이 정형의 관문을 나와 조나라를 멸망시켰다는 사실을. 진의 정규군은 여전히 두려움의 대상이었다. 이리하여 한광은 그예 연나라 호족들의 요청을 받아들여 왕이 되었다.

이제 조와 연이 섰으니 그보다 더 큰 나라였던 제나라의 후손들이 가만히 있을 것인가. 적현狄縣의 제나라 왕족 출신 호걸 전담田儋이 때를 기다리고 있었다. 다만 전담은 무신이나 한광과는 격이 다른 인물로 운을 잘 타고 났다면 항우 정도로 활약했을 것이다. 《사기》〈전담열전田儋列傳〉은 항우와 흡사한 그의 등장을 극적으로 그리고 있다. 당시 그의 종제 영榮, 영의 동생 횡橫이 모두 호걸이었다. 당시 진승이 보낸 주불이 옛 위나라 땅을 접수하고 북상해 적현에 이르렀지만 적현은 완강하게 저항했다. 이때 전담이 기지를 발휘했다. 전담은 거짓으로 노복을 묶어서는 젊은이들과 함께 관아로 가서 짐짓 노복을 죽이는 시늉을 했다. 관아에서 살인을 하려 하니 현령이 부리나케 달려왔다. 그 순간 전담은 바로 현령을 때려죽이고 적현의 호리와 자제들을 불러 모아 선언했다.

"제후들이 모두 진을 배반하고 자립했다. 제는 옛날부터 있던 큰 나라다. 나는 전씨이니, 응당 왕이 되어야 한다."

현 사람들은 감히 그를 어기지 못했다. 이리하여 그가 제왕으로 등극한다. 이제 남은 나라는 위魏다. 위나라의 후손은 벌써부터 진승의 진영에 있었다. 진승이 왕으로 등극하자 위나라 공실의 자제이며 한때 영릉군寧陵君이었던 위구魏咎는 그 휘하로 들어갔다. 그가 실로 위나라 마지막 왕의 아들인지는 확정할 수 없으나 봉호가 영릉군이었던 점, 그리고 기록에 나오는 주불의 발언 등으로 보아 그럴 가능성이 크다. 나라가 망하고 그는 서인으로 강등되었다. 조국과 자신의 봉지를 갓 잃은 그가 진승을 찾아간 것은 당연한 선택이었다. 진승은 주불을 보내 위나라 땅을 평정하게 하고, 위구는 자신의 막하에 두었다. 주불은 맹렬하게 위나라 땅을 공략해 구토를 거의 다 회복했다. 그러자 위나라 사람들은 그를 왕으로 세우고자 했다. 조씨가 아닌 무신이 조왕으로 서고, 희씨가 아닌 한광이 연나라 땅에서 독립한 것과 마찬가지다. 그러나 주불은 거절했다.

"천하가 혼란한 후에야 충신이 드러나는 법입니다. 지금 천하가 한꺼번에 진에 반기를 들었으니, 의리상 위왕의 후손을 세워야 옳습니다."

당시 제와 조는 각자 50여 승을 보내 주불을 위왕으로 세우려 했지만 주불은 확고하게 거절하고 진승의 아래에 있던 위구를 보내줄 것을 요청했다. 주불이야말로 난세에 자기 욕심을 채우지 않은 진실한 옛 사대부라 할 것이다. 진승은 희의 싸움에서 패한 후 위구를 보내준다.

위나라는 이리하여 명목상 늦게 섰지만, 사실은 주불이 이미 옛 땅을 다 거둬들여 기반을 쌓아놓은 차에 왕만 추가된 셈이다. 이렇듯 한을 제외한 옛 산동 국가들이 모두 자립했다. 이제 정국은 어떻게 펼쳐질 것인가?

여기서 잠시 숨을 고르고 당시 정국을 검토해보자. 진승이 사람을 보는 안목이 있어서 무신의 부장으로 주불을 딸려 보냈으면 천하가 그토록 여러 조각으로 나뉘었을까? 부질없는 상상이지만, 아마도 무신은 독립하지 못했을 터이고, 당연히 연이 독립하는 사태도 일어나지 않았을 것이다. 장이와 진여도 재주는 있었지만 주불 같은 신의가 없었다. 그러니 난세에 재주가 덕을 넘는[才勝德] 이를 쓰는 것은 패망의 지름길이다. 물론 그 어떤 사람이라도 필요한 재주만 쓸 도량과 기량이 있는 사람이 있었으니 바로 유방이었다.

제3장

출관出關 대
도강渡江

･ ･ ･

진이 드디어 도성 문 앞에서 반란군을 대파했다. 반란은 그예 끝날 것인가? 실제로 장초의 대군이 패하자 각지에서 자립 할거주의가 팽배해서 기의군의 구심점을 잃는 듯했다. 이때 산동에 새로 선 나라들에 약간의 이간질만 가한다면 옛날처럼 연횡의 제물이 될 듯했다. 전쟁 기계인 진의 정규군이 관을 나서서 반란군을 하나하나 꺾는 사이, 내부에서 정치를 망친 이들을 제거하고 정책 방향을 돌려 국가를 일신하면 불가능한 일도 아니다. 새로 선 왕조가 반란을 경험하는 것은 어쩌면 당연한 일이니, 이런 반란을 기회로 삼아 정치를 일신한 경우도 있었다.

그러나 진의 질병은 바로 중앙정치에 있었고, 그 중앙의 난맥상을 바로 잡을 어떤 기제가 없었다. 견제받지 않는 어리석은 황제, 그 어리석은 황제에 편승해 언로를 막고 사익을 취하는 간신배, 법에 걸릴까 눈치만 보는 관료집단이 모여 구성한 중앙정부는 자정능력이 없었다. 이럴 때는 비교적 법망으로부터 자유롭고 황제에게 직언할 수 있는 종실의 어른들이 나서야 하지만, 그들 또한 엊그제 휘몰아친 살인의 광풍 때문에 몸을 사렸다. 맹자가 한 말이 그르지 않다. 포학한 군주는 '외톨이 사내[獨夫]'에 불과하니 누가 도울 수 있으랴.

그럼에도 속담에 "부자는 망해도 3대는 간다"고 했다. 진이 얼마나 큰 집이었나. 3대를 버티지 못하더라도 제국의 면모를 한 번쯤 보여줘야 하는 것 아닌가? 그들은 이제부터 얼마만 한 힘을 보여줄 것인가? 과연 진은 승리와 개혁을 동시에 얻을 수 있을까?

한편 진승을 따라 일어난 이들은 장초가 진의 정규군에게 대패하면서 훨씬 복잡한 정세를 맞아야 했다. 먼저 예전 전국시대처럼 신흥국들은 누가 먼저 진의 정예를 상대할까를 두고 서로 눈치를 봤다. 도요새와 조개가 자신의 신분도 모르고 어부지리를 노린다면 결국 진짜 어부가 이익을 독차지하지 않겠는가? 아무도 선뜻 나서지 않는다면 진은 하나씩 제후군을 격파할 것이고, 할거주의자들은 이리저리 싸움을 피하다 마지막에는 백기를 가슴에 품고 목숨이나 구할 방도를 찾을 것이다. 모리배들은 그 사이에 인민들이 또 얼마나 죽어 나간들 전혀 아랑곳하지 않고 얼굴을 바꿀 것이다. 실로 난세에 일어난 이들 중 태반이 모리배들이라, 서로 이익을 두고 물어뜯을 가능성은 이전 6국이 있던 시절보다 오히려 커졌다. 모두가 제후가 되려고 하면 백성은 누가 할 것이며, 모두가 남의 땅을 노리고 침략을 일삼으면 누가 씨를 뿌리고 거둔단 말인가?

마침 혹독한 겨울이 오는 터라 마소가 먹을 것은 부족한데, 그때까지 구심점 역할을 하던 오광과 진승마저 막바지에 몰린다. 그러면 자중지란 속에서 반란은 사그라질지도 모른다. 그러나 영웅의 계보는 여기서 끝나지 않았다. 강서에게 패배의 소식이 들릴 때 항우가 강을 건넌다. 그리고 유방이 항씨를 찾아간다. 그들은 처음 동지로 만났다.

1. 기우는 집의 맏형, 이사

먼저 진의 정치를 살펴보자. 정치가 거꾸로 서 있을 때 얻은 승리는 결국 사망을 앞당기는 독일 뿐이다. 희의 승리는 정치를 쇄신할 기회로 활용되지 못하고 중앙정치의 질환을 악화시키기만 했다.

　조고는 전횡을 일삼는데 진나라의 중심을 잡을 중신들은 전부 도대체 어디에 있는가? 장한이 가까스로 장초의 군대를 막아냈을 때 건국의 주인공이자 나라의 어른인 이사는 발목이 잡혀 있었다. 아들 이유가 어렵게 형양을 지켜냈지만 그 공은 무시당하고 반란군의 서진을 막지 못했다는 질책만 들어야 했다. 아들 문제로 문책을 당하자 그는 누리던 영화를 버리지 못하여, 용서를 구하고자 오히려 거꾸로 아첨하는 소를 올렸다. 구구절절 변명과 아부가 이어지나 핵심은 더욱 형벌을 엄격히, 또한 더욱 자의적으로 행하라는 것이었다.

"무릇 현명한 군주는 갖은 수를 써서 신하들을 감시하고 질책[督責]하는 사람입니다. 신하를 감시하고 질책하면 그들은 감히 능력을 다해 군주에게 순종하지 않을 수 없습니다. 이렇게 신하와 군주의 직분이 정해지고 상하의 의리가 명백해지면 천하의 잘난 자든 못난 자든 누구라도 감히 온 힘을 다해 그 군주를 따를 수밖에 없습니다. 그러므로 군주는 홀로 천하의 모든 이를 제어하지만 제어당하지 않습니다[主獨制於天下, 而無所制也]."

믿을 수 없는 이야기다. 유한한 인간이 다스리는 인간 사회에서 독제獨制란 가능한 것인가? 하물며 2세 같은 천하의 천치에게 이런 말이 가능한가? 이사는 말을 이어간다.

"명주성왕明主聖王이 그 존귀한 자리를 오랫동안 차지하고 무거운 권세를 오랫동안 잡고, 천하의 이익을 독단하는 것은 다른 까닭이 아니라, 능히 독단獨斷하고 세밀하게 감시하고 책임을 물어 반드시 엄벌에 처하기 때문에 감히 죄를 범하지 못하는 것입니다."

이사는 이야기를 이어간다. 독재와 독단을 통해 신하들의 입과 귀를 막으라는 것이다. 무슨 내용인가? 자신의 아들을 혹독하게 다뤄 달라는 뜻인가? 이런 아부가 어떻게 효과를 얻었는지 모르지만, 이사에게 형이 떨어지는 시간을 다소 늦춘 것은 사실인가 보다.

그렇게 화를 잠시 미뤘으나 이사는 조정의 중신으로서 일말의 책임을 느꼈던 듯하다. 하긴 진이 그대로 무너지면 또 그 가문이 온전하겠는가? 그는 기회를 봐서 정치에 대해 간할 마음을 먹었다. 그러나 조고가 어떤 사람인가? 그는 먼저 이사를 찾아가 만나 짐짓 진지하게 말했다.

"관동에서 각처에서 도적들이 날뛰는데 황상께서는 더욱 급히 요역을 늘려 아방궁을 짓고 개나 말 따위의 쓸모없는 것들을 모으고 있습니다. 신이 간하려 하나 지위가 미천하여 어쩔 수 없습니다. 이 일은 실로 군후께서 하실 일인데 어찌 간하지 않으십니까?"

이사가 대답했다.

"실로 그렇소. 나도 말을 하려고 한 지 오래요. 그러나 지금 상께서는 조정에 나오지 않으시고 깊은 궁궐에 거하시니 내가 말을 하려 한들 전할 도리가 없소. 뵈려 한들 틈이 없소."

조고가 말한다.

"군후께서 실로 간하고자 하신다면 황상께서 한가한 시간에 제가 군후께 기별을 드리겠습니다."

하지만 이것은 조고의 음모였다. 조고는 2세가 잔치를 벌여 여자들과 놀려는 사이에 사람을 시켜 이사에게 말을 넣었다.

"상께서 마침 한가하시니, 진언을 올려도 좋습니다."

영문을 모르는 이사는 궁문에서 뵙고자 한다는 청을 세 번이나 올렸다. 그러자 2세가 역정을 냈다.

"나는 한가한 날이 많다. 승상은 그 많은 날은 오지 않더니 내가 마침 사사로이 즐기려 하는 때에 느닷없이 찾아와 일을 고하려 하는구나.

• 이런 이야기를 들은 사람이 있을 리 없다. 그러나 이는 모두 훗날 이사가 투옥된 후 조서에 기록되거나 옥리들이 들은 이야기일 것이다.

승상이 어찌 나를 어린아이로 보는 것인가? 실로 그런 것인가?"

조고가 2세의 역정에 응해서 참견했다.

"승상이 이렇게 나오면 위험합니다. 사구의 일을 꾸밀 때 승상도 함께했습니다. 지금 폐하께서 이미 황제가 되셨으나 승상은 더 부귀해진 바가 없으니, 이는 결국 땅을 떼어 왕이 되겠다는 뜻입니다. 그뿐이 아닙니다. 폐하께서 신에게 묻지 않으시니 감히 말씀드리지 못한 일이 있습니다. 승상의 장남 이유는 삼천군수인데, 초의 도적 진승 등이 모두 승상의 고향 근처 현 출신이라 도적들이 버젓이 삼천군을 지나도 승상의 아들은 성만 지키면서 나가서 치려고 하지 않았습니다. 제가 저들 사이에 문서가 오간다는 말을 들었지만, 아직 심문해보지 않았기에 감히 고하지 못했습니다. 지금 밖에서 승상의 권세는 폐하보다 더합니다."

2세는 물론 쉽사리 모함에 넘어갔다. 그는 조고가 아니면 문서 하나도 처리하지 못하고 외부 사정을 들을 수도 없는 바보에 귀머거리가 되어 있었다. 이리하여 2세는 이사를 심문할 기회를 엿보며 먼저 이유를 내사했다. 이사가 이 소식을 듣고 감천궁으로 찾아가 2세를 만나려 했으나, 마침 2세가 연극을 보려고 하는 중이라 만나지 못했다.

이사가 보기에 이는 나라가 기어이 망할 징조였다. 나라가 무너지기 직전인데 군주는 구중궁궐에 처박혀 극이나 즐기고 있고, 군주의 수족은 중신인 자신을 해치려고 한다. 나라가 망해도 죽고 권력 투쟁에서 패해도 죽는다. 이에 그동안 비루하게 나오던 이사가 돌연 강한 어투로 조고를 비난하는 글을 올렸다.

"신이 듣기로 '신하가 군주와 비등해지면 나라를 위태롭지 않은 적이 없고, 첩이 지아비와 맞먹으면 집안이 위태롭지 않을 수 없다'고 합니다. (중략) 옛날 제나라 전상田常은 군주 간공簡公의 신하이면서 나라에서 최고의 작위에 오르고 가문의 부가 공실과 어깨를 나란히 했습니다. 그자가 은혜를 베풀어 아래로 백성들의 마음을 얻고 위로는 여러 신하들을 제 편으로 끌어들여 몰래 나라를 차지해 궁중의 뒤뜰에서 재여宰予를 죽이고 조당에서 간공을 죽였음은 천하가 다 아는 일입니다."

그리고 곧바로 조고를 탄핵했다.

"조고가 바로 전상과 같은 간특한 마음을 갖고 있습니다. 폐하께서 도모하시지 않으면 변고가 일어날까 두렵습니다."

하지만 이제 와서 어쩔 것인가? 조고를 키운 이는 바로 이사 자신이 아니었던가? 어린아이가 유모를 믿듯이 2세는 근신 조고를 믿을 뿐 멀리 있는 이사의 말을 믿지 않았다. 그는 소를 읽고 반문했다.

"무슨 말씀이오? 조고는 본시 환관에 불과해 외람된 뜻을 품지도 않았거니와 국가를 위험에 빠뜨리는 반역의 행동도 하지 않았소. 그저 행동을 조심하고 선행을 닦아가며 이 자리까지 왔고, 충성스러운 말을 올리고 신의로 그 자리를 지키고 있기에 짐은 그를 참으로 현명하다 생각하는데, 군께서 그를 의심하니 어쩐 일이오?"

조고에게 마음을 다 빼앗긴 황제는 은연중에 진심을 토로한다.

"짐은 어려서 선제를 여의고 아는 바가 없어 백성을 다스리는 데 익숙하지 않고, 군 또한 연로하여 아마도 천하의 일과 멀어진 듯한데, 짐이 조군(조고)이 아니면 누구에게 일을 맡긴단 말이오? 또한 조군은 사람됨이 정숙하고 청렴 강직하여 아래로는 백성들을 마음을 알고 위로는 짐의 뜻을 헤아릴 수 있소. 군은 조군을 의심하지 마시오."

이사가 반박했다.

"그렇지 않습니다. 조고는 본시 천한 자로 이치를 알지 못하고, 탐욕이 끝이 없고 이익을 구하는 바가 한도가 없습니다. 그 세력이 군주 다음인데 구하고 바라는 바가 끝이 없으니 신이 위태롭다 하는 것입니다."

그러나 2세와 조고는 이미 한 몸이었다. 2세는 이사 등이 일거에 조고를 제거하려 들까 봐 이사의 뜻을 조고에게 알렸다. 풍거질 등 진시황 생전의 중신들은 조고의 전횡을 알고 있기에 손을 쓰려고 했지만 조고 또한 만만한 사내가 아니다. 비천한 신분에서 오직 신분 상승의 의지로 온갖 모진 짓을 태연히 해낸 그다. 암투의 기술로는 이제 천하의 으뜸인 그가 일신의 안일과 국가의 대사 사이에서 길을 잃고 좌충우돌하는 이사에게 쉽사리 당할 것인가? 난국을 타개할 능력을 가진 마지막 희망일 수 있던 이사는 이미 정치적인 힘을 잃어버렸고, 형벌의 도끼는 시시각각 그의 목으로 다가오고 있었다. 이렇듯 진나라 조정은 황제와 결탁한 조고 일파와 기존의 중신 집단으로 나뉘어 힘을 발휘하지 못했다.

2. 스스로를 태우는 불씨: 진승과 오광의 죽음

북으로 떠난 장수들이 모두 자립해 제 주머니만 꿰차니 서진군은 힘을
모으지 못하고, 희에서 대패하고 말았다. 그들은 함곡관을 나와 방어
선을 쳤지만 몇 달 동안 계속 밀렸고, 마침내 11월 민지에서 패한 후 주
문은 자살하고 말았다.

앞서 말한 대로 그 무렵 조와 제는 위 땅을 평정한 주불을 왕으로 세
우려고 했지만 주불은 위나라 후손을 찾아 왕으로 세우려고 했기에 진
승은 데리고 있던 위구魏咎를 보내줄 수밖에 없었다. 그러나 저마다의
복잡한 사정 때문에 새로 선 제후들은 누구도 군사를 보내 진승을 도
우려고 하지 않았다. 장초의 군대는 형양을 포위하고 있는 차에 희에
서 승리하고 동진하는 장한의 군사를 동시에 막아야 하는 어려운 시기
였다. 이때 형양을 둘러싸고 있던 장초의 진영 내부에 내분이 일었다.
장군 전장田臧 등이 모여 의논했다.

"주장周章(즉, 장초의 사령관 주문)의 군대는 이미 패했고 진군이 아침저
녁이면 닥칠 텐데 우리는 형양을 포위하고도 떨어뜨리지 못하고 있습
니다. 이러다 진군이 닥치면 분명 크게 패할 것입니다. 형양을 지킬 정
도의 최소한의 병력만 남기고 전군을 들어 진군을 맞서 치는 것이 낫
습니다. 허나 지금의 가왕(오광)은 교만한 데다 병법을 모르니 함께 도
모할 수 없습니다. 그를 죽이지 않으면 일이 실패할까 두렵습니다."

오광이 누구인가. 바로 진승과 함께 기의한 사람이다. 그는 사람들
을 잘 돌봤기에 부하들이 따랐다고 한다. 그런데 지금 부장들이 교만

하다고 평가하니 무슨 까닭인가? 몇 달 사이에 사람이 바뀐 것인가, 아니면 원래 사대부 출신이며 병법을 아는 자들이 하층민 출신 오광을 위에 두기 싫었던 것일까? 필자는 후자에 무게를 두지만 역시 알 수 없는 노릇이다. 중요한 것은 이제 자신들의 왕과 함께 기의하여 그 대리인(가왕) 역할을 하는 이를 부하들이 죽이려고 할 정도로 장초의 기강이 무너졌다는 사실이다.

그들은 결국 왕명을 위조하여 오광을 죽이고는 그 머리를 진승에게 보냈다. 진승의 선택 또한 서글프다. 진을 무너뜨리고자 함께 일어섰던 동지의 죽음을 보고 그는 부장들을 벌할 생각도 하지 못했다. 일단 진의 군대를 막아야 하니까. 그는 전장에게 초나라 영윤의 인장을 주고 상장군으로 삼아 진군과 대결하게 했다. 그러나 과연 이리저리 임시방편을 쓴다고 성공할 수 있을 것인가? 도대체 자신은 언제 전장으로 나선단 말인가? 애초에 그가 전선에서 싸웠다면 애꿎은 동지가 죽는 일도 없었을 것이나, 이제 와서 선봉군에서 하극상이 일어나고 기강이 무너졌다면 뒤늦게나마 스스로 달려가 바로잡아야 할 것이다.

전장에서 생과 사가 갈리는 원리는 실로 역설적이다. 죽음을 무릅쓰는 이가 살고, 삶을 구하면 죽는다. 전쟁의 사신死神은 두 얼굴을 가지고 있어 정면으로 맞서면 꼬리를 빼지만 등을 돌리면 세상 끝까지 쫓아온다. 지금이라도 군대가 와해되지 않게 하려면 군주가 직접 전선으로 가야 한다. 그러나 사서에 따르면 그는 안타까울 만큼 빨리 왕이라는 지위의 달콤함에 빠져들었다. 꿀에 빠지는 줄도 모르고 꿀단지로 들어간 나비처럼. 그는 기어이 불씨의 역할에 만족했던 모양이다.

전장은 오광을 죽이고 군대를 차지한 후 제 나름대로 최선을 다했다. 그는 정예를 모두 끌고 오창敖倉으로 나가 진군과 맞서 싸웠다. 진이 오창의 곡식을 차지하면 산동으로 군대를 먼저 보내고 황하를 따라 식량을 내려 보낼 것이다. 그러면 하남과 하북 어떤 세력도 무사할 수 없다. 그러나 그는 승세를 탄 진군에게 여지없이 패하고 전사하고 말았다. 적장 장한은 그대로 형양성 아래로 다가가 형양을 포위하고 있는 소수의 장초군을 다시 격파하고 장초의 장수 이귀李歸를 죽였다. 장한이 수도 진현 주위를 돌며 장초의 주둔군을 하나씩 격파해나가자 패한 장초군은 수도로 몰려들었다. 이에 진승은 패하여 들어온 등열鄧說 등을 죽여 군기를 다잡고, 무평군武平君 반畔을 장군으로 세워 부장 등을 이끌고 진에 대항하게 했다. 그러나 고질적인 문제가 또 발생했다. 부장 중 진가秦嘉는 무평군 반을 우두머리로 인정하지 않고 수하들에게 이렇게 명령을 내렸다.

"무평군은 나이도 어리고 병법도 모른다. 그의 명을 듣지 마라."

이렇게 말하고는 전장이 오광을 죽였던 꼭 그 방식대로 거짓 왕명으로 무평군을 살해했다. 진가는 동해군에서 기의했던 자인데 진승이 무평군 반을 보내 군대를 접수하고 자신을 부장으로 두자 앙심을 품었던 모양이다.

문제는 시점이다. 힘을 모아 적을 상대해야 할 때에 반복해서 하극상이 일어나니 군심이 동요할 수밖에 없었다. 그러나 이번에도 진승은 어찌할 도리가 없었다. 무평군 반이 실로 그렇게 어리석은 이였다면 세우지 말아야 했을 것이고, 능력이 있으나 하극상으로 죽었다면 하극상의 당사자를 처형해야 했다. 그러나 진승은 둘 중 어느 것도 하지 못했다. 그 사이 장한은 수도 주위를 평정하고 들이쳤고, 상국 채사마저 직접 싸우다 전사했다.

상국이 전사했다. 진승은 아직도 스스로 전장으로 나오지 않았다. 장한이 진현 서쪽에서 장하張賀의 군대를 칠 때 그는 드디어 군대를 감독하러 나섰지만 패하여 장하는 죽고, 진승 자신은 여음汝陰으로 달아났다가 동북으로 방향을 틀어 하성보下城父로 나갔다. 당시 동북방에서 유방 등이 진과 싸우고 있는 것에 희망을 걸었거나, 너무나 황급하여 별 계획 없이 방향을 틀었을 것이다. 그러나 자기 수레를 모는 장가莊賈라는 자가 진승을 죽인 후 진에 투항하고 말았다. 이렇게 들판에 불을 지르고 한때 산동을 뒤흔들었던 영웅 진승은 죽었다. 그러나 반진의 불길이 꺼진 것은 아니다. 산동의 옛 땅에서 새로운 제후들이 섰고, 유방과 항우처럼 독자적으로 일어난 이들도 무수히 많았다.

이제 진승과 그의 친구 오광의 행적을 정리할 차례다. 진승은 평지에 일어난 화산처럼 순식간에 일어섰지만 겨우 반년 만에 살해되고 말았다. 그는 왜 그토록 일찍 넘어지고 말았을까? 먼저 태사공의 평을 들어보자.

> 진승이 왕 노릇을 한 것은 대략 여섯 달이다. 왕이 되어서는 진현에 왕도를 두었다. '함께 고용살이 밭갈이를 한 적이 있는 옛 친구'가 이 소식을 듣고는 진현으로 가서 궁문을 두드리며 말했다.
> "나는 섭을 만나려 하오."
> 궁문을 열자 수령이 그를 잡아 묶으려 했지만 그가 누차 설명하기에

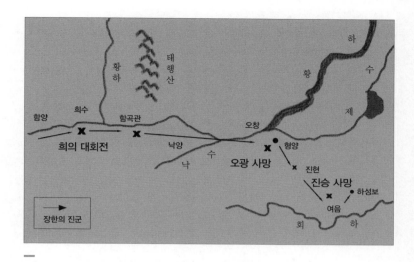

지도 내 라벨:
하
황하
태행산
황하
수
황
함양
희수
함곡관
오창
제
희의 대회전
낙양
낙수
형양
오광 사망
진현
진승 사망
하성보
여음
장한의 진군
회
하

진나라의 반격. 장한이 진현 서쪽에서 장하의 군대를 칠 때 진승이 드디어 군대를 감독하러 나섰지만 패하여 장한은 죽고, 진승은 여음으로 달아났다가 동북으로 방향을 틀어 하성보로 나갔다. 당시 동북방에서 유방 등이 진과 싸우고 있는 것에 희망을 걸었거나, 너무나 황급히 별 계획 없이 방향을 틀었을 것이다. 그러나 자신의 수레를 모는 장가라는 자가 그를 죽인 후 진에 투항하고 말았다.

풀어주되 문으로 들이지는 않았다. 마침 진왕(진승)이 나오자 그는 길을 막고 "섭이, 섭이" 하고 큰 소리로 불렀다. 진왕은 이를 듣고 그를 불러 함께 수레를 타고 들어갔다. 궁에 들어가 궁실과 휘장을 본 그 친구는 감탄했다.

"많기도 하다[夥頤]! 섭이 왕이 되더니, 궁궐이 정말 대단하구나!"

초나라 사람들은 '다多'(많다)를 '화夥'라고 한다. 이리하여 천하에 그 이야기가 전해졌으니, '화섭위왕夥涉爲王'이란 말은 진승에서 시작되었다. 이 손님은 점점 더 멋대로 궁을 드나들면서 진승과의 옛 이야기를 거리낌 없이 했다. 그러자 어떤 이가 진승에게 말했다.

"객이 어리석고 무지하여 망령된 말을 일삼는데, 이는 왕의 위세를 깎는 일입니다."

진왕은 이 말을 듣고 옛 친구의 목을 쳐버렸다. 그러자 옛 친구들은 모두 떠나버렸으며 진왕을 가까이하려는 이가 없어졌다. 진왕은 주방朱房을 중정中正으로 삼고 호무胡武를 사과司過로 삼아 군신들을 감찰하게 했다. 여러 장군들이 땅을 경략하고 돌아와 보고할 때, 이 두 사람이 영을 내려도 듣지 않는 이들은 죄를 물었다. 이들은 가혹하게 감찰하는 것을 충성이라고 여겼고, 그들이 보기에 마음에 들지 않는 이들은 아래 관리에게 넘기지 않고 직접 죄를 추궁했다. 진왕이 그들을 신임했기에 여러 장군들은 그에게 다가서지 못했고, 이 때문에 그는 실패한 것이다.

권위를 생명으로 여기던 왕조 시절에 내린 평가이니 더욱 의미심장하다. 부귀해지면 서로 잊지 말자고 먼저 다짐했던 진승이 그 말을 믿고 온 친구를 죽인 것이다.

진승은 자주 배신당했다. 그가 파견한 장수들이 땅을 경략한 후 번번이 그 자리에 주저앉으니 의심은 더 심했을 것이다. 옛 6국의 후예들의 눈에 무지렁이 진승이나 오광 따위가 성에 찼겠는가? 장이와 진여가 배신한 것도 그런 까닭이다. 수세에 처하자 일선의 하극상은 더욱 빈번해졌다. 그러니 진승은 내심 권위를 갈구했을 것이다. 그러나 실질이 없는 권위는 내장을 죽이는 암세포와 같다.

하지만 진승이 잊은 것이 있다. 장수의 권위는 어떻게 생기는가? 전략가 오기_{吳起}가 이미 답안을 제시했다. 전장에 나가 병사들과 함께 고락을 같이하며 싸워서 승리하는 것뿐이다. 반란군의 권위는 어디서 생기는가? 우리는 진과 다르다는 기치를 높이 올리고 인민들을 끌어 모으면 권위는 나날이 올라간다. 그럼에도 그는 왕 자리에 탐닉하고 사람을 함부로 대했다. 무슨 수를 써도 권위가 생기지 않으면 어떻게 하는가? 권위를 세울 자산이 하나도 없다면 어떻게 하는가? 그때는 차라리 권위를 버려야 한다. 역시 오기가 답안을 제시했다. 전장에서는 권위의 힘보다 오히려 아버지와 아들처럼 서로 목숨을 같이하는 결합이 중요하다. 후한의 건국자 광무를 보라. 그럭저럭 좋은 배경을 가졌지만 최후의 승리가 목전에 올 때까지 말 위에서 달렸다. 단 13기로 적진을 돌파하기도 했고, 부하 몇 명과 사지에 몰리면서도 싸웠다.

그런데 진승과 오광을 위해 지금껏 어떤 사서도 언급하지 않았던 변명 하나를 들려주겠다. 진승과 오광은 말을 못 탔을 것이다. 말은 하루아침에 탈 수 있는 동물이 아닌 데다, 애초에 하층민은 말을 탈 수가 없었다. 진승과 오광이 일어나고 실패하는 데 소요된 시간은 고작 6개월, 진승은 왕이 되어 진현에 머물렀고 오광이 일선에 있었다. 대장이 되어 전선을 지휘하려면 말을 자유자재로 다뤄야 한다. 필자는 부장들이 오광을 무시하며 "병법을 모른다"고 한 말은 훨씬 구체적인 의미를 담고 있다 생각한다. 농민이 진법을 모르는 것은 당연하고 전차를 잘 다룰 리도, 승마에 익숙할 리도 없다. 차와 말을 타는 이는 전장의 엘리트들이다. 그러니 말도 잘 다루지 못하는 무지렁이의 대접을 받을 수 없다는 뜻이리라. 전장에서 말을 타려면 고도로 숙련된 기술이 필요하다. 《삼국지》의 등장인물 여포가 조조에게 사로잡혀 죽기 직전에 한 말이 바로 이것이다.

"제가 기병을 이끌고 조공이 보병을 부리면 천하무적입니다."

조조는 일순 혹했지만 유비의 청을 받고야 그를 처형한다. 여포는 이념이나 의리는 물론 심지어 양심도 없는 희대의 악한이었다. 그런 자가 북방에서 태어난 덕에 말을 타고 적진을 잘 휘젓는다는 이유로 한참이나 영웅 행세를 했으니 그 기술의 값어치는 대단했던 것이다. 진승과 오광이 전쟁의 기술을 익히기에는 무대 위에 그들이 머문 시간이 너무 짧았다. 반면 정장 출신의 유방은 말을 잘 탔고 귀족 출신의 항우는 숫제 마상 창술의 달인이었다.

전쟁이란 거친 시험대이자 기묘한 왜곡의 장이다. 절대 다수 농민이 주체가 되어 반란이 시작되었다 할지라도, 전쟁이 길어질수록 전쟁 기술자들과 신분이라는 선천적인 자산을 가진 이들 혹은 문자를 익힌 이들이 상부로 올라간다. 독자들도 앞으로 나올 무수한 인물들을 분류해 보시라. 진정 진승과 오광처럼 무지렁이에서 치고 올라온 사람들이 과연 몇이나 있는지. 그래서 진승과 오광의 실패는 한층 더 아쉽다.

3. 강동의 호랑이가 강을 건너다

진승이 패하고, 패잔병들이 흩어지고, 옛 열국들의 땅에서 제후의 이름을 얻은 군벌들이 우후죽순처럼 들어서고 있을 때 항량과 항우는 강동을 공고히 하는 데 집중했다. 강 건너 북쪽에서는 진군과 각처의 군벌들이 얽혀 싸웠고, 진의 위협이 사라질 때는 제후 군벌끼리 싸우는 형상이었다. 장강의 보호를 받으며 북방을 관망하는 것도 나쁘지 않은 선택이었다. 그때 그들에게 기회가 찾아왔다.

진승의 부장 소평召平은 광릉廣陵을 공략하는 중이었지만 끝내 함락시키지 못했다. 그러던 차에 진승이 패하여 도주했으며 진군이 곧 들이닥치리라는 기별이 왔다. 사기가 떨어진 군대로 진의 정규군을 상대할 수는 없을 테니, 그들이 들이닥치기 전에 강을 건너야 살아남을 수 있다. 그러나 강동에 있는 항씨의 의중을 몰랐다. 이에 소평은 역으로 꾀를 냈다. 대담하게도 그는 생사도 불분명한 진승의 명을 위조하여 항량에게 명을 내렸다.

"그대를 초나라 상주국으로 임명한다. 강동은 이미 평정되었으니 급히 군대를 이끌고 서쪽으로 진을 치라."

소평은 구원군을 얻고 항량은 도강의 명분을 얻을 수 있으니 서로 좋은 기회였다. 항량은 정예 8000명을 거느리고 강을 건넜다. 지독히 운도 좋아서 그들은 힘들이지 않고 진승의 군대를 거둘 수 있었다. 당시 동양사람 진영陳嬰이 막 동양을 수중에 넣었다는 소식이 들렸다. 항량은 그들의 군대와 합쳐 서쪽으로 갈 요량이었다. 당시 여러 현에서 벌어졌던 일과 마찬가지로 동양의 젊은이들이 현령을 죽였지만 막상 우두머리로 세울 사람이 없었다. 그들은 결국 현의 관리로서 신망을 얻은 진영을 왕으로 세우려 했지만 진영은 야망이 큰 사람이 아니었다. 진영의 어머니가 아들을 설득했다.

'역발산기개세'로 떠오른 항우. 항우는 따로 군대를 거느리고 양성을 공략했지만 쉽사리 함락시킬 수 없었다. 하지만 집요하게 공략하여 양성을 함락시킨 후에 성내의 인민을 모두 파묻어버렸다. 이로써 항우는 양성을 공략한 후 이미 그 기질을 만천하에 드러냈다. 이리하여 약관의 사나이의 이름은 전국에 공포의 대상으로 떠오른다.

"내가 너의 집안에 시집온 이래 너희 집안에 예부터 귀하게 된 이가 있다는 소리를 들어본 적이 없다. 지금 폭력으로 큰 이름을 얻는 것은 상서롭지 않고, 차라리 남의 밑에 들어가는 것이 낫다. 그리하여 일이 잘 되면 제후에 봉해지고 일이 잘 안 되어도 세상이 지목하는 사람이 아니니 쉬이 숨어들 수 있다."

진영의 어머니는 앞서 언급한 것처럼 난세에 필요한 자산과 처신법을 간파한 셈이다. 진영 또한 강권을 못 이겨 잠시 우두머리 역할을 맡고 있던 차에 어머니의 말을 듣자 결심을 굳혔다. 마침 그때 항량이 강을 건넜던 것이다. 진영은 군리들을 모아 선언했다.

"항씨는 누대째 장수를 지낸 초나라의 명문가요. 지금 큰일을 하고

자 한다면 그와 함께하지 않으면 안 되오. 우리가 명문가에 몸을 맡기면 반드시 진을 멸망시킬 수 있을 것이오."

대중은 진영의 의견을 들어 항량에게 귀속했다. 그때 동양에서 끌어 모은 군세가 무려 2만 명에 육六에서 스스로 일어난 영포英布[黥布]가 일거에 항씨 휘하로 들어갔다. 다음 장에서 설명하겠지만 영포는 향후 전개되는 국면마다 판세를 결정하는 걸물이었다. 이렇게 항씨가 동방에서 대세로 자리를 잡으니 각처의 군중이 몰려들어 이미 6~7만 명을 이뤘다. 항량은 하비下邳에 주둔하며 진과의 일전에 대비했다.

처음부터 운이 좋았던 차에 마침 딛고 일어선 계단이 한 층 더 생겼다. 앞서 언급한 진가라는 인물은 진승의 기의 소식을 듣고 독자적으로 일어난 사람이다. 그러나 그는 제 나름대로 야망이 있어서 진승의 명을 기꺼워하지 않다가 일전을 앞두고 배신하더니 결국 독립했다. 그 또한 장이나 진여처럼 진승의 패배에 일조한 사람이다. 그는 진승이 죽자 즉시 옛 초나라 귀족 경구景駒를 초왕으로 임명하고 자신은 대사마로서 병권을 잡았다. 그가 감히 항량을 막아섰던 것이다. 하기야 진승도 왕으로 인정하지 않았던 그였으니 이런 자충수가 놀랍지는 않다. 군대는 사기를 먹고 성장하므로 첫 번째 승리가 매우 중요하다. 그러나 항량으로서는 처음부터 진군을 직접 상대하는 것보다 진가를 상대하는 것이 나았다. 항량은 군리들에게 선포했다.

"진왕陳王(진승)이 처음으로 거사를 하였으나 전황이 불리하여 아직 그 소재를 모른다. 그런데 지금 진가가 진왕을 배반하고 경구를 옹립한 것은 대역무도한 짓이다."

이리하여 팽성의 동쪽에 주둔하고 있던 진가를 공격하여 치니 진가는 달아났고 항량은 호릉으로 추격했다. 진가가 군대를 돌려 하루 동안 싸웠으나 전사하고 군대는 항복했다. 경구는 양나라 땅으로 달아났다가 죽었다. 이리하여 항량은 다시 진가의 군대까지 합칠 수 있었다.

싸우지 않고 수만 명을 얻고 비교적 손쉬운 첫 승리를 얻었으나, 이들이 과연 관을 나선 진의 정규군을 상대할 수 있을까? 하지만 항씨 군대의 선봉은 역발산기개세의 항우다. 항우는 양성을 공략한 후 이미 그 기질을 만천하에 드러냈다. 항우는 따로 군대를 거느리고 양성을 공략했지만 쉽사리 함락시킬 수 없었다. 집요하게 공략하여 양성을 함락시킨 후 항우는 성내의 인민을 모두 파묻어 버렸다. 이리하여 약관의 사나이의 이름은 전국에 공포의 대상으로 떠오른다.

무인이 일어나고 그 군대가 승세를 타면 숨어 있던 문사들이 모이게 마련이다. 마침 거소居鄛 사람으로 칠순의 노인 범증이 강태공 역할을 자처하고 나섰다. 이 사람이 항량을 찾아가 유세했다.

"진승의 패배는 당연한 것입니다. 대저 진이 멸망시킨 6국 중에 초가 가장 죄가 없었습니다. 회왕懷王이 진에 들어갔다가 돌아오지 못한 일을 초나라 사람들은 지금도 안타까워합니다. 그래서 말하길, '초나라에 세 집만 남더라도, 진을 멸할 자는 필시 초다'라고 합니다. 지금 진승이 제일 먼저 거사하면서 초나라 후예를 세우지 않고 자립했으니 그 형세가 오래갈 수 없었습니다. 지금 군께서 강동에서 일어서자 초나라 장수들이 벌 떼처럼 일어나 모두 군께 귀부한 것은 군께서 누대로 초나라 장군을 지낸 가문 출신이니 초나라 후예를 다시 세울 수 있다고 여겼기 때문입니다."

항량은 그 말이 옳다고 여겨 양치기 노릇을 하던 옛 초회왕의 후예 심心을 민간에서 찾아 왕으로 세워 대중의 열망을 따랐으니, 이 사람 역시 초회왕으로 불린다. 항량은 스스로 무신군武信君이라 일컫고 군대를 이끌었다. 그 후 항량이 지휘하고 항우가 선봉이 된 초楚(초왕을 세웠으니 이제부터 초라 부른다)의 군대는 거칠 것이 없었다.

4. 유방이 군단을 얻다

유방은 항씨와 달리 지역적인 기반과 명망을 가진 집안 출신이 아니었다. 그러니 항씨처럼 이름만 듣고 모여드는 명사들도 없었다. 유방 집단은 거점을 잃지 않기 위해 신중하게 움직였다. 유방은 호릉胡陵과 방여方輿를 치고 바로 풍으로 돌아와 지켰다.

다행히 호릉과 방여의 싸움에서 바로 측근들이 힘을 발휘했다. 조참과 번쾌가 한 조가 되어 진의 감공監公(공은 이름이 아니라 감군의 존칭일 것이다)을 쳐서 격파하고 역시 사수군의 수비대를 설薛의 외성에서 격파했다. 다시 호릉을 공격해 취한 후 방여로 돌아오려는데 방여가 위魏나라에 투항했기에 바로 쳐서 함락했다. 여기서 왜 갑자기 위나라가 등장하는지 의아할 것이다. 당시 정황은 안개 속으로 빠져들었는데, 진승이 파견한 군대의 우두머리들이 지방에서 독립하여 모두 제후를 칭하고 서로 땅을 넓히고자 싸웠던 것이다.

이제부터 유방의 행보를 명분과 실질이라는 서로 질적으로 다르면서도 분리할 수 없는 두 가지 측면에서 자세히 살펴야 한다. 유방은 지금 진승의 기의에 호응하여 후방에서 지원하는 역할을 하고 있다. 호릉과 방여는 모두 풍과 패의 지근거리에 있다. 그가 바로 풍으로 돌아와 지킨 까닭은 시세를 관망하려는 의도도 있었다. 이미 제후들이 자리를 잡은 마당에 피아 또한 불분명했다. 바로 그 무렵 진승의 대군이 희에서 패해 회군했다는 소식이 들렸으니 더욱 거동에 신중해야 했다.

　항씨가 강을 건너 일거에 기의군의 중심 세력이 되기 전에 유방에게 시련이 왔다. 풍이 배반한 것이다. 풍은 그의 기반이다. 그래서 풍의 주위를 다지며 진의 성읍을 공략할 때 동향의 호족 출신으로 재질이 있던 옹치雍齒더러 지키게 했다. 그러나 옹치는 내심 유방의 밑에 있는 것을 반기지 않았다. 장이와 진여가 진승을 배반하고 오광의 부장들이 전장에서 그를 죽인 것처럼, 구 귀족들은 전란 상황에서 신분이 뒤바뀌는 것을 기꺼워하지 않았다. 옛 위나라 땅을 평정하고 사실상 독립 상태에 들어간 주불이 풍을 치러 와서 옹치에게 경고했다.

　"풍은 양(위)나라의 옛 천도 도읍이었다(진에게 쫓겨 위가 동쪽으로 올 때 임시 수도). 지금 옛 위나라 성 수십 개가 모두 평정되었다. 옹치 그대가 당장 항복한다면 위나라는 그대를 제후로 삼아 풍의 수령으로 삼을 것이다. 그러나 항복하지 않는다면 풍을 도륙하겠다."

　마침 유방의 아래에 있기 싫었는데 위나라가 미끼를 던지자 옹치는 지체 없이 성을 들어 위나라에 항복해버렸다. 유방은 옹치가 풍의 자제들을 데리고 배반한 것에 격노하여 군대를 돌려 풍을 공격했다. 그러나 수천의 군세로는 풍을 함락시킬 수 없었기에, 당시 갓 자립한 진가에게 찾아가 따르며 군대를 요청했지만 여의치 않았다. 설상가상으로 서쪽의 전황은 더욱 좋지 않아서 진나라 군대는 잃었던 땅을 되찾으며 동진하고 있었다. 유방은 서쪽으로 나가 싸웠지만 불리했다. 그래서 군세를 보존하고자 돌아오며 주위 성읍을 공략하고 다시 풍을 공격하고자 했다. 먼저 그는 탕을 공략하여 취한 후 군대를 얻어 9000명으로 수를 불렸다. 이를 데리고 다시 풍을 쳤지만 이번에도 옹치를 이길 수 없었다. 그러나 반드시 풍을 되찾고자 하는 유방의 의지는 말릴수가 없었다. 뿌리가 잘리면 나무가 마르듯이, 풍을 버리면 군대는 유랑할 수밖에 없다. 유랑하는 군대는 약탈에 의지하고 약탈에 의지하면 민심을 잃고, 그 와중에 한 번 패하면 돌아갈 곳이 없어 와해된다.

그때 항량이 설薛에 도착했다. 유방은 눈치 보지 않고 바로 기병 100여 기를 데리고 항량을 찾아가 군사를 빌려 달라고 호소했다. 이때 항량이 그에게 졸 5000명에 오대부급 장수 열 명을 보태주었다. 이리하여 유방의 군세는 1만 4000명, 한 읍을 공략하기에 충분한 숫자로 불어났다. 그가 얻은 병력 또한 정예였던 모양이다. 세 번째 도전에서 유방은 풍을 되찾았으며 옹치는 위나라로 달아났다. 풍에도 수천 명이 있었을 터이니 유방은 이로써 거의 두 개의 군단을 거느리게 된 셈이다.

유방이 풍을 되찾은 지 얼마 후 항우도 양성을 도륙하고 돌아왔다. 그때까지 항우는 유방을 적수로 생각하지 않았을 것이다. 항량 또한 그가 넘긴 5000명이 용의 날개가 되리라 예상하지 못했을 것이다. 하지만 유방은 군중의 마음을 얻는 데 일가견이 있는 사람이었다. 물건이라면 되찾을 수 있겠으나 사람이라면 유방의 밑으로 들어간 이상 돌아오지 않는다. 훗날 유비가 조조의 군대를 빌려서 독립한 것과 마찬가지다.

이렇게 진승은 패했지만 그가 남긴 불씨를 이어받을 사람은 많았다. 그중 하나인 항씨 집단은 이미 기의군의 중심으로 성장해 진군의 중심으로 진격하고, 또 하나인 유방은 군단 둘을 얻었으니 새끼 독수리가 털을 갈고 발톱과 부리까지 갖춘 셈이다. 이제부터 한참 동안 유방과 항량은 공동 작전을 벌인다. 군단으로 성장한 유방의 세력과 항우가 이끄는 초의 주력은 앞으로 항보亢父, 동아東阿, 양성에서 연이어 진군을 격파하며 전장에서 서서히 경력을 쌓아간다. 진군과 기의군, 양쪽은 모두 전열을 가다듬었다.

제4장

사람을 얻는 자와
승리를 얻는 자

· · ·

서양 속담에 "하늘은 스스로 돕는 이를 돕는다"고 했다. 그러나 하늘과 땅이 돕는다 해도 사람이 어리석으면 일을 이룰 수 없으니, 결국 사람의 일은 오직 사람이 해결할 뿐이다. 천명이 정해지지 않을 때 하늘은 무심하게도 영웅들을 시험에 빠트린다. 이리하여 무수한 사람들이 천명을 받았다고 자부하지만 결국 불귀의 객이 되었다. 실상 하늘은 인간의 일에 개입할 마음이 없으나 인간만 헛물을 켠 까닭일 것이다. 이리하여 군웅들이 정리되고 마지막에 남는 둘은 다시 자웅을 가리는 것이 왕조 시대의 법칙이다. 이렇게 검증된 둘이라면 누구라도 천명을 주장할 자격이 있다. 하지만 1000명은 뜨거운 것이라서 만전을 갖춘 자가 아니면 받아도 지킬 도리가 없고, 다가와도 받지 않으면 화로 돌변한다. 성인에 버금가는 총명을 갖추지 않으면 누가 과연 천명의 도래를 느끼고 지킬 줄 알 것인가? 이제부터 떠오를 두 주인공, 즉 유방과 항우 곁에 천명을 감지할 이가 있었던가? 유방에게는 분명 그런 사람이 등장했으니, 장량 곧 장자방張子房이다.

자질이 엇비슷하다면 배움을 즐기는 이가 이기고 세력이 비슷하면 친구를 얻는 이가 이기는 것은 대단한 철리哲理도 아니요 삼척동자도 아는 산술적인 법칙이다. 누가 많이 배울 수 있는가? 남의 장점을 인정할 줄 아는 사람이다. 누가 남을 인정할 줄 아는가? 자의식에 압도당하지 않은 사람이다. 신분의 자의식, 능력의 자의식, 심지어 자기 집단의 우월성에 대한 자의식이 모두 배움을 가로막고 친구를 차단한다. 제왕이 될 그릇이라면 가득 차는 순간 바로 비어야 한다. 비움은 베풂이며 새로움을 위한 사전 단계다. 베풀 줄 몰라서 가득 찬 그릇은 시기의 대상이되, 비워지지 않으면 안에서 썩는다.

자의식으로 자기 그릇을 가득 채우면 남을 채울 수 없고, 비록 채웠다 한들 가득 찬 것에 만족하면 흐르지 않는다.

그렇지만 피와 살로 된 인간이 중용을 지키는 것은 지난한 일이어서, 자의식의 조종을 받는 자아는 자부심과 열등감 사이를 널뛸 뿐 그 중간을 취하지 못한다. 난세에 중간을 취하자면 협俠기가 있어야 한다. 협이란 현장에서 느낀 의기를 실천하는 행동의 윤리다. 협은 허례라는 귀족의 자의식이 없으며, 협기를 가진 이는 대개 객이므로 성취와 실패 모두에 구애되지 않는다. 협기는 달리 말해 맹자가 말한 이른바 '호연지기'다. 표면은 변화무쌍하지만 그 속은 한결같은 유방의 협기는 꽃향기처럼 나비들을 유혹했다. 유방은 만나는 사람들에게 모두 제시했다. '나는 통로가 되리니, 나에게 오는 이들은 나를 통해 꿈을 펼쳐라.' 그러기에 유방 곁으로 날아든 하얀 나비 장량 또한 올곧은 협객이었다.

조선의 개국공신 정도전鄭道傳이 취중에 "고조(유방)가 장량을 쓴 것이 아니라 장량이 고조를 쓴 것이다"라고 했다는데, 한편으로는 옳고 한편으로는 그르다. 장량은 유방이라는 통로를 통해 자신의 이상을 펼치려 했으므로, 그가 유방을 이용한 것이 옳다. 하지만 넓은 천하를 샅샅이 뒤진다면 어찌 장량만 한 사람이 없겠는가? 그러나 천하에 유방만 한 매력과 도량을 갖춘 사람이 몇이나 되겠는가? "인재를 알아보고 쓴다[用人]"는 말은 인재를 산술적으로 그러모은다는 뜻이 아니다. 인재를 알아보고, 그들에게 임무를 맡기고, 그 임무를 수행할 자원과 권위를 부여하는 것은 모두 우두머리의 역할이다. 바로 각기 다른 인물들을 모아, 희망을 제시하고 하나의 유기체로 만드는 능력이 용인이다. 순욱荀彧이 조조에게 몸을 맡긴 것은 조조의 향기 때문이며, 제갈량이 유비에게 간 것도 유비의 향기 때문이다. 그들은 모두 수많은 나비들 중 하나였다. 허나 원소를 보라. 그가 관도에서 조조와 싸울 때 휘하에 인물이 없었던가? 저수沮授, 전풍田豊, 심배審配, 봉기逢紀 등 개개의 면면은 절대 조조의 참모진만 못하지 않았건만, 정작 그들의 주군은 진주를 꿸 줄 몰랐다. 원소는 유기적인 능력이 없었던 것이다.

유방 휘하의 인물들은 대개 고향에서 따라온 이들이다. 성심은 있지만 그들은 어쩔 수 없는 동쪽 촌놈들일 뿐이다. 소하는 빈틈없고 성실하지만 결국 도필리요, 조참이니 주발이니 번쾌니 하는 이들은 모두 충성은 있으나 지모는 없는 이들이었다. 또한 옹치를 비롯한 명문가 출신들은 예의를 모르는 유방을 은근히 무시하며 심복하려 하지 않았다. 앞으로도 유방은 이런 명문가 출신들의 배신을 견뎌야 한다. 그런데 여기 명문 중 명문 출신 장량이 나타나 유방에게 넙죽 엎드리는 것이 아닌가? 협객끼리는 신분을 따지지 않는다. 귀족 장량은 물론 도적 팽월도 유방에게 마음을 뺏겼다. 협기 없는 영웅은 향기 없는 꽃이라 나비와 벌을 모을 수 없다.

이 장에서 우리는 영웅 항우가 진군을 여지없이 격파하여 제후들의 우두머리가 되는 과정을 볼 것이다. 그러나 항우의 아장亞將에 불과했던 유방이 무엇을 얻어 가는지 살펴보라. 항우는 전투에서 이겼고, 유방은 사람을 거뒀다. 실로 진하고도 멀리 가는 것은 결국 인간의 향기다.

1. 장량과 이사: 뜨는 별과 지는 별 ━━━━━

팔다리만 있던 유방 집단에 이제 두 역할을 할 사람이 등장하니, 그는 바로 장량이다. 그리고 유방이 장량을 얻은 지 얼마 지나지 않아 진秦은 이사와 풍거질을 죽인다. 장량과 이사, 그들은 유방과 진시황만큼이나 서로 다른 유형의 사람들이다. 이제 뜨는 별, 지는 별의 이야기를 풀어보자. 죽는 자와 뜨는 자의 대비는 옛 제국의 정신과 새 시대의 정신을 명징하게 반영한다.

유방은 항우를 만나 군단을 이루고 풍을 탈환하기 직전에 장량을 얻었으니, 시간적으로는 앞 장에서 설명해야 한다. 또한 이사의 죽음은 아들 이유가 패하여 살해당한 후이니 장량의 등장보다 꽤 훗날의 일이다. 그러나 장량의 등장과 이사의 죽음은 한 해 이상 떨어진 사건이 아니고, 장량이 뜻을 펼칠 대상을 찾아 움직일 때 이사는 이미 실권을 잃었으므로, 양자의 부침을 함께 묶어 서술한들 문제는 없을 것이다. 먼저 떠오르는 별부터 이야기는 시작된다.

장량의 가계는 분명하다. 《사기》에 따르면 그의 조부와 부친이 모두 한나라의 재상을 역임했다고 한다. 특히 부친 장평張平은 도혜왕悼惠王 시절 재상을 지냈고, 부친이 사망한 후 20년 만에 진이 전국을 통일했다고 한다. 한이 멸망할 당시 장량은 나이가 어려 아직 벼슬을 하지 않고 있었다. 그러나 당시 그의 집에는 노복이 300명이나 있었다 하니 얼마나 거족이었는지 알 수 있다. 하지만 장량은 흐물흐물한 귀족이 아니라 행동파 협객이었다. 진이 통일하고 한이 멸망했지만 그는 마음으로 현실을 인정하지 않았다. 심지어 동생이 죽었을 때도 장례에 돈을 쓰지 않고 가산을 다 기울여 자객을 모아 진시황을 죽여 복수하고자 했다.

그예 가산을 처분하고 유랑 길에 올라, 회양淮陽에서 예학을 배우고 더 동쪽으로 가서 창해군滄海君을 만났다. 장량은 여기에서 120근짜리 철추를 던질 수 있는 역사力士를 얻어 복수의 기회를 노렸다. 진시황이 동쪽으로 순유할 때 그는 박랑사博浪沙에서 기다리고 있다가 철추를 날렸지만 아쉽게도 진시황의 수레를 맞추지 못하고 따르는 수레를 맞추고 말았다. 격노한 진시황의 인근에 수색령을 내리니 그는 이름을 바꾸고 옛 초 땅 하비下조로 달아났다.

진승이든 유방이든 항량이든 영포든 당시 진에 대항하던 사람들은 모두 초 땅으로 달아나거나 원래 초 땅 출신의 인사들이었다. 당시 초 땅에는 진에 반감을 품은 사람들이 숨을 쉴 공간이 있었던 듯하다. 왜 하필 하비일까? 유방은 하비 서북의 패에서 기의했고 진승은 하비 서남의 기에서 기의했고 진가 등은 하비 동북의 동해에서 기의했으니, 하비에 있으면 진나라 말기 초 땅 백성들의 움직임을 훤히 읽을 수 있었을 것이다. 그리고 이곳은 얼마 후 항량과 항우가 진을 치러 올라오는 바로 길목에 있는 땅이다.

천하의 진시황을 저격하려 했으니 장량은 실로 담대한 인물이나 그의 외양은 여자처럼 아름답고 몸이 약해 병치레가 많았다고 한다. 그의 외모는 또한 물에 비견되는 도가의 도道를 연상시킨다. 《사기》〈열전〉에 그의 진중한 성격을 알려주는 전설적인 일화가 남아 있다.

장량이 한가할 때 조용히 하비의 다리 위를 거니는데, 해진 베옷을 입은 한 노인이 그가 있는 곳까지 오더니 대뜸 신을 다리 아래로 떨어뜨리고는 말했다.

"젊은이, 내려가서 신을 주워오너라."

장량은 뜨악해서 때려주고 싶었으나 그가 노인인지라 억지로 참고 내려가 신을 주워왔다. 그러자 노인은 다시 말했다.

"신을 신겨라."

내키지 않았지만 이미 신을 주워온지라 무릎을 꿇고 노인에게 신을 신겼다. 노인은 발을 뻗어 신을 받아 신고는 웃으면서 떠나버렸다. 장량은 이상하다 생각하고 놀라 그를 바라보았다. 노인은 얼마 가다 돌아오더니 말했다.

"젊은 녀석이 가르칠 만하구나. 닷새 후 날이 밝을 무렵 나와 여기서 만나자."

장량이 괴이하여 무릎을 꿇고 "예" 하고 응낙했다. 이리하여 닷새 새벽에 나가니 노인은 벌써 와 있었다. 노인은 화를 내며 말했다.

"노인과 약속을 하고 늦게 오다니, 어쩐 일이냐? 닷새 후 더 빨리 만나자."

그리하여 이번에 장량은 닭이 울자 바로 다리로 나갔다. 그러나 노인은 또 먼저 나와 있었다.

"또 늦다니 어쩐 일이냐? 닷새 후에 더 빨리 나오거라."

이번에 장량은 밤이 반도 지나지 않아 깜깜할 때 벌써 다리로 나가 기다렸다. 얼마 후 역시나 노인이 나타나더니 그제야 흡족해하며 "당연히 그래야지" 하더니 불쑥 책 한 권을 내밀었다.

"이 책을 읽으면 왕자王者의 스승이 된다. 10년 뒤에 너는 흥할 것이다. 13년 뒤에 젊은이는 제북에서 나를 볼 터이니, 곡성산穀城山 아래 누런 돌[黃石]이 바로 나다."

그러고는 아무 말도 없이 돌아서 가버렸다. 날이 밝고 책을 펴보니 《태공병법太公兵法》이었다. 장량이 받았다는 책이 오늘날 전하는 《육도삼략六韜三略》과 같지는 않으나 대개 비슷한 책이었을 것이다. 장량이 그 책을 보고 놀라는 것으로 보아 그 책은 당시에 이미 소실되었던 듯하다. 하긴 전국시대에는 전대의 유명 전략가들의 이름으로 병서를 만드는 것이 유행이었으므로 그런 책들은 꽤 유행했을 수 있다. 장량은 그 책을 귀하게 여겨 아예 외우면서 읽었다.

장량은 하비에서 이른바 '임협任俠'으로 살았다. 임협이란 자들이 바로 법가 인사들이 그토록 경멸하는 유협이다. 그런 이들이 하비에 적지 않았던 듯하다. 당시 역시 살인을 하고 숨어 살던 항백項伯 또한 장량의 후원 아래 하비에 숨어 살았다. 항백은 항우의 일족으로 그의 아저씨뻘이었다. 그 또한 초한쟁패에서 빠질 수 없는 존재다.

장량이 이렇게 임협 생활을 하던 차에 진승이 기의하고, 또 얼마 버티지 못하고 죽는 일이 일어났다. 명색이 협이 이 역사의 흐름에 참여하지 않을 수 없었으리라. 마침 진가가 경구를 초왕으로 세우자 그는 경구를 찾아가다가, 마침 경구에게서 병력을 빌려 풍을 탈환하려던 유방을 만났다. 당시 유방은 수천을 거느리고 있는 소규모 군벌에 불과했다. 그러나 두 협은 만나자마자 의기투합했고, 유방은 그를 구장廐將으로 임명했다. 한나라 승상 가문의 자손이 동쪽 초나라 평민의 마구간지기가 된 셈이다. 그 차에 장량이《태공병법》으로 유세하니 유방은 심히 좋아했다. 유방의 대망은 이때부터 싹텄을 것이다.《태공병법》을 다른 사람들에게 설명해도 알아듣지 못하자 장량은 탄식했다.

"패공은 실로 하늘이 내린 사람이다."

이리하여 그는 유방을 따르고 다시 경구를 찾지 않았다. 앞서 언급했듯이 유방은 항씨를 찾아가 그 밑에서 활약한다. 급기야 항량이 초왕을 세우자 장량은 그에게 이렇게 유세했다.

"군께서 이미 초나라의 왕을 세우셨습니다. 한의 여러 공자 중 횡양군橫陽君 성成이 현명하니 왕으로 세울 만합니다. 그를 세워 우리 편으로 삼으시지요."

장량은 한나라 경상 가문 출신이다. 항량이 그럴듯하게 여겨 장량에게 1000명을 주어 옛 한나라 땅으로 가서 한성을 찾고 옛 땅을 경략하게 했다. 장량은 명목상 한韓의 신하로서 한성과 함께 옛 한나라 땅을 경략했지만 번번이 다시 빼앗겨서 떠돌아다니며 싸웠다. 아마 그는 유방과 재회할 날을 고대하고 있었을 것이다. 한나라 공자 성이 현명하다 해도 난세를 평정할 실력은 없었다.

장량과 황석공의 이야기는 그저 전설에 불과한지도 모른다. 그러나 우리는 행간을 읽어야 한다. 황석공은 차림이나 행동이 모두 도인道人이요, 장량도 훗날 공을 이룬 후 도인이 되고자 속세를 떠난다. 그는 도필리(법리)가 아니고 한의 경상 집안 출신으로서 병서를 읽었다. 도와 협은 모두 진과 대비되는 동방의 전통이다. 중원의 삼진은 법가 개혁의 발상지이고 서방의 진은 법가 개혁을 완수한 이다. 장량은 중원 출신이나 초의 도가 문화에 경도된 인물이자, 특히 신릉군부터 형가를 거쳐 유방까지 이어지는 협의 전통 위에 있다는 것을 기억해야 한다. 장량이 신분의 자의식이 없는 협이 아니었다면, 혹은 예식보다 본질을 중시하는 도가적 인물이 아니었다면 유방을 만나 쉽사리 의기투합할 수 없었을 것이다. 무수한 사대부출신 종군자들이 자기 위에 선 평민 영웅들을 질투하고 받아들이지 못했다. 장이, 진여, 옹치, 앞으로 등장할 위표, 이량 따위가 다 그런 인사들이었다. 그러나 유방은 그들에 비추어 출신이 뒤처지지 않으면서도 협기와 실력을 겸비한 장량을 얻었다.

이제 진의 조정으로 가보자. 전장에서 진군은 선전했지만 조정의 난맥상은 나날이 더해갔다. 전황이 좋아질 때도 대개 반란군 측이 인재를 얻고 있을 때 진은 잃고 있었다. 풍거질과 이사가 마지막 간언을 올리다 올가미에 걸리자, 이후는 조고 일당의 세상이었다. 이미 정치적으로 절름발이가 된 이사의 마지막 행보를 따라가 보자. 2세와 조고가 한 몸처럼 움직이니, 2세는 이사를 칠 기회만 노리고 있었다. 조고는 끊임없이 이사를 참소했다.

"승상의 걱정거리는 저 고 하나뿐입니다. 제가 죽으면 승상은 전상田常(제나라의 찬탈자) 같은 짓을 할 겁니다."

조고는 진시황을 모셨던 중신들이 정치를 일신할 구실로 자신을 제거하려 한다는 것을 알고는 먼저 손을 쓰고자 했다. 그러나 무턱대고 중신들을 해칠 수는 없으니 그는 기회만 노리고 있었다. 당시 진의 중앙군이 나서 진승을 죽였으나 항량은 다시 초왕을 세웠고 반란의 불길은 꺼지지 않았다. 드디어 승상 이사는 우승상 풍거질, 장군 풍겁馮劫과 함께 나아가 간했다.

"관동의 도적들이 한꺼번에 일어나 우리 진이 군대를 내서 치니 죽인 자가 심히 많으나, 여전히 난이 그치지 않고 있습니다. 도적이 이렇게 많은 것은 모두 수자리와 물자 운송 때문에 고되고, 벌인 일 때문에 생긴 노역의 고통에 더해 부세까지 너무 무겁기 때문입니다. 청컨대 아방궁 축조를 중지하시고 사방의 수자리와 물자 수송을 줄이소서."

하지만 이 아둔한 자는 전황이 그런대로 나아지는 차에 기고만장했는지 난리 중의 군주가 해서는 안 될 대답을 들고 나왔다.

"듣기로 한자(한비)가 말하길, '요순은 깎지도 않은 서까래 위에 띠풀로 지붕을 올리고 지붕 끝을 다듬지도 않았고, 질그릇으로 마시고 먹었으니, 비록 문지기의 양생도 그보다 못하지는 않았다. 또한 우는 용문을 뚫어 대하大夏를 통하게 하고 황하의 막힌 곳을 터서 물이 바다로 들어가게 함에, 스스로 삽을 들고 흙을 나르느라 정강이 털이 다 닳아 없어졌다고 하니, 노비도 그보다 고달프지는 않았다'고 한다.

무릇 천하를 소유한 귀한 이는 자기 마음대로 하고, 하고픈 바는 다 누리면서도, 법을 무겁게 하고 명백히 밝혀서 아랫사람들이 감히 그릇된 짓을 못 하게 함으로써 천하를 제어한다. 무릇 우는 하나라의 주인이고 귀하기로는 천자였음에도, 실제로는 궁하고 고된 처지를 받아들여 백성들을 감싸기만 했으니 법을 쓸 필요가 있었겠는가? 짐은 만승의 존귀한 위치에 있으면서도 실질이 없으니, 1000승의 수레를 만들고 1만 승의 권속을 거느려 내 이름에 걸맞게 하려 했다. 또한 선제께서 제후의 신분에서 일어나 천하를 겸병하시고, 천하가 이미 평정되자 사방의 오랑캐들을 억눌러 변경을 안정시키신 후, 궁실을 지어 그 뜻을 드러내셨다. 군들도 선제의 공업을 목도하였다. 허나 지금 짐이 즉위한 지 2년 만에 군도들이 한꺼번에 들고 일어났으나 군들은 이를 막지도 못하고서, 선제께서 시작하신 일을 중도에 그만두려 한다. 이리하면 짐은 위로는 선제의 은혜에 보답드릴 바가 없고 또한 성심과 힘을 다하지 않은 셈이니 어찌 이 자리에 있겠는가? 거질, 사, 겁을 관리에게 넘겨 죄를 물으라."

영이 떨어지자 풍거질과 풍겁은 "장상은 치욕을 당하지 않는다" 하며 자결했다. 사대부로서 마지막 존엄을 지킨 것이다. 그러나 이사는 여전히 살아날 수 있다 생각하여 옥에 갇혔다. 이사는 처음부터 끝까지 이중적인 태도를 취했다. 그는 진이 서서히 죽어가고 있음을 알았고, 결국 진이 망하면 자신도 끝이라는 것을 알았다. 그러나 그는 언제나 당장의 권세와 목숨을 아까워했다.

물론 지금껏 이사가 만백성의 이익을 생각하지 않고 황제들의 사심에 영합하여 정치를 망친 게 사실이고 욕심 때문에 직간을 하지 않았음도 사실이다. 그럼에도 그토록 얽힌 난국을 이사 자신을 비롯한 중신이 아니면 어떻게 헤쳐나갈 수 있을까? 진은 이사와 진시황이 합심하여 만든 나라가 아닌가.

안타깝게도 이사가 자결하지 않은 덕분에 자신뿐 아니라 종족과 빈객들까지 모두 잡혀 왔다. 그러나 이사의 희망은 부질없었다. 그를 심문할 이는 바로 낭중령 조고였기 때문이다. 조고는 이사를 심문하면서 1000번 이상 매질을 하니 이사는 고통을 이기지 못하고 스스로 허위 자백했다. 그럼에도 그가 자결하지 않고, 여전히 자신은 잘못이 없고 선대의 공신이나 황제에게 제대로 탄원하면 살펴줄 것이라 생각했다. 이사는 옥중에서 탄원서를 써서 말했다.

"신이 승상으로서 백성들을 다스린 지 어언 30여 년입니다. 진나라 땅의 협애함을 말하자면 선왕 시절에는 땅이 1000리를 넘지 못했고 병력은 수십만 명에 불과했으나 신이 미약한 재주를 다하여 삼가 법령을 받들고, 몰래 열국에 모신을 보내 금옥으로 뇌물을 먹이고 유세객을 사자로 보내 회유하면서 은밀히 갑병을 길렀습니다. 또한 정교를 다듬고 투사에게 벼슬을 주었으며 공신을 높이고 그 작록을 성대히 하여, 기어이 한을 위협하고 위를 약하게 하고 연·조·제·초를 깨고 그 왕들을 잡고 진을 천하의 왕자로 세웠으니, 이것이 저의 첫 번째 죄입니다."

이 말은 결코 과장이 아니다. 그는 이어 자신의 공적을 낱낱이 나열한다.

"이미 땅이 좁지 않았음에도 다시 북으로 호胡·맥貊을 몰아내고 남으로 백월을 평정하여 진의 강함을 드러냈으니 이것이 두 번째 죄입니다. 대신을 높이고 그 작위를 성대하게 하여 상하의 친밀함을 공고히 했으니 이것이 세 번째 죄입니다. 사직과 종묘를 세워 군주의 현명함을 드러냈으니 이것이 네 번째 죄입니다. 눈금을 고치고 도량형을 통일하고 천하에 선포하여 진의 이름을 세웠으니 이것이 다섯 번째 죄입니다. 치도를 닦고 천하를 순수하도록 하여 군주를 흡족하게 했으니 이것이 여섯 번째 죄입니다. 형벌을 누그러뜨리고 부세를 줄여 군주가 백성들의 마음을 얻도록 하여 만백성이 군주를 받들어 죽어도 은혜를 잊지 못하도록 했으니 이것이 일곱 번째 죄입니다. 저 사가 남의 신하가 되어 지은 죄로 치자면 실로 오래전에 죽어야 마땅합니다. 하오나 다행히 황상께서 제 능력을 다하도록 하시어 지금에 이르렀으니 폐하께서는 살펴주소서."

그러나 조고는 옥리더러 서신을 버리도록 명하고 매몰차게 말했다.

"죄수가 어찌 상서를 할 수 있단 말인가?"

그러고는 자신들의 빈객을 어사, 알자, 시중으로 둔갑시켜 10여 차례나 가짜로 심문했다. 이사가 사실대로 고하면 바로 사람을 시켜 마구 때려댔다. 마침내 2세가 실제 관원을 보내 심문하니 이사는 매가 두려워 허위로 없는 죄를 자백했다. 이 자백서를 위로 올리니 2세가 탄복했다.

"조군이 아니었다면 하마터면 승상에게 속을 뻔했다."

이리하여 이사는 모반죄에 걸려 오형을 선고받았다.˙ 이사는 옥에서 묶인 채로 하늘을 우러러 탄식했다.

"슬프다."˙˙ 무도한 군주와 어찌 함께 일을 도모할 수 있겠는가? 옛날 걸은 관용봉을 죽이고 주는 왕자 비간을 죽였으며 오왕 부차는 오자서를 죽였다. 이 세 신하가 어찌 충성스럽지 않았겠는가만 죽음을 면치 못한 것은 그들이 목숨을 바치면서도 충성을 바친 군주가 그릇되었기 때문이다. 지금 내 지혜는 저들 셋에 못 미치고 2세의 무도함은 걸주나 부차보다 더하니 내가 충성을 다하고도 죽는 것은 마땅하다."

그러나 때는 늦었다. 이사가 저자에서 처형당하던 날, 그는 함께 묶인 둘째 아들을 돌아보며 토로했다.

"내가 다시 너와 함께 누런 개를 끌고 상채의 동문을 나서 재빠른 토끼를 잡으려 한들, 이제 어찌 그리할 수 있겠느냐?"

그리고 드디어 부자가 함께 울음을 터뜨렸다. 이렇게 이사의 삼족이 멸망하고 말았다. 태사공은 이렇게 평했다.

- 정확히 이사가 언제 죽었는지 알 수는 없다. 열전에는 이 안건을 가지고 삼천군 태수 이유까지 조사하게 했으나 이유는 이미 패배해서 죽은 뒤였다고 한다. 그러면서 2세 2년 7월에 이사를 죽였다고 하지만, 그 때는 아직 이유가 죽기 전이었다. 확실한 것은 이사가 죽기 한참 전부터 이미 정치적으로 무력했으며 옥에 한참 갇혀 온갖 고초를 겪었다는 사실이다. 이사가 요행히 살아났던들 역사는 바뀌지 않았을 것이다.

- ˙˙《사기》〈이사열전〉은 이 부분을 상술한 탄원서를 앞에 두었다. 그러나 옥에 갇혀서 판결을 기다리면서 황제와 조고를 비방하는 말을 입 밖으로 냈다면 그는 살아날 가망이 없다. 또한 이렇게 탄식하면서 상술한 탄원서를 쓰는 것도 이치에 맞지 않다. "충성을 다하고도 죽는 것이 마땅하다"는 말은 이미 목숨을 포기한 자의 언설이다. 이 탄식은 탄원에 실패한 후 죽음을 기다리면서 한 것이 이치에 맞다. 그래서 필자는 이 탄식과 탄원서의 순서를 바꾸었다.

이사는 여염 출신으로 제후들을 찾아다니다가 진으로 들어가 (진시황을) 섬겼다. 제후들의 틈을 이용하여 진시황을 섬겨 결국 제업을 이루고 삼공의 지위에 올랐으니 가히 귀하게 쓰였다 하겠다. 그러나 이사는 육예의 근본을 알면서도 정치를 밝혀 주상의 결점을 메울 생각을 하지 않고, 높은 작록을 갖고도 구차하게 아부하고 영합했다. 위세를 엄하게 하고 형벌을 혹독하게 하였으며, 조고의 사악한 말을 들어 적자를 폐하고 서자를 세웠다. 제후들이 이미 반란을 일으킨 후에야 간하고자 했으니 어찌 이미 늦은 것이 아니겠는가? 사람들은 이사가 충성을 다했음에도 오형을 당했다고 여기지만, 그 근본을 살펴보면 세속의 의론과는 다르다. 그렇지 않다면, 이사의 공은 주공과 소공의 반열에 들었을 것이다.

더 이상의 설명이 뭐가 필요한가? 이사가 올린 상소는 대개 옳으나 한 부분은 정확하지 않다. 이사는 형벌을 누그러뜨리거나 부세를 줄이지 않았다. 하급 법리로 시작하여, 자신이 가진 기술을 활용해 법을 기반으로 높은 자리에 올라 권세를 휘둘렀다. 중신으로서 진시황이 죽은 후 정치를 일신할 기회가 있었음에도 황제에게 영합했다. 이사는 자기 일당에게 죽은 것이니, 오자서와 관용봉이 처음부터 굽히지 않고 간하다 무도한 군주에게 죽은 것과 차원이 다르다. 또한 진의 땅이 그토록 넓어졌다면 먼저 정치를 잘해서 다독인 후 땅을 넓혀야 하는데 무리하게 사방을 정벌하다 국고를 바닥내고 백성을 도둑질로 내몰았다. 죽음을 앞두고도 만인이 들고 일어난 까닭을 반성하지 않고 겨우 평민이

다시 되고자 하는 포한이나 드러내고 있으니 더욱 동정을 받을 수 없다. 이사는 전형적인 재승덕才勝德의 인물로서 일개 법리의 방식으로 국가를 운영했다. 그의 스승 순자가 말한 대로 군자라야 법을 행할 수 있다. 군자와 까마득히 먼 법리 이사가 그토록 오래 오로지 정치를 했으니 진이 온전할 수 있겠는가?

이쯤에 유방의 흉금으로 들어간 무장 한 사람의 내력을 삽입해야겠다. 그 이름은 팽월, 역시 옛 초나라 땅 창읍昌邑 출신으로 자는 중仲이다. 장량이 유방 집단의 두뇌라면 팽월 등은 주먹이라 할 만하다. 팽월도 영포처럼 거야택에서 물고기를 잡으면서 떼도적[群盜] 생활을 했으니 신분은 참으로 볼품이 없었다. 진승이 기의하기 전에도 이미 초나라의 궁벽한 곳에는 이렇게 무리를 지은 도적들이 많았던 듯하다. 그러던 차에 진승이 기의하는 등 큰일이 벌어지자 무리 안의 젊은 친구들이 우두머리 격인 팽월에게 권했다.

"여러 호걸들이 함께 일어나 진에 반기를 들었습니다. 중仲께서도 그리할 수 있습니다. 참가하시지요."

그러나 팽월은 신중했다.

"두 용이 바야흐로 맞붙었으니, 잠시 기다려봅시다."

이리하여 혼란기에 팽월은 어부이자 도적 생활을 한 해 이어간다. 그때 항우가 강을 건너고 유방이 그와 힘을 합치는 일이 벌어졌으며 죄수 신분의 경포마저 반란군의 대열에 참가하는 변화가 일어났다. 또한 멀리 나온 진나라 군대는 그의 고향 바로 근처에서 작전을 펼치는 형국이었다. 그때 소택지 근처의 젊은이 가운데 모인 이가 100여 명

정도 되었는데, 그들이 와서 팽월을 따르며 다시 권했다.

"중께서 우리들의 우두머리가 되어 이끌어주십시오."

난리가 난 시기에 젊은이 100명은 적은 숫자가 아니었다. 팽월이 계속 사양했지만 젊은이들 또한 굽히지 않았다. 이리 보면 팽월 집단의 모체는 강江도적이요, 또한 팽월이 오랫동안 전세를 관망한 것으로 보아 그가 농민 기의의 대의에 충실한 것도 아니었다. 그렇지만 여러 젊은이들이 추대할 정도로 팽월은 실력이 있었다. 그에게 뭔가 특별한 점이 있었던 것일까? 그들의 청을 수락한 후 팽월은 이렇게 약조했다.

"내일 해가 뜰 때 모입시다. 시간에 맞춰 오지 않는 이는 베겠소."

그리하여 다음 날 해가 뜰 무렵 군중이 모였으나 기약한 시간을 지키지 않은 이들이 여남은 명 있었다. 그러자 팽월이 선언했다.

"나는 늙었으나, 여러분들이 강청하여 우두머리가 되었소. 지금 약속을 했는데 늦게 온 이들이 이렇게 많소. 다 죽일 수는 없으니 가장 늦게 온 자를 베겠소."

말을 마치자 팽월은 뽑아놓은 교장校長에게 가장 늦게 온 이의 목을 치라고 명했다.

군중은 모두 웃으며 말했다.

"그렇게까지 할 필요가 있습니까. 다음부터는 감히 늦지 않도록 하지요."

그러나 팽월은 냉정했다. 그는 늦게 온 이를 끌어내 목을 베고는 제단을 차려 제사를 올렸다. 그런 후 군중에게 명령을 내리니 모두 크게 놀라고 두려워 감히 머리를 들고 팽월을 쳐다보지 못했다.

팽월은 이들을 이끌고 움직이면서 주위의 땅을 거두고 또 제후들에게서 떨어져 나온 군사들을 거둬 1000명을 모았다. 산졸散卒을 모으자면 우두머리에 대한 믿음이 있어야 하는데, 팽월은 믿음을 줄 만한 실력이 있었다. 평시의 도적이 난세의 영웅이 된 셈이니, 그는 오직 시대가 발굴한 인재다. 그러다 마침 유방이 창읍을 치러 올라올 때 도움을 주면서 인연을 맺는다. 마치 장량이 유방을 가슴에 품고 한으로 떠났듯이 팽월 역시 유방의 진가를 알아보고 마음으로 기억했다.

팽월은 떼도적의 이력을 가진 양산박의 호걸이지만 다음에 서술할 영포와는 격이 달랐다. 둘 다 싸움에 능했지만 팽월은 영포처럼 모질고 잔인하지는 않았고, 또 그보다 신의도 있었다. 그러나 그는 서민 출신도 못 되는 강도적인 데다 그의 군대의 모체 역시 도적들인지라 공을 세우고도 인정받지 못한다. 그렇게 유격부대에 가까운 역할을 하다가 훗날 유방이 항우와 결전할 때 판세를 결정하는 역할을 맡는다.

지금 훗날 유방의 수하로 모이는 인재 중 장량과 버금가는, 혹은 그 이상의 역할을 하는 한신은 어디에 있는 것일까? 한신은 항씨 부대가 회수를 건널 때 단신으로 칼을 차고 종군했으니 역시 그도 역사의 격랑에 말려들었다. 그러나 그는 앞으로 한참 동안 유방을 만날 일 없이 항씨 부대에서 일할 것이다. 그가 이미 난세에 몸을 맡겼다는 것을 염두에 두되, 그가 유방 진영으로 건너올 때의 이야기는 이어지는 장으로 미루자.

2. 항우, 패배를 승리로 되갚다

항씨는 여러모로 운이 좋았다. 진승을 격파한 진군이 북쪽으로 방향을 돌렸고, 또 진승의 남은 세력이 항씨가 올라올 길을 열어놓았기 때문이다.

이제 잠시 열국들의 상황을 정리할 때가 되었다. 독자들은 궁금할 것이다. 진승이 완패하여 죽고 그 군대가 흩어질 때까지, 그리고 연이어 항우와 유방이 일어나 진과 결전을 준비하고 있을 때 새로 독립한 조와 연과 제는 도대체 어디에 있었을까? 이들의 행적을 다 기록하는 것은 책 한 권으로는 난망한 일이다. 한마디로 정리하자면 이렇다. 위·조·제는 모두 혼란을 틈타 자기 땅을 넓히는 데 집중하고 있었고, 연은 옛날 전국시대처럼 편벽한 위치에 기대어 독립을 시도했다. 제왕 전담은 위나라와 땅을 다투는 한편 옛 제나라 땅을 거의 거뒀다. 위나라의 주불은 기어이 위구를 왕으로 세워 역시 옛 위나라 땅을 거둬들였다. 위가 유방의 근거지인 풍을 공격한 것도 같은 맥락이다. 그러나 열거한 넷 중 어느 나라도 진의 중앙군과 직접 부딪히려 하지 않았다. 진의 위협이 다가오면 합쳤다가 사라지면 서로 땅을 다투던 전국시대의 형세를 그대로 재현한 셈이다. 조와 연은 애초에 서쪽으로 나아가지도 않았지만 이제는 서쪽으로 갈 수도 없었다. 진군이 태행로를 틀어막았기 때문이다. 또한 여러 나라의 자강을 위한 노력은 그다지 성공적이지 못했다. 문제는 역시 분열이었다.

먼저 조 땅에서는 왕위에 오른 지 얼마 안 되는 왕이 바뀌는 어이없는 일까지 일어났다. 조왕 무신의 부장 이량은 귀족 출신이다. 그가 상산常山을 공략하고 돌아오자 무신은 바로 태원을 공략하게 했다. 그러나 태원으로 가는 정형의 관문은 이미 진군이 장악하고 있어 전진하지 못했다. 장한은 남쪽에서 올라오고 있던 차이니 정형의 관문을 막은 진군은 바로 왕리의 북방 주둔군이다. 정형의 관문을 차지한 진의 북방군이 넋 놓고 기다릴 리가 없다. 옛날 왕전이 그랬듯이 기회를 보아 관을 나와 남북 협격으로 조를 멸망시킬 것이다. 이때 이량에게 서신이 도착했다. 겉을 봉하지 않은 2세의 서신이었다. 《사기》〈장이진여열전〉은 이것이 진의 장수(아마도 왕리)가 황제를 사칭하여 보낸 허위 서류라고 한다. 그 내용은 이러했다.

"이량 그대는 일찍이 나를 섬겨 이름을 날리고 총애를 얻었다. 그대가 능히 조를 배반하고 진을 위해 일한다면, 그대의 지난 죄를 사면하고 귀하게 만들 것이다."

이량은 이 서신을 받고도 의심하며 믿지 않았다. 그는 한단으로 돌아가 증원군을 요청하려 했다. 마침 한단으로 가는 와중에 조왕 무신의 누나의 행렬을 만났는데 자못 성대했다. 이량이 멀리서 보고는 왕의 행차라 생각해 길가에 엎드려 절했다. 그런데 조왕의 누나는 술에 취해 길가에 엎드린 장군을 몰라보고 기병을 시켜 인사에 답하게 했다. 그러지 않아도 원래 귀한 신분으로서 한때 아랫사람이던 무신의 밑에서 관직을 차지하고 있는 것이 한스러웠던 그다. 그때 부하 중 한 사람의 먼저 분을 터뜨렸다.

"천하가 진에 반기를 들었으니 능력 있는 자가 먼저 왕 자리를 차지하면 그뿐입니다. 또한 조왕은 원래 장군 밑에 있던 사람인데, 지금 그 누나조차 장군을 보고 수레에서 내리지 않았습니다. 청컨대 추적하여 죽이소서."

이제 귀족 이량의 자의식이 폭발했다. 장이나 진여가 무신더러 진승을 배신하라고 부추겨 그가 자립하게 했다. 자신이라고 못 할 것이 무엇인가. 이량은 그 길로 행렬을 따라가 무신의 누나를 죽이고 바로 한단을 습격했다. 미처 피하지 못한 한단의 조왕 무신은 바로 살해되고 장이와 진여는 사전 첩보를 듣고 달아났다. 장이와 진여는 한단의 패잔병 수만 명을 모으고, 옛 조나라의 후손 조헐趙歇을 왕으로 세워 구심점으로 삼고 신도新都에 도읍을 두었다. 이량이 연이어 진여와 맞붙었으나 이번에는 진여가 그를 완파했다. 갈 곳이 없어진 배신자 이량은 남쪽으로 달아나 장한에게 항복하고 말았다. 조나라는 이리하여 급격히 약해졌다. 그러니 이제 좋은 시절은 끝난 셈이다. 진승을 죽이고 남쪽을 평정했다고 여긴 장한은 군대를 위나라 방향으로 돌렸다. 물론 그다음은 조나라다. 항우나 유방의 입장에서 당시 각자도생하던 하북 군벌들의 역할을 굳이 지적하자면 진군의 시선을 돌린 것이었다.

제수 이남 회북에서는 여신과 영포가 항씨를 위해 길을 열었다. 여신은 사대부 출신의 북방 군벌들보다 훨씬 일관성 있게 대의를 꺾지 않고 한길로 움직였다. 그 역시 우직한 협이었다. 사서에는 그의 역할이 크게 기록되어 있지 않지만 그가 항우에게 기여한 바는 지대했다. 여신은 원래 진승의 옛 시종[涓人]이었다가 장군이 되었으니, 필시 명문가 출신이 아니다. 그러나 협기만은 추종을 불허했다. 진승이 죽자 그는 패잔병을 추스려 신양新陽에서 푸른 수건을 쓴 군대라는 뜻으로 창두군蒼頭軍을 조직했다. 그는 이를 기반으로 빼앗긴 장초의 도읍 진을 되찾았고, 기어이 진승을 죽인 장가를 찾아 죽였다. 반란이 성공하자면 인적·지리적 구심점이 필요하다. 진승의 죽음으로 당황한 반란군에게 도읍 탈환과 배반자 처치는 심리적으로 큰 위안을 주는 사건이었다. 물론 그가 진현을 되찾아 군현에 주둔한 진군의 행동을 제어함으로써 항씨는 서쪽을 걱정할 필요 없이 여유롭게 북쪽으로 군대를 움직일 수 있었다.

그러나 패잔병만으로 역전을 이루기는 어렵다. 여신의 활약을 뒷받침하여 반란의 불길을 다시 타오르게 한 이 역시 제후나 귀족이 아닌 '도적' 영포였다. 여신이 창두군을 조직하고 옛 수도를 탈환하려 노력할 때 마침 파양호 일대에서 자체적으로 일어난 영포의 군대가 북상했다. 그의 목적지 역시 장초의 옛 수도였다. 여신은 바로 영포와 연합하여 진의 좌우 교위를 공격했다. 장한은 겨우 두 교를 남겨두고 떠난 셈이다. 여신 등은 청파淸波에서 진군을 격파한 후 바로 진현을 수복했으며, 마침 항량이 강을 건너자 그 휘하로 들어갔다. 항량이 다시 옛날 초 회왕의 자손인 심을 초왕으로 세우자 인적 구심점까지 완성된 셈이다.

영포란 인물 또한 다채롭다 못해 기이하기까지 하다. 그는 육六 땅 사람으로 원래 평민이었다. 무슨 죄인지 불분명하지만 그는 진나라 법을 어겨 형도가 되었다. 당시 산동의 여러 형도들이 그랬듯이 그는 경형黥刑을 받고 여산으로 끌려가 노역을 했다. 미천한 출신에다 얼굴에 먹을 뜨이고 무기형도가 되었으니 그의 인생 전망은 암울했다. 그러나 그는 배포가 남달랐다. 일찍이 어떤 이가 경포의 상을 보고 이렇게 말했다고 한다.

"형을 받은 후에 왕에 될 것이오."

진나라는 군현제를 실시했으니 이미 왕이란 직은 없다. 그런데 어찌 왕이 된단 말인가? 오직 반란을 일으키는 수밖에 없다. 그런데 영포는 실제로 경형을 받은 후 흔연히 웃으며 떠벌렸다고 한다.

"누가 내 상을 보고 형을 받고 왕이 된다더니, 바로 이 일을 말함인가?"

이런 흰소리를 들은 사람들은 모두 코웃음을 쳤다. 하지만 영포는 걸물이었다. 그는 여산의 형도 무리와 함께 노역을 하며 그중의 호걸들과 사귀었다. 그 수십만 명의 무리가 운집한 '지상의 감옥' 노역장에서 호걸들을 찾아 사귄다는 것은 웬만한 강심장을 갖지 않고서야 쉽지 않은 일이다. 진법에 따르면 역도는 도회를 지날 때 함부로 머리를 들수도 없었다. 노역장에서 작은 기물을 부숴도 혹독한 태형을 받았으니 서로 사귀는 것은 쉬운 일이 아닐 것이다. 그러나 한정된 관리들이 어찌 10만 명 이상의 역도들의 내막을 일일이 살필 것인가. 그러니 삼엄한 감옥에 우두머리들이 생기고, 간수들이 이 우두머리들에 기대어 옥내의 질서를 유지하는 것처럼 역도들 내부에도 암묵적인 질서가 있었을 것이다.

진나라 말기 상황은 점점 악화되었다. 영포는 기회를 노리다가 무리를 이끌고 동쪽으로 달아나 파양 일대에서 떼도적이 되었다. 열전에는 진승이 기의하기 전에 영포가 달아난 것으로 나온다. 어쩌면 2세 통치시 진의 행정은 진승의 기의 이전에 이미 급격히 와해되어 통제 불능이었을 수도 있다. 그러나 여산의 형도들이 시퍼런 서슬이 살아 있는 진나라의 관문들을 통과해 머나먼 동쪽 장강으로 안전하게 도착할 수 있었을까? 열전의 기록이 세세한 시간의 순서를 무시한 경향이 있음을 감안하면 진승의 기의 후에 영포가 달아났을 가능성이 더 커 보인다. 정확히 그가 언제 달아났는지 알 수는 없으나 농민 반란이 한창일 때 그가 이미 무시할 수 없는 무리를 이끌고 있었음은 사실이다.

반란의 불길이 타오르자 그는 대담하게 파읍鄱邑(오늘날의 파양鄱陽 일대)의 수령이자 그곳에서 인심을 얻어 파군鄱君이라 불리던 오예吳芮를 찾아갔다. 파양호 일대는 백월의 땅이라 풍속이 달랐다. 전국시대에 이 땅을 지배했던 초는 백월의 풍속을 대개 인정했지만 진은 직접지배를 선호했고, 옛 초 땅 이민족의 풍속을 바꾸는 것을 제국의 사명으로 삼았다. 그러므로 백월 백성들이 진의 통치를 반기지 않았으리라 충분히 짐작할 수 있다.* 영포가 일군의 무리를 이끌고 오예를 찾아가자 그는 영포의 실력과 강단을 단번에 알아보았다. 그는 영포와 힘을 합쳐 여러 월족 병사들을 이끌고 진에 반기를 들었을 뿐 아니라 과거의 죄수이자 현재의 도적인 그에게 자기 딸을 시집보냈다. 영포 수하의 '죄수병'과 오예의 '월병'의 전투력은 막강했다. 그들이 여신과 힘을 합쳐 장초의 옛 수도를 수복한 것이다.

---

* 이 책의 제1부 제10장 진한의 법률 비교 부분에서 창오의 반란 사건을 참조하라.

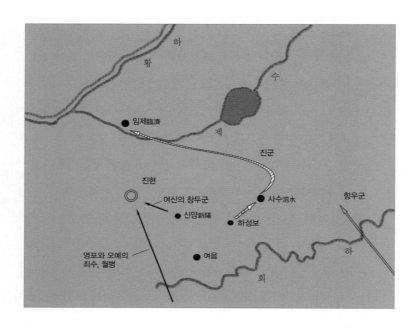

진군의 진격로와 여신의 수도 회복. 영포 수하의 '죄수병'과 오예의 '월병'의 전투력은 막강했다. 그들이 여신과 힘을 합쳐 장초의 옛 수도를 수복했다. 영포와 오예는 물론 여신까지 항씨를 지지함으로써 회북에서 항씨는 반격당할 우려 없이 세력을 구축할 수 있었다.

이런 실력자들인 영포와 오예가 항씨를 지지했다. 여기에 더하여 여신까지 항씨를 지지하니 회북에서 항씨는 반격당할 우려 없이 세력을 구축할 수 있었다. 훗날 오예는 항우에게 형산왕의 작위를 받고 이어 유방에게 장사왕의 작위를 받아 당당히 이성 왕의 지위에 오른다. 영포 역시 항우의 선봉으로 전쟁터를 휘젓는다. 그러나 그들은 실로 항우에게 충성을 바칠 심사였을까? 이는 몇 년 후면 자연히 밝혀질 것이다.

진은 어쩌다 그렇게 쉽게 진현을 되돌려주었을까? 문제는 역시 정치였다. 장한의 중앙군은 진승의 패잔병을 따라 동쪽으로 이동한 후 즉시 다음 전쟁터로 이동했다. 수복한 땅의 백성들이 진의 미래를 믿었다면 굳게 자신의 땅을 지켰을 것이다. 그러나 진의 중앙군이 수복한 곳이 다시 빼앗기는 현상은 계속 일어났다. 기의군은 흩어졌다가 다시 모여 유격전을 벌였다. 응당 진은 남양-삼천-상당을 잇는 선을 지키면서 정치를 일신해야 했다. 법을 바꾸고 죄수들을 사면하며, 여전히 관중에 집중된 재물을 풀어 산동을 구제하고, 부역을 획기적으로 줄여 민심을 얻은 후에 기회를 봐서 군대를 내서 약한 쪽을 쳤다면 이미 서로 분열하고 있던 기의군은 구심점을 잃고 와해되었을 것이다. 그러나 결함이 있는 정치를 만든 체제, 그 체제보다 더 결함투성이 지배자들이 바뀌지 않고 어떻게 정치를 일신할 수 있겠는가.

또한 진은 강동 세력을 지나치게 무시했다. 강동은 대대로 쫓겨난 이들이 가는 곳이니 거기에 무슨 인재가 있을까 생각했을 것이다. 그러니 위나 조처럼 이전의 이름 있는 나라들을 치기 위해 군대를 돌린 것이다. 그러나 강동의 항씨는 오래전부터 거사를 준비해온 사람들이었다.

그럼에도 하나 기이한 점이 있다. 진군의 이동로를 자세히 살펴보라. 땅을 차지한다는 명확한 전략적 목적 없이 큰 반란군 세력을 찾아 좌충우돌 이동한다. 그 이유는 주로 반란군 세력이 전국에서 동시다발적으로 생겼기 때문이지만, 또 하나는 진이 오직 관을 나온 중앙군에 의존해서 전투를 벌였기 때문이다. 그들은 지방군의 도움을 받지 못했고, 또 야전에서 일정한 규모를 유지하지 못하면 패할 가능성이 있으므로 대규모 군대가 먼 거리를 이동하며 싸웠다. 그러므로 언제나 이기면서도 고달팠다. 진승이 죽으면 끝날 줄 알았지만 반란군은 잽싸게 새 우두머리를 세웠고, 또 한 곳을 진압하더라도 소수의 병력을 남기고 떠나면 다시 빼앗겼다. 그러던 차에 항우나 유방처럼 실력 있는 인사들이 전투를 거듭할수록 두각을 드러내니 큰 전투에 이기면서도 승리를 자신할 수 없는 상황이 된다. 또한 이후 전개되는 상황으로 짐작해보면 "도적들을 당장 섬멸하라"는 조정의 득달같은 명이 일선의 부대에 하달되었을 것이고, 또한 멀리 나온 진의 대장들은 조정이 자신들을 의심할까 전전긍긍했을 것이다. 2세가 정권의 안정을 위해 일선 사령관 몽염을 처형한 것이 엊그제 일이다. 그들은 조정과 반란군 사이에 끼어 오직 전쟁을 빨리 마무리 짓는 것만이 살길이라 생각했을 것이다.

마침 진승을 이긴 차에 조나라의 왕까지 바뀌는 사달이 나니 장한은 승세를 타고 제수를 건너 임제臨濟에서 위군을 공격했다. 기원전 208년, 진나라 달력으로 4월, 장한은 위군을 격파하고 바로 임제를 포위했다. 위나라 혼자서는 당해내기가 버겁자, 예전에 그랬던 대로 위나라는 제나라에 급히 구원을 요청했다. 조는 도울 힘이 없고, 위가 무너지면 제가 위험해지고, 애초에 약한 데다 이성異姓의 왕이 다스리는 연이야 싸울 생각도 못 할 것이다. 초의 항타項它와 제왕 전담이 구원군을 이끌고 달려갔다. 그러나 장한은 야간 기습 작전으로 제의 구원군과 위군을 대파하고 제왕 전담을 죽이는 대승을 얻었다. 연이어 포위된 위왕 구는 백성을 위해 항복을 청했다. 장한이 항복을 받아들이자 위왕은 스스로 불에 타 죽었다. 그 사이 사촌동생 위표는 남쪽 초나라로 달아나 재기를 꾀했고, 전영田榮은 제의 패잔병을 이끌고 달아났다. 당시 장한의 위세는 경이로워서 바로 제나라 패잔병을 따라붙여 동아에서 그들을 포위했다.

제나라마저 망한다면 황하 남쪽은 완전히 평정된 셈이고, 정형에서 남하를 기다리는 북방군과 합세하면 하북의 조나라를 평정하는 것도 시간문제처럼 보였다. 그러나 남쪽에는 항우가 있었다. 그는 바로 유방과 함께 전영을 구하러 가서 격전 끝에 장한을 대파했다. 사실상 장한의 정규군을 상대로 한 첫 승이었다. 한숨을 돌리자 전영은 군대를 쉬게 하고 전담의 아들 전불田市을 제왕으로 세운다. 그러나 항우와 유방은 달아나는 적을 쫓아 서로 성양城陽에 이른 후, 적이 저항하자 성을 도륙해버렸다. 항우와 유방은 군대를 복양의 동에 두고 다시 진군과 싸워 대파했다. 연이어 패하자 진군은 작전을 바꿔 복양을 지키면서 해자를 둘렀다. 진이 맞붙지 않고 성을 지키며 나서자 항우와 유방은 복양을 내버려두고 남쪽으로 내려와 정도定陶를 공격했지만 함락시키지 못했다.

정도가 떨어지지 않자 패공과 항우는 서쪽으로 땅을 공략해 옹구에 이르러 다시 진군과 싸워 대파하고, 이어 삼천군의 태수 이유를 베었다. 승세를 타고 외황을 포위 공격했으나 떨어뜨리지는 못해 잠시 멈칫했지만, 그때까지 장한의 주력과 두 번 싸워 다 이기고 완강하게 버티고 있던 이사의 아들까지 베었으니 순식간에 세 번이나 전승을 거둔 셈이다. 삼천군은 동방으로 나가 싸우는 진군과 관중의 조정을 연결하는 길의 중심에 있다. 이 길이 끊기면 동방에서 싸우는 진군은 유격병으로 전락한다. 이렇게 항씨가 불과 두 달 만에 전세를 뒤집자 위세가 천하를 뒤흔들었고 진군이 드디어 항씨를 두려워하기 시작했다. 이때까지 유방은 충실히 보조자의 임무를 수행했다.

그러나 승패는 병가의 상사常事니 섣부른 예측은 금물이다. 항우와 유방이 활약해 진군을 저지했다 한들 그들이 방어 전술로 바꾸기만 하면 한 번도 이기지 못했다. 진과 제후 진영이 서로 승패를 주고받았지만 아직 누구도 승기를 잡지 못했다. 이제 진과 제후군의 전장은 진군의 주력을 따라 하북으로 옮겨간다. 그리고 지금껏 함께 달려왔던 두 영웅의 운명도 갈린다. 항우는 결전을 위해 주력을 이끌고 하북으로 떠나고, 유방은 하남에서 서쪽으로 달린다. 두 사람은 어떤 모습으로 다시 만날 것인가.

제5장

진이 멸망하다

．．．

진의 수백 년 사직이 무너지려 한다. 시인이 노래했듯이 진이 전쟁에 지친 인민들을 조금만 아꼈더라면 그 누가 진을 무너뜨릴 수 있었겠는가. 얻을 때와 지킬 때의 형세가 다름에도 얻을 때의 방법을 버리지 못했으니 역사의 심판을 받는 것은 당연하리라. 윗사람이 도리를 버리면 아랫사람은 불안하고, 윗사람이 의심하니 아랫사람은 배반한다. 그렇게 진은 안에서 무너졌다.

진을 무너뜨린 주역은 항우다. 그는 거록에서 진군을 격파하고 신안新安에서 항복한 진군을 학살한다. 진은 초의 원수다. 그렇지만 진이 정치를 잘못했다고 그 인민에게 책임을 물을 수 있는가? 항우가 일으킨 사달과 백기가 장평에서 포로를 학살한 일은 비열함이 서로 우열을 가리기 힘들다. 군주가 되려는 이가 스스로 주홍글씨를 제 얼굴에 새기고도 천하를 차지할 수있을까?

진을 무너뜨린 조역은 유방이었다. 그는 항우가 진의 주력과 싸우는 사이 관중에 들어가 '약법삼장'을 선포한다. 그것이 실현 불가능한 정치적인 구호였다 하더라도 전도된 세상을 바로잡는 첫 포효였다. 천하를 다스릴 때 전투와 법은 말단일 뿐 오직 정치가 바로 서야 위태롭지 않다. 다스림을 아는 자에게는 무리가 모이니 그 노도 같은 무리를 누가 당할 수 있으랴. 공자께서 하신 말이 그르지 않다. 덕 있는 이는 외롭지 않으니 반드시 이웃이 생긴다.

그예 진은 무너졌다. 그러나 누가 이 거대한 체제를 이을 것인가?

1. 거록의 대승: 항우, 제후군을 거느리다

장한이 위왕 위구와 제왕 전담을 임제에서 격파해 살해한 일로 되돌아 가 보자. 당시 위구는 제나라와 조나라에 원군을 청했다. 위나라가 무너 지면 진의 주력은 황하를 따라 내려가 제를 치든지 황하를 건너 조를 칠 것이다. 이제 더는 눈치 볼 것 없이 맞서 싸워야 한다. 초는 항타項它를 보냈고 제는 전담이 직접 참전했다. 그러나 장한은 오랜 야전으로 단련 된 데다 제후군의 속성을 알았다. 그는 제군이 도착하자마자 야간에 기 습작전을 감행하여 제나라 구원군을 격파하고 전담을 죽였다. 희망을 잃은 위구는 장한에게 '백성을 죽이지 않는다'는 조건을 걸어 항복하 고, 스스로 불에 타 죽었다. 왕족으로서 기품이나마 지킨 죽음이었다. 위구의 종제 위표는 초나라로 달아나서 군대를 얻어 재기를 노렸다.

위를 평정한 장한은 달아나는 제군을 쫓아가 동아에서 포위했다. 죽은 전담의 사촌동생 전영이 제군을 지휘했다. 제나라 본국 사람들의 움직임도 빨랐다. 우선 옛 제나라의 마지막 왕 건建의 동생 가假를 왕으로 세워 구심점으로 삼고 다가올 전투를 준비했다. 전영마저 위험해지자 항우와 유방이 초군을 이끌고 동아로 가 진군의 포위망을 뚫고 대승을 거뒀다. 강동 자제 8000명으로 이뤄진 항우 군단의 핵심은 언제나 전장에서 빛을 발했다.

싸움이 끝난 후 전영은 제나라 사람들이 전가를 왕으로 세운 것에 격분하여 군대를 돌려 전가를 공격하니 전가는 초나라로 달아났다. 전영은 전담의 아들 전불을 제왕으로 세웠다. 한편 유방과 항우는 달아나는 진군을 쫓아 성양에 이르러 성을 도륙했다. 이들은 복양의 동쪽에서 다시 진군과 싸워 대파했다. 이렇듯 항우는 진의 정규군을 상대로 무려 두 번 연거푸 이겼다. 처음에 유방과 항우는 호흡이 잘 맞는 동지였다.

드디어 진나라 군대가 전열을 가다듬어 복양을 지키면서 해자를 둘렀다. 진군이 처음으로 약한 모습을 보인 것이다. 그러나 방어하는 적을 공격하기는 쉽지 않다. 또한 복양은 황하에 붙어 있어 군량을 조달하기 쉬우니 장기전을 벌이기도 힘들었다. 그예 유방과 항우는 복양을 내버려두고 내려와 정도定陶를 공격했지만 역시 함락시키지 못했다. 정도가 떨어지지 않자 유방과 항우는 서쪽으로 땅을 공략하여 옹구雍丘에 이르렀다. 동쪽으로 나간 진군이 병참이 끊길까 두려워 함부로 움직이지 못하게 하려는 처사였을 것이다. 그들은 여기서 진군과 싸워 대파하고 이사의 아들 삼천군 태수 이유를 베었다. 이어 외황을 포위 공격했으나 떨어뜨리지 못했다.

형양과 오창을 차지해야만 진의 수도 관중과 동쪽으로 나온 진압군 사이를 완전히 끊고 진의 곡식을 차지하여 장기전에 대비할 수 있다. 그러나 근처의 성읍이 완강하게 저항하면서 초군은 소기의 목적을 거두지 못했다. 초군이 소기의 목적을 달성하지 못한 것은 제후 연합군의 책임도 있다. 초군은 서진하면서 전영에게 원군을 요청했지만, 전영은 "전가를 돌려달라"는 이야기를 하며 거절했다. 동아에서 초가 그를 구한 것을 감안하면 이는 부당한 요구였지만 이러한 '배신'은 당시에는 흔한 일이었다.

전세를 완전히 뒤집지는 못했더라도 이렇게 유방과 항우가 진의 주력군을 상대로 여러 차례 승리를 거두니 상황은 호전되었다. 그러나 승패는 병가의 상사로서, 난세에는 더 빨리 돌고 돈다. 연이어 진군을 격파하자 항량은 드디어 교만한 기색을 보였다. 이에 부장 송의宋義가 간했다.

"이겼다고 장수가 교만해지고 사졸들이 해이해지면 다시 패합니다. 사졸들의 기강이 해이해진 데다 진은 날로 군세를 더하니 신은 장군을 위해 이를 두려워합니다."

하지만 항량은 충고를 듣지 않았다. 그 사이 진은 장한에게 계속 병력을 더해주었다. 형양과 오창이 거뜬하니 황하를 따라 군량과 병사를 보내는 것은 어렵지 않았으리라. 그해 9월, 장한은 전에 전영을 칠 때처럼 밤에 병사들에게 함매를 물리고 정도를 급습하여 항량을 살해했다. 천하를 품을 주자로 평가되던 항씨 집안의 총아가 단 한 번의 전투로 허무하게 세상을 떠났다. 장한의 진군은 훈련받은 정규군이기에 이런 야습이 가능했다.

그때는 마침 항우와 유방도 정도에 없었다. 이때 가을비가 끝없이 내려 7월에서 9월까지 그치지 않았다. 유방은 항우와 함께 진류를 공격하는 중이었는데 항량이 죽었다는 소식을 들으니 사졸들이 두려워 떨었다. 항우는 장군 여신과 함께 군대를 이끌고 동쪽으로 돌아와 회왕을 우이에서 팽성으로 옮겼다. 여신은 팽성의 동쪽에 주둔하고 항우는 팽성의 서쪽, 유방은 탕에 주둔했다. 수비 작전으로 돌아선 셈이다. 그때 초나라 병력을 이끌고 옛 위나라 땅을 공략하던 위구의 동생 위표가 스스로 위왕이 되었다.

이때 정치적으로 주목할 만한 사건이 벌어졌다. 그해 윤달 9월에 회왕은 여신 및 항우의 군대를 합친 후 스스로에게 귀속시켰다. 패공 유방을 탕군의 수장으로 삼고 무안후로 봉하고 탕군의 군대를 이끌도록 했다. 항우는 노공魯公 장안후로 봉하고, 여신은 사도로 삼고 그 아비 여청呂靑을 영윤으로 삼았다. 항우는 심히 불만이었다. 회왕은 사실상 숙부 항량과 자신이 세운 왕이다. 그런데 숙부가 죽었다고 바로 병권을 장악하고 진짜 왕 노릇을 하려 하다니.

한편 초가 팽성까지 내려가 수비 작전을 펼치자 장한은 후방을 걱정할 필요가 없다고 생각하고는 황하를 건너 조를 쳤다. 그 짧은 시간에 왕을 바꾼 데다, 장이와 진여 등 필사의 전투보다는 눈치보기에 더 능한 우두머리들이 이끄는 조는 진의 상대가 아니었다. 전투가 벌어지고 조왕과 장이가 모두 거록성巨鹿城으로 달아나자 진장 왕리가 거록을 포위했다. 응당 한단에서 지켜야 함에도 거록으로 달아난 것을 보면 당시 조가 얼마나 화급했는지 알 수 있다. 왕리는 진의 북방군 사령관으로 30만 대군을 이끌던 장수였다. 사령관 장한은 황하에서 북쪽의 주둔지로 이어지는 용도甬道를 만들어 왕리에게 군량을 대니 거록은 풍전등화였다. 다만 진여가 상산으로 가 사졸 수만 명을 거둬 이끌고 거록 북쪽에 주둔하며 성을 지원했다.

구원을 청하는 조나라 사자가 여러 차례 도달하자 초회왕은 송의를 상장, 항우를 차장, 범증을 말장으로 삼아 조로 보냈다. 전날 송의가 항량에게 충고하는 것을 보고 병법을 안다고 생각한 것이다. 모든 장수들이 송의 아래에 배속되었고 송의를 높여 경자관군卿子冠軍이라 불렀다. 마침 제나라 장수 전도田都가 전영에게 반기를 들어 군대를 이끌고 초를 도우러 왔다. 그런데 송의는 안양安陽에 이르러 한 달 반이 지나도 관망만 할 뿐 진격하려고 하지 않았다. 그 사이 성에 갇힌 조군은 곧 바닥날 식량으로 하루하루 연명하며 오직 구원군만 바라는데, 성 밖에서 수만 명을 거느린 진여마저 도우러 오지 않자 대로하여 장이는 사자 장염張黶과 진택陳澤을 보내 질책했다.

"본시 나와 그대는 문경지교를 맺었소. 그러나 지금 왕과 내가 아침저녁이면 죽게 되었는데, 그대는 수만의 병사를 거느리고도 구하러 오지 않으니 목숨을 함께한다는 약조는 어디로 간 것이오? 실로 신의가 있다면 어찌 진군과 맞붙어 함께 죽으려 하지 않는 것이오. 그러면 열에 한둘은 살아날 수 있을 것이오."

진여가 변명했다.

"헤아려보니 도무지 조를 구할 수가 없고 공격하면 군사만 다 죽이고 패할 판이었소. 또한 내가 함께 죽지 않는 것은 조왕과 장군(장이)을 위해 진에게 복수하자는 것이었소. 지금 꼭 함께 죽는다면 이는 배고픈 호랑이 아가리에 고기를 던지는 꼴인데 무슨 이득이 있소."

장염과 진택이 그래도 재촉했다.

"일이 급한데 함께 죽어 신의를 세워야지 훗날의 고려 따위를 알 바가 무어랍니까?"

진여는 심술이 나서 대답했다.

"내가 죽어도 아무 이익도 없겠지만, 꼭 그대들의 말을 따르리다."

이리하여 장염과 진택에서 5000명을 주어 밖에서 진을 공격하게 했지만 부질없이 몰살당하고 말았다. 장염과 진택이 돌아오지 않으니 장이의 원망은 더 깊어졌다. 강한 진을 상대하려면 의당 전력을 기울여 안팎에서 동시에 쳐나가야 하건만 겨우 5000명으로 무엇을 하겠다는 것인가? 진여는 사람 목숨으로 생색만 낸 것이다. 진여와 장이의 갈등은 커져만 갔다.

한편 초군 진영에서는 항우가 조바심을 내며 송의에게 간했다.

"듣기로 진이 거록에서 조왕을 포위하고 있다 하니, 우리가 급히 강을 건너 밖에서 들이치고 조가 안에서 호응하면 반드시 진을 격파할 수 있습니다."

그러나 송의의 생각은 달랐다.

"그렇지 않소. 무릇 소 등짝에 붙은 등에를 치는 방식으로는 털 속에 숨은 서캐와 이를 죽일 수 없소. 지금 진이 조를 공격함에 진이 싸워 이기면 사졸이 피폐해질 것이니 우리는 그 피폐함을 틈타면 될 것이고, 이기지 못하면 우리는 사졸을 거두어 북을 치며 서쪽으로 가 반드시 진을 들어낼 수 있소. 실로 먼저 진과 조로 하여금 서로 싸우도록 하는 것이 낫소."

그러고는 이렇게 핀잔을 쳤다.

"견고한 갑옷을 입고 날카로운 병기를 들고 싸우는 일은 공이 나 송의보다 낫겠지만, 앉아서 계책을 세우는 일은 그대가 나보다 못하오."

송의의 목적은 야전이 아니라 관중을 접수하는 것이었다. 그러나 세상에 노력 없이 얻는 과실은 없다. 조를 깬 진이 초를 가만둘 리가 없다. 송의는 옛날 조괄처럼 이론만 강한 사령관이었다. 하지만 송의는 항우의 위험성을 알고 있었다. 이어 군중에 명을 내렸다.

"호랑이처럼 사납고 양처럼 고집 세고 승냥이처럼 탐욕스럽고 강포하여 부릴 수 없는 자는 모두 참한다."

항우는 자신을 견제하는 송의가 더욱 못마땅했다. 마침 송의는 아들에게 제를 도우라 군대를 내주면서 몸소 나가 배웅하고 큰 술자리까지 베풀었다. 때마침 날은 춥고 큰 비가 내려 사졸들은 추위와 굶주림에 떨었다. 항우가 분노했다.

"장차 온 힘을 다해 진을 쳐야 하거늘, 오래 머물며 움직이지 않는구나. 올해는 흉년이라 백성들이 가난하여 사졸들은 토란과 콩을 먹고 진중에는 곡식이 보이지 않는다. 이런 차에 술을 마시고 큰 연회를 열면서도, 군대를 이끌고 강을 건너 조나라의 곡식을 먹으며 그들과 함께 진을 공격할 생각은 하지 않고 무슨 '피폐한 틈을 탄다'고 하는구나. 저 진의 강함으로 갓 들어선 조를 공격하면 형세상 반드시 조를 들어 낼 것이다. 조를 들어내면 진이 강해지는데 무슨 피폐한 틈을 탄다는 말인가? 또한 나라의 군대가 갓 패한지라 왕은 좌불안석이고 온 나라 의 사졸을 모아 장군에게 귀속시켰으니, 국가의 안위는 이번 거사에 달려 있다. 허나 지금 사졸들을 불쌍히 여기지 않고 사사로움만 따르 니 사직을 지킬 신하라 할 수 없다."

항우는 과감한 사람이다. 그는 새벽에 상장군을 조현한다는 명목으 로 찾아가 그 참에 막사 안에서 바로 송의의 목을 베고는 군중에 영을 내렸다.

"송의는 제나라와 함께 초를 배반할 일을 모의했기에 초왕께서 나에 게 은밀히 영을 내려 주살하라 하셨다."

이때 제장들은 모두 두려워 굴복하고 감히 저항하지 못하고 입을 모 아 말했다.

"처음 초를 세운 이는 장군의 가문이고, 지금 장군께서 반란을 꾀한 자를 죽였을 따름입니다."

이리하여 제장들이 항우를 임시 상장군으로 옹립하고 사람을 보내 제나라 진중까지 가서 송의의 아들을 칼로 베었다. 한편 초회왕에게 사람을 보내 일을 고하니 회왕은 상황을 받아들여 항우를 정식 상장군 으로 임명하고 당양군當陽君(영포)과 포장군蒲將軍을 모두 항우에게 귀 속시켰다. 항우가 송의를 죽이자 위세가 초나라를 흔들었고 이름이 제 후들에게 알려졌다. 항우는 영포와 포장군에게 병력 2만 명을 이끌고

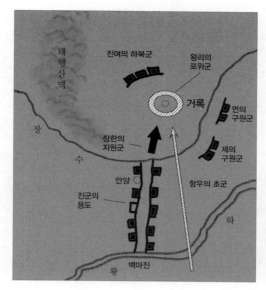

태
행
산
맥

진여의 하북군

왕리의
포위군

거록

연의
구원군

장
수

장한의
지원군

제의
구원군

안양

항우의 초군

진군의
용도

하

백마진

황

거록의 대승. 항우는 영포와 포
장군에게 병력 2만 명을 이끌고
장수를 건너 거록을 구원하도록
했다. 도착하자마자 바로 왕리의
포위망을 다시 밖에서 포위해 진
군과 맞섰는데, 아홉 번 싸워 용
도를 끊고 대파해 적장 소각을
죽이고 왕리를 사로잡았다.

장수[漳]를 건너 거록을 구원하도록 했다. 전황이 다소 유리해지자 진여가 다시 구원군을 요청했다. 이에 항우는 전군을 이끌고 강을 건너며 배를 가라앉히고 솥과 시루를 부수고 막사도 불태우면서 3일 치 양식만 지니도록 해서 병사들에게 반드시 죽더라도 일호의 돌아갈 마음도 없음을 내보였다. 이것이 유명한 '파부침주破釜沈舟'의 고사다.

이리하여 도착하자마자 바로 왕리의 포위망을 다시 밖에서 포위해 진군과 맞섰는데, 아홉 번 싸워 용도를 끊고 대파해 적장 소각蘇角을 죽이고 왕리를 사로잡았다. 진장 섭간涉間은 항복을 거부하고 스스로 불타 죽었다. 이 싸움에서 초나라 병사들은 제후병 중 으뜸이었다. 제후의 군이 거록을 구원하러 와 구축한 보루가 10여 벽壁에 이르렀지만 감히 군대를 내보내지 못하고, 초군이 진을 칠 때 제장들은 보루 위에서 바라볼 뿐이었다. 초의 전사들은 일당십이 아닌 이들이 없었고, 초병의 함성이 하늘을 뒤흔들자 제후의 군사 중 두려워 떨지 않는 이가 없었다. 이리하여 항우는 진군을 격파하고 제장들을 군문 안으로 부르자 감히 고개를 들지 못했다. 항우는 처음으로 제후들의 상장군이 되어 제후들의 군속을 모두 거느렸다. 당시 항우는 서른이 안 된 나이였다. 때는 기원전 208년, 진나라 달력으로 11월이었다.

이때 항우의 행동은 조조를 연상케 했으니, 온 천하에 대의와 실력을 모두 뽐낸 셈이었다. 앞으로 항우가 그 기세와 더불어 그날 비에 맞고 굶주리던 사졸들을 아끼던 마음을 조금만 더 넓혀 적군에게도 베풀 수 있을까?

2. 사람을 거두며 관을 향하다

한편 당시 유방은 어디에 있었을까? 그때 그는 계속 서쪽으로 달리고 있었다. 유방은 위나라 패잔병들을 긁어모으며 진군을 공격해 격파해나갔다. 그렇지만 2만 명 남짓의 병력을 거느린 그가 상대하는 진군은 모두 소규모였다. 왜 유방은 거록으로 출정하지 않고 서쪽으로 움직이는 것인가?

항우가 상장군의 권력을 꿰찼지만 초나라 조정 정치에서 그는 이미 유방에게 밀렸다. 애초에 회왕은 여러 장수들과 약조하길 먼저 관중으로 들어가는 이를 왕으로 삼는다고 했다. 당시 진의 군대는 강한 데다 승세를 타고 패잔병을 쫓는 형세여서 여러 장수들은 먼저 입관하는 것을 이롭지 않게 여겼다. 오직 항우만 진이 항량을 격파한 데 분노한 데다 야망이 크니 유방과 함께 서쪽으로 함곡관을 돌파하려 했다. 진이 본진을 비운 셈이므로 초군이 예봉이 살아 있을 때 들이치면 못 할 일도 아니었다.

그러나 진의 주력은 관을 나와 산동에서 싸우고 있다. 주력을 상대하지 않고 서쪽으로 간들 후방이 불안하다. 초 회왕의 정치적인 식견도 보통이 아니다. 그는 일부러 항우의 군대를 하북에 묶어두어 진의 주력을 상대하게 하고 별도로 서쪽을 공격하려고 생각했다. 초나라 조정에서 제장들이 입을 모아 말했다.

"항우는 사람됨이 사납고 급하며 잔인합니다. 일찍이 양성을 공격하니 그곳에 숨이 붙어 있는 것은 하나도 남지 않았고, 가는 곳마다 모조리 전멸했습니다. 또한 초는 전에 여러 차례 나아가 취했으나 이전의 진왕(진승)이나 항량은 모두 패했습니다. 차라리 이제는 장자를 보내 의리를 내세워 서쪽으로 가서 진의 부형들을 타이르는 것이 낫습니다. 진의 부형들이 자기 군주를 괴롭워한 지 오래니, 지금 실로 장자를 얻어 보내 저들을 침탈하거나 포학한 짓을 하지 않으면 분명히 함락시킬 수 있습니다. 항우는 보낼 수 없습니다. 패공이야말로 실로 관대한 장자입니다."

결국 항우에게 서쪽으로 가는 것을 허락하지 않고 유방을 보내 진승과 항량의 흩어진 군사들을 수습하게 했다. 사람을 그러모으는 데는 일가견이 있는 유방이다. 이리하여 유방은 탕을 출발하여 진군의 보루를 공격하며 별도로 서쪽으로 가게 된 것이다. 비록 병력은 적게 배속했지만 초나라 조정은 항우보다 유방을 신뢰했다.

서쪽으로 가는 길에 유방은 계속 귀인을 만났다. 2월 패공이 탕읍에서 나아가 북으로 창읍을 치다가 팽월을 만났다. 팽월의 도움을 받아 창읍을 공격했지만 함락시키지 못했다. 하지만 팽월의 마음을 얻은 것이 중요하다. 팽월은 미천한 신분이라 앞으로 공이 있으면서도 여러 차례 배격당할 운명이다. 하지만 크게 보면, 그는 언제나 유방을 염두에 두고 군대를 움직이게 된다.

진류陳留 고양高陽을 지날 때 혹여 고을에 현자가 있는지 확인하라고 먼저 보낸 기병이 보고했다.

"나이 60에 키가 8척인 어떤 유생이 만나고자 합니다. 마을 사람들은 미치광이라 하지만 자신은 미치광이가 아니라 합니다."

그 유생의 이름은 역이기였다. 그는 글을 읽기를 즐겼지만 돈이 없어 감문 역할을 하며 생계를 이어가는 노인이었다. 가슴에는 큰 뜻을 품고 있으나 사람들은 이 가난뱅이를 미치광이로 여기는 차였다. 그는 진류를 지나는 수많은 장수들을 보아왔지만 다들 성에 차지 않았다. 허나 유방은 달랐다.

"이곳을 지난 장수들이 여럿이지만, 나는 패공만을 대인이자 장자로 여긴다."

유방은 역이기를 불렀다. 역이기가 유생의 복장을 하고 들어가니 유방은 마침 침상에 걸터앉아 여인들에게 발을 맡기고 씻던 중이었다. 당시 유방은 유생이라면 질색이라 가끔 골려주려고 유생의 관에 오줌까지 누는 위인이었다. 역이기는 절을 하지 않고 길게 읍을 하면서 말했다.

"족하께서 진을 도와 제후들을 치려고 하십니까, 아니면 제후들을 이끌고 진을 치려고 하십니까?"

유방이 대뜸 욕을 했다.

"애송이 유생 놈아. 천하가 진을 괴롭힌 지 오래다. 그래서 제후들을 이끌고 진을 격파하려 하는데 무슨 진을 도와 제후를 친다는 말을 지껄이느냐."

허나 역이기, 이 정도에 기죽을 보통 사람이 아니다.

"족하께서 반드시 의로운 병사들을 규합하여 무도한 진을 주멸하고자 하신다면 걸터앉아 장자를 맞아서는 안 됩니다."

유방의 눈썰미 또한 보통이 아니다. 발을 털고 바로 옷매무새를 고치고 사과하며 역이기를 윗자리에 앉혔다. 역이기가 유방에게 천하 합종연횡의 형세를 설명하니 유방은 감탄했다.

"그럼 어찌하면 좋겠습니까?"

"족하께서 무리를 규합하고 어지러이 흩어진 사졸들을 끌어 모았지만 불과 1만 명이니, 이를 데리고 강한 진으로 들어가는 것은 이른바 호랑이 아가리를 더듬는 짓입니다. 진류는 천하의 균형추이니 저를 사자로 삼아 현령에게 보내주시면 족하를 위해 항복을 권하겠습니다. 그자가 항복하지 않으면 족하께서 군사로 치십시오. 그러면 제가 안에서 내응하겠습니다."

군대의 병력은 비유하자면 사람의 주먹이요 양식은 목숨을 좌지우지하는 것이다. 지금 역이기가 이 둘을 한꺼번에 해결하겠다고 나선 것이다. 과연 역이기가 안에서 흔들고 유방이 밖에서 시위하니 진류가 항복했다. 진류는 항우와 함께 와서 공격하고도 떨어뜨리지 못한 곳이다. 유방은 너무나 기뻐 역이기를 광야군廣野君으로 삼고 동생 상常을 장군으로 삼아 진류의 군대를 거느리도록 했다. 앞으로 역이기는 천군만마의 역할을 감당하는 대 유세객이 되어 선배 장의와 소진 이상의 역할을 해낸다. 역이기는 훗날 전장에서 죽고 장량은 살아남아 장량에 관한 기록이 많고, 또 역이기와 장량과 의견이 조금씩 다를 경우 살아남은 장량을 높이 평가하는 경향이 있으나, 역이기는 장량보다 과감했으며 언변 또한 뛰어났다. 그는 실전형 장량이다.

유방은 이어 3월에 개봉을 공격했으나 뽑지 못했다. 서쪽으로 가 진의 장군 양웅楊熊과 백마에서 만나 싸우고 연이어 곡우戰曲의 동쪽에서 싸워 대파했다. 양웅은 패해 형양으로 달아났고 2세는 그의 목을 베어 조리돌렸다. 유방은 멈추지 않고 4월에 남쪽으로 영천을 공격해 함락시켰다. 진류를 점령한 이후 유방의 군사 행동은 규모가 커졌다.

그때 조의 별장 사마앙司馬卬이 황하를 건너 함곡관으로 들어가려 했다. 그러자 유방은 북으로 평음平陰을 공격하여 하진河津 나루를 끊었다.*

• 참으로 기이한 일이다. 유방이 사마앙의 서진을 도운 것인가 방해한 것인가? 전통적으로 유방이 먼저 함양으로 들어가기 위해 사마앙을 방해한 것으로 해석하지만 당시의 상황과 맞지 않다. 그랬다면 항우가 가만히 있었겠는가? 사실은 진군의 양도를 끊은 것이거나, 사마앙이 입관하려 했다는 《사기》와 《한서》의 기사는 뭔가 착오가 있었을 것이다. 이유를 막론하고 당시 유방이 제후의 군대를 막아서지는 않았을 것이다. 필자는 유방이 낙양을 공략하기 위해 나루를 끊었으리라 본다.

이어 남으로 낙양의 동쪽에서 진군과 싸웠으나 전세가 불리하여 군대를 환원轘轅에서 양성으로 돌려 군마를 수습했다. 결국 낙양을 통해 함곡관으로 들어가기에는 실로 병력이 부족했던 셈이다. 유방은 방향을 틀었다. 관중으로 들어가는 길이 하나만 있는 것은 아니니까. 6월에 남양의 태수 기齮와 주犨의 동쪽에서 싸워 대파하고 남양 땅을 공략했다. 그의 서진 행보를 보면 그야말로 서쪽으로 가기는 가되 좌충우돌의 연속이었다. 남양 태수는 완성에 들어앉아 지켰다. 유방은 군대를 이끌고 완성의 서쪽을 지나가려 했다.

그때 장량이 간했다.

"패공께서 급히 관으로 들어가고자 하시나 진의 군대는 여전히 많고 험한 곳을 차지하고 있습니다. 지금 완을 떨어뜨리지 않으시면 완의 병력이 따라와 칠 테니, 앞에 강한 진군을 두고 뒤에 추격병을 두는 것은 위험한 방법입니다."

유방은 일리가 있다 생각하여 오던 길로 군대를 돌려, 기치를 감추고 한밤중에 행군하여 날이 밝기 전에 완(남양의 치소)을 삼중으로 에워쌌다. 이에 남양 태수가 자결하려 하자 그의 사인 진회陳恢가 설득했다.

"아직 죽기에는 이릅니다."

그러고는 성을 넘어가 유방에게 유세했다.

"신은 족하께서 먼저 관으로 들어가는 이가 관중의 왕이 되기로 약속했다 들었는데, 지금 족하께서는 남아서 완을 고수하고 계십니다. 완은 군현의 성이 수십 개 이어져 있고, 그 관리와 백성들은 항복하면 반드시 죽는다고 생각하기에 모두 성벽에 올라 굳건히 지키는 실정입니다. 지금 족하께서 하루 종일 성을 공격하신다면 죽고 다치는 사졸이 필시 많을 것이고, 그렇다고 군대를 이끌고 완을 지나치면 완은 반드시 족하를 따라 붙을 것입니다. 그러면 족하께서는 앞으로는 함양에 먼저 들어가면 관중의 왕이 된다는 약속을 놓치고 뒤로는 강한 완의 우환을 남기게 됩니다. 신이 족하를 위해 계책을 내느니, 항복을 약속받고 완의 태수를 (예전의 자리에) 봉해서 수비를 그만두게 하고 완의 갑사를 이끌고 함께 서쪽으로 가는 것이 최선입니다. 그리하면 떨어뜨리지 못한 여러 성이 이 소식을 듣고 다투어 성문을 열고 족하를 맞이할 것이니, 족하께서 통과하시는 데 아무런 걸릴 것이 없을 겁니다."

이게 무슨 횡재란 말인가?

"좋소."

유방이 흔쾌히 대답했다.

7월에 남양 태수가 항복하니 그를 은후殷侯로 봉하고 진회를 천호에 봉했다. 이리하여 군을 이끌고 서로 나서는데 항복하지 않는 성이 없었다. 단수丹水에 이르자 고무후高武侯 새鰓와 양후襄侯 왕릉王陵이 항복했다. 원래 왕릉은 유방의 고향 사람으로 유방이 형으로 모시던 이다. 그는 수천 병력을 이끌고 남양에 거하고 있었는데 유방을 따라 함양으로 들어가는 것은 거부했다.

승세를 탄 차에 또다시 운이 따랐다. 호양胡陽을 포위 공격하면서 파군番君의 별장 매현梅鋗을 만난 것이다. 파군 오예의 주력은 월병이었으니 매현이 거느린 병력은 필시 월병이었을 것이다. 당시 월병의 전투력은 천하에 알려져 있었다. 매현과 함께 석析과 여酈를 공격하니 모

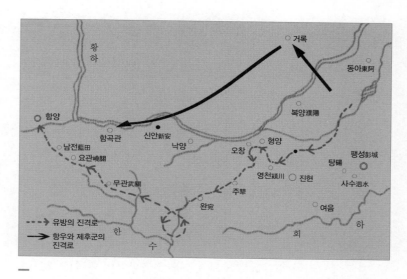

유방의 이동로. 유방은 위나라 패잔병들을 긁어모으며 계속 서쪽으로 진군을 공격해 격파해갔다. 유방은 멈추지 않고 4월에 남쪽으로 영천을 공격해 함락시켰다. 진류 점령 이후 유방의 군사 행동은 규모가 커졌다.

두 항복했다. 지나는 곳마다 노략질을 하지 않으니 진의 백성들이 기뻐했다. 유방은 벌써 큰 뜻을 품고 있었다. 또한 위나라 사람 영창甯昌을 진에 사신으로 들여보내 한편으로는 공격하고 한편으로는 투항을 유도하는 양동작전을 썼다.

그러나 불과 몇만 명으로 과연 진을 공략할 수 있을 것인가? 하북에서 항우가 진을 완전히 제압한다면 진의 병력은 함곡관으로 집중될 것이다. 유방의 성패 역시 항우의 분전 여부에 달려 있었다.

3. 진秦 야전군의 최후: 신안의 학살 ━━━━━

유방이 무관을 들이치려고 할 때 북방에서 대 사건이 벌어졌다. 드디어 장한이 전군을 들어 항우에게 항복한 것이다. 이에 항우는 그를 옹왕으로 삼고 관중으로 들어갈 준비를 했다. 왜 여전히 강력한 20만 명의 진군이 돌연 싸움을 포기한 것일까?

당시 장한은 극원棘原에 주둔하고 항우는 장수 남쪽에 주둔하며 서로 대치하며 싸우지 않았다. 병법의 관점에서 장한의 전략은 옳았다. 지금 항우가 승세가 있다지만 황하를 건너 조나라의 곡식을 먹는 차다. 진군이 남하하여 황하를 통해 곡식을 공급받으며 자리를 굳히면, 항우는 군량 때문에 조바심을 낼 것이고 제각기 꿍꿍이가 다른 제후군의 응집력은 약화될 것이다. 승세를 탄 적과 한 번 싸움으로 승부를 가르기는 위험하다. 그러나 진군이 수차례 퇴각하자 2세가 사자를 보내 장한을 꾸짖었다. 장한은 두려워 장사 사마흔을 함양으로 보내 사태를 보고하고자 했다.

사마흔이 함양에 이르러 사마문에서 사흘을 머물렀지만 조고가 만나주지 않으니 꿍꿍이가 있는 것이 틀림없었다. 조고는 의심덩어리다. 그는 해를 넘기며 산동에서 싸우는 야전군 사령관들을 자기 사람으로 교체할 마음이었다. 사마흔이 두려워 보고를 포기하고 산동의 군중으로 돌아오면서 감히 왔던 길을 그대로 가지 못했다. 과연 조고는 사람을 보내 추적했으나 잡지 못했다. 사마흔은 군중에 도착하여 장한에게 고했다.

"조고가 궁중에서 일을 주관하니, 그 아래는 일할 사람이 없습니다. 지금 싸움에서 이기면 조고는 필시 우리의 공을 시기할 것이고, 이기지 못하면 죽음을 면치 못할 것입니다. 원컨대 장군께서는 깊이 생각하시기 바랍니다."

마침 진여 또한 장한에게 서신을 보내 그를 설득했다.

"예전에 백기는 남으로 초의 언영鄢郢을 정복하고 북으로 마복군(조괄)을 항복시키고 성을 공략하고 땅을 얻음이 헤아릴 수 없었지만 필경 죽음을 맞이했습니다. 몽염은 진의 장수가 되어 북으로 융인(흉노)을 몰아내고 유중楡中 땅 수천 리를 개척했지만 결국 양주陽周에서 참형을 당했습니다. 왜 그랬습니까? 공이 너무 커, 조정이 다 봉해줄 수 없으니 법으로 걸어 죽인 것이지요. 지금 장군께서 진의 장군이 된 지 석 달인데, 그 사이 잃은 사졸은 10만 단위로 셀 정도이나, 제후의 군세는 나날이 더하고 있습니다. 저 조고라는 자가 아첨을 일삼은 지 오래인데 지금 일이 급해지니 2세가 자신을 죽일까 두려워, 법으로 장군을 죽여 자기 책임을 면하고 사람을 보내 장군을 대신하도록 해 화를 벗어나려 합니다.

장군께서 밖에 나와 계신 지 오래라 안으로 (조정과) 틈이 많습니다. 그러니 공을 세워도 주살당하고 공이 없어도 그리될 것입니다. 또한 하늘이 진을 망하게 하려 함은 어리석고 지혜로운 이를 막론하고 모두다 아는 사실입니다. 지금 장군께서는 안으로는 직언을 올릴 수 없고 밖으로는 망하는 나라의 장군이 되어서 외로이 홀로 서서 살아남기를 바라시니 어찌 슬프지 아니합니까? 장군께서는 어찌하여 군대를 돌려 제후들과 더불어 함께 진을 공격하겠다 약조하고 그 땅을 나눠 왕이 되어 남면하여 고를 칭하려 하지 않으십니까? 이리하는 것과 엎드려 도끼를 받고 처자가 도륙되는 것 중 어떤 것이 낫습니까?"

장한은 의심하며 몰래 사자를 항우에게 보내 약조를 맺으려 했다. 항우는 병법을 아는 이다. 요청에 답을 주지 않은 채 포장군으로 하여금 밤낮으로 군대를 진격시켜 장수 남쪽에서 진군과 싸워 대파했다. 이 틈에 항우는 전군을 이끌고 오수汙水 가에서 싸워 다시 대승을 거뒀다. 장한이 다시 사람을 보내 항우를 만나 화약을 맺고자 했다. 사실상의 항복 요청이었다. 항우가 군리들을 불러 모아 말했다.

"군량이 부족하여 화약을 받아들일까 하오."

군리들은 모두 좋아했다.

이리하여 항우는 원수洹水 남쪽의 은허殷墟에서 약조를 맺었다. 맹서가 끝난 후 장한은 항우를 보고 눈물을 흘리며 조고 이야기를 했다. 항우는 이에 장한을 옹왕雍王으로 세우고 초군의 군중에 두었다. 또한 장사 사마흔은 상장군이 되어 진군을 이끌고 선봉이 되었다.

이리하여 행렬이 함곡관 지척의 신안에 이르렀는데 심상찮은 조짐이 보였다. 제후의 이졸들이 전에 요역과 수자리를 살고자 관중을 지날 때 진의 군리들이 함부로 한 적이 많았다. 이제 진군이 제후군에게 항복하니 제후의 이졸들이 승자로서 거꾸로 그들을 노비처럼 부리고 욕을 보이는 경우가 많았다. 진의 이졸 다수가 몰래 수군거렸다.

"장 장군 등이 우리를 속여 제후군에게 항복하도록 했다. 지금 능히 관으로 들어가 진을 격파하면 가장 좋지만, 이기지 못하면 제후들은 우리를 포로로 끌고 동쪽으로 갈 것이고, 진은 필히 우리들의 처자를 다 죽일 것이다."

제후 측 사람이 몰래 이 이 수군거림을 듣고는 항우에게 보고했다. 항우는 이에 영포와 포장군을 불러 대책을 논하며 말했다.

"진의 이졸은 여전히 숫자가 많은데 그들은 마음으로 복종하지 않고 있소. 관에 도착해서 말을 듣지 않으면 일은 분명 위태로워질 테니 이 졸은 쳐서 죽이고 장한과 장사 흔(사마흔)과 도위 예翳(동예)만 데리고 들어가는 것이 낫소."

이리하여 초군은 밤에 진군을 기습하여 사졸 20만 명을 신안성 남쪽에다 파묻어 버렸다.

이는 천인공노할 만행이었다. 진군은 관으로 진격하고 있었으니 엄밀히 말해 포로가 아니었다. 항우는 무려 20만 명을 죽음으로 몰아넣은 사기극을 벌인 것이다. 살해당한 이들 다수는 여산의 형도였거나 노비의 자식들이었을 것이다. 군공을 세우고 양민이 되어 새 삶을 살고 싶었던 그들의 꿈은 무참히 깨졌다. 진이 살인을 일삼으니 전국에 반란이 일어났다. 허나, 기억해야 할 것은 진시황이나 2세도 결코 한꺼번에 20만 명을 죽인 적은 없다. 항우야말로 용서받을 수 없는 희대의 살인마다. 이로써 항우는 스스로 사이비임을 증명했고, 그의 천하관이 얼마나 좁은지를 만천하에 드러냈다. 비를 맞는 초의 사병들을 걱정하던 그의 언사는 모두 거짓이었다. 항복한 진의 사병들은 사람이 아니란 말인가?

4. 관을 넘고, 법을 넘다

8월에 유방이 무관을 돌파해 진의 진지를 하나씩 쳤다는 소식이 들리자 그들의 병력은 줄기는커녕 오히려 늘어갔다. 이에 조고는 최후가 다가옴을 느끼고 제 나름대로 살 길을 찾고자 했다. 이대로 싸움에서 지면 반드시 죽을 것이다. 이긴다고 해도 2세가 귀머거리가 아니라면 자신에게 책임을 물을 것이다. 명목상 우두머리인 2세를 죽여 공을 세우고 제후들과 협상하는 것이 최선이다. 마침 유방이 보낸 사자가 협상의 가능성을 열어놓았다. 조고는 특단의 조치를 취하기로 했다. 2세를 포함해 자신을 위협할 세력을 제거하고 허수아비를 군주로 세운 후 들어오는 제후군과 협상을 하자는 수작이었다. 그는 사위 함양령咸陽令 염락閻樂과 동생 조성趙成과 함께 음모를 꾸몄다. 어찌하여 조고는 이토록 대범해진 것일까?

예전에 조고는 신하 중 누가 말을 듣지 않을 것인지 시험하고자 한 편의 활극을 준비한 적이 있다. 그는 사슴 한 마리를 2세에게 바치면서 말했다.

"말입니다."

2세가 웃으면서 말했다.

"승상이 잘못 본 것 아니오? 사슴을 두고 말이라니."

그때 조정에서 진풍경이 벌어졌다. 어떤 이는 사슴이라 했지만, 어떤 이는 침묵했고, 어떤 이는 말이라고 했다. 이 어처구니없는 이야기가 바로 지록위마指鹿爲馬라는 고사다. 물론 사슴이라 한 이들은 조고의 모함으로 제거되었다. 그러니 진나라 조정은 벙어리나 아부꾼만 들끓었고, 2세는 이른바 벌거벗은 임금님처럼 허수아비에 불과했다.

조고는 궁을 이미 장악하고 있었다. 그는 낭중령에게 안에서 호응하게 한 후, 도둑을 잡는다는 구실을 내세워 염락에게 군사 한 명으로 궁을 치게 했다. 염락이 궁의 위병들을 베고 들어가 2세의 휘장에 활을 쏘았다. 2세가 노해서 좌우를 불렀으나 아무도 오지 않았다. 2세가 간청했다.

"승상을 만날 수 있겠는가?"

염락이 거부했다.

"한 군의 왕이 될 수 있겠는가?"

염락은 이 부탁 역시 거부했다.

"1만 호의 제후라도 좋다."

이 역시 염락이 거부하자 2세는 마지막으로 애걸했다.

"처자식과 함께 검수가 되고 싶소."

허나 염락은 싸늘했다.

"저는 승상의 명을 받아 천하를 위해 족하를 죽이려는 것입니다. 무슨 말씀을 하셔도 신은 감히 보고드릴 수 없습니다."

그리하여 2세는 스스로 목숨을 끊었다. 그날 살인자가 살인자에게 살해되었다.

조고는 2세를 죽인 이유를 선포하고 자영을 왕으로 세웠다. 그리고 유방에게 사람을 보내 관중을 나누자고 했지만 유방은 들어주지 않았다. 자영은 2세와 같은 바보가 아니었다. 그는 왕의 자리를 승낙하고 제사를 위해 목욕재계한 후 두 아들에게 은밀히 지침을 내렸다.

"조고가 황제를 죽이고 되갚음을 당할까 봐 대의를 빙자하여 나를 세웠다. 그자가 진의 종실을 멸하고 초와 약조하여 자신이 관중의 왕이 되려 한다고 들었다. 내게 종묘의 제사에 참여하라 하고 사당 안에서 나를 죽일 것이다. 내가 병을 구실로 가지 않으면 그자가 틀림없이 찾아올 테니 그때 바로 죽여라."

과연 조고가 직접 찾아오자 자영은 그를 베어버렸다. 9월이었다. 자영은 나름대로 조고의 일당을 제거하고 정치를 혁신하려 했지만 이미 유방은 요관曉關을 압박했다. 자영은 부랴부랴 장수와 병사를 보내 요관을 막았다. 그예 유방이 바로 관을 들이치려 하자 장량이 만류하며 말했다.

"진군이 여전히 강하니 가벼이 봐서는 안 됩니다. 먼저 사람을 보내 산 위에 기치를 세워 의병으로 위협하고, 역이기와 육가를 보내 이익으로 진의 장수에게 유세하도록 하시지요."

진의 장수가 과연 화친을 하려고 하자 유방이 허락하고자 했다. 그러나 이번에 장량은 다른 말로 유세했다.

"그저 장수 혼자만 진을 배반하려 하니 그 사졸들이 말을 듣지 않을까 걱정됩니다. 저들이 태만할 때를 노려 치는 것이 낫습니다."

그리하여 유방은 군대를 이끌고 요관을 둘러싸고 괴산蕢山을 넘어 진군을 급습하여 남전의 남쪽에서 그들을 대파했다. 드디어 남전에 이르러 패주하는 진군과 다시 싸워 대파했다. 사서는 한 원년 겨울 10월,

오성이 동정에 모였다고 기록한다.· 이제 더 앞을 가로막을 거리는 없다. 유방이 패상에 이르니 진왕 자영은 흰 말이 끄는 흰 수레를 타고 목에 스스로 동아줄을 매고 황제의 새와 부절을 봉하여 지도枳道 부근에서 항복했다. 장수들 중 어떤 이는 진왕을 죽이자고 했다. 그러나 유방이 말했다.

"처음 회왕이 나를 보낼 때는 진실로 내가 관용을 베풀 수 있다 여겼기 때문이오. 또한 이미 항복한 사람을 죽이는 것은 상서롭지 않소."

이리하여 자영을 관리에게 넘겼다. 이 무렵 유방의 마음은 분명 진이 아니라 천하에 있었던 듯하다. 진의 폭정을 없애되 진나라 백성은 물론 관리들도 안심시켜야 한다.

드디어 함양에 입성하니 궁실의 규모가 엄청났고 미인과 보물이 넘쳐났다. 유방은 당장 함양의 궁궐과 전사에서 쉬고 싶었다. 그러나 번쾌가 그래서는 안 된다고 강력하게 권했다. 장량이 따라 말했다.

"대저 진이 무도하여 공께서 이곳에 이르렀습니다. 무릇 천하를 위해 잔적을 제거하려면 의당 맑고 검소한 것을 자산으로 삼아야 합니다. 지금 진에 들어오자마자 쾌락에 안주한다면 이는 이른바 '걸왕을 도와 포학한 행동을 하는[助桀爲虐]' 격입니다. 충성된 말은 귀에 거슬리지만 행동에 이롭고, 독한 약은 입에는 쓰지만 병에는 이로운 법입니다. 번쾌의 말을 들으소서."

• 진의 달력에 한 해의 시작은 10월이다. 한도 이를 그대로 이어받은 것이다. 오성, 즉 화·수·목·금·토 다섯 행성이 한 자리에 모인 것은 황제의 조짐이다.

그러자 유방은 바로 군대를 패상으로 돌렸다. 그토록 고생한 군대에게 이런 규율을 강요하는 것은 쉽지 않은 일이지만 그 짧은 시간에 유방은 군대에 규율을 안착시켰다.

　　한편 소하는 진 승상부의 도적문서圖籍文書를 모두 거둬들였다. 이리하여 천하의 인민과 토지의 형세는 모두 소하의 손아귀로 들어갔다. 11월 유방은 각 현의 호걸들을 불러 모아 청사에 길이 남은 '약법삼장'을 선포한다. 그는 과감하게 진의 법을 거론하며 그 법을 넘어서겠다고 선언했다.

　　"부도들께서 진의 가혹한 법을 괴로워하신 지 오래입니다. 비방만 해도 족을 멸하고, 모여서 이야기를 하면 기시棄市당했지요. 저는 여러 제후들과 약속하기를 먼저 관에 들어간 이가 왕이 되기로 했으니, 제가 당연의 관중의 왕이 되어야 합니다. 부로들께 약속드리오니 앞으로 법은 세 장만 남깁니다. 사람을 죽인 이는 죽이고, 상하게 하고 도둑질을 한 이는 법에 따라 처벌합니다. 나머지 진나라 법은 모조리 없애니 이민吏民들께서는 모두 안심하시고 예전처럼 생활하십시오. 제가 여기에 온 까닭은 부형들을 위해 해악을 제거하고자 함일 뿐 여러분들을 침폭하지 않을 테니 걱정하지 마십시오. 또한 제가 패상에 군대를 두는 까닭은 제후들이 오면 약속을 확정하기 위함일 뿐입니다."

　　유방이 세운 한나라 400년의 기반이 되는 선언이었다. 물론 이는 진의 관민들을 위로하기 위한 임시 선언에 불과하여 사실 이어지는 내전 상황에서 그의 약속은 지켜지지 않았다. 하지만 그의 정신은 여전히 이어져, 법률 개혁은 한대 내내 지속된다. 약법삼장은 당대 인민들의 염원을 대표하는 표어로서 여전히 유효했다.

　약법삼장 선언 후 유방은 수하 사람들을 진의 관리들과 함께 현과 향읍으로 보내 취지를 전하고 설득했다. 진나라 사람들이 크게 기뻐하며 다투어 소와 양과 술과 음식을 가지고 와 군사들이 먹으라고 바쳤다. 그러나 유방이 사양하고 받지 않으면서 말했다.

　"창고에 곡식이 충분하니 백성들의 것을 소모하고 싶지 않습니다."

　그러니 백성들은 더욱 기뻐하며 오히려 그가 진왕이 되지 않을까 걱정했다. 유방은 정치의 음양을 모두 이해하는 인물이었다. 음의 의미에서, 유방은 약법삼장을 선언해 죄를 무생물인 '법'으로 돌린 후 진의 지배 세력을 바꾸지 않고 그대로 흡수하려고 했다. 장자가 말한 대로 금고를 통째로 훔치는 대도大盜인 셈이다. 하지만 양의 의미에서, 그는 이미 관중의 관리를 포함한 인민을 적이 아닌 천하의 일부분으로 이해하고 있다. 《춘추전국이야기 5》 2부에서 언급한 키루스처럼 그는 점령자 대신 해방자의 이미지를 부각시킨다. 신안에서 20만 명을 속여 죽인 항우와 유방의 정치력 격차는 이로써 더욱 커졌다.

5. 홍문의 연회: 죽음의 춤판 ━━━━━━━

유방이 관으로 들어와 관중을 장악하고 있을 때 항우는 아직 함곡관을 넘지 못했다. 그때 어떤 이가 유방에게 솔깃한 방안으로 유세했다.

　"진(관중)의 부유함은 천하의 열 배이며, 지세도 강건합니다. 지금 듣자 하니 장한이 항우에게 항복하자 항우가 그를 옹왕雍王이라 칭하고 관중의 왕으로 삼는답니다. 곧 그들의 오면 패공께서는 이곳을 차지하지 못할 듯합니다. 급히 함곡관을 지켜 제후군을 들이지 말고 차후에 관중의 병력을 징발하여 수를 늘려 막으면 될 것입니다."

일리가 있는 말이다. 옹은 관중의 서부다. 관중에 두 명의 왕이 있을 수 있는가? 유방은 그 대책이 옳다 여겨 따랐다. 12월 항우가 과연 제후의 군대를 이끌고 함곡관을 들어오려 하니 관이 닫혀 있었다. 유방이 이미 관중을 평정했다는 소식을 듣자 항우는 대노하여 영포 등에게 함곡관을 뚫으라고 명하여 격파하고 드디어 희戲에 이르렀다.

한편 유방의 좌사마 조무상曹毋傷이 항우가 유방을 공격하려 한다는 말을 듣고는 항우에게 사람을 보내 말했다. "패공은 관중 왕이 되고 자영을 재상으로 삼고 진귀한 보물은 모두 차지하려 합니다."

조무상은 이 고자질을 통해 자리를 구한 것이었다. 아보 범증이 항우를 설득했다.

"패공이 산동에 있을 때는 재물과 여색을 탐했는데, 듣자 하니 관중에 들어간 후로 보물을 하나도 취하지 않고 부녀 또한 거두지 않았다고 합니다. 이는 그 뜻이 작은 곳에 있지 않다는 말입니다. 제가 사람을 시켜 그 기운을 살펴보니 모두 용이요 오색을 갖추고 있으니, 이는 천자의 기운입니다. 서둘러 공격하십시오. 기회를 놓쳐서는 안 됩니다."

이리하여 항우는 사졸들을 잘 먹이고 다음 날 어울려 싸우기로 하고 군에 명을 내렸다.

"내일 아침 사졸들을 잘 먹여라. 패공의 군대를 격파할 것이다."

이때 항우의 병력은 40만 명이었으나 100만 명이라 칭했고 유방은 10만 명을 거느렸으나 20만 명이라 불렀으니 얼추 4 대 1로 중과부적이었다. 허나 항우의 작은아버지 항백이 평소에 장량을 좋아해 밤에 말을 달려 장량을 찾아가 실정을 알리고 구태여 함께 죽지 말고 탈출하여 함께 가자고 했다. 또 한 번 협俠이 역사의 향배를 바꾸는 장면이다. 장량은 협이며 항백도 협이다. 협이 어찌 친구를 죽게 할 수 있단 말인가? 장량은 협답게 대답했다.

"신은 한韓나라 왕께서 패공에게 보낸 인사이니 한왕께 고하지 않을 수 없습니다. 함부로 떠나는 것은 불의한 짓입니다."

장량이 황급히 들어가서 알리니, 유방은 크게 놀라 어쩔 줄 몰랐다.

"이를 어찌하면 좋겠소?"

"누가 공께 이런 계책을 냈습니까?"

"어떤 송사리 같은 놈이 내게 말하길, '관을 막고 제후들을 들이지 마십시오. 그러면 진 땅 전체의 왕이 될 수 있습니다' 하기에 그 계책을 들었소."

"공의 사졸이 항왕의 사졸을 당할 수 있다고 보십니까?"

유방은 한참 침묵하더니 대답했다.

"실로 저들만 못하오. 이제 어찌하면 좋소?"

• 《사기》 본문에는 "대왕"이라는 칭호를 쓰고 있으나, 아직 왕이 아닌 유방에게 한韓나라 왕의 신하를 자처하는 장량이 대왕이라는 칭호를 썼을 리가 없다. 그러나 항우 진영의 수하들이 그들의 우두머리를 높여 대왕으로 불렀을 수도 있다. 이 책의 여러 부분의 호칭은 필자가 상황에 맞게 조정했다.

"청컨대 항백에게 가서 '패공은 감히 항왕을 배신하지 않는다'고 말하소서."

"항백과 그대는 어떤 사이요?"

"진나라 시절 그도 저처럼 떠돌아다녔는데, 마침 그가 사람을 죽인 일이 있어 제가 구해주었습니다. 지금 일이 급해지니 저에게 와서 알린 것입니다."

"그와 그대 중 누가 나이가 많소?"

"항백이 저보다 많습니다."

"그대가 나를 위해 항백을 불러주오. 내가 그를 형으로 모시겠소."

이리하여 장량은 유방을 데리고 함께 항백을 만났다. 유방은 항백에게 혼인을 약조하고는 간절히 변명했다.

"제가 관에 들어와 추호도 감히 취하지 않고 관리와 백성들의 적을 정리하고 부고를 봉한 후 장군을 기다렸습니다. 관을 지킨 것은 다른 도적에 대비하고자 함이었습니다. 낮이나 밤이나 장군이 도착하기를 기다렸는데 어찌 감히 반기를 든단 말입니까? 원컨대 백께서 제가 감히 배덕하지 않았음을 명백히 말씀드려주십시오."

항백이 허락하고 밤중에 즉시 돌아가며, 유방에게 다짐을 두었다.

"내일 아침 일찍 와서 사과하지 않으면 안 되오."

패상과 홍문鴻門은 가까운지라 항백은 그대로 달려가 그날 밤 항우에게 고했다.

"패공이 먼저 관중병을 격파하지 않았으면 공이 과연 관으로 들어올 수 있었겠습니까? 게다가 큰 공이 있는 사람을 치는 것은 상서롭지 않으니 이참에 잘 대해주는 것이 낫습니다."

항우가 일리가 있다 생각하여 이를 허락했다.

다음 날 아침 유방이 100여 기를 끌고 홍문으로 항우를 찾아가 사과했다.

"신이 장군과 힘을 합쳐 진을 공략함에, 장군은 하북에서 싸우고 신은 하남에서 싸웠습니다. 제가 먼저 들어왔다고 으스대는 것이 아니라, 능히 진군을 격파하면 장군과 더불어 재회하고자 했습니다. 지금 어떤 소인배의 말 때문에 장군과 저 사이에 틈이 생겼습니다."

항우가 대답했다.

"이는 패공의 좌사마 조무상이 한 말이오. 그렇지 않으면 내가 어찌 이런 조치를 취하기에 이르렀겠소?"

이리하여 항우는 유방을 남게 하고 술을 마셨다. 범증은 수차례 항우에게 눈짓으로 유방을 치라 했으나 항우는 응하지 않았다. 지금 우리는 항우에게서 부차의 면목을 느낄 수 있다. 진나라 항병을 마구 죽일 때는 눈도 깜빡이지 않더니, 이제 와서 도리를 따진다. 물론 천하의 이목이 있으니 그렇게 쉽게 죽일 수는 없었을 것이다. 범증이 일어나 밖으로 나가 항장項莊에게 말했다.

"군왕의 사람됨으로 차마 이 일을 하지 못한다. 자네가 검무를 추는 차에 기회를 봐서 패공을 찔러 죽여라. 그렇지 않으면 자네의 일속은 패공의 포로가 될 것이야."

항장이 연회장으로 들어가 축수를 하고 말했다.

"군중이라 즐길 것이 없으니 검무라도 출까 하옵니다."

그러고는 검을 뽑아 춤을 추기 시작했다. 그러자 낌새를 눈치챈 항백 또한 일어나 춤을 추며 계속 몸으로 유방을 가렸다. 상황이 극히 위급했기에 장량은 군문으로 가서 번쾌를 만났다. 번쾌가 물었다.

"지금 상황이 어떻습니까?"

"아주 위급하오. 지금 항장이 칼을 뽑아 춤을 추는 데 아마 속마음이 패공에게 있는 듯하오."

"일이 화급하니 신이 들어가 명을 같이하고자 합니다."

번쾌는 즉시 칼을 차고 방패를 안고 군문으로 들어갔다. 창을 교차하고 지키던 위사가 저지하려 하자 번쾌가 방패를 쳐서 고꾸라뜨리고 안으로 들어갔다. 번쾌가 장막을 걷고 서쪽을 향해 항우를 노려보는데 머리털이 치솟아 하늘로 향하고 눈을 부릅떠 눈꼬리가 찢어질 듯했다. 항우가 물었다.

"객은 뭐 하는 사람인가?"

장량이 대신 대답했다.

"패공의 참승 번쾌라는 자입니다."

항우가 감탄했다.

"장사로구나. 술 한 잔 내려라."

번쾌는 감사의 절을 하고 일어나 바로 마셨다. 항우가 다시 명했다.

"돼지 어깻죽지를 내려라."

번쾌는 방패를 엎어 그 위에 돼지 어깻죽지를 놓고는 칼을 뽑아 썰어 먹었다. 본래 개를 잡는 사람이었으니 도마질은 일품이었으리라. 항우가 물었다.

"장사로다. 더 마실 수 있겠는가?"

번쾌가 대답하며 직설적으로 항우를 나무랐다.

"신은 죽음도 피하지 않는데, 어찌 한 잔 술이 사양할 거리가 되겠습니까? 저 진왕이 호랑이나 늑대 같은 마음을 지니고, 사람을 죽이면서 다 못 죽이면 어떡하나 걱정하고 형벌을 가할 때는 수를 셀 수 있으면 어쩌나 걱정하니 천하가 모두 배반했습니다. 회왕께서 여러 장수들과 약조하기를 '먼저 진을 깨고 함양으로 들어간 이를 관중의 왕으로 삼는다' 했습니다. 지금 패공이 먼저 진을 깨고 함양으로 들어갔지만 털 끝만큼도 취하지 않고 궁실을 봉하고 군대를 패상으로 돌린 후 장군이 오시기를 기다렸습니다. 장수를 보내 관을 지키게 한 것은 다른 도적이 관을 출입하거나 비상 상황이 생길까 대비한 것입니다. 그토록 고생하고 공이 이렇게 높음에도 제후로 봉해 상을 주지는 못할망정 자잘한 모함을 듣고는 공이 있는 사람을 죽이려 하다니요. 이는 망한 진나라를 잇는 길이니 신은 대왕께서 그리하지 않으시길 바랍니다."

항우는 대답하지 않고 말했다.

"앉으라."

번쾌는 장량을 따라 앉았다. 첫 번째 위기의 순간은 가까스로 지나갔다.

번쾌가 앉은 지 얼마 후 유방은 변소에 간다는 핑계로 나간 후 그를 불렀다. 물론 달아날 심사였다. 유방이 나간 지 얼마 후 항우는 도위 진평에게 유방을 불러오라고 했다. 이 진평이라는 사나이도 언젠가 큰일을 할 테니 기억하자. 번쾌가 밖으로 나오자 유방이 말했다.

"지금 나오면서 인사도 하지 않았다. 이를 어찌한다?"

번쾌가 말했다.

"큰일을 할 때는 자질구레한 일은 돌아보지 않고 큰 예는 작은 인사치레를 말하지 않는 것입니다. 지금 저들은 바야흐로 칼과 도마요, 우리는 물고기나 고기가 되었는데 무슨 인사란 말입니까?"

이로 보면 번쾌는 문학적인 자질이 있는 백정이다. 긴급한 순간에 상황을 정리하는 능력은 문사들 못지않다.

유방은 수레와 관속들을 그대로 두고 홀로 말을 타고, 번쾌, 근강靳彊, 하후영[滕公], 기성紀成 등은 도보로 샛길로 달아나며 장량을 남겨 항우에게 사과하도록 했다. 유방이 한참 보이지 않자 항우가 물었다.

"패공은 어디 있는가?"

장량이 대답했다.

"장군께서 잘못을 나무라려고 한다는 말씀을 듣고 몸을 빼서 사잇길로 자기 군영으로 갔습니다. 그러기에 신을 남겨 이 벽을 바치라 했습니다."

항우가 벽을 받았다. 장량이 또 옥두를 범증에게 바쳤으나 범증은 노해서 옥두를 던져 부숴버리며 일어나 말했다.

"우리들은 이제 패공의 포로가 될 것이다."

그러나 이미 물고기는 손아귀를 빠져나갔다. 유방은 돌아오자마자 조무상을 죽여버렸다.

6. 불타는 고도

유방이 군영으로 돌아온 지 수일 만에 항우는 군대를 이끌고 서쪽으로 와 함양을 도륙했다. 항복한 진왕 자영을 살해하고 진의 궁실을 불태우며 지나가는 곳마다 남기지 않고 잔멸하니 진의 백성들이 크게 실망했다.

실로 항우는 천하를 좁게 봤다. 관중 백성들이 무슨 죄가 있단 말인가? 신안에서 한 번 죽이고 관중에서 또 한 번 죽였으니 항우는 관중 사람들의 원수가 되었다. 그때 함양의 궁실에 불을 지르니 불이 석 달이나 꺼지지 않았다고 한다. 그는 진의 궁실을 폐허로 만든 후 진귀한 보물과 미인들을 모두 거두어 동쪽으로 향했다. 관중 사람들이 그를 원수로 보니 사실 관중에 더 머물 수도 없었다. 그러나 어떤 이가 항우에게 권했다. 그는 아마도 관중의 지세를 잘 아는 누군가였을 것이다.

"관중은 산과 강이 보호하는 천혜의 요새요 땅이 비옥하니 여기에 도읍을 두고 천하의 패자가 될 수 있습니다."

그러나 항우는 관중 자제들을 너무 많이 죽이고 궁실을 다 태웠기에 관중에 있기가 불안했는지 동으로 돌아갈 마음을 굽히지 않았다.

"부귀를 이룬 후 고향으로 돌아가지 않으면 수놓은 옷을 입고 밤길을 가는 격이니 누가 알아주리오."

이것이 바로 '금의환향錦衣還鄕'이라는 고사다. 항우가 이런 반응을 보이자 관중에 도읍을 세우자고 한 이가 뇌까렸다.

"사람들이 초나라 사람은 원숭이를 목욕시켜서 관을 씌운 것에 지나지 않는다고 하더니 과연 그렇구나."

항우는 그 말을 듣고 그를 삶아 죽여버렸다.

이제 진을 멸망시킨 후의 논공행상 자리로 가보자. 항우는 사람을 시켜 회왕에게 사정을 보고하니 회왕은 '감히' "약속대로 하라"고 답했다. 유방을 관중의 왕으로 삼으라는 것이다. 허나 항우는 회왕이 자기더러 유방과 함께 서쪽으로 들어가는 것을 허하지 않고 북으로 조나라를 구원하게 하여 약속에 뒤처지게 한 것을 원망했다. 이에 그는 뇌까렸다.

"회왕은 우리 가문이 세운 이일 뿐이다. 적을 정벌한 공도 없으면서 어찌 맹약을 오로지한단 말인가? 본시 천하를 평정한 이는 제장들과 나 적(항우)이다."

봄 정월, 항우는 겉으로는 회왕을 의제로 높여 불렀지만 실제로는 그 명을 듣지 않았다. 그는 회맹의 맹주로서 제후와 장상들을 모아놓고 선언했다.

"천하가 어지러워지자 임시로 제후의 후손들을 세워 진을 쳤지만, 실상 갑옷을 두르고 무기를 휘두르며 3년을 들판에서 잠을 자며 천하를 평정한 이는 여러분과 저 항적입니다. 의제께서 공은 없지만, 응당 땅을 나누어 우리들을 봉해야 합니다."

모인 이들은 모두 좋다고 했다.

항우는 먼저 유방을 관중왕으로 세우지 않고 한중왕으로 세웠다. 그러고는 이런 핑계를 댔다.

"파와 촉도 관중에 속한다."

이리하여 유방은 파촉과 한중의 41개 현을 다스리고 도읍을 남정南鄭에 두도록 했다. 원래는 한중도 주지 않으려 했으나 숙부 항백이 권해서 양보한 것이다. 이전에 장량은 유방에게서 공로에 대한 사례로 받은 황금 200일과 진주 두 말을 항백에게 바쳐서 환심을 샀다. 남정이 곧 한중인데, 훗날 제갈량과 유비가 한 고조를 모방하여 이곳을 기반으로 천하를 넘본다.

또한 관중을 셋으로 나눠 장한을 옹왕雍王으로 삼아 도읍을 폐구廢丘에 두고 사마흔을 새왕塞王으로 삼아 역양에 도읍하게 했으며 동예를 적왕으로 삼아 고노高奴에 자리 잡게 했다. 옛 진나라 사람들을 도륙하고 그 배신자들로 하여금 그 땅을 다스리게 한다? 이는 실제로 그 땅을 다스리라는 것이 아니라 도저히 상하가 화합할 수 없게 만들어 관중이 재부상하는 것을 막은 것이다. 항우의 정치란 이렇게 야비했다. 그토록 많은 사람을 죽이고 나니 항우는 어떤 행동을 해도 자가당착에 빠졌다. 관중 인민의 마음을 풀어주고자 항복한 진장들을 죽인다면 약속을 두 번 배신하는 셈으로 치자 진을 멸한다는 반란의 대의를 거스르는 것이다. 그렇다고 그들을 다른 땅에 보내자니 진의 옛 장수의 통치를 반길 산동 땅이 어디 있겠는가? 결국 그가 생각한 것이 결국 이들 폐관들을 관중 땅에 봉하는 것이었다. 어찌 보면 회심의 한 수 같지만 사리에 밝은 이라면 누구나 이런 처사를 비난했을 것이다.

한편 항우 자신은 서초패왕西楚霸王이 되어 양과 초의 아홉 군의 왕이 되고 도읍을 팽성에 두었다. 그가 팽성을 차지했으니 초회왕, 즉 의제는 강남으로 쫓겨났다. 항우의 그릇은 그 정도였다. 진이 거둔 성과를 모두 버리고 전국시대보다 못한 상태로 돌아가 버린 것이다. 또한 항상 자기 군대의 선봉에 선 영포를 구강왕九江王으로 봉해 육六에 도읍하게 하여 신뢰를 보냈다. 영포는 언제나 항우가 흉폭한 짓을 할 때 수족 노릇을 했다.

초장 가구신양은 하남왕이 되어 낙양에 도읍했고, 조장 사마앙은 은왕이 되어 조가에 도읍하고, 당양군 영포는 구강왕이 되어 육에 도읍하고, 회왕의 주국 공오는 임강왕이 되어 강릉에 도읍하고, 파군 오예는 형산왕이 되어 주에 도읍하고, 옛 제나라 왕인 건의 손자 전안을 제북왕으로 세웠다. 위왕 표를 옮겨 서위왕으로 삼고 평양에 도읍하도록 하고, 연왕 한광을 옮겨 요동왕으로 삼고 연의 장수 장도臧荼를 연왕으로 삼아 계에 도읍하게 했다. 제나라 장수 전도는 제왕이 되어 임치에 도읍했다. 조왕 헐을 옮겨 대왕으로 삼고 조의 재상 장이를 상산왕으로 삼았다. 대체로 기존 제후들을 옮기거나 땅을 나누는 한편, 자신과 함께 공을 세운 사람들로 견제하게 하여 제후들이 다시 힘을 쓰지 못하게 한 것이다.

그해 여름 4월, 제후들은 희정 아래에서 파하여 각자의 봉국으로 돌아갔다. 그러나 항우의 의도가 너무 적나라하여 다수가 분봉 결과를 수긍하지 않았다. 먼저 유방은 항우가 약조를 배반한 것을 원망하여 그를 공격하고자 했지만 승상 소하가 간하니 참았다. 진여는 장이가 상산왕이 되는 차에 자신은 조그마한 식읍 셋만 얻자 반발했다. 전영은 항우가 옛 제왕 전불을 교동으로 옮기고 전도를 제왕으로 삼자 대노했다. 또한 팽월은 열심히 싸웠지만 얻는 것이 없었다. 이렇게 불만을 품은 이들이 다수였다.

항우는 파촉으로 들어가는 유방에게 사졸 3만 명을 딸려 보냈는데 초와 여타 제후의 사람으로서 유방을 흠모하여 따르는 이가 수만 명이었다. 장량이 사직하고 한으로 돌아가니 유방이 멀리 전송했다. 이 때 장량이 유방에게 권했다.

"잔도를 끊어 다시 동쪽으로 나갈 마음이 없음을 보이는 것이 좋겠습니다."

항우는 한왕 성이 공이 없다는 구실로 데려가서 얼마 후 죽여버렸다. 장량을 철천지원수로 만든 셈이었다. 장량은 이제 뒤도 돌아보지 않고 유방에게 충성한다.

이렇게 진을 무너뜨린 이들이 다시 진을 나눠 가졌다. 가의가 진의 잘못을 꾸짖으며 한 말[過秦論]이 통절하다.

"(진이 망할) 당시 진의 천하는 작거나 약하지 않았고 옹주雍州(관중)의 지세와 효산과 함곡관의 견고함도 여전했다. 또한 존귀함으로 따지면 진승의 지위는 옛날 제후들의 군주들과 비교할 수 없었고, 들고 일어난 농민들의 곡괭이와 가시 몽둥이는 진군의 갈고리 극이나 장창에 비할 바가 아니었으며, 수자리로 가던 무리들은 옛 제후국의 병사들과 겨룰 수 없었고, 그들의 심모원려나 용병술은 옛날의 모사들에 미칠 바가 아니었다. 그럼에도 그들은 오히려 이변을 일으켜 옛 제후들이 못 이룬 공을 이뤘다. (중략) 천하를 한 집으로 아우르고 효산과 함곡관을 궁으로 삼은 진이 일개 필부가 난을 일으키자 7대의 묘당이 무너지고 마지막 황제는 남의 손에 죽음을 당해 천하의 웃음거리가 되었다.

왜 그랬던가? 어진 마음으로 베풀지 않았기 때문이요, 공격할 때와 지킬 때의 형세가 달랐기 때문이다[仁心不施, 而攻守之勢異也]."

가의는 이어서 이렇게 말한다.

"진은 전국戰國을 통일하고 천하의 왕 노릇을 하면서도 전국시대의 방식을 바꾸지 않고 그때의 정치를 바꾸지 않았다."

진이 천하를 얻을 때 개혁의 힘이 컸다. 천하를 얻어 지킬 때는 또 개혁이 필요한 것이다. 진이 망한 것은 천하의 대세였다. 바다는 되로 퍼내서 말릴 수 없듯이 천하는 혼자 도모할 수 없는데 법리 몇몇이 천하를 조작할 수 있다고 오만을 부렸으니 어찌 감당할 수 있었으랴.

이제 천하의 향배는 어찌 될까? 대중은 두 사람, 즉 진을 무너뜨린 두 주역을 주목하고 있었다.

제6장

초한쟁패 1

: 패배를 딛고 서다

...

항우가 천하의 전쟁이 끝났다고 선언했으나 실상은 휴전 선언에 불과했다. 진은 싸움을 못해서 패한 것이 아니라 정치를 못해서 패했다. 항우는 옛일을 통해 배우지 못했고 정치를 이해하지 못하는 인간이었다. 진의 성과는 거두고 과오는 버리는 것이 개혁이다. 그가 재배치한 천하는 전국시대만도 못한 것이었다. 싸움꾼들이 흩어졌다고 해서 그 전의가 사라지는 것은 아니요, 불만을 품은 자들이 천하에 널렸으니 누가 심지에 불을 붙이기면 하면 타오를 형국이었다. 그중 몇몇은 분명 천하를 마음에 품고 있었고, 뜻이 가장 큰 이는 유방이었다. 관중 전체도 작게 보는데 한중과 파촉을 안겼으니 그가 만족할 리가 있는가? 이제 한중의 잔도를 박차고 하늘로 오르고 싶은 용과 동으로 돌아간 호랑이가 자웅을 겨룰 시간이다. 더 적극적인 이는 진흙에 던져진 용, 유방이었다.

유방에게는 살림꾼 소하가 있었고, 번쾌와 조참처럼 성벽을 오를 전사들도 있었고, 장량과 역이기처럼 판세를 읽는 이도 있었다. 한중의 용은 몸통과 발톱과 머리를 다 갖추었다. 그러나 날개가 없으니 땅 위에서 감히 맹호와 싸울 엄두가 나지 않았다. 그때 이 집단에 진인이 나타났으니 바로 한신이다. 그예 유방은 정면 대결을 선언했다.

1. 대장군 한신의 전략

군법은 살벌하다. 사형을 받은 군관들의 목이 하나씩 떨어져 무려 열세 명이 베였다. 어떤 허우대 멀쩡한 자를 베려고 할 때 그자가 갑자기 등공 하후영을 향해서 소리를 질렀다.

"주상께서는 천하를 얻지 않으려 하십니까? 어찌 장사를 베려 하십니까?"

하후영이 기상을 가상하게 여겨 용모를 보니 장대한데 한신이라 했다. 그래서 그는 한신을 풀어주고 함께 전략을 이야기하다 크게 기뻐했다. 이리하여 그를 유방에게 천거하여 치속도위治粟都尉로 삼았지만 유방은 그를 대단하게 생각하지는 않았다.

한신, 그는 유방이 왕이 되어 한중으로 들어갈 때 초를 버리고 따라

온 이다. 항우 진영의 장군직은 항씨와 그 근처의 인물들이 독차지하고 있으니 한신이 비집고 들어갈 틈이 없었던 것이다. 그리하여 한으로 귀순해 연오連敖 직을 수행하다 죄에 걸린 것이다.

한신을 기특하게 여긴 이는 또 있었으니 유방의 심복 소하였다. 소하는 한신과 대화할 때마다 그의 식견에 탄복하여 유방에게 천거했지만 유방은 여전히 한신을 대단하지 않게 여겼다. 마침 유방이 남정에 이르자 여러 장수와 사졸들이 노래를 부르며 동쪽으로 가고 싶어 했고, 가는 길에 벌써 달아나 동쪽으로 가는 이도 많았다. 그때 치속도위 한신도 도망쳐 버렸다.

한신이 달아났다는 소식을 듣자 소하는 유방에게 보고도 하지 않고 그를 쫓았다. 어떤 이가 소하가 달아났다고 하니 유방은 아쉬워 어쩔 줄 몰라 하며 역정을 냈다. 그리고 며칠 후 달아났다는 소하가 돌아왔다. 유방은 한편으로는 화가 나고, 한편으로는 기뻐서 소하를 나무랐다.

"무엇 때문에 달아났소?"

"달아난 것이 아니라 도망자를 쫓아갔을 뿐입니다."

"그가 누구요?"

"한신입니다."

유방은 시큰둥했다.

"장수들 중 달아난 자가 한둘이 아닌데 그대가 쫓아간 적이 없는데 한신을 쫓았다니, 그건 거짓말이요."

소하가 간절히 청했다.

"상께서 그저 한중에서 계속 왕 노릇을 하실 요량이면 그만이나, 반드시 천하를 다투고자 하시면 한신이 아니면 더불어 의논할 사람이 없습니다."

소하는 한신을 중용하라고 다그쳤다. 유방이 대답했다.

"좋소. 그대의 뜻을 따라 한신을 장군으로 삼겠소."

소하는 대답했다.

"장군으로 삼아도 그는 떠날 것입니다."

유방의 평소 성격답게 더 큰 제안을 했다.

"그럼 대장으로 삼겠소."

소하는 그제야 만족했다.

"실로 다행입니다."

유방이 드디어 한신의 존재를 인정하고 그를 불렀더니 과연 그는 대업의 조업자가 분명했다. 한신은 이렇게 말했다.

"항우가 약조를 배신하고 군왕을 남정의 왕으로 삼은 것은 사실 좌천시킨 것입니다. 이졸들은 모두 산동 출신이니 낮이나 밤이나 돌아가기만 바라고 있습니다. 그 예리한 기세를 사용하면 가히 큰 공을 이룰 수 있습니다. 천하가 이미 안정되어 백성들이 모두 자기 자리를 편안하게 여기면 다시 쓸 수 없습니다. 방침을 확정하고 동쪽으로 나가는 것이 좋습니다."

유방은 한신을 얻고 너무나 기뻐 그를 임명할 준비를 했다. 소하는 한신을 쓰자면 그에 상응하는 예를 올리고 그에게 전권을 줘야 한다고 강조했다. 그예 유방은 재계하고 대장을 세우는 의식용 단을 세웠다.

오래 따라다닌 장수들 중 다수가 은근히 대장 자리를 기대하고 있었다. 그러나 그날 대장의 자리에 오른 이는 초나라에서 온 말단에다 죄를 짓고 목숨을 구걸하여 살아난 한신이었다. 군중이 술렁였다. 하지만 그토록 오만방자한 유방이 정성으로 예를 다하자 장수들은 또 의아해했다.

예를 마치고 유방이 한신에게 대책을 물으니, 한신은 삼진을 도모하여 쉽사리 병합할 수 있는 대책을 늘어놓았다. 한신의 대책은 과연 무엇일까? 배례를 끝내고 자리에 앉자 유방이 물었다.

"승상이 여러 차례 장군 이야기를 했소. 장군은 어떤 계책으로 과인을 가르칠 것이오?"

한신이 되물었다.

"지금 동쪽으로 가서 천하를 다툴 이는 항왕項王(항우) 아니겠습니까?"

"물론이오."

"대왕께서 스스로 헤아려보건대 항왕과 대왕 중 용기와 사나움과 어짊과 강인함[勇悍仁彊]이 누가 낫습니까?"

유방이 한참 침묵하다가 대답했다.

"내가 그보다 못하오."

한신이 재배한 후 길게 말을 이었다.

"신 역시 대왕께서 그만 못하다 여기옵니다. 허나 신은 일찍이 항왕을 섬겼으니 그의 사람됨을 말해볼까 합니다. 항왕이 한번 노하여 소리를 지르면 천인이 모조리 엎드립니다. 허나 그는 끝내 현명한 장수를 골라 일을 맡기지 못하니 그의 용기는 필부의 용기일 뿐입니다. 대왕은 사람을 만날 때면 공경자애하고 말도 구구이 겸손하며, 어쩌다 누가 병이라도 걸리면 찾아가 울고 자기 음식을 나눠줍니다. 허나 자기 사람 중 누가 공이 있어 응당 작을 봉해야 할 때는 새겨놓은 인새가 닳아 없어질까 아까워 차마 건네지 못하니 대왕의 어짊이란 아녀자의 어짊에 불과합니다."

한신은 항우와 유방의 장점과 결점을 정확하게 대비시켰다. 그는 항우가 유방만 못함을 강조했다. 이어서 그는 항우의 실책을 논한다.

"항왕이 천하의 패주가 되어 제후들을 신하로 거느리고도 관중에 자리를 잡지 않고 팽성에 도읍했습니다. 그는 의제와의 약속을 저버리고 자기와 가까운 이들을 왕으로 세우니 제후들이 불평합니다. 제후들은 항왕이 의제를 강남으로 쫓아낸 것을 보고 모두 봉지로 돌아가 자기의 옛 주군을 쫓아내고 스스로 왕이 되어 좋은 땅을 차지해 왕 노릇을 합니다. 항왕이 지나는 곳은 잔멸하지 않은 곳이 없어 천하 대부분이 그를 원망하고 백성들이 따라붙지 않고, 지금은 그저 위력으로 겁박당해 말을 들을 뿐입니다. 하오니 항왕이 명목으로는 패왕이라고 하나 실상은 천하의 민심을 잃었습니다. 저는 그의 강함은 쉽사리 약함으로 바뀔 수 있다 말합니다."

이어 한신은 유방을 고무했다.

"지금 대왕께서 실로 항왕이 한 일과 반대로, 천하의 용맹한 무인에게 일을 맡기시면 누군들 주살하지 못하겠으며, 천하의 성읍으로 공신들을 봉하면 누군들 복종시키지 못하오리까? 하오며, 의로운 군대로 동쪽으로 돌아가고자 하는 전사들을 거느리면 누군들 흩어버리지 못하리까? 또한 저 삼진의 왕은 원래 진나라 장수들로 진의 자제들을 거느린 지 여러 해, 그동안 죽고 달아난 이가 셀 수 없습니다. 하물며 그 무리를 속여 제후들에게 항복하였고, 신안에 이르러 항왕이 그들을 속여 20여만 명을 파묻어 버리고 저들 장한과 사마흔, 동예만 화를 벗어났으니 진의 부형들은 통한이 뼈에 사무치도록 이 셋을 원망합니다.

지금 초가 위력으로 강제로 이 세 사람을 왕으로 삼았으나 옛 진의 백성 가운데 그들을 아끼는 이는 하나도 없습니다. 대왕께서 무관으로 들어오셔서 추호도 진의 백성을 해하지 않으시고 진의 가혹한 법을 없애고 삼장의 법으로 약조를 하시니 진의 백성 중 대왕이 왕 되기를 바라지 않는 이가 없었습니다. 제후들과의 약조를 따르더라도 응당 대왕께서 관중의 왕이 되어야 함을 관중 백성들 누구나 다 압니다. 그러기에 대왕께서 관중왕의 직을 잃고 한중으로 들어가자 진의 백성들 중 안타까워하지 않는 이가 없었습니다. 지금 대왕이 일어나 동쪽으로 가면 삼진三秦(셋으로 나뉜 관중)은 격문만 돌려도 평정할 수 있습니다."

대장군의 말로 손색없는 자신감 넘치는 언변이었다. 유방은 그를 몰라본 자신을 자책하며 한신의 계책을 채택하여 여러 장수들을 각부에 배치하고, 소하는 뒤에 남겨 파촉의 조를 거두어 군량을 공급하게 했다. 지금껏 항우의 위세에 눌렸던 유방이 반격을 개시한다.

2. 잠룡 출관

그해 5월* 유방은 군대를 이끌고 고도를 따라 나와 옹을 습격했다. 한중으로 들어가자마자 순식간에 이뤄진 반격이었다. 옹왕 장한은 진창에서 한군을 영격迎擊했지만 패하고 군대를 돌리고, 다시 호치에서 싸웠지만 대패하고 폐구로 달아났다. 한왕은 드디어 옹 땅을 평정하고 동쪽의 함양으로 진격하는 차에 폐구에서 장한을 포위하고 여러 장수들을 보내 땅을 경략했다. 실상 옹은 지키기 쉬운 곳이다. 훗날 제갈량이 자주 옹을 공략했지만 모두 실패한 것은 한중에서 나오는 길목이 좁아 진령秦嶺을 넘어 군량을 옮기느라 힘을 뺀 데다, 옹이 꼭 한쪽만 트여 있어 공격하기 어려운 지형이었기 때문이다. 그러나 이번 싸움은 어렵지 않았다. 진의 인민들이 장한을 원하지 않았기 때문이다.

한편 동쪽에서 유방에게 유리한 소식이 들려왔다. 원래 제나라의 실권자는 전영이며 왕은 전불이었다. 그러나 항우가 전불을 교동으로 옮기고 전도를 제왕으로 삼자 대노하여 제의 병력을 이끌고 전도를 맞아쳤다. 전도는 바로 초로 달아나 항복했다. 6월 전영이 전불을 죽이고 스스로 제왕이 되었다. 당시 팽월이 거야에 있으면서 거느리는 무리가 1만 명이 넘었는데 돌아갈 곳이 없었다. 이에 전영은 그에게 장군의 인

---

* 옹을 공격한 때를 《사기》는 8월이라 쓰고, 《한서》는 5월이라 하는데, 아마도 한중에서 출정한 날과 옹 땅에서 본격적인 전투가 벌어진 날짜가 달랐기 때문일 것이다. 날짜는 대체로 《한서》가 정확하니 달력은 대개 《한서》를 따랐다.

수를 주고 양나라 땅에서 반란을 일으키라 명했다. 팽월이 호응하여 제북왕 전안을 쳐서 죽이니 전영은 드디어 삼제의 땅을 다 아울렀다.

연왕 한광 역시 요동으로 가라는 명을 들으려 하지 않아서 8월 가을, 장도가 한광을 죽이고 그 땅을 겸병했다. 원래 장도는 연의 장수에 불과했고 한광은 왕이었는데 오히려 한광을 요동으로 보내고 장도를 연왕으로 삼았으니 한광이 참지 못한 것이다. 하긴 한광 자신도 조나라를 배신한 뒤 입신한 인물이다. 배신자는 또 배신하는 경향을 보이고, 항우는 기존의 군신관계를 뒤흔들어 이 배신을 부채질했다.

관중에서는 한군의 노도 같은 기세에 새왕 사마흔과 적왕 동예가 모두 한에 항복했다. 관중 제장의 투항을 유도하기 위해 유방은 그들을 살려두었지만, 사실 그들이 터럭만큼의 염치라도 있다면 투항 대신 죽음을 선택하여 관중의 부형들에게 사죄하는 것이 옳았다. 하지만 염치란 한번 버리면 쉽사리 다시 얻을 수 없나 보다.

항우는 유방이 관중을 병합하고 제와 양이 배반했다는 소식을 듣자 대로하여 옛날 오의 수령 정창鄭昌을 한왕으로 삼고 한나라 군대를 저지하게 했다. 또한 소공 각을 보내 팽월을 쳤으니 팽월이 도리어 그를 대파했다. 이때 장량은 한의 땅을 거둬들이다가 항우에게 편지를 보내 말했다.

"한왕이 잔도를 태워 끊어버렸다는 것은 돌아올 마음이 없다는 것입니다."

또 전영의 모반을 항왕에게 알렸다. 이에 항우는 한을 고려하지 않고 전력을 다해 전영의 제를 쳤다. 당시 유방의 처 여치(앞으로 관례대로 여후라 부르겠다)와 아버지는 여전히 패현에 있었다. 가족이 항우에게 인질로 잡히는 것을 막고자 9월 유방이 왕릉더러 남양을 나서 태공과 여후를 맞아들이려 했지만 항우가 이를 듣고 군대를 내어 막아버렸다.

제와 대항하는 와중에 항우는 뜻밖의 조치를 취한다. 한의 달력으로 기원전 2년 10월, 항우는 구강왕 영포를 시켜 의제를 침郴에서 죽였다. 강남으로 유폐된 의제가 어쩌면 자신에 대항하는 구심점이 될까 염려했을까? 한때 의제에게 충성 운운하더니 유폐하고 결국 죽여버린 것이다. 이 행동은 즉시 역효과를 낳았다. 이 일로 천하 사람들이 의제를 불쌍히 여기고 항우를 포학하다 여겼기 때문이다.

유방은 그동안 결전을 위한 준비를 해나갔다. 일단 무관을 나서 섬陝의 부로들을 위로하고 하남왕 신양이 항복하니 하남군을 두었다. 한태위 신信에게 정창을 공격하도록 하여 항복을 받고는 돌아와 역양에 도읍을 두었다. 농서를 뽑고 장군들이 땅을 경략하게 했다. 그는 향후 상대가 만호를 들고 항복해오면 만호후에 봉한다고 약속하여 투항을 유도했다. 또한 관중 백성들을 다독이고자 옛 진나라의 원유와 원지에 백성들이 농사를 짓게 했다.

정월에 항우가 성양에서 전영을 치니 전영도 제왕으로서 정면으로 맞섰다. 그러나 전영은 이기지 못해 평원平原으로 달아났다. 그러자 평원 사람들이 전영을 죽였다. 전영도 지나치게 야망이 크고 하극상을 즐기니 제나라 사람들이 피로했을 것이다. 그예 제가 초에게 항복하지만, 항우는 항복한 전영의 사졸들을 파묻어 죽이고, 노약자는 포로로 들였으며, 성곽을 불태워 버렸다. 이렇듯 항우는 화가 나면 그 포학한 성품을 통제하지 못했다. 그러자 전영의 동생 전횡田橫이 제나라 패잔병을 규합하고 전영의 아들 광廣을 제왕으로 세워 성양에서 다시 반란을 일으켰다. 항우가 맹공을 퍼부었지만 원한에 사무친 제나라 병사들을 꺾지 못했다. 항우는 이렇게 사람만 죽이고 얻은 것을 다시 잃고 제나라 전선에 묶여 있었다.

한편 한은 착실하게 대전을 준비했다. 한의 제장들은 북지를 뽑아내고 옹왕 장한의 아들 장평을 포로로 잡았다. 다시 죄인을 사면하여 민심을 다독이고, 2월에 진의 사직을 허물고 한의 사직을 만들었다. 유방의 기본 정책은 전쟁 와중에 언제나 휴지기를 가져 백성들이 숨 쉴 틈을 주는 것이었다. 이번에는 그가 항우에게 도전했으니 백성을 잘 다독이지 않으면 민심이 다시 이반할 것이다. 유방은 백성들에게 작을 내리고, 촉한의 인민이 군에 물자를 대느라 고생한다고 하면서 부세를 2년 면제해주었다. 관중에 졸로서 종군한 이는 그 집의 부세를 1년 면제했다. 관중에는 항우에게 복수하고자 하는 이들이 많았다. 그 차에 유방이 계속 은혜를 베풀며 대가를 약속하자 그들은 충실하게 전쟁을 지원했다.

당시 산동의 상황은 복잡했다. 진여는 다시 천하가 어지러워지자 한때 문경지교를 맺었던 장이에게 품은 원한을 풀고자 장이를 공격하고 조왕 헐을 불러들였다. 그러자 장이는 유방에게 달아났고, 진여는 대를 차지하고 왕이 되었다.

3월, 관중을 완전히 평정하고 전쟁 준비를 마친 유방은 드디어 동쪽으로 나왔다. 물론 그때 항우는 제를 치는 중이었다. 임진臨晉 나루를 건너자 위왕 위표가 일군을 이끌고 따랐다. 한군은 하내를 함락하고 하내군을 두었다. 남으로 평음진平陰津을 건너 낙양에 이르자 신성新城의 삼로 동공董公이 유방에게 건의했다.

"신이 듣기로 '덕을 따르는 자는 성하고 덕을 거스르는 자는 망한다' 합니다. '군대가 나갈 때 명분이 없으면 일을 이룰 수 없다' 합니다. 하오니 '그 잘못을 명백히 밝혀야 적을 굴복시킬 수 있다 합니다."

실상 유방이 의제를 얼마나 아꼈는지 알 수가 없고, 관을 나서서야 의제의 사망 소식을 들었는지도 명확하지 않다. 하지만 정치가 유방이 이 호재를 놓칠 리가 없다. 그는 동공에게 인사했다.

"옳습니다. 어르신이 아니면 저는 이런 말씀을 들을 수 없었을 겁니다."

그는 애도의 표시로 예법에 따라 왼쪽 어깨를 드러내고 사흘 동안 통곡한 후 발상하고 제후들에게 통고했다.

"천하가 함께 의제를 세우고 북면하여 섬겼다. 지금 항우가 멋대로 의제를 강남에서 살해했으니 대역무도한 일이다. 과인이 친히 발상하니 사졸들은 모두 소복을 입어라. 관중의 병사를 모두 내고 삼하三河(하동, 하내, 하남)의 사졸을 거두어 남쪽으로 한수와 장강에 배를 띄워 제후 왕들을 거느리고 의제를 시해한 초를 치고자 한다."

오기와 순자가 말한바, 아군이 자기 군주를 의롭다 여기고 적군이 자기 군주를 불의하다 생각하면 승리는 필연적이다.

3. 팽성의 대패: 교만의 대가

수무修武에 도착하니 또 하나의 행운이 기다리고 있었다. 유방의 중연이 일곱 사람을 데리고 와서 유방에게 선보였다. 그중에는 위무지魏無知가 천거한 이로 초나라에서 투항한 진평이란 거물급도 있었다. 진평은 용모가 대단히 빼어났다. 그러나 유방은 처음에는 그저 여러 사람들 가운데 하나로 보았다. 먼저 음식을 대접한 후 유방이 말했다.

"끝나면 숙소로 가시오."

그러나 진평이 대담하게 나섰다.

"신은 일을 이루고자 여기에 왔습니다. 드릴 말이 있는데 오늘을 넘길 수 없습니다."

이에 유방이 그와 대화를 나누고 마음에 들어 물었다.

"그대는 초나라에서 무슨 자리에 있었는가?"

진평이 대답했다.

"도위였습니다."

유방은 그날로 진평을 도위에 임명한 다음 참승參乘을 허락하고 호군護軍의 직을 맡겼다. 호군은 장수들을 감독하는 자리이니 무사공평하며 오래 종군하여 다소간 인망을 얻은 이라야 직을 수행할 수 있다. 그런데 초에서 항복한 자를 하루아침에 호군으로 임명하자 군리들이 반발했다.

"대왕은 초나라의 망졸 하나를 얻더니 그 지위가 높고 낮음을 알아보지도 않고 곧장 수레에 함께 타는 것을 허락하시고, 오히려 군의 고

참 장령들을 감독하게 하시다니요?"

그러나 유방은 이런 불평을 듣자 진평을 더욱 총애했다. 제장들은 이해하지 못하겠지만 지금 유방은 전쟁 중에도 정치를 하고 있다. 초나라에서 도망친 한신이 대장군이 되고 진평이 왕의 수레에 탄다면 능력만 있다면 누군들 한에서 한 자리를 차지하지 못하랴. 장가산한묘에서 출토한 〈주언서〉에도 초에서 한으로 투항한 노비들의 이야기가 나온다. 유방은 지위고하를 막론하고 한으로 투항할 것을 권하는 중이다. 그러므로 군중에 소문이 돌수록 오히려 흐뭇해하는 것이다.

사실 진평은 초나라에서도 조무래기가 아니었다. 《한서》 〈고제기〉를 따른다면 유방은 이미 홍문에서 진평을 만난 적이 있다. 진평은 애초에 일군의 젊은이들을 이끌고 임제로 가서 위왕 위구를 따라 위왕의 태복太僕이 되었다. 그러나 얼마 후 위나라에서 누군가의 '모함'을 받으니 달아나 항우를 따랐다. 진평의 행실은 고결하지 않았기에 정말 모함을 당했는지 실제로 무언가 잘못했는지는 알 수 없다. 그는 항우 밑에서도 경의 작위를 받고 도위의 직을 수행했다. 그러다 항우의 미움을 받아 혈혈단신 달아난 것이다. 유방이 그에게 참승을 허락한 것도 의미가 있다. 그는 장량이나 역이기처럼 천하의 대세를 읽는 능력은 부족했으나 기발한 꾀가 많았다. 그런 꾀주머니는 가까이 두어야 위급할 때 쓸 수 있다. 앞으로 유방은 진평의 기계奇計 덕분에 여러 번 목숨을 건진다.

행운은 이어졌다. 4월 항우가 전횡과 대치하고 있을 때 유방은 제후군을 겁박하여 이끌고 팽성을 들이쳤다. 이제 유방은 관중과 파촉은 물론 삼하와 남양을 아울렀으니 진이 천하를 통일하기 직전의 형세를 회복한 것이다. 마침 외황外黃에 이르니 팽월이 3만 명의 군중을 이끌고 귀부했다. 팽월은 걸물이다. 앞으로 그는 위기에 빠진 유방을 여러 차례 구원할 것이다. 유방은 배례하고 그를 위나라 상국으로 삼아 위나라 땅을 평정하게 했다. 유방은 사실상 팽성에 무혈입성했다. 천하의 향배는 그렇게 그대로 결정되는 듯했다.

팽성에 들어가자 유방은 다시 해이해져 미인들과 보물을 거둬들이고 연일 부어라 마셔라 연회를 열었다. 팽월이 자기편으로 들어왔으니 제는 약해졌고, 영포가 제나라를 치는 항우를 지원하지 않았으니 항우는 오른팔을 잃은 격이었다. 영포를 회유하고 팽성에서 기다리면 제나라에서 지친 항우는 오갈 데 없는 몸으로 자멸하리라.

그러나 항우는 싸움을 위해 태어난 사람이다. 유방이 팽성에 들어갔다는 말을 듣자 그는 몰래 정예병 3만 명을 데리고 노현을 나섰다. 소蕭에 이르러 그는 새벽에 방심하고 있는 한군을 기습했다. 이어 팽성의 영벽靈壁 동쪽 수수睢水 가에서 한군을 쳐서 대파했다. 그때 사상자가 얼마나 많았는지 수수가 막혀 흐르지 못할 지경이었다고 한다.

항우는 한군을 격파하고 나서 유방을 세 겹 포위했다. 여기서 유방의 명이 끝나는 듯했다. 때마침 자갈을 날릴 정도의 강풍이 불어 초군의 진영을 덮치는 틈을 타 유방은 겨우 수십 기를 거느리고 탈출할 수 있었다. 부모와 처를 돌볼 겨를도 없어서 겨우 아들 영盈(훗날의 효혜제)과 딸(노원공주)만 수레에 태우고 달아났다. 초의 기마병이 추격하자 유방은 급해서 자식 둘을 밀쳐 떨어뜨렸다. 하지만 그때마다 매번 참승

하후영이 떨어진 아이들을 다시 주워 수레에 태웠다.

"아무리 급하다고 해도 자식을 버리십니까?"

유방은 화가 끝까지 나서 하후영이 아이들을 다시 태울 때마다 그를 베려고 했지만 차마 그러지는 못했다. 싸움에 패한 자, 살아남고자 발버둥치는 자의 슬픈 자화상이었다.* 하지만 하후영의 이름은 훗날 유비의 아들을 구한 조자룡처럼 충직함의 대명사로 자리 잡았다.

제후들은 초의 강성함을 목도하고는 다시 초편에 붙었다. 새왕 사마흔과 적왕 동예는 도망쳐 초로 들어갔고, 은왕 사마앙은 사망했다. 다행히 처남 주여후周呂侯가 군을 이끌고 하읍下邑에 거하니 유방은 그쪽으로 피신해서 패잔병을 거두고 탕에 주둔했다.

4. 영포, 열쇠를 쥔 자 ━━━━━━━━

팽성의 패배는 뼈아팠다. 그 책임은 사령관인 유방 자신의 것이었다. 사졸들을 그렇게 많이 잃었으니 천하를 볼 면목도 없었다. 하지만 유방은 성인이 아닌 영웅이다. 그의 얼굴은 좌중의 따가운 시선을 견딜 만큼 충분히 두꺼웠고 심장 근육은 패배를 견딜 만큼 질겼다. 그러나

• 《사기》와 《한서》는 이렇듯 처참한 유방의 몰골과 비열한 모습을 모두 실었다. 그러니 한의 사관들이 쓴 기록이라 무조건 왜곡되었다고 할 수 없다. 형양에서도 유방은 비슷하게 비열한 모습을 보였다. 항우라면 어찌 행동했을까?

섬서성 함양 양가만에서 출토된 한대 병마용. 팽성에서 항우에게 패한 유방은 패잔병을 거두고 탕에 주둔했다. 대패를 만회할 기회를 찾던 중 항우의 오른팔이었던 영포를 설득해 수중으로 끌어들였다.

대패를 만회할 기제가 필요하다. 화를 복으로 바꾸지 못하면 수렁으로 빠져든다. 유방의 심중에는 영포가 있었다.

영포는 지금까지 항우의 오른팔 역할을 충실히 했다. 진을 칠 때는 언제나 선봉이었고, 신안에서 진의 항병을 묻어 죽일 때도 앞장섰다. 또한 항우의 명을 따라 의제를 죽인 이도 그다. 그러나 항우가 제를 칠 때 영포는 병을 핑계로 따라 나서지 않았고 팽성을 칠 때도 협격하지 않았다. 영포의 심중에 무슨 변화가 있는 것일까? 어쨌든 항우는 이 일로 영포에게 원한을 품었다. 그럼에도 영포가 쓸모가 많았고 적으로 돌리면 위험했기에 그대로 두었다.

유방은 팽성에서 퇴각해 우虞에 이르자 심사가 뒤틀려 한탄했다. 팽성을 접수한 대군이 불과 몇만 명인 항우의 선봉을 이기지 못한 것이다.

"그대들 따위는 나와 함께 천하를 도모하기에는 부족하다."

그때 돌연 알자謁者 수하隨何가 참견했다.

"폐하께서 하신 말씀이 무슨 뜻인지 모르겠습니다."

유방이 말했다.

"누가 능히 나를 위해 회남에 사자로 가 (영포로 하여금) 군대를 일으켜 초를 배반하게 할 수 있겠는가? 항왕을 제나라에 몇 달만 잡아놓으면 내가 백에 하나의 오차도 없이 천하를 차지할 텐데."

수하가 대답했다.

"신이 가겠습니다."

유방은 수하의 청을 허락하여 20여 명을 딸려 회남으로 보냈다. 훗날의 일로 미뤄보면 유방은 당시 수하를 대단하게 여기지 않았다. 그러나 이렇게 배신을 권하는 사신은 쉽사리 죽음을 당할 수도 있는데도 과감하게 나서니 이를 가상하게 여긴 것이다. 알자, 말 그대로 심부름꾼이었던 수하가 대임을 맡을 수 있을까? 어쨌든 수하는 영포의 치소 수현(수춘)으로 떠났다.

수하 일행이 도착한 지 사흘이 지났으나 영포를 만날 수 없었다. 수하는 태재太宰에게 말을 넣었다.

"왕께서 저를 만나지 않는 것은 필시 초가 강하고 한이 약하다 여겨서였겠지요. 제가 사태를 설명하러 여기에 왔습니다. 왕께서 저를 만나도록 해주십시오. 제 말씀이 옳다면 대왕께서 이를 듣고자 할 것이고, 제 말씀이 그르면 저와 스무 명에게 회남의 저잣거리에서 엎드려

도끼를 받도록 하여 대왕께서 한을 등지고 초와 함께함을 명백히 밝히시면 됩니다."

태재가 말을 넣자 영포가 과연 수하를 만났다. 수하가 말을 꺼냈다.

"한왕께서 저를 사신으로 보내 대왕께 서신을 전하라 한 까닭은 대왕께서 과연 초와 얼마나 친한지 궁금해서였습니다."

영포가 대답했다.

"과인은 북면하고 신하로서 초왕을 섬기고 있소."

수하는 다짜고짜 영포를 몰아세웠다.

"항왕이 제를 칠 때 스스로 성을 쌓는 판대기를 짊어 메고 사졸들의 선봉에 섰으니 대왕은 응당 친히 회남의 무리를 다 이끌고 초군의 선봉에 서야 했지만 겨우 4000명을 보내서 돕기만 했습니다. 무릇 북면하여 신하로서 남을 섬기는 이가 실로 이리해도 됩니까? 또한 한왕이 팽성을 공격할 때 항왕은 아직 제를 떠나지 못하고 있었습니다. 그렇다면 대왕은 마땅히 회남의 무리를 모두 이끌고 회하를 건너 밤낮으로 팽성 아래서 싸워야 했습니다. 그러나 대왕은 만인을 거느리고도 한 명도 회수를 건너게 하지 않고 팔짱을 끼고 누가 이기는지 관망하기만 했습니다. 무릇 나라를 남에게 맡긴 이로서 정말 이리해도 됩니까?"

수하는 이미 항우가 영포를 믿지 않음을 강조했다. 실제로 항우는 의심을 품으면 내친다. 다만 영포를 적으로 만들 수 없었을 뿐이다. 영포를 이를 알고 있었다. 수하가 형세를 설명했다.

"대왕께서 초를 등지지 않는 것은 한이 약하다고 여기기 때문이겠지요. 지금 초군이 비록 강하나 온 세상이 그들에게 불의하다는 오명을 지웠습니다. 항왕이 맹약을 어기고 의제를 시해했기 때문이지요. 그럼에도 초왕은 싸움에서 이긴 것과 스스로 강한 것만 믿지만, 한왕은 제후들을 거둬 성고와 형양으로 돌아와 지키고, 촉한의 곡식을 내려 보내고 깊이 참호를 파고 벽을 두르고 병력을 나누어 변경의 요새를 지키고 있습니다. 초가 군대를 한으로 돌리려고 해도 가운데의 양나라 땅을 지나 적국으로 800~900리를 들어가야 하니, 싸우려 해도 싸울 수 없고 성을 공격하자니 역부족입니다. 게다가 노약자들이 1000리 밖으로 군량을 날라야 합니다. 초군이 형양과 성고에 도착해도 한이 굳게 지키고 움직이지 않으면 나아가 공격할 수도 없고 풀고 물러날 수도 없습니다. 그러니 저는 초군은 믿을 만하지 않다고 말하겠습니다.

초가 한을 이긴들 제후들은 두려워 서로 구원할 것이니, 초가 강해지면 족히 천하의 군대를 끌어들일 뿐입니다. 허니 초가 한만 못함은 형세를 봐도 쉽게 알 수 있습니다. 지금 대왕께서는 만전萬全의 한과 함께하지 않으시고 위험에 빠져 망해가는 초에 몸을 맡기시니 신은 대왕을 위해 이를 의아해합니다. 왕께서 군대를 일으켜 초를 등지면 항왕은 필히 발이 묶일 것이고, 이렇게 몇 개월이면 한은 만에 하나 착오도 없이 천하를 차지할 것입니다. 신은 대왕과 함께 검을 차고 한으로 돌아가고자 합니다. 한왕은 필히 땅을 떼어 대왕을 봉할 터인데 하물며 회남뿐이겠습니까. 회남은 필히 대왕이 차지하게 될 것입니다. 이런 까닭에 한왕께서 신으로 하여금 대왕께 어리석은 계책을 바치라 하였으니 유념해주소서."

영포는 10만 명의 무리를 거느린 대장인 데다 형세를 읽는 눈도 있었다. 항우는 척을 지면 앙갚음을 하는 사람이다.

"청을 따르리다."

영포는 응낙했지만 아직 누설하지 않고 군대도 움직이지 않았다. 그 때 출병을 독촉하는 사자가 수춘에 와 있었다. 수하는 항우의 사자가 있는 객사로 곧장 들어가 힐난했다.

"구강왕이 이미 함께 귀순했는데 초가 무슨 수로 군사를 얻으려는 것이오?"

영포가 화들짝 놀랐다. 수하 일행을 죽이든지 초의 사자를 죽이든지 반드시 선택해야 했다. 수하가 다시 권했다.

"기왕 이렇게 된 바에야 초나라 사자를 죽여 돌아가지 못하게 하고 당장 한과 힘을 합치시지요."

영포는 결국 한을 선택하여 남방에서 군사를 일으켜 초를 공격했다. 항우에게는 다시없는 타격이었고, 유방에게는 전화위복의 계기였다. 앞으로도 우리는 유방이 패배 후에 항상 재기의 기회를 포착하는 것을 목도할 것이다.

제7장

초한쟁패 2

: 칠전팔기

•　•　•

초한쟁패의 과정에서 관중은 충실히 역할을 이행했다. 팽성에서 패했지만 유방은 호리병 같은 관중으로 돌아와 다시 나갈 준비를 할 수 있었다. 그가 밖에서 싸울 때 소하는 언제나 물자를 비축하고 기다리고 있었다. 이제 다시 항우와 싸워서 진다면 유방도 더는 변명할 거리가 없을 것이다. 한신과 팽월에 더해 영포까지 얻었으니 야전에서 싸울 인물은 다 갖춘 셈이다. 문제는 시간이다. 유방이 패배를 추스르는 사이 항우가 제를 접수하고 연이어 조를 차지한다면 대세는 동쪽으로 기울 것이다. 허나 영포가 잘 싸워 항우의 별동대를 몇 달만 잡아둔다면 한이 유리하다. 아직 대세는 결정되지 않았다.

　기존의 형세를 한마디로 정리하면 동쪽에는 잘 싸우는 자가 있었고 서쪽에는 잘 회복하는 자가 있었다. 그러나 이번에 동쪽으로 출격하는 이는 대장군 한신이다. 그는 반복무상反覆無常한 제후들의 눈치나 볼 위인이 아니다. 그를 막아서는 자는 제후든 누구든 격파하고 포로로 만들 것이다. 그는 스스로 제후들을 대신할 야망을 가지고 있었다. 이리하여 한군은 둘로 나뉜다. 유방이 초군을 상대할 때 한신은 황하 일대의 제후들을 접수할 것이다.

1. 한신이 배수의 진을 치다

6월에 유방은 영을 태자로 세우고 대사면령을 내려 관중을 위로했다. 태자에게 역양櫟陽을 지키게 하고, 자신이 출격하여 폐구로 물을 끌어들이니 성은 항복하고 장한은 자살했다. 한때 수십만 장병을 거느리던 진의 대장 장한은 그렇게 기구한 운명을 마쳤다. 실로 대장의 풍모를 보여주려면 신안에서 수하들이 모두 죽을 때 자결했으면 더 좋았을 것이다.

한편 영포는 항우가 파견한 초의 맹장 용저龍且와 피말리는 싸움에 들어갔다. 달을 넘겨 이어진 싸움 끝에 용저가 영포를 격파했다. 영포는 샛길로 수하와 함께 한으로 달아났다. 그 사이 한은 영포를 지원하지 못했으니 그는 모든 것을 잃었고 내심 억울했을 것이다. 패장이 되어 한의 진영으로 가자 유방은 이번에도 걸터앉아 발을 씻고 있었다. 영포는 너무나 부끄럽고 화가 나서 자살하려고 했다. 그러나 숙소로 돌아와 보니 모든 시설과 대우가 유방 자신과 같았다. 유방은 원래 예식보다 실질을 중시하는 인물이다. 영포는 정치적인 자질이 있었다. 그는 자기 봉지로 사람을 보내 몇천 명을 긁어모아 왔다. 모두 초나라의 인재들이었다. 하지만 그의 가족들은 이미 항우에게 몰살된 후였다. 영포와 항우는 이제 화해할 수 없다. 한은 약속대로 영포에게 군대를 주고 회남왕으로 삼았다.

그 사이 소하는 관중의 노약자와 부적에 이름을 올리지도 않은 미성년자까지 모두 뽑아 지원군을 형양으로 보냈다. 관중의 힘을 모두 동원한 결전이었다. 한군은 용도를 쌓아 황하와 연결시키고 오창의 곡식을 취했다. 그러나 그해 관중에 큰 기근이 들어 알곡이 곡당 1만 전에 달하고 사람들이 서로 잡아먹는 상황이 벌어졌다. 유방은 임시방편으로 사람들을 촉으로 보내 스스로 먹을 것을 구하게 했으니 관중 인민들의 노고는 이루 말로 다할 수가 없었다. 소하의 행정적인 역량이 아니었다면 다시 전쟁을 지속할 생각도 못 했을 것이다.

한으로 오는 이들도 있었지만 한을 떠나는 이도 있었다. 위왕 위표가 한이 패하여 물러나자 부모의 병을 돌본다는 구실로 본국으로 돌아가더니 바로 황하의 나루를 끊고 초로 돌아섰다. 위표는 자살한 위구의 동생이다. 위가 배신하면 한은 장기전을 펼칠 수가 없다. 상황이 위급한지라 유방이 역이기를 보내 간절히 회유했다. 그러나 위표는 이렇게 대답했다.

"사람의 일생이란 백마가 좁은 틈을 달려 지나는 것처럼 한순간이오. 지금 한왕은 오만하여 사람을 업신여기고 제후와 군신들을 마치 노예를 대하듯 욕하니 도무지 아래 위 예의가 없소[非有上下禮節]. 그 꼴을 나는 다시는 못 봐주겠소."

이 언사가 사실이라면 위표는 형 위구의 발꿈치에도 못 미치는 인간이다. 유방이 예절이 없는 것은 천하가 다 아는 일이다. 유방 앞에서 모욕당하지 않은 이가 없을 지경이다. 그러나 그는 예의는 없지만 신의가 있고 실질을 숭상한다. 그러기에 영포와 한신과 진평이 모두 남의 위에 올랐다. 만민의 목숨이 달린 난세의 전쟁판에서 무슨 예의 따위를 핑계로 배신을 반복하는가? 오기가 말했듯이 만민의 우두머리는 한때의 분노로 대중을 움직이지 않는다. 위표는 알량한 왕족의 자의식을 버리지 못했고, 또 그로 인해 멸망할 것이다.

그해 8월부터 유방은 형양에 보루를 쌓고 항우와 기나긴 대치에 들어간다. 그러나 이 대치는 일종의 작전이었다. 한신의 별동대가 나섰기 때문이다. 8월 유방은 한신을 승상으로 임명하여 일군을 주어 보냈다. 한신이 대장군에 임명되었다고 하나 실전 경험은 없다. 그런 그에게 대군을 맡겨도 되는 것일까? 한신의 첫 상대는 위표였다. 한신의 전술이란 병가에서 말하는 이른바 허허실실虛虛實實이다.

위표는 포판蒲坂의 군대를 늘리고 임진臨晉 나루를 막았다. 한신은 임진에서 군사를 늘리는 것처럼 꾸며 마치 강을 건널 듯이 위장했다. 위표는 임진을 수비하는 것에 집중했다. 그 사이 한신은 별동대를 하양夏陽에서 출발시켜 목앵부木罌瓿에서 강을 건너 위나라 수도 안읍을 습격했다. 위표가 깜짝 놀라 군대를 이끌고 한신에게 맞섰지만 되려 한신이 위표를 사로잡고는 위나라를 평정하여 하동군을 두었다. 한신은 첫 번째 작전부터 천하 전략가들의 이목을 집중시켰다.

유방은 잡혀 온 배신자 위표를 칼로 베었을까? 아니다. 그는 위표에게 그대로 하동을 지키는 임무를 맡겼다. 항우는 배반한 팽월의 가속을 모두 죽여버렸다. 물론 위표는 팽월과 달리 달아나지 않고 항복했다지만, 유방은 항우와 달리 공포를 통한 위협보다 관용을 통한 투항을 원칙으로 삼았다.

위나라를 평정한 한신은 진격로를 북쪽으로 잡아서 9월에 알여를 공격해 수비대장 하열夏說을 사로잡고 대代 땅을 접수했다. 새로 선 조가 전국시대의 조처럼 견고하지 못했다 하나 한신의 속도가 남다르다. 그 덕분에 유방은 한신의 정병을 거둬서 형양에서 초와 대치하고 있는 병력을 늘릴 수 있었다. 소하가 알뜰한 살림꾼으로서 오랜 시간 공을 들여 서쪽에서 없는 병력까지 긁어모았는데 한신은 불과 두 달 만에 위와 대의 병력을 거둬 한의 힘을 배로 키운 셈이다.

정예 병력을 떼어주고도 한신은 멈추지 않았다. 10월 한신과 장이는 정형을 향해 나갔다. 정형은 조를 공격하기 위해 거치지 않을 수 없는 관문이다. 두 번 연거푸 이겼으니 한신의 사병들은 그에 대한 믿음이 얼마간 생겼다고 할 수 있다. 하지만 정병은 차출되었고 남쪽에서 협격해줄 세력도 없었다. 과거 정형을 나서 조를 공격하던 모든 병력은 남쪽의 지원을 받았다. 진시황이 조를 멸망시킬 때나 왕리와 장한이 거록을 공격할 때의 형세가 모두 비슷했다. 또한 어떤 경우에도 정형은 나서는 병력이 10만 명을 넘었다. 그러나 지금 한신은 겨우 몇만, 그것도 신병과 적지에게 거둔 항복병을 거느리고 정형을 나서 조를 친다 한다. 그때까지 유방은 한신이 정말 큰 사고를 칠 줄 몰랐을 것이다.

한신과 장이가 정형을 돌파하여 조를 친다는 소식이 오자 조왕 헐과 진여는 정형의 입구에 병력을 모으고 20만 대군이라고 허풍을 쳤다. 그래도 10만에 준하는 대군이었을 것이다. 장이와 진여, 한때 친구였지만 이제는 원수가 된 그들이 이렇게 다시 전장에서 만난다. 조군 진영의 책사 이좌거李左車가 진여에게 대책을 올렸다.

"듣자 하니 한의 장군 한신이 서하를 건너 위왕을 포로로 만들었으며 방금 하열을 사로잡고 알여를 피로 물들였다고 합니다. 이제 장이의 도움을 받아 내려와 조를 친다고 하니 이는 승세를 타고 자기 땅을 떠나 적지 깊은 곳에서 싸우는 셈이라 그 예봉을 당할 수 없습니다. 신이 듣기로 1000리를 양식을 지고 와서 먹으면 사졸들은 반드시 굶주리는 기색이 있고, 땔감과 양초를 뒤에 둘 수밖에 없으니 사졸들이 편하게 자고 배불리 먹을 수 없다 합니다. 지금 정형은 수레 두 대가 나란히 지날 수 없고 기병도 열을 지어 지날 수 없는 길이 수백 리 이어져 있으니 군량은 반드시 뒤에 있습니다. 족하께서 저에게 기병奇兵(기습병) 3만 명을 주시면 사잇길로 가서 저들의 치중輜重을 끊겠습니다. 그동안 족하께서는 참호를 깊게 파고 보루를 높이 쌓아 굳게 지키면서 싸우지 마십시오. 하오면 저들은 나가 싸울 수도 없고 되돌아 퇴각할 수도 없습니다. 저의 기병 3만 명이 후방을 끊고 들판에 저들이 약탈할 것을 남기지 않으면 열흘이 못 되어 저들 두 장수의 머리가 도착할 것입니다. 신의 계책을 유념해주소서. 그리하지 않으면 오히려 저들에게 사로잡힐 것입니다."

적이 멀리 나와 있고 병력도 미약하나 적장이 강하고 병사들의 투지도 좋다면 충분히 써먹을 수 있는 전략이다. 그러나 조군을 이끌고 있던 진여는 한신의 진가를 아직 알지 못했다. 또한 진여가 얼마나 자존심이 강한 인물이었던가? 또한 그는 유학자 출신이라 의로운 병사를 칭하며 기계나 사술을 배격했다고 한다. 진여가 말했다.

"듣기로 병력이 열 배면 포위하고 두 배면 맞서 싸운다고 하오. 지금 한신의 군대가 수만이라 부르지만 실상은 불과 수천이요. 그 먼 길을 와서 우리를 친다 하나 이미 피로가 극에 달했소. 지금 이렇게 작은 적을 만나 맞서지 않고 물러난다면 훗날 더 큰 적이 오면 어찌할 것이오? 그러면 제후들은 우리를 겁쟁이로 보고 쉽사리 침탈할 것이오."

그러고는 결국 이좌거의 계책을 택하지 않았다. 진여의 말이 일리가 없지는 않으나 이는 이미 안정된 나라가 외적을 칠 때나 합당한 말이다. 마구 뒤엉켜 싸우는 난세에는 싸워 이기거나 기책이 많은 이를 두려워하지 어찌 예측 가능한 행동을 하는 이를 두려워하랴. 또한 진여가 장이와 틀어져 서로 죽이지 못해 안달하고 있는 현실이나 지금까지 보인 배신의 행보를 보면 이런 언사가 얼마나 위선적인가? 처음부터 단언했듯이 진여는 명실이 부합하지 않는 전형적인 사이비였다.

한신의 첩자가 돌아와 진여가 이좌거의 계책을 취하지 않고 맞서 싸우려 한다고 보고했다. 한신은 쾌재를 불렀다. 한신은 정형의 어귀에서 30리 못 미치는 곳에 도착하자 일단 군대를 멈추고 쉬었다. 날이 밝기 전에 한신은 전투 식량을 나눠주며 말했다.

"오늘 조군을 격파하고 모여서 실컷 먹자."

장수들은 한신의 호언장담이 믿기지 않았지만 "네" 하고 대답할 수밖에 없었다.

이어 한신은 선봉 별대에게 명을 내렸다.

"조가 이미 유리한 땅을 차지하고 보루를 구축했다. 저들은 우리의 대장기가 보이기 전에는 먼저 공격하지 않을 것이다. 우리가 막히면 되돌아 가버릴까 걱정하기 때문이다."

과연 선봉 1만 명이 나설 때 조군은 공격하지 않았다. 기이하게도 이 선봉은 나와서 배수의 진을 쳤다. 조군은 이를 바라보며 가소로워 웃었다. 안 그래도 적은 군세를 둘로 나누고, 일대는 배수의 진을 치다니. 날이 밝자 한신의 대장기가 정형의 어귀를 나서는데 적은 병력으로 북을 올리며 과감하게 조군의 보루로 진격했다. 조군은 보루를 나와 한신의 본대와 격렬하게 싸웠다. 물론 수가 적은 한이 밀렸다. 드디어 한신과 장이가 버티지 못하고 북과 기를 버리고 배수진을 치고 있는 별대로 달아났다. 조군은 기회를 타서 추적했다. 별대는 영문을 열어 본대를 받아들이고 역시 필사적으로 싸웠다. 물러나면 모두 물에 빠져 죽을 수밖에 없다. 상당히 오랜 시간 싸웠지만 조군은 한신의 배수진을 제압하지 못했다.

이때 기적이 일어났다. 조군의 보루의 깃발이 모조리 뽑히더니 온통 한나라의 붉은 깃발로 바뀐 것이다. 그렇게 보루의 주인이 바뀌었다! 강을 등진 한군이 필사적으로 저항하고 보루에도 붉은 기가 나부끼자 조군은 깜짝 놀라 진열을 깨고 우왕좌왕 달아났다. 군리들이 등을 돌리는 병사들을 마구 베었지만 이미 흩어진 전열을 가다듬을 수가 없었다. 한신은 이 틈을 타 역공하여 조왕 헐을 사로잡고 진여를 베었다. 장이와 진여의 은원의 관계는 이렇게 끝났다. 도대체 보루에 한의 깃발을 세운 이들은 누구인가?

정형 어귀 30리 못 미치는 지점에서 군을 멈췄을 때 한신은 이미 승리의 대책을 세워놓았다. 그는 한밤중에 발 빠른 병사 2000명을 뽑아 각자 붉은 깃발 하나를 소지하고 샛길로 나가 산에 숨어 조군을 관망하게 하며 다짐을 두었다.

"조군이 우리가 퇴각하는 것을 보면 반드시 보루를 비우고 추격할 것이다. 그때 그대들은 재빨리 적의 보루로 들이쳐서 저들의 깃발을 뽑고 한의 붉은 기를 세워라."

그들 2000명이 한과 조가 뒤엉켜 싸우고 있는 사이 텅 빈 보루를 습격한 것이다. 원래 배수진은 특수한 경우가 아니면 병가에서 꺼리는 수다. 하지만 정예병이 차출되어 남은 이들은 오합지졸인 데다 숫자마저 부족하니 한신은 병사들을 사지로 몰아넣어 투지를 일으켰던 셈이다. 한신은 창칼도 아닌 깃발 2000개로 도저히 승산이 없는 싸움을 뒤집었다. 그러나 한신이 기책만 있는 것이 아니다. 사령관으로서 몸소 소수의 병력을 이끌고 배수진을 치는 용기가 있었다. 살아도 같이 살고 죽어도 같이 죽겠다는 정신, 오기 병법의 핵심을 한신이 실천했다. 이렇게 한신이 조를 평정하니 하북에서 항우의 등을 누르는 형세가 만들어졌다.

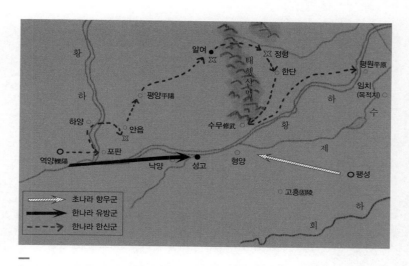

한신의 북방 평정. 한군이 필사적으로 저항하자 조군은 깜짝 놀라 진열을 깨고 우왕좌왕하며 달아났다. 한신은 이 틈을 타 역공하여 조왕 헐을 사로잡고 진여를 베었다. 정형 어귀 30리 못 미치는 지점에서 군을 멈췄을 때 한신은 이미 승리의 대책을 세워놓았다. 한신은 창칼도 아닌 깃발 2000개로 도저히 승산이 없는 싸움을 뒤집었다.

한신은 전투가 아니라 전쟁을 이해했다. 그는 조의 전략가 이좌거를 꼭 생포하라는 명령을 내렸다. 이좌거가 오자 그는 몸소 포박을 풀고 스승의 예로 상석에 앉히고 앞으로 연을 칠 대책을 물었다. 이좌거는 한신에게 지금은 채찍이 아니라 당근을 쓸 시기라고 말했다.

"지금 백성들과 사졸들이 지쳐서 더 쓰기 어렵습니다. 이들을 데리고 견고한 연나라 성벽 아래로 가도 힘으로 함락시키기 어렵고 시간만 끌다 군량을 다 소모할 것입니다. 그예 성을 함락시키지 못하면 아군의 실정만 노출합니다. 약한 연도 제압하지 못하면 제는 필시 말을 듣지 않고 자강을 꾀할 겁니다. 제와 연이 서로 의지해 항복하지 않으면 유씨(유방)와 항씨(항우) 사이 권력의 균형은 여전히 깨지지 않을 겁니다. 신은 지금 연과 제를 치는 것은 잘못이라고 봅니다."

이어서 이좌거는 이렇게 건의했다.

"지금 군사를 쉬게 하고 전쟁 고아들을 위로하면 100리 안의 쇠고기와 술이 매일 도착할 것입니다. 이를 가지고 사대부들에게 잔치를 베풀며 위로하십시오. 그 차에 연으로 사자를 보내 항복을 권하고 장군의 실력을 알리면 연이 복종하지 않을 수 없습니다. 일단 연이 복종하면 유세가를 보내 설득만 해도 제는 항복할 것입니다."

과연 한신은 군대를 쉬게 하고, 유방에게 사신을 보내 장이를 조왕으로 삼아 조를 안정시키기를 요청했다. 유방은 이를 허락했다. 이리하여 항우는 후방이 불안하여 계속 별대를 보내 조를 견제하니 힘이 분산되었고 한신은 조를 지키면서 유방이 열세에 처할 때마다 형양으로 병력을 보냈다.

2. 형양의 굴욕, 성고의 수난

한편 유방은 항우와 형양에서 대치하고 있었지만 정면 대결에서는 언제나 항우를 당하지 못했기에 용도를 쌓고 오창의 곡식으로 버텼다. 하지만 북쪽에는 한신이 있다. 한신이 제나라까지 제압하면 아무리 항우라도 거스를 수 없는 형세의 희생양이 될 것이다.

그러나 항우도 시간의 중요성을 알았다. 한신이 북방을 제압한다 하더라도 중원에서 자신이 유방을 이기면 그만이다. 항우가 시간을 재촉하여 계속 용도를 침탈하여 끊어대니 드디어 한군의 군량이 부족해지기 시작했다. 이때를 틈타 항우는 드디어 형양을 포위했다. 상황이 급해지자 유방은 먼저 형양을 경계로 땅을 나누고 휴전하자고 했다. 처음에 항우가 이 청을 받아들이려 했지만 범증이 반대했다.

"이제 한을 이기기는 어렵지 않습니다. 지금 취하지 않으면 나중에 후회해도 늦습니다."

이에 항우는 포위망을 옥죄었다. 상황이 위급해지자 역이기가 유방에게 권했다.

"6국의 후예를 제후로 세워서 우리 편으로 만드시지요. 그들은 은혜에 감복하여 신복할 것입니다."

궁지에 몰린 유방이 역이기의 말을 받아들여 인장까지 만들었다. 마침 유방이 식사를 하는 차에 장량이 들어와 알현했다. 유방이 말했다.

"자방, 앞으로 오시오. 어떤 객이 내게 초를 꺾을 계책을 알려주었소."

그러고는 역이기가 한 말을 알려주며 말했다.

"자방은 어떻게 생각하시오?"

장량이 깜짝 놀라며 반박했다.

"누가 왕께 그런 계책을 냈습니까? 그리하시면 대사는 끝장납니다."

• 〈유후열전〉에는 무려 여덟 가지가 나오지만 몇 개의 핵심을 빼면 대개 수사적인 반복이라 요약해서 실었다.

"왜 그런가?"

장량이 유방의 젓가락을 빌려 그림을 그려가며 상황을 설명했다.

"옛날 탕 임금이 걸을 벌하고 그 후손을 기에 봉한 것은 걸의 목숨을 틀어쥐고 있다 여겼기 때문입니다. 지금 왕께서 항적의 목숨을 마음대로 하실 수 있습니까?"

"못 하오."

"무왕은 주를 베고 거교鉅橋의 곡식을 풀고 녹대鹿臺의 돈을 흩어 빈궁한 사람들에게 나누어주었습니다. 왕께서 부고의 재물을 흩어 빈궁한 이들에게 나누어주실 수 있습니까?"

"못 하오."

장량은 현실을 이야기한다.

"지금 천하 유사游士들이 친척을 떠나 조상의 무덤도 팽개치고 옛 거처를 떠나 왕을 따라다니는 이유는 오매불망 한 치의 땅이라도 얻고자 하기 때문입니다. 지금 6국을 다시 세우면 그들은 각자 돌아가 옛 군주를 섬기고 제 친척을 따르며 조상의 무덤이 있는 곳으로 갈 터인데 누가 왕과 함께 천하를 취할 것입니까? 지금 초나라가 막강이라 6국을 세우면 그들은 초나라에 굴복하여 따를 것인데 왕께서는 누구를 신하로 부리신단 말입니까? 실로 그 객의 계책을 쓴다면 대사는 끝장난 셈입니다."

유방은 놀라서 먹던 것을 토하면서 욕을 했다.

"애송이 유생 놈이 나라 일을 거의 망칠 뻔했다."

그러고는 인장을 모두 녹여버렸다.

이번 장량의 대책은 옳다. 6국의 후손을 세운다면 당장 북방에서 싸우고 있는 한신은 어찌할 것이며 이미 세워놓은 조왕 장이는 어찌할 것인가? 물론 6국의 후손을 세운들 그들이 유방의 말을 듣는다는 보장도 없다. 한이 강하면 한에 붙고 초가 강하면 초에 붙을 뿐이다. 또한 진이 6국을 멸하고 전국을 하나로 만들었다. 그 과정이야 어쨌든 그 성과를 한순간에 버리는 것은 목욕물을 버리면서 아이까지 버리는 셈이다.

그런데 이 위기를 벗어날 방법이 있는가? 포위 상태에서 식량은 바닥나고 있었다. 그때 꾀주머니 진평이 나서서 대책 하나를 올렸다. 항우와 모사 범증을 갈라놓자는 것이다.

"항왕 아래 강직한 이들은 아보(범증), 종리매鍾離眛, 용저, 주은周殷 등 몇몇밖에 없습니다. 왕께서 금 수만 근을 쓰시면 저들 군신관계를 갈라놓을 수 있습니다. 항우는 질투심이 강하니 이간질을 들으면 반드시 의심하고 서로 죽일 것입니다."

유방은 옳다고 여겨 진평에게 금 4만 근을 주고 마음대로 쓰게 했다. 진평은 종리매 등이 땅을 받지 못한 데 불만을 품어 초를 배신하고 유방과 함께 항우를 멸하고 땅을 나눠 가지려 한다는 소문을 퍼뜨렸다. 과연 항우는 종리매를 의심했다.

진평의 흉계는 여기서 끝나지 않았다. 포위된 상황에서 항우의 사신이 오기로 하자 태뢰太牢(천자를 대접할 때의 상이다)의 상을 차려놓고 기다리다가 사자가 도착하니 유방이 짐짓 뜨악해하며 말했다.

"아보의 사신인 줄 알았더니 항왕의 사신이로군."

그러고는 태뢰의 상을 물리고 조악한 상을 차려 사신을 대접했다.

사신이 돌아가 항우에게 보고했음은 물론이다. 항우는 점점 더 범증을 의심하며 권한을 빼앗았다. 결국 범증이 역정을 냈다.

"천하의 일은 대략 정해졌으니 이제 왕께서 스스로 알아서 하소서. 신은 고향으로 돌아가 늙어 죽고자 합니다."

항우는 옳거니 하고 허락했고, 범증은 분노를 이기지 못하고 돌아가는 길에 등창이 나서 죽었다. 항우는 이렇게 스스로 자신의 책사를 제거했다.

그렇다고 해서 포위가 풀린 것은 아니다. 5월, 마침내 형양의 곡식이 바닥 나 더는 못 버틸 지경이었다. 진평이 또 모진 대책을 내서 2000명의 여자들에게 갑옷을 입혔다. 그들을 희생양으로 삼으려는 것이었다. 장군 기신紀信이 나섰다.

"사태가 급합니다. 제가 대왕으로 가장하여 초를 속일 때 문을 나설 수 있으실 겁니다."

기신이 여자들을 이끌고 동문을 나서니 초군이 사방에서 에워싸고 공격했다. 왕의 수레를 탄 기신이 소리쳤다.

"식량이 바닥 나 한왕이 항복한다."

초의 병사들이 모두 만세를 부르며 동쪽으로 와서 구경했다. 그 사이 유방은 어사대부 주가周苛, 항복한 위왕 위표, 종공樅公 등을 남겨 형양을 수비하도록 명하고 자신은 수십 기만을 거느리고 서문으로 탈출했다. 이리하여 유방은 팽성에 이어 다시 비겁한 몰골을 보였다. 야심가들의 후안무치함은 보통 사람들이 쉽사리 헤아릴 길이 없다. 그날 동문을 나섰던 여자들 중 다수가 살해당했을 것이다.

항우가 기신을 잡고 보니 뒤늦게 유방이 아님을 알았다.

"한왕은 어디 있느냐?"

"이미 성을 나섰소."

항우는 화가 나서 기신을 삶아버렸다.

한편 성안에서는 주가와 종공이 위표에게 "나라를 배신한 왕과 더불어 성을 지킬 수 없다"하며 위표를 죽였다. 위표도 형 위구처럼 포위된 성에서 죽었다. 왕족의 자존심은 있었지만 그만한 책임감이 없었던 이의 최후였다.

유방은 성고를 거쳐 관중으로 돌아갔다. 관중이 그토록 피폐한데도 유방의 투지는 살아 있어 다시 군대를 수습해 동쪽으로 나가려고 했다. 그러자 원생轅生이 말리며 권했다.

"한과 초가 형양에서 몇 해째 대치하고 있지만 항상 한이 어려웠습니다. 원컨대 군왕께서는 무관을 나서십시오. 항왕은 반드시 군사를 이끌고 남쪽으로 올 것입니다. 거기서 참호를 깊게 파고 보루를 높이 쌓아 대치하면서 형양과 성고를 쉬게 하소서. 그동안 한신 등이 하북의 조 땅을 안정시키고 연과 제와 연합하도록 한 후 다시 형양으로 나가소서. 이리하면 초는 방비해야 할 곳이 늘어나니 힘이 분산될 것입니다. 한이 휴식을 취한 후 다시 맞붙어 싸우면 반드시 격파할 수 있습니다."

정확한 지적이다. 야심을 빨리 달성하고자 해도 굶주린 관중 백성들을 또 쥐어짜고 성고와 형양의 지친 사병들더러 계속 싸움을 이어가게 할 수는 없었다. 이리하여 유방은 원생의 말을 따라 무관을 나와 영포와 함께 완과 섭의 병력을 모았다.

과연 항우는 유방이 완에 있다는 소식을 듣자 군대를 끌고 완으로 내려왔다. 유방은 원생의 계책대로 보루만 지키며 나서지 않았다. 그때 팽월이 항우의 후방을 찔러 하비에서 초군을 대파했다. 초의 심장부를 습격한 셈이다. 본진이 위험해지자 항우는 다시 팽월을 치러 동쪽으로 나갔고, 유방은 성고로 들어갔다. 항우는 자신의 힘을 믿고 지키는 것보다 공격하는 것을 선호했다.

그러나 전신 항우의 행동은 전광석화 같았고 개인의 능력이 압도적이라 한의 작전을 무력하게 만들었다. 6월, 항우는 동쪽에서 팽월을 격파하고 바로 형양으로 향했다. 이어 누구도 상상할 수 없는 괴력을 발휘하여 바로 형양을 뽑고 주가를 생포했다. 이번에 항우는 주가를 회유했다.

"나의 장수가 되면 공을 상장군으로 삼고 3만 호에 봉하겠다."

주가는 이렇게 답했다.

"얼른 달려가 한에 항복하지 않으면 당장 포로가 될 것이요. 당신은 한왕의 적수가 아니오."

항우는 주가를 삶아 죽이고 이어 성고를 포위했다.

유방은 이번에도 형양의 승세를 탄 항우를 이기지 못하고 궁지에 몰리자 겨우 하후영만 데리고 성고의 옥문玉門을 탈출했다. 이렇듯 항우는 언제나 강했고 정면으로 쳐서 이길 수가 없었다.

유방이 그렇게 패하고도 포기하지 않은 것은 항상 형세가 유리했고 아군이 많았기 때문이다. 관중에는 소하가 어떤 수를 써서라도 물자와 인력을 댔으며 팽월이 항우의 후방을 괴롭히고 한신이 하북을 아우르고 있다. 문제는 오직 하나, 유방 자신이 항우와 싸워 도저히 이길 수 없다는 것이었다.

하지만 유방도 싸울수록 뻔뻔스러워지고 야망이 견고해졌다. 이번에 유방은 관중으로 가지 않고 하후영을 데리고 황하를 건너 한신의 진영으로 향했다. 사자를 사칭하여 한신의 진영으로 들어간 후 한밤중에 그의 군권을 빼앗아버렸다. 어이없는 일이었지만 한신은 순순히 받아들였다. 유방은 장이에게 조나라 군사를 거두도록 명하고 한신에게 제를 치라 명했다. 때는 7월 여름, 유방이 다시 한신의 군대를 얻으니 위세가 살아났다. 세 번째 단신으로 달아난 왕이 그런대로 권위를 유지한 것은 한신의 충성과 힘 때문이었다.

투지만은 유방도 항우만 못하지 않았다. 8월에 군대를 소수무小修武에 주둔시키고 다시 항우와 싸우고자 했다. 그러나 낭중 정충鄭忠이 싸움을 말렸다. 워낙 여러 번 패하여 힘을 소진한 터였다. 유방은 그 말을 받아들여 다시 참호를 파고 대비하면서 보병 2만 명과 기병 수백을 보내 황하 남쪽의 팽월을 지원했다. 과연 팽월은 수양睢陽과 외황外黃의 위나라성 열일곱 곳을 회복했다. 팽월은 꼭 입안의 가시처럼 항우를 괴롭혀, 대어를 낚을 쯤이면 꼭 훼방을 놓곤 했다.

3. 역이기의 입과 한신의 칼

대치 정국에서 다시 한 해가 다 가는 중이었다. 한신이 제를 격파해야 삼면에서 초를 누를 수 있지만 한신은 여전히 평원平原 나루를 건너지 못했다. 유방은 낙양 일대로 물러나 방어하고 있었지만 향방을 가늠할 수 없었다. 어떻게 초를 막을까 고심하던 차에 언제나 결정적인 순간 문제 해결을 자처하는 사나이 역이기가 나타났다. 장량의 지모와 한신 의 적극성을 모두 갖춘 그는 유방 진영에서 칼을 들지 않은 전사였다. 역이기가 제안했다.

"신이 듣기로 하늘이 하늘인 까닭을 알면 왕업을 이룰 수 있으나 이 를 모르면 왕업을 이룰 수 없다 합니다. 왕자는 백성을 하늘로 여기며 백성은 먹는 것을 하늘로 여깁니다. 무릇 오창으로 천하의 곡식을 실 어다 놓은 지 오래인지라 쌓아놓은 곡식이 참으로 많다 합니다. 초인 들이 형양을 뽑고도 오창을 굳게 지키지 않고 동쪽으로 돌아가더니 유 형수들로 하여금 성고의 수비를 나눠지게 했으니 이는 하늘이 우리 한 을 돕는 것입니다. 이제 바야흐로 초를 쉽사리 제압할 수 있는 차에 한 이 도리어 퇴각하고 스스로 유리한 바를 버리려 하니 신은 이를 그르 다 여깁니다."

그는 이렇게 유방의 투지에 불을 지폈다.

"또한 한 하늘 아래 두 영웅이 함께 설 수 없음에도 한과 초가 오랫동 안 대세를 결정짓지 못하여 백성들이 동요하고 온 천하가 들끓고 있으 니, 농부는 쟁기를 버려두고 직녀는 베틀에서 내려와 천하의 민심이 돌아갈 바를 모르고 있습니다. 원컨대 왕께서는 급히 군대를 진격시켜 형양을 취하고 오창의 곡식에 기대어 성고의 요새를 틀어막고 태행의 길을 끊고 비호蜚狐의 입구를 막은 후 백마진을 지켜 천하의 제후들에게 적을 누르는 형세의 실상을 보이면, 천하가 앞으로 일이 어떻게 귀결될지 알 것입니다."

지금까지도 이 정도 형세는 만들어왔다. 그러나 정면 대결에서 이기지 못하는 것이 문제였다. 그래서 한신의 소식을 기다리는 중이었다. 그러나 역이기는 한신의 소식을 기다릴 것도 없이 자신이 동방의 일을 정리하겠다고 나선다.

"방금 연과 조를 평정했으나 유독 제가 항복하지 않습니다. 지금 제왕 전광은 1000리 제나라 땅에 근거하고 전간田間은 20만 명의 무리를 이끌고 역성歷城에 주둔하고 있습니다. 여러 전씨 종족이 모두 강한 데다 바다를 등지고 황하와 제수의 보호를 받으며 남으로 초와 가까우며 그곳 사람들은 권모술수와 속임수에 강합니다. 하오니 왕께 수십만의 병력이 있다 해도 짧은 시간 안에 격파할 수 없습니다. 신이 명을 받들고 가서 제왕을 우리 한의 동쪽 번신藩臣이 되도록 설득하고자 합니다."

성공하면 좋고 실패해도 나쁘지 않다. 유방이 허락했다.

"좋소."

이리하여 한은 다시 작전을 개시했고 동시에 역이기는 제왕 전광을 만나러 동쪽으로 떠났다.

역이기가 제에 도착하여 전광을 설득했다.

"왕께서는 앞으로 천하가 어디로 돌아갈지 아십니까?"

"모르겠소."

"왕께서 천하가 돌아갈 바를 아시면 제나라는 온전할 것이고 모르시면 나라를 보존할 수 없습니다."

"그렇다면 천하는 어디로 귀결되겠소?"

"한으로 귀결됩니다."

"선생은 어찌 알고 그리 말하시오?"

"일찍이 한왕이 항왕과 힘을 합쳐 서쪽으로 진을 치면서 약조하길 '함양에 먼저 들어간 이가 관중 왕이 된다'고 했지요. 한왕이 먼저 들어갔지만 항왕은 약속을 어겨 관중 왕으로 삼지 않고 한중 왕으로 삼았습니다. 나아가 항왕이 의제를 유배하고 시해하니 한왕이 이를 듣고 촉한의 병사를 이끌고 삼진을 치고 관을 나서 의제를 시해한 책임을 묻고 천하의 병력을 거두어 제후의 후손을 세웠습니다."

익히 들어온 이야기다. 이제 역이기는 유방과 항우의 사람됨을 비교한다.

"한왕은 성을 항복시키면 바로 그 장수를 후로 봉하고 재물을 얻으면 사졸들과 나누어 천하와 이익을 함께하니 영웅호걸과 현인재사가 모두 기꺼이 그를 위해 일합니다. 지금 제후의 군대가 사방에서 몰려들고 촉한의 곡식이 배에 실려 내려옵니다. 반면 항왕은 약속을 배신한 악명과 의제를 시해한 책임을 지고 있는 데다, 남이 공이 있으면 기억하지 않으면서 죄가 있으면 잊지 않습니다. 전투에서 이겨도 상을 주지 않고 성을 뽑아도 그를 봉해주지 않고 항씨가 아니면 들여 쓰지 않습니다. 행여 남을 위해 인장을 새겨놓고도 닳아 없어지도록 주지 못합니다. 또한 성을 공격해 재물을 얻으면 쌓아두고도 주지 못하니 천하가 그를 등지고 현인과 재사가 원망하며 그를 위해 일하지 않습니다."

역이기는 이어 한신이 북방을 완전히 장악했음을 이야기하고 천하의 형세가 정해졌음을 강조했다.

"지금 한왕께서는 이미 오창의 곡식을 차지하시고 성고의 요새를 막고 백마진을 지키고 있으며, 태행의 험로를 막고 비호의 입구를 차단했습니다. 하오니 천하에서 늦게 복종하는 이가 먼저 망할 것입니다. 지금 왕께서 먼저 달려가 한왕에게 항복하시면 제나라의 사직은 보존할 수 있을 것이나 항복하지 않으시면 망할 날을 선 채로 기다릴 수 있습니다."

전광이 드디어 설득되었다.

"좋습니다. 선생의 뜻대로 하겠습니다."

기실 유방이 여러 번 패했지만 모두 재기했고, 지금은 한신이라는 천하의 기재가 제나라로 다가오는 기세가 무서웠다. 한신은 한 번 출격으로 위와 조와 연을 일거에 장악했다. 중원에서 유방과 항우가 장기전을 벌이고 있지만 팽월이 항상 초의 후방을 괴롭히니 항우는 나가면서도 불안했다. 그러니 지금 천하의 균형추를 쥐고 있는 나라는 제다. 제나라 혼자서 일을 도모할 수 없다면 유방이든 항우든 빨리 선택하는 것은 나쁜 길이 아니다. 전광도 그런 셈법이 있었을 것이다. 그런데 마침 찾아온 천하의 세객 역이기의 언담은 전광의 결정을 촉진했다. 그리하여 전광은 한으로 마음을 정하고 역이기와 날마다 즐기며 마셨다.

유방이 역이기를 써서 제를 항복시킨 것은 복합적인 포석이었다. 당장 한신의 군대를 빨리 움직여 현재의 곤경을 벗어나고자 했다. 지금껏 유방이 정면으로 항우와 상대하여 이긴 적이 없다. 또한 유방은 전씨를 제왕으로 인정하고 통치권을 인정하더라도 대세에 영향은 없을 것이라 생각했다.

그럼 막 제를 공격하려고 준비하던 한신은 어떻게 반응할까? 한신은 인간적으로는 순진한 사람이다. 그는 군대를 멈추려고 했다. 그러나 그 옆에는 괴철이라는 희대의 책사가 붙어서 욕망을 부채질하고 있었다. 괴철이 한신에게 말했다.

"장군은 제를 치라는 조서를 받았습니다. 한이 무단으로 밀사를 보내 제를 항복시키면서 장군께 군대를 멈추라는 조서를 내렸답니까? 한데 어찌 군대를 멈추시렵니까? 역생(역이기)은 한갓 선비에 불과한데 수레 위에서 세 치 혀를 움직여 제나라 70여 성을 항복시켰습니다. 장군은 수만의 무리를 이끌고 한 해 남짓하여 겨우 조나라 50성을 항복시켰습니다. 장군이 된 지 여러 해인데 그예 유생 하나만 한 공도 이루지 못했단 말입니까?"

한신은 괴철의 말이 일리가 있다고 생각했다. 사실 한신도 사람이니 욕심이 있었을 것이다. 조나라를 평정하고 장이에게 나라를 넘겼다. 역이기가 제를 항복시켰다고 하나 그것은 한신 자신이 만들어놓은 형세를 빌린 것이다. 제를 막 치려는 차에 전광이 항복하고 그대로 왕 자리를 차지하면 자신은 무엇을 가질 것인가? 괴철은 나름대로 생각이 있었다. 한신은 천하의 기재다. 항우처럼 즉흥적이지 않아서 좋고 유방보다 군사를 잘 부렸다. 한신이라면 상황을 보아 천하를 도모할 만

하다. 한신은 괴철의 말을 듣고 공격을 그만두라는 명령이 없었다는 평계를 대며 그대로 진격했다.

제는 이미 항복했다고 생각해 아무 준비도 하지 않았다. 한신은 역하歷下를 습격해 점령하고 곧장 임치에 닿았다. 제왕 전광이 속았다고 생각해 역이기를 불렀다.

"네가 한군을 멈출 수 있다면 그대를 살려주겠다. 그러지 못하면 내 너를 삶아 죽이겠다."

허나 역이기는 되받았다.

"대사를 도모하는 이는 자질구레한 근신 따위는 신경 쓰지 않고 큰 덕은 사양치레를 돌아보지 않소. 공은 내게 다시 그런 말을 하지 마소."

자신의 할 일은 끝났으니 죽이든지 살리든지 마음대로 하라는 것이었다.

난세에 군주가 원하는 인재란 역이기 같은 사람일 것이다. 그는 스스로 약속을 어긴 것도 아니건만 자기 군주의 대사를 위해 희생하겠다고 나섰다. 자신이 죽음으로써 제는 한의 차지가 될 것이다. 전광은 결국 역이기를 삶아 죽이고 고밀高密로 후퇴하며 초나라에 구원을 요청했다. 한신은 고밀로 군대를 진격시켰고 초는 용장 용저를 보내 제를 구원하게 했다. 용저는 영포를 격파한 적이 있는 용장으로 초장 가운데 그 명성이 최고였다. 용저가 한신을 이기면 대치 상황은 완전히 끝날 것이고 오래 끌면 미궁으로 빠져들고 한신이 이긴다면 초는 한을 이기기 힘들 것이다. 용저 측의 책사가 권했다.

"한군은 멀리 나와 싸우니 온 힘을 다할 터이나 제와 초는 자기 땅에서 싸우니 투지가 부족합니다. 일단 보루를 높이 쌓고 지키면서 항복한 제나라 성들을 다시 회유하시지요. 제왕이 아직 건재하고 초의 구원군이 왔다는 소리를 들으면 항복한 이들이 다시 돌아설 겁니다."

하지만 용저는 용장이다. 한때 초의 하급 군관이던 한신 따위의 도전을 물리칠 수 없었다.

"나는 본시 한신을 안다. 그는 어려운 상대가 아니다. 그리고 제를 구원하러 와서 싸우지 않고 항복시키면 무슨 공이 있겠는가?"

이리하여 유수濰水를 사이에 두고 한신과 대적했다. 그러나 지금의 한신은 용저가 알던 말단 군관 한신이 아니었다. 용저는 한신의 진면목을 몰랐지만 한신은 용저가 자신을 깔본다는 것을 알고 있었다. 그는 한밤중에 자루를 그러모아 유수의 상류를 막았다.

날이 밝자 강을 건너 초군을 공격하다 초군이 영격迎擊하니 한군은 이내 달아났다.

"내 본시 한신이 겁쟁이라는 것을 알고 있다."

용저가 옳거니 기뻐하며 진격을 명했다.

그러나 초군이 한창 강을 건널 때 한군이 상류의 둑을 틔우니 물이 늘어났다. 이때 한신이 반격해왔다. 초군은 우왕좌왕하며 힘도 쓰지 못하고 달아났다. 이 싸움에서 용저는 죽고 전광은 달아났다. 한신은 추격하며 초나라 패잔병들을 거둬들였다. 용저는 영포를 꺾은 용장으로 항우의 이인자였다. 용저를 꺾음으로써 한신은 초한쟁패 시기 최고의 명장으로 떠올라 항우와 비견되었다.

한신이 제를 격파함으로써 유방은 변수 하나를 줄였다. 지금까지 제나라 전씨는 믿을 수 없었지만 한신이라면 믿을 수 있다. 하지만 역이기의 억울한 죽음과 항복한 후 다시 전쟁으로 내몰린 제나라 장정들의 애꿎은 희생은 누가 보상할 것인가? 한신은 이번 행동으로 불신의 씨앗을 심었다. 유방은 결과에 만족했지만 역이기의 희생을 잊지 않는 동시에 한신에게 복잡한 마음을 품었다.

'한신이 통제 범위를 벗어나고 있다.'

제8장

초한쟁패 3

: 해하의 대결전

···

이제 기나긴 싸움이 막바지에 이르렀다. 항우가 하늘로 솟구치는 제주가 있다 한들 과연 이 형세를 뒤집을 수 있을까? 그러나 팽성의 열세를 단 한 번에 뒤집은 그가 아닌가? 유방이 또 그에게 진다면 천하는 정말 그런 무능한 이를 패왕으로 인정할 수 있을까? 그러나 그때는 한신이 없었다. 항우와 한신, 두 전쟁의 신은 어디에서 맞붙을 것인가? 한신이 출격하기 전에 항우가 유방을 또 이긴다면 항우와 대치하던 세력은 유방을 버리고 한신을 대안으로 바라볼 수도 있다. 판은 유방 쪽으로 기울었지만 항우는 여전히 강했고 한신의 등장은 어쩌면 문제를 제3의 방향으로 끌고 갈 수도 있었다. 복숭아가 익으면 사람들이 모여들듯, 한신 아래로도 사람들이 모여들었다.

1. 한신의 몫은 한신에게

대치 정국이 길어졌지만 항우는 후방이 두려웠다. 위(양)나라 땅에서 유격전을 벌이는 팽월이 눈엣가시였고, 더 무서운 적은 조와 제를 완전히 장악하고 진격의 순간을 기다리는 한신이었다. 대치 상황에서 항우는 후방 정지 작업을 펼치며 대사마 조구曹咎에게 언질을 주었다.

"신중하게 성고를 지키며 적이 도전해도 나서지 마시오. 그저 동쪽으로 나오지 못하게 하면 되오. 내가 15일 동안 양나라 땅을 평정하고 장군과 합류하리다."

항우는 바로 뒤돌아 성가신 후방의 성들을 평정해갔다. 그때 성고의 한군은 계속 욕을 해대며 도발했다. 조구도 용저와 같이 피가 너무 뜨거웠던 모양이다. 급기야 그는 며칠을 참지 못하고 공격 명령을 내렸다. 한군은 이 순간을 기다리고 있었다. 초군이 사수汜水를 건널 때 한군이 기습하여 대승을 거뒀다. 항우는 패배의 소식을 듣고 부랴부랴 병력을 돌렸다. 항우가 돌아오자 한군은 감히 대항하지 못하여 당장 포위를 풀고 퇴각하여 험지를 지켰다. 항우란 존재는 두려움 그 자체였다. 그러나 전체의 향방은 바뀌지 않았으니, 한은 후방의 위협이 없었지만 초는 후방이 불안했다.

형세가 한으로 기울었다 하나, 전에 번번이 항우의 무력 앞에 무릎을 꿇은지라 천하의 향배를 논하기 어려운 상황에서 광무廣武를 사이에 둔 대치 상황이 이어졌다. 쌍방이 지치고 천하 인민들의 삶이 극도로 피폐해지자 항우가 먼저 제안했다.

"나와 단신으로 대결하여 승패를 결정하자."

그러나 누군들 항우와 단기로 싸울 것인가? 유방은 중늙은이요 항우는 한창 힘을 쓸 젊은 나이다. 둘이 멀찍이 마주 보는 가운데 유방이 항우를 힐난했다.

"처음에 항우 너와 더불어 회왕의 명을 받길, 먼저 관중으로 들어가는 이를 관중왕으로 삼는다 했다. 허나 항우 너는 약속을 어기고 나를 촉한의 왕으로 삼았으니 이것이 네 첫 번째 죄다."

항우가 그냥 듣고만 있지는 않았겠으나 사서에는 유방의 말만 나와 있다. 그는 줄기차게 항우를 몰아세웠다.

"너는 경자관군(송의)을 살해하고 스스로 벼슬을 차지했으니 이것이 두 번째 죄다. (거록에서) 조를 구원했으면 응당 돌아가 보고해야 하거늘 너는 제후들을 겁박하여 관으로 들어왔으니 이것이 세 번째 죄다. 진

땅으로 들어가면 약탈하지 않기로 왕과 약조하고는 진의 궁실을 불태우고 진시황의 능을 도굴하고 재물을 사적으로 취했으니 이것이 네 번째 죄다. 항복한 진왕 자영을 죽였으니 이것이 다섯 번째 죄다. 항복한 진의 자제 20만 명을 신안에서 속여 파묻고는 그 장수들을 왕으로 삼았으니 이것이 여섯 번째 죄다. 너는 네 장수들을 모두 좋은 자리에 앉히고 옛 주인들을 쫓아내, 신하들로 하여금 반역을 다투도록 했으니 이것이 일곱 번째 죄다. 의제를 쫓아내고 팽성을 네 도읍으로 삼았으며, 한왕(장량이 섬기던 한왕)의 땅을 빼앗고 너는 양과 초 땅의 왕이 되어 스스로 많이 차지했으니 이것이 여덟 번째 죄다. 너는 사람을 보내 몰래 강남에서 의제를 시해했으니 이것이 아홉 번째 죄다."

인정하기 싫지만 이런 과거가 항우의 발목을 잡고 있었다. 유방이 거듭 욕하며 도전을 거절했다.

"내가 의병으로 제후들을 이끌고 잔적을 주벌하고 형도와 죄인을 시켜 너를 죽이면 될 뿐인데 뭣 하러 고생스럽게 도전을 받아들인단 말이냐?"

항우는 노하여 숨겨놓은 쇠뇌를 발사했다. 화살이 유방의 가슴을 맞췄지만 그는 냉큼 엎드려 발을 만지며 소리쳤다.

"도적놈이 내 발가락을 맞췄다."

상처는 심했다. 그러나 전황이 위급해 전열이 무너질까 두려워 유방은 멀쩡한 척하며 진영을 돌았다. 그러나 더 이상 싸움을 할 수 없었다.

유방은 관중으로 돌아가 부로들을 위로하고 자신의 병을 치료했다. 한편 죽은 병사들을 후하게 장사 지내고 민심을 얻은 후 다시 전장으로 향했다. 그때는 천하가 유방의 승리를 예감했던지 북방의 맥貊과 연의 정예병까지 한을 지원하러 왔고 팽월은 끊임없이 후방을 괴롭혔다. 결전의 시기는 무르익었지만 오직 하나가 갖춰지지 않았다. 한신이 여전히 움직이지 않았기 때문이다. 그런 차에 유방을 분노케 하는 상황이 벌어졌다. 항우와 대치하는 사이 제를 모두 평정한 한신이 유방에게 엉뚱한 요구를 하며 사신을 보낸 것이다.

"제는 속임수가 많아 반복무상한 데다 남으로 초와 국경을 맞대고 있습니다. 위세가 약하면 다스릴 수 없으니 신을 가왕假王(임시 왕)으로 삼아 안정시키지 않으면 정세를 안정시킬 수 없습니다."

대치 상황에서 언제나 항우에게 밀리며 한신만 기다리던 차였다. 그런데 한신이 이미 항복을 받은 나라를 다시 공격하여 자신의 밀사마저 사지로 내몰더니 이제는 왕이 되겠다고 하니 유방은 화가 치밀었다.

"나는 여기서 이렇게 고생하며 아침저녁으로 와서 도와주기만 기다리는데 저는 왕이 되겠다고?"

화가 폭발하려던 차에 양쪽에서 누군가 넌지시 그의 발을 밟았다. 진평과 장량이었다. 그들이 귓속말로 말했다.

"지금 이렇게 불리한데 한신이 제왕이 되는 것을 어찌 막겠습니까? 이참에 왕으로 봉해 잘 대해주는 것이 낫습니다. 안 그러면 변란이 납니다."

유방이 얼마나 상황 판단이 빠른 사람인가? 그는 얼굴을 싹 바꾸고 한신의 사자에게 말했다.

"장부가 제후를 평정했으면 응당 진왕眞王이 되어야지 가왕이 웬 말이냐?"

이리하여 유방은 즉시 인장을 새겨 한신을 제왕에 봉했다. 그럼에도 한신은 여전히 움직이지 않았다.

마침 항우가 홍구鴻溝를 경계로 천하를 나누자고 제안하며 인질로 잡고 있던 유방의 부모와 처자를 돌려보내기로 했다. 유방은 이를 받아들였고, 유방의 부모와 처자가 돌아오자 군사들은 만세를 불렀다. 전쟁이 끝났다고 생각했기 때문이리라. 이에 양측은 군대를 철수하기 시작했다.

이제 천하는 2강 체제가 아니라 사실상 3강 체제로 바뀌었다. 상황이 이렇게 되자 항우도 유세객 무섭武涉을 보내 한신을 설득했다. 구구절절 긴 대화가 오갔으나 요지는 간단했다.

"지금 족하께서 오른쪽으로 몸을 던지면 한왕이 승리할 것이요, 왼쪽으로 향하면 항왕이 승리할 것입니다. (족하가 한왕을 도와) 항왕이 망하면 그다음 차례는 족하입니다. 족하는 항왕과 연고도 있는데 어찌 한을 등지고 초와 연결하여 천하를 셋으로 나누어 왕 노릇을 하지 않으십니까?"

그러나 한신은 고지식한 사람이었다. 막하의 책사들이 형세를 저울질하고 있었지만 그는 쉽사리 배신하는 사람은 아니었다.

"남이 나를 심히 가까이하고 믿는데 내가 그를 배반하는 것은 상서로운 일이 아니니, 죽더라도 이를 바꿀 수 없소. 나를 위해 항왕에게 사과해주오."

무섭이 떠나자 괴철이 다시 비슷한 말로 유세했다. 그의 논지는 무섭의 주장에서 한발 더 나간다.

"지금 양측 군주의 명이 족하에게 달려 있습니다. 족하가 한을 위하면 한이 이길 것이오, 초를 위하면 초가 이길 것입니다. 신이 속을 트고 간담을 드러내고 감히 어리석은 대책을 말씀드리려 하나 족하께서 받아들이지 못할까 걱정입니다. 신이 보기로 족하께서 양쪽 어느 편도 들지 않고 존속시켜 천하를 셋으로 나누어 정족지세를 만들면 형세상 누구도 감히 먼저 움직이지 못할 것입니다. 게다가 족하의 현명함[賢聖]으로 갑병의 무리를 거느리고 강한 제에 근거지를 두고 연과 조를 이끌어 텅 빈 땅을 나서 저들의 후방을 제압하고, 이어 백성들의 욕망을 따라 서쪽을 향해 백성들을 위해 명을 받든다고 하면 천하는 바람이 달리면 소리가 응하듯이[風走而響應] 몰려올 것이니 누가 감히 명을 듣지 않겠습니까?"

언사가 과격하지만, 현실성이 없는 것도 아니었다. 어부지리란 바로 이런 형세를 말함이 아니던가. 그러나 한신은 의리로 반박했다.

"한왕이 나를 대우함이 심히 두텁습니다. 자신의 수레에 나를 태우고 자신의 옷을 나에게 입히고, 자기 음식으로 나를 대접합니다. 듣자 하니, '남의 수레를 타는 자는 그의 근심을 싣고, 남의 옷을 입는 자는 그의 근심을 품으며, 남의 음식을 먹는 자는 그의 일을 위해 죽는다[乘人之車者載人之患, 衣人之衣者懷人之憂, 食人之食者死人之事] 합니다. 내 어찌 이익을 좇아 의리를 배반할 수 있겠습니까?"

한신은 그예 배신하지 않았다. 그렇다고 괴철을 멀리하지도 않았다. 한신이 움직이면 초한쟁패는 끝날 것이다. 하지만 그는 움직이지도 않았다. 한신은 아마도 갈등하고 있었을 것이다. 결단이 확고하다면 시간을 끌지 않았으면 좋았을 것이다. 시간이 지날수록 한신에 대한 유방의 신임도 엷어졌다.

2. 좌면우고가 없는 해하의 전투

항우가 군대를 돌리자 유방도 완전히 철수하려 했다. 그러나 장량과 진평이 기회를 봐서 따라잡을 것을 요구했다. 싸움에 이길 판이니 약속을 배반해도 괜찮다는 식이었다. 어쩌면 한신이 움직이지 않아도 승리할 수 있다는 자신감이 있었던 것일까? 둘이 주장했다.

"지금 한이 천하의 태반(3분의 2)을 차지했고 제후들도 따르는 반면 초나라 군사들은 지쳤고 양식도 다 떨어졌습니다. 이는 하늘이 저들을 멸망시키는 때인데 이 기회를 틈타 취하지 않으면 이른바 '호랑이를 길러 스스로 우환을 남기는[養虎自遺患]' 격입니다."

그예 유방은 다시 군대를 이끌고 항우를 추격했다.

한 5년이 시작되는 10월, 유방은 항우를 추격하며 위나라 상국 팽월과 제왕 한신에게 사신을 보내 함께 항우를 치기로 하고 고릉固陵까지 이르렀으나 팽월과 한신의 군대는 도착하지 않았다. 항우는 상황을 짐작하고 바로 반격을 가해서 한군을 대파했다. 전시의 약속이라지만 이토록 믿을 수 없는 인간들이 유방은 경멸스러웠을 것이다. 그러나 한신이나 팽월의 지원 없이 항우와 싸워서 이길 수 없다는 것이 다시 명백해졌다. 한군은 참호를 파고 다시 수비에 들어갔다. 약속을 어기고 전쟁을 일으켰는데 막상 이기지 못할 판이었다. 답답해진 유방이 장량에게 물었다.

"제후들이 따르지 않소. 이를 어찌하오?"

장량이 대답했다.

"제왕 한신을 세운 것은 군왕의 본뜻이 아니었고 한신 또한 스스로 자리가 견고하지 못하다고 여기고 있습니다. 또한 팽월은 양나라 땅을 평정했으니 그 공이 큽니다. 허나 군왕께서는 위표가 있는 탓에 그를 (왕이 아닌) 상국으로 명하셨습니다. 지금 위표가 죽고 후사가 없으니 팽월도 왕이 되고 싶어 할 것이나 군왕께서는 확답을 주지 않았습니다.

두 나라에 이런 약속을 주시지요. '초를 이기면 수양睢陽 이북에서 곡성穀城에 이르는 땅은 모두 팽상국에게 주고 왕으로 삼는다. 진현[陳] 이동에서 동해에 이르는 땅은 모두 제왕 신에게 준다.' 제왕 한신의 본가가 초에 있으므로 그는 옛 읍을 다시 차지하고 싶어 할 것입니다. 군왕께서 능히 이 두 사람에게 이 땅을 줄 수 있으면 두 사람은 당장 달려올 것이고, 그렇지 않으면 일이 어떻게 될지 모릅니다."

장량의 대책이 대단하다고 칭송받지만 그의 전략이란 사실 어쩔 수 없는 양보에 불과하다. 이런 양보 정책은 애초에 역이기가 제시한 바 있다. 하지만 냉혹한 계산 싸움에서 유방은 양보할 수밖에 없었다. 휴전 협정을 깨고 무려 4년 동안 전쟁을 지원한 서쪽 백성들의 원망을 들어가며 다시 나왔다. 이번에 전쟁에서 패한다면 어쩌면 천하 백성들이 그에게 다시 기회를 주지 않으리라.

그렇게 사자가 양쪽 진영으로 떠났다. 그러자 과연 팽월과 한신이 동시에 답을 주고 군대를 움직였다. 한의 본진과 팽월과 한신의 군대가 사방에서 해하를 향해 진격하는 차에 초의 대사마 주은周殷이 배반하고 구강의 군대를 이끌고 팽월과 합류했다. 진평이 언급한 대로 초에는 종리매, 용저, 주은 등이 군심을 얻고 있었다. 하지만 용저는 한신에게 죽었고 이제 군권의 책임자인 대사마가 전쟁 전에 항복한 것이다. 이렇게 형세가 만들어지니 항우는 물러날 길도 없었다.

기원전 202년이 끝나가던 무렵, 마침내 해하垓下에서 결전이 벌어졌다. 이제는 좌면우고가 없는 전면전이었다. 제왕 한신이 30만 주력을 이끌고 중군으로 나서고 공장군孔將軍과 비장군費將軍*이 좌우익을 이뤘다. 유방은 자신의 무장들을 데리고 후방에 위치했다. 한신은 이 싸움에서도 기략을 보여줄 것인가?

먼저 한신과 초의 중군이 부딪히고 어울려 싸우다 밀렸다. 그러나 한신이 밀릴 때 양쪽의 날개가 협공을 가했다. 이번에는 병력면에서 유방의 연합군이 압도적이었다. 보통 대장이 이끄는 군대라면 중군이 밀리면 와해될 수도 있지만 한신의 부대는 달랐다. 한신은 수적 우위를 바탕으로 중군이 물러날 때 좌우익이 포위하는 고전적인 전술을 들고 나왔고 이는 적중했다. 협공당한 초군이 흔들릴 때 중군이 반격했다. 그날 항우가 분전했지만 역부족이라 초군은 대패했다. 이리하여

---

* 이들의 이름이 무엇인지 명확하지 않다. 장수절張守節은 《사기정의》에서 이들이 모두 한신의 부장으로서 각각 공희孔熙와 진하陳賀라 했다.

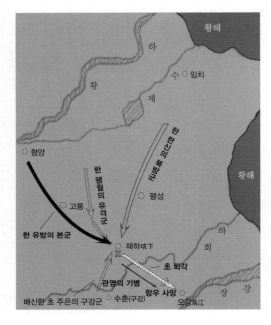

해하의 전투. 기원전 202년 해하에서 결전이 벌어졌다. 한신은 30만 주력군을 이끌고 중군으로 나섰고, 유방은 자신의 무장들을 데리고 후방에 위치했다. 이번에는 유방의 연합군이 압도적이었으나 한신의 부대는 중군이 물러날 때 좌우익이 포위하는 고전적인 전술을 들고 나와 적중했다. 이날 항우가 분전했으나 초군은 대패했다.

항우는 일생 처음 정면 대결에서 패했다. 그날 적장은 한신이었다.

3. 항우의 죽음: 사면초가

항우는 해하의 성벽 아래에 보루를 쌓고 버텼지만 몇 겹으로 포위되었다. 한밤중 사방에서 초나라 노래가 들려왔다. 항우는 아연실색했다.

"한이 초를 모두 다 차지했는가? 어찌하여 사방에 초인이 이렇게 많단 말인가?"

이것이 유명한 '사면초가四面楚歌'의 고사다. 항우는 절망하여 자신이 총애하는 미인 우虞와 함께 술을 마시며 비분강개의 노래를 불렀다.

> 힘은 산을 뽑고 기개는 천하를 덮었으나〔力拔山兮氣蓋世〕,
> 시절이 불리하니 추도 달리지 않는구나〔時不利兮騅不逝〕.
> 추가 달리지 않으니 어찌한단 말이냐〔騅不逝兮可奈何〕,
> 우야 우야 너를 또 어찌한단 말이냐〔虞兮虞兮奈若何〕.

우 미인이 항우의 노래에 화답하자 항우는 눈물을 흘렸다. 항우가 울자 좌중이 따라 울며 서로 얼굴을 들지 못했다. 싸움의 신이 군영에서 보인 마지막 모습이었다. 그들은 지금껏 모두들 용감히 싸웠고, 바로 막강한 진을 무너뜨린 주역이었다. 그날 밤 항우는 말에 올라 800명의 기병을 데리고 포위를 뚫고 남쪽으로 달아났다.

날이 밝고서야 한군이 이를 파악하고 관영에게 기병 5000명을 주어 추격하게 했다. 항우가 회하를 건너 음릉陰陵에 이르러 길을 잃었는데, 어떤 농부에게 길을 물었다.

"왼쪽입니다."

그러나 농부가 가리킨 쪽으로 가니 커다란 소택지였다. 소택지에서 말은 나가지 못하고 한군이 그 틈에 따라왔다. 동성에 이르자 남은 기병은 겨우 28기인데 관영의 추격병은 무려 5000명이었다. 달아날 가망이 없어 보이자 그는 따르는 기병들을 돌아보며 말했다.

"내가 군대를 일으킨 지 8년, 70번 넘게 싸우면서 막아서는 자는 모조리 부쉈고 치면 모두 굴복시켜 일찍이 패배를 몰랐기에 드디어 천하의 패자가 되었다. 허나 지금 이런 곤경에 처했으니 이는 하늘이 나를 망치려는 것이지 싸움을 잘못한 것이 아니다. 오늘 실로 죽음을 무릅쓰고 제군들을 위해 멋진 싸움을 벌여 반드시 세 번 승리할 것이다. 제군들을 위해 포위를 뚫고 적장을 베고 깃발을 동강내어 제군들로 하여금 하늘이 나를 망친 것이지 싸움을 못해서 이리된 것이 아님을 알게 하리라."

그런 후 기마대를 넷으로 나눠 각 방향으로 달리게 했다. 한의 기마병이 그들을 몇 겹으로 에워쌌다. 항우가 휘하 기병들에게 외쳤다.

"내가 그대를 위해 저 적장을 베겠다."

산 아래에서 만날 지점 세 곳을 먼저 정하고 항우는 병사들에게 사면으로 달려 나가라고 명했다. 드디어 항우가 고함을 지르며 달려 내려오는 곳마다 한군이 엎어졌고 항우가 지목한 장수 또한 여지없이 베였다. 이때 한의 기병대 일대를 거느리던 양희楊喜가 항우를 뒤쫓다가 항우가 눈을 부릅뜨고 고함을 지르자 말과 함께 놀라 그만 말 머리를 돌려 몇 리를 퇴각했다. 항우는 이렇게 다시 약속한 지점에 모였다. 그는 다시 치고 나와 대적하는 자는 모두 베었다. 항우 혼자서 수십을 베고 다시 모이니 초의 기병은 둘만 보이지 않을 뿐이었다. 항우는 좌중에 물었다.

"어떤가?"

좌중이 모두 엎드리며 대답했다.

"대왕께서 하신 말씀과 같습니다."

그러나 관영이 이끄는 한의 기병대는 끝까지 따라붙었다. 드디어 항우가 오강烏江에 몰렸다. 그때 오강의 정장이 배를 대고 기다리고 있다 재촉했다.

"강동이 비록 작다 하나 땅이 사방 1000리요 무리가 수십만이니 또한 족히 왕이 될 수 있습니다. 대왕께서는 급히 건너소서. 지금 신만이 배를 가지고 있으니 한군이 도착해도 강을 건널 수 없습니다."

항우가 웃으며 말했다.

"하늘이 나를 망하게 하는데 내가 어찌 강을 건너리. 또한 내가 강동 자제 8000명과 더불어 강을 건너 서쪽으로 갔는데 지금 한 명도 돌아오지 못했다. 강동의 부형들이 나를 불쌍히 여겨 왕으로 삼은들 내가 무슨 면목으로 그들을 대하리. 혹여 저들이 말을 않는다 한들 내가 어찌 부끄러운 마음이 없겠는가?"

그리고 그 정장에게 명마 추를 맡겼다.

"나는 그대가 장자임을 안다. 내가 타는 이 말은 다섯 살인데 당할 자 없는 무적이며 하루에 1000리를 간다. 차마 죽일 수 없으니 공에게 주노라."

항우는 그예 강을 건너지 않고 부하들에게 말에서 내려 짧은 병기로 싸우도록 명했다. 역시 말을 버리고도 항우는 한의 병사들을 만날 때마다 모두 쓰러트렸지만 자신도 열 군데 이상 상처를 입었다. 항우가 돌아보니 한의 기사마騎司馬 여마동呂馬童이 보였다. 항우가 외쳤다.

"너는 옛날 나의 사람이 아니더냐?"

여마동이 항우를 알아보고는 동료 왕예王翳에게 알렸다.

"이자가 항왕이다."

항우가 여마동에게 말했다.

"한이 내 목에 1000금의 돈과 1만 호의 읍을 걸었다고 들었다. 내가 너에게 덕을 베푸마."

항우는 자신의 목을 찔렀다. 한의 기병 무리가 항우의 몸뚱이를 차지하고자 달려들어 싸워 수십 명이 죽었고, 결국 왕예가 항우의 머리를 취했다. 왕예와 여마동을 비롯해 항우의 몸을 가진 다섯 명이 모두 후로 봉해졌다. 항우의 몸값이 그 정도였다.

그때 동성까지 추격하며 한은 무려 초나라 병사 8만 명의 목을 베었다고 한다. 이들은 대사마가 항복하는 상황에서도 남은 이들, 분명 초 땅에서 가장 영용英勇한 이들이자 배신을 모르던 이들이었다. 전쟁이란 이렇게 가장 용감한 이를 몰살시키는 행위니, 어떻게 인류가 전쟁을 통해 진화했다고 단정할 수 있으랴.

항우가 죽자 초 땅 전체가 모두 항복했지만 노현魯縣이 항복하지 않았다. 유방은 대군을 이끌고 마지막 남은 성을 본보기로 도륙하려 했지만, 그들이 주군을 위해 목숨을 거는 것을 의롭게 여겨 이내 방법을 바꿔 항우의 머리를 보여주며 회유했다. 그러자 노현이 항복했다. 유방은 처음에 항우가 회왕에게 받은 작위인 노공魯公에 봉하고 장사지냈다. 유방은 몸소 항우를 위해 곡했다.

유방은 항씨의 지속은 하나도 죽이지 않고, 항백은 사양후射陽侯로 봉했으며, 도후桃侯나 평고후平皐侯, 현무후玄武侯 등은 모두 항씨 일족이었으나 유씨 성을 내렸다.

태사공은 한 자의 땅도 가지지 못한 항우가 일어난 지 3년 만에 다섯 제후를 이끌고 진을 멸하고 천하를 나누어 왕후들을 세워 분봉한 것은 근고 이래에 유례없는 일이라고 감탄했다. 하지만 그는 이렇게 질책한다.

초 땅을 마음에 두고 관중을 버리고, 의제를 쫓아내고 스스로 왕위에 오르고, 왕후들이 자신을 배반한 것을 원망하면서 어려움이 생겨났다. 자기 공을 자랑하고 제 지혜만 믿고 옛일로부터 배우지 않았으니, 패왕의 공업이라 칭했으나 실은 힘으로 천하를 경영하려고 했다. 5년 만에 나라를 망치고 자신은 동성에서 죽으면서도 여전히 스스로의 책임을 깨닫고 반성하지 못했으니 그릇된 일이다. 그럼에도 "하늘이 나를 망치는 것이지 용병을 잘못한 죄가 아니다"고 했으니, 어찌 그릇된 행동이 아니랴.

사람은 마지막 말이 진실하다 하니 필자는 항우의 진심을 믿는다. 그는 부끄러움을 아는 사내였던 것이다. 너무 젊어서였을까? 항우는 신안에서 이미 패했다. 그는 관중 사람들에게 원수가 된지라 그곳에 거할 수가 없었다. 만약 항우가 강동 자제 8000명의 반만큼, 관중 자제 20만 명을 아꼈다면 이런 일이 있었겠는가? 응당 관중에 자리를 잡고 제왕이 되었을 것이다. 그렇지만 그후 깨달음을 얻어 영웅으로서 최후를 맞이했으니 실로 가상하다. 항우가 다시 남쪽으로 달아났다면 얼마간 왕 노릇을 할 수 있었을 것이다. 하지만 이는 강동 자제 8000명과 관중 자제 20만 명을 다시 한번 욕보이는 일이 아니겠는가?

유방은 집요했다. 그는 돌아오는 길에 정도定陶의 제왕(한신)의 보루로 급히 쳐들어가 그의 병권을 빼앗는 것을 잊지 않았다. 한신은 이번에도 순순히 병권을 넘겼다. 하지만 둘 사이는 이미 전과 같지 않았다.

무려 세 번 죽을 고비를 넘긴 유방은 마지막 한 번의 승기를 놓치지 않았다. 허나 싸움에서 이기는 것보다 지키는 것이 어려움을 진이 보여주었다. 유방이 다시 통일된 천하를 지킬 수 있을 것인가?

제9장

건설자의
풍모와 철학

해하에서 항우가 패한 바로 그때 자마Zama에서는 로마의 장군 스키피오가 한니발의 카르타고 군을 격파함으로써 제2차 포에니 전쟁을 마무리했다. 전후한前後漢 400년의 역사의 시작을 알리는 싸움과 1000년 로마의 기반을 세운 싸움이 같은 해에 마무리되었다는 것이 의미심장하다.

　장수한 거대 제국은 선과 악으로 환원될 수 없는 복합적인 응결체다. 제국의 표면은 위협적이며 일률적이다. 제국의 자원은 다른 정치체를 압도하므로, 제국의 적이 된 자는 스스로 버금가는 제국으로 진화하지 않으면 종속되거나 멸망할 것이다. 한에 대항한 정치체와 로마에 대항한 정치체들의 운명이었다. 그러나 제국의 내부를 구성하는 인자들은 제국의 목표와 무관하게 움직이는 복수의 집단들이었다. 그러므로 제국은 하나의 기준으로 통치될 수 없는 유동체다. 진이 단명한 것은 겉과 속이 모두 단단했기 때문이다. 너무 단단해서 끝에 칼을 대면 끝까지 갈라지는 대나무처럼 하나의 원칙을 고수하는 정치체는 한 지점의 충격으로 전체가 갈라진다. 비유하자면 제국은 딱딱한 지각 안에 유동적인 핵을 품고 있는 우리 지구와 같다. 제국이라 불리는 정치체는 딱딱한 외피로 외부의 충격을 튕겨내는 동시에 유연한 핵으로 내부에서 발생하는 충격을 흡수하면서 명을 이어나갔다.

이 시리즈를 마무리하면서 결론을 두 부분으로 나눴다. 먼저 이번 장에서는 한 제국의 건설자, 관중이 설계한 춘추전국의 질서를 마무리한 유방이라는 한 인간의 남은 삶을 통해 한의 정치를 가늠해본다. 그런 후 다음 장에서 우리는 좀 더 제도적이고 거시적인 차원에서 분석을 이어갈 것이다.

　　사람이 바뀐다고 체제가 필연적으로 바뀌는 것은 아니지만 사람이 바뀌지 않고 체제가 바뀔 수는 없다. 유방은 새로운 제국의 역사를 연 인물이다. 그의 행동 하나하나는 상징적인 의미를 갖는다. 그는 제국의 표피처럼 철면피한 인간이었다. 약속을 강조하면서도 자신이 필요하면 약속을 어겼고 인의를 내세우면서도 궁지에 몰리면 희생양을 찾았다. 그러나 헤아릴 수 없는 개인적인 결함에도 불구하고 그는 제국의 핵을 구성할 유전자를 중원의 대지에 뿌렸다. 몸서리치도록 잔혹하고 집요하지만 그 이상으로 엉뚱하고 관대하며, 싸움을 거듭하고 나이를 먹을수록 뻔뻔스러워지지만 마지막에는 초심으로 돌아가는 이, 그가 유방이다. 그러므로 제국의 건설자의 다면성을 모두 포괄하는 단어는 제국을 한마디로 정의하는 단어가 없는 것처럼 이 세상에 존재하지 않는다. 하지만 하나는 명확하다. 그의 복잡한 얼굴은 먼저 간 무수한 희생자들의 얼굴 하나하나로 이뤄진 모자이크였다.

1. 제국의 외관을 확립하다

한나라 달력으로 5년(기원전 201) 정월, 왕후장상들이 입을 모아 한왕 유방을 황제로 추대했다. 유방은 사양했다. 사양辭讓, 중국사를 이해하려면 이 허위의 언사를 기억해야 한다. 관중과 굴완이 한수를 사이에 두고 했던 그 사양의 언사가 여기서 재현된다.

"듣기로 황제의 자리는 현명한 이라야 가지는 것이라 공허한 말로 지킬 수 있는 자리가 아니라 하오. 나는 감히 자리를 감당할 수 없소."

그러나 군신들이 물러나지 않고 간했다.

"대왕께서 한미한 위치에서 일어나 포악하고 (하늘의 뜻을) 거스르는 무리들을 주멸하시고 사해를 평정하시고, 공이 있는 자들에게 땅을 떼어 주고 왕후로 봉하셨습니다. 대왕께서 존호를 받들지 않으시면 세상이 의심하고 동요할 것입니다. 신들은 죽음으로써 주장을 지킬 것입니다."

유방은 세 번 사양하고 이를 받아들였다. 한은 이렇게 황제의 나라가 되었다.

진시황이 그랬듯이 황제가 된 이가 제후왕을 반길 리가 없다. 특히 이성異姓제후왕이라면 두렵다. 그러나 한은 한 사람이 세운 나라가 아니기에 권력을 독차지할 수 없다. 이리하여 한이 채택한 봉건-군현제(군국제)는 전국시대의 봉건제도와 진의 군현제도의 절충안이었다. 그토록 강력했던 진도 바라던 대로 중앙집권을 이루지 못하고 오히려 반란을 맞았다. 설령 다시 빼앗을지라도 성과를 나눌 시간에는 나눠야 한다. 물론 최대 공신은 역시 한신이다.

"의제에게 후사가 없다. 제왕 한신이 초의 풍속을 잘 아니 옮겨 초왕으로 삼으니 하비에 도읍하라."

한왕 신(초왕 한신의 동명이인)이 한을 차지했고, 팽월이 양왕이 되었으며, 옛 형산왕衡山王 오예가 장사왕長沙王이 되었다. 회남왕 영포, 조왕 장오(장이의 아들로서 왕위를 계승), 연왕 장도는 이전에 정해진 대로 했다.

그리고 5월 해산령을 내려 천하의 병사들을 해산하여 집으로 돌아가도록 했다. 진시황이 천하의 무기를 녹여 구리 거인과 종거를 만들어 전쟁이 끝난 것을 선포한 행동과 궤를 같이하는 조치였다. 그는 고향으로 돌아간 자신의 병사들을 정치적 기반으로 삼고 빈민들을 끌어안고자 했다. 오래 종군한 병사들은 단계적으로 작위를 올려주고 그들에게 가장 좋은 전답을 배분하고 부세를 감면하는 등 차차 우대의 범위를 넓혀갔다. 그가 동쪽에서 서쪽으로 오면서 군사들을 거둔 까닭에 그의 휘하에는 전국의 전사들이 다 모여 있었다. 천신만고 끝에 각처에서 긁어모은 이들이 다시 각지로 퍼져 한의 지배체제를 옹호하는 구심점들이 될 것이다.

동시에 그는 숨어든 백성들을 호적에 올리는 작업을 하고 그들을 농토로 끌어들이기 위해 토지세[田賦]를 15분의 1로 획기적으로 줄였다. 인구는 형편없이 줄어들고 경제는 완전히 무너진 상황이니 어떤 유인책을 써서라도 농민들을 다시 밭으로 끌어들여야 했다. 고조 유방의 경제 정책에 대해서는 다음 장에서 자세히 논할 것이나, 유방의 진면목은 싸움이 아니라 정치에서 드러난다.

통일 후 임종 때까지 유방은 끊임없이 터지는 제후들의 반란을 막아야 했다. 천하를 통일했다지만 한은 진이 6국을 꺾으며 세운 통일제국보다 취약했다. 평민에서 일어난 황제의 권위는 하루아침에 확립될 수 없다. 그는 그 모든 반란을 스스로 평정함으로써 차곡차곡 권위를 쌓았다. 통일 직후 연왕 장도가 반란을 일으켰지만 쉽사리 장악했다. 그리고 이듬해 한 고조 6년, 누군가 한신이 반란을 꾀한다고 모함했다. 한신의 인간됨에 대해서는 이미 앞에서 살펴보았다. 야망이 있지만 배신을 획책할 인물은 아니었다. 그러나 한신의 실력에 기대어 하늘로 올라 보려는 이들이 그 아래에 많았고, 한신 스스로 갈등했다. 또한 한의 조정에는 콧대 높은 한신을 꺼리는 이들이 즐비했다. 역이기가 죽은 후 유방은 애달파 그의 동생 역상을 극히 아꼈다. 역상은 한신을 원수로 여겼다. 또한 해하의 결전 전에 한신이 보인 기회주의적인 태도를 유방은 아직 잊지 않았다. 그 차에 누군가 한신을 모함하자 좌우에서는 군대를 내어 직접 치자고 했다. 그러나 진평의 생각은 달랐다. 천하가 아직 굶주리고 있고 한신은 만만한 상대가 아니다.

"운몽으로 순행한다고 하고 한신이 나오면 바로 잡으십시오."

한신 아래에는 초에서 투항한 종리매 등의 용장이 즐비했고 한신과 함께한 노장들이 건재했다. 한신은 유방의 의도를 대략 알아차렸지만 실제로 모반을 꾀할 생각이 없었기에 고민했다. 그때 어떤 자가 한신에게 종리매의 목을 베어 유방에게 바쳐 신뢰를 얻자고 했다. 한신이 자초지종을 말하니 종리매가 한신을 욕했다.

"그대는 장자가 아니오. 내가 있기에 황제가 그대를 어찌하지 못하는 것을 모르시오?"

한신이 기어이 종리매의 목을 가지고 유방의 순행소를 찾았지만 바로 잡히고 말았다. 붙잡힌 한신이 이렇게 한탄했다.

"교활한 토끼가 잡히면 좋은 사냥개를 삶고, 높이 나는 새가 사라지면 좋은 활을 넣고, 적국을 깨면 모신을 죽인다더니, 천하가 이미 평정되었으니 내가 삶기는 것은 당연하다."

유방이 대꾸했다.

"누가 공이 반란을 꾀한다 고했소."

한신은 사실 모반을 꾀하지 않았고, 또 유방의 목적은 한신의 군권을 빼앗는 것이었으므로 그를 낙양으로 압송한 후 바로 사면하고 회음후로 삼았다. 한신은 유방을 위해 수없이 싸우고 수없이 군사를 빼앗겼다. 그야말로 이는 토사구팽이었다. 하지만 한신도 인정해야 할 일이 있다. 천하가 그를 두려워한다는 사실을. 한신이 부귀만 누렸으면 좋았을 것이다. 그러나 한신은 기질이 강한 사람이다. 몇 해 못 가서 한신은 여전히 회음으로 강등된 현실을 인정하지 못하고 급기야 반란을 일으키려다 여후에게 죽음을 당했다. 물론 유방의 묵과 없이는 여후가 그럴 수는 없었으리라. 필자는 한신이 실제로 반란을 획책했다는 기록도 믿을 수 없다. 고대의 절대 권력이 개인을 제거하려고 하면 어떤 구실이 없겠는가.

한신은 사실 통일 제국과 어울릴 수 없는 인물이었다. 인품은 별개로 치더라도 그의 기개와 실력은 오히려 유방을 능가했다. 살기 위해서는 모든 것을 내려놓고 엎드려야 했지만 한신은 태어날 때부터 뛰어난 처세가가 아니라 대장군이었다. "폐하는 10만 명을 거느릴 수 있고 저는 많을수록 좋습니다[多多益善]"는 말을 거침없이 뱉은 한신이다. 유방과 항우가 양립할 수 없었듯이 한신과도 양립할 수 없었다. 하지만 잊지 말아야 한다. 항우를 제거하면서 관중 부형들의 포한을 풀어주었듯이 한신을 죽임으로써 유방이 제나라 부형들에게 사과했다는 사실을. 한신도 항우처럼 원죄를 극복하지 못했다.

유방은 한신을 잡고 바로 관중으로 도읍을 옮기고 후속 조치를 취한다. 한신의 땅을 둘로 나눠 전장에서 공을 세운 유씨 종파의 유가劉賈를 형왕荊王으로 삼아 회동淮東을 다스리도록 하고 동생 유교劉交를 초왕楚王으로 삼아 회서淮西를 다스리도록 했다. 이어 동쪽에서 가장 비옥하고 넓은 땅인 제에 아들 비肥를 봉했다. 이리하여 천하의 요지는 모두 유씨의 차지가 되었으니 아들과 형제가 배반하지 않는다면 한의 대업은 하루아침에 무너지지 않게 되었다. 이렇듯 유방이 원한 것은 유씨 천하였다.

이 책에서 다룰 수는 없지만, 앞으로 상당한 시간에 걸쳐 제후들의 성이 유씨로 바뀌고 다시 제후국이 직할 군현으로 바뀐다. 애초에 한이 진나라 체제의 강점을 몰라서 분봉한 것이 아니었다. 한은 여럿이 세웠기에 공을 인정하는 것이 당연했고, 당장 중앙의 힘이 약하기에 충분한 시간이 지나야 진의 체제에 다가갈 수 있다고 보았을 뿐이다. 그렇다고 한이 봉건제의 장점을 몰랐던 것도 아니다. 2200년 전에는 오늘날과 같은 교통 통신 수단이 없었다. 진시황이 직할 통치를 위해 직도를 만들었지만 겨우 직도로 광대한 중국 땅을 직접 다스리는 것은 쉽지 않았다. 그러기에 먼 곳을 직접 다스리고 사람들을 무리하게 부리려다 왕조 자체가 망했다.

근래 청대에도 현지인이 받을 충격을 완화하기 위해 먼 곳과 새로 얻은 땅은 간접적으로 다스렸다. 심지어 오늘날 교통과 통신이 발달한 미국이 시행하고 있는 연방제도 봉건제와 비슷한 면이 있다. 그러므로 중국처럼 큰 나라는 어느 정도의 분권이 불가피하고, 그 대안은 봉건제였다.

제국은 유동체다. 구심력과 원심력이 균형을 맞춘 상태에서 진화할 수 있을 뿐, 완벽한 체제에 도달할 수 없다. 완벽을 꿈꾸면 제국의 유연성이 사라지고, 유연성을 잃으면 국지적인 충격에 무너진다. 봉건제는 그 나름대로 제 역할을 했다. 한(전한) 초기에는 봉건제후들끼리 균형을 이뤄 서로 반란을 견제하는 역할을 했다. 초중반에는 이들이 성장

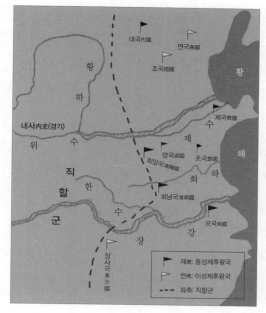

대국代國
연국燕國
조국趙國
황
하
내사内史(경기)
위
수
직
할
군
한
수
제국齊國
수
제
양국梁國
회양국淮陽國
초국楚國
회
하
회남국淮南國
오국吳國
장
강
장사국長沙國
황
해

제후: 동성제후왕국
연촉: 이성제후왕국
좌측: 직할군

유방이 완성한 천하 군국.
한(전한) 초기에는 봉건제후들끼리 균형을 이뤄 서로 반란을 견제하는 역할을 했다. 초중반에는 이들이 성장하여 중앙집권 체제에 반발해 연합해서 반란을 일으키기도 했다. 하지만 한이 조각조각 나뉜 진의 군현처럼 단 한 번의 공격에 도미노처럼 무너지지 않은 것은 반란에 동조하지 않는 일부 봉건제후가 강력한 방어막을 형성했기 때문이다.

하여 중앙집권 체제에 반발해 연합해서 반란을 일으키기도 했다. 하지만 한이 조각조각 나뉜 진의 군현처럼 단 한 번의 공격에 도미노처럼 무너지지 않은 것은 반란에 동조하지 않는 일부 봉건제후가 강력한 방어막을 형성했기 때문이다.

유방 재위 시절 이성제후왕 중 군사적인 능력을 보인 이들은 모두 반란 혐의로 처형되었다. 그럴 때마다 유씨의 봉토는 늘어났다. 한 고조 10년에는 팽월이 반란을 일으켰다는 고발이 들어왔다. 여러 정황으로 보아 팽월은 반란을 일으킬 마음이 없었지만 제거되었다. 한신과 같이 그도 토사구팽되었지만 그보다 더 억울했다. 오랜 초한쟁패의 전란 중 팽월은 대과가 없었고 한신처럼 야심을 드러내 보인 것도 아니다. 이번에도 유방은 팽월을 유배시키는 것으로 만족하려 했으나 여후는 기어이 그를 죽여 화근을 없애고자 했다. 팽월을 제거한 후 유방은 아들 유회劉恢를 양왕梁王으로 세우고 역시 아들 유우劉友를 회양왕淮陽王으로 삼아 팽월의 땅을 다스리게 했다.

이듬해 영포가 개국 무장들이 차례로 제거되는 것을 보고 선수를 쳤지만 역시 성공하지 못했다. 영포 역시 처음부터 반란을 기획하지는 않았다. 그러나 그는 한신이나 팽월보다 오히려 제국의 윤리와 맞지 않는 자였으니 언젠가 토사구팽될 운명이었다. 신안에서 학살을 실행한 이가 그이고 의제를 살해한 이도 그다. 앞으로 통일 제국을 이끌어갈 윤리 강령을 세워야 할 터인데 영포를 어찌 그냥 두랴. 유가든 법가든 도가든 어떤 기준을 적용해도 영포는 일국의 왕이 될 자격이 없었다. 결국 유방이 영포와 일전을 벌여 이기고 아들 유장劉長을 회남왕으로 세웠다. 사실상 유씨 천하는 완성된 셈이다.

2. '최선의 차선', 유방

제국의 건설자는 비정함도 천하의 갑이요 온정도 천하의 갑, 속이 좁기도 천하의 갑이요 속이 넓기도 천하의 갑이었다. 물론 비겁함도 갑이요 용기도 갑이었다. 잔인함과 인자함이 이렇게 뒤섞여 있지만 왜 그를 영웅이라 하는가? 가운데에 어떤 과오가 있든 그의 처음과 끝은 서로 호응하는 울림이 있었기 때문이다. 이것이 필자가 유방을 최선의 차선이라 부른 까닭이다.

처음 자신의 목숨을 포기하고 형도들을 풀어줄 때 그의 협기는 얼마나 사람을 감동시켰는가? 그러나 싸움 도중에 자기 무리를 유지하고 결국 승리를 통해 그들에게 부귀를 보장해야 하는 대장이 된 후 그는 잔인해졌다.

《사기》〈항우본기〉는 이런 이야기를 전한다. 한과 초가 형양에서 격렬하게 대치할 때 아직 유방의 부친 태공은 항우의 진중에 포로로 잡혀 있었다. 당시 항우가 승기를 잡고 있으나 팽월이 후방을 침탈하니 화가 났다. 항우는 커다란 도마에 유방의 아버지를 올리고 위협했다.

"지금 당장 항복하지 않으면 내 태공을 삶으리라."

그러자 유방은 이렇게 대답했다.

"나는 너 항우와 함께 북면하여 회왕을 섬기고 명을 받으며, '형제가 되기로 약속합니다' 했으니 내 아버지가 네 아버지다. 반드시 삶고자 한다면 내게 국물 한 그릇을 나눠주라."

항우는 극도로 노해 진짜로 유방의 부친을 죽이려 했지만 주위에서 말렸다.

"천하의 일의 향배를 아직 모르는 데다 천하를 도모하는 이는 가정을 돌보지 않습니다. 그를 죽인들 얻을 것이 없고 화만 더할 뿐입니다."

이리하여 항우가 유방의 부친을 죽이길 포기했다고 한다. 만인이 보는 상황이었으니 이는 분명 실화일 것이다. 자식으로서 이런 패륜을 입에 담아도 되는 것일까? 형양에서 여성들을 방패막이로 쓰고 달아난 사건은 또 어떤가? 관중이 이 이야기를 들었다면 유방을 어떻게 볼 것인가? 분명 그를 수하에 두지 않았을 것이다. 그러나 유방은 남의 신하 될 사람이 아니라 신하들을 거느리는 사람이었다. 호랑이 등에 타면 내리지 못하듯이 난세에 출사한 이들은 그렇게 뻔뻔해졌다.

대부분의 평자들은 유방이 담대하다고 한다. 그러나 그도 한번 심사가 틀리면 좀처럼 풀리지 않는 속 좁은 사람이었다. 《사기》 〈초원왕楚元王세가〉에 이런 일화가 나온다.

유방의 형제는 넷인데 큰형은 일찍 죽었다. 유방이 한미하던 시절 무시로 일을 평계로 손님들을 데리고 맏형수의 집을 찾아가 밥을 먹었다. 형수는 이 시동생이 손님을 끌고 가면 알미워서 일부러 누룽지 국까지 다 긁어 먹은 양 솥을 박박 긁었는데, 손님들은 이 때문에 떠났다. 그런데 솥 안에는 누룽지 국이 여전히 남아 있었다.

유방이 이 일 때문에 얼마나 형수를 원망했는지 황제가 된 후 조카들을 모두 봉했지만 맏형의 아들을 봉하지 않았다. 아버지가 이 일을 지적하자 그는 이렇게 대답했다.

"형의 아들을 봉하는 것을 잊은 것이 아니라 그 어미(형수)가 후덕하지 못했기 때문입니다."

하지만 결국 아버지의 말을 어기지 못해 큰형의 아들에게 자그마한 자리를 내준다.

한편 그가 소하를 그토록 아낀 데는 이런 이유도 있었다. 그가 정장으로서 사람들을 데리고 함양에 부역을 떠날 때 소하가 관리들보다 200전이나 많은 500전을 준 것에 항상 감사했다고 한다. 당시에 멀리 떠나는 관리에게 돈을 추렴해서 주는 관습이 있었던 듯하다. 기록에 따르면 소하는 실로 검소해서 전택을 살 때는 반드시 궁벽진 곳을 사고 집을 지어도 담장을 두르지 않았다고 한다.

그러나 통일 후 유방은 소하마저 의심한 적이 있다. 천하를 얻은 후 그의 의심은 부쩍 커졌다. 작은 일도 잊지 않고 나이가 들수록 의심이 늘어가는 이, 그 역시 은혜와 원망을 쉽사리 잊지 않는 필부에 불과했다. 그러나 이 보통 사람은 특별하게 자신을 따르게 만드는 자질이 분명 있었다. 그는 자신의 실수를 인정하고 통 크게 베풀 줄 알았다.

9년, 조왕 장오의 빈객 관고貫高 등이 유방을 죽이려 하는 사건이 발각되었다. 당시 유방은 한왕 신의 반란을 진압하기 위해 북방으로 출격했다가 돌아오는 길이었다. 원인은 유방이 제공했다. 장오는 조왕이면서 노원공주의 남편으로 유방의 사위였다. 그가 사위의 예로써 팔을 걷고 몸소 음식을 올리며 극진히 대접했지만 유방은 건달 시절의 무례한 습관을 버리지 못해 두 다리를 벌리고 앉은 채로 멋대로 꾸짖었다. 조의 상국 관고 등은 나이 예순이 넘은 데다 결기가 있었다. 그들은 모두 장이를 섬긴 이들이다. 그들은 자신의 어린 왕이 받은 모욕을 견딜 수 없어 유방을 암살할 계획을 세우고 왕에게 먼저 알렸다. 그러자 조왕은 펄쩍 뛰었다.

"어찌 그런 말씀을 하시오. 선친께서 나라를 잃었을 때 황제께서 찾아주셨소. 우리가 얻은 것은 터럭만 한 것이라도 모두 황제의 힘을 입은 것이오. 공들은 다시는 그런 말을 하지 마오."

그러나 관고 등은 분을 참지 못하고 실패하면 자신들이 죄를 뒤집어 쓰기로 하고 일을 실행했다. 그러나 유방은 어쩐 일인지 암살 예정 장소를 피해 갔다. 그런데 뒤늦게 관고와 척을 진 사람의 고소로 이 사건이 도마에 오른 것이다. 사건이 발각되자 함께 모의했던 사람들이 모두 자진하려 했다. 그러나 관고가 화를 내며 꾸짖었다.

"누가 공들에게 이리하라고 하였소? 지금 왕께서는 모의에 함께하지 않고서도 같이 붙잡혔소. 실로 공들이 모두 죽으면 누가 왕께서 반란을 기도하지 않았음을 밝힐 것이오."

이리하여 관고는 죽지 않고 죄수를 호송하는 수레에 실려 장오와 함께 장안으로 들어갔다. 당시 유방은 "조왕을 따라 장안으로 들어오는 신하나 빈객은 족을 멸할 것이다"며 위협했다. 그러나 관고의 빈객 10여 명은 장오의 노비가 되어 목에 칼을 차고 장안으로 들어갔다. 이어 장오는 옥에 갇혔고, 관고는 끔찍한 고문을 견뎌야 했다. 그러나 관고는 흔들림 없이 끝까지 버텼다.

"나 홀로 한 일이오. 왕은 실로 모르오."

여후마저 공주를 봐서라도 장오가 모반을 꾀했을 리 없다며 말렸다. 그러나 의심을 사실로 굳힌 유방은 모질게 대답했다.

"장오가 천하를 차지하면 어찌 여자가 없을 것이오!"

허나 관고가 끝내 버티자 유방은 감탄했다.

"장사로다. 누가 그를 아는 사람이 있으면 사적으로 물어보라."

이리하여 관고의 오랜 친구 설공이 나섰다. 황제의 특명을 들고 감옥으로 가 관고에게 실정을 물어보니 이렇게 대답했다.

"사람 인정에 부모와 처자를 아끼지 않는 이가 어디 있겠는가? 지금

내 삼족이 사형 선고를 받았는데, 어찌 왕이라고 해서 내 육친들과 바꿀 수가 있겠는가? 허나 왕은 실로 반역을 꾀하지 않았네. 우리들이 그리 모의한 것이야."

설공이 돌아와서 실정을 보고하자 유방은 드디어 조왕 장오를 사면했다.

그리고 그 순간 유방에게 반전이 일어나 유방의 협객 정신이 살아난다. 그는 관고의 의기를 높이 사 사면했다. 관고가 암살을 기도한 것은 사실이다. 딱히 진시황이 아니더라도 이를 용서할 사람은 많지 않을 것이다. 그는 협을 존중한다. 관고 역시 협이었다. 설공이 관고에게 가서 장오가 석방되었다는 말을 알렸다. 관고가 물었다.

"우리 왕이 석방되셨는가?"

설공이 대답했다.

"그렇소. 또한 상께서는 족하를 대단하게 여겨 석방하셨소."

그러자 관고가 한탄했다.

"이 한 몸 죽지 못하고 남아 있었던 것은 왕의 결백을 밝히고자 함이었소. 지금 왕께서 이미 석방되셨으니 내 책임은 다한 것이라 죽어도 여한이 없소. 또한 남의 신하 된 이가 군주를 시해하려 했다는 악명을 얻었으니 무슨 낯으로 다시 상(황제)을 섬길 것이오. 설령 상께서 나를 죽이지 않는다 하여도 내 마음에 부끄럽지 않겠소?"

이렇게 말하고는 목의 동맥을 끊어 자결했다. 유방은 관고와 그 빈객들의 행동을 대단히 높이 샀다. 향후 유방의 행동은 파격적이었다. 삼족을 멸한다는 엄포에도 관고와 함께 장안으로 들어온 이들 중 제후의 재상이나 군수가 되지 않는 사람이 없었고, 그 후 혜제에서 문제에 이르는 시기까지 그들의 자손들은 모두 2000석 고관이 되었다. 모두 유방의 당부 덕이었으리라. 집요하게 의심할 때와 용서하고 베풀 때의 태도가 어찌 이렇게 다른가? 유방은 처음 거사를 치를 때 가졌던 협의 정신을 완전히 잊지는 않았던 것이다.

유방의 이런 모습은 곳곳에서 발견된다. 비운의 영웅 한신을 모질게 처치하고도 그 수하들을 처치할 때는 담대한 모습을 보였다. 처음 한신에게 대망을 품으라 한 이는 괴철이다. 한신은 죽기 전에 한탄했다.

"아낙네(여후)에게 당해도 싸다. 괴철의 계책을 쓰지 않은 것이 한스럽다."

여후가 한신을 죽이고는, 진희의 반란을 진압하고 돌아온 유방에게 한신이 한 말을 고자질했다. 그예 유방이 괴철을 잡아와 심문했다.

"그대가 회음후에게 배반을 가르쳤는가?"

괴철이 대답했다.

"그렇습니다. 실로 신이 그렇게 가르쳤건만, 그 애송이 녀석이 신의 계책을 쓰지 않아 여기서 자멸했습니다. 그 녀석이 제 계책을 썼더라면 폐하께서 어찌 그를 넘어뜨릴 수 있었겠습니까?"

유방이 대노하여 명했다.

"저놈을 삶아라!"

그러자 괴철이 한탄했다.

"오호라, 원통하게 삶기는구나!"

유방이 되물었다.

"너는 한신에게 모반을 가르치고도 무엇이 원통하단 말이냐?"

괴철이 대답했다.

"진의 기강이 해이해지자 산동이 크게 뒤흔들려 성이 다른 세력들이 한꺼번에 일어나고 영웅호걸들이 까마귀처럼 모였습니다. 진이 사슴을 잃어버리니 천하가 모두 이를 쫓으매, 재주 있고 발 빠른 이가(유방) 먼저 잡았습니다. 도척(이름난 도적)의 개가 요임금을 보고 짖는 것은 요임금이 어질지 않아서가 아니라 그저 자기 주인 도척만 알기 때문입니다. 그때 신은 한신만 알았지 폐하를 몰랐습니다. 또한 그때 천하에는 창날을 날카롭게 벼려 폐하께서 하신 일을 하고자 하는 이들이 심히 많았으나 그저 힘이 부족했을 뿐입니다. 폐하께서는 그들을 다 삶아 죽이실 수 있겠습니까?"

유방은 괴철을 용서했다.

"놓아주라."

그 끝이 어떻든 사실 유방처럼 사람의 자질과 의기를 아낀 사람은 없다. 항우를 꺾은 후 대군을 해산하고 유방은 낙양궁에서 큰 연회를 열고 이렇게 휘하에게 물었다.

"열후제장들은 감히 짐을 속이지 말고 있는 그대로 대답하라. 내가 천하를 얻고 항씨가 천하를 잃은 까닭이 무엇인가?"

고기高起와 왕릉이 대답했다.

"폐하는 장수에게 성과 땅을 공략하게 하여 얻으면 바로 그에게 내려 천하와 이익을 같이했습니다. 허나 항우는 현자를 질투하고 능자를 시기하여 공이 있는 자를 해치고 현명한 자를 의심했습니다. 싸움에서 이겨도 남의 공을 인정하지 않고 땅을 얻어도 그 이익을 넘기지 않으니 천하를 잃었습니다."

유방이 대답했다.

"공들은 하나는 알고 둘은 모른다. 대저 군막 안에서 계책을 운용하여 천 리 밖에서 승리를 결정하는 일이라면 내가 자방보다 못하다. 국가를 안정시키고 백성을 다독여 군량을 공급하고 양도가 끊어지지 않게 하는 일이라면 내가 소하만 못하다. 100만 병력을 운용하여 싸우면 반드시 이기고 공격하면 반드시 취하는 바는 내가 한신보다 못하다. 이 셋은 모두 인걸이나 내가 능히 쓸 수 있었기에 천하를 취한 것이다. 항우는 범증 하나가 있었으나 그마저 쓰지 못했으니 나의 포로가 되었다."

과히 틀린 말이 아니었다. 그들 셋이나 제후왕이 된 이들 뿐 아니라 역이기가 있고 진평이 있고 수하와 조참과 주발도 있었다. 능력만 있으면 오래 따르던 자보다 투항한 자들이 오히려 높이 올라갈 수 있었다. 유방은 출신을 묻지 않았다. 그의 사람 등용 폭은 넓었고 제환공의 풍모가 있었다. 남의 험담에 솔깃하거나 출신이나 따졌다면 한신이나 진평을 얻을 수 있었겠는가?

사실 한신은 포의 시절에는 가난한 데다 행실도 신통찮아 추천을 받아 관리가 되지도 못하고 장사로 생계를 꾸리지도 못해 항상 남을 따라다니며 빌붙어 먹고 마셨으므로 사람들이 기피했던 사람이다. 꼭 유방과 같은 부류지만 한신이 한술 더 떴다. 한번은 남창南昌의 정장亭長 집에서 몇 달이나 밥을 얻어먹었는데, 정장의 아내가 한신의 행동이 너무 미워 새벽에 밥을 지어 먹은 후 한신이 가도 밥을 주지 않았다. 한신은 화가 나서 발길을 끊었다. 또 한번은 한신이 배가 고파 성 아래 개울에서 낚시를 하고 있었다. 그때 빨래하는 아낙 중 한 사람이 한신에게 수십 일 동안 밥을 줬다. 한신이 눈물 나도록 고마워 아낙에게 말했다.

"내 반드시 크게 보답하겠소."

그러자 아낙이 화를 내며 대꾸했다.

"대장부가 자기 힘으로 밥도 먹지 못하기에, 내가 왕손王孫을 불쌍히 여겨 밥을 댄 것인데 어찌 보답을 바라겠소."

한신은 여러 사람 앞에서 회음의 젊은 백정으로부터 모욕도 받았다.

"네가 비록 허우대가 멀쩡하고 칼을 차고 다니기를 좋아하나 속은 겁쟁이에 불과하다. 네가 죽을 자신이 있으면 나를 찌르고, 자신이 없으면 내 가랑이 밑을 지나가라."

한신은 물끄러미 바라보더니 기어서 젊은 백정의 가랑이 사이를 지나갔다. 사람들은 물론 한신을 겁쟁이라고 비웃었다. 이것이 유명한 '과하지욕跨下之辱'의 고사다. 항우는 비렁뱅이에 비겁자였던 한신의 '명성'에 걸맞게 하급 군관으로 썼고, 유방은 과거를 불문하고 그를 일약 대장군으로 썼다.

여러 차례 유방의 생명을 구한 진평 또한 불쌍한 청춘이었다. 그는 맏형에게 얹혀 살았는데 30무의 땅을 가지고도 형만 일할 뿐 그는 빈둥거리며 돌아다니고 공부까지 했다. 허나 그는 키도 훤칠하고 잘생겼던 모양이다. 그래서 혹자는 그를 놀렸다.

"가난한 놈이 뭘 먹어서 이렇게 살이 쪘을까?"

형수는 진평이 무위도식하며 생계를 돕지 않는 것이 미웠다. 어느 날 형수가 내뱉었다.

"겨나 먹어야지. 시동생이라는 자가 이 모양이니 없느니만도 못해."

형은 진평을 얼마나 아꼈는지 아내를 쫓아내 버렸다. 못난 시동생 덕에 애꿎은 형수만 쫓겨난 셈이다. 그는 외모 덕에 부잣집 출신의 아내를 얻어 바야흐로 사내 구실을 할 수 있었다. 게다가 진평은 한신보다 평판이 나빴다. 그는 형수와 사통했다는 소문을 달고 다녔고, 한으로 투항하여 감군을 맡던 시절에는 뇌물을 받아 유방에게 호출되기도 했다. 그럼에도 그는 통일 제국의 승상으로 승진한다. 고금을 통틀어 이렇게 사람을 믿고 쓸 수 있는 사람은 없었으리라. 한때 그토록 크게 신임을 받은 한신이 희생당한 것은 슬프지만, 당시 체제에서 제왕이 된 자 누구도 한신을 그대로 두지는 못했을 것이다.

시간 속에 존재하는 인간으로서 처음에 떨쳐 일어날 때의 의기를 끝까지 간직할 수는 없으리라. 그 차선은 도중에 길을 잃더라도 나중에 되찾는 것이다. 유방의 마지막은 처음 죄수를 풀어주며 반진의 기치를 들던 때와 똑같은 울림이 있다. 그의 마지막을 돌아보자.

유방은 영포를 치다 또 화살에 맞았다. 나이가 있는지라 상처는 낫지 않았다. 여후가 이름난 의사를 불러 물으니 고칠 수 있다고 했다. 그러나 유방은 불려 온 의사의 면전에 대고 무안을 줬다.

"내가 포의로 세 자 검을 들고 일어나 천하를 취했으니 이것이 천명이 아니겠는가? 명은 하늘에 달려 있는데 편작이 온들 무슨 소용이 있겠는가?"

그러고는 병 치료를 포기하고 의사에게 금 50근을 주어 보냈다. 진시황은 마지막을 맞을 용기가 없어 민중에게 얼마나 큰 고통을 주고 얼마나 많은 사람을 죽였는가? 하지만 유방은 처음 목숨을 포기한 반진 항쟁에 뛰어들었을 때처럼 가는 목숨도 잡지 않았다. 다시 한번 사람이 죽을 때 하는 말은 진실하다는 격언을 믿는다면 어찌 그의 한 평생의 행적을 위선이라 부르랴.

비정하면서 자애롭고, 집요하면서도 관대한 유방은 '최선의 차선'이었다. 황제가 되는 와중에 수많은 오류를 저질렀으나 처음과 끝은 정갈했다. 다음 장에서 우리는 유방 자신이 집요하게 수행한 전쟁의 고통을 겪어낸 인민들에게 제왕의 한계 안에서 베푸는 자애로움과 관대함의 실상을 살펴볼 것이다.

3. 한나라 초기의 정치: 제자백가의 융합

유방은 통일 후에도 유학을 배웠다는 선비들을 모욕했다. 물론 당시의 유학자란 송대의 성리학자가 아니라 당시 유행하던 제자백가를 두루 익힌 인사들이었다. 유방이 육가와 나눈 이야기는 한의 정치의 방향을 알려주는 일종의 상징이었다.

육가는 역이기와 같은 유생이었으며 유방을 따라다니며 변사로서 힘을 다했다. 또한 남월에 사신으로 가서 화친 조약을 끌어내고 태중대부太中大夫에 제수된 명사다. 천하가 평정된 후 육가가 진언을 올릴 때는 언제나《시》와《서》를 언급했다. 그럴 때 유방은 이렇게 욕했다.

"공은 말 위에서 천하를 얻었소.《시》와《서》를 어디 써먹겠소."

육가가 대답했다.

"말 위에서 천하를 얻었다고 어찌 말 위에서 다스릴 수 있겠습니까 [居馬上得之, 寧可以馬上治之乎]? 옛날 탕왕과 무왕은 도리를 거슬러 천하를 취했으나 도리를 따라 지켰으니[逆取而以順守]* 문무를 함께 써야 장구할 수 있습니다. 옛날 오왕 부차와 지백은 오로지 무력만 쓰다가 망했고, 진은 형법만 믿고 변혁하지 않다가 결국 조씨趙氏(진과 조의 조상은 같았다고 한다)를 멸망시켰습니다. 진이 천하를 겸병한 후 인의를 행하고 선대의 성왕들을 따랐다면 폐하께서 어찌 천하를 차지하셨겠습니까?"

유방은 불쾌했지만 부끄럽기도 하여 육가에게 말했다.

"공이 나를 위해 시험 삼아 진이 천하를 잃은 까닭과 내가 천하를 얻은 과정, 그리고 옛날의 성공한 나라와 실패한 나라에 대해 저술해주시오."

이리하여 육가가 국가의 존망에 대해 개략하여 글을 올렸다. 그가 한 편 한 편 글을 올릴 때마다 유방이 칭찬하지 않은 적이 없었고, 좌중은 만세를 불렀다. 이름하여 '새로운 말', 즉《신어新語》12편이니 사실상 한의 개국 철학을 집대성하고 황제의 인가까지 얻은 작품이다. 유방이 감탄한 내용은 무엇인가?

• 역취는 난리 시기의 무력 역성혁명을 말하고, 순수는 백성들의 마음을 따라 치도로써 다스림을 말한다.

학대하면 원망이 쌓이고 덕을 베풀면 공업이 흥한다. 백성은 덕으로써 귀부하고 골육은 인으로써 친해지며, 부부는 의로써 결합하고 붕우는 의로써 서로 믿으며, 군신은 의로써 서로 질서를 잡고 백관은 의로써 따른다. (중략) 인은 도의 벼리이며[仁者道之紀], 의는 성인의 학문이다.

—〈도기_{道基}〉

진의 가혹한 법치를 버리고 관대함의 정치를 펴겠다는 의지를 표명한 것이다. 그러나 유가의 예교 역시 복잡하다. 그예 육가는 무위를 설파한다.

무릇 도는 무위보다 큰 것이 없고, 행실은 삼가고 공경하는 것보다 큰 것이 없다[道莫大於無爲, 行莫大於謹敬]. 왜 그렇다고 하는가? 옛날 우 임금과 순임금이 천하를 다스릴 때는 오현금을 타며 '남풍_{南風}'을 노래하며, 고요하니 마치 나라를 다스릴 뜻이 없는 듯하고 적막하니 마치 백성을 근심하는 마음이 없는 듯했지만 천하는 잘 다스려졌다. 주공께서 예악을 제정하고 천지와 산천에 제사를 지내시며 군대를 쓰지 않고 형법을 적절하게 사용하자[刑格法懸] 사해 안의 나라들이 받들어 모이고 월상_{越裳}의 군주가 두 번 통역을 거쳐 내조했다. 그러니 아무것도 하지 않으니 못 할 일이 없었다[故無爲也, 乃無不爲也].* (중략)

• 원문에 '不'이 없지만 대개 이를 삽입하여 해석한다. 혹여 "무위로 행하니 할 일이 없다"고 새길 수도 있을 것이다.

진이 천하를 잘 다스리지 않으려고 한 것은 아니건만 천하를 잃은 것은 백성들을 포학하게 대하고 형을 극단까지 집행했기 때문이다.

－〈무위無爲〉

제국을 극단의 정책으로 다스릴 수는 없다. 무위는 중도이자 유연함이다. 유방은 제국을 이룬 후에도 진의 옛 땅을 되찾기 위해 조바심을 치지 않았다. 흉노 변경을 강화하지도 남월을 되찾으려 하지도 않았다. 대외적인 무위의 정책이다.

또한 제국의 백성들은 규제로 다스릴 수가 없다. 그는 이렇게 말한다.

무릇 법령이라는 것은 악한 자를 죽이는 수단일 뿐 선을 권하는 방편은 아니다[夫法令者, 所以誅惡, 非所以勸善]. 허니 증자나 민자건이 효도하고 백이와 숙제가 겸양한 것이 어찌 죽음을 두려워한 까닭이겠는가? 요순의 백성은 (너무나 훌륭해) 집집마다 (제후로) 봉할 수 있을 정도였고, 걸주의 백성은 (너무 포학하여) 집집마다 죽여야 할 정도였다. 왜 그런가? 교화가 그렇게 시킨 것이다. 그러니 물 근처는 땅이 습하며 산 근처는 메마르니 비슷한 부류가 영향을 주기 때문이다.

－〈무위〉

기본적으로 국가가 많은 일을 일으키거나 민을 극단적으로 동원하거나 간섭하지 말라는 주장이다. 법에 대해서는 다음 장에서 논의할 것이므로 따로 이야기하지 않겠다. 하지만 법이 선을 권하는 수단이 될 수 없다는 주장은 오늘날의 기준으로도 선진적이다. 이 주장은 인민의 선의지를 강조하는 것으로, 사람의 본성이 원래 사악하다는 법가의 주장을 전면 부정한다. 국가의 입장에서 '체제를 긍정하는 이'를 선한 이라고 본다면 법은 체제를 보호하는 수단도 될 수 없다!

유생을 경멸하던 유방은 과연 육가의 말을 마음으로 새겼을까? 분명히 그의 말을 새겼다. 다시 임종의 현장으로 가 그의 유언을 들어보자. 여후가 묻고 유방이 대답했다.

"폐하, 100세 후 소상국마저 죽으면 누가 대신합니까?"

"조참이면 되오."

"그다음은요?"

"왕릉이면 되오. 허나 좀 고지식하니 진평으로 돕게 하면 되오. 진평은 지혜는 남는 바가 있으나 혼자 직을 감당할 수 없을 것이오. 주발周勃은 중후하고 꾸밈이 없으니[重厚少文], 유씨를 안정시킬 이는 분명 주발이오. 태위를 맡길 만하오."

조참과 주발은 충직한 무장으로 학문도 없고 법은 더욱 모른다. 왕릉은 유생에 가깝고 진평은 술가다. 그가 진평의 재주를 평가하면서도 혼자 일을 맡기지 않고 왕릉의 뒤에 두고 주발과 함께하도록 한 까닭이 무엇인가? 법가 통치의 두 축은 법과 술이다. 유방은 술가인 진평의 유위有爲를 경계한 것이다.

《사기》〈조상국세가〉를 통해 조참 한 사람의 일화를 전하면서 이 장을 마치자. 조참은 선봉에서 성벽을 오르면서 점차 전공을 세웠고, 한신을 따라 북벌에 참여한 용장이다. 그러나 전쟁이 끝난 후 그는 노자의 학문을 신봉했다. 제왕 유비의 상국으로 그가 제시한 철학은 바로 청정무위였다. 혜제 2년, 소하가 죽자 조참이 한의 상국으로 들어왔다. 그는 아무 일도 하지 않고 날마다 술을 마셔대고 관리들의 사소한 잘못은 법을 적용하지 않고 그저 옥사를 일으키지 않는 것을 목표로 삼았다. 상국 조참이 아무 일도 하지 않자 화가 난 혜제가 조참의 아들 줄窋에게 은근히 말했다.

"그대는 집으로 가서 부친께 몰래 물어보라. '고황제께서 군신을 버리신 지 얼마 되지 않고 황상은 아직 젊은데, 아버지는 상국이 되어 날마다 술만 마시고 아무런 보고도 없으니 대체 천하를 걱정하시기는 하십니까?'"

아들이 돌아가 그대로 고하니 돌연 조참은 아들을 회초리로 200대나 때린 후 질책했다.

"들어가 폐하를 모셔라. 천하의 일은 네가 감히 말할 바가 아니다."

혜제가 이 사실을 알고 조회에서 조참을 나무랐다.

"어찌하여 줄을 그렇게 다스렸소. 짐이 시켜서 군에 고한 것뿐인데."

조참이 관을 벗고 사죄하며 물었다.

"폐하께서 스스로 헤아리시기에 고제와 비교하면 누가 더 성무聖武를 갖췄습니까?"

"짐이 어찌 감히 선제를 넘보리오."

"폐하께서 보시기에 소하와 신 중 누가 더 현명합니까?"

"군이 못 미치는 것 같소."

"폐하의 말씀이 옳습니다. 고제께서 소하와 함께 천하를 평정하시고 법령을 이미 밝혀놓으셨습니다. 지금 폐하께서는 팔짱을 끼고 계시고 저 참 등은 본분을 지켜 이를 좇아 잃지 않으면 되지 않겠습니까?"

"좋소. 군은 가서 쉬시오."

조참이 다스릴 때 백성이 이렇게 노래 불렀다고 한다.

> 소하가 만든 법률, 한 획처럼 밝았고, 조참이 대신하여 지키고 잃지
> 않았네. 청정을 종지로 삼으니 만백성이 편안했네〔蕭何爲法, 顜若畫一,
> 曹參代之, 守而勿失, 載其淸淨, 民以寧一〕.
>
> —《사기》〈조상국세가〉

완벽한 제도는 있을 수 없고, 사회의 심층은 드러난 언사와 다르다. 허나 유방 사후 한의 인사를 통해 한나라 초기 정치의 풍격을 충분히 읽을 수 있다. 한의 통치 사상은 유연한 잡종이었다. 통치 사상 안에는 儒儒 · 법法 · 도道, 묵墨[俠]이 혼합되어 있었다. 협객 유방이 일어나 도가와 술가 인재들을 두고 법리에게 살림을 맡겨 천하를 평정한 후 다시 유생의 책에 감응하여 통치의 강령을 정했다.

이리하여 최선은 아니지만 차선으로서 통일 제국의 시대가 도래했다. 전국시대의 연장으로서 남북으로 대 이민족 전쟁을 벌였던 진의 정책은 이제 종식되었다. 법가 일변도의 통치철학도 끝났다. 이렇게 전국시대는 완전히 끝났다.

제10장

법으로 본 진과 한

: 세상은 바뀌었는가?

···

한의 전국통일과 함께 우리들의 이야기는 끝났다. 하지만 본문에서 완전히 해결하지 못했지만, 필자가 해결하겠다고 공언한 중요한 문제가 아직 남아 있다. 세상은 정말 질적으로 바뀌었던가? 인민의 삶은 개선되었는가?

오늘날 중국은 법가 사상과 그에 기반한 진 제국의 의의를 재조명하려는 노력이 한창이다. 더 오래된, 더 큰, 그리고 더 근사한 것을 찾으려는 심리는 민족주의 역사학의 태생적 속성이다. 중국은 지난 두 세기의 굴욕을 딛고 다시 세계사의 중심으로 복귀했다. 그러니 국가와 대중이 역사학에 현재 중국의 위상에 걸맞은 고대사를 복원하라고 요구하는 게 이상한 일도 아니다.

근래 고고학 발견은 이 흐름에 기름을 부었다. 특히 장가산한묘에서 출토된 한 제국 초기의 법령인 《이년율령》의 내용이 그 전에 발견된 《수호지진간》의 진 제국 말기의 법과 대동소이함이 알려지면서 가히 법제사의 지각변동이 일어나고 있다. "한이 진의 제도를 본받았다[漢承秦制]"는 것은 사서에 이미 나오는 바이지만, 한의 건국자들이 자신들이 그토록 비난했던 진의 혹법을 그대로 이어 사용했단 말인가? 진과 한의 정치 및 법률상의 차이는 무엇이며, 과연 본질적인 차이가 있기나 했던가?

근래 중국학자들의 의견을 총평하자면 편차는 있지만 대략 진 제국의 역사적인 역할을 긍정적으로 재평가하는 듯하다. 진의 공과 과를 함께 살펴보자는 온건파부터 시작해 진이 무너진 것은 법가사상과 가혹한 법 집행 때문이 아니라 2세의 어리석음과 반란에 대응하기 어려운 당시의 행정체제 때문이었다는 사람들까지 그 스펙트럼은 다양하다.

그러나 필자가 보기에 출토 유물과 편찬 사료를 종합적으로 평가하면 사마천과 반고 등 기존의 위대한 사관들이 제시한 평가는 그대로 유지되거나 오히려 강화된다. 물론 훗날 한 무제 시절 분명한 법률사적인 역행이 있었다. 그러나 한 제국 초기의 통치는 인민들이 충분히 느낄 정도로 완화되었고, 법제적으로도 진과는 확연히 다른 차원으로 이행했다. 이런 차이를 만들어 낸 이들 중 단연 유방의 역할이 가장 컸다.

이제 법을 통해 전국시대의 연장인 진과 통일시대의 시작인 한의 본질적인 차이를 밝혀보자. 실상 법처럼 복잡한 주제를 짧은 글로 분석하고 이해하기는 어렵다. 그러나 여기까지 이야기를 따라온 여러분들은 당연히 최후의 수고를 감내하리라 믿는다. 정직한 노력은 언제나 보상을 받으리라는 기대를 품고서 마지막 도전에 나서보자.

1. 법을 연구하는 역사학자의 시선 ━━━━━

진한 제국의 법제사를 다루는 논문들의 결론이 그토록 큰 편차를 보이는 까닭은 무엇일까? 진을 악마화하는 고전적인 논설과 진과 한은 실질적인 차이가 없다는 근래의 주장들까지 그토록 의견이 다양한 이유는 무엇인가? 단지 옛사람들이 모르던 기록들이 쏟아져 나왔기 때문인가? 그저 옛날은 틀렸고 지금은 옳은 것인가?

　역사학자는 사료를 선택할 때는 더 오래된 것을 귀중하게 여긴다. 그러나 유방 사후 겨우 50년이 지난 시절 태어나, 한의 문서고文書庫를 장악하고 쓴 선인 사마천보다 출토 유물 몇 개를 얻은 오늘날의 학자들이 더 많이 알고 있다고 생각하는 것은 지나친 자만이 아닐까? 역사적 실체를 규명하기 위해 출토 유물과 편찬 사료는 다 같이 중요하다.

출토 유물은 특정 시점 사물의 단면이므로 의심할 여지 없는 일급 사료다. 그러나 사관이 쓴 사료는 이 수많은 단면들을 종합적으로 평가한 것이므로 역사적인 흐름을 이해하는 데 유용하다. 다시 말해, 역사의 한 단면을 보는 점에서 출토 유물을 손에 쥔 오늘날 학자들이 유리하지만, 그 단면들을 이어 한 편의 완결된 슬라이드 영상을 만드는 점에서는 옛 학자들이 유리하다. 단면은 영상을 구성하고, 영상은 단면을 이야기의 맥락 속에 위치시킨다. 그러므로 양자는 상호보완적이다. 그러니 현미경으로 출토 자료의 단면만 세세히 살피고 당시의 사회상을 복원한 양 의기양양해하며 고인들은 완전히 틀렸다고 단언하는 일부 학자들의 행태는 그야말로 그들이 채택한 연구방법마냥 단면적이다.

사회과학 연구를 수행하자면 필수적으로 종합적인 사고력을 갖춰야 한다. 특히 법처럼 다면적·다층적인 대상을 다룰 때는 더 종합적인 접근법이 필요하다. 법은 사회상을 반영하는 중대한 지표지만, 일종의 프로그램 언어이며 추상화된 암호다. 따라서 조문의 표면적인 의미와 심층적인 의미는 항상 차이가 있다. 그래서 역사상 어느 시기든 이 언어를 전담하는 사람들이 있었고, 이들 또한 표면적인 의미와 심층적인 의미를 담당하는 이들로 나뉘었다. 또한 법은 그 해석과 실행을 두고 갖가지 정치 세력이 충돌하는 공공연한 전쟁터였다. 위정자들은 법의 이념을 강조하고, 법리들은 집행의 효용을 강조하며, 백성들은 법이 자신의 신상에 미치는 영향에 민감하다. 최고 지배자는 통치체제를 영속화하는 것에 관심이 있으며, 법리들은 공과와 승진에 민감하고, 백성들은 자신과 가족의 생존과 안녕을 위해 제 나름대로 법을 이용한다.

그렇다면 역사학자는 어떤 눈으로 법을 바라볼 것인가? 역사학자는 위에서 도식적으로 제시한 세력들의 알력을 넘어 역사학자만의 종합적인 눈으로 법을 바라봐야 한다. 법을 바라보는 세 가지 시선, 즉 위정자(이 경우에는 최고 지배자, 즉 입법자)와 집행자(관료, 때로는 최고 지배자 자신)와 피통치자의 시선을 종합해서 관찰하되, 법이 결국 그 사회의 정치·경제적인 한계에 의해 규정된다는 것까지 고려해야 한다. 가령 조문이 있다고 법을 글자 그대로 집행할 수 없다. 정치·경제적인 한계를 넘어 조문대로 법을 집행하면 어떤 정치체제도 유지될 수 없기 때문이다. 가령 인구 100만 명의 국가에 인구 50만 명이 극형에 해당하는 죄를 지었다 하여 조문대로 법을 집행할 것인가? 물론 그렇게 주장하는 사람들이 있었으니 상앙과 같은 초기의 법가 이론가들이다. 그러나 진나라 안에서도 후기의 이론가들은 훨씬 유연한 태도를 취했다. 법에 걸리는 사람들이 너무 많을 때 당장은 법의 집행을 유보하고 이어서 조문을 수정하는 것이 상식이다. 한 제국의 역사가 바로 이런 수정의 역사였다.

물론 법조문은 그 자체로 분석하는 것이 분석의 출발점이다. 조문을 그 자체로 보지 않고 모든 정치 행위와 경제적인 조건을 고려하고자 하면 법으로부터 어떤 실상도 추리해낼 수 없을 것이다. 필자 역시 모든 정치경제적인 상황을 다 고려하려고 하지 않겠다. 사실 정치와 경제 각자의 극단을 통해 법을 바라봐도 충분하기 때문이다. 정치 행위의 극단은 전쟁이다. 고대의 법은 반드시 전쟁, 혹은 내전(반란)을 염두에 두고 읽어야 한다. 통치를 영속화하고자 하는 위정자가 극도로 신중히 대하는 것은 전쟁이며 가장 두려워하는 것이 반란이다. 전쟁을 수행하는 이는 인민이며 반란을 일으키는 이도 인민이므로 국가는 최종 심급에서 인민의 눈치를 본다. 국가의 입장에서 경제 행위의 핵심은 세금과 요역을 통한 재원 및 노동력의 확보다. 반면 인민은 세금과 요역 부담을 최소화하고자 하는 노력을 통해 최대한 개인의 복지를 추구한다. 물론 인민이 추구하는 복지에는 인신의 자유 등 비물질적인 가치가 포함되며, 개인의 복지를 추구할 가능성이 막히면 인민은 반항한다. 그러므로 국가는 자신의 경제적인 목적을 추구하면서도 결국 인민의 눈치를 본다. 그러므로 정치·경제적인 한계란 다수의 인민이 받아들일 수 있는 정도, 즉 임계점 바로 아래다.

이에 더해, 법 분석이 어려운 까닭은 위정자와 피통치자 사이에 전문가인 법리들이 끼어 있기 때문이다. 그들에게 법은 곧 생계의 수단이며, 아래로 행사하는 권력의 원천이자 위로 올라가는 승진의 사다리다. 이들은 인민과 위정자 사이에서 위아래로 압력을 받으며, 때로는 양자를 모두 극복하고 독립적인 권력체가 되기도 한다. 《사기》〈혹리열전酷吏列傳〉에 등장하는 여러 유형의 혹리들이 이들 집단의 진화와 돌연변이 상황을 자세히 말해준다.

그러므로 '혹법酷法'이라는 말은 몇 차원에서 분석되어야 한다. 예컨대, 어떤 법이 누구에게 가혹하다는 말인가? 위정자 집단에게 가혹한 법, 관료에게 가혹한 법, 인민에게 가혹한 법이 있다. 그러기에 법을 두고 여러 사회적인 세력이 합종연횡하기도 한다. 또한 법 자체도 생명이 있다는 것을 감안해야 한다. 어떤 법조문이 제도화되면 직접적인 이해관계를 떠난 이념적인 권위를 얻고 살아 있는 생물로 진화해, 심지어 위정자라도 함부로 바꿀 수 없게 된다. 예컨대 시대가 바뀌어도 후대 황제들은 고조의 법을 함부로 바꿀 수 없고, 신하라도 후배 조참은 선배 소하의 법을 함부로 바꿀 수 없는 식이다. 죽은 선대 혹은 선배의 권위가 당대에 살아 있기 때문이 아니라 법이 그들의 권위를 흡수하여 스스로 권위체로 진화했기 때문이다. 법이 스스로 권력이 되는 것을 돕는 윤활유가 바로 법리들이다. 칼잡이는 예리한 칼을 포기하지 못하듯이, 혹리들은 강법의 칼자루를 잡고 권력을 휘두르고 출세를 시도한다. 물론 후대 사람들도 그들 나름대로 대응한다. 조문이 있더라도 그 법률이 시행되지 않을 수 있고, 영令을 통해 법의 집행 방식을 달리할 수도 있다.

이리하여 결국 역사학자는 몇 배의 부담을 떠안게 된다. 먼저 역사학자는 출토문헌을 기존의 사서가 제시하는 역사적인 맥락 속에 위치시키면서 사서의 오류를 수정하고 공백을 메워야 한다. 그다음에는 당시의 사회·경제적인 상황 속에서 법의 형식과 실행이라는 이중적 의미를 읽어내야 한다. 그다음에 비로소 당대와 선대 사회의 질적인 차이를 규명할 수 있다. 종합적인 접근이란 말로는 쉽지만 필자나 독자 모두에게는 실로 괴로운 일이다. 그러므로 이 접근법을 염두에 두고 필자가 얻은 결론을 먼저 밝히는 것이 이어지는 논지를 이해하는 데 도움이 될 것이다.

첫째, 인민은 법망의 경계를 드나들며 자신의 복지를 위해 적극적으로 법을 해석하고 투쟁하는 참여자였다. 기록의 행간을 읽으면, 인민이 법을 바꾸기 위해 투쟁한 역사가 선명히 드러난다. 또한 이들의 투쟁이 법을 바꾸었다.

둘째, 초한쟁패 시기에서 한나라 건국부터 유방의 사망까지 법률은 대체로 진법을 따랐지만, 조문의 내용과 실제 집행 사이의 간극이 심대하다. 간단히 말해 한은 재정적·행정적 한계 때문에 법을 집행할 능력이 없었고, 대외 전쟁(초한쟁패)과 연이은 반란(한초 제후들의 반란)에 대응하고자 해마다 시행된 대규모 사면赦免 때문에 법은 위정자의 정치적 판단 아래 놓였다.

셋째, 한은 성립 직후부터 범죄의 발생 원인을 법제적으로 제거했다. 특히 과중한 세금과 요역의 양과 부과대상을 모두 줄임으로써 국가 스스로 범죄를 양산하는 원인이 되지 않으려 했다.

넷째, 관료 집단을 견제하기 위한 혹법(관리 상하좌우 연좌법, 동일 범죄일 경우 관리 가중 처벌 등)은 진과 한이 질적인 차이가 거의 없었다. 이는 편호제민編戶齊民 사상에 의거해 인민을 보호하기 위한 것이었다. 한이 이를 그대로 계승하고 오히려 강화한 것은 합리적인 선택이었다.

다섯째, 진과 한은 똑같이 범죄 당사자에게 중형을 부과했다. 행정력이 미약했던 과거에 중형은 보편적인 현상이었다.

여섯째, 전란과 반란(초한쟁패, 영포의 반란)이 정리된 직후부터 진의 대표적인 악법(대략 최고위층의 이익을 위한 비방죄나 삼족三族의 족형族刑, 인민 관리를 위한 연좌제, 사상 통제를 위한 협서율挾書律 따위)은 단계적으로 제거된다.

일곱째, 출토문헌으로 파악하면 유방 시절에는 주로 법의 세목을 줄이는 방식으로 혹형을 개혁하려는 소극적인 변화 의지를 보였고, 유방

사후에 혹형을 개혁하려는 노력이 강화된다. 물론, 오늘날의 관점에서 보면 명백한 법의 역행도 보인다. 예컨대 한에 이르러 최소한 가부장제는 더 강화된 듯하다. 이것은 법가를 벗어나 유가를 지향하는 제국의 이념의 반영으로 보인다.

필자가 얻은 결론은 사실 《한서》와 《사기》 등 사서가 전하는 바와 크게 다르지 않다. 한은 진의 법제를 그대로 물려받았고, 건국 초기에서 천하통일 시기까지는 법조문을 고치지 않고 집행을 유예하거나 사면을 통해 임시방편으로 법 집행을 미뤘으며, 통일 직후부터 법 자체를 수정해갔다.

한의 법이 진과 다를 바 없다는 주장은 몇 가지 오해 때문에 생겨났다. 첫 번째는 유방 생전에 약법삼장이나 대단히 소략한 법만 시행되다가 그의 사후 악법이 부활했다는 관념상의 오해다. 밝히겠지만 약법삼장은 위정자가 정치적 목적으로 제시한 법의 정신에 불과했고, 한은 실상 임시방편으로 진의 법을 그대로 끌어 썼다. 그것이 바로 소하가 진의 법을 바꾸지 않고 추려 만든 구장률九章律*이다. 전시법이자 임시법이었던 구장률이, 실제 전시 상황이 길어지고 경제적인 여력이 없는 상황에서, 조문별로 소소한 변화를 겪으며 진화한 것이 이른바 〈이년율령〉이다. 초한쟁패가 끝나고 통일을 이뤘을 때, 경포의 반란이 진압되어 제국을 위협할 요소가 없어졌을 때, 국가의 축적이 늘어나고 민

- "한 2년, 한왕(유방)은 제후들과 더불어 초를 쳤다. 소하가 관중에 남아 지키고 태자를 보위하면서 역양을 다스리고, 법령으로 약속했다[漢二年, 漢王與諸侯擊楚, 何守關中, 侍太子, 治櫟陽, 爲法令約束]."(《사기》〈소상국세가〉)

간 행정기구가 완비되었을 때 등 사회에 질적인 변화를 주는 국면이 성숙함에 따라 법도 질적으로 변하기 시작했으며, 이른바 전국시대 진의 유물인 악법 또한 단계적으로 폐기된다.

마지막으로 놓치지 않아야 할 점이 또 하나 있다. 입법과 실행과 폐기 또한 수년이 소모되는 단계를 거친다는 점이다. '악법'의 폐기도 마찬가지다. 먼저 법을 폐기해야 한다는 공감대가 형성되고, 조정에서 충분한 토론을 거친 후(이 단계에서 악법 조항의 집행은 유예되었을 것이다), 반대 의견이 제압되어야 해당 법을 폐기할 수 있다. 물론 정치적인 상황과 지도자의 의지에 따라 시대를 역행하는 악법이 부활할 수 있다.

훗날 한 무제는 거듭되는 대외 정벌을 뒷받침하고 실정을 무마하고자 진의 악법을 대대적으로 부활시킨다. 그러므로 법을 위정자도 건드리지 못하는 유일한 통치의 기준으로 삼고자 했던 초기 법가 사상가들의 주장은 검의 양날과 같아서 왕조시대에는 언제든지 부활할 가능성이 있었다. 거칠게 말해 한 고조 유방은 정치에 법을 종속시킴으로써 난세를 극복하고 인민들을 보호했다. 그러나 한 무제 유철이 법을 정치에 종속시키자 제국은 피폐해지고 인민의 삶은 참으로 비참해졌다. 진시황이나 2세 시절 인민의 실상은 한 무제 시기와 비슷했을 것이다.

지금부터 필자가 제시한 결론을 하나씩 검토해보자.

2. 인민은 방관자가 아니다

진나라 시절 법 판결에 대해 왈가왈부하는 것은 위험했다. 한나라 시절에도 마찬가지다. 《사기》〈혹리열전〉을 슬쩍 훑어보기만 해도 식은 땀이 날 지경인데 감히 법리들과 맞설 사람이 얼마나 있었겠는가? 상앙은 법에 대해 왈가왈부하는 이들을 가차 없이 처형했다. 심문 수단으로 엄연히 고문이 상존하는 상황에서 피의자는 언제나 약자였다. 그럼에도 이들은 위험을 무릅쓰고 끊임없이 이의를 제기했다.

원론적으로 진과 한의 법에는 모두 재심 제도가 있고, 잘못된 판결에 대해 법리들이 책임져야 했다. 고의적으로 법을 구부린 이들은 왕법枉法 죄로 엄하게 다스렸다. 그러나 진한의 법률에서 보이는 이러한 발전상은 위정자의 애민지심 때문이었을까? 장가산한묘 출토 〈주언서〉에 삶을 개선하기 위한 인민들의 투쟁이 고스란히 나와 있다. 일부는 성공하고 일부는 실패하지만 그들의 노력이 법률을 바꾸고 법리들을 압박했음은 명백하다. 이들의 이야기를 들어보자.

안건 1 – 억울한 사나이 강의 투쟁

진나라 시절, 여기 강講이란 사내의 억울한 사연이 있다. 진왕 정 원년, 그는 소를 훔친 혐의로 잡혀 경위성단(얼굴에 먹을 뜨고 축성 노역에 동원되는 무기수. 절도 죄의 최고형이다)형을 받았다. 경위성단에 처하면 처자와 재산은 법률에 의해 몰수당한다. 그러나 이듬해 그는 억울함을 호소했다.

"저는 예전에 악사였습니다. 저는 사오土伍 모毛와 함께 소를 훔치고자 모의하지 않았습니다. 허나 옹雍(진의 지명. 즉 옹의 법정)은 제가 그자와 모의했다고 하여 경위성단으로 판결했습니다."

무슨 일이 있었을까? 먼저 모毛라는 사내가 훔친 소를 팔려다 잡혔다. 심문 과정에서 몇 번 말을 바꾸던 모는 강과 함께 소를 훔쳤다고 진술한 것이다. 진술은 자못 구체적이어서 둘은 한 차례 이상 만나 모의하고 장소도 확인한 후 돈도 나누기로 했고, 모가 소를 훔쳐 강의 집으로 끌고 갔다는 것이다(그러나 당시 강은 돈을 벌고자 남을 대신해 함양으로 노역을 왔던 차였다). 졸지에 불려가 소도둑으로 의심받아 심문을 당하니 강은 모라는 자를 본 적이 없다고 항의했다. 그러자 관리는 이미 결론을 내놓고 냅다 곤장을 쳤다. 강이 부인하니 결국 모를 함께 데려와 대질 심문을 했다. 모는 이렇게 진술했다.

"10월 중에 강과 함께 소를 훔치기로 모의했습니다."

강은 처음에는 완강했다.

"저는 모를 보지 못했고 소를 훔치자고 공모하지도 않았습니다."

관리가 모의 말이 맞고 강은 거짓말을 한다고 다시 매를 들려고 하자 강은 매가 무서워 거짓으로 자복하고 말았다. 그렇게 형을 받았지만 그는 끝내 억울하여 자신의 무죄를 주장했다. 다행히 그는 알리바이를 증명할 수 있었다. 모가 소를 훔칠 때 강은 함양에 있었기 때문에 공모할 수 없었던 것이다. 그런데 어쩌다 모는 강을 무고한 것일까? 모두 고문 때문이었다. 처음에 관리가 대뜸 모를 힐문한 말이다.

"누구와 공모했는가?"

처음에는 모도 사실을 말했다.

"혼자 했습니다."

그러나 관리는 믿지 않았다.

"혼자 했을 리가 없다. 매질을 하라."

이렇게 매를 때리니 땅이 피 칠갑이었다. 매에는 장사가 없으니 그는 강을 무고했고, 강도 처음에는 반박했지만 역시 매를 이기지 못하고 거짓으로 자백했다. 그러나 재심에서 모든 것이 밝혀졌다. 모가 강을 끌어들인 것이었다. 관리가 물었다.

"강은 실로 너와 함께 소를 훔치자 공모하지 않았다. 무엇 때문에 강을 무고했는가?"

모가 대답했다.

"매를 이기지 못해 무고하고 저이가 죄를 받도록 했습니다."

과연 그의 등을 살펴보니 처참할 정도의 매 자국이 보였다. 억단과 매질을 당할 이 누가 있겠는가? 재심에서 결국 강이 무죄로 드러나자 초심에 참여한 법리들의 실책이 인정되었다. 강은 복권되었고 노비로 팔려간 처자는 관의 경비로 사서 속면贖免하고, 또한 이 일에 연좌되어 벌금을 낸 사람들의 돈을 돌려주었다.

이 안건은 진시황 시절 진나라 법치의 일면을 담백하게 보여준다. 먼저 이 사건에 연루된 관리들은 왜 하나같이 공범의 존재를 확신했던 것일까? 처음에 모는 공범이 없다고 했지만 지독한 매질과 추궁에 굴복했다. 무고한 강조차 스스로 없는 죄를 자백할 정도이니 매질은 보통 사람이 견딜 정도가 아니었다. 그렇게 혹독한 세상의 관리들은 법을 먹고 사는 것이 아니라 오히려 죄를 먹고 살았다. 또 하나, 이 안건을 통해 진의 죄인(남자 가장)의 처자와 재산을 몰수하는 수노연좌收孥連坐 제가 일종의 경제적인 장치로 작용함을 알 수 있다. 강의 처자는 그 짧은 시간에 이미 민간으로 팔렸다. 그러니 수노는 정부가 사람 장사를 하도록 하는 합법적인 인신매매 제도였다. 다른 안건에 여자 노비 한 명의 가격이 1만 6000전이라 씌어 있는 것으로 보아 인신매매는 대단히 수지맞는 장사였던 셈이다. 또한 진법에 의해 벌금을 낸 이들은 동향의 오인伍人들이었을 것이다.

고문으로 잘못된 판결을 이끌어낸 네 명의 관리 이름이 적혀 있다. 그러나 그들은 미미한 벌금형을 받았을 것이다. 진의 법에는 관리가 실수로 오판한 죄[吏爲失刑罪]와 고의로 법을 구부린 죄[不直罪]를 분명하게 나눈다. 위의 건에는 "관리들이 실수했다[失之]"고 명기하고 있다. 진한률은 공히 법 집행의 실수나 고의를 막기 위한 장치를 두고 있지만, 실수와 고의를 구별한 명확한 지표가 있는가? 고문으로 얻은 자백을 근거로 한 판단을 실수로 치부할 수 있는가? 법 집행에는 엄청난 자의성이 존재한다. 관리들이 판단할 수 있는 영역이 그토록 크다는 것이다.

일단 우리는 한의 관리들이 유독 강의 사건을 베껴 쓰면서 학습했다는 점을 기억하도록 하자. 한률은 관리의 정당하지 않은 법 집행에 대한 처벌 조항을 유독 강조한다. 강이 끝까지 자신의 무고함을 주장하지 않았으면 법리들 스스로 반성할 리가 없다. 반고가 지적했듯이 옥리들은 기본적으로 사건이 많아야 실력을 인정받고 승진할 수 있다.

안건 2 – 난과 남의 사랑 이야기

—

여기 미묘한 남녀관계를 다룬 이야기가 있다. 법은 얼마든지 적극적으로 해석할 수 있다. 피의자 역시 자신의 처지에서 최대한 법을 해석하고 유리하게 이용한다. 이 이야기에서 특이한 사랑에 빠진 난蘭이라는 사내도 신분이 옥리인지라 법을 좀 알았던 모양이다. 한 고조 10년 (기원전 197)의 일이다. 호(경조京兆 호현湖縣)의 현령이 올린 안건이다.

"임치의 옥리 난이 여자 남南에게 (남자의) 관을 씌우고 병자로 가장한 후, 대부 우虞의 통행증을 도용하여 관 밖으로 데려가려다 잡혔습니다."

난은 이렇게 심문에 응했다.

"여자 남은 제나라 국족 전씨 사람인데, 장안으로 이사해 거주하기로 하여 제가 호송을 담당했습니다. 호송 중에 제가 그녀를 처로 맞았습니다. 연후에 제가 그녀를 (장안에 두지 않고) 임치로 데리고 가려다 관을 나서기 전에 잡혔습니다."

여자 남이 한 말도 같았다. 난은 어떤 죄에 걸릴까? 관리가 난을 심문했다.

"너는 응당 남을 처로 취할 수가 없거늘 처로 삼고 함께 임치로 돌아가려 했다. 너는 내유급간來誘及奸죄 [제후의 나라 사람이 들어와 경사의 인민을 유혹해 데리고 가는 죄와 간죄(부당한 성행위를 하거나 처를 취한 죄)]에 해당하고,

남은 망지제후亡之諸侯(제후의 나라로 달아난 죄)에 해당하는데, 남은 네가 숨긴 것이다. 어떻게 해명할 것이냐?"

난이 대답했다.

"호송 중에 남을 처로 취했습니다. 그러니 (고의로 와서 유혹한) 내유죄가 아닙니다. 관리께서 제가 간죄와 은닉죄를 지었다고 하시면 이는 실로 죄입니다. 달리 해명할 바 없습니다."

관리가 다시 힐난했다.

"율은 제후국 사람이 와서 한나라 사람을 유혹해 데려가는 것을 금하고, 타국 사람들끼리 혼인하는 것을 금한다. 너는 비록 고의로 한나라 사람을 유혹하고자 온 것이 아니라 하나 실상 한나라 사람을 유혹해 제나라로 데려가려 했으니, 이는 내유죄에 해당된다. 어떻게 해명할 것이냐?"

난은 죄를 인정했다.

"죄를 지었습니다. 따로 해명할 것이 없습니다."

사실 내유죄는 내란죄에 버금간다. 〈이년율령〉 〈적률賊律〉' 조에 이렇게 씌어 있다.

(제후 사람이 와서 한나라 사람을) 회유하고 간첩 행위를 한 자는 책형에 처

• 필자는 정기간행물 《목간과 문자》에 "장가산한묘 〈이년율령〉"이라는 제명으로 연재되고 있는 번역문을 적극 참조했다. 필자가 번역 저본을 삼은 한자 판본은 장가산이사칠호묘죽간정리소조 편저, 《장가산한묘죽간張家山漢墓竹簡(二四七號墓): 釋文修正本》(문물출판사, 2006)이다.

한다.*(제후의 땅으로?) 도망치면……〔來誘及爲間者, 磔. 亡之(?)〕.

난은 내유죄가 얼마나 무서운지 알고 있다. 그러므로 이 죄만은 피하려 한 것이다.

진과 한은 모두 경사의 인구가 관을 넘어 달아나는 것을 극형으로 다스렸고, 제후 사람들이 경사의 인구를 데리고 갈까 노심초사했다. 그러니 관리들의 의견은 실로 분분했다. 혹자는 내유죄로 다스려야 한다고 주장하고 혹자는 경용縣舂(제후의 땅으로 달아난 여자에게 가하는 형벌로 먹을 뜨고 무기 노역을 해야 함)을 은닉한 죄에 처해야 한다고 하다가, 결국 의견의 일치를 보지 못하고 정위에게 안건을 올렸다. 어떤 판결이 내려졌을까? 정위는 그중 가벼운 판결을 취했다.

"난은 응당 경위성단이다. 나머지는 율령에 따라 처리하라."

내유죄를 적용하면 난은 응당 사형, 그중 가장 무서운 사지를 찢는 책형에 처해져야 한다. 그러나 그는 은닉죄와 문서위조죄만 인정되어 사형을 면했다. 어쩌면 작이나 속전을 내고 형을 감면받았을 수도 있고, 한 고조 11년 1월 대사면 때 사면을 받았을 수도 있다.

내유죄, 문서위조죄, 도망자 은닉죄, 혼인 불가한 사람을 처로 삼는 죄 등 몇 가지 항목으로 처벌될 수도 있었음에도 난이 경위성단에 그친 까닭은 무엇일까? 정위가 사정을 봐주었을까? 제나라 사람을 우대

• 책형은 기시에 더하여 사지를 찢는 형으로, 육형으로는 최고형이다〔磔謂張其尸也〕.(《한서》〈경제기〉)

하여 일부러 극형에 처하지 않았을까? 확실한 것은 난이 법을 알았기에, 내유죄를 받지 않으려고 적극적으로 스스로를 변호했다는 점이다. 옛날이라도 누구든 손 놓고 법정의 처분만 기다리지 않았다. 모두 난처럼 적극적인 전략을 썼고 때로는 성공했다.

안건 3 – 열혈남아 무의 투쟁

—

초한쟁패의 와중에도 삶을 개선하고자 하는 인민들의 노력은 멈추지 않았다. 이 상황에서 유방은 번번이 지면서도 계속 사람을 얻음으로써 결국 승리할 수 있었다. 팽월, 영포, 한신, 진평, 오예 등이 모두 한으로 와서 승리를 선물한 사람들이다. 동시에 유방은 하층 인민들을 자기편으로 끌어들이기 위해 적극적인 회유책을 썼던 듯하다. 〈주언서〉에 초한쟁패 상황에서 초를 버리고 한으로 귀순한 노비들의 이야기가 있다. 귀순할 경우 한은 노비를 서민으로 대했다.

여기 노비 출신의 열혈남아 무武의 안타까운 사연이 있다. 무는 원래 군軍이라는 사람의 노비였다가 한으로 귀순하여 서민이 된 사람이다. 한 고조 10년(기원전 197) 강릉 현령이 올린 안건이다. 원래 노비주인 군軍이 교장校長 지池에게 도망친 자신의 노비 무를 발견했다고 고발했다.

"저의 도망 노비 무를 보았습니다. 군의 관할 정亭을 지나 서쪽으로 가는 중입니다."

신고를 받은 교장 지는 구도求盜 시視를 데리고 추격했다. 드디어 무를 만나 체포하려고 하니, 체포 시도에 격노한 무가 칼을 빼들어 구도 시를 찔렀고, 시 또한 칼로 맞서 무를 찔러서 체포했다.

무를 심문하니 이렇게 대답했다.

"저는 예전에 군의 노비였으나, 초나라에 속하던 시절 한으로 투항했고 이름도 한나라 명적에 올렸으니 다시 군의 노예가 되는 것은 부당합니다. 구도 시가 와서 저를 잡으려 하니 저는 격투를 벌이다 검으로 상처를 입혔습니다."

그렇다면 시는 어떻게 말했을까?

"군의 고발을 접수하고 교장과 함께 무를 체포하려고 하니 무가 검을 뽑아 달려들어 제게 상처를 입히기에 저는 못 이길까 두려워 검으로 맞서 무에게 상처를 입히고 잡아들였습니다."

원래 무의 노예주 군은 이렇게 이야기한다.

"무는 원래 저의 노예였는데 초나라에 속하던 시절 달아났습니다. 이번에 교장 지의 관할 정 서쪽에서 무를 보았고, 저는 무가 응당 저의 노비라 생각했기에 교장에게 고발했습니다."

관리가 다시 무를 힐난한다.

"너는 비록 군의 노비가 아니라 하더라도 구도가 고발을 받아 너를 잡으려 하면 응당 그 말에 응한 후 나중에 관리에게 억울한 정황을 진술해야 했다. 그런데 구도와 격투를 벌여 상처를 입혔으니 이는 '적상죄賊傷罪(고의로 사람을 상하게 한 죄)'에 해당한다. 어찌 해명할 것인가?"

무가 대답했다.

"제 자신이 군의 도망 노비가 아니니 무죄라 생각하는데, 구도가 저를 체포하려고 하니 화가 나서 칼을 뽑아 상처를 입혔습니다. 관리께서 이를 적상죄로 판단하시면 의견을 따르겠습니다. 달리 해명할 바 없습니다."

관리가 다시 구도 시를 힐난했다.

"무는 죄인이 아니다. 그런데 그대는 그를 체포하고 상처를 입혔다. 어찌 해명할 것인가?"

구도 시가 대답했다.

"군이 무가 도망 노비라 고발하였고, (구도로서) 도망죄를 지은 자는 응당 체포해야 합니다. 고소를 받고 무를 체포하려 하니 무가 칼을 뽑아 제게 상처를 입혔고, 저는 이기지 못할까 같이 칼을 뽑아 상처를 입혔을 뿐입니다. 달리 해명할 것은 없습니다."

상황은 명백했다. 무는 자신의 몸이 초나라에 속하던 시절 한나라로 달아나 법적인 서민이 되었다. 그의 용감한 행동은 보상을 받았던 것이다. 그러나 원래 노예 소유주의 입장은 달랐다. 그는 달아난 무 때문에 손해를 보았다. 그리고 혹여 무가 아직 명적에 이름을 올리지 않았다면 되찾을 수도 있지 않을까 하는 차에 마침 무를 목격하니 바로 고발한 것이다. 그러나 무는 이미 자유인이었고, 이 고발은 애꿎은 두 장정에게 상처만 안긴 꼴이었다.

정위는 어떻게 판단했을까? 판단은 명쾌했다. 무는 현재 노예는 아니지만 관리를 칼로 찌른 것은 죄라는 것이다. 정위는 말한다.

"무는 응당 (적상죄로) 경위성단에 처하고, 구도 시는 (사람을 찔렀으나 공무상 정당방위였으므로) 사람을 찌른 죄를 묻지 않는다."

우리는 이 기사를 통해 한이 초의 인민들을 받아들이기 위해 회유책을 썼고, 초의 하층민들이 이에 적극적으로 임했다는 것을 알 수 있다. 무는 달아나 서민이 되었고 한의 호적에 이름까지 올렸다. 그럼에도 집요한 원래 소유주의 고발로 죄인이 되고 말았으니 안타깝다. 이듬해 유방이 내린 전국적인 사면령에 그의 이름이 포함되었을까? 그가 사면되었는지 알 수는 없지만, 11년의 사면이 용사를 얻어 영포를 치기 위한 전국적인 사면이었으므로 무가 죄를 벗어났을 가능성이 크다고 본다.

격동의 시기, 인민들은 넋 놓고 운명을 받아들이지 않았다. 그들은 목숨을 걸고 노예 신분을 벗어나려 했고, 벗어난 후에도 자신을 노예로 대접하려고 하자 격분했던 것이다.

안건 4 – 두 번 달아난 노비 미의 투쟁
—

이제 슬픈 여자 노비 이야기를 통해 신분의 족쇄를 벗어나고자 하는 인민들의 투쟁을 하나 더 검토해보자. 미 역시 초나라 시절 도망한 노비였다. 하지만 그녀는 앞서 언급한 무처럼 주도면밀하지 못했는지 명적에 이름을 올리지 않았다. 한 고조 11년(기원전 196) 8월 초3일, 강릉승이 올린 안이다. 대부 녹祿이 이렇게 호소했다.

"6년 2월 중에 사오인 점點의 거소에서 노비 미媚를 1만 6000전에 사왔습니다. 허나 3월 정사丁巳일 미가 도망쳤기에 쫓아가 잡았습니다. 미가 말하길, '나는 응당 노비가 아니다'라고 합니다."

노비 미는 어떻게 말했을까?

"저는 옛날 점의 노비였습니다. 초 시절(자신이 초나라에 속한 시절) 도망쳐서 한으로 왔습니다. 허나 명적에 올리지는 않았는데, 점이 저를 잡아 다시 노비로 적에 올리고는 녹에게 팔았습니다. 저는 당연히 제가 노비가 아니라고 생각하기에 달아났습니다. 나머지는 녹이 한 이야기와 같습니다."

노비주 점은 어떻게 말하는가?

"미는 옛날 저의 노비였는데, 초에 속하던 시기 달아났습니다. 6년 2월 중에 미를 다시 잡았는데 미가 아직 명적에 올리지 않은지라 저는 바로 미를 (노비로) 적에 올리고 녹에게 팔았습니다. 나머지는 녹과 미가 말한 바와 같습니다."

점이라는 자는 앞서 노비 무를 고발한 노예 주군이라는 자보다 훨씬 교활하다. 물론 자신의 재산이던 노비를 잃었으니 억울하기도 했을 것이다.

관리는 이렇게 미를 심문했다.

"미 너는 옛날 점의 노비였다. 비록 초나라 시절에 달아나 한나라에 항복했다고 하더라도 호적에 이름을 올리지 않았다. 점이 너를 잡아 다시 노비로 삼고 남에게 판 것은 법에 어긋나지 않는다. 그런데도 달아났으니, 이를 어찌 해명할 것인가?"

미는 왜 명적에 이름을 올리지 않았을까? 미는 역의 의무를 행하지 않기 위해 적에 올리지 않았을까? 그저 무지해서 그런 것이 아닐까? 미의 대답은 확고했다.

"초나라 시절에 도망쳤는데 점은 이미 한나라 시절이 된 지금 다시 저를 잡아 노비로 삼고 팔았습니다. 저는 스스로 다시 노비가 되는 것은 부당하다 여기기에 도망쳤습니다. 달리 해명할 것은 없습니다."

심문해보니 미의 나이는 40세였다. 그렇다면 서른몇 살에 달아났을 터이니 그때는 이미 누구의 아내가 되기에도 늦은 나이였을 것이다. 관리가 난감하여 위로 자문을 구한다.

"미를 어떤 죄로 다스려야 합니까? 여타 사안은 현에서 이미 의논했습니다. 감히 묻나니 답해주십시오."

현의 관리들의 의론은 둘로 나뉘었다. 혹자는 미를 도망 노예로 보아 "미의 얼굴에 먹을 들여 녹에게 돌려보내야 한다"고 하고, 혹자는 미를 명적에 오르지 않은 서민으로 보아 "응당 미를 서인으로 삼아야 한다"고 했다. 그러나 안타깝게도 정위의 답은 죽간에 남아 있지 않다. 필자는 그저 미가 서민이 되었기를 바랄 뿐이다. 그것이 건국자 유방이 적국의 노예들을 끌어들인 취지에 맞다. 그러나 결과는 알 수 없다.

이 건을 보면, 노예주 점은 참으로 악착같은 사람이지만 과거의 노예 미는 여전히 어리숙하다. 하지만 그녀는 용감했다. 처음에 미는 전쟁을 적극적으로 이용해서 자유민이 되었다.

초에서 한으로 간 사람도 있고 한에서 초로 간 사람도 있을 것이다. 유방이 항복하는 이에게 관대했기에, 한이 우세를 보이던 전쟁 말기에 초에서 한으로 간 사람들이 많았을 것이다. 미는 명적에 이름을 올리지 않은 까닭에 뒤늦게 송사에 휘말렸지만, 미보다 좀 더 주도면밀한 수

많은 다른 도망 노예들은 탈출해서 굴레를 벗어났을 것이다. 통일 직후 한 고조 유방은 가난하여 스스로 노비가 된 사람들을 속면하는 조치를 취했다. 훗날 한 문제 시절 수노법은 사라진다. 물론 정통 사서에 기록되지 않은 수많은 미가 이런 변화를 추동하는 요인 중 하나였으리라.

3. 한 고조의 법치

이제 두 번째 결론, 즉 한 고조 유방은 법을 정치에 종속시켰다는 주장을 검증할 차례다.《한서》〈형법지〉에서 반고는 이렇게 이야기한다.

"한이 일어난 초기, 비록 약법삼장이 있었지만 배를 삼키는 물고기도 그물을 빠져나갔다[網漏呑舟之魚]."

물론 한신이나 영포 등은 삼족이 죽음을 당했기는 하지만, 유방 시절의 법 적용은 대단히 느슨했다는 주장이다. 과연 이 서술을 믿을 수 있을까? 당연히 믿을 수 있다.

정장에서 황제로 오른 사나이 유방. 그는 진 말기 치안 임무를 맡았지만 본인은 법과 거리가 먼 사람이었다. 평소에도 예사로 법을 어겼고, 결국 형도를 놓아주는 대죄를 지어 떠밀리다시피 반란에 가담했던 그다. 그런 그가 제후국(한)의 왕이 되고, 이어 통일제국의 황제가 되었다. 처음에 관중에 들어가서 그는 호기롭게 삼장의 법을 들고 나왔다. 그러나 그의 오른팔 소하는 삼장의 법으로는 전쟁(초한쟁패)을 수행할 수 없다는 것을 알았고, 나아가 제국을 다스리기는 더욱 어렵다는 것을 알았다. 그래서 진의 법을 추려서 만든 것이 구장률이요, 이것이 제국의 법의 기초가 된다. 과연 유방은 한왕 시절 혹은 황제 시절 그는 나라의 법을 얼마나 지켰던가?

사실 그는 법보다 정치에 관심이 있었다. 우선 가용 자원의 한계 때문에 법을 온전히 집행하지 못했고, 한편으로는 그의 사망 직전까지 이어진 내전 때문에 법을 집행할 겨를이 없었다. 그 대신 그는 끊임없이 사면해서 감옥을 비웠고, 궁지에 몰리면 임시방편인 영令을 통해 위법까지 용인했다. 그에게 법은 여러 통치 수단 중 하나일 뿐 분명 최우선은 아니었다. 아마 자신이 죽기 직전까지 말에서 내려오지 못했으므로 형리가 쓰는 딱딱한 곤장보다는 장군이 쓰는 유연한 채찍을 선호했던 듯하다. 그럼에도 그가 약법삼장의 정신을 견지하지 않았다면 전쟁 상황에서 법을 유연하게 적용하는 묘미를 보이지는 못했을 것이다. 전쟁이야말로 혹법의 원천이기 때문이다. 전시에 법을 혹독하게 적용할지 느슨하게 적용할지는 위정집단의 철학에 의해 결정된다. 유방은 적극적으로 후자를 활용했다.

법가의 입장에서 유방은 최하등 군주다. 그는 사면을 자주 행했다. 법가 철학에 의하면 법은 한번 집행하면 절대 사면하지 말아야 한다. 사면이란 법 집행의 과도함이나 실수를 인정하는 것이거나, 혹은 황제 개인에게 형량을 바꾸는 재량을 부과함으로써 '상하고저를 막론한 일률적인 집행'이라는 공법의 정신을 훼손하는 것이기 때문이다. 법가는 법조문에 따라 가혹해 보일 정도로 사정을 보지 말고 일률적으로 집행해야 한다고 주장한다. 임시방편으로 법을 구부려 집행하면, 같은 사안에 대해 같은 형량을 부과하는 법치의 정신을 훼손하여, 결국 아무도 다시 따르려고 하지 않을 것이기 때문이다. 물론 현실의 법가 사상가들은 법철학자라기보다는 공리주의자들이었지만, 그들은 공리주의를 추구할 때도 법은 일률적으로 강하게 집행했다. 법을 강하게 집행해 징계의 효과를 통해 행정 비용을 줄이고, 돈으로 속죄하는 것을 허락하여 국가의 재정도 확보하는 식이었다.

그러나 유방의 공리주의는 정반대였다. 상황에 따라 법을 느슨하게 적용함으로써, 형식적으로는 자신의 은혜를 과시하고 실질적으로는 국가가 당장 해결할 수 없는 긴급한 문제를 해결하고, 나아가 전시 상황에서는 적의 투항을 유도했다. 유방 시절 법조문은 정치 행위에 종속되었으므로 세세한 법조문에 얽매이면 당시의 실상을 놓칠 수밖에 없다. 이제 필자는 이를 연대기적으로 추적해가며 밝히겠다.

먼저 전국통일 직후 진시황의 법 집행과 역시 통일 직후 유방의 법 집행을 완벽하게 대조할 수 있는 귀중한 자료가 〈주언서〉에 나와 있다. 기원전 220년, 진이 천하를 통일한 이듬해 남군南郡에서 벌어진 일을 어사부에서 재심해 보낸 문서다. 이미 지난 사건까지 들춰내 오직 법조문에 따라 가혹하게 적용하고야 말겠다는 진 제국의 의지가 읽힌다. 통일 직후, 기층 관리들보다 오히려 제국의 최상위 지배집단이 혹독한 법 집행의 원천이었음 밝혀주는 명백한 자료다. 진은 아래와 같은 방식으로 무수한 범법자를 양산해냈다.

진의 통일 직후 예전 초나라 땅이자 남군에 속하는 창오蒼梧 이향利鄉에서 벌어진 일이다. 창오에서 반란이 일어나자 수령이 신검수新黔首

(현지 백성. 새로 진으로 편입된 백성을 뜻함)들을 징집해 반란을 진압하려고 했다. 그러나 반란자들의 수가 많아 오히려 진압군의 인솔자가 사망하고 진압군은 패주하고 말았다. 다시 증원해 진압에 나섰으나 또 실패했고, 세 번째에서야 진압에 성공했다. 그러나 진압 작전에 참여했던 백성들은 1~2차 작전의 실패, 즉 인솔자마저 잃은 일에 연좌되어 죄를 받을까 두려워 지급받은 무기를 들고 산으로 숨어버렸다. 1~2차 작전에 참여해 도주한 이들을 잡아내야 하지만, 작전 참가자의 명부를 관리하던 자마저 도망쳤고, 또한 그 달아난 관리가 1~2차와 3차 작전에 참여한 이들의 명부를 한 상자 안에 뒤섞어 넣었기에 구체적으로 누구를 잡아들여야 할지 모르게 된 것이다.

아래는 재심의 내용과 결과다. 이 안을 처음 심리했던 유현攸縣의 현령 광(廣 안에 隼: 현재 통용되지 않는 글자라 음을 모른다. 광으로 부르겠다)이 재심 심문에 대답했다.

"처음 제가 이 안건을 심리할 때 창오의 현령 조竈와 위尉 도유徒唯가 제게 말하길, '이향利鄕의 향민들이 반란을 일으켜, 신검수를 징집하여 진압하라 보냈으나 패주하였다. 응당 체포하여 죄를 물어야 할 이들(달아난 백성)이 너무 많으나 아직 전혀 잡아들이지 못했다. 이 안은 심히 처리하기 어려워 자칫 실수가 있을까 걱정된다'고 했습니다. 제가 옥에 갇힌 자들을 시찰하는 중에 옥리 씨氏에게 물어보니, 씨는 '이들이 창오현에서 반란을 일으킨 자들입니다. 어사 항恒이 남군부를 질책하면서 이 건을 재심리하라 명했습니다. (진압에 참여했던 관리) 의義 등이 전사하자, 그를 따라갔던 백성들이 (연좌에 걸릴까) 두려워 지급한 병기를 가지고 산으로 숨어버렸습니다. 복귀를 회유하자 일부가 돌아왔지만 모두 벌을 받을까 두려워 크게 불안해하고, 또 오래지 않아 남군부에서 이 일을 재조사하러 와서 자신들을 체포할까 두려워하고 있습니다'라고 대답했습니다. 의義 등이 이졸들을 이끌고 반도들을 치려다 패한 것은 사전에 정찰을 하지 않았기 때문이니, 이는 의 등의 죄입니다. 이에 저는 특별히 상서를 올려 신검수들의 죄를 판단해주시라 청했습니다."

유현의 현령 광은 지금 연루된 사람이 너무 많은 안을 어떻게 처리할까 고민하고 있다. 그는 죽은 사람은 이미 죽었고 산 사람은 살아야 하니 가급적 연루자 수를 줄이자는 입장이었다.

한편 창오 현령 조와 위 도유(이들은 상급 현 관리들이다)를 심문하니 유현 현령 광이 우유부단해서 일을 못 하고 있다고 주장했다.

"일찍이 광에게 경고하길 응당 패주한 백성들을 잡아들여야 한다고 했고, 만약 잡아들이지 못하면 최선을 다해 대비해야 한다고 했습니다. 저희는 이 건이 처리하기 힘들거나 실패할 가능성이 있다고 말한 적이 없습니다. 진즉 그렇게 처리하라 말했지만 그는 전부 잊어버리고 이행하지 않았습니다."

옥리 씨를 심문하자 이렇게 진술했다.

"처음에 유현의 대리현령 요鷂와 현승, 그리고 영리 장(長+左: 음을 모르니 장으로 부르겠다)과 더불어 신검수들을 징발하여 반도들의 실정을 정찰하니 그 수가 너무 많았습니다. 그리하여 다시 백성 일군을 징발하여 싸웠으나 영리 의義 등이 전사하고 진압군은 패배했습니다. 그래서 다시 백성들을 더 징발하여 반란자들을 쳐서 드디어 이겼습니다. 무릇 세 번 싸움(마지막에 이김)에 참가한 이들의 명부는 모두 영리 장이 관리했습니다. 앞서 두 번 패배 시 달아난 자들을 잡아들여야 하나 그들의 이름도 장의 문서 상자에 들어 있습니다. 장이 (역시 연좌가 두려워) 달아난 데다 아직 잡아들이지 못했으니, 패주의 책임을 물어 누구를 잡아들여야 할지 구분할 방법이 없었습니다. 징집되었던 백성들은 타지로 흩어져 잡으러 갔으나 아직 전혀 잡아들이지 못했습니다. 마침 장이 호치好畤에서 다른 일로 잡혔습니다. 저는 남군부에서 이 일을 다시 심리하리라 생각합니다."

1차와 2차 진압 작전 실패 시 도주한 사람은 도대체 몇 명이었을까? 최소한 참가자들을 심문하여 밝히기에는 어려울 정도로 많았을 것이다. 1차와 2차에 도주했더라도 3차에 군공을 세웠다면 참작을 해야겠으나 참가자 명부를 관리하던 관리가 달아났으니 그마저 여의치 않았다. 이제 유현의 현령 광에게 심문이 돌아왔다.

"반란자를 잡아들일 때 전력을 다하지 않는 자를 다스리는 명백한 법이 있다. 그대는 죄수들을 심문하고도 법대로 처리하지 않고 상서를 올려 백성들의 죄를 판단해달라고 하는 것인가? 이는 그대가 죄인들을 놓아주려고 함이 아닌가? 어떻게 해명할 것인가?"

유현 현령에게 왜 당장 죄인들을 치죄하지 않고 상서나 올리고 있는지 힐문하는 것이다. 그러자 광이 대답했다.

"벌써 범죄자들의 작위를 깎고 변경으로 수자리를 보내는 형을 명했습니다. 지금 백성들이 심히 불안해하니 황제 폐하께 글을 올려 여쭙는 것입니다. 다행히 폐하께서 저에게 조서를 내려 백성들을 위무하고 안정시키라 명하길 바랄 뿐, 감히 범죄자를 놓아주지 않았습니다."

이로써 광의 의도는 명백해졌다. 상부에서 백성들의 죄를 줄여주기를 바라는 것이다. 그러나 그 황제가 어떤 사람이던가. 관리는 더욱 다그쳤다. 황제가 상서를 읽었으니 관리는 물론 황제의 명을 받아 다그치는 것이다.

"그대 등이 죄인들의 작을 깎고 변경의 수자리로 보내는 벌을 명했다 하나 이는 법령의 규정과 맞지 않다. 남의 신하된 이는 엄격히 법을 따라 처리하면 될 뿐이다. 지금 그대는 법률을 방기하고 상서를 올려 백성들의 죄를 판결하여달라고 하니, 이로 보면 그대가 죄인들을 석방시키려는 의도가 확실하다. 관리는 이로써 그대의 죄를 물을 것이다. 해명할 것이 있는가?"

백성들의 구명을 위해 버티던 광은 자신의 '죄'를 인정했다.

"달리 해명할 바가 없습니다. 죄를 인정합니다."

재심의 판정 결과는 이러했다.

"의 등이 이졸과 백성들을 이끌고 반도들을 칠 때, 오히려 반도들이 의 등을 죽였으나 이졸과 백성 중 누구도 나가서 구하지 않고 달아났다. 응당 명부를 관리하던 관리를 잡아 유현으로 압송하여 백성들 중 달아난 자들을 골라내야 한다. 그러나 잡아들여야 할 자들이 서로 멀리 떨어져 기거하니 포율에 의거하여 잡아들이기 어려웠다. 유의 현령 광은 상서를 올려 백성들을 처리할 바를 말하니, 이는 죄인들을 방면하고 논죄하지 않으려 기도한 것이다. 그리하여 그를 잡아 심문하였다. 이에 명을 내린다. 새로 점령한 초나라 땅에 도적들이 많다. 관부에서 군사를 일으켜 군도들과 맞섰으나 싸우지 못하고 달아났으니, 이들은 담핍불투죄儐乏不鬪罪(적을 만나 몸을 사려 전력으로 싸우지 않은 죄)로 다스린다. 법에 의해 담핍불투죄는 참형에 처한다. 찬수종수篡遂縱囚(죄수를 강탈하여 놓아준 죄)의 경우 놓아준 죄인의 죄가 사형에 해당할 경우 놓아준 이는 경위성단에 처한다. 작위가 상조 이상이면 내위귀신耐爲鬼薪에 처한다. 이로써 논하면 현령 광은 응당 내위귀신형이다."

반역죄를 지은 군도는 응당 모조리 처형된다. 또한 진압 작전에서 달아난 이들도 모조리 처형된다. 사형수의 가족은 모두 몰수되어 노비가 된다. 광은 현령으로서 당장 달아난 자들을 잡아들이지 못한 책임을 물어 형도가 되었다. 광은 상당한 작위를 가지고 있으니 가솔의 작위나 나이 혹은 혼인 여부에 따라 몰수가 결정되었을 것이다. 해를 넘기며 진행된 이 사건으로 인해 유현은 쑥대밭이 되었을 것이다.

진시황은 대략 이런 식으로 정치를 하는 사람이다. 오직 법에 따라 처리하라. 감히 현령이 법령에 명백한 조항이 있는데도 상소를 올려 백성들을 구명하려 하지 마라. 구명을 시도하다가는 도리어 자신이 죄를 받을 것이다! 그러니 이제 현령된 자로서 누가 관할지의 백성들을 동정하고 비호하려고 할 것인가? 법에 저촉되면 잡아들이고 가차 없이 죽여야 자신이 안전하다.

《사기》의 편년 기록에 따르면 진시황은 사면을 허락한 적이 없다. 《사기》〈진본기〉는 《수호지진간》〈편년기〉에서 그 정확성을 확인할 수 있다. 본기에는 진시황이 전국에 잔치를 허락한 사소한 일까지 기록되어 있고, 향리마다 쌀 몇 섬과 양 몇 마리 내렸다는 기록까지 있지만, 그 어디에도 사면을 베풀었다는 이야기는 없다. 은혜를 베풀면 법이 위험해진다고 생각했기 때문이다.

모든 반란자는 사실상 정치범이다. 그들은 현 위정자의 통치와 현 체제를 받아들일 수 없어서 반항하는 사람들이다. 애초에 진승도 유방도 모두 정치범이었다. 진은 무지렁이든 경상이든 정치범에게 특히나 가혹했다. 그러므로 연좌를 피해 산으로 달아난 사람들까지 한 명도 용납할 수 없었던 것이다. 진시황이 창오의 반란자와 도주자에게 어떤 은혜도 베풀지 말라며 유현의 수령 광에게 형을 가한 지 20년이 못 되어, 한때 정치범이었던 유방이 진 제국을 무너뜨렸을 뿐 아니라 초를 꺾고 다시 전국을 통일했다. 그는 어떻게 법을 활용할 것인가?

한이 기어이 초를 꺾을 수 있었던 까닭은 사람의 힘도 있지만 땅과 물의 힘도 더 컸다고 하겠다. 유방은 항상 관을 나와서 싸웠다. 황하와 위수와 한수가 모두 동쪽으로 흐르는 까닭에 나와서 싸워도 군량과 물자를 조달할 수 있었고, 관중은 여전히 천하에서 가장 부유한 곳이었기에 쥐어짜낼 수 있었다. 그러나 다섯 해나 이어진 초한의 상쟁은 쌍방의 경제를 결딴내고 말았다. 초한쟁패가 끝난 후에도 경제 상황은 당장 좋아지지 않았다. 호적 질서는 거의 붕괴되고 통일 후 두 해가 못 되어 일어난 한왕韓王 신信의 반란에서 시작해 임종 직전 일어난 영포의 반란까지 그가 직접 전투를 지휘해서 평정한 반란이 끊이지 않았다. 그 이유는 초한쟁패로 너무 많은 국력을 소모했기에 관중에 자리 잡고 있는 한은 과거 진나라만 한 힘이 없었기 때문이다.

통일 후에 전국이 얼마나 피폐했는지는 여러 기록으로 읽을 수 있다.《사기》〈진승상열전〉에 한왕 신의 반란을 제압하고 돌아오는 길에 유방이 곡역曲逆에 들러서 한 이야기가 기록되어 있다. 그는 곡역의 성에 올라 현의 집들을 바라보고 감탄했다.

"장관이로구나, 이 현은! 내가 천하를 두루 다녔지만 이와 견줄 읍은 낙양뿐이었다."

그리고 어사를 돌아보며 물었다.

"곡역의 호구는 얼마 정도인가?"

어사가 대답했다.

"본시 진나라 때에는 3만여 호였으나, 근래 전쟁이 여러 차례 일어나 백성들이 많이 숨어버려 이제는 5000호만 남았습니다."

이 현이 마음에 들어 진평에게 주니 곡역이 진평의 봉지가 되었다. 중요한 것은 통일이 된 지 거의 두 해가 되어가나 예전엔 무려 3만 호에 달했던 부유한 읍의 호가 겨우 5000호에 머물러 있다는 점이다. 그러니 한 제국 초기의 경제 상황이 얼마나 어려웠는지 가늠할 수 있다. 남은 사람보다 달아난 사람이 더 많은데도 고향을 떠난 이들을 도망자를 다스리는 법률로 다스릴 수 있단 말인가? 불가능하다. 그들에게 법을 그대로 적용하다가는 다시 반란이 일어날 것이다.

통일 전에도 관중에 대기근이 들어 사람이 서로 잡아먹는 지경이 되어 곡가가 석당 대략 5000전에 이르니 유방은 백성들이 기근이 덜한 촉한으로 가서 스스로 식량을 구하도록 했다고 한다. 이런 상황에서 기근에 지친 백성들이 사람도 잡아먹는 판에 어떻게 1전을 훔쳐도 죄를 주는 도율을 적용할 수가 있단 말인가? 통일이 된 후에도 얼마나 물자가 부족했는지 황제도 색깔이 같은 말 네 마리가 끄는 마차를 구비하지 못했고 어떤 경상들은 우차牛車를 타기도 했다고 기록되어 있다.(《한서》〈식화지〉)

이런 상황에서 유방이 들고 나온 것은 법 적용을 완화하는 것이었다. 사람들이 제각기 촉한으로 가서 활로를 찾으라고 하면 호율戶律(호적에 관한 법률)과 망률亡律(본적을 떠난 도망자를 처리하는 법률)을 제대로 집행할 수 없다. 통일 전 관중에 대기근이 들었을 때 유방은 자식을 파는 것도 허용했다. 이리하면 사실상 인신매매에 대한 금령이 의미를 잃는다. 진과 한의 법은 공히 인신매매를 극형으로 다스렸다. 〈이년율령〉〈도율盜律〉에 이르기를 "응당 팔지 않아야 하는 것[不當賣]을 남과 작당하여 파는 자는 모두 경위성단용에 처하고, 사는 자가 그 사정을 알았다면 같은 죄로 다스린다"고 했다. 여기서 "팔지 않아야 할 것"은 유괴한 인신이다. 자식을 파는 것 또한 인신매매에 준하는 행동이다. 그러나 자식을 살 수 있는 집은 그 자식을 키울 수 있지 않겠는가? 반대로 진정 자식에게 먹일 것이 없다면 자식을 파는 도리밖에 없다.

한이 전국을 통일하기 전후의 사정은 대략 이러했다. 도망자가 너무 많아서 법으로 다 다스릴 수 없었고, 행정력으로 법을 집행할 수단도 없어서, 오직 경제적인 축적이 이뤄지고 행정체계가 완비되길 기다렸다. 그럼에도 계속 반란은 터져 나오니 부족한 병력을 채우기 위해 유방은 사면을 실행했고, 전쟁이 끝나면 그로 인해 생긴 죄인들을 다시 생산적인 부분에 투입하기 위해 사면했다. 그리고 황실은 극도의 긴축재정으로 들어가 산동에서 해마다 겨우 수십만 석만 들여와서 경사의 경비만 충당했다. 가히 살얼음판을 걷는 형국이었다. 그러므로 유방 시절의 법 조문을 곧이곧대로 읽는 것은 사태를 심각하게 오인하는 꼴이다.

이제 《한서》를 중심으로 통일 직후 유방이 펼친 정책을 하나씩 짚어 보자. 그러면 독자들은 유방이 정확히 어떤 방향으로 법을 활용했는지 명확히 감지할 수 있을 것이다. 항우를 죽인 직후 정월에 내린 조서에 는 이런 내용이 들어 있다.

"군대가 8년이나 쉬지 못하니 만민이 더불어 심히 고생했다. 이제 천 하의 일은 마무리되었으니 사형수를 제외한 천하의 죄수들을 모두 사 면한다[赦天下殊罪以下]."

이것이 역대 최초의 전국 규모 대사면이자 가장 포괄적인 사면이었 을 것이다. 이는 유방이 선량한 사람이라서 취한 조치가 아니다. 경제 의 기반이 완전히 무너졌는데 국가가 죄수를 거느릴 필요가 없었다. 전쟁이 끝났으니 이들을 모두 생산에 투입해야 한다. 네 달 후 더욱 전 면적인 경제 재생 조치가 취해진다. 《한서》〈고제기〉에 나오는 유방의 조서는 앞 장에서 인용했으므로 중요한 경제 부분만 요약해서 옮겨보 면 다음과 같다.

① 전에 산택에 모여 자위自衛하며 호적에 이름을 올리지 않은 이들 은, 이제 천하가 평정되었으니 본향으로 돌아올 것을 명한다. 돌아온 이에게는 옛 작위와 전택을 돌려주도록 하라. 관리들은 산택으로 숨 어든 백성들을 때리거나 욕보이지 말고 좋은 말과 이치로 타일러서 불러들여라.

② 기아로 인해 자기 몸을 팔아 노비가 된 이는 모두 속면하여 서민으로 한다.

③ 군대를 파한다. 종군자들의 작을 올려주고, 그들에게 먼저 좋은 전택을 지급한다.

먼저 세 번째 항목부터 검토해보자. 군대를 파한 행동의 의의를 전장에서 살펴보았으니 생략하고, 종군자 우대 문제를 검토하자. 유방은 나라가 안정을 찾아갈 때마다 종군자들의 대우를 계속 격상해가다, 결국 재위 11년, 함께 촉·한중·관중으로 들어왔던 이들은 결국 평생 조세를 면제한다. 종군자 우대는 정권 안정 차원이라고 할 수 있다. 문제는 작인데, 이 작의 효용성이 매우 높았다. 예외 규정이 있긴 하지만 작으로 죄를 사할 수 있으므로, 작이 있는 이는 활동 범위가 커지는 것이다. 〈이년율령〉의 법조문에 의거해 속전을 계산하면 다음과 같다.

속사贖死(사죄를 면함): 황금 2근 8량(2만 5000전)

속성단용贖城旦舂(성단용 무기형도형을 면함): 황금 1근 8량(1만 5000전)

속경贖黥(먹을 뜨는 경형을 면함. 경형은 대개 다른 노역형이 따라 붙음): 황금 1근(1만 전)*

속내贖耐(털을 깎는 내형을 면함. 내형 역시 대개 다른 노역형이 따라 붙음): 황금 12량

• "黃金一金値萬錢"《한서》〈식화지〉

앞에서 읽었듯이 정상적인 상황에서 노비 1인이 1만 6000전에 거래되었다면, 보통 사람으로서 황금 2근 8량을 갖춘 사람은 많지 않을 것이다. 그러나 종군자는 모두 상당한 작위(대부 미만 무작의 군졸까지 모두 대부로 승진!)를 가지고 있다. 악성 범죄가 아니면 속죄가 가능하니 방법은 돈이 아니면 작위다. 예컨대 '전율錢律'에 위조화폐를 만든 자 1인을 잡으면 작 1급을 수여하고, 이 작위로 사형죄인 한 명을 사면할 수 있다고 했다. 그렇다면 경우에 따라 1작의 가치는 황금 2근 8량에 해당한다. 대개 2작으로 사형수 1인을 면할 수 있었던 듯하다.* 종합하면 작은 일종의 면죄부였던 셈이다. 심지어 아버지의 작위는 아들의 부세 시작 연령에도 영향을 준다. 작위가 높은 이의 아들은 부세 면제 기간(이른바 미성년 기간)이 더 길다. 그러므로 대규모 사작賜爵은 대규모 면죄부 발급이자 조세 기반을 약화시키기 때문에 법치의 근본과 경제 기반을 잠식할 수 있다.**

그럼에도 유방이 통일 초기에 이런 정책을 편 이유는 물론 일차적으

---

* 작위의 가치를 나타내는 〈이년율령〉 구문들은 상당히 차이가 있는데, 법령이 만들어진 시기의 차이, 필사자의 오류, 작위 획득 방식에 따른 효용의 차이를 모두 고려할 수 있으나 아직 확정할 수 없다. 《수호지진간》 〈군작률〉에 따르면 작 2급으로 사형죄인 1인을 사면할 수 있다고 했다. 그렇다면 한대에 작의 가치가 갑자기 오른 것일까? 그러나 〈이년율령〉 〈치후율〉에 따르면 작을 수여할 때 받을 수 없는 경우 돈 1만 전으로 보상한다고 했다. 그렇다면 대체로 작의 가치는 진률에서 제시하는 것과 유사하다고 할 것이다.

** 순자가 이를 가장 예리하게 간파했다. 그는 전국시대 각국의 군공제를 비교하면서 위나라의 무졸(용사) 선발 방식이 체력과 전투력이 좋은 사람들에게 부세를 면해주는 것이고, 이리하면 과세 기반이 무너져 해를 거듭할수록 나라가 약해진다고 했다.

로 종군자들을 자신의 기층 권력 기반으로 삼기 위해서지만, 부차적으로는 실행하기 어려운 법 대신 임시방편인 시혜를 통해 사회의 안정을 얻고자 했기 때문이리라. 또한 종군자들은 모두 숙련된 군인이다. 이들을 땅에 정착시키지 못하면 다시 전란에 휩싸일 수 있다. 훗날 조조가 범죄자로 취급받던 황건기의군과 그 식솔들을 둔전에 정착시키고, 일부는 친위대로 조직하여 천하를 호령한 것도 비슷한 이치다.

이제 첫 번째 항목, 즉 호적지를 떠난 백성들에 대한 회유책을 살필 차례다. 먼저 〈이년율령〉 〈호율〉의 규정을 살펴보자. 이 규정의 원형은 진률에서도 보인다.

민은 모두 스스로 나이를 신고해야 한다[民皆自占年]. 자신과 자식, 동산同産(동모 소생)을 적에 올릴 때 실제 나이와 세 살 이상 차이가 나면 모두 내형[耐]에 처한다.

항상 8월에 대대적으로 호적을 정리하는데 실제 호적과 차이가 나면 상당한 벌금을 부과하며, 이정과 전정이 이를 고하지 않으면 같은 죄로 다스리며, 호를 조사한 이가 이를 발견하지 못해도 벌금 황금 1량을 부과한다는 조항도 있다. 호적 관리는 대단히 엄격하며, 국가의 경제 질서는 호에서 시작한다. 그런데 사실상 한의 건국 후 5년 동안 산으로 숨어든 사람들은 호율을 전혀 지키지 않았다. 어떻게 처리할 것인가?

군대를 보내 사람들을 끌고 내려올 수도 있고, 한두 집단을 본보기로 망률과 호율 및 요율로 중형으로 다스려 백성들을 위협할 수도 있다. 그러면 어떤 집단은 순순히 응할 것이고 어떤 집단은 반항할 것이다. 반항하는 집단들은 앞서 살펴본 진 통일 직후의 이른바 '군도群盜' 혹은 '반도反盜'가 될 것이다. 유방의 대책은 법을 적용하는 것이 아니라 모두 용서하는 것이었다.

사실 긴 농민전쟁과 초한쟁패를 겪고 가까스로 일어선 한은 진시황 시절 진과 같은 행정력도 없었고, 또한 유방은 달아난 농민에 대해서도 완전히 다른 철학을 가지고 있었다. 그리고 기존에 유방이 베푼 수많은 '위법 용인'과 시혜 정책과의 형평성도 고려해야 했다. 오랜 전란으로 집으로 돌아가기만 기다리는 군대를 파했는데, 이른바 반항하는 군도를 치기 위해 다시 그들을 동원한다면 진의 전철을 따를 수도 있다. 급기야 앞서 살핀 창오의 군도 사건이 여러 곳에서 재현된다면 제국의 꿈은 물거품이 되는 것이다. 봉기한 사람들을 당장 죽일 수는 있지만, 지속적으로 죽일 수는 없다. 특히 관중의 백성들은 초한쟁패를 지원하느라 피폐한 상황이었다. 유방이 형양에 주둔할 때 소하는 부적에 오르지도 않은 관중의 미성년과 노약자를 모두 동원하여 군량을 공급했다. 전쟁이 끝났는데 이들을 또 몰아세울 수는 없었다. 그러므로 최소한 한 고조 6년까지 적율, 요율, 호율, 망률의 각 규정은 사실상 달아나지 않고 한에 충성한 백성 일부를 대상으로, 전쟁이 끝나면 포상을 하겠다는 강력한 약속을 대가로 겨우 실행되었다고 보는 것이 타당하다. 실제로 전쟁 후 종군자 및 그들의 가족인 관중과 파촉의 백성들은 두둑한 보상을 받는다. 그러니 위의 기록으로 미뤄보면 최소한 한 고조 6년 이후에야 상기 법률은 서서히 권위를 갖춰가며 전국적인 효력을 발휘하게 되었다고 보아도 무방하다.

이제 두 번째 사안인 "기아로 인해 자기 몸을 팔아 노비가 된 이는 모두 속면하여 서민으로 한다"는 조항을 살펴보자. 이는 파격적인 조치였지만 비용이 드는 일이었다. 고대에 사노비는 사실상 사유재산이므로 국가라도 함부로 관여할 수 없는 영역이다. 국가는 적정한 시기 관노를 판매했다. 관노는 대개 범죄와 관련된 사람들이다. 혹독한 동란의 시기에 빚을 지거나 먹을 것이 없어 노비가 된 사람들이다. 그러나 그들은 현재 엄연히 노비주의 재산이다. 진나라 시절 관의 실수로 노비가 된 사람은 관이 되사서 속면했다. 그러나 가난한 신생 국가 한이 이들을 속면하면 그 대금을 지불할 수 있는가? 다만 주인이 노비의 채무를 변제해주는 조건으로 노비가 된 경우가 아니라 기아로 인해 음식을 받은 대가로 노비가 된 사람들은 비교적 쉽게 속면할 수 있었을 것이다. 주인에게 보상할 이유도 없고 인구가 줄어들어 개간할 땅이 넘쳤을 터이기 때문이다. 촉한으로 넘어가 현지인에게 몸을 의탁한 사람들이 그런 경우일 것이다. 그러나 채무 계약 관계에 있는 이들은 국가가 어떻게 변제했는지 알 수가 없다. 다만 국가가 상당 부분을 떠안은 것이 명백하다.

사실 이는 부담스럽기는 하나 당연한 조치이기도 하다. 초나 한 중 누가 원인을 제공했든, 한이 끊임없이 관을 나가 싸웠기 때문에 천하의 인민은 기아에 시달렸다. 통일시대가 오면 응당 혹독한 통일 비용을 치른 이들에게 최소한의 성의를 보여야 한다. 필자가《춘추전국이야기 5》2부에서 진시황을 두고 혹독한 대가를 치른 산동의 백성들에 대한 기본적인 예의가 없다고 혹평한 것도 바로 그런 까닭이다. 전쟁 비용은 흙으로 빚어서 나오는 것이 아니니, 누군가는 반드시 피땀으로 부담해야 한다. 물론 패전국의 백성이 겪는 고통은 물론 배가된다. 은혜를 베푸는 것은 실질적인 면과 상징적인 면이 있다. 전후에 국가가 베푸는 사면과 은혜는 백성에게 사죄하는 의미가 있다. 한 고조 유방이 스스로 노비가 된 사람을 서민으로 되돌려줬다는 것은 사죄의 의미를 품고 있었다.

유방이 황제로 있던 시기에 경제사범에 대한 이중적인 태도를 취했다. 관리는 엄격하게 처리하고 백성은 느슨하게 처리했다. 경제사범의 대표 격인 화폐 위조의 경우를 살펴보자. 한률 중 전률錢律에 혹형 조항이 가장 많이 들어 있으며, 대규모 범법자 양산의 가능성이 큰 조항이다. 대부분의 조항은 진률에서 그 원형이 확인되므로 그대로 가져온 것으로 보인다. 몇 가지 조항을 먼저 살펴보자.

> 감히 돈을 고르거나[擇錢] 유통되는 돈과 금을 받기를 거부하면 벌금 4냥이다.

> 위금僞金(가짜 금)을 만드는 자는 경위성단용(도둑질의 최고형)에 처한다.

> 동전을 불법으로 만들거나 이를 도우면 기시棄市에 처하고, 동거가 이를 고하지 않으면 속내에 처한다. 정정正典, 전정田典, 오인伍人이

한대의 말굽 금(마제금). 제국이 안정된 후 방대한 물자의 유통을 짐작하게 한다. 한 고조 시기에는 경제사범에 대한 이중적인 태도를 취했다. 관리는 엄격하게, 백성은 느슨하게 처리했다. 경제사범의 대표 격인 화폐 위조의 경우, 한률 중 전률에 혹형 조항이 가장 많이 들어 있으며, 대규모 범법자 양산의 가능성이 큰 조항이다. 대부분의 조항은 진률에서 그 원형이 확인되므로 그대로 가져온 것으로 보인다.

(알고도? 혹은 몰라서?) 고하지 않으면 벌금 4냥에 처한다. 만약 누구라도 고하면 그 죄를 모두 면해준다. 담당 관리가 이를 잡지 못하면 벌금 4냥이다.

남이 몰래 가짜 동전 주조하는 것을 알면서, 그를 위해 구리와 탄을 준비해주거나, 그렇게 만든 돈을 유통시키거나 다른 돈과 바꾸어준 자는 주조범과 동일한 죄로 처리한다. (중략) 관리에게 알려 관리가 주조범을 잡으면 율에 따라 포상한다.

가히 법정 최고형과 연좌제가 모두 결합된 가장 강력한 법이 다 동원되었다. 경제사범을 잡기 위한 국가의 의지가 엿보이지만 이는 지나친 혹형이 아닌가? 사실 후대로 갈수록 위조화폐 문제는 더 심각해져 한의 역대 황제들은 골머리를 썩는다. 그러나 결론부터 말하면 유방 시기 위조화폐 주조로 죄인이 된 무리는 많지 않았을 것으로 보인다. 이 조문은 한 혜제 시기의 상황을 반영한 것으로 보인다. 경제사범은 인간의 본성이 나빠서가 아니라 경제적인 상황의 모순 때문에 생긴다. 그 이유를 살피기 위해 먼저 한대의 일상적인 곡가가 대략 어느 정도였는지 살펴보자.

> 대저 곡가가 20전이면 농민들이 병들고, 90전이면 말업에 종사하는 사람(상인과 공인)이 병든다. 말업에 종사하는 이들이 병들면 재화가 나오지 않고 농민이 병들면 땅을 갈지 않는다. 높아도 80을 넘지 않고 낮아도 30 이하로 떨어지지 않으면 농민과 말업에 종사하는 이들이 모두 이익을 누린다[夫糶, 二十病農, 九十病末. 末病則財不出, 農病則草不辟矣. 上不過八十, 下不減三十, 則農末俱利].

《사기》〈화식열전〉에 월왕 구천의 책사 계연計然이 한 말이다.*《한서》〈식화지〉에 전국시대 위나라의 이회가 제시한 곡가는 석石당 30전이다. 심지어 한 선제宣帝 시절에는 곡물이 풍성해 석당 5전에 불과하여 농민들이 손해를 본다고 했다. 《사기》〈율서律書〉에는 한 문제 시기 천하가 무사하여 백성들이 안팎의 역에 시달리지 않으니 "곡식 한 석이 10여 전에 이르렀다[粟至十餘錢]"고 찬탄했다. 초한쟁패에 1만(혹은 5000) 전에 달했던 곡가가 20여 년이 흘러 그렇게 낮아졌다는 것이다.

종합하여 대략 1석당 30~50전이면 농민과 상인이 모두 행복하다

• 그러나 춘추 말기에 동전은 그다지 유통되지 않았으니, 이는 계연의 말을 빌려 누군가가 적정한 곡가를 논한 것이다.

고 가정해보자. 그런데 곡가가 무려 100배 이상의 편차를 보일 수 있을까? 전시 상황에서는 가능하다. 앞서 말했듯이 전시에 병사는 싸우고 노약자는 곡식을 날라야 하는데, 많은 사람들이 산중으로 숨어버리니 생산할 사람이 없다. 전사는 하루도 먹지 않으면 안 되니 보급 책임자들은 돈을 아끼지 않는다. 《사기》〈화식열전〉에서는 한과 초가 형양에서 대치할 때 농민들이 농사를 지을 수 없고 호걸들과 병사들을 먹일 곡식이 절박하니 곡식이 한 석에 1만 전이 되어 호걸들의 보물과 재화가 모두 미곡을 보유했던 임씨任氏의 차지가 되었다고 적었다. 모두 전시의 특수한 상황이다.

그렇다면 초한쟁패가 끝나기 전까지 위조 동전을 만들 까닭이 조금이라도 있었을까? 1000전 이상으로 겨우 쌀 한 석을 산다면 구리와 목탄을 구입하고 운반하여 하루에 얼마나 많은 돈을 찍어야 수지맞는가? 사실상 동전을 위조하는 이도 공인, 즉 말업에 종사하는 부류 중 하나다. 곡가가 너무 높을 때 돈을 찍으면 찍을수록 손해를 본다. 이때 귀한 것은 곡식이지 돈이 아니다. 이 이치는 다른 자료를 통해서도 충분히 증명할 수 있다. 위에서 제시한 율에서, 금은 구리보다 훨씬 비싼 물건임에도 위금偽金(가짜 금)을 만드는 자는 왜 기시에 처하지 않고 겨우 경위성단용에 처했을까? 《한서》〈경제기〉 6년(기원전 151) 조에 이런 기사가 나온다.

동전을 주조하거나 위금을 만들면 기시에 처하는 율을 만들었다〔定鑄錢偽黄金棄市律〕.

선대 한 문제 시절 민간의 동전 주조를 허용했다가, 위조 동전 문제가 심각해지자 다시 혹형으로 다스리는 법을 만든 것이다. 여기서 가짜 금 제조의 죄목이 다시 등장하는데, 그 처벌은 한층 강화되었다. 주지하듯이 한 경제는 혹형을 완화하는 데 특히 주의를 기울인 사람이다. 그런데 어떻게 해서 위조 동전 및 위금 제조에 대해서는 더 엄격한 잣대를 들이댔을까? 이는 모두 당시의 경제 상황과 관련이 있다. 응소의 주注에 따르면 "예전에 여러 사람이 위금을 만들려 했지만 위금은 결국 만들지 못하고 비용만 써서 결국 도적이 되었기에" 이런 법을 만들었다고 썼다. 위금은 아마도 불순물이 섞인 금일 터인데, 한 경제 시기가 되면 기술의 발달로 불순물을 섞어도 금과 유사한 색을 낼 수 있었던 듯하다. 그러므로 이 일에 뛰어드는 이들이 생겼을 것이고, 그제야 혹형으로 금했을 것이다. 물론 한 경제 시기는 수노연좌법이 사라졌으므로 연루되는 사람은 적었을 것이다.

이렇게 화폐 위조범에 대한 혹형은 당대의 경제적인 상황과 밀접한 관련이 있고, 특히 화폐의 가치가 안정적이거나 혹은 상승할 때에만 위조범들이 창궐한다. 화폐의 가치가 지나치게 낮을 때라면 돈을 위조할 이유가 없는 것이다. 그러므로 초한쟁패 직후까지는 전률錢律에 의한 범법자는 그다지 없었으리라 보는 것이다. 그런데 통일 후 얼마 동안도 그랬으리라 짐작케 하는 자료가 다시 〈주언서〉에 등장한다. 중요한 것은 돈보다 실물, 즉 곡식이다. 안건을 살펴보자.

한 고조 7년 8월, 즉 통일 얼마 후의 일이다. 풍양(예양醴陽으로 적혀 있으나 정리소조는 풍양灃陽으로 추측) 현령 회恢가 관의 곡식 263석 8두를 훔쳐

모모 등에게 팔아버린 사건이다. 그가 받은 돈은 황금 6근 3량, 돈 1만 5050전이었다. 판결은 냉엄했다.

> 율에 의하면 도둑질한 것이 660전을 넘기면 경위성단이다. 영에 의하면, 영리가 도둑질을 하면 육형을 받을 자는 응당 육형을 가하되, 작으로 형을 감면하거나 속면할 수 없다. 이로써 회의 죄를 논한다.

회는 물론 고작자高爵者임에도 이 절도 사건으로 무기형도가 되었다. 더욱 특이한 점은 이 경우 민간인보다 훨씬 혹독하게 처벌했다는 점이다. 관리의 도적질은 작위로 보상할 수 없는 중형으로 처리했는데, 필자는 아직 출토된 법으로 관리 경제사범의 속면 금지 조항을 찾지 못했다. 일반적으로 작위로 속면할 수 없는 경우는 부모를 살해하거나 살해를 기도한 자 등 흉악범에게 적용하는 것이다. 한 고조 7년에 관리 경제사범을 추상같이 처리한 것은 당시 백성이 먹을 것도 부족한 상황이고, 또한 동쪽에서 반란이 일어나 군대가 출격해야 하는 상황이었으니 관리들의 부정을 결코 봐줄 수 없었을 것이다.

여기서 주목할 것은 곡식 260석이 대략 7700전(황금 1근 = 1만 냥)으로 거래되었다는 사실이다. 그렇다면 석당 가격은 대략 300전이다. 평화 시 곡가가 30~50전이라고 하면, 여전히 6~10배 높은 가격이다. 물론 이는 장물로 헐값에 넘긴 가격일 테니 시장 가격은 이보다 훨씬 높았을 것이다. 그러니 한 고조 7년 상황에서도 위조화폐를 만드는 것은 여전히 어리석은 짓이다. 비록 초한쟁패 시절보다 상황은 계속 좋아졌을 것이나, 한 고조는 사망 직전까지 해를 걸러 반란을 평정해야 했으므로 곡가가 태평성대 시절로 떨어지지는 못했을 것이다.

결론적으로 한 고조 시절 위조 화폐 주조 등으로 죽을죄를 짓는 사람은 많지 않았을 것이고, 여전히 민간 경제 범죄는 대개 피역이나 도둑질이었을 것이다. 그러나 위에서 제시했듯이 유방은 정국이 안정될 때까지 피역자나 경범죄자에게 확고하게 관대한 조치를 취했고, 죄인들은 또한 지속적으로 사면의 기회를 얻었다. 관리들에 대한 엄격한 법 집행은 혹형이라기보다는 당연한 조치다. 백성과 병사들이 굶는데 쌀을 훔쳐 파는 자를 용납할 군주는 없을 것이다. 〈이년율령〉의 조항이 진률을 옮겨 온 것이지만, 이것의 존재를 가지고 한초에 경제사범에 대한 혹형이 판쳤다고 생각하는 것은 오산이다.

이제 가장 많은 죄수를 생산하는 영역, 반란죄를 다뤄보자. 진시황은 노애와 여불위의 반란으로 무수한 사람들을 처형하고, 관련자를 형도로 만들고 유배 보냈다. 장안군 성교가 반란을 일으켰을 때는 군리들을 모조리 처형하고 백성들을 유배 보냈다. 〈주언서〉에 나오는 창오의 '반란'도 똑같은 방식으로 처리했다. 그러나 유방은 완전히 다르게 대응했다. 통일 후 유방은 큰 반란은 모두 스스로 평정했지만 그는 반란자 본인 이외의 사람들을 형틀로 끌어들이지 않았다. 그중 대대적인 전투가 벌어진 진희의 반란 사건을 어떻게 처리했는지만 확인해보자. 진희는 대代의 상국으로 있으면서 반란을 일으켰다. 그는 한신韓信과 연결되어 있었고 대와 조 땅을 차지하고 하북에서 상당한 세력을 떨쳤다. 유방은 진희를 치러 가면서 말했다.

"진희는 원래 나의 관리로 심히 믿음이 있었다. 대 땅은 내가 위급하게 여기는 곳이라 그를 그곳에 봉해 열후로 삼고 상국으로서 땅을 지키게 했는데 이제 왕황王黃 등과 함께 대 땅을 겁략하다니! (대 땅의) 관리와 백성들은 (원래) 죄가 없다. 진희와 왕황을 떠나 귀순하는 자는 모두 사면한다."

이렇게 하여 한단에 이르렀다. 당시 상산의 군수와 위는 25개 성 중 22개를 잃어버렸고, 이 성들이 진희의 기반이 되었다. 그래서 조나라 상국이 분개하여 상산의 수와 영을 참하자고 청했다.

"상산의 25개 성 중 진희의 반란으로 22개를 잃었습니다."

"수와 위가 반기를 들었는가?"

"그렇지는 않습니다."

"그렇다면 힘이 부족했을 뿐이다."

그러고는 그들을 참하기는커녕 여전히 수와 위의 직을 맡겼다. 이 논리를 따르면 물론 성을 잃은 백성들은 모두 용서했을 것이다. 그럼에도 법률 조항만은 추상같았다. 분명 한 초기의 상황을 반영하는 '적률賊律'은 적에게 투항하는 자를 처벌하는 규정을 보여준다.

> 성읍과 정장을 들어 모반하거나 제후에게 투항한 자, 그리고 성과 정장에 올라가 수비하는 자로서 제후의 사람들이 와서 공격하고 약탈해도 굳건히 지키지 않고 도망가거나 투항한 자, 그리고 모반을 꾀한 자는 모두 요참에 처한다. 또한 그 부모, 처자, 동산은 노소를 막론하고 모두 기시한다. 모반에 연루(연좌)된 자로서 능히 적을 포획하거나

먼저 관리에게 고한 자는 모두 (연좌)죄를 면제한다〔以城邑亭障反, 降諸

侯, 及守乘城亭障, 諸侯人來攻盜, 不堅守而棄去之若降之, 及謀反者, 皆要斬. 其

父母, 妻子, 同産, 無長少皆棄市. 其坐謀反者, 能偏捕, 若先告吏, 皆除坐者罪〕.

　'적률'은 군법과 민법의 구분이 애매한 부분이다.• 출토된 한률 중
부모와 처자와 형제까지 나이를 막론하고 다 벤다는 조항은 이것이
유일하다.

　그러나 유방의 유사시 정책은 이 법률 조항과 거의 상관이 없었던
셈이다. 그는 항복한 성 어느 곳도 도륙하지 않았으며, 자신의 관할 구
역에 있는 성을 거의 모두 잃은 현령도 처벌은커녕 면책도 하지 않았
다. 유방의 판단은 법률적이 아니라 정치적인 것이다. 직접 반란을 일
으켰는가, 아니면 힘이 부족해서 따랐는가? 이것이 판단의 기준이었
다. 역부족力不足이란 표현이 정확히 당시의 상황을 반영한다. 유방은
내란은 사람을 죽이는 방식으로 해결할 수 없고 회유와 형벌을 섞어야

• 독자들은 명백히 알 것이다. 우리는 이미 《춘추전국이야기 5》 2부에서 진의 군법에 대해 상세히 고찰했
다. 이어지는 조문은 다음과 같은데, 수성 시의 법령 민법으로 확대 적용한 것으로 보인다.
　고의로 성/관부 및 현관의 저장고(주로 곡물 저장고)에 불을 지른 자는 기시에 처하고, 관사나 민가 및 농막
의 저장고에 불을 지른 자는 경위성단용에 처하고, 실수로 불을 낸 이는 황금 4냥의 벌에 처하고 불에 탄
것을 변상한다. 향부, 관색부, 주무관리가 방화자를 잡지 못하면 벌금 각 2량에 처한다〔賊燔城, 官府及縣官
積搖, 棄市. (賊)燔寺舍·民室屋廬舍積搖, 黥爲城旦舂. 其失火延燔之, 罰金四兩, 責所燔, 鄕部·官嗇夫, 吏主者弗得, 罰金各
二兩〕.
　이는 《춘추전국이야기 5》 2부에서 언급한 《묵자》 〈호령〉의 수성守成 시 방화죄에 관한 부분과 대단히 유
사하지만 이미 상당히 완화되었음을 알 수 있다. 《묵자》에 나오는 규정에 의하면 "감히 실화하지 않도록
조심하라. 실화한 자는 참한다〔慎無敢失火. 失火者斬〕" 하고 오인들이 실화자는 잡지 못하면 함께 참한다고
했다. 정리소조가 《묵자》 《울료자》 《상군서》 등의 자료를 폭넓게 사용하지 않은 것이 아쉽다.

한다고 생각했다. 통일시대의 제후는 적으로 돌변할 가능성이 있지만 여전히 통일 국가의 신하다. 성읍에 기반을 두고 반란을 일으킨 이들은 대개 우두머리인데 그 아래 관리와 백성을 다 죽이면 호구 손상을 감당할 길이 없다. 물론 진시황은 예외 없이 죽여버렸다. 그러나 유방은 철학이 다르다. 그는 필요하면 법조문을 무시했다.

반란 이야기를 이어가자. 친히 진압에 나서 연전연승하다 마지막으로 동원東垣을 공격하니 동원이 항복하지 않고 버틸 뿐 아니라 병사들이 나와 황제에게 욕을 했다. 결국 동원이 버티지 못하고 항복하자, 유방은 자신에게 욕을 했던 자들만 골라 베고 나머지는 경형黥刑에 처했다. 버티는 성을 힘으로 항복시킨 후 한 행동이었다. 친정에 나선 황제에게 감히 욕을 한 것은 요언과 비방죄에 직접 해당하니 변명의 여지가 없고, 끝까지 버틴 성은 규모가 작을 경우 도륙하는 것이 관례였다. 그러나 그는 법을 벗어날 길이 없는 일부만 골라서 죽이고, 나머지는 모조리 살려준 것이다. 유방이 강조한 것은 처벌이 아니라 표창이다. 진희에게 항복하지 않고 버틴 성의 백성들은 모두 3년의 부세를 면해주었다. 유방은 진시황처럼 반란을 일으킨 성의 군리를 다 베는 행동을 결코 하지 않는다. 반란군을 이끌던 때부터 유방의 정책은 명확했으니, 바로 용서를 통한 투항 권유였다. 항우가 성을 함락하고 자주 도륙했기 때문에 모두 그를 두려워하면서도 꺼렸지만 유방은 도륙을 피함으로써 민심을 얻었다. 대의 반란을 평정한 후 그는 다시 천하에 대사면령을 내렸다. 그 사면령은 주로 진압 작전에서 반란죄에 걸린 이들의 죄목을 사해주는 것으로 보인다.

《한서》〈고제기〉의 사면 기록을 정리하면 이렇다.

6년 12월, 오랫동안 종군하여 법령을 익히지 못한 자들이 저지른 범죄를 사했다. 전국적인 규모였다.
9년 12월, 사형을 범한 이가 아니면 사면했다. 전국적인 규모인지는 알 수 없다.
10년 10월, 태상황(아버지)의 장례를 치르고 역양의 사형수 이하 죄수를 사면했다.
11년 1월, 대 땅을 평정한 후 전국에 대사면령을 내렸다.
11년 7월, 영포를 치기 위해 전국의 사형수 이하 죄수에게 사면령을 내려 종군하도록 하다.

이로 보면 유방은 대략 해마다 사면하여 옥을 비웠던 셈이다. 싸움이 있은 후, 싸우기 직전에는 어김없이 사면령이 내려졌다. 그러므로 법은 경제 및 전쟁과 불가분의 관계였다. 유방이 당면한 통치 목표는 법으로 사회를 통제하는 것이 아니라 생산 인구를 늘리는 것이었다. 7년 봄, 백성이 아들을 낳으면 두 해 요역을 감하는 조치를 취한 것을 보아도 알 수 있다. 또한 《사기》〈화식열전〉에 따르면 한나라 건국 후 산과 못에 대한 금입禁入 조치를 없앴다고 한다. 지금 금령 해제 규모가 어느 정도였는지 확인하기는 어렵다. 그러나 소하가 건의해서 상림원의 빈 땅에 백성들이 농사를 지을 수 있게 하자고 요청한 것도 분명 금령 해제 조치의 하나였다. 모두 생산을 장려하기 위한 조처였다.

요약하면, 법을 정치와 경제에 종속시키고자 하는 그의 의지는 확고했다. 간단히 말해 그의 통치 시기 혹독한 조문들이 존재했다고 해도 현실적인 제약과 정치적인 판단 때문에 실제로 실행되지는 않았다.

4. 유방의 부세와 요역 정책

이제 필자는 한의 건국자가 백성들이 법의 함정에 빠지는 원인을 간파하고 상당 부분 제거했다는 주장을 논증할 것이다. 사마천과 반고가 수많은 판례를 검토하고 얻은 결론은 바로 가난(가난에는 육체적인 고역도 포함된다)이 범죄의 온상이라는 것이다. 가난하면 훔치든지 속이든지 남을 해칠 수밖에 없다. 생산력이 획기적으로 변하지 않는 상황에서 백성의 가난은 국가의 낭비성 지출과 관련이 있다. 낭비성 지출의 핵심은 과시성 전쟁이고, 이를 거드는 것은 비생산적인 토목공사다. 진은 이 두 가지를 동시에 실행하다 망했다. 범죄의 원인이 가난이라면, 유일한 대책은 과중한 부담을 줄이는 것이다. 유방은 이를 간파하고 있었다. 복잡한 문제를 해결하기 위해 먼저 후대의 일로 부족한 기록의 공백을 메워 진말의 상황을 추론해본 후, 다시 법조문으로 돌아가는 논증 방식을 취해보자.

사서들은 거의 예외 없이 진의 멸망 원인으로 3분의 2의 과중한 세[太半之稅]와 빈민들까지 수자리로 몰아넣는 과중한 군역[閭左之戍]과 갖은 요역, 그리고 이를 견디지 못한 백성들의 이반과 이를 막기 위한 과도한 법 집행을 든다. 사서의 과장이 아닐까? 물론 진의 위정자 집단의 꼭대기에 있던 이사와 풍거질이 올린 상서에 "수자리와 물자 운송 때문에 고되고, 벌인 일 때문에 생긴 노역의 고통에 더해 부세까지 너무 무겁기에" 백성이 반란을 일으켰다고 명시하고 있으니 진이 백성을 괴롭힌 것은 부정하기 어렵다. 그러나 아무리 진이 가혹하다 하더라도 3분의 2의 중과세에 더해 각종 요역을 현실적으로 부과할 수 있었을까? 결론부터 말하자면, 진은 정확히 태반은 아닐지라도 과반의 과중한 세금을 거뒀다!

먼저 과연 어느 정도가 국가 경제가 지탱할 수 없고 백성이 인내할 수 없는 수준일까? 진은 어느 정도 자기 백성을 학대했을까? 그것은 인구의 규모와 국부의 규모에 따라 달라지겠지만 진이 어디까지 갔는지는 현실적으로 고증할 길이 없다. 출토 자료는 구체적인 수치가 없고, 한나라 사관들이 쓴 문헌 자료는 모두 '과장'의 혐의를 받는다. 앞으로 문서가 출토된다 한들 조세·군역·요역 규정과 실제의 징수·징발 사이의 차이를 명백히 밝힐 수도 없다. 당대의 정치경제적 상황에 따라 정책도 변하고 실제 실행은 더욱 심하게 요동치기 때문이다.

진말과 한초 인민들의 부담을 비교할 객관적인 방법이 없을까? 우리는 후대의 명백한 자료를 통해 당시 인민들의 '생활비'를 계산해낼 수 있다. 그러므로 어떤 과정을 거치든 종국에는 수입과 지출이 일치할 수밖에 없는 회계학의 원리를 적용하면 경제문제의 핵심을 충분히 파악할 수 있다.

그러므로 필자는 단편적인 사실과 기록을 긁어모으는 대신 하나의 강력한 방증을 제시하겠다. 우리는 진시황을 역할 모델로 삼은 사나이, 바로 한 무제의 실책으로 인한 국가 경제 붕괴 과정에 관한 자세한 기록을 가지고 있다. 그에 비추어 보면 진이 북방 주둔군 30만 명(44개 현을 개척하려면 기록대로 30만 명은 되어야 할 것이다), 남방 주둔군 25만 명(어떤 기록은 50만 명이라 하지만 우리는 양보하여 그 반만 취하자), 관중의 형도 35만 명(사서는 70만 명을 제시하지만, 역시 반만 취하자), 관중의 정예 상비군 5만 명과 말과 개 따위를 '실제로' 유지했다면, 인구 2000만 명을 갓 넘는 진의 경제규모로는 과반의 세를 걷지 않고는 도저히 산술적으로 감당할 수 없다.

왜 그런가? 첫째, 중국의 모든 강은 동쪽으로 흐르기 때문이다. 둘째, 인구는 관중에서 중원과 화동으로 이어지는 평원에 모여 있기 때문이다. 셋째, 이 인구 밀집 지대에서는 말을 키울 수 없기 때문이다. 기이한 이야기로 들리겠지만 간단히 설명할 수 있다. 중원 쟁탈전 시 상류 분지는 이른바 무력을 행사할 수 있는 요지다. 그러므로 전국시대에 관중은 전략적으로 최상의 요지였다. 강을 따라 물자를 운반하며 공격하기는 쉽고 좁은 입구만 틀어막으면 방어할 수 있으니 산동의 나라들보다 몇 배나 적은 힘을 들이며 오히려 큰 효과를 거둘 수 있었다. 그러나 남북, 즉 호와 월을 상대할 때 동으로 흐르는 강은 아무런 도움이 되지 않는다. 강이 동에서 서로 흐르면 산맥도 따라 흐른다. 물자는 남방의 거미줄 같은 강과 산을 가로지르고, 또 북방의 불모지를 건너 남북으로 운반되어야 하기에 도달하기 전에 길에서 거의 소모되어버렸다. 또한

험난한 육량의 지형. 새로 진의 판도로 들어온 육량은 병역이나 요역을 피해 도망친 사람, 집이 가난해 남의 노예가 된 사람, 장사로 먹고사는 사람들 등을 붙잡아 군사로 만들어 지키도록 한 지역이다. 흉노를 쫓아내고 서북에 44개 현을 설치하고 장성을 쌓는 일인 만큼, 남방 정벌에 드는 인력과 비용도 막대했다.

관중에서 벌인 일을 지원하고자 산동의 물자를 쓰자니 험난한 황하의 급류를 거슬러 올라와야 했다. 이 또한 육운보다 별로 나을 것이 없는 길이었다. 남방, 즉 오늘날 운남·귀주·광서·광동 일대의 물은 모두 동쪽으로 흐르고 상당수는 남에서 북으로 오르다 동쪽으로 빠진다. 고원과 협곡과 구불구불 역류하는 강을 건넌 이들에게 최소한의 후방 지원을 하자면 장강 상류 백성이 부담을 져야 함은 불을 보듯 뻔하다. 또한, 호와 월은 인구 부족 지역이라 모두 중심부의 인구집중 지대(관중-중원-화동)에서 사람들을 옮겨야 했다. 이들은 일용품을 이고 지고 동으로 흐르는 강을 끝없이 건너며 남으로 북으로 가야 했다. 장사에서 남쪽으로 나가는 길을 개척했지만 영남으로 가는 길은 멀고도 멀었다. 직접적으로 대택향의 여좌 900명을 머나먼 어양으로 보내려다 진은 결국 망하고 말았다. 그때 그들은 왜 도착하지 못했는가? 비 때문에 길이 끊어졌기 때문이다. 물길이 북으로 향했다면 길이 끊어지지는 않았을 것이다.

마지막으로 무시할 수 없는 요인이 말[馬]이다. 전쟁을 하자면 말이 없을 수 없다. 호와 전쟁을 하자면 반드시 말 위에 올라야 한다. 그러나 중원에는 좋은 초지가 없으므로 여물을 먹어대면 그 부담을 백성들이 져야 한다. 호에게 말을 사는 방식이 있지만 그들은 항상 하등의 말만 넘겼고, 또 그 가격이 엄청났다. 하등의 말로는 전투에서 이길 수 없다. 또 말을 확보하기 위해서 초지를 확보해야 한다. 그러나 초지에서는 곡식이 잘 자라지 않기에 둔전을 개간하여 군량을 자급하기 어렵다. 이리하여 초지가 부족한 중원에서는 말이 농민에게 부담이고, 초지가 풍부한 북방에서는 주둔군이 다시 농민에게 부담을 준다. 〈이년율령〉 〈전률田律〉에도 "상군上郡은 땅이 척박하여 양초를 타지의 3분의 2만 낸다"고 기록되어 있다. 바로 이 상군 너머 진의 핵심 주둔지가 있었다.

상군의 생산력으로도 주둔지의 수요를 감당할 수 없으니, 부족한 부분은 모두 관중과 산동에서 부담해야 한다. 한편 남쪽으로 간 이들은 대개 보병이었을 것이다. 아열대에서 아예 말이 살 수 없기 때문이다. 말을 타고 이 지역을 침공한 이들은, 심지어 몽골까지 모두 실패했다. 그러나 남쪽으로 이어진 역참에는 말이 있어야 하고 대장들도 말을 타야 한다.*

---

* 〈이년율령〉 〈진관령〉에 "장사 땅은 저습하여 말을 기를 수 없다. 관중에서 말을 공급해주기를 바란다"는 기사가 있다. 진대 남방으로 통하는 간선도로는 바로 장사에서 시작된다.

또한 전투를 하려면 최소한 운송용 말이라도 있어야 한다. 이런 말들은 모두 먼 북방에서 와야 했다. 우리는 오나라의 손권이 위나라에 대적하고자 요동에서 배로 말을 운반한다는 황당한 계획을 세운 것을 기억한다. 전투에서 말은 그토록 귀중하다. 말을 포함하여 남방을 정벌하기 위해 떠난 육축이 얼마나 살아남았는지는 의문이고, 모두 어마어마한 비용이 들었다.

이제 진시황과 극히 유사한 대외 정책을 구사했던 한 무제 시기로 들어가 구체적인 비용을 추정해보자. 연이은 전쟁으로 경제가 파탄 나고 끔찍한 형벌이 자행되던 시기다. 《한서》 〈형법지〉에 먼저 이렇게 평가되어 있다.

> 효무제가 즉위하니 밖으로 사방의 오랑캐를 공벌하는 사역이 있었고, 안으로는 눈과 귀를 즐겁게 하는 사치의 풍속이 성해져, 인력 징발이 빈번해지고 백성들은 닳도록 궁핍해졌다. 궁해진 백성이 법을 범하니〔窮民犯法〕혹리들이 잡아들여 가혹은 판결을 내려도 법을 어기는 이를 막을 수 없었다. 이리하여 장탕張湯과 조우趙禹(혹리들이다)의 무리를 들여 써서 법령을 하나씩 만들어내니, 관리가 죄를 인지하고도 고발하지 않으면 감찰자를 같은 죄로 묻는 조항을 만들고, 혹리가 가혹하게 사람을 해치고 잡아들여도 그 죄를 용서했으며, 범죄인을 놓아준 혐의를 받는 관원은 바로 죽였다.

이리하여 "법률이 무려 359장, 그중 대벽죄大辟罪(사형죄)에 해당하는 죄목이 409조[*]에 이르렀지만 범죄는 오히려 창궐했다고 한다.

주목할 것은 반고의 논증 방식이다.

전쟁과 지배층의 과소비(토건 따위)로 인한 백성의 궁핍화 → 궁핍한 백성이 범죄에 노출되고 범행을 저지름 → 가혹한 법을 만들고 엄격하게 시행 → 법을 피하려는 백성과 집행자 사이에 대결이 벌어지지만 범죄자만 양산함

결국 정치의 실패, 특히 지나친 대외 전쟁의 추구가 범죄자를 양산하고, 상층 지배집단(특히 황제)이 가혹한 법리들과 결탁하여 백성을 더욱 범죄자로 몰아간다. 이는 이미 사서와 〈주언서〉에서 확인한 바, 진이 밟았던 길이다. 한 무제는 어느 정도 동원했던 것일까? 일단 한 무제 당시 인구는 최소한 진의 두 배, 문제와 경제의 오랜 치세를 거치면서 축적이 이뤄져 곡가가 거름 가격으로 떨어졌던 풍족한 시절이었음을 염두에 두어야 한다. 그러므로 그 무렵의 한은 진시황 당시의 진의 국력을 훌쩍 뛰어넘었다.《한서》〈식화지〉,《한서》〈무제기〉,《사기》의 각 편을 통해 동원된 인구를 대략적으로 정리해보자.

기원전 108~107년 조선 정벌: 이 정벌은 한사군 설치와 이어지므로, 최소 10만 명은 동원되었을 것.
즉위 11년부터 시작된 서남이(사천성 남부와 운남) 개척: 동원 인구는 수

만 명, 수년을 끌었다.

기원전 112~111년 남월 정벌: 누선졸 20만 명 이상을 동원.

흉노 원정 및 북방 축성: 기원전 133년 마읍에서 선우를 끌어들여 치려고 하다 친선을 깨면서 흉노와의 전투가 격화되었다. 중요한 사역만 기록하면 즉위 14년 삭방으로 10만 인구를 이동시켜 성을 쌓고(축성 비용은 수십억에서 100억 전!), 즉위 18년 대장군 위청이 10만 명을 이끌고 삭방, 고궐 등으로 가 흉노와 싸웠으며, 이어 대장군 위청이 10만 명을 이끌고 다시 정양 등으로 원정했다. 이어 장건과 이광의 우북평 원정, 대장군 위청이 기병 5만 명과 보병 수십만(10만 이상?) 명을 이끌고 대를 나서 흉노를 공격하여 양측 전사자 수만 명이 생겼고, 곽거병이 해를 이어 흉로를 공격했다(이때 말이 귀하여 평목마平牧馬가 필당 20만 전). 기원전 104년 이광리의 페르가나 원정에 기병 6000명과 보병 수만 명이 동원되는 등 사망 직전까지 군사행동은 이어졌다.
기원전 111년 서강 정벌: 동원 10만 명.

이제 《식화지》로 돌아와 비용을 정리해보자. 서남이로 통하는 길을 개척할 당시의 기록이다.

대략 10종(64석)을 보내면 1석만 현지에 도달했다. 그래서 현지에서 곡식을 내면 치소에서 돈으로 주는 방식을 취했다.

물론 물자를 옮기면 64분의 1만 도달했다는 말은 과장일 것이다. 하지만 비용은 분명 끔찍했다. 훗날 제갈량이 서남이 정벌을 위해 만든 길의 폭이 겨우 5척이라 5척도라 불렀으니, 당시 닦은 길도 대략 이 정도 폭이었을 것이다. 이런 길로는 물자를 마음대로 옮길 수 없다. 그럼 한 사람이 원정지에서 쓰는 비용은 얼마 정도일까?《한서》〈공우전貢禹傳〉에 흥미로운 기사가 있다.

> 관노비 10만여 명이 놀고먹으며 하는 일이 없는데, 모두 양민의 세금으로 부양해야 하니, 해마다 비용이 5~6억 전입니다. 응당 이들을 모두 서민으로 만들어 국가의 곡식으로 먹이고 관동의 수자리를 대신 서게 하고, 북변의 요새에 올라 정찰 임무를 맡겨야 합니다〔又諸官奴婢十萬餘人戲遊亡事, 稅良民以給之, 歲費五六鉅萬, 宜免為庶人, 稟食, 令代關東戍卒, 乘北邊亭塞候望〕.

이렇게 보면 국가가 노비 한 사람을 부양하는 데 드는 비용이 대략 1년에 5000전이다. 그렇다면 전선으로 나간 전사를 유지하는 비용은 그 몇 배가 될까? 10만 명을 삭방으로 이주시켜 성을 쌓은 비용이 수십억 전에서 100억 전에 달했다 했으니, 적게 잡아도 전선에 나가 있는 사람을 부양하는 비용은 관노비 부양 비용의 수 배에서 많게는 10배

• 공우는 한 무제 시기에 청장년 시기를 보냈다. 그는 한 무제의 정치를 잘 알았다.

는 이른다고 할 수 있다. 사람만 나가는 것이 아니라 말도 나간다. 시기마다 인두세의 편차는 크지만 대략 100전이라고 하고 한 무제 초기의 인구를 4000만 명으로 추산하면, 인두세 소득 전체(3세부터 인두세 부과)는 겨우 40억 전에 불과하다. 대략 10만 명을 1년 전장에 보내기 위해 전국에서 거둔 인두세를 다 써야 한다.

한대 전조田租는 공식적으로는 언제나 10분의 1 이하였다(15분의 1, 30분의 1). 이론적으로 전조로 호당 소득의 10분의 1을 낸다고 해도, 전체 인구의 10퍼센트(최대한 400만 명의 식비라고 하자)의 식비를 감당할 수 있을 정도다. 그러나 노비를 부양하는 비용으로 계산해보면, 식비는 전체 부양비의 몇 분의 일'에 지나지 않는다. 그러므로 노비 부양비로 따지면 전조로 최대(그야말로 최대) 100만 명을 부양할 수 있다. 그런데 변방에서 작전을 하거나 축성을 하는 인력이 소모하는 비용은 노비가 쓰는 비용의 몇 배, 심지어는 열 배에 달한다. 그러므로 1년에 전조로 동원할 수 있는 인력은 최대(역시 그야말로 최대) 20만 명가량이다.

그러나 국가가 전쟁만 하는 것이 아니다. 관료들을 먹이고 토목공사를 하고 관노비를 부리는 등 수많은 민간행정 비용이 있다. 예를 들어 동원과 이에 따른 운송비로 재정에 압박이 오자 운하를 착공했는데 그

• 사료에서 보수적인 값만 취해서 곡식을 석당 최대 50전(무제 초기에는 실제로 이보다 훨씬 저렴했다)으로 하고, 성인 한 명이 월 1.5석을 소모한다고 하면 1년 식비가 겨우 900전이다. 그런데 공우는 노비 부양 비용을 거의 5000전으로 추산했다. 그러니 식비는 부양비의 극히 일부(5분의 1)였던 셈이다. 인구 이동 및 안착 비용은 거리에 비례해 크게 늘어난다. 예컨대 흉노 혼야왕의 3만 투항 무리 영접과 안착에 무려 100억 전을 소모했다고 한다. 그러니 단순한 식비는 안착 비용 중 극히 미미한 것이다.

비용이 무려 수십억 전이었다고 한다. 게다가 이런 운하가 다 성공하는 것도 아니다.

그 결과 어떤 일이 벌어졌을까? 다시 〈식화지〉를 요약해보면, 끊임없는 대외 정벌로 언제나 창고가 텅텅 비니, 먼저 노비를 들이는 자는 종신 부세 면제를 해주고 낭중의 직을 수여했다. 물론 이런 임시방편은 부세 기반을 더욱 악화시켰다. 걸어 다니는 식량, 즉 양¥을 들여서 낭중이 되는 제도가 시작되었다. 그리고 무공작武功爵이라는 작위를 급당 17만 전에 팔았다. 물론 이런 흉노 원정 시 장안에서 여물을 먹는 말만 수만 필인데, 이 말이 얼마나 귀한 몸인가. 10만 전이 넘는, 즉 1000명의 인두세에 해당하는 귀한 몸이다. 군졸은 관중에서 징발할 수 없으니 다른 곳에서 징발해왔고, 이는 다시 산동의 궁핍을 불러왔다. 민은 결국 기아 상태에 빠져, 고리대에 노출되고 땅을 잃었다. 화폐 질서는 몰락해 돈은 점점 가벼워지고(물론 국가가 발행 비용을 챙기는 것이다), 염철을 전매해 독점이익을 얻었다*(경제학 이론에 의하면 독점이익은 언제나 자유 경쟁 상황의 편익보다 작으므로 결국 전체 경제를 좀먹는다). 결국 헤아릴 수 없을 만큼 많은 사람들이 전장, 길, 혹은 거주지에서 죽고 호는 반으로 줄어들었다. 이런 참상은 무려 반세기나 통치한 그의 죽음 후에나 끝났다. 그 자신의 사치와 미신 숭배로 인한 비용도 엄청났다. 사형수를 양산한 후 50만 전으로 면죄부를 팔아대니, 악당이라도 돈이 있으면 떵떵거리

---

* 진의 염철 전매를 두고 〈식화지〉는 "염철의 이익은 예보다 20배[鹽鐵之利二十倍於古]"라고 했으니 염철 전매의 이익은 엄청났던 모양이다.

고 없는 사람은 마구잡이로 휘두르는 칼날의 희생자가 되었다. 한번 정치적인 사건이 생기기만 하면 수만 명을 죽이니 진시황도 그를 따를 수 없었다. 그 결과는 《한서》〈소제기〉에서 "군대가 출정한 지 30여 년, 천하의 호구가 반으로 줄었다[師出三十餘年, 天下戶口減半]", 《한서》〈오행지〉에서 "해내가 비어 호구가 반으로 줄었다"라고 기록된 것에서 확인할 수 있다.

천하의 인구가 반으로 준 것은 아닐 것이다(그것은 너무 참혹하다!). 그러나 호구는 실로 반으로 줄었다. 공식적인 경제 규모가 반으로 줄어든 것이다. 이렇게 무제가 해마다 10만 명가량 동원하자 통일 직후 진보다 두 배 큰 한이 거덜났다. 만약 해마다 20만 명을 동원한다면 국가는 생존할 수 없다. 그런데 진은 100만 명을 동원했다고 한다!

당시 한나라와 진나라 말기에는 축적과 규모의 차이가 있을 것이고, 2세와 한 무제의 정치 능력도 차이가 났을 것이다. 하지만 인민이 극도로 피폐해진 것은 진나라 말기나 한 무제 시기나 마찬가지였다. 큰 나라라도 지출이 수입을 감당할 수 없으면 망하는 것이다. 경제가 흔들리면 범법자는 자연히 늘어난다. 진도 한처럼 죄인을 팔아먹었고, 또한 죄인들의 노동력을 아끼지 않았다. 죄인들은 평생 변경으로 쫓아 수자리를 세우거나 공사판의 역도로 쓰면 밥 먹이는 비용만 대면 될 것 아닌가? 그러나 죄수도 사람이다. 벌인 일을 처리하자면 비용은 끝이 없는데, 죄수에게 최소한의 대접이라도 해주려면 양민에게 부담을 떠넘길 수밖에 없다.

요약하면, 어떤 학자들은 태반의 부세가 과장이라고 간단히 치부하겠지만, 그 어마어마한 사역을 감당하기 위해서는 태반은 아니라도 그에 근접했다고 가정할 수밖에 없다. 한 무제가 진시황을 따라 하다 나라를 거덜냈는데, 전국시대의 피폐상을 물려받은 데다 인구가 반밖에 되지 않는 진이 한 무제 이상을 동원하면서 버틸 재간이 있겠는가?

이제 법조문으로 다시 돌아가 보자. 〈이년율령〉〈요율徭律〉 규정은 주로 요역이나 수자리 면제에 관한 규정이고,《수호지진간》〈요율〉은 잡다한 금령과 처벌에 대한 규정이니 수평으로 비교하기 어렵다. 한이 진의 잡다한 조문을 모두 삭제했을 가능성도 있지만, 필사자가 일부러 쓰지 않았을 수도 있기 때문에 명백히 대조할 수 없는 구문으로 법의 성격을 비교하기는 어렵다. 다만 양쪽의 〈전률田律〉 규정은 한이 진을 계승한 부분[**]과 일부 수정을 가한 부분이 보이는데, 한의 법이 미약하나마 인민에게 우호적이었던 듯하다. 약간의 추론을 가하고,《통전》의 기록과 대조하면 진과 한의 질적인 차이를 찾을 수가 있다. 먼저 한률의 규정을 살펴보자.

> 갈 수 없는 밭은 주지 않는다. 받는 사람이 받으려 할 때 허한다〔田不可田者, 勿行. 當受田者欲受, 許之〕.

- 필자는 윤재석 옮김,《수호지진묘죽간 역주》(소명출판, 2010)의 번역을 크게 참고했다. 필자와 번역 의견이 다른 부분은 일일이 각주를 달지 못했다.

- [**] 예컨대 〈이년율령〉의 "禁諸民吏徒隷, 春夏毋敢伐材木山林……毋毒魚" 부분은 《수호지진간》의 "春二月, 毋敢伐木山林及雍(壅)水……" 부분을 약간 축약한 것이 확실하다.

경당 추芻(사료용 풀, 즉 양초)는 3석씩 낸다. 상군은 땅이 좋지 않으므로 추 2석을 낸다. 고稟(볏짚)는 모두 경당 2석이다. (중략) 추는 석당 15전, 고는 석당 5전이다〔入頃芻稾, 頃入芻三石, 上郡地惡, 頃入二石, 稾皆二石. …… 芻一石當十五錢, 稾一石當五錢〕.

땅을 갈 수 없어 돌려주고 싶어 하거나 받으려 하지 않을 경우, 이를 허락한다〔田不可很而欲歸, 毋受償者, 許之〕.

위의 한률 규정은 분명 진률에서 나온 것이다.《수호지진간》에 나오는 전률의 규정을 그대로 읽어보면 이렇다.

매 경의 토지마다 추고芻稾를 납입해야 함에, 받은 토지의 면적에 따라 납입해야 하는데, 땅을 갈았는지 안 갈았는지 상관없이, 매 경마다 추 3석과 고 2석을 납입해야 한다〔入頃芻稾, 以其受田之數, 無墾不墾, 頃入芻三石稾二石〕.

두 법은 명백한 차이가 있다. 한률은 땅이 마음에 들지 않으면 돌려줄 수 있다고 한다. 토지가 좋지 않은 곳은 세금을 줄여주기도 한 것 같다. 주목할 점은 진률에 의하면 땅을 갈지 않아도 똑같이 세금을 내야 한다는 점이다. 땅을 갈지 않는 사람 중에는, 이미 토지를 남에게 저당 잡히거나 넘긴 사람도 있을 것이다. 상앙은 '게을러서' 가난해진 사람은 노비로 들인다는 과감한 주장까지 한 적이 있다. 어쨌든 땅을 갈지

않으면서 세금을 내야 한다면, 당사자는 이미 가난한데 이중으로 가난해질 수밖에 없는 처지다.'

이제 《통전》 〈식화전〉 '부세賦稅' 조의 문장을 읽어보자. 비밀의 열쇠가 여기에 들어 있다.

> 진시황이 건국한 후 제후를 파하고 스스로 들어 쓰는 것을 귀하게 여겼다. 봉지를 통틀어 한 줌의 곡식과 한 자의 포, 한 사내의 노역까지 모두 자기가 오로지했다. (백성들은) 봄부터 가을까지 1만 리를 오가며 세를 내니 얻는 것은 지극히 적으나 고통은 지극히 컸다(往還萬裏, 是所得者至寡, 所苦者至大). 하의 공貢, 은의 조助, 주의 자藉까지 대개 세는 10분의 1이고, 대개 땅에 따라 세금을 매겼다(因地而稅). 진은 그렇게 하지 않고 땅을 버리고 사람에게 세를 매겼다. 그러니 땅이 부족해도 세금은 반드시 내야 했으니(秦則不然, 舍地而稅人, 故地數未盈, 其稅必備), 이리하여 가난한 자는 부역을 피해 달아나고 부유한 자는 태연히 겸병했다. 이에 더하여 안으로 일을 일으키고 밖으로 오랑캐를 밀어내니 태반의 부를 거두고, 여좌의 수자리를 일으켜, 천하의 재부를 모두 고갈시켜 그 정책을 지탱하려 했으나 여전히 그 욕심을 채울 수가 없었다. 2세가 이를 승계하여 그 잘못을 고치지 않고 도리어 잘못을 더하니, 온 천하가 원망하여 드디어 달아나 반기를 들었다.

• 전한 중후반의 일로 미뤄보면 가난한 이들은 땅을 상인이나 부호에게 팔아버리고 끝에 몰리면 도적으로 돌아서는 상황이 적지 않았을 것이다(貧民雖賜之田, 猶賤賣以貴, 窮則起為盜賊)(역시 공우의 상소다).

《수호지진간》〈효율效律〉에 "정부에서 운수 노역을 징발할 때, 만약 백성이 현으로 가서 수레를 세내거나 사람을 고용하여 일을 시키면 법률로 논죄한다[百姓或之縣就(僦)及移輸者, 以律論之]"는 조항이 있다. 그러니 자신에게 할당된 운수 노역은 분명히 스스로 해야 하는 것이다. 원래 목적은 빈부에 관계없이 공평한 요역을 부과하려는 것이겠지만, 실상은 벽지 척박한 땅에 거하는 사람들의 고통이 더 늘어날 뿐이다.《통전》에 멀리 운반했지만 목적지에 닿는 것은 적었다는 것과 일맥상통한다.

더 중요한 점은 세금 부여 대상이다.《통전》에서 지적했듯이, 진은 일단 (점령지) 백성에게 땅을 수여하면, 그 땅을 받은 사람이 땅을 어떻게 활용하는지에 상관없이 수여한 기록에 따라 세금을 거뒀다. 상앙이 땅을 제대로 활용하지 못하는 사람을 노비로 거둬들이자고 했듯이, 땅을 잃은 것은 자기 책임인 것이다. 진이 계속 팽창하면서, 행정력이 곳곳에 다 미치지 못했을 것이므로, 일단 처음 준 토지에 따라 부세를 거두는 것이 행정적으로는 의미가 있었다. 그러나 1경의 토지도 갖지 못하고 가난해진 사람은 어떻게 되는가? 받은 밭이 척박하거나 어쩌다 그것마저 잃으면 어떻게 하는가? 몰락하거나 먹고살기 위해 범죄로 빠져든다.

유방의 대응은 전면적으로 범죄의 기반을 없애는 것이었다. 그는 통일 후 먼저 부세를 확고하게 줄여 전조는 15분의 1로 했다. 이로써 경사의 비용을 감당하고 관리들의 녹봉을 줄 수 있었을까? 유방은 극도로 비용을 줄여 산동에서 오는 곡식이 해마다 수십만 석에 불과하도록 통제했다. 그리고 군사적인 비용으로 쓰기 위해 초한쟁패 와중에 만든 산부算賦라는 제도가 있다. 진의 인두세를 본받아 만든 것으로, 여순의 《한서》〈고제기〉 주에 의하면 15세에서 56세까지 구당 120전을 냈다고 한다. 이는 군비를 충당하기 위함이었는데, 금액은 대개 하락했지만 후대로 이어졌다. 전조, 산부算賦, 양초와 짚단으로 받는 현물세, 노동력을 충당하는 요역이 국가가 인민에게 지우는 부담의 근간이었다. 물론 이 세율은 진과 비교하여 절대적으로 적었다.

또 하나 지적할 것이 있다. 《수호지진간》에 나온 묘의 묘주가 17세에 부적傅籍에 이름을 올렸다는 사실이다. 그러나 유방은 23세에야 이름을 부적에 올리는 조치를 취한 듯하다. 그렇다면 젊은이들이 부세와 요역 및 군역을 면제받는 기간이 몇 년이나 늘어난다.

《한서》〈고제기〉 '한왕 2년' 조에, "한왕(유방)이 형양에 주둔하고 있을 때 소하가 (유사시라 법률을 무시하고) 관중의 노약자와 부적에 이름을 올리지 않은 이들에게 모두 군대로 보내 지원하게 했다"는 구절에 있는 여순의 주를 보면, 여순은 "율에 의하면, 백성은 23세면 부적에 올리며, 키가 6척 2촌 이하면 파륭罷癃(체격 미달. 부세 대상이 아니다)이다"라고 하고, 다시 《한의주漢儀注》에 말하길 백성은 23세가 되면 정남이 된다[漢儀注雲民二十三爲正]"고 했다. 그런데 《한서》〈경제기〉에는 "지금부터 (진의 제도를 고쳐서) 천하의 남자는 20세가 되면 부적에 올린다"고 적

• 〈이년율령〉〈부율傅律〉 조에도 "신장 6척 2촌이 안 되는 이는 파륭이다"라는 똑같은 구절이 나온다. 그러므로 여순의 주는 더욱 신뢰가 간다.

혀 있다. 그러니 분명 유방 시절에는 23세에야 부적에 올리도록 했던 것이다. 이른바 미성년 연령을 이렇게 높임으로써 조세와 요역을 담당할 인원이 대단히 줄어들었을 것이다. 물론 유방의 23세 부세 정책은 언젠가 수정이 되어 여후 집권 초기까지 20세가 부적에 등재되는 연령이 된 듯하다.˙어떤 경우이든 한은 진을 계승하면서 부세 및 요역 대상 연령을 높였다. 모두 백성의 부담을 확고하게 줄이려는 조치였다.

이렇게 부세와 요역을 줄이려면 지출이 줄어야 한다. 경사의 지출을 줄이는 것은 절약으로 해결할 수 있다. 그러나 더 큰 지출 항목은 전쟁이다. 이 책의 9장에서 우리는 대외적인 무위無爲를 이야기했다. 유방은 적극적인 대외정벌을 한 번도 하지 않았다. 7년(기원전 201) 10월 대군을 이끌고 흉노와 직접 맞싸운 것도 처음에는 흉노에 투항한 한왕 신의 반란을 진압하기 위한 것이었다. 백등산에서 포위되어 가까스로 탈출한 후에는 흉노와 굴욕적으로 화친하고 해마다 엄청난 물자를 대 주면서도 다시 흉노와 싸우려 하지 않았다. 뒤이어 혜제와 여후, 그리고 한 문제 시기까지 대對 흉노 화친 정책은 이어졌다. 그러므로 진처럼 북방에 어마어마한 돈을 퍼부을 필요가 없었다.

남방 정책도 마찬가지였다. 진은 그토록 큰 고통을 감내하며 남월을 평정했지만, 농민 반란이 일어나자 진이 파견한 관리들은 중원과 연락을 끊고 독립했다. 유방은 육가를 보내 설득하고 남월왕 조타의 지위

• 〈이년율령〉〈부율〉 규정에 따르면, 작위 불경 이하의 자식(아들)은 20세, 관대부에서 좌서장까지 자식은 22세, 우서장 이상의 자식은 24세에 부적에 올리는 것으로 되어 있다.

를 인정했을 뿐 진의 옛 땅을 찾으려 하지 않았다. 전쟁을 하려면 부세를 올리고 요역을 늘릴 수밖에 없었기 때문에 유방은 전쟁 자체를 포기했다.

종합하면, 유방은 부세와 요역을 획기적으로 줄였고 그 부과대상 연령도 고쳐서 백성들이 더 가난해지는 것을 막았다. 황실과 경사의 지출을 최대한 줄이고, 반란 진압이 아니라면 군사를 움직이지 않았다. 그는 백성이 가난해지면 도적이 된다는 것을 알았기에 범죄의 근원을 없애는 데 주력했다. 관중이 "창고가 실해야 예절을 알고 의식이 족해야 영욕을 안다"고 했듯이, 건전한 경제는 법치의 근본이다. 또한 이를 가장 확실히 이해한 사람은 유방이다. 그러므로 유방 집단이 초한쟁패 중에 진법의 경제 관련 조항 일부를 받아들였다고 진과 한이 질적인 차이가 크지 않다고 말한다면 실상을 왜곡하는 것이다.

5. 야누스의 얼굴: 혹법 혹은 강법

진법이든 한법이든 기본적으로 중형주의에 의거한 혹법酷法이었다. 이 장에서 말하는 혹법은 범죄 당사자에 대한 형을 말하는 것이며, 무고한 사람을 연좌하는 경우를 말하는 것이 아니다. 연좌제는 혹법이라기보다 정의의 기본 원칙에 위배되는 가부장제와 군율의 찌꺼기일 뿐이다.

고대법이 혹형인 것은 범죄를 세분하여 처리할 행정력이 부족하기 때문이다. 예를 들어 기원전 18세기 고대 바빌로니아 왕국의 함무라비 왕의 그 유명한 법전의 몇 조항을 살펴보자.

> 16번째, 만약 한 자유인이 도망친 남녀 노예에게 거처를 제공해주고
> 전령의 수배 공고에 그를 내놓지 않았다면, 그 집주인은 사형에 처해
> 질 것이다.[*]
> 21번째, 만약 한 자유인이 (남의) 가택을 침입하였다면, 그들은 그를
> 죽이고 그가 침입했던 틈 앞에 그를 매달아 놓을 것이다.
> 22번째, 만약 한 자유인이 도둑질을 하고 잡혔다면, 그 자유인은 사
> 형에 처해질 것이다.

〈이년율령〉에 근거하면, 사형죄인을 숨겨줄 경우 경위성단형에 처
하고[匿罪人, 死罪, 黥爲城旦舂], 나머지 범죄자를 숨겨주었을 경우 범죄자
와 똑같은 형을 부과한다. 진률과 한률에서 도둑질의 최고형은 경위성
단용이다. 그러므로 진·한률은 함무라비 법전에 비하면 오히려 가벼
운 편이다.

혹형은 세 가지 방향에서 분석해야 한다. 최하층에 백성이 있고, 최
상층에 황제를 비롯한 상위 지배집단이 있으며, 그 중간에 법리를 비
롯한 행정관리들이 있다. 만약 행정관료가 권력을 이용하여 민을 착취
하고 법을 남용한다면 혹형으로 다스려야 한다. 나라의 주인인 민을

• 제임스 프리처드, 강승일 외 옮김, 《고대근동문학선집》, (CLC, 2016)에 의거함.

배신하여 지배 체제를 위협하기 때문이다. 정치가 그릇되고 경제가 파탄났는데도 지배집단과 혹리가 결합하여 민에게 혹형을 가한다면 인민이 반란으로 바로잡아야 한다. 위 사건에서 살펴본 대로, 진나라 시절 유현의 현령처럼 관리가 민의 참상을 참작해달라고 요청했으나 황제가 묵살하고 혹형을 강요한다면 그 체제는 존재의 이유를 의심해봐야 한다. 그런데 정당한 정치가 행해지고 경제가 안정되었는데도 민이 민을 해친다면 그는 영락없는 악한이다. 악한은 혹형으로 다스리는 것이 옳다. 무고한 자를 살인하고 유괴한 자는 최소한 범행에 상당하는 벌로 갚는 것이 정의의 원칙에 맞다.

한은 관료 집단을 견제하기 위한 강법強法(관리 상하좌우 연대책임, 동일 범죄일 경우 관리 가중 처벌 등)을 물려받고 오히려 이를 강화했다. 〈주언서〉에 통일 직후(한 고조 6년, 즉 통일 이듬해) 한이 관리의 권력남용 범죄를 처리할 때 얼마나 엄격했는지 알려주는 안건이 있다.

원래 초나라 관할에 속하다가 갓 한의 판도로 들어온 회양淮陽 신처新郪의 현령 신信은 평소 옥리 무武를 탐탁지 않게 생각했다. 그가 멋대로 행동하고 불손하다는 이유였다. 그래서 자신의 사인 창蒼 등에게 그를 제거하라 명하고 기회를 보고 있었다. 그러던 차에 무가 방범 활동을 위해 순찰을 돌 때 창 등 하수인이 무를 죽여버렸다.

그런데 현의 구도인 병과 동료 한 명이 살인자 창을 잡은 것이다. 그런데 창이 "현령을 위해 불손한 자를 죽였다"고 하니, 병 등은 창을 놓아주었다. 간단히 말해 고급 관리가 하수를 시켜 하급 관리를 죽였고, 현의 경찰이 살인자를 잡았으나 고급 관리가 시킨 것이라고 하니 놓아준 사건이었다. 판결은 어떻게 나왔을까? 심리자가 현령 신, 살인자 창, 살인자를 놓아준 구도 병 및 1인을 이렇게 힐난했다.

"신, 너는 장리로서 일개 현의 높은 자리를 차지하고 있었다. 그런데 스스로의 권세를 믿고 방자하게도, 성실히 법을 받들어 다스리지 않고 [不謹奉法以治] 하수인 창에게 살인을 교사했다. 구도 병, 너희는 도적을 잡는 것이 임무임에도 살인자 창을 잡고도 놓아주었다. 창이 현령 신을 위해 살인을 했다 하더라도, 현령이라고 함부로 사람을 죽일 수 없음에도 너희는 살인자를 놓아주었다. 해명할 바 있는가?"

병 등은 할 말이 없었다. 판결은 이렇게 났다.

"법률에 의하면, 고의로 사람을 죽인 자는 기시형이다. 창은 기시형이다. 또한 법률에 살인을 모의한(이 경우는 살인교사) 자는 살인자와 같은 죄로 처벌한다. 신은 기시형이다. 또한 법률에 죄인을 놓아준 이는 죄인과 같은 형을 받는다. 병 등은 기시형자를 놓아주었으므로 기시형이다. 신, 창, 병 등은 모두 기시형이다."

이 안건에서 옛 초나라 지역 관리들의 권력남용 관행을 알 수 있다. 관중에 자리 잡은 새 지배집단은 이를 용서하지 않았다. 정의의 관점에서 이 판결은 명쾌하다. 고위 살인교사자를 처형해버린 이 법은 혹 법이라기보다 오히려 강법이라 부르는 것이 옳을 것이다. 다시 《사기》〈공우열전〉에서 공우가 한원제에게 올린 상서를 읽어보자.

효문제께서 정치를 하실 때는 (중략) 관리로서 뇌물에 연루된 자는 금고형에 처해 다시 관리가 되지 못하게 하시고, 선한 자를 상주고 악한 자를 벌주며, 친척이라 봐주지 않고, 죄가 명백하면 엎드려 죽음을 받게 하고, 의심하여 확정할 수 없다면 가볍게 처리했을 뿐, 죄를 속면해주는 법은 없었습니다[亡贖罪之法]. 이리하여 금령을 행하면 먹히고, 온 천하가 크게 교화되니, 옥사가 겨우 400에 불과해 형벌이 거의 없어졌다 할 지경이었습니다[天下斷獄四百, 與刑錯亡異].

문제는 형벌을 줄이는 것을 정치의 최대 목표로 삼았으니 '단옥사백斷獄四百'이라는 문구는 문제의 통치를 찬미할 때 수식어로 따라붙는다. 그러나 무제는 어떠했는가?

(사방의 정벌로 땅을 개척한 후) 자신의 공이 크고 위세가 대단하다고 생각하여 결국 욕심을 따라 씀씀이를 채울 수 없으니 옛 제도를 일체 바꾸어 범법자를 (돈을 받고) 속면하고 곡식을 내는 자를 관리로 임명하니 천하는 사치의 풍속에 물들어 관의 기강은 문란해지고 백성은 가난해져, 도적들이 다투어 들고 일어나고 (외국으로) 망명하는 자가 속출했습니다. (중략) 과감하고 흉맹하게 백성을 휘두르는 자를 취하니, 가혹하고 포악하게 아래를 억누르는 자가 높은 자리에 올랐습니다. (돈이 있거나 가혹하여 목적을 달성할 수 있는 자라면 무슨 죄를 지어도 복권되어 다시 관직에 오르니) 코를 베이고 먹을 뜨이는 온갖 형을 받은 자들도 다시

• 반고 또한 문제의 통치를 찬미하며 '단옥사백'을 언급한다. 통계에 근거하여 역사상 유례가 없을 정도로 강력범죄가 적었기에 한 말이다.

으스대며 백성들을 다스리니, 행동이 개돼지 같아도 집만 부유하면
세도를 부렸습니다.

공우는 정치를 다시 일으키려면 돈으로 죄를 면하는 법을 없애야 한
다고 주장한다. 사실 관리들에게 강한 법을 적용하고 용서하지 않는
조항은 잘 지키기만 하면 백성을 지키고 범죄를 줄이는 첩경이다. 관
리들에게는 법을 구부리지 않고 강하게 집행하는 것이 상책이라는 것
이다. 그래서 공우는 인자한 성군이라 칭찬받는 문제가 관리들에게 더
엄격했다고 주장한다. 관리의 권력남용을 강하게 규제하는 면은 진법
의 선진적인 부분으로서 충분히 합리적이다. 강자가 약자를 침탈하지
못하게 하겠다는 국가의 의지를 표현한 것이다.

〈이년율령〉의 관리 규제 법령들은 모두 진대에 갖춰진 것들이다.
〈도율盜律〉에 "뇌물을 받아 법을 구부린[受賕以枉法] 자 및 뇌물을 준 자
는 모두 도둑에 준하여 처벌하며, 죄가 도둑질보다 중한 경우, 중한 것
을 적용하여 논한다"고 했고, 〈구율具律〉에 옥사를 부당하게 처리한 경
우 "고의적으로 죄인을 놓아주거나[故縱], 정직하게 판결하지 않거나
[不直], 심리를 제대로 하지 않을 경우, 죄인이 사죄라면 관리는 그 아래
단계인 오른 발꿈치를 제하고, 그 나머지는 죄인과 같은 형으로 처리
한다"고 되어 있다. "동시에 치옥을 담당하는 자는 모두 각자 그 고발에
근거하여 다스린다[各以其告劾治之]. 감히 함부로 심문하여 다른 죄를 찾
아 법을 구부리거나, 고발하지 않았는데도 함부로 심문하면, 모두 국
옥고부직鞫獄故不直죄로 논한다"고 했다. 모두 진률을 계승한 것이다.

또한 역시 〈구율〉에 "감히 투서로써 사람을 구속하고 국문해서는 안 된다[毋敢以投書者言覲治人]. 이 율을 따르지 않을 경우 국옥고부직죄로 다스린다"고 하여 관리의 권력 남용을 철저히 막았다.˙ 물론 관리들에게 더 높은 도덕성을 요구했다. 〈이년율령〉〈잡률雜律〉에 "남의 처와 화간 하면, 두 당사자는 완위성단용에 처한다. 관리일 경우 강간으로 논죄한 다[諸與人妻和奸, 及其所與皆完爲城旦舂. 其吏也, 以強奸論之]"고 되어 있다. 관 리라면 권세로 남의 아내를 취할 가능성이 크다고 보았기 때문이리라.

이런 상기 조항들은 대개 진법에서 유래한 것이며, 한이 이를 계승 한 것은 합리적이었다.

한편 당사자에게 중형을 부과하는 문제를 두 가지 각도에서 살펴보 자. 진과 한은 똑같이 범죄 당사자에 대해 중형을 부과했다. 사실 흉악 범을 극형으로 처리하는 것은 법의 정신에 맞다. 예를 들어, 고의적으 로 사람을 죽인 자가 자신의 목숨으로 갚는 것은 당연하다. 한은 유괴 범과 같은 흉악범을 살인자 이상으로 엄하게 처리했다. 〈도율〉에 이렇 게 적혀 있다.

사람을 강제 억류하여(유괴하여) 겁박하거나 겁박하여 돈과 재물을 얻 으려고 모의했다면, 비록 겁박하여 얻을 것을 얻지 못했더라도 모두 책형(사지를 찢는 최고의 형벌)이다. 그 처자에게 죄를 물어 성단용으로

• 《수호지진간》 328간에는, "투서는 펴보지 말고, 발견한 즉시 태워라[有投書勿發見輒燔之]"라고 씌어 있어, 오직 정당한 고발만 인정했다.

삼는다(劫人謀劫人求錢財, 雖未得若未劫, 皆磔之. 罪其妻子, 以爲城旦舂).

유괴되는 이는 대략 노약자일 것으므로, 유괴범을 살인자 이상으로 처리하는 것은 의의가 있다. 문제는 무고한 범죄자의 처자다. 그들은 단순히 관노비로 몰수되는 것이 아니라, 성단용이라는 무기형도로 전락한다. 이 연좌제 문제는 다음 절에서 다루겠다.

진 말과 한 초의 도둑질 처벌 규정은 완전히 동일하다. 1전에서 22전까지는 벌금 1량, 최고형은 660전 이상을 훔칠 경우로 일률적으로 경위성단용이다. 5인 이상이 도둑질을 할 경우, 즉, 군도群盜 처벌 규정도 동일하다. 군도의 처벌 규정은 혹독하여 1전 이상만 훔쳐도 발뒤꿈치를 베고 경위성단용에 처했다. 심지어 군도인 줄 알고 음식을 제공해도 같은 죄로 처벌을 받았다. 그야말로 흉악한 군도도 있을 것이나, 군도의 다수는 정치범이다. 이 규정을 그대로 물려받은 것은 변명할 여지없이 한나라도 반란 진압과 정치범 탄압에 집중하는 고대의 전제국가라는 것을 보여준다. 필자는 유방이 실제로 생계형 군도 처벌을 제대로하지 않았다고 주장했지만, 군도 법령을 존치시킨 것은 사실이다.

물론 오늘날 기준에서 악법의 연장, 혹은 강화 현상도 보인다. 이는 대개 가부장제를 강하게 하려는 것과 관련이 있다. 〈이년율령〉〈적률賊律〉에 이렇게 씌어 있다.

처가 포학하여 지아비가 때릴 경우, 날이 있는 것(무기)을 쓰지 않은 경우 상처를 입혔더라도 죄를 묻지 않는다(妻悍而夫毆笞之, 非以兵刃也.

雖傷之, 毋罪]. 처가 남편을 때리면 내위예신이다[妻毆夫, 耐爲隸妾].

얼핏 봐도 이 규정은 아내에게 불리하며 확실히 불합리하다. '포학'
은 증명하기 어려운 행동이며, 또한 무기를 들지 않아도 남성과 여성
은 신체적인 차이가 현저하다. 정의의 관점에서 약자가 강자를 때릴
경우보다 강자가 약자를 때릴 경우 가중처벌하는 것이 옳다. 그러나
당시는 가부장제 사회였다. 진률은 어떠했을까? 《수호지진간》 351간
에는 이렇게 기록되어 있다.

> 처가 포학하여 남편이 때려서 다스림에, 귀를 찢거나 사지와 손발가
> 락을 부러뜨리거나 신체의 뼈를 어긋나게 하면 어떤 벌로 다스리는
> 가? 답은 응당 내형이다[妻悍, 夫毆治之, 決其耳, 若折支(肢)脂·膚體, 問夫
> 可(何)論? 當耐].

골절이나 탈구는 모두 무기로 상처를 입힐 때 생기는 것이 아니라
단순 구타로 일어나는 것이다. 단순히 비교하면 진률이 오히려 한 초
기의 법률보다 아내를 보호했다고 할 수 있다. 진 말과 한 초, 전체적으
로 한 초에 이미 혹형을 줄이는 방향으로 법이 진화했지만, 분명 역행
현상도 있었다. 한이 진보다 더욱 가부장제로 나가는 현상은 다른 곳
에서도 보이지만 모두 논쟁하지는 않겠다.

요약하면 한은 진의 혹형을 계승했다. 그러나 관리를 더 엄격하게
처벌하는 법률체계를 계승한 것은 합리적이었고, 악한에 대한 혹형은

당시의 행정력을 감안하면 적절한 조치였다. 문제는 혹법이 아니라 악법이다. 이 부분은 유방의 후계자들이 개혁한다.

6. 개혁으로 가는 길

한은 일정한 유예기간을 거쳤다. 이제 악법을 고칠 시간이다.

개혁은 과거의 잘못을 고치는 것이다. 그러므로 먼저 과거의 것, 즉 이 책에서 인용하는 〈이년율령〉의 시대를 명확히 밝힐 필요가 있다. 〈이년율령〉은 한나라 건국 직후, 소하가 만든 임시법인 구장률에 근거하여 상황에 따라 진화하다가 여후 2년까지 유효성이 있던 법이며,

---

• 이 '이년' 문제를 두고 무수한 역사가들이 논쟁을 펼쳤고, '여후 2년(기원전 186)'을 주장하는 사람들이 많은 상황이다. 그러나 고조 2년이든, 혜제 2년이든, 여후 2년이든 본질적으로 차이가 없다. 건국 초기에 만들어진 법률이 일부 수정을 거쳐 여후 초기까지 수정된 것이 〈이년율령〉이기 때문이다. 수많은 법령 중 어떤 것은 분명 여후 시기 수정된 것이다. 예컨대 '구율'에 "여선왕呂宣王의 자손"들 운운하는 부분은 분명 여후 시절에 추가된 것이다. 그러나 같은 '구율'에 "상조, 상조처 이상, 내공손이과 (중략) 응당 육형을 받거나 성단용이 처해져야 할 때, 내이귀신백찬으로 한다[上造·上造妻以上, 及內公孫…… 其當刑及當爲城旦舂者, 耐以爲鬼薪白粲]"는 구절은 《한서》〈혜제기〉 원년의 조서에 다시 등장하는데, 고민高敏 등이 지적했듯이 이는 혜제가 법령에 추가한 것이라고 할 수밖에 없다. 같은 법령에 여후 시기의 것과 혜제 시기의 조문이 공존하는 것이 당대 법의 특징이다. 여후 시기에 갑자기 만들어진 것이 아님은 〈주언서〉의 연대가 확실한 안건만 봐도 명백하다. 고제 6년 조의 안건을 보면, 당시 이미 법령이 모두 갖춰져 있었고 〈이년율령〉의 법조문과 동일하다. 이런 건은 너무 많아 일일이 고증할 필요도 없다. 예컨대 '사율'의 규정과 《한서》〈예문지〉에 인용된 소하의 구장률 규정도 대략 유사하다. 간단히 말해 '구장률'이 진화하여 여후 초기까지 쓰인 것이 바로 〈이년율령〉이다.

당대唐代 장손무기 등이 편찬한 《당율소의唐律疏議》에 '(위문후 시절) 이회의 법경의 6법은 도, 적, 수, 포, 잡, 구 여섯 항목이었고, 상앙이 이를 얻어서 법을 율로 바꾸었다. 한나라 승상 소하가 이회의 6법에 '호戶, 흥興, 구具' 삼 장을 추가하여 구장률이라 했다'고 씌어 있는데, 이는 출토된 〈이년율령〉의 편명과 정확히 일

기본적으로 진나라 법을 베낀 것이다. 필자가 논증한 바처럼 유방 시기 법률은 대체로 느슨하게 집행되었고, 황제는 사면으로 감옥을 비우는 데 집중했다. 본격적인 개혁은 그의 사후 한이 안정된 후 시작되었다.

유방의 아들인 혜제 원년(기원전 195), 첫 번째 육형 완화령이 내렸다.

> 백성의 나이 70세 이상 10세 미만은 육형(신체형)이 선언되어도 신체를 상하게 하지는 않는다[民年七十以上若不滿十歲有罪當刑者, 皆完之].

기존의 감형 연령 기준을 알 수 없지만, 먹을 들이고 코를 베는 신체형을 가하는 나이를 수정한 것이다.

혜제 4년에는 "관리와 백성을 방해하는 법령을 줄이고 협서율을 폐지했다[省法令妨吏民者 ; 除挾書律]." 협서율은 법률을 비방하는 것을 방지하기 위해 이사가 만든 금서령으로, 어기는 경우 족형에 처해졌다. 이는 사실상 사문화된 조항을 없앤 것에 불과해 보인다. 협서율은 진의 대표적인 악법으로 초한쟁패 시 유방이 이를 견지할 까닭도 없고, 통일 직후 장락궁을 완공한 후 신하들의 예배를 받을 때(기원전 200) 이미 숙손통과 노나라 여러 유생들이 만든 유가의 예법에 따라 의례를 진행했다. 또한 건국공신인 역이기와 육가가 모두 박사 출신이 아니면서

치한다. 옛사람들은 한율의 변천을 잘 알고 있었다.

유가의 책을 읽은 유생인데 어떻게 협서율이 설 자리가 있었겠는가?

여후 원년(기원전 187)에는 "삼족이와 요언령이 폐지되었다〔前日孝惠皇帝言欲除三族罪, 妖言令, 議未決而崩, 今除之.〕" 본문에 "혜제가 삼족을 주멸하고 비방하면 족형을 가하는 혹법을 없애려다 완수하지 못하고 죽었다"고 하니, 혜제 시기부터 이 법령은 유명무실했을 것이다. 《사기》〈진시황본기〉에 협서율, 비방誹謗 및 견지지죄에 대한 내용이 나온다. "감히 《시》와 《서》를 말하는 자는 기시이며, 옛 일을 들어 지금을 비방하는 자는 족을 멸하고, 관리가 이를 알고도 고발하지 않으면 같은 죄로 처리한다"는 내용으로 혹독한 금령이자 연좌법이었다.

한 문제 2년(기원전 179) 5월 다시 비방과 요언령을 없애라는 조서가 내려온다.

> 지금부터 비방·요언의 법을 범하는 이가 있어도 법으로 다스리지 마라〔自今以來, 有犯此(誹謗·妖言)者勿聽治〕.

여후 시기에 없앤 요언령과 다른 것일까? 안사고는 한서에 주를 달며 여후 때 없앤 법령을 한 문제 때 다시 없애는 것을 보니, 아마도 중간에 법이 부활한 듯하다고 추측했다.' 어쨌든 두 번의 금령에 의해 비방

• 그런데 '요언'이나 '비방'은 사실상 너무 정의하기 모호한 단어다. 〈이년율령〉〈적률〉에 "무릇 상서를 하고 진언을 함에 고의로 속임수를 쓰면 완위성단에 처한다. 실수로 살피지 않아 그렇게 했다면 벌금 금 4량에 처한다〔諸上書及有言也而謾完爲城旦春, 其誤不審罰金四兩〕"는 조항이 있으니 황제에게 고의로 잘못된 정보를 올리면 처벌을 받았다. 그런데 그 '고의' 여부도 사실상 판별하기 어려우니, 어떤 이가 글이나 말실수가

및 요언의 죄는 역사의 뒤안길로 사라졌다.

또한 그해 중국 법률사상 가장 혁명적인 일이 일어났다. 바로 가장이 죄를 지으면 처자를 몰수하는 수노법을 폐지한 것이다.* 진이 만든 법은 한 초기에도 의연했다. 〈이년율령〉〈수법〉에는 이렇게 기술되어 있다.

완위성단, 귀신백찬 이상 및 간부奸府 등 죄를 지은 자는 그 처자, 재산, 전택을 모두 몰수한다. 자식이 처나 지아비가 있거나, 호를 이뤘거나, 작을 가지고 있거나, 나이 17세 이상이거나, 남의 처가 되었다가 버림을 받았거나 과부인 경우 모두 몰수하지 않는다. 만약 간(강간 및 화간?)이나 약처(남의 처를 빼앗기, 혹은 여자를 강제로 처로 만들기), 자기 처를 상하게 한 죄에 관련된 것이라면 처는 (피해자이므로) 몰수되지 않는다[罪人完城旦, 鬼薪以上, 及坐奸府者, 皆收其妻子·財·田宅. 其子有妻·夫, 若爲戶, 有爵, 及年十七以上, 若爲人妻而棄, 寡者, 皆勿收. 坐奸, 略妻及傷其妻以收, 毋收其妻].

있으면 정적이 쉽사리 비방 혹은 요언을 범했다고 공격할 수 있지 않았을까?

• 물론 한초에 오인伍人이나 이정 등 작업조나 이웃의 연좌는 확실히 줄어든 듯하다. 예컨대 결함이 있는 돈을 받기를 거부할 경우 한대는 벌금 4량이고, 연좌 조항은 없다. 그러나 진대는 열오장이 이를 고하지 않거나 관리가 순찰을 돌면서 태만하여 발각하지 못하면 모두 유죄라고 명토 박았지만 한률에는 보이지 않는다. 또한 《수호지진간》 302간에 "여동죄與同罪(같은 죄로 처리한다) 판결을 받으면 동거, 이정, 오인이 모두 연좌된다[與同罪…… 其同居, 典, 伍當坐之]"고 되어 있으나, 《당율소의》에는 "무릇 '반좌(무고죄를 돌려주는 것)', '죄지(죄를 주는 것)', '좌지(연좌하는 것)' 등에서, '여동죄' 판결을 받은 이는 주위를 더 이상 연좌하지 않는다[諸稱反坐及罪之, 坐之, 與同罪者止坐其罪]"라고 해서 연좌의 범위를 좁혔다. 한초의 율법은 진률과 당률 사이 어딘가에 있었을 것이다.

왜 몰수하는가? 가부장제하에서 가장이 없으면, 호가 유지될 수 없기 때문이다. 이어지는 규정에 의하면 "지아비가 죄가 있으나 지어미가 고하면 죄와 몰수를 면하고, 지어미가 죄가 있으나 지아비가 고하면 역시 죄를 묻지 않는다[夫有罪, 妻告之, 除於收]." 물론 지아비는 원래 지어미의 죄 때문에 몰수되지 않는다. 다만 지어미의 죄가 클 때 고하면 불고지죄를 피할 수 있다는 이야기다. 그리하여 부부가 서로 고하는 안쓰러운 광경이 연출되었다. 이제 문제 2년 황제 스스로 조서를 내려 말했다.

"법이란 다스림의 근본이요, 난폭한 자를 막아 착한 이를 보호하는 수단이다. 지금 범법자가 이미 판결을 받으면, 무고한 부모·처자·형제를 노비로 거둬들이니 짐은 실로 이를 인정할 수 없다. 의논하라."

좌우 승상인 진평과 주발은 존치를 주장했다.

"부모·처자·형제를 서로 연좌하고 노비로 거둬들이는 것은, (백성들로 하여금) 부담을 주어 함부로 법을 범하지 못하게 하고자 함입니다. 범죄자의 가속을 거둬들이는 제도의 연원은 깊사옵니다. 신들의 어리석은 생각으로는 옛 제도를 따르는 것이 편할 듯싶습니다."

한 문제는 단호했다.

"짐이 듣기로 법이 바르면 백성이 삼가고, 죄가 합당하면 백성이 따른다고 한다. 또한 백성을 다스림에 선함으로 이끄는 이가 관리다. 기왕 제대로 이끌지 못하고서, 또한 바르지 못한 법으로 죄를 준다면, 이는 법이 도리어 백성을 해치는 셈이니 바로 난폭한 짓을 행함이다. 짐은 그것이 편한 줄 모르겠으니 신중히 의논하라."

한 문제가 강하게 추진하자 진평과 주발이 결국 수긍했다. 이리하여 진한 법의 가장 큰 결함이 떨어져 나갔다.*

한 문제 13년, 육형을 폐지하고 태형으로 바꾸었다. 예컨대 코를 베는 형은 곤장 300대로 바꾸는 식이었다. 획기적인 조치였지만 부작용이 있어 많은 사람들이 태형을 견디지 못하고 죽어버렸다. 사형죄 이하의 사람이 곤장을 이기지 못하고 죽자, 한 경제 원년 태형 500대를 300대로, 300대를 200대로 줄이는 조치를 취했다. 이후 부부 불고의 원칙 등 소소한 개혁들은 다 언급하지 않겠다.

〈형법지〉에 반고가 든 통계를 보면 한 소제부터, 선제, 원제, 성제, 애제, 평제까지(기원전 94~5) 약 100년간 한 해 사형수는 1000명당 한 명, 기타 육형에 해당하는 중범죄자는 그 세 배라고 했다. 인구를 4000~5000만 명으로 보면 해마다 4~5만 명이 형장의 이슬로 사라진 셈이다. 또한 동한 초기(광무제와 명제)는 형 집행이 성제와 애제 시기보다 5분의 1로 줄었다고 한다. 그래도 여전히 해마다 1만 명이 형장의 이슬로 사라진 셈이다.** 그러니 한 문제의 '단옥 400'은 후대 황제들에게 다가가기 힘든 목표였을 것이다. 그러기에 그는 이렇게 한탄했다.

"(광무제와 명제 시기) 구당 범죄자의 수로 보면 가히 깨끗했다 할 것이

• 문제의 조치는 이어졌다. 즉위 20년이 되던 해, 그는 천하에 사면령을 내리고 관노비를 면천해 서민으로 삼았다. 그중 다수는 수노법으로 거둬들인 사람들일 것이다.

•• 〈이년율령〉 〈흥률〉에도 나와 있듯이, 살인사건을 반드시 2000석 이상의 관리에게 보고해 심사하게 하여 말단 행정기관에서 처리하지 못하게 했다. 또한 한 고조 7년 '의심되는 안건은 모두 정위에게 올리라' 했으니, 중범죄는 나라의 통제하에 관리되고 모든 심리 문건이 남았다. 한 문제 시기 '단옥 400건'은 정확한 기록에 의거한 것이지 허튼 수사가 아니다.

다. 그럼에도 옛 시절(한 고조-한 문제 시절)에 비해 만족스럽다 하지 못하는 까닭은, 그 병폐를 뿌리 뽑지 못하고[其疾未盡除] 형벌의 근본이 바르지 않았기[刑本不正] 때문이다."

병폐란 바로 경제의 피폐함이며 형벌의 근본이란 바로 바른 정치다. 타당하고 타당하다. 반고가 지적한 바가. 산해진미가 가득한 연회장에서 모두가 즐기려 해도, 단 한 사람이 슬프면 온 방 안에 흥이 오르지 않는다. 사람을 죽이고 옥에 가두며 외면하거나 오히려 즐거워하는 통치자란 필요 없는 존재다. 유씨의 한(전·후한)이 무려 400년 동안 이어진 것은 모두 이유가 있었다. 유방이 약법삼장의 정신을 표방한 이래, 후퇴도 있고 반동도 있었지만, 그의 후대는 끊임없이 사람을 덜 죽이는 문제를 고민했다. 그러기에 선인이 쓴 미완의 보고서 〈형법지〉를 읽으며 후학은 회한의 눈물을 거둘 수 없다.

진과 한은 확고하게 달랐다. 한의 백성이 진의 백성보다 살기 좋았다. 필자에게 제국의 시작은 여전히 진시황이 아니라 한 고조 유방부터다. 혹자는 "형식적인 변화가 있었지 실질은 바뀐 것이 없다"고 주장할 것이다. 나는 그들에게 답하겠다. "형식과 실질은 각자 홀로 설 수 없는 서로의 한 부분이다." 다만 누가 "개혁이 겨우 그 정도냐?"라고 묻는다면 수긍하겠다.

그럼에도 이야기를 마치면서 주제넘게 당부하나니, 진이나 한이나 똑같은 전제 왕국이었다고 말하지는 말라. 그것은 곡괭이를 들고 창칼에 대항한 무지렁이 농민들을 모욕한 것이며, 노비로 거둬들여져 인고의 세월을 보낸 수많은 민초들을 다시 짓밟는 일이다.

제2부

제자백가의
위대한 논쟁

일러두기

- 이 부분은 논쟁을 중심으로 했던 제자백가諸子百家의 백가쟁명百家爭鳴을 효과적으로 표현하기 위해 문답식 토론 방식으로 서술했다. 제자백가와 대화를 나눈 시기는 전국시대로 한정했다.

- 대화를 부드럽게 하기 위해 원전의 문답을 자문자답의 형식으로 변경하거나 필자가 직접 질문하는 형식을 취하기도 했다. 독자의 이해를 돕기 위해 원문의 내용을 해치지 않는 선에서 대화체 문장 사이에 짧은 문장을 삽입하기도 했다.

- 플라톤의 저작에는 문단마다 '스테파누스 쪽수'라 불리는 숫자와 알파벳으로 조합된 기호가 붙어 있는데, 이것은 방대한 플라톤의 저작을 문단별로 구분해 표시한 것이다. 600번대 이하는 《국가》에 실린 내용이고 626번부터는 《법률》에 실린 내용인데, 본문에는 책이름을 명기하지 않고 쪽수만 표시했다.

1. 지금 제자백가를 읽는 이유 ━━━━━━━━━

기원전 5세기가 시작한 지 얼마 되지 않았을 때, 노魯나라 서쪽에서 기린이 잡혔다는 소식을 들은 공자는《춘추春秋》를 더는 쓰지 않기로 결심한다. 그리고 얼마 뒤 그는 이런 한탄 속에서 죽음을 맞이했다.

"태산이 기어이 무너지는구나, 대들보가 기어이 내려앉는구나. 철인哲人이 기어이 시드는구나[泰山其頹乎, 梁木其壞乎, 哲人其萎乎]."《논어論語》〈자한子罕〉)

공자는 죽음에 임박해서야 꿈에도 그리던 주周나라, 문왕文王과 주공周公이 다스리던 때로는 더는 돌아갈 수 없음을 깨달았던 것이다. 그 후 바로 피 튀기는 전국시대가 도래했다. 그러나 공자의 우려와 달리 철인의 시대는 더 만개했다. 기원전 5세기에서 3세기에 걸쳐, 시대를 외면하지 못했던 철인들이 천하를 주유했다. 그들이 이른바 제자백가라 불리는 사상가 집단이다. 저마다 난세를 극복할 화두를 가지고 주야로 고민했다.

'도대체 이 혼란을 어떻게 극복할 것인가? 과거로 돌아갈 것인가, 아니면 새로운 길을 찾을 것인가?'

누구는 공자의 이상을 좇았고, 누구는 공자의 사상이 시대착오적인 과거의 유물이라고 배격했다. 그러나 공자의 이상을 좇은 이들조차 공자 그대로를 주장하지는 않았다. 공자를 계승해 인치를 주장하던 유가, 강력한 법을 통해 부국강병을 도모했던 법가, 차별에 대항하고 사랑과 우의에 바탕을 둔 사회를 건설하고자 했던 묵가, 인위를 배격하고 자연과 생명의 존엄성을 주장했던 도가 등의 사상가가 저마다 난세를 극복할 대안을 들고 논쟁을 벌였다.

무려 2500여 년이 지난 지금, 그들의 이야기를 꺼내는 것이 무슨 의미가 있는가? 제자백가는 이른바 동양사상의 전부는 아니더라도 거의 대부분이라 할 수 있다. 그것은 단순한 원형 이상이다. 거의 20세기 초반까지 동양사상은 제자백가의 테두리를 크게 벗어나지 못했다. 21세기인 지금, 사회주의를 겪은 중국에서마저 공자나 묵자는 다시 살아나고 있지 않은가? 비록 그들의 학설이 오늘날의 세분화된 분과 학문처럼 세련되지 못하다 할지라도, 그들의 넓은 시야와 진지함은 시간이 지날수록 더욱 빛을 발하고 있다.

오늘날 우리가 제자백가를 돌아보는 것은 단지 중국의 역사를 깊이 이해하고자 함만은 아니다. 사실 제자백가 철학은 전국시대라는 난세를 극복하고 더 나은 세상을 세우기 위한 필요와 고대인들의 치열한 사유로부터 비롯했다. 그 때문에 오늘을 사는 우리는 개인의 삶과 사회를 운영하는 기본 원리에 대한 고대인들의 진지한 사유를 이해하고, 이를 통해 크게는 국가 경영, 작게는 개인의 삶의 태도를 바로 세우는 데 큰 도움을 얻을 수 있을 것이다.

그들의 학설이 한문으로 기록되었다고 두려워할 필요는 없다. 닻을 거두었다면 돛을 올려야 한다. 배가 떠나면 바람이 불 것이고, 모험의 바람은 우리를 상쾌하게 할 것이다.

2. 국가를 바꾸면 세상이 바뀐다

플라톤은 이렇게 말했다.

"정의, 정의로운 삶을 알기 위해, 우리가 가진 가장 크며 복잡한 조직, 즉 국가를 탐구하는 것이 어떤가?"

국가는 우리가 가지고 있는 가장 큰 조직이며, 가장 강력한 조직이다. 인류가 생긴 이래 국가 이상의 조직은 아직 생겨나지 않았다. 국가를 이해하고, 국가의 운영원리를 이해한다면 그 이하 조직의 원리를 이해하지 못하겠는가? 그리고 우리의 일상이 국가의 강제력 아래 종속되어 있다면 이 조직을 이해하지 않고 어떻게 우리의 삶을 이해할 수 있겠는가? 공자부터 마르크스까지, 철인들은 국가를 바꾸면 세상이 바뀐다고 생각했다. 제자백가가 궁극적인 관심사를 국가에 초점을 맞추었던 것은 자연스러운 일이다. 그렇기에 이 책에서도 결국 국가의 운영원리를 중심으로 논의를 전개할 것이다.

국가를 설계하는 과정을 집짓기에 비유해보자. 집을 지으려면 제일 중요한 것이 터다. 어떤 터가 가장 좋을까? 산속에서는 여산廬山의 진면목을 알 수 없기에 좋은 터를 잡으려면 반드시 산에 올라야 한다. 동쪽 능선을 오른 이는 동쪽에다 터를 잡아야 한다고 말한다.

"끝도 보이지 않는 거대한 거북 등 같은 호수(파양호)가 산을 감싸고 있습니다. 고기잡이만으로도 살 수 있습니다."

북쪽 능선을 오른 사람도 고집을 세운다.

"북쪽에는 황룡이 요동치는 듯한 기다란 강(장강)이 있습니다."

남쪽 능선을 오른 사람이 혀를 찬다.

"남쪽으로 수십 리의 녹나무와 대나무가 우거진 구릉이 있습니다."

서쪽 능선을 오른 이는 안타까워 죽을 지경이다.

"서쪽으로는 수십 리의 기름진 땅이 늘어서 있습니다."

이렇게 산 중턱까지만 오른 사람들끼리 아무리 싸운들 결론이 날 리가 없다. 그래서 토론은 산 정상에서 벌여야 한다. 정상에 오른 사람들만이 사방을 다 살핀 후 곡식을 키우고 길쌈하는 일, 가축을 기르고 목재를 얻는 일, 적의 침략을 막는 일, 혹은 내부의 분란을 진압하는 일까지 온갖 분야를 검토한 후 초보적인 결론을 얻었다. 그렇게 어느 정도 합의가 되어 생겨난 터가 바로 제齊니 진秦이니 초楚니 하는 땅들이니, 산동의 광활함, 관중의 견고함, 강호의 풍부함은 각각 이 나라들의 기초가 되었다.

그러나 이 정도 토론으로는 제자백가의 축에 들지 못한다. 자연적인 조건에 따른 터는 대체로 정해졌다. 그렇다면 어떤 집을 지을 것인가? 이 문제는 아직 해결되지 않은 것이다.

국가라는 집은 인민의 생사를 결정하는 구조물이다. 그렇기에 국가의 가장家長, 즉 군주의 역할에 대한 제자백가의 쟁론은 전장의 불길처럼 뜨겁다. 가장의 역할을 둘러싸고 격론을 벌일 때는 유가·법가·묵가·도가 가운데 그 누구도 쉽사리 물러서려 하지 않았다. 이렇게 절충(중용中庸)으로 해결할 수 없는 문제에 부딪히면 성인군자라도 욕설을 입에 올린다. "후손이 없을 놈", "아비도 모르는 놈", "짐승을 몰아 사람을 죽이는 놈" 등, 심지어는 "나라를 갉아먹는 이[蝨] 같은 놈"이라는 막말이 대가들의 입에서 나왔다.

위대한 설계자들은 한 치도 물러서지 않고 이론을 펼쳤다.

"벽은 돌로 만들어야 견고합니다."

"돌로 만들면 춥습니다. 나무로 해야 따뜻합니다."

"담을 높여야 적의 침입을 막을 수 있습니다."

"담이 높으면 그늘이 깊습니다."

"아닙니다. 담은 높고 또 두꺼워야 합니다. 그래야 안전합니다."

"두꺼운 담이 무너지면 더 위험하다는 것을 모르십니까? 두꺼운 담으로 된 것은 집이 아니라 감옥이지요."

견고하면서도 저렴하고, 안전하면서도 실용적인 집이란 얼마나 만들기 어려운가. 당시 그들이 갖고 있던 자원과 권한은 한계가 있었다. 그럼에도 그들은 최선의 답을 얻기 위해 분투했다.

3. 유가 · 법가 · 묵가 · 도가의 논쟁 ▬▬▬▬▬

이 부분은 사실상 별책이므로, 기존의 편년체 서술은 제쳐두고 문답식 토론 방식으로 서술했다. 내용과 등장인물의 시대적인 진폭도 크다. 그럼에도 수천 년의 긴 역사와 대비할 때 이 시기 사람들의 문제의식이란 거의 비슷했기에 몇십 년 혹은 몇백 년의 시간을 극복하고 논자들을 한 토론의 장으로 모으는 것은 큰 무리가 아니다.

특히 기억할 점은 제자백가의 책들은 처음부터 논쟁을 목적으로 썼다는 것이다. 그들은 각자 "너는 틀렸고 나는 옳다. 너는 무지하고 나는 지혜롭다"라는 자부심을 품고 있었다. 그렇다면 과연 누가 더 지혜로웠는지 오늘날 독자의 판단에 맡기는 것도 그들에 대해 서술하는 하나의 방법이 되지 않을까. 오늘날 사람들이 혹여 그들보다 부박浮薄할 수도 있지만, 그들 사상의 생명력을 검증하기에 가장 자연스러운 시점, 즉 현대를 살고 있으니 말이다.

이 책에서는 네 집단이 등장한다. 첫 번째는 전국시대 이래 항상 역사서의 첫 장과 마지막 장을 차지하던 유가다. 두 번째는 도덕론에서는 밀리지만 각론으로 들어가면 종종 유가를 압도하는 법가다. 세 번째는 사대부 집단들에게 이리저리 두들겨 맞았지만 여전히 민중의 염원을 싣는 그릇이 되고 영웅호걸들의 분루憤淚를 닦는 수건이 되었던 묵가다. 그리고 마지막은 고대의 모더니스트, 어쩌면 21세기가 더 어울릴 수도 있는 생명주의 철학자 집단인 도가다.

물론 제자백가에는 병가兵家도 있고, 농가農家도 있으며, 종횡가縱橫

家나 음양가陰陽家도 있었다. 그러나 그들은 대개 실용적인 학문의 수준을 벗어나지 못했고 위의 네 집단처럼 사상을 기준으로 범주를 나누기도 어렵다. 또한 안타깝게도 병가를 제외하면 이들 일가의 저서는 세월의 풍파 속에 가라앉고 말았다. 그래서 다시 죽간들이 무더기로 땅 위에 올라오기 전까지는 그들에 대해 언급하는 것이 극히 조심스럽다.

책은 이렇게 구성되어 있다. 먼저 각 사상의 대표들이 스스로를 어떻게 생각했는지, 그리고 그들이 방법론 면에서 어떤 도약을 이루었는지 간단히 고찰할 것이다. 그다음 본론의 첫 번째 마당에서는 유가와 법가의 대표주자들이 나서서 격론을 벌일 것이다. 유가 가운데 가장 화려한 변론을 뿜내는 맹자와, 글 속에 침이 있고 뼈가 있는 한비자가 토론의 장으로 나오고, 각 진영의 보조자들도 종종 등장한다. 그들의 철학은 인간의 본성에 대한 고찰에서부터 서로 어긋나기 시작해서 법의 본질, 국가의 존재 의미, 군주의 역할에까지 이르면 서로 욕설을 주고받는 지경까지 간다.

두 번째 마당에는 유가의 합리주의자 순자와, 유가의 예禮론을 정면으로 반박하는 묵자가 나와 예의 본질, 사실상 계급의 본질에 대해 격론을 벌인다. 2500여 년 전에 벌어진 '합리적 보수파'와 '민주적 개혁파'의 논쟁은 오늘날 텔레비전 토론의 패널들을 무색하게 할 것이다. 다음은 '국가 자체를 넘어서는 국가 이론'을 주장하는 희대의 논객 장자와 함께 필자가 세상사 전반을 두고 담론을 나눌 것이다.

그다음 마당에서는 철학자들의 걸러지지 않은 음성을 직접 들으면서 철학을 한다는 것의 의미, 중국 고대국가의 성격을 되새겨본다. 동서양 철학의 비조라 할 수 있을 공자와 플라톤이 각각 바꾸려 해도 변하지 않던 사회의 벽에 부딪혀 내뱉는 탄식들은 오늘날의 거대 조직의 부속품처럼 초라해진 우리에게 다시 일어설 힘과 용기를 줄 것이다.

4. 변증법, 진실과 어불성설을 구별하는 힘 ━━━━━━

제자백가들끼리의 대화로 책을 구성하려 했을 때 우선 두려움이 들었다. 과연 이 시도가 독자들을 제자백가의 무대로 바르게 인도할 수 있을까? 그러나 글을 쓰면 쓸수록 이 방법이 가장 적절하다는 '신념'이 생겨났다.

　전국시대의 어떤 사상가가 어느 날 서울 한복판에 떨어진다면 어떤 느낌을 받을까. 아마도 며칠 동안은 디지털 시대의 화려함에 눌려 자괴감에서 헤어나지 못할 것이다. 그러나 한 달 혹은 1년 동안 이른바 위정자들의 말을 듣고 나면 처음의 환상은 어쩌면 경멸로 바뀔지도 모른다. 그는 현대 위정자들의 화법을 한마디로 '어불성설語不成說'이라고 단언할지도 모른다. 그들의 화법은 진의는 오해하고 선의는 곡해하는 데 뛰어나다. 무지를 자랑하고 거짓말을 두려워하지 않는다. 또한 순자가 말한 대로 "보통 사람의 목을 잡고 뒷다리를 들고는 탈탈 털어서 함정에 빠뜨릴 궁리[揜擊伺詐]"에 여념이 없다.

　제자백가의 설이 오늘날처럼 세련되지는 못했어도 우리가 여전히 읽는 이유는 그들의 진실함 때문이다. 심지어 사람은 악한 존재라고 철석같이 믿는 한비자조차 책을 쓴 목적으로 악한 사람들끼리 서로 싸우지 못하게 한다는 명분을 들었다.

그러나 주의할 점이 있다. 제자백가의 언설이 오늘날의 어불성설보다 진실하다 해도, 그 화려한 수사 뒤에는 부정할 수 없는 계급적 저의도 숨어 있다. 그래서 수사와 함의를 구분하고 처음과 끝을 다 들어야 진심과 저의도 드러난다. 그러니 그들의 설을 읽을 때는 여기서 한 구절 저기서 한 구절 떼다가 아전인수 격인 해설을 덧붙이는 것보다는 통째로 탐구하고, 반복해서 되물어봄으로써 스스로 모습을 드러내도록 하는 것이 좋다. 이것이 이른바 변증법으로, 어불성설을 피하는 좋은 방편이라 믿는다.

끝으로 독자들의 양해를 구할 일이 있다. 이 책에는 '제자백가에 속하지 않는 제자백가의 일원'이 등장한다. 바로 그리스 철학의 북두성, 플라톤이다. 필자는 변증법식 토론을 즐기는 우리의 독자들이 동서양의 구분 따위에 집착하리라고는 생각하지 않는다. 그는 중국의 제자백가 철학자들과 같은 시대를 살았다. 그리고 국가와 법률이라는 두 핵심 주제 면에서 그가 보여준 사색의 깊이는 현대의 철학자들도 아직재지 못할 지경이다.

아무쪼록 토론을 더욱 풍부하고 강하게 만들기 위해 플라톤을 불러들인 파격을 양해해주시기 바란다. 플라톤을 끌어들인 것은 오직 독자들을 위한 것이다. 여기 강궁과 100대의 화살이 있다고 하자. 촉은 굳세고 대는 곧다. 시위를 떠나면 과녁을 뚫을 것은 의심하지 않는다. 그러나 깃이 없으면 엉뚱한 곳을 뚫는다. 비유하자면 우리의 대화에서 플라톤은 깃 역할을 할 것이다.

제1장

제자백가의 시대

떠돌이 지식인으로서 처음으로 성공신화를 쓴 이는 아마도 초楚에서 오吳나라로 망명한 오자서伍子胥일 것이다. 그는 초나라 명문가문의 자제였으나 파산한 후 동쪽에서 실력을 펼쳤다. 그다음으로 공자를 들 수 있겠다. 공자는 진실로 흠모해서 따르는 사람들이 있었지만 당대에는 영향력이 적었다. 얼마 지나지 않아 오기吳起라는 싸움의 대가가 초나라로 가서 또 다시 국기國紀를 바꾸는 기염을 토했다. 제자백가, 백화제방白花齊坊의 시대는 이렇게 서서히 꽃피기 시작했다.

전국시대에 접어들면서 나라는 나날이 커지고 다스릴 사람들은 갈수록 많아졌다. 춘추 말기 초나라는 왕족들이 나누어 가졌고, 진晉나라는 6경六卿이 나누어 가지면서 더 넓은 땅과 더 많은 인민을 다스렸다. 그렇다고 평화가 온 것은 아니었다. 나라마다의 경쟁은 갈수록 치열해졌고 과거의 통치 방식은 더는 경쟁력을 보장하지 못했다. 군주와 귀족들은 자신들보다 유능한 통치 전문가들을 필요로 했고, 신분의 질서를 넘어 경세의 철학과 능력으로 무장한 제자백가들이 그들에게 유세하며 자신의 능력을 발휘했다. 상앙이 진秦나라에서 일약 군주와 독대하고 자신의 국정 철학을 실천해 진나라를 강국의 대열로 끌어올리자 각국의 군주들은 전문가 집단에게 앞다투어 아부하기 시작했다.

제자백가는 대단한 집안 출신들이 아니었다. 공자는 신분이 낮아 허드렛일을 했다고 고백했다. 오기는 실력을 증명하고 싶었지만 써주는 이가 없어 떠돌았다. 맹자는 추鄒나라 사람으로 자사의 제자라는 말만 나올 뿐 가문에 대한 설명은 없다. 순자는 조나라 사람인데 나이 50이 되어서야 제齊나라로 와 학문을 닦았다고 한다. 물론 상앙과 한비자는 공족 혹은 왕족 출신이었으나, 이미 실권한 귀족으로 아래위로 질시를 받는 처지였다. 상앙은 위魏나라 왕의 첩의 아들이었지만 재상 공숙좌公叔座의 집안일을 돌보다 등용되지 않자 진나라로 향했고, 한비자는 한韓나라의 공족이었지만 이사李斯와 함께 순자에게서 배운 후 진나라 왕에게 유세했다. 이들은 이름 있는 대부보다 못한 처지로 애초에 왕위 따위를 넘볼 위치가 아니었다.

미천한 출신이든 공족 출신이든 신흥 선비 계층이 얻고자 하는 역할은 똑같았다. 모두 자신의 통치 철학을 군주에게 유세해 '통치 전문가'라는 감투를 얻고자 했다.

1. 통치는 전문가에게 맡겨야 한다

필자 이 토론에 참여하신 분들은 모두 난세를 평정할 답을 가지고 있다고 말씀하십니다. 이제 각 학파의 대표자 몇 분을 모시고 그분들의 기본적인 시대인식과, 스스로 어떤 능력을 지녔기에 오늘날 전국시대의 혼란을 해결할 수 있다고 주장하는지 들어보겠습니다. 유가 측의 맹자와 순자 선생님, 법가 측의 한비자 선생님, 묵가 측의 묵자 선생님께서 각자 의견을 펼치겠습니다. 대체로 세상을 다스리는 원리로 유가 측에서는 인의와 예, 법가 측에서는 엄격한 상과 벌, 묵가 측에서는 사랑과 평등을 제시하는 점이 다르지만, 모두 스스로 일가를 이루었다고 자부하는 점에서는 같습니다. 이제 구체적인 질문으로 들어가겠습니다.

맹자, 우리는 인의仁義의 주재자다

—

필자 인의의 주재자로서 왕도정치를 강력하게 주장하는 분이 계십니다. 바로 맹자 선생님입니다. 선생님은 공자처럼 제자들을 이끌고 천하를 주유하며 각국의 군주들에게 왕도정치를 유세한 것으로 유명합니다. 하지만 혹자는 선생님과 같은 군자들이 농사를 짓거나 쓸모 있는 물건을 만들지도 않으면서 세상일에 이래라저래라 한다며 비난합니다.《맹자》〈등문공滕文公〉* 과연 그들의 말이 맞습니까?

맹자 제가 한번 물어보겠습니다. 그럼, 선생은 반드시 손수 곡식을 심어서 먹겠지요?

필자 그건 그렇습니다. 저는 스스로 갈고 수확해서 먹습니다.

맹자 그럼, 천을 짠 후에 옷도 만들어 입습니까?

필자 그건 아닙니다.

—

• 맹자와 진상陳相의 대화를 기본으로 했다. 사람이란 신분을 막론하고 스스로 농사를 지어야 한다고 믿은 농가의 허행許行이 등滕나라로 무리를 데리고 들어와 살았다. 진상이 허행의 말을 듣고 기뻐서 맹자에게 와서 고한 내용이다.

맹자 관도 자신이 만드나요?

필자 아닙니다. 삽니다.

맹자 농기구는 자신이 만드나요?

필자 아닙니다. 삽니다. 여러 장인이 할 일이며, 농사를 지어가면서 할 수 있는 일이 아니니까요[百工之事, 固不可耕且爲也].

맹자 그렇다면 유독 천하를 다스리는 일만 농사를 지어가면서 할 수 있단 말입니까? 저희는 천하를 다스릴 방도를 갖춘 사람들입니다. (우리 같은) 대인이 할 일이 있고 (농부나 장인 같은) 소인이 할 일이 있습니다. 한 사람이 자신이 필요한 것을 다 만들어 써야 한다면 천하 사람들이 다 고달파질 것입니다. 그러니 어떤 이는 마음을 쓰고, 어떤 이는 힘을 씁니다. 마음을 쓰는 이는 남을 다스리고, 힘을 쓰는 이는 다스림을 받습니다[勞心者治人, 勞力者治於人]. 남에게 다스림을 받는 사람은 남을 먹여 살리고, 다스리는 사람은 남의 곡식을 먹습니다. 이것이 천하의 공통된 의리입니다.

필자 선생님은 밭을 가는 일보다는 천하를 먹여 살리기 위해 마음을 쓰는 일을 하신다는 말씀이죠. 물론 공자도 "군자는 도를 도모할 뿐 먹는 것을 도모하지 않는다. 땅을 갈아도 그 가운데 굶주림이 있지만 배우면 그 가운데 녹이 있다. 군자는 도를 걱정할 뿐 가난함을 걱정하지 않는다[耕也, 餒在其中矣, 學也, 祿在其中矣, 君子憂道, 不憂貧]"(《논어》〈위영공衛靈公〉)고 하신 적은 있습니다. 아마도 제자들을 고무하기 위해 하신 말씀인 것 같습니다. 공자의 말씀을 들으니 그의 제자들도 가난 때문에 걱정이 많았던 듯한데요. 군자도 부귀를 추구하는 것입니까?

맹자 항산恒産(고정된 재산)이 없어도 항심恒心(고정된 마음)이 있는 것은 오직 선비만 할 수 있는 일입니다. 백성들이란 항산이 없으면 항심도 없습니다.

필자 군자는 재산이 없어도 마음이 변하지 않는 사람들이라는 이야기군요. 군자란 백성들이 항심을 갖도록 정치를 하는 것이라는 뜻으로도 들립니다. 그러나 혹자들은 여전히 '유가의 선비들이란 무위도식하는 이들 아닌가, 벼슬을 구하러 돌아다니는 자들 아닌가' 하고 손가락질합니다. 선생이 지금 수레 수십 승에다 따르는 이는 수백 명이나 데리고 이리저리 다니며 제후들에게서 밥을 얻어먹는 것은 너무 심한 일이 아닙니까?(《맹자》〈등문공〉)'

맹자 어째서 이를 심하다고 하십니까? 도가 아니면 한 광주리의 밥도

• 팽경彭更이란 사람과 맹자의 대화를 인용했다.

남에게 얻어먹을 수 없고, 도에 맞는다면 순舜임금이 요堯임금에게서 천하를 받은 일도 심하지 않습니다.

필자 그러나 선비라 해서 하는 일도 없이 먹어도 되느냐는 말씀입니다 [士無事而食, 不可也].

맹자 만약 남은 것을 부족한 곳으로 옮기지 않으면 농부에게는 곡식이 남고 베 짜는 여인에게는 포布가 남게 됩니다. 당신이 이것들을 유통시킨다면 목수와 수레공도 모두 당신 덕에 밥을 먹게 됩니다. 여기에 어떤 사람이 있는데 안에서는 효도하고 밖에서는 공경하며, 선왕의 도를 지켜 후대의 배울 사람을 기다리는데 당신에게서 밥을 얻어먹지 못한다고 합시다. 그러면 당신은 목수나 수레공은 존중하면서 인의의 인사는 경시하는 것이 아닙니까?

필자 수레공이나 목수는 원래 밥을 먹고자 그 일을 하는 것이지요. 군자가 도를 행하려는 의도도 밥을 먹고자 하는 것입니까?

맹자 왜 그 의도를 두고 말씀하십니까? 공이 있으면 밥을 먹여줄 만하니 먹이는 것이지요. 의도를 보고 밥을 줍니까, 아니면 공적을 보고 밥을 줍니까?

필자 그렇더라도 도를 행한다는 것이 과연 나라에 어떤 도움을 주었던

가요? 순우곤淳于髡은 선생께서 별 실적도 없이 제나라의 객경으로 있다가 떠나려 한다고 빈정거리면서 말했지요. "노 목공穆公 시절에 공의자公儀子가 정치를 하고 자유子柳와 자사'가 신하가 되었지만 노나라 땅이 깎이는 것이 참으로 심했습니다. 이렇다면 현자란 나라에 도움이 되지 않는 것입니다"라고요.

맹자 그건 사리를 모르는 말씀일 뿐입니다. 우虞나라가 백리해百里奚를 등용하지 않았기에 망했고, 진秦 목공穆公은 그를 등용해서 패자가 되었습니다." 현자를 쓰지 않으면 망하고 마는데, 땅을 뺏기는 정도 가지고 되겠습니까?

필자 선생님의 자부심은 대단하십니다. 진 목공이 백리해를 등용할 때 그토록 극진했다는 말은 들었습니다. 그러나 백리해란 누구입니까? 목공을 도와 서쪽의 편벽한 나라 진秦을 일약 패자의 반열에 올렸고,

---

• 노 목공 시절 노나라는 끊임없이 제나라의 침입을 받아 땅이 줄어들었다. 공의자·자유·자사는 모두 명망 있는 유가의 인사들이었다.

•• 백리해는 우나라 사람이지만 고국에서는 등용되지 못했다. 우나라가 진晉나라에 멸망당하자 초나라로 망명했다가, 결국 진秦 목공의 부름을 받고 정치를 맡아 변방의 진秦을 일약 춘추시대의 주인공으로 만들었다. 전략에도 밝았지만 그의 기본사상은 유가였다.
  이런 일화가 있다. 진秦과 진晉이 각축을 벌일 때 진晉 혜공은 자주 진秦 목공을 속였다. 마침 진晉에 기근이 들었을 때 신하들은 모두 이 기회를 이용해서 치자고 했다. 그러자 백리해는 이렇게 대답했다.
  "하늘이 내리는 재난이란 돌고 도는 것으로 여러 국가가 교대로 받습니다. 불쌍한 이웃을 돕는 것은 당연한 도리입니다."
  이에 관한 자세한 사항은 《춘추전국이야기 2》 1부를 참조할 것.

그의 아들 맹명시孟明視도 오로지 나라에 충성해 동방의 여러 나라를 제압했습니다. 그들은 명실이 상부하는 인사들이었습니다. 오늘날의 이른바 현자들도 백리해와 같은 대우를 받아야 한다는 말씀이신가요?

맹자 그렇습니다. 군주가 현자를 부르고자 하면서 마땅한 도로써 대하지 않는다면 그것은 들어오기를 바라면서 문을 닫는 것과 같습니다. 이른바 의란 길이며 예는 문이니[義路也禮門也] 오직 군자라야 이 길을 따라 이 문을 드나들 수 있습니다.《맹자》〈만장萬章〉)

필자 공자가 "임금은 신하를 예로 부리며, 신하는 충으로 임금을 섬깁니다[君使臣以禮, 臣事君以忠]"라고 한 말씀이 이런 것이었군요. 선생님의 말씀인즉 "인의의 인사란 국가의 존망을 결정한다"는 뜻이군요.

순자, 우리는 법과 예의 기준이다

—

필자 이번에는 같은 유학자인 순자 선생님에게 묻겠습니다. "유자는 실질이 없다. 그래서 나라에 무익하다"고 하는 사람도 많은데 선생님의 의견은 어떻습니까? 유학자는 나라에 어떤 도움을 줍니까?

순자 진秦 소왕昭王이 저에게 이렇게 물었습니다.

"유자는 나라에 무익한 것 같습니다[儒無益於人之國]."

그래서 제가 이렇게 대답했습니다.

"유자는 선왕을 본받아 예의를 융성하게 하며, 삼가 신하된 자의 임무를 다해 윗사람을 귀하게 하는 이입니다. 군주된 이가 유자를 등용하면 의연히 조당에 나가 자리를 잡고, 쓰지 않으면 물러나 백성으로 편입되어 반드시 고분고분한 아랫사람이 될 것입니다. 남의 위에 있으면 왕공의 재목이요, 남의 아래에 있으면 사직의 신하요, 군주의 보배가 될 것입니다. 비록 누추하고 비가 새는 집에 살지라도 사람들은 모두 그를 귀하게 여기니 진실로 도를 갖추고 있기 때문입니다. 중니仲尼 (공자)가 장차 노나라의 사구司寇가 되려 하자 노나라의 사기꾼과 음란한 자들이 벌써 행동을 바꾸었다 합니다. 유자란 조정에 있으면 정사를 아름답게 하고 아래에 있으면 풍속을 아름답게 합니다."

필자 유자의 역할은 위와 아래를 동시에 편안하게 한다는 말씀이신데요. 위와 아래의 중재자란 의미인지, 아래위를 이끄는 영도자란 의미인지 확실하지 않습니다. 다시 물어보겠습니다. 유자가 남의 위에 있게 되면(군주가 되면) 어떤 효과를 낼까요?˙

순자 유자가 남의 위에 있게 된다면 그 의의는 광대합니다. 안으로는 의지가 안정되고, 조정에서는 예절이 닦이며, 관에서는 법과 도량형이

바르게 서며, 아랫사람들이 충성하고 믿으며, 사랑하고, 남에게 이익을 주는 행동들을 하게 됩니다. 유자는 단 한 번 의를 어기고 죄가 없는 이 하나를 죽여 천하를 얻을 수 있다 할지라도 그렇게 하지 않습니다[一行不義, 殺一無罪, 而得天下, 不爲也]. 이런 군자의 의는 백성들이 믿고 사해에 두루 통하게 되어 천하가 소리를 지르며 호응합니다. 그러니 가까운 자는 노래를 부르며 즐거워하고 먼 자는 엎어지는 줄도 모르고 달음질쳐 몰려듭니다.(《순자荀子》〈유효儒效〉)

필자 좋습니다. 유자이신 선생께 다시 신하의 도리에 대해 질문을 드리지요. 선생께서도 아시다시피 진나라 소왕은 외국과 권신의 도움을 받아 형제들을 물리치고 왕이 되었습니다. 장평에서는 40만 명의 조나라 장사를 생매장했고, 또 몇 해 뒤에 주나라를 멸망시켰습니다. 불의한 짓과 죄 없는 사람을 죽임이 지나친 사람이었습니다.* 어쩌면 선생은 소왕을 만났으나 그를 바로잡지는 못한 것 같습니다. 선생은 책에서 선배이신 맹자 선생이 지나치게 고고하게 군다고 비난하셨지만, 선생의 신도臣道로도 군주를 바로잡기에는 부족한 듯합니다. 유자란 결국 군주의 법 아래에 있는 정도에 그치는 존재가 아닙니까?

• 진 소왕 때에 이르면 진秦은 전국시대의 최강자로 군림한다. 장군 백기白起는 장평에서 조나라 40만 대군의 항복을 받았지만, 그들이 다시 배신할까 두려워 모두 생매장하고 말았다. 기원전 260년의 일이다. 또한 소왕은 초 회왕懷王을 유인한 뒤 억류해서 불귀의 객이 되도록 만들었고, 종주국 주周나라를 멸망시켰다. 그는 거의 60년 동안 집권하면서 진을 강하게 만들었지만 인의와는 거리가 먼 사람이었다.

순자 군자가 어떻게 그 정도에 그치겠습니까? 나라를 어지럽히는 군주는 있지만 (스스로) 어지러워지는 나라는 없으며, (혼란을 안정시켜) 다스리는 사람은 있지만 (스스로) 다스리는 법은 없습니다[有亂君無亂國, 有治人無治法]. 하나라의 명궁 예羿¹의 활 쏘는 법이 아직 사라지지 않았지만 예는 누대를 살아 활을 명중시킬 수 없었고, 우禹임금의 법이 아직 남아 있지만 하夏나라는 누대를 계속해서 왕 노릇을 할 수 없었습니다.

필자 법 자체로 나라가 안정되는 것도 아니며, 법이 남아 있다고 나라가 남아 있는 것도 아니라는 말씀이시군요.

순자 그렇습니다. 그러니 법이란 스스로 설 수 없습니다[故法不能獨立]. 또한 법조항의 세세한 적용[類]¹¹도 저절로 되는 것이 아닙니다. 법을 집행할 합당한 사람을 얻으면 존속하고, 사람을 잃으면 망합니다. 법은 통치의 단서(수단)이며 군자는 법의 근본입니다[法者治之端也, 君子者法之原也]. 그러니 군자가 있으면 법이 엉성해도 두루 처리할 수 있으며, 군자가 없으면 법이 완비되어 있어도 처리할 것의 선후를 잃어버립니다. 법의 의의를 모르고 법의 조목만을 아는 자는 비록 널리 알고 일에 임해도 어지러워집니다. 그래서 밝은 군주는 그 사람을 얻는 데 급하고,

---

• 후예后羿는 한때 하나라를 찬탈했으나, 날로 교만해져서 부하의 배신을 받아 죽었다고 한다. 전설적인 명궁으로, 아홉 개의 해를 떨어뜨리고 각지의 괴물들을 퇴치했다는 등의 많은 전설을 남겼다.

•• 법을 집행할 때 비슷한 사례에 의거해 판결하는 것을 뜻하는 듯하다.

어두운 군주는 그 위세를 얻는 데 급합니다.(《순자》〈군도君道〉)

필자 선생께서는 유가의 시각에서 법을 해석하신 분으로 유명합니다. 그러니 군자를 법의 주재자로 보고, 군자는 법의 집행을 통해 다시 군주까지 교정한다는 말씀이신가요? 지금 선생의 말씀은 법가의 논설과 크게 다르지 않은 것 같습니다만.

순자 어찌 겨우 그 정도로 보십니까? 천지는 생명의 시작이며, 예의는 다스림의 시작이며, 군자는 예의의 시작입니다. 그러니 천지는 군자를 낳으며, 군자는 천지를 다스립니다. 군자란 천지와 한자리를 차지하니 (천지 다음의 세 번째) 만물의 총수이며 백성의 부모입니다. 군자가 없으면 천지가 다스려지지 않으며, 예의가 통일되지 않으며, 위로는 군주와 스승이 없고, 아래로는 부자와 부부가 없게 되니 이것이 바로 지극한 어지러움입니다[天地者生之始也, 禮義者治之始也, 君子者禮義之始也. 故天地生君子, 君子理天地. 君子者, 天地之參也, 萬物之總也, 民之父母也. 無君子, 則天地不理, 禮義無統, 上無君師, 下無父子夫婦, 是之謂至亂].(《순자》〈왕패王霸〉)

필자 이제 이해가 됩니다. 군자란 인간세계 전체의 기준이 되는 존재라는 말씀이군요. 천지와 함께 세상의 기강이 되며, 법보다 큰 예의 주재자인 군자는 법술로 군주에게 유세해 자리를 차지하는 사람들과는 다르다는 것이지요. 노파심에 여쭈어봅니다. 군자도 왕공을 두려워합니까?

순자 의지를 닦으면 부귀를 우습게 알고, 도의가 무거우면 왕공을 가볍게 봅니다. 안으로 성찰하면 밖의 사물이 가벼워집니다[志意脩則驕富貴, 道義重則輕王公, 內省而外物輕矣].《순자》〈수신修身〉

필자 선생님의 말씀을 들으니 공자의 말씀들이 좀 이해가 됩니다. 그래서 공자가 "군자는 그릇이 아니다[君子不器]"《논어》〈위정爲政〉라고 하셨군요. 그릇이란 남에게 쓰이는 물건일 따름이지만, 군자는 스스로 질서를 만들어가는 사람이라는 말씀이겠지요. "삼군의 대장을 빼앗을 수는 있으나, 필부라도 그 뜻을 빼앗지는 못한다[三軍可奪帥也匹, 夫不可奪志也]"《논어》〈자한〉도 같은 말씀이겠습니다. 필부의 의지도 꺾을 수 없는데 하물며 예의 주재자인 군자를 군주가 마음대로 부릴 수는 없겠지요.

　선생이나 맹자 선생은 유가의 인사들이니 군자의 처지에서 말씀하시는 것이 이해가 됩니다. 그러나 세상에는 여러 계급의 사람들이 있습니다. 아래로는 글을 모르는 농민부터 장사치나 노예도 있습니다. 이들 생산자계급을 대표하는 분˙의 말씀도 들어봐야 하겠습니다. 기술

---

* 묵자의 출신을 두고 설이 분분하다. 묵자는 관공서에 속한 공인계급의 수장인 듯하다. 《사기史記》에는 '송宋나라 대부'라고 설명되어 있고, 생존 시기는 "공자 생시 혹은 그 후다"라고 간략히 적혀 있다. 사마천司馬遷도 묵자라는 인물의 생몰연대를 정확히 몰랐음을 알 수 있다. 다만 묵자가 대단히 박식했으므로 대부로 추정했던 것 같다. 《묵자》라는 책을 근거로 판단하면 묵자는 수성守城 기술자로 보인다. 건축학은 물론 광학에도 조예가 깊은 것으로 보이며, 성을 방어하는 기술을 매우 구체적으로 아는 것으로 묘사되어 있다. 전국시대의 공인계급을 조선시대의 관노 정도로 생각해서는 안 된다. 그들은 부역이 지나치면 수시로 반란을 일으켰으며, 또 건국 선언식[盟誓]에도 참여하는 영향력 있는 집단이었다.

자 대표이신 묵자 선생님의 말씀을 들어보죠.

묵자, 우리는 신분은 낮으나 능력이 있다
—

필자 묵자 선생님, 선생의 겸애와 절용節用이론을 읽어보았습니다. 차별 없이 두루 사랑하라는 것이 겸애고, 허례허식으로 물자를 낭비하지 말고 백성의 삶을 위해 아끼라는 것이 절용이었습니다. 이렇게 선생께서는 마음속에 평등을 품고 계시고 육체노동을 귀하게 여기십니다. 그런 면에서 유가의 인사들과 확연히 다릅니다.

그럼에도 선생께서는 천하를 주유하며 도를 설파하고 계십니다. 맹자나 순자 선생은 선비의 일은 대체가 불가능한 전문직이라고 했습니다. 선생께서도 선비의 일을 독립적인 것으로 보십니까?

묵자 그렇습니다. 선비는 선비의 일이 있다고 봅니다. 저 적이 직접 농사를 지어 천하에 양식을 댄다고 합시다. 잘해야 농부 한 사람 몫을 당할 테니 이를 천하 사람들에게 나누어주면 한 사람당 한 되도 돌아가

—
전국시대로 접어들어 전쟁이 더욱 빈번해지면서 이들의 전문기술의 가치는 나날이 올라갔으리라 생각한다. 오늘날의 지위로 보면 묵자는 공병부대장과 비슷했을 것이다. 예를 들어 초나라에서는 장인들을 관장하는 공윤工尹의 지위가 높았고 전투 때 중요한 임무를 맡았는데, 묵자와 같은 공인계급의 우두머리는 공윤과 협의하는 위치에 있었을 것이다. 필자의 주장은 순수하게 《묵자》라는 책의 내용에 의거한 추측으로, 기록으로 확인할 방도가 현재는 없다.

지 않을 것입니다. 베를 짜도 고작 아녀자 한 사람 몫을 당할 테니 천하 사람들에게 나누어주면 한 척의 포도 돌아가지 않을 것입니다. 병사가 되어 싸운다 해도 마찬가지입니다.

제 생각으로는 저 적은 선왕들의 도를 익히고 그들의 가르침을 구하며, 성인의 말씀을 따르고 살피며, 위로는 왕공대인들을 설득하고 그 다음에는 필부와 걸어 다니는 선비(수레 없는 하급 사인)들을 설득하는 것이 나을 것 같습니다.《묵자》〈노문魯問〉)

필자 역시 선생께서도 선비의 직무를 통치 전문가로 보시는군요. 그렇다면 선생이 보시기에 선비란 어떤 자격을 갖춘 사람입니까? 그리고 그들을 쓰는 왕은 어떤 자세를 가져야 할까요?

묵자 좋은 활은 당기기 어렵지만 화살을 높이 날리고 깊이 박히게 하며, 좋은 말은 타기 어렵지만 무거운 짐을 싣고 멀리 갈 수 있습니다. 좋은 인재는 쉽게 명령을 내릴 수는 없지만 군주를 이끌어 존귀함을 드러낼 수 있습니다[良才難令, 然可以致君見尊]. 이러하니, 장강과 황하는 작은 계곡물들이 자기를 채우는 것을 싫어하지 않기에 능히 커질 수 있습니다. 성인은 일을 함에 가리는 것이 없으며, 사물은 꺼리는 것이 없으므로 능히 천하의 그릇이 될 수 있었습니다. 그러니 장강과 황하의 물은 한 줄기에서 나온 물이 아니며, 천일千鎰짜리 귀한 갖옷은 백호피 한 장으로 된 것이 아닙니다. 어찌 같은 방향으로 가는 이들을 취하지 않고, 자신과 꼭 같은 이들만 취할 수 있겠습니까[惡有同方不取, 而取同己

者乎]?˙ 이는 만물을 아우르는 왕[兼王]의 길이 아닙니다. 그러므로 골짜기가 좁으면 물이 쉽게 마르고, 흐르는 물이 얕으면 바닥이 빨리 드러나며, 바위가 많은 땅에서는 식물이 잘 자라지 않으니, 왕자王者˙˙의 은택이 궁문 밖을 벗어나지 못하면 온 나라로 흘러 퍼질 수 없는 것입니다.(《묵자》〈친사親士〉)

필자 "인재의 종류를 가리지 않고, 그 출신과 성분을 가리지 않고, 자신의 마음에 꼭 드는지를 따지지 않는다."

좋은 활과 좋은 말 같은 이가 선비이며, 그 출신이 자질을 결정하는 것은 아니라는 말씀이십니다. 그들은 한마디로 '똑똑한[賢]' 사람이겠지요. 그런데 선생은 무슨 문제가 있어 이렇게 남루한 옷차림으로 떠돌아다니십니까. 혹자의 말에 따르면 선생님은 매일 움직이느라 신이 해지는 것도 모른다고 하던데요. 이것은 다 똑똑한 사람들이 제대로 쓰임을 얻지 못했기 때문이 아닙니까?

• 해석이 분분하지만 문맥으로 보아서는 뜻이 명백하다. 동방同方은 함께 동쪽으로 가는 황하의 여러 갈래 지류처럼 방향이 같은 것, 즉 추구하는 바가 같은 것을 뜻하고, 동기同己는 자신과 꼭 같은 이, 즉 계급이나 취향 따위를 말하는 것이리라. 방方을 '방법'으로 해석하는 경우가 많으나 뜻이 통하지 않는다.

•• 유가에서는 최고의 군주를 왕자, 최고의 군주가 추구할 통치를 왕도王道라 부른다. 왕자는 무력을 쓰기 전에 윤리로 교화하기 때문에 천하가 귀부해온다고 한다. 왕자 아래에는 패자霸者가 있다. 패자는 힘으로 적국을 치지만 독단적으로 처리하지 않고 국제적인 협약에 의해 처리한다. 제 환공·진 문공 등이 회맹을 열어 국제문제를 처리하고, 협의된 규칙을 따르지 않은 이들을 치는 방식이 바로 패도霸道다. 유가는 전국시대를 왕자도 패자도 없고, 오직 힘으로 자웅을 가리는 약육강식의 방식만 남은 시대라고 본다.

묵자 맞습니다. 저 역시 쓰임을 얻지 못했습니다. 지금 왕공대인王公大人들이 국가의 정치를 하면서 모두 국가가 부유하고, 인민이 많으며, 형정刑政이 다스려지기를 원합니다. 그러나 그렇게 되기는커녕 오히려 나라는 더 가난하고, 인민은 적어지며, 더욱 어지러워지는 까닭은 무엇입니까? 그것은 그들이 정치를 하면서 어진 이를 높이고 능력 있는 이들을 섬기지 않기 때문입니다[不能以尙賢事能].

필자 잠깐 각론으로 들어가겠습니다. 현명하고 능력 있는 사람들이 정치를 해야 한다는 것은 상식입니다. 선생님이 말하는 현명한 이, 즉 능력 있는 이는 유가나 법가가 말하는 바와 어떻게 다릅니까?

묵자 간단히 말씀드리지요. 현량지사賢良之士란 덕행이 두터우며[敦厚德行], 말에 조리가 있으며[辯乎言談], 널리 도술을 익힌 이입니다[博乎道術]. 이들은 진실로 국가의 보배이며 사직의 동반자입니다.

필자 훌륭한 성품과 언변, 동시에 구체적인 문제해결 능력[道術]을 갖춘 이가 바로 현량지사라는 말씀이시군요. 구체적인 방안을 제시한다는 점에서 유가와 다르고, 덕행과 언변을 강조하는 면에서 법가와 다르군요. 그럼에도 그들은 왜 등용되지 못하는 것입니까?

묵자 국가의 보배이자 사직의 버팀목인 그들의 힘을 쓰자면 그들을 부하고 귀하게 하며[富之貴之], 공경하며 영예롭게 해야 합니다[敬之譽之].

그래야 이런 사람들을 많이 얻을 수 있습니다.

그러므로 옛날 성왕께서 정치를 할 때에는 "오직 의로운 자면 부유하게 하고, 귀하게 하고, 친하고, 가까이하며 그렇지 않은 자들은 다 내친다"고 선언했습니다. 그러니 부귀하고 친근한 이들은 물론이고 빈천하고 소원한 사람들도 모두 의를 추구했습니다.

필자 신분에 관계없이 오직 자신의 능력에 따라 귀해져야 한다는 말씀이시지요?

묵자 그렇습니다. 그러므로 옛날 성왕이 정치를 할 때에는 덕에 따라 벼슬을 주고 현명한 이들을 숭상했습니다[列德而尚賢]. 비록 농부나 장인, 혹은 상인이라도 능력만 있으면 들여 썼으며[雖在農與工肆之人, 有能則擧之], 높은 작위를 주고 두터운 녹을 주며, 일을 맡겨 명을 내릴 권한을 주었습니다[雖在農與工肆之人, 有能則擧之, 高予之爵重予之祿, 任之以事斷予之令]. 그리고 말씀하시기를 "작위가 높지 않으면 백성들이 그를 공경하지 않고, 녹이 두텁지 않으면 믿지 않으며, 정령을 내릴 수 없으면 두려워하지 않는다"고 하셨습니다. 현명한 이에게 높은 작위와, 두터운 녹, 정령을 내릴 권한을 주는 것은 그저 그들이 현명해서가 아니라 다스림을 이루기 위해서였습니다.

필자 선생님의 말씀은 어쩌면 오직 능력에 기반을 둔 새로운 통치계급이 등장해야 한다는 말로 들립니다. 그러면 고대의 성왕은 오직 현명함과 능력에 의거해 사람을 썼습니까? 오늘날은 능력만 있으면 농공상인도 등용한다는 것을 상상하기 힘듭니다. 극단의 법가사상가들은 농민을 어리석게 만드는 것이 통치에 낫다고 보기도 하고, 옛 책에는 같은 값이면 친한 사람을 쓴다는 말이 수없이 나오지 않습니까?

묵자 상고上古시대의 성왕들은 정말 자질에 따라 인재를 썼습니다. 그때는 덕의 크고 작음으로 크고 작은 벼슬을 얻었으며, 관직으로써 일에 종사했으며, 노고로써 상을 받았고, 공을 헤아려 녹을 받았습니다. 그러니 관직을 얻었다고 영원히 귀하지도 않고, 백성이라고 종신토록 천하지도 않았습니다. 능력이 있으면 들여 쓰고 없으면 끌어내렸으며, 의로운 이라면 공적이 있으면 들여 쓰고 사적인 원한은 생각하지 않았습니다.

그러니 옛날 요임금은 복택服澤의 북쪽*에서 순舜을 찾아 정치를 맡기니 천하가 태평해졌고, 우임금은 음방陰方에서 익[伯益]을 찾아 정치를 맡기니 구주九州의 일이 이루어지게 되었으며, 탕왕湯王은 주방에서 이윤伊尹을 찾아 정치를 맡기니 자신의 계획을 성취할 수 있었으며(하夏를 멸하고 상商을 세운 일), 문왕은 짐승잡이 그물과 어망을 드리우던 굉요閎天와 태전泰顚을 찾아 정치를 맡겨 서쪽 땅을 복속시켰습니다. 그 시절에는 두터운 녹에 높은 작위를 가진 신하라도 감히 두려워하지 않

• 이곳이 어딘지 알 수 없으나, 묵자는 아주 편벽한 곳이란 의미로 말하고 있다.

은 이가 없었고(덕을 행하지 않았는지 능력이 부족하지 않은지를 두려워했고), 농공상민이라도 덕을 숭상하지 않는 이가 없었습니다.

필자 이제 이해가 됩니다. 능력이 완전히 같은 사람이란 없기에 능력에 따라 등용하면 귀천이나 원근은 아예 고려할 겨를도 없다는 말씀이시군요. 선생은 사농공상의 예를 거의 부정하시는 것 같습니다. 오직 갈고닦은 능력과 현명함이 있을 뿐 선천적이든 후천적이든 주어진 것이 기준이 될 수는 없다는 말씀이시군요. 선생님은 새로운 신분과 계급을 뛰어넘는 새로운 통치계급의 탄생을 바라고 계신 듯합니다. 기존의 세습 왕공대인들과 구분되는 능력 있는 통치계급 말이지요. 그렇다면 이런 통치자들은 어떻게 양성할 수 있을까요?

묵자 성왕은 이렇게 등용된 현명한 이들에게 작위와 봉지를 주고 믿었습니다. 그러자 그들은 사지의 힘을 다해 군주가 맡긴 일을 처리하며 종신토록 피로한 줄을 몰랐습니다. 아름답고 선한 일은 위(군주)에게

• 묵자는 상고시대의 군주들이 신분이나 사적인 친소관계를 가리지 않고 오직 능력과 인덕을 기준으로 인재를 썼다고 주장하고 있다. 요 임금은 왕위를 자식에게 물려주지 않고 현명한 순에게 선양했다고 한다. 하夏나라를 세운 우는 백익伯益을 등용해 치수治水를 마무리했다고 한다. 일설에는 우가 백익에게 왕위를 선양하려 했으나 백익은 숨어버렸다고 한다. 탕 임금의 재상 이윤은 원래 요리사였다고 한다. 요리사는 천한 직업이지만 탕은 이윤의 능력을 보고 등용하고 종신토록 기용했다. 이윤은 탕의 아들 태갑太甲까지 섬겼는데, 태갑이 무도한 행동을 하자 심지어 쫓아내어 교화하기까지 했다고 한다. 굉요와 태전은 모두 주周 문왕의 총신들인데 등용 전에는 사냥꾼·어부에 불과했다고 한다. 문왕은 그들을 등용함으로써 상商나라를 전복시킬 능력을 길렀다. 지금 묵자가 예로 든 사람 가운데 왕의 친척이거나 귀족이었던 사람은 한 명도 없다.

있고, 원망하고 비방하는 일은 아래(신하)에게 있으며, 편안하고 즐거워하는 것은 군주에게 있고 근심하고 걱정하는 바는 신하에게 있게 되었으니, 성왕이 정치를 하는 것은 이와 같았습니다.

필자 선생님께서는 어떻게 보실지 모르지만 특별한 능력이 있으며, 작위와 봉록으로 경제적 기반을 갖게 된다면 그들은 하나의 계급을 이룬 것입니다. 그렇다면 오늘날 전국시대의 상황은 어떻게 보십니까? 과연 능력 있는 인사들이 활동할 공간과 기반을 갖추고 있나요?

묵자 지금의 왕공대인들도 현명한 이를 높이고 능력 있는 이를 부리려합니다. 그러나 높은 작위는 주면서 그에 해당하는 녹은 주지 않습니다. 자고로 높은 작위는 있으되 합당한 녹이 없으면 백성들이 믿지 않습니다. 그래서 말하길, "이는 진심으로 우리를 사랑하는 것이 아니라 우리를 빌려 쓰려는 것뿐이다"라고 합니다. 빌려온 백성이 어떻게 그 군주와 친할 수 있겠습니까? 그래서 선왕께서 말씀하셨습니다. "정령을 독점하려는 이는 일을 나누어주지 못하고, 재물을 귀중히 여기는 이는 남에게 녹을 나누어주지 못한다[貪於政者不能分人以事, 厚於貨者不能分人以祿]"라고요. 일을 맡기지 않고 녹을 나누어주지 않으면 어떻게 현명한 사람들이 왕공대인의 곁으로 모여들겠습니까?

필자 그래서 선생은 현명한 이들이 모여들지 않으면 용렬한 이들만 왕공대인의 곁에 있고, 이들이 일을 처리하면 정사는 더욱 어지러워진다는 말씀이지요?

묵자 용렬한 자들이 곁에 있으면 현명한 이가 반드시 상을 받는 것도 아니고, 포악한 자들이 반드시 벌을 받는 것도 아닙니다. 그들에게 관청 일을 맡기면 도둑질을 하고, 성을 맡기면 배반하고, 군주가 어려움에 처하면 자신의 목숨만 건지고, 군주가 망명하면 따라가지 않고, 옥사를 맡기면 공정하지 않고, 재물을 분배하라 하면 공평하지 않게 하고, 같이 일을 도모하면 성공할 리가 없으며, 들어와 지키면 견고하지 않고, 나아가 싸우면 강하지 않습니다.

필자 선생께서는 작위만 주고 녹을 주지 않는 행태를 걱정하셨습니다. 그러나 이것이 오늘날의 현실입니다. 이익이란 나누기 어려운 법이 아니겠습니까? 그러니 능력 있는 이들이 안정된 통치집단으로 등장하려면 이를 가로막는 집단도 있겠습니다.

묵자 그렇습니다. 지금의 왕공대인들은 어려움을 당해도 능력 있는 사람을 등용할 줄 모르고 그저 친척이면 들여 쓰고[親戚則使之], 이유도 없이 부귀하고 얼굴을 잘 꾸민 자라면 들여 씁니다[無故富貴面目佼好]. *이들

---

* 묵자의 논리에 따르면, "무고하게 부귀하다[無故富貴]"는 말은 현명하거나 능력이 있지도 않은데 쓴다는 말이다. 그런 사람들이 바로 세습귀족이다. 그들은 돈이 있으니 겉을 번드르르하게 꾸밀 수 있다. 모두 친한 사람, 혹은 같은 귀족 부류끼리 감싸고 등용하는 현상을 하층민의 관점에서 통렬하게 지적한 것이다. 흔히 무고부귀를 '공도 없이 부귀해지다'로 번역하고, 면목교호面目佼好를 '아첨하는 얼굴'로 옮기지만

이 어찌 반드시 지혜로울 수 있겠습니까? 지혜롭지 않은 자들을 써서 다스리면 국가가 어지러워진다는 것은 불을 보듯 뻔합니다.

행색이 마음에 들어 사람을 쓴다는 것은 그 사람의 지혜를 보지 않고 마음에 드는 것과 함께한다는 것을 의미합니다. 이리하여 100명도 다스리지 못하는 이에게 1000명을 다스리게 하고, 1000명도 다스리지 못하는 이에게 1만 명을 다스리게 합니다. 이는 실력의 열 배에 해당하는 관직을 얻는 것입니다.

필자 하루살이에게 달력을 만들라는 꼴이군요.

묵자 다스림이란 매일매일 빠지지 않고 행하는 것입니다. 하루하루 다스리는데 하루가 열흘로 늘어날 수는 없는 것이며, 지혜가 (하루에) 열 배가 되는 것도 아닌데, 능력의 열 배가 되는 관직을 맡으면 하나만 처리하고 나머지 아홉을 버리는 것입니다. 그러면 나라가 어지러워지는 것은 당연합니다.(《묵자》〈상현尙賢〉)

필자 지금까지 순자·맹자·묵자 선생 모두 한목소리로 능력 있는 선비

묵자의 논조에 맞지 않다. 묵자의 논리에 따르면, 공이 없으면 상을 주지 않으면 되는 것이지, 공이 없다고 처음부터 쓰지 않는 것은 아니다. 그래서 작위를 주고 녹도 주면서 사람을 들여 쓰라고 한 것이다. 처음부터 공이 있는 사람이 누가 있겠는가. 또한 얼굴이 좋다는 뜻은 용모가 뛰어나다는 것인데 용모는 꾸며야 드러난다. 유가가 의관과 용모를 대단히 중시한 것을 비판한 것이다. 어떻게 농공상민이 처음에 얼굴이 번드르르하겠는가? 이어지는 구절에서 면류교호는 색&으로 표현된다. 색은 번드르르한 얼굴과 번듯한 의관, 즉 전체적인 행색을 뜻하는 것이다.

집단이 다스림의 전면으로 나와야 한다고 역설했습니다. 그러나 선비집단의 존재를 극히 두려워하는 분들도 있다고 들었습니다. 군주의 자리에서 보면 이들 집단은 권력의 경쟁자가 아니겠습니까? 여기 군주의 통치술이라는 관점에서 신하들의 권한을 통제할 것을 주장하는 분이 있습니다. 법가의 대표격인 한비자 선생을 모시고 말씀을 나누지요.

한비자, 우리는 부국강병의 전문가다
—

필자 한비자 선생님. 선생께서는 이 시대에 패왕霸王이 나타나지 않는 것이 바로 옥의 가치를 모르는 이, 즉 법술의 가치를 모르는 이들 때문이라고 주장하며 유가나 묵가의 인사들을 공격하시는 것으로 알고 있습니다. 하지만 이전에 오기나 상앙 같은 법술가들이 군주에게 등용되어 법술로 나라를 다스린 적이 있습니다. 이들은 결국 반대파의 반격을 이겨내지 못했습니다. 개인적으로도 불행한 최후를 맞았지요. 진정으로 법술을 몰라서였을까요?

한비자 예전에 오기가 초나라에 가서 도왕悼王을 교도하며 이렇게 말했습니다.

"대신들의 권세가 너무 크고, 봉지를 받은 군君도 너무 많습니다. 이리하면 위로는 군주를 핍박하고 아래로는 백성을 학대하게 됩니다. 이리하면 나라는 가난해지고 군대는 약해집니다. 봉지를 받은 군들의 자손이 2대, 3대가 되면 작록을 거두어들이고, 백관들의 녹의 등급을 없애고, 급하지 않은 관직을 줄이고, 이리하여 가려 뽑은 군사들을 키우는 것이 낫습니다."

도왕이 그대로 시행했지만, 왕이 죽자 오기는 사지가 찢어지는 형에 처해졌습니다.

필자 오기라면 강대한 위魏나라의 서하를 지키며 강대한 진秦나라와 싸워 백전백승한 명장이요, 초나라에서 병법을 시행해 강병을 길러낸 인사가 아닙니까? 개혁가의 말로치고는 쓸쓸하군요.

한비자 그런 예는 비근합니다. 상군商君(상앙)이 진나라 효공을 교도하여 열 가구, 다섯 가구를 묶어 서로 잘못을 고발하도록 하고, 《시詩》와 《서書(서경)》를 불사르고 법령을 밝혔습니다. 사가私家의 청탁을 막고, 공실[公家]을 위해 일하는 이들을 추천하고, 벼슬을 구하러 떠돌아다니는 짓을 금하고 밭 갈고 싸우는 농민전사들을 칭찬했습니다. 효공이 그의 정책을 실행하자 군주의 지위는 존엄하고 안정되었고 나라는 부강해졌습니다. 그러나 8년이 지나 군주가 죽자 상군은 거열형에 처해졌습니다.

지금, 대신들은 법을 고되게 생각하고 천한 백성들은 다스림을 싫어하는 것이 당시의 초나 진보다 심하고, 군주된 이 가운데 도왕이나 효공처럼 듣는 총기가 있는 이도 없습니다. 그러니 법술을 익힌 선비가

어찌 오기나 상앙이 겪은 위험을 무릅쓰고 자신의 법술을 밝힐 수 있겠습니까?(《한비자》〈화씨和氏〉)

필자 선생님은 법가의 인사들이 능력이 부족해서가 아니라 시기를 당해서 뜻을 다 펼치지 못했다고 생각하시는군요. 선생은 유가나 유세객, 협객(묵자 집단) 등을 좀벌레[五蠹]와 같은 자들이라고 혹평하신 적도 있다고 들었습니다. 그들은 생산하는 것도 없이 국가의 재산을 좀먹는 자들이라는 뜻이겠지요?

한비자 그렇습니다.

필자 그러나 선생께서도 법술을 들고 진나라 왕에게 유세하지 않았습니까? 오기는 위衛나라에서 태어났지만 노나라에서 몸을 일으키고, 위魏나라에서 위세를 떨치다, 초나라에서 크게 쓰임을 받았습니다. 그가 유가의 옷을 입고 유세를 했던 것은 아시지요? 상앙은 위魏나라에서 쓰이지 못하고 진秦나라를 찾았습니다. 그들도 자리를 잡기 위해 어지러이 움직인 사람들입니다. 그저 방법이 법이었을 뿐이지요.

플라톤, 철학자가 왕이 되어야 한다

필자 이제 이 긴 논의의 처음부터 끝까지 함께하실 서쪽 나라의 철학자

한 분을 소개하겠습니다. 이분은 저 멀리 그리스에서 철학의 체계를 세우고, 또 수많은 후학을 길러 각지로 보낸 분입니다. 철학적인 열정으로 보나, 현실참여에 대한 의지로 보나, 또한 저술 분량으로 보나 동방에서는 오직 공자만이 이분과 비견될 수 있을 듯합니다. 서방의 공자라고 할까요. 바로 철학자이자 법률가인 플라톤˙ 선생입니다. 선생께서는 "최고의 지성을 가진 이가 왕이 된 사회가 최선의 사회다"라고 하신 적이 있지요?

플라톤 그렇습니다. 철학자가 이 세상의 왕이 되지 않는 한, 혹은 이 세상의 왕과 지배자들이 진정으로 철학자가 되어 정치권력과 철학이 일체화되지 않는 한, 우리가 이야기한 이상사회는 결코 실현될 수 없을 것이며, 국가의 온갖 갈등은 그치지 않을 것입니다.(473d-e)

필자 좀 모호한 표현입니다. 선생께서 말씀하신 철학자에 대해 다시 한 번 설명해주시겠습니까?

플라톤 제가 말하는 철학자란 이런 사람입니다. 지적으로 남보다 우수하며 이른바 자기 자신의 주인이 된 사람입니다. 역으로 물어보겠습니

• 앞으로 플라톤의 《국가》와 《법률》의 내용들은 계속 우리의 논의를 따라올 것이다. 《국가》는 소크라테스의 입을 빌려 서술되어 있고, 《법률》은 '아테네인'이라는 법률 전문가의 입을 빌리고 있다. 그러나 실질적인 화자는 플라톤이다. 이 책의 저본은, 박종현 번역자의 《법률》(서광사, 2009)과 *The Republic*(Penguin USA, 2007)이며, 《법률》의 경우 문장을 고치거나 용어를 수정할 때는 *Laws*(Dover Publications, 2006)를 참조했다.

다. 세습 군주가 천성적으로 철학자가 될 수 있습니까?

필자 우리가 유전학이나 인류학의 성과들을 믿는다면, 뭐 역사의 사실들을 믿는다면 세습 군주들이 모조리 우수하다는 말을 할 수는 없지요. 그러면 폭군이라는 단어 자체도 없었겠지요. 그럼에도 혹자는 군주가 마치 오류가 없는 사람이라고 생각하고, 군주는 거의 무조건적으로 보호받아야 한다고 생각하는 듯합니다.

플라톤 무지한 자들에게 통치와 관계되는 것은 아무것도 맡겨서는 안 됩니다. 반면 지혜로운 자들에게는 관직을 주어야 합니다. 화합 없이 어떤 사려 분별이 있겠습니까? 가장 큰 지혜야말로 가장 우아하고 위대한 조화(상태)라고 말할 수 있습니다.(689d-e) 무지한 자는 따르고 지혜로운 자가 다스려야 합니다. 강제적이지 않은, 자발적인 자들에 대한 법의 지배야말로 자연스러운 것이라고 말할 수 있겠습니다.(690b-c)

필자 선생님의 말씀과 유가와 묵가 인사들의 발언은 거의 차이가 없어 보입니다. 군주론만 제외하면 심지어 법가의 의견과도 크게 차이가 나지 않습니다. 지혜로운 자란 군자요, 현자 혹은 법술가겠지요.

2. 국가의 탄생

필자 지금까지 유가·묵가·법가 모두 "통치는 전문가에게 맡겨야 한다"라는 말씀을 해주셨습니다. 현재 이 국가를 다스릴 적임자는 바로 자신들이라는 것이겠지요. 그렇다면 국가에 대한 이들의 생각을 들어보아야겠습니다. 국가가 어떻게 생겨났으며, 어떻게 지금의 모습으로 진화해왔는지를 규명하지 않고서는, 앞으로 어떻게 국가를 다스리는 것이 더 적절한지에 대한 토론은 어려울 듯하기 때문입니다. 전제가 단단하지 않으면 토론이란 모래 위에 집을 짓는 것처럼 허망한 일입니다. 역사철학이 현실 타개의 출발점이라는 것은 일단 인정하기로 하고, 이제 여러분에게 사회의 발생과 진화에 대한 견해를 간단히 묻고 싶습니다.

국가는 도대체 어쩌다 생겨난 것일까요? 플라톤 선생은 국가가 협력의 필요에 의해 생겨났다고 주장하시는데요. 즉, "사회는 개인들의 욕구와 필요는 다양하지만 그것들을 자급자족할 수 없기 때문에 생겨났다"(369b)는 것이지요. 그렇다면 농부·상공업자·통치자는 어떻게 구분을 짓는 것일까요? 이번에는 먼저 한비자 선생의 유명한 논설 〈오두五蠹〉를 들어보지요.

- 한비자는 〈오두〉에서 그 유명한 상고시대론을 전개한다. 묵자와 순자의 논법을 차용했지만 내용은 확연히 다르다. 태고시대는 혼란이 아니라 '평화기'였다는 것이다. 기술의 발전이 인간의 생활을 개선시키지 못하는 역설을 담담히 서술한다. 인구론은 멜서스Thomas R. Malthus와 거의 다르지 않고, 사회기원론은 플라톤과 비슷하다. 사회기원론에 관한 최상급 논설문으로 판단한다.

한비자, 사회의 진화에 따라 통치도 진화한다

한비자 세상이 바뀌면 다스리는 이치도 달라져야 합니다. 오늘날 학자라는 이들은 그 이치를 모릅니다. 상고시대에는 사람은 적고 금수는 득실거렸습니다. 그러니 사람들이 금수와 벌레, 뱀을 이기지 못했습니다. 어떤 성인이 나무를 엮어 집을 만들어서 이런 금수와 해충들을 피할 수 있었습니다. 그래서 사람들이 그를 좋아해 천하의 왕으로 삼고 유소씨有巢氏(둥우리 집을 가진 사람)라고 불렀습니다. 당시 사람들은 날열매나 조개를 먹어서 뱃병을 앓았습니다. 그때 어떤 성인이 나타나 나무구멍을 비벼 불을 일으켜 먹을 것을 익혔습니다. 그러자 사람들이 그를 좋아하고 수인씨燧人氏(불을 가져온 사람)라고 불렀습니다.

시절이 흘러 중고中古시대에는 곤鯀과 우禹가 물길을 터서 대홍수를 막았습니다. 근고近古에는 걸주桀紂가 폭란하자 탕왕과 무왕武王이 이들을 정벌했습니다.

생각해보십시오. 하후씨夏后氏 시절(곤과 우의 하나라 시절)에 누군가 나무를 엮어서 집을 만들고 나무구멍을 비벼서 불을 일으킨다면 곤과 우의 비웃음을 샀을 것입니다. 은주殷周 시절에 물길을 터서 홍수를 다스리는 이가 있었다면 탕과 무의 비웃음을 받았을 것입니다. 그러니 오

- 곤과 우는 모두 황하의 치수를 담당했다. 곤은 실패했고, 그의 아들 우는 성공해서 전설의 하夏왕조를 열었다고 한다.

늘날 과거의 요·순·우·탕·문·무*의 도를 찬미하는 자가 있다면 반드시 새 성인[新聖]의 조롱거리가 될 것입니다.

필자 곤과 우 시절에는 이미 버젓한 집이 있었고, 또 은주 시절에는 이미 제방이 있었다는 말씀이시군요. 유가와 묵가 모두 그 시대를 신성시합니다. 물론 선생님의 스승이신 순자 선생은 조금 다른 의견을 가지고 있습니다. 세상은 계속 변한다는 말씀이시지요.

한비자 그러니 성인은 그저 순수한 옛날의 제도를 기대하지도 않거니와 '항상 통하는 법[常可]'을 본받지도 않습니다. 세상의 일을 논해 그에 맞게 대비를 할 뿐입니다. 예를 들어보겠습니다. 송나라에 밭을 가는 사람이 있었습니다. 밭 가운데 나무 그루터기 하나가 있는데 토끼가 달리다가 부딪혀 목이 부러져 죽는 일이 있었습니다. 그 후로 그 농부는 쟁기를 버리고 나무 그루터기를 지키고 있었지만, 토끼가 다시 올리도 없거니와 그저 송나라 사람들의 비웃음거리가 되고 말았습니다. 지금 선왕의 정치로 오늘날의 백성을 다스리려 하는 것은, 모두 이 그루터기를 지키는 짓과 같은 부류라 할 수 있습니다.

필자 복고적 왕도정치를 주장하는 유가를 우매한 송나라 농부에 빗대

• 모두 고대의 성왕이다. 기록자마다 이견이 있지만 이들이 다스리던 시대를 위대한 세 시대, 즉 삼대三代라고 한다.

고 계시는데요. 그렇다면 옛날에는 효력이 있던 것이 오늘날 전국시대에는 왜 쓸모가 없어졌을까요?

한비자 옛날에는 장부가 밭을 갈지 않아도 초목에서 나는 것으로도 배불리 먹을 수 있었고, 아녀자가 천을 짜지 않아도 금수의 가죽으로 충분히 옷을 지을 수 있었습니다. 힘든 일에 종사하지 않아도 먹고 입는 것이 넉넉하고, 사람은 적으나 재화는 남아돌았으니 사람들은 서로 싸우지 않았습니다. 그러니 후한 상과 무거운 벌을 쓰지 않아도 백성들은 자연히 다스려졌습니다. 그러나 지금은, 다섯 아들도 적은 지경이고, 그 다섯 아들마다 또 다섯 아들이 있으니, 한 대부大夫가 아직 살아 있을 때 무려 스물다섯 명의 손자가 있습니다. 그러니 백성은 많으나 재화는 적고, 고된 일에 종사해도 먹고 입는 것은 박합니다. 이로 인해 백성들이 서로 다투고, 비록 예전의 몇 배로 상과 벌을 준다 해도 어지러움을 면하지 못하는 것입니다.

필자 옛날에는 모든 것이 충분했는데, 오늘날은 인구가 늘어나 생활에 필요한 물자가 부족하게 되어 다툼과 혼란이 일어났다고 보시는군요. 그렇다고 요순시대의 이상을 무시하고 무조건 선왕의 도를 어리석은 것으로 말할 수는 없는 것이 아닙니까? 최소한 그분들은 무사공평하고 멸사봉공滅私奉公한 분들이 아닙니까?

한비자 세상 사람들은 요임금이 순에게 자리를 물려준 것을 칭찬합니다. 그러나 실상은 그렇지도 않습니다. 요임금이 천하의 왕 노릇을 할 때는 궁궐이란 띠 지붕에 껍질도 깎지 않은 서까래를 얹고, 먹는 것이라곤 조밥에 콩잎국이었습니다. 겨울에는 사슴가죽 옷에 여름에는 갈포를 입었습니다. 그러니 비록 문지기라도 의식주가 이렇지는 않았습니다. 우임금이 왕 노릇을 할 때는 몸소 쟁기를 끌며 백성들 앞에서 일을 해서 정강이에 털이 남아나지 않았으니, 비록 노예라고 한들 고초가 그보다 심하지는 않았습니다. 이로 보건대 그 시절에 천하를 넘겨준다는 것은 문지기보다 못한 의식주와 노예의 고초를 벗어난다는 것이었으니 대단한 일이라 할 수도 없습니다. 그러나 오늘날 현령을 보십시오. 어느 날 일신이 죽어도 자손이 누대로 수레를 타고 다닙니다. 그러니 그 자식을 중하게 여기는 것입니다. 흉년이 들면 어린 동생에게도 밥을 먹이지 않지만 풍년이 들면 먼 손님까지도 다 먹입니다. 이는 골육을 멀리하고 과객을 가까이하는 것이 아니라 (곡식의) 많고 적음이 다르기 때문입니다.

필자 옛날에는 권력자라 해도 그 생활이 평민과 별로 다르지 않았고, 또 옛날을 너무 지나치게 미화할 필요가 없다는 말씀이십니다. 선생님은 행동의 원인으로 이익을 들고 있습니다. 심지어 성왕으로 칭송받는 이들도 이익에 근거해 행동을 한다고 말씀하십니다.

한비자 옛날 사람들이 재물을 가볍게 여긴 것은 그들이 더 착하기 때문이 아니라 재물이 남았기 때문이며, 오늘날 서로 싸우는 것은 성품이 비루해서 그런 것이 아니라 재물이 적기 때문입니다. 옛사람들이 쉽사리 천하를 양보한 것은 그들이 고매해서 그런 것이 아니라 그 자리의 위세가 별것 없었기 때문이고, 오늘날 사람들이 벼슬자리를 가지고 계속 싸우는 것은 성품이 천해서 그런 것이 아니라 그 자리의 권세가 크기 때문입니다. 그러므로 성인은 적고 많음[少多], 얇고 두터움[薄厚]을 헤아려 정치를 행하는 것입니다.

필자 바꾸어 말하면 세상이 타락한 원인도 인구가 증가하고 큰 녹을 누리는 사람이 늘어났기 때문이라는 말씀이시군요. 아무튼 옛사람들이 더 고매하고 후덕한 사회생활을 했다고 보시는 것은 유가와 크게 다르지 않습니다. 반면 유가는 복고를 주장하는데 선생님은 개혁을 주장합니다. 그 이유를 말씀해주시겠습니까?

한비자 역사적으로 벌어진 일들을 시간에 따라 살펴보지요. 옛날 주나라 문왕은 사방 100리의 땅을 가지고도 인의를 행해서 서융西戎을 품고 드디어 천하의 왕이 되었습니다. (그러나 후대의) 서徐나라의 언왕偃王은 한수 동쪽에 자리를 잡아 사방 500리의 땅을 거느리고 인의를 행하니 땅을 떼어내어 알현하는 나라가 서른하고도 여섯 나라였습니다. 그러나 초나라 문왕이 해를 입을까 봐 두려워 군사를 일으켜 들이치니 결국 멸망하고 말았습니다. 그러니 주 문왕은 인의를 행해서 천하의 왕이 되었고, 서 언왕은 인의를 행해서 나라를 잃었던 것입니다. 이는 인의가 옛날에는 쓰였지만 지금은 쓰이지 않기 때문입니다. 그러니 저는 말합니다.

"시대가 다르면 일을 하는 방식도 다르다[世異則事異]."

필자 역시 인의가 통하던 시절이 있었지만 이제는 통하지 않는 시절로 들어섰다는 말씀이시군요.

한비자 그렇습니다. 요약하자면, 상고시대에는 도덕으로 다투었고, 중세에는 지모로 다투었고, 지금은 기력으로 다툽니다. 좀 더 가까운 시절의 예를 들어보겠습니다. 제나라가 장차 노나라를 치려고 하자 노나라는 공자의 제자 자공子貢을 보내 유세하도록 했습니다. 제나라 사람이 자공의 말을 듣고 대답했습니다.

"선생의 말씀이 이치에 맞지 않는 것은 아닙니다. 그러나 우리가 원하는 것은 땅이지 선생님 말씀의 이치가 아닙니다."

그러고는 기어이 공격해서 성문 10리 밖을 경계로 삼았습니다. 그러니 언왕이 인의를 행했지만 서나라는 망했고, 자공이 언변과 지혜를 갖추었지만 노나라 땅은 줄어들었습니다. 이것으로 보아 말씀드리면, 인의·언변·지혜는 나라를 유지하는 방편이 되지 못합니다. 차라리 언왕이 인의를 버리고 자공이 지혜를 멈추고, 서나라나 노나라가 스스로의 힘에 기대어 만승의 국가에 대적했다면 제나라나 초나라가 이 두 나라로 욕심을 채우지는 못했을 것입니다.

필자 지금은 힘을 기르는 것 외에는 나라를 지킬 방도가 없다는 말씀이십니다. 인의가 인정받던 좋은 시절이 없었던 것이 아니라, 지금 시절이 거칠어졌다는 말씀이네요. 선생님의 법가적·역사철학적인 기본 전제는 바로 변화라는 것을 알았습니다. 옛날이 좋은 시절이었다는 주장은 특히 인상에 남습니다. 오늘날은 원시공동체라는 말을 씁니다만, 상고시대가 더 어려웠다고 주장하는 분들이 있습니다. 순자 선생도 그렇게 주장하는 분 가운데 하나이지요. 순자 선생은 상고시대에는 질서가 없어서 서로 해치며 살았다고 말씀하십니다. 아주 옛날이 더 험악했다는 주장을 가장 체계적으로 세운 사람은 역시 묵자 선생입니다. 이제 묵자 선생을 모시고 그분의 역사철학을 한번 들어보죠.

묵자, 혼란을 극복하기 위해 백성이 지도자를 옹립했다
—

필자 한비자 선생은 인구가 희박하던 옛날에는 모든 것이 풍족했고 사람들도 후덕했다고 이야기합니다. 선생님은 그 반대의 주장을 하시는 것으로 알고 있습니다.

묵자 옛날에 처음 사람들이 생기고 형정이 없을 때는, 대개 사람마다 하는 말의 뜻이 달랐습니다. 사람이 둘이면 두 가지 뜻이 있었고, 열이면 열 가지 뜻이 있었습니다. 사람들의 수가 많아지자 그 뜻도 따라 많아졌습니다. 그러니 사람들은 자신의 뜻이 옳고 남을 그르다 하며 서로 비방했습니다. 그리하여 안으로는 부자·형제가 원망하기 시작하니 서로 헤어져 다시 화합할 수 없었고, 천하의 백성이 모두 물불과 독약으로 서로를 해쳤습니다. 그리하여 남는 힘이 있어도 서로 도와주지 못하고, 남는 재물이 썩어도 서로 나누어주지 않았으며, 좋은 도를 감추어두고 서로 가르쳐주지 않았으니, 천하의 어지러움이란 마치 금수들의 세상 같았습니다.

필자 서로의 말이 달라 서로의 뜻도 다르고, 그리하여 알력이 일어났다는 선생의 말씀을 들으니 공자의 정명正名사상이 생각납니다. 일단 혼란을 극복하려면 바른 이름, 다시 말해 통일된 언어를 먼저 구축해야 한다는 말이 아니겠습니까? 그러나 선생님께서는 사람의 본성이 악하거나 착하기 때문이 아니라 태초에는 아무런 규범이 없었기 때문에 혼란이 자연스러운 것이었다고 보십니다. 그렇다면 그 상태는 어떻게 해소되었습니까?

묵자 천하가 어지러워지는 까닭을 밝혀보면, 이는 정치를 맡을 우두머리[政長]가 없었기 때문입니다. 그래서 천하의 현명하고 능력 있는 이를 세워 천자로 삼았습니다[選天下之賢可者, 立以爲天子]. 천자를 세웠으나 한 명의 힘으로는 부족했으므로 다시 천하의 현명하고 능력 있는 이들을 골라 삼공으로 삼고, 그러나 천하는 넓으니 삼공도 부족해 제후국의 군주도 세우고, 그 나라 안의 바른 지도자[正長]도 세웠습니다.《묵자》〈상동尙同〉)

필자 선생께서는 천자가 스스로 천자가 된 것이 아니라 백성이 옹립했다고 생각하십니다. 지도자가 생긴 것은 인민의 뜻에 의한 것이었다는 말씀이지요. 상고시대의 사회계약설로 볼 수 있겠습니다. 선생의 말씀대로라면 인민이 자발적으로 지도자를 세웠으니 그들은 처음부터 친근했겠지요.

플라톤, 국가의 수호자는 길들인 개와 같다

—

필자 다시 오늘날 전국시대로 돌아가 보겠습니다. 오늘날은 순자 선생이 말씀하신 상고시대의 사회계약은 거의 유명무실하다고 할 수 있습니다. 지금은 국제 질서를 평화롭게 유지하는 국가가 아니라 전쟁을 제일 잘하는 국가, 인의를 설파하는 문사가 아니라 작전으로 이기는 장수들이 더 대우를 받는 세상입니다. 이제 서방에서 오신 플라톤 선생님의 역사철학관을 한번 들어볼까요? 플라톤 선생님, 선생님은 대홍수가 휩쓸고 가서 모든 지식과 재산이 사라진 인류가 새 삶을 시작할 때를 묘사하신 적이 있습니다.

플라톤 그렇습니다. 그때는 이랬습니다. 그들은 서로 반가워하고 우호적이었는데 이는 외로움 때문이었으며, 다음으로는 먹을거리가 그들에게는 싸움거리가 되지 못했기 때문입니다. 아마도 아주 이른 시기의 소수를 제외하면 목초지도 부족하지 않았을 것입니다. 당시에는 대부분이 목축으로 살아갔는데, 젖도 고기도 결코 부족하지 않았으며, 사냥을 함으로써 결코 변변하지도, 또 적지도 않은 먹을거리를 얻었겠지요.(679a-680a)

필자 그런 우호적인 상황에서 출발한 인류가 지금은 자신을 지키기 위해 훈련된 수호자를 두어야 할 상황이 되었습니다. 국경으로 경계를 만들고 그 밖에 있는 이들을 적대시하기 시작했군요. 여담으로 한 번 더 질문해보겠습니다. 시대가 이미 전쟁을 용납하는 상황이라면, 국가의 수호자들은 어떤 덕성을 가져야 할까요?

플라톤 오늘날 국가의 수호자는 잘 길들인 개처럼 자신의 주인이나 이웃들에게는 한없이 양순하지만, 그 적들에게는 가차 없이 잔혹해야 합니다. 즉 전투에서 물러나지 않는 강건함과 또 내분을 일으키지 않을 정도의 자제력을 가져야 합니다. 철학과 용기, 그리고 육체적인 능력까지 겸비해야 하지요.(375b-e)

필자 지금까지 역사관, 특히 인간 사회의 출현에 관한 의견을 들어보았습니다. 사실 오늘날의 한정된 지식으로 과거의 실상을 다 알 수 없으니 쉽사리 결론을 내릴 수는 없습니다. 그렇지만 우리가 확실히 얻은 결론은 하나 있습니다. 출발이 어떠했든 간에 지금까지 사회는 분명히 변해왔다는 것입니다. 앞으로도 물론 변할 것이고요. 그렇다면 이제 앞으로 어떻게 세상을 바꿀 수 있을지 구체적인 토론으로 들어가죠.

제2장

다스림의 근본

: 인덕인가 법술인가?

...

다스림의 근본 원리에 관한 토론에 들어가기 전에 원시 유가이론의 핵심을 간단히 살펴보자. 공자의 생각은 다음의 말로 정리할 수 있다. 지도자란 이런 사람이다.

"자기 몸을 바르게 하면 명령을 내리지 않아도 아래가 알아서 행할 것이고, 자신의 몸이 바르지 않다면 비록 명을 내려도 행해지지 않을 것이다[其身正, 不令而行, 其身不正, 雖令不從]."《논어》〈자로子路〉

다스림의 출발은 남을 바로잡는 것이 아니라 스스로를 바로잡는 것이라는 뜻이다. 또한 정치란 백성에 대해서는 기본적으로 시혜에서 출발해 그들 스스로 자리를 잡는 것에서 그친다는 것이다. 유가의 초기 이론은 다음과 같다.

"나 구丘는 이렇게 들었다. 나라와 가문을 다스리는 이는 적은 것을 걱정하지 않고 고르지 못한 것을 걱정하며[不患寡而患不均], 가난함을 걱정하지 않고 안정되지 못함을 걱정한다[不患貧而患不安]고, 자고로 고르면 가난함이 없으며, 화목하면 적음이 없으며, 안정되면 기울어지지 않는다. 이렇게 해도 멀리 있는 사람이 복종하지 않으면 문덕을 닦아 오게 하고[修文德以來之], 그들이 오면 안정시켜 주어야 한다[旣來之則安之]."《논어》〈계씨季氏〉

백성들에게 많이 짜내지 않고 폭력으로 그들을 동원하지 않는다는 말이다. 순자는 공자의 이념을 이렇게 발전시켰다.

"그러므로 왕자는 백성을 부유하게 하고, 패자는 사士를 부하게 하며, 겨우 버티는 나라는 대부를 부하게 하며, 망하는 나라는 광주리를 넘치게 하고 창고를 채운다. 이것을 일러 위로 넘치나 아래로 마른다[上溢而下漏]고 하니, 이런 나라는 들어가서 지킬 수도 없고 나가서 싸울 수도 없으니 넘어져 망하는 것을 서서도 기다릴 수 있다."《순자》〈왕제王制〉

순자는 《관자管子》의 경제사상을 발전시켜, 계층별로 부를 분배하는 문제까지 지적했다. 나라가 부유하다는 것은 백성들의 곳간이 차 있다는 것이지, 국가의 창고가 가득 차 있는 상태는 아니라는 말이 된다. 일단 이러한 유가의 기본적인 전제를 염두에 두고 토론으로 들어간다.

1. 맹자의 전통 대 한비자의 변법

필자 토론을 시작하겠습니다. 논의를 집중시키기 위해 인덕仁德과 법술法術의 대결이라고 단순화시켜보죠. 공자 이래 통치의 원리로 인과 덕을 가장 강조하신 분이 바로 맹자 선생님입니다. 맹자 선생님, 세상을 다스리는 원리는 과연 무엇입니까?

과거의 제도는 변경되어야 하는가
—

맹자 천하를 얻는 데는 방법이 있으니, 그것은 백성을 얻는 것입니다. 백성을 얻는 데는 방법이 있으니 그것은 그들의 마음을 얻는 것입니다. 마음을 얻는 데는 방법이 있으니, 그들이 바라는 것은 함께해 모아 주고[與之聚之]* 싫어하는 것은 베풀지 않으면 됩니다.

"높이 오르려면 반드시 구릉에 의지해야 하고, 내려가려면 반드시 천택에 의지해야 한다[爲高必因邱陵, 爲下必因川澤]**"는 말이 있습니다. 정치를 행하면서 선왕의 도에 의거하지 않으면 지혜롭다 할 수 있겠습니까? 군주를 섬김에 의가 없고[事君無義] 나아가고 물러남에 예가 없으며 [進退無禮], 말만 하면 선왕의 도를 비난하는 것은 말장난을 하는 것과 같습니다. 그러니 이런 말이 있습니다.

"군주에게 어려운 일을 지우는 것이 공恭이며, (군주의) 선을 펼치고 사악함을 막는 것이 경敬이며, '우리 군주는 도를 실천할 능력이 없다' 고 하는 것이 적賊(군주를 해치는 짓)이다."《맹자》〈이루離婁〉）

필자 선생님의 말씀인즉, 난세를 극복하는 올바른 태도는 과거의 바른 전통을 찾아내어 잇는 것이란 의미이군요. 전통을 부정하고, 또 인간의 가능성을 부정하는 태도로는 아무 일도 할 수 없다는 말씀입니다. 이번에는 한비자 선생께 질문합니다. 맹자 선생님의 말씀이 일리가 있습니까?

• 여지與之를 '그들에게 주다'로 해석하는 경우도 있고, '그들을 위해'라고 해석하는 경우도 있다. 《맹자》가 "백성과 함께 즐기다[與民偕樂]"로 시작하는 것을 고려해 '함께하다'로 해석해보았다.

•• 높은 건물을 지으려면 높은 곳에 기초를 두고, 깊은 연못을 파려면 낮은 곳을 파야 한다는 뜻이다.

한비자 다스림을 알지 못하는 이들은 반드시 이렇게 말합니다.

"옛 제도를 고치지 말며, 상법常法(옛날부터 이어져온 것. 즉 오늘날 익숙한 것)을 바꾸지 말라."

사실 바꾸고 바꾸지 않고는 성인의 관심 사항이 아닙니다. 그저 바르게 다스리면 될 뿐입니다. 그런즉, 옛 제도를 고칠지 고치지 않을지는 옛 제도가 지금 통용 가능한 것인지 불가한 것인지에 달려 있습니다.

이윤이 은의 제도를 바꾸지 않고, 태공太公(여상呂尙)이 주周의 제도를 바꾸지 않았다면 탕왕과 무왕은 천하의 왕이 되지 못했을 것입니다. 관중管仲이 제齊의 제도를 바꾸지 않고 곽언郭偃이 진晉의 제도를 바꾸지 않았다면 환공桓公과 문공文公은 패자가 되지 못했을 것입니다. 자고로 사람들이 옛 제도를 고치기를 어려워하는 이유는 백성들에게 익숙한 것을 바꾸기를 두려워하기 때문입니다. 옛것을 고수하는 것은 어지러워지는 길을 그대로 따르는 것이요, 백성의 마음에 영합하는 것은 간악한 행동을 내버려두는 것입니다. 백성은 어리석어 어지러운 것을 모르고, 군주는 유약해서 옛것을 고칠 수 없다면, 이로써 다스림을 잃어버립니다.《한비자》〈남면南面〉)

필자 쉽게 말하면 과거의 좋은 제도로 돌아가자는 측과 과거의 제도는 이미 효용을 다했다는 측의 충돌입니다. 제가 간단한 설명을 드려야 할 것 같습니다. 백성을 바라보는 유가와 법가의 기본 전제를 다시 확인하는 것이 도움이 될 것 같습니다. 유가의 경전이 된《대학》에 이런 말이 있습니다. 이 설명은 "백성과 함께한다"는 맹자 선생님 논설의 부연이 될 수 있겠습니다.

"대중을 얻으면 나라를 얻고, 대중을 잃으면 나라를 잃는다는 말이다[道, 得衆則得國, 失衆則失國]. 덕이 있으면 사람이 있으며, 사람이 있으면 땅이 있으며, 땅이 있으면 재물이 있고, 재물이 있으면 쓸 수 있다[有德此有人, 有人此有土, 有土此有財, 有財此有用]."

"덕은 근본이요 재물은 말단이니, 근본을 내치고 말단을 들이면 백성들과 싸우고 그들을 수탈한다[德者本也, 財者末也, 外本內末, 爭民施奪]*. 그리하여 재물이 모이면 백성이 흩어지고, 재물이 흩어지면 백성이 모인다[是故財聚則民散, 財散則民聚]. 그러니 '어그러져 나간 말은 어그러져 들어오고, 어그러져 들어온 재물은 어그러져 나간다'고 하는 것이다[是故言悖而出者亦悖而入, 貨悖而入者亦悖而出]."

백성을 얻으면 자연히 토지와 재물이 따라오니, 지도자는 구태여 백

- 이 문장은 상당히 애매해 역대로 잘못 해석되어 유교의 경제사상을 완전히 왜곡하는 심각한 폐해를 낳았다. 이 구절을 해석할 때는 주로 주희朱熹의 《대학장구大學章句》의 "人君以德爲外, 以財爲內, 則是爭鬪其民, 而施之而劫奪之敎也"를 취했다. 주희의 문장도 애매하기는 마찬가지다. '이는 백성과 싸워 그들에게 겁탈의 가르침을 베푸는 것이다'라는 뜻인가, 아니면 '백성들을 싸우도록 하고 그들에게 겁탈의 가르침을 베푸는 것이다'라는 뜻인가. 《대학장구》의 이어지는 구절도 완벽하지는 않지만 후자의 해석을 암시한다.
  "이른바 재물이라는 것은 사람들이 모두 원하는 것이니, 남의 처지를 헤아리지 않고 독점하려 한다면, 백성들도 들고 일어서 (서로) 빼앗을 것이다[蓋財者人之所同欲, 不能絜矩而欲專之, 則民亦起而爭奪矣]."
  국내의 《대학》 번역서는 거의 언해본의 '민民을 쟁爭케 하여 탈奪을 시施함이라'는 해석을 따라 해석하고 있다. 그러나 이 해석은 옳지 않다. 쟁민爭民이란 글자 그대로 백성과 다툰다는 뜻이고, 시탈施奪은 시혜施惠의 반대어로 '빼앗는다'는 뜻이다. 그러면 '백성과 다투어 그들의 것을 빼앗는다'는 뜻이 된다. 주체는 바로 군주다. 공자는 백성이 많으면 "먼저 부유하게 한 후 교화한다"고 포부를 밝혔다. 《대학》은 위정자를 위한 서적이며 선진先秦 유가의 전적을 참고해 만들었다. 주희의 해석은 의역이 지나치고, 한반도의 유자들은 주희에게 의존함이 지나치다.

성들과 재물을 다투지 말라는 말이겠지요. 지도자가 억지로 뺏으면 백성은 결국 뺏기겠지요. 또한 백성들 사이에 재물이 넉넉한데 그들이 흩어질 리가 있겠습니까?

법의 필요성과 범위
—

필자 이제 법가의 이론을 크게 현창顯彰했으며, 현실에서도 대단한 업적을 이루었다고 평가되는 상앙의 이론을 한번 살펴보겠습니다. 어떤 이들은 서쪽의 진秦이 급속도로 강해진 것은 바로 상앙의 법가적 개혁 때문이라고 평하기도 합니다. 《상군서商君書》의 일부를 읽어드립니다.

"옛사람들은 순박하고 후덕했는데, 지금 사람들은 교활하고 얄팍하다. 그러니 옛날에는 덕을 앞세워 다스리는 것이 효과가 있었고, 지금은 형을 앞세워 법으로 다스리는 것이 효과가 있다. 세속 사람들이 정말 이 이치를 모른다[古之民樸以厚, 今之民巧以僞, 故效於古者, 先德而治, 效於今

• 《상군서》는 상앙의 저작이 아니다. 장평대전 같은 전국시대 후반기의 사건들이 기록되어 있고, 명백히 《관자》나 《순자》, 《한비자》에서 가져온 것들도 있다. 단적으로 〈약민弱民〉 편에서 "초나라 백성들은 하나같이 기민하고 빠르기가 회오리바람 같으며[楚國之民, 齊疾而均, 速若飄風]"부터 이어지는 구절은 《순자》를 베낀 것으로 보인다. 그러나 사마천이 생존할 당시 이미 상앙의 저작은 있었으므로, 한대漢代인들이 아무런 근거 없이 조작하지는 못했을 것이다. 특히 진秦은 상앙의 법을 썼으므로 그 기록들도 상당히 남아 있었고, 이것이 한에 전수되었을 것이다. 결론적으로 《상군서》는 상앙의 저작도 아니고 그 제자들의 저작도 아니며 누군가가 상앙의 법령을 기준으로 살을 붙인 것이다. 이 책에서는 《사기》의 기록을 기준으로 내용이 크게 벗어나지 않는 것들만 취했다.

者, 前刑而法, 此世之所惑也]."《상군서》〈개색開塞〉

이는 한비자 선생의 말씀과 똑같습니다. 이어서 상앙 선생이 시행한 신법에 대해 간략하게 정리해드리겠습니다.

"백성을 5호, 10호로 편제하고, 서로 감시하게 하고 죄를 연좌시킨다. 나쁜 일을 한 자를 고발하지 않으면 허리를 베고, 고발한 자는 적의 수급을 벤 자와 같은 상을 주고, 숨겨준 이는 적에게 항복한 자와 같은 죄로 다스린다. 한 집에 남자가 둘 있으나 분가하지 않으면 부세를 두 배로 거둔다.

군공이 있는 자는 공에 따라 작위를 올려주고, 사적으로 싸우는 이는 그 경중에 따라 크고 작은 형벌에 처한다. 본업에 힘써 밭을 갈고 길쌈을 해서 곡식과 포를 많이 바치는 이는 부역을 면해준다. (농민이) 말업(상공업)을 통해 이익을 추구하거나[末利] 게을러서 가난해진 자는 관노로 거두어들인다. 종실의 사람이라도 군공이 없으면 심사해 종실의 족보에 오르지 못하게 한다. 존비와 작위의 질서와 등급을 명확히 해서 전택에 차등을 두고, 신첩臣妾의 의복은 집안에 따라 차등을 둔다."《사기》〈상군열전商君列傳〉

요약하면, 엄격한 상벌, 군공에 따른 작위 부여, 동기부여를 통한 증산입니다. 이것을 참고로 하고 이제 논의를 계속합니다. 맹자 선생님, 이에 대해 하실 말씀이 많을 것 같은데요.

맹자 그 법이라는 것이 참으로 가혹하군요. 그렇게 하면 천하의 최강자가 될까요? 저는 이렇게 봅니다. 누가 세상을 통일할 것입니까? 살인을 좋아하지 않는 이가 통일할 것입니다. 천하는 어떻게 해야 안정되겠습니까? 하나가 되어야 안정될 것입니다[定於一]. 누가 하나로 만들 수 있을까요? 사람 죽이기를 좋아하지 않는 자가 하나로 만들 것입니다[不嗜殺人者能一之].

필자 좋은 말씀입니다. 오직 군공에 의해 작위를 준다면 이는 결국 살인을 조장하는 것이겠군요. 그러나 지금 걸핏하면 전쟁이 일어나는 상황에서 군주들에게 살인을 금하는 방법을 권할 수 있을까요? 적이 창을 들이대는데 자신만 창을 버릴 수 있을까요? 그리고 이런 방책을 쓴다고 누가 따라올까요?

맹자 누가 그를 따를까요? 천하가 다 그와 함께할 것입니다. 지금 천하에 군주가 된 사람 가운데 사람 죽이기를 좋아하지 않는 이가 없습니다. 만약 그런 사람이 등장하기만 하면 천하가 모두 목을 빼고 그를 바랄 것입니다.《맹자》〈양혜왕梁惠王〉)˙

필자 한쪽에서는 관용을 주장하고 한쪽에서는 엄한 상벌을 주장합니다. 한 분은 관용으로 천하를 통일할 수 있다고 하고, 한 분은 법을 엄격하게 적용시켜야 전쟁에서 이길 수 있다고 합니다. 양측의 주장이 이

• 양梁나라 혜왕惠王의 질문과 맹자의 대답으로 되어 있는 문장을 자문자답으로 재구성했다.

렇게 다르니 한번에 다 결론을 낼 수는 없겠습니다. 이제 다음으로 넘어가 논의를 심화하지요. 다시 출발점입니다. 싸움의 근본적인 원인이 무엇인지 살펴보지요. 인간이란 어떤 존재이기에 세상에는 싸움이 그치지 않는 것일까요.

2. 본성은 선한가 악한가

필자 다스리는 일도 다스림을 받는 일도 어차피 사람이 하는 일입니다. 그러니 어지러움의 원인을 살필 때 사람의 본성을 빼놓을 수는 없겠지요. 《묵자》〈소염所染〉을 보니, 묵자 선생이 실을 물들이는 이를 보며 이렇게 탄식했다 하더군요.

"파란 물감으로 물들이면 파란색, 노란 물감으로 물들이면 노란색, 물감을 넣는 대로 천도 그대로 바뀌는구나! 다섯 번 물감을 넣으니 다섯 색깔 실이 되었네."

사람의 본성이 환경의 영향을 받는다는 것을 설명한 말입니다. 세상 사람들 모두 좋은 환경을 만나면 좋겠지요. 그런데 공자는 이런 말씀을 했더군요.

"본성은 서로 비슷하나 습관에 따라 서로 멀어진다[性相近也, 習相遠也]."《논어》〈양화陽貨〉)

제가 보기에 옛사람들의 말씀이 너무 모호합니다. 본성의 선악을 판단할 만한 말씀을 하지 않았습니다. 사람의 본바탕은 어떤 모습일까요? 한비자 선생님이나 맹자 선생님 모두 본성에 의거해 정책을 펴야 한다고 말씀하시는데요. 이 장에서는 순자 선생님도 잠시 모시겠습니다. 함께 인의를 주장하지만 맹자 선생님과 의견이 퍽 다르시니까요.

맹자의 성선설 대 순자의 성악설

필자 우선 맹자 선생님부터 시작하시지요. 사람의 본성을 어떻게 보십니까? 선천적인 요소가 있습니까?

맹자 단언컨대 사람의 본성은 착합니다. 사람은 누구나 남에게 차마 못되게 하지 못하는 마음이 있습니다[人皆有不忍人之心]. 선왕께서도 남들에게 차마 못되게 하지 못하는 마음이 있었기에 차마 함부로 하지 못하는 정치가 있었습니다. 이런 마음으로 정치를 한다면 천하를 손바닥 위에서 다스릴 수 있습니다. 제가 왜 사람이란 누구나 차마 하지 못하는 마음이 있다고 하겠습니까. 지금 어떤 사람이 문득 어린아이가 우물로 들어가는 것을 보았다면, 누구라도 측은지심惻隱之心(놀라고 불쌍히 여기는 마음)이 생깁니다. 이것은 아이 부모와 교제를 맺고자 하기 때문도 아니요, 향당의 친구들로부터 칭찬을 듣고자 하는 것도 아니며, 비난의 말이 일어나는 것이 싫어서도 아닙니다.

이로 보면 측은지심이 없는 이는 사람이 아니며, 수오지심羞惡之心(악행을 부끄러워하고 미워하는 마음)이 없는 이는 사람이 아니며, 사양지심辭讓

之心(겸손히 남에게 사양하는 마음)이 없는 이는 사람이 아니며, 시비지심是
非之心(옳고 그름을 가리는 마음)이 없는 이는 사람이 아닙니다. 측은지심은
인仁의 단서이며 수오지심은 의義의 단서이며 사양지심은 예禮의 단서
이며 시비지심은 지知의 단서입니다.(《맹자》〈공손추公孫丑〉)

필자 거꾸로 말하면 선善이 바로 인간의 본성이라 할 수도 있겠군요. 순
자 선생님은 어떻게 생각하시는지요.

순자 사람의 본성은 악하고 선은 인위로 한 것입니다[人之性惡, 其善者爲
僞也]. 인간은 태어나면서 이익을 좋아하니, 그 본성을 따르면 쟁탈이
생기고 사양하는 마음이 없어집니다. 사람은 태어나면서 서로 질시하
고 미워하니, 이 본성을 따르면 잔학과 해침이 생기고 충성과 신의란
없어집니다. 그러므로 사람은 반드시 스승의 법의 교화[師法之化]와 예
의의 인도[禮義之道(導)]를 받은 후에 바르게 됩니다. 굽은 나무는 반드
시 도지개를 대고 불에 쬐어 교정한 후에야 바르게 되고 둔한 쇠는 반
드시 숫돌로 연마한 후에야 예리해지는 것과 같은 이치입니다.
  맹 선생께서 "사람이 학문을 하는 것은 그 본성이 선하기 때문이다
[人之學者其性善]"라 한 것으로 아는데, 제가 보기에는 그렇지 않습니다.
이는 사람의 본성을 알지 못하고, 인간의 본성과 인위의 차이를 알지
못하기에 나온 말입니다. 무릇 본성이란 태어나면서 얻은 것으로 배울
수도 없고 얻으려 노력할 수도 없는 것입니다. 예의라는 것은 성인이
만든 것으로 사람이면 배워서 능숙하게 되고 노력해서 이룰 수 있는

것입니다. 사람의 본성이란 눈으로 볼 수 있고 귀로 들을 수 있는 것을 말하는 것입니다. 눈 없이 볼 수 없고 귀 없이 들을 수 없으니 보고 듣는 것은 배워서 되는 것이 아닙니다.

배고픈데 먹고 싶은 것은 본성이요, 어른에게 드리려고 먹지 못하는 것은 인위적인 선입니다. 동생이 형에게 양보하고 자식이 아비에게 양보하며, 아비가 자식을 위해 힘쓰고 형이 동생을 위해 힘쓰는 것은 다 본성에 위배되는 것이지만 예의를 배워서 익힌 것입니다.

필자 혹자는 묻습니다.

"사람의 본성이 악하다면 어떻게 예의가 생겨났겠는가?"

물론 맹자 선생님의 의견입니다. 콩 심은 데 콩이 나듯이 선한 본성에서 선한 행동이 나온다고 추론하는 것이 상식적이지 않을까요.

순자 무릇 예의라는 것은 성인의 작위에 의해 생겨났지[凡禮義者是生於聖人之僞] 인간의 본성에서 생겨난 것이 아닙니다. 말하자면, 도공이 그릇을 만들지만 그것은 도공의 작위에서 생겨난 것이지 도공의 본성에 의해 생겨난 것은 아닌 것입니다.《순자》〈성악性惡〉)

필자 선생이 말씀하신 악惡이란 글자 그대로의 악이라기보다는 생존본능처럼 느껴지기도 합니다. 예컨대 배고파서 먹는 것은 선악의 여부를 떠나 생존욕구로 이해할 수 있을 듯합니다.

순자 사람의 본성과 지능은 군자나 소인이나 같습니다[材性知能, 君子小人一也]. 모든 사람은 같은 점이 있습니다. 배고프면 먹고 싶고, 추우면 따듯한 것을 바라고, 힘들면 쉬고 싶고, 이익을 좋아하고 해됨을 싫어하는 것은 누구나 한가지입니다. 이런 점은 폭군 걸왕이나 성군 우임금이나 마찬가지입니다.

그러나 사람은 요임금이나 우임금이 될 수도 있고, 걸왕이나 도척이 될 수도 있으며, 농공상민이 될 수도 있습니다. 이것은 몸가짐과 습속이 쌓여서 그렇게 된 것뿐입니다[注錯習俗之所積爾]. 요임금이나 우임금이 되면 항상 편안하고 영화로우며, 걸왕이나 도척이 되면 항상 위험하고 욕되며, 요임금이나 우임금이 되면 항상 마음이 유쾌하고 몸이 편안한데[愉佚], 농공상민이 되면 항상 마음이 번거롭고 몸이 수고롭습니다[煩勞]. 그런데도 사람들은 요임금이나 우임금이 되려 하지 않고 후자가 되려 하니 비루합니다. 요나 우도 태어날 때부터 그런 자질을 가진 것이 아니라 그저 계속 바꾸어서 그 경지에 이른 것입니다. 인간은 날 때는 실로 소인인데 스승과 법이 없다면 오직 이익만 밝힐 것입니다.《순자》〈영욕榮辱〉)

필자 순자 선생께서는 본성과 인위를 확연히 구분하시는군요. 그러나 우물에 빠진 아기를 건지는 사람의 태도를 비유로 든 맹자 선생님의 의견에 대한 직접적인 반론은 펴지 못했습니다. 맹자 선생님, 사람의 성품이 착하다는 주장을 보충해주시겠습니까?

맹자 누가 제게 "선생님은 무엇을 잘하십니까" 하고 묻기에 저는 "나는 호연지기浩然之氣를 잘 기르네" 하고 대답했습니다. 그 호연지기란 것이 무엇입니까?'

말하자면 좀 어렵습니다. 이는 바르게 기르고 해치지 않으면 천지에 가득 찰 강력한 기운입니다. 그 기운은 의義와 도道가 함께해야 하는데, 이 기운이 없으면 사람이 허약해집니다.

내 이야기를 한번 들어보시지요. 송나라에 어떤 사람이 밭의 싹이 잘 자라지 않는 것이 걱정이 되었습니다. 그래서 빨리 크도록 돕는다고 밭에 가서 열심히 싹을 뽑아 늘이고 집으로 왔다고 합니다. 그러고는 "아 정말 피곤하다. 싹이 자라는 것을 도와주었다"고 했습니다. 다음날 아들이 밭으로 가보니 싹은 다 죽어 있었지요. 세상에는 이렇게 싹이 자라는 것을 돕는다고 잡아 늘이는 사람이 적지 않습니다. 물론 도움이 되지 않는다고 생각해서 여린 싹을 내버려두는 이도 있지요. 이런 사람은 밭에 김을 매지 않는 사람이지요.

한비자, 인간의 본성은 이기적이다

—

필자 "저 씨앗을 보라, 누가 명령하지 않았는데도 때가 되면 싹을 틔우

• 공손추公孫丑의 질문과 맹자의 대답으로 되어 있는 문장을 자문자답으로 재구성했다.

지 않느냐? 그 씨앗 속에 힘을 간직하고 있지 않다면 어떻게 그렇게 되겠는가"라는 말씀이십니다. 제가 보기에 선생께서 말씀하신 호연지기는 강력한 선의 싹입니다. 그 선의 싹을 잘 틔우고 기르면 선한 사람이 된다는 것이지요. 본성에는 생존의 본능을 넘어선 선의 싹이 들어 있다는 말씀입니다.

다음으로 법가적 본성론으로 넘어가겠습니다. 맹자 선생님의 의견과 훨씬 뚜렷하게 대비되니 이해하기 쉬울 듯합니다. 한비자 선생님, 말씀하시지요. 인간의 본성을 어떻게 보시는지요?

한비자 저는 군주의 도를 연구하는 사람이니 군주와 관계된 사례를 가지고 말씀을 드리지요. 《도좌춘추桃左春秋》에 이르기를, "군주로서 질병으로 죽은 이는 반도 안 된다"고 합니다. 군주의 우환은 남을 믿는 데 있습니다. 남을 믿으면 남에게 제어당합니다[信人則制於人]. 실상 신하와 군주는 피를 나눈 골육지친이 아닙니다. 신하는 군주의 위세에 속박되어 부득이하게 섬기는 것입니다. 그러니 신하된 이는 군주의 마음을 엿보고 살피느라 잠시도 쉬지 않습니다. 그런데도 군주는 나태하게 교만을 부리며 그 위에 군림하니, 세세로 군주를 겁박하고 시해하는 일이 생긴 것입니다.

필자 군주와 신하의 관계를 상호 이해에 기초한 철저한 계약관계로 파악하시는 발언입니다. 물론 군주와 신하는 권력을 사이에 둔 경쟁관계이기도 합니다. 그러나 군주와 신하가 함께할 때는 뭔가 대의大義가 있지 않을까요? 그들이 오직 이해관계만 따져서 행동할까요?

한비자 다시 옛이야기를 한번 해보겠습니다. 말을 잘 부리던 왕량王郞이 말을 사랑하고, 월왕越王 구천勾踐이 사람들을 아낀 것은 이들과 함께 전쟁을 하고 빨리 달리도록 하기 위해서였습니다.

필자 일리가 있습니다. 특히 구천이 부차夫差에게 승리하고 공신들을 매몰차게 내친 것을 보면 말입니다.* 마치 사냥이 끝나자 사냥개를 삶아 먹는 것처럼 행동했지요.

한비자 그렇습니다. 의사가 남의 상처의 고름을 빨고 피를 머금는 것은 골육지친의 관계이기 때문이 아니라 자신의 이익을 더하기 위해서입니다. 수레를 만드는 이는 수레를 만들면서 남들이 부귀해지기를 바라고, 목수는 관을 만들면서 남들이 요절하기를 바랍니다. 이는 수레를 만드는 이는 착하고 관을 만드는 목수는 도둑 심보라서 그런 것이 아니라 남들이 부귀해지지 않으면 수레가 팔리지 않고, 남이 죽지 않으면 관이 팔리지 않기 때문입니다. 관을 짜는 사람이 남을 미워해서가

• 춘추시대 말기 오나라와 월나라는 철천지 원수 국가로 장강 하류의 지배권을 다투고 싸웠다. 초기에는 망명객 오자서가 재상으로 있던 오가 전황을 압도해, 월왕 구천은 오나라에 인질로 잡혀가는 치욕을 당했다. 그러나 구천은 와신상담하며 복수를 다짐했다. 구천은 외정을 범려范蠡에게 맡기고, 내정을 문종文種에게 맡겨 부국강병을 도모해, 결국 오왕 부차를 죽음으로 몰아넣어 복수에 성공했다. 그러나 막상 복수에 성공하자 구천은 공신 문종을 시기해 죽여버렸다.

아니라, 남의 죽음에 자신의 이익이 있기 때문입니다.

그래서 후비·부인·태자는 당을 만들고 군주가 죽기를 바라는 것입니다. 군주가 죽지 않으면 자신의 세력이 강해지지 않기 때문입니다. 이는 마음으로 군주를 증오하기 때문이 아니라 군주가 죽으면 자신에게 이익이 떨어지기 때문입니다. 그러니 군주는 자신의 죽음으로 이득을 얻을 자를 신경 쓰지 않을 수 없습니다. 그래서 말하는 것입니다.

"햇무리·달무리는 밖을 에워싸도, 도적은 안에 있다. 증오하는 자를 대비하지만 실상 재앙은 사랑하는 자에게 있다."《한비자》〈비내備內〉》

맹자, 그래도 본성은 착하다

필자 한비자 선생은 인간관계란 결국 이해관계라고 말씀하십니다. 남을 살리는 것도, 해치는 것도 다 자신의 이해관계 때문이라고 말씀하시는데요. 맹자 선생님, 어떻게 보십니까?

맹자 사람은 선의지에 따라 선택을 합니다. 한비자 선생이 직업을 말하시니 저도 직업으로 말하지요. 화살을 만드는 사람이 어찌 본래 갑옷을 만드는 사람보다 더 어질겠습니까? 화살을 만드는 사람은 화살이 사람을 상하지 못하게 하는 것이 두렵고, 갑옷을 만드는 이는 사람이 상하는 것이 두렵습니다. (사람을 낫게 하는) 무당이나 (사람이 죽으면 돈을 버는) 관을 만드는 이도 똑같습니다. 그러므로 사람은 직업을 신중하게 택해야 합니다[術不可不愼也]. 공자께서 "인 안에 있는 것이 아름답다. 인하지 않는 곳을 택해 거한다면 어찌 지혜롭다 할 수 있으랴" 했습니다. 인은 하늘이 준 존귀한 작위이며[仁, 天之尊爵也] 인간이 살 편안한 집입니다[人之安宅也]. 강제로 막는 것도 아닌데 인하지 않다면 그것은 지혜롭지 못한 것입니다.《맹자》〈공손추〉)

필자 선생님은 현상과 그 이면을 구분하시는군요. 사실 현실에서 화살을 만드는 이는 화살이 갑옷을 잘 뚫기를 내심 바라고, 관을 파는 이는 초상이 많이 나서 관이 잘 팔리는 것을 바랍니다. 그러나 선한 사람은 처음부터 그 일을 가린다는 말씀이었습니다. 가리는 것이 바로 지혜겠지요. 인간의 본성에 대한 맹자 선생의 생각은 어쩌면 신념처럼 보이는군요. 다른 논자들의 말씀도 잠깐 들어보겠습니다. 맹자 선생의 논객이자 친구인 고자告子 선생은 본성에 선과 악의 잣대를 들이댈 수 없다는 견해라고 들었습니다. 고자 선생은 이렇게 이야기했습니다.

"본성이란 여울물과 같다. 동쪽으로 터주면 동쪽으로 가고 서쪽으로 터주면 서쪽으로 간다. 사람의 본성이 '선하다', '그렇지 않다'의 구분이 없는 것은 물의 성질로 동서의 구분이 없는 것과 같다."

맹자 물의 성질에 동서의 구분이 없다고 상하의 구분도 없습니까? 사람의 본성의 선함이란, 물이 오직 아래로 흐르는 것과 같습니다. (교외에 있는) 우산牛山도 예전에는 숲이 우거져 아름다웠습니다. 그러나 큰 나라의 교외에 있는 통에 사람들이 도끼로 베어가니 어찌 아름다워질 수가 있겠습니까? 또 나무들은 여전히 밤낮으로 자랄 테고 비와 이슬은 이를 촉촉이 적셔주어 새 움이 트지 않는 것도 아니지만, 그러는 족족 소와 양을 끌고 와 풀어서 다 뜯어버리니 저렇게 벌거숭이가 된 것입니다. 사람들은 그 벌거숭이 상태를 보고 저 산에 원래 큰 나무가 없었던 것으로 생각하지만 어찌 그것이 산의 본성이겠습니까? 그처럼 사람에게 어찌 인의의 마음이 없었겠습니까? 사람이 양심을 버리는 까닭도 도끼로 나무를 베어내는 것과 같습니다. 매일 잘라내니 어찌 아름다울 수 있겠습니까?(《맹자》〈고자告子〉)

필자 맹자 선생께서는 오늘날 백성의 마음이 원래는 아름다웠는데 황폐해진 것이 착취하는 이들 때문이라고 하십니다. 선생께서 앞서 호연지기를 설명하며 든 비유에 따르면 송나라 사람은 싹을 잡아 늘이더니, 제나라 사람은 싹을 보이는 족족 도려낸다 할 수 있겠습니다. 그러면 선의 싹이 있다고 해도 자랄 수가 없겠지요. 그러나 나날이 자라고 있으니 절대로 없다고 할 수도 없을 것입니다.

일단 오늘날이 호연지기를 기르기에는 좋은 환경이 아니라고 전제를 해보죠. 그렇다면 "아마도 요즈음 백성들이 말세의 백성"이라고 한탄하는 이는 바로 그들을 부리는 군주가 아닐까 합니다. 맹자 선생님 고국의 군주 추나라 목공穆公께서 하는 말씀을 들어보지요. 저는 이렇게 들었습니다.

"제가 보기에 오늘날 백성들의 이기심이 지나칩니다. 지난번 노나라와 싸웠을 때 우리나라의 관리로서 죽은 자가 서른셋이지만 백성들은 그들과 함께 죽지 않았습니다. 상관을 버리고 살아온 자들을 죽이려니 너무 많아 다 죽일 수도 없고, 죽이지 않으려니 자신의 상관이 죽는데 구하지도 않은 것이 괘씸합니다. 어찌할지 모르겠습니다."

맹자 저는 이렇게 대답하겠습니다. 군주시여. 어찌 그들의 처지는 생각해주지 않으십니까? 지난번 흉작으로 기아가 든 해에 군주의 백성으로 노약자들은 도랑에서 넘어져 죽고 장년들은 사방으로 흩어졌는데, 그 수가 몇천이었습니다. 그런데도 군주의 양식창고는 실하고 부고는 가득 찼는데, 그럼에도 담당관리는 고하지 않았습니다. 이는 위가 태만해서 아래에게 잔혹하게 대한 것입니다. 증자曾子께서 말하길, "경계하고 경계하라. 너로부터 나간 것은 그대로 너에게 돌아오리라" 했습니다. 백성들은 이번 싸움에서 보복할 기회를 잡은 것입니다. 왕께서는 그들을 나무라지 마십시오. 군주가 인정仁政을 행하면 백성은 윗사람을 친근하게 여겨 상관을 따라 죽을 것입니다.

필자 두 분 모두의 말씀에 일리가 있습니다. 제 생각에 맹자 선생과 순자 선생의 이야기는 겉으로 보기에 상반되지만 사실 크게 다르지 않습니다. 순자 선생께서 말한 본성은 기본적인 욕망, 즉 생존욕구를 말한 것이니 그것을 무고하게 남을 해치는 악이라 할 수는 없을 것 같습니다. 그리고 선생은 인간은 욕망을 이해하는 능력이 있기에, 충분히 예의를 행할 줄 안다고 하셨습니다. 다만 그 능력을 선으로 부를 것인지 아닌지의 문제겠지요. 반면 한비자 선생이 말한 악은 고칠 수 없는 본성으로서, 법으로 제어해야 할 대상이 분명하군요.

인간의 본성이란 저울로 달 수도 자로 잴 수도 없는 것이니 논리로 판단하기는 더욱 어렵습니다. 우리가 현실적으로 해결할 수 있는 방안은 성선이냐 성악이냐의 문제에 대한 답이라기보다, 이미 드러난 인간의 이기심을 어떻게 절제할 것인지에 대한 방법론으로서 한비자 선생의 법이나 순자 선생의 예라는 형식, 혹은 맹자 선생이 말씀하신 호연지기를 기를 방안을 마련하는 것이 아닌가 생각됩니다.

3. 다스림의 주역은 군주인가 군자인가

필자 이제 한비자 선생의 진정한 전문 영역으로 들어가보겠습니다. '누가 다스림의 주역인가' 하는 문제입니다. 앞서 논자들께서는 은연중에 군주와 신하의 시각에서 말씀을 해주셨습니다. 다스림의 주역은 한비자 선생이 말씀하신 군주일까요, 아니면 맹자 선생이 말씀하신 군자혹은 대인일까요. 그들은 종속관계에 있을까요, 아니면 대등한 관계에 있을까요. 협력관계에 있을까요, 대립관계에 있을까요. 둘이 추구하는 가치는 얼마나 다를까요.

맹자, 군자가 군주를 바로잡아야 한다

필자 맹자 선생님. 선생님께서는 1000리를 멀다 하지 않고 여러 나라를 주유하시니 장차 그 나라에 이익을 주시겠지요?《맹자》〈양혜왕〉*

맹자 하필 이익을 말하십니까? 오직 인의가 있을 뿐입니다[何必曰利亦仁義而已矣]. 왕이 "어찌하면 우리나라에 이익이 될까" 말씀하시면, 대부들은 "어찌하면 우리 가문에 이익이 될까" 할 것이고, 선비와 일반 백성들은 "어찌하면 내 몸에 이익이 될까" 할 것입니다. 상하가 서로 이익을 다투면 국가가 위태로워집니다. 만승의 나라의 군주를 시해하는 이는 반드시 천승의 나라고,** 천승의 국가의 군주를 시해하는 이는 반드시 백승의 가문입니다.

필자 탕왕이 걸왕을 내쫓고[放], 무왕이 주왕을 벌伐했다는데, 정말 그런 일이 있습니까?《맹자》〈양혜왕〉***

---

* 양나라 혜왕의 질문이다.

** 여기서 가家는 국가로 해석하는 것이 옳다. 천자의 신하라도 1000대의 전차를 보유한 가문이란 있을 수 없기 때문이다. 실상 전국시대의 한韓, 위魏, 조趙 등은 모두 한 가문이 일군 나라로서, 나라 이름이 바로 가문의 성이다.

*** 제齊나라 선왕宣王의 질문이다.

맹자 그런 기록이 있습니다.

필자 신하가 군주를 시해하는 것이 가능한 일입니까[臣弑其君可乎]?

맹자 인을 해치는 것을 적賊이라 하고, 의를 해치는 것을 잔殘이라 합니다. 잔적한[殘賊](잔혹한 도적 같은) 이는 필부[一夫]라 합니다. 필부 주를 죽였다는 이야기는 들어봤지만, 군주를 시해했다는 말은 들어보지 못했습니다.

필자 군주도 잘못이 심하면 죽어야 마땅하다는 말씀이시군요. 좀 더 구체적으로 묻겠습니다. 군주를 바꾸는 이라면 역시 2인자, 재상이나 경卿이라 할 수 있습니다. 사실 하나라를 무너뜨린 탕왕이나 은殷나라를 무너뜨린 무왕도 경이 아니겠습니까. 어떤 경우에 경이 군주를 바꿀 수 있을까요.

맹자 경도 두 갈래로 나뉩니다. 귀척貴戚(한 집안·동성) 경이 있고 이성異姓(공신·토착 봉신) 경이 있습니다.

필자 귀척 경에 대해 묻고 싶습니다.

맹자 군주가 큰 잘못이 있으면 간하고, 여러 번 간해도 듣지 않으면 군위를 바꿉니다.

필자 군주가 들으면 노발대발할 말이군요. 그러면 이성 경이라면 어떻게 합니까?(이상《맹자》〈만장〉)*

맹자 군주가 잘못이 있으면 간하고, 반복해서 간해도 듣지 않으면 떠납니다.

필자 진실한 신하란 군주의 잘못을 고치는 이라는 말씀이십니다. 그러나 동성이 아닌 경이 군주를 쫓아낸 경우도 있습니다. 이런 기록이 있습니다.

"이윤이 말하길, 태갑이 불순하기에 동桐으로 쫓아냈더니 백성들이 크게 기뻐했다. 태갑이 현명해졌기에 다시 불러와 왕으로 앉혔더니 백성들이 크게 기뻐했다."

현명한 신하가 일을 처리할 때, 군주가 현명하지 않으면 정말 쫓아낼 수 있는 것입니까?(《맹자》〈공손추〉)**

맹자 그것은 내치는 사람의 마음에 달려 있습니다. 이윤과 같은 뜻이 있으면 내칠 수 있습니다. 이윤과 같은 뜻이 없다면 그것은 찬탈입니다. (국가에서는) 백성이 가장 귀하고, 사직이 그다음이며, 군주는 가장 가벼

• 제나라 선왕의 질문이다.

•• 공손추의 질문이다.

운 것입니다[民爲貴社稷次之君爲輕]. 그러므로 백성의 부름을 얻어 천자가 되고[得乎丘民而爲天子], 천자의 부름을 얻어 제후가 되며, 제후의 부름을 얻어 대부가 되는 것이지요. 제후가 사직을 위태롭게 하면 바꿉니다. 좋은 희생과 정갈한 곡물을 올리고 시에 맞추어 제사를 올렸는데도 한발과 홍수가 찾아온다면 사직을 허물고 바꿉니다.(《맹자》〈진심盡心〉)

필자 백성에게 해를 끼치면 군주나 사직도 바꿀 수 있다는 말씀이군요.

맹자 그렇습니다. 사람을 책망해도 소용없고, 정치를 비난해도 소용없습니다. 오직 대인大人이 나와 군주의 마음을 바로잡아야 합니다. 군주가 어질면 온 나라에 어질지 않을 이가 없고, 군주가 의로우면 의롭지 않을 이가 없으며, 군주가 바르면 바르지 않을 이가 없습니다. 일단 군주 한 명만 바로잡으면 국가는 안정됩니다[一正君而國定矣].(《맹자》〈이루〉)

한비자, 군주가 상벌로 신하를 통제해야 한다

필자 군주가 도덕성을 잃으면 신하가 그를 내쫓아도 괜찮다는 말씀은 정말 혁명적입니다. 보통 유가들이 역성혁명을 반대해서 굶어 죽은 백이伯夷와 숙제叔齊를 숭상하는 것과는 확연히 다른 태도입니다. 현명한 신하가 난폭한 군주를 쫓아낼 수 있다고 공공연히 주장하신 내용도 어쩌면 선생이 효시가 아닌가 싶습니다. 이쯤 되면 군주를 옹호하는 측에서 맹렬한 반박이 나올 법한데요. 한비자 선생의 말씀을 들어보지요.

한비자 역대 군주들의 성은 계속 바뀌었습니다. 그렇다면 찬탈자들이 다 의로운 이들이었습니까? 제가 군주에게 유세하는 까닭은 이런 것입니다. 저는 신하란 항상 군주의 틈을 본다고 생각합니다. 그들은 혈연관계도 아니고, 바로 이해관계 때문에 계약을 맺은 것입니다. 그러니 신하가 사랑스럽다고 너무 가까이하면 군주의 몸은 반드시 위태로워집니다. 대신을 너무 귀하게 대하면 반드시 군주의 자리를 바꾸려 할 것입니다. 정비와 후궁을 차별하지 않으면 반드시 적자嫡子가 위험해지고, (군주나 태자의) 형제들이 복종하지 않으면 사직이 위태로워집니다.

저는 이렇게 들었습니다. 1000승의 전차를 보유한 군주[千乘之君](제후국의 군주)가 사태에 대비하지 않으면 반드시 전차 100승을 보유한 신하[百乘之臣]가 군주 옆에 있게 되고, 그가 휘하의 백성을 이끌고 나라를 기울일 것입니다. 1만 승의 전차를 보유한 군주[萬乘之君](천자)가 대비하지 않으면 반드시 1000승을 거느린 나라[千乘之家]가 그 옆에 있어, 그 위세를 등에 업고 나라를 기울일 것입니다.

이리하여 간신들이 번성하면 군주의 도는 쇠퇴하는 것입니다. 그러므로 제후가 커지는 것이 천자에게는 해가 되고, 여러 신하가 너무 부유해지면 군주는 패망하게 되며, 장상將相이 군주의 일을 행하고[將相之營主]*

• 영營은 '현혹하다'라는 뜻이 있다. 그러나 현혹해서 자신의 가문을 살찌운다는 것은 의미가 잘 통하지 않는다. 영주營主는 군주의 자리를 차지한다. 군주의 일을 대신한다는 뜻으로 판단된다.

그 자신의 가문을 키우는 것은, 남의 군주된 이가 배격해야 할 일입니다. 천지의 만물도 (군주 자신의) 몸보다 귀하지 않고, (군주의) 지위보다 존엄[尊]하지 않으며, 군주의 위엄보다 무겁지 않으며, 군주의 세력보다 융성하지 않습니다. 군주의 몸의 귀함, 지위의 존엄함, 위엄의 중함, 세력의 융성함, 이 네 가지 미덕은 밖에서 구하는 것도 아니요, 남에게 청하는 것도 아니요, 잘 생각해서 스스로 얻는 것입니다. 그러니 남의 군주된 이는 자신의 부를 활용하지 못하면, 밖으로 쫓겨나 생을 마감하게 됩니다. 이는 군주된 이가 명심해야 하는 바입니다.

필자 물론 역사적으로도 관찰된 일이겠지요?

한비자 그렇습니다. 옛날 상나라의 주왕이 망한 것이나, 주나라의 영향력이 줄어든 것도 모두 제후들이 커졌기 때문입니다. 진晉나라가 한·위·조 세 갈래로 나뉘고, 제齊나라에서 전田 씨가 군위를 찬탈한 것은 모두 신하들이 너무 부유해졌기 때문입니다. 연燕이나 송에서 신하가 군주를 시해한 일도 모두 마찬가지입니다.

필자 역사책을 들추어보면 과연 그런 일은 비일비재합니다. 그렇다면 선생께서 제시하는 대책은 무엇입니까? 군주는 무엇으로 신하를 제어합니까?

한비자 현명한 군주는 신하를 키우면서 모조리 법으로 다루고, 미리 대비해서 참람한 행동을 하지 못하게 해야 합니다. 그러니 죽을죄를 지은 자는 사면해주지 않고, 형을 받을 자는 용서해주어서는 안 됩니다. 죽을죄를 지은 자를 사면하고, 형을 받을 자를 용서해주는 것은 군주의 위세를 흐트러뜨리는 일이라 합니다. 사직이 장차 위태로워지려 함에 (먼저) 위엄이 나라에서 유력한 가문으로 기울게 됩니다.

그러니 대신의 녹이 크다 할지라도 성시城市에서 세금을 걷도록 해서는 안 되며, 따르는 무리가 많다고 할지라도 사병을 거느리게 해서는 안 됩니다. 그러니 남의 신하된 이는 국가 안에서 사사로이 조회를 열어서는 안 되며, 군무에 임해서는 사사로이 사귀어서는 안 되며, 창고의 물건은 사적인 가문에게 빌려주어서는 안 됩니다. 이것이 현명한 군주는 금하는 것입니다. 그러니 신하는 사두마차를 타지 못하며, 무기를 마차에 실을 수도 없으며, 역참의 말을 이용해서 공무를 수행하는 것이 아닌데 (사사로이) 병기를 싣는 자는 사형에 처해야 합니다.(《한비자》〈애신愛臣〉)

맹자 어떻게 그렇게 신하를 적으로 여길 수 있을까요. 은나라의 주가 망한 것도 신하들의 잘못입니까? 저는 은나라의 마지막 왕 주를 필부라고 말했습니다. 인의를 배반한 자를 왕이라 부를 수는 없습니다. 또한 저는 나라에서 군주가 가장 가볍고 백성이 가장 중하다고 했습니다. 주가 벌을 받았을 때 백성들이 얼마나 기뻐한 줄 아십니까?

필자 군주의 권위를 절대적으로 볼 수 없다는 말씀이시군요.

맹자 군주가 신하를 수족같이 여긴다면 신하는 군주를 배와 심장으로 여길 것이고, 군주가 신하를 개나 말로 여긴다면 신하는 군주를 그냥 국인國人(도성 내의 보통 사람)으로 여길 것이며, 군주가 신하를 흙이나 지푸라기처럼 여긴다면 신하는 군주를 원수로 여길 것입니다. 간해도 행하지 않고, 말을 해도 듣지 않고, 일이 있어서 나라를 떠나려면 체포하려 하고, 나라 밖으로 나가면 가는 곳에서 자리를 잡지 못하게 방해하고, 떠나는 그날 바로 밭과 집을 거두어들입니다. 이를 원수라 하는 것입니다.(《맹자》〈이루〉)

필자 맹자 선생은 "포학한 군주를 제거하는 것은 오히려 정의를 실현하는 것이다. 또한 군주가 어떻게 신하를 대하는가에 따라 신하도 군주를 대한다"고 했습니다. 한비자 선생님께서는 이에 대해 어떻게 생각하십니까?

한비자 앞서 말씀드렸듯이, 그렇게 많이 비명횡사한 군주가 다 군주 자신의 잘못이란 말입니까? 현명한 군주가 그 신하를 이끌고 통제하는 바는 오직 두 칼자루에 달려 있습니다. 그 두 칼자루란 무엇입니까? 바로 형刑과 덕德입니다. 무엇을 형과 덕이라고 합니까? 바로 죽이는 것이 형이고, 상을 주어 칭찬하는 것이 덕입니다.

필자 잠깐 개념 정리를 하겠습니다. 유가에서 말한 덕과 한비자 선생께서 말한 덕의 개념은 다르다 할 수 있습니다. 유가의 덕은 개인으로서의 훌륭함, 즉 덕성을 말하는 것인데, 한비자 선생은 행동의 대가로 베푸는 것, 즉 상의 개념으로 쓰고 계십니다. 다시 말씀을 이어주시지요.

한비자 신하들은 벌을 받아 죽는 것을 싫어하고 상을 받아 칭찬받는 것을 좋아합니다. 그러니 군주 스스로 형과 덕을 사용할 수 있으면 신하들은 군주의 위세를 두려워하고 (자신에게) 이로운 쪽으로 돌아갑니다. 군주가 벌과 상을 잃어버린다면 호랑이가 이빨과 발톱을 뽑히는 것과 같습니다. 개가 호랑이를 무서워하는 것은 이빨과 발톱 때문인데, 이것들을 잃어버린다면 호랑이가 개에게 무릎을 꿇어야 할 것입니다.(《한비자》〈이병二柄〉)

군주의 강제권 대 신하의 자율권
—

필자 맹자 선생님은 인의가 없어 찬탈이 일어났다고 하고, 한비자 선생은 신하의 힘이 커졌기 때문이라 하고 계십니다. 자, 이제 신하의 태도에 대해 토론해보려 합니다. 맹자 선생님은 군주의 부름을 외면하신 적이 있지요? 혹자들은 그것을 비난하기도 하던데요.•

—

• 이런 일이 있었다. 맹자가 제나라 왕을 뵈러 입조하려는 중에 사자가 도착해 왕명을 전했다.
"과인이 찾아보아야 함에도 감기에 걸려 바람을 맞을 수가 없습니다. 아침에 조정에 나오셔서 뵙게 해주면 안 되겠습니까?"
맹자가 대답했다.

유가의 의견에 의하면 안에서는 부자관계, 밖에서는 군신관계가 사람의 대륜大倫입니다. 부자관계는 은혜로움이 중심이고 군신관계는 공경이 중심입니다. 제가 보기에 왕은 선생을 공경하지만 선생은 왕을 존경하시지 않는 것 같습니다.

맹자 무슨 말씀이십니까. 제나라 사람들은 인으로써 왕께 진언하는 이가 하나도 없습니다. 이것이 어찌 인으로써 진언하는 것이 아름답지 않아서겠습니까. 그들은 속으로 '이분이 어찌 함께 인으로 말을 할 상대인가' 하고 생각할 뿐입니다. 그런즉, 이보다 더 큰 공경은 없을 것입니다. 저는 요순의 도가 아니면 감히 왕의 면전에 풀어놓지 않습니다. 그러니 제나라 사람 가운데 저만큼 왕을 공경하는 이는 없습니다.

필자 그것을 말하는 것이 아닙니다. 《예(예기禮記)》에 말하길 "아버지가 부르시거든 당장 대답하고 달려가고 군주가 부르시거든 수레가 준비되기를 기다리지 않는다"라고 합니다. 입조를 하려고 하다가 왕명을 받고는 오히려 가지 않았으니 선생의 행동은 《예》의 말씀과 닮지 않은 것 같습니다.

———

"불행히도 병이 있어 조회에 나갈 수가 없습니다."
물론 병은 핑계였고, 그다음 날 다른 사람의 문상을 갔다. 그러는 사이에 왕이 의사까지 보냈다. 맹자가 집으로 돌아가려니 맹중자孟仲子가 사람을 통해 빨리 조정으로 가는 것이 좋겠다는 전갈을 보냈다. 그러나 맹자는 결국 조회에 나가지 않고 경추景丑라는 사람의 집으로 갔다. 집에 가서 왕이 보낸 의사를 만난다면 조회에 나갈 수밖에 없기 때문이다. 본문의 질문은 경추의 질문을 인용한 것이다.

맹자 어찌 그렇게 말씀하십니까? 증자 말씀에, "진晉과 초의 부유함이야 내가 미칠 수 없다. 저들이 부로써 하면 나는 인仁으로써 하고, 저들이 작위로 하면 나는 의로써 한다. 그러니 내가 저들보다 적은 것이 무엇이냐" 했습니다.

장차 큰일을 할 군주라면 반드시 부르지 못하는 신하가 있습니다[將大有爲之君, 必有不召之臣]. 그의 의견을 구하려면 직접 찾아가야 합니다. 덕을 존중하고 도를 즐김이 이 정도가 아니면 함께 일을 할 수가 없습니다. 그러므로 탕왕은 이윤에게 가르침을 구한 이후에 신하로 썼으니 어려움 없이 왕 노릇을 했습니다. 환공은 관중에게 배운 가르침을 구한 이후에 신하로 썼기에 어려움 없이 패자가 되었습니다. 지금 천하 제후국들은 땅도 비슷하고 덕도 서로 비슷한데 이는 다른 까닭이 아니라 자기가 가르칠 신하는 좋아하고 가르침을 받을 신하는 좋아하지 않기 때문입니다. 관중도 부르지 못했는데 하물며 관중이 아닌 사람[不爲官仲者]*이야 부를 수 있겠습니까?《맹자》〈공손추〉

필자 선생께서는 관중을 너무 홀대하는 것 같습니다. 공자도 관중을 이렇게 평가했습니다.

"대단한 사람이다. 백씨의 읍 300호를 빼앗자 백씨는 거친 밥을 먹

• 이는 물론 맹자를 말한다. 관중은 환공의 재상이니 명목상 마음대로 부를 수 있는 사람이다. 그러나 맹자는 제나라에서 벼슬을 하지 않은 명사이니 함부로 부를 수 없다는 뜻이다. '관중을 대수롭게 여기지 않은 사람'이라고 해석하는 경우도 있다. 사실 맹자는 관중을 무시하는 태도로 말하는 경향이 있다.

다가 죽었으나 원망하는 말을 하지 않았다."

이 말은 관중이 법을 바르게 집행했다는 것이겠지요. 또 자공이 묻기를, "관중은 인자仁者가 아닙니다. 환공이 (관중이 모시던) 공자 규糾를 죽였으나 따라 죽지 못하고, 또 환공을 섬겼습니다" 하자 공자는 대답했습니다.

"관중이 재상으로 환공을 보좌해 패자로 만들고 한번에 천하를 바로잡았기에 백성들이 오늘날까지 그의 은혜를 입고 있는 것이다. 관중이 아니면 우리도 머리를 풀고 오랑캐 옷을 입고 있을 것이다. 어찌 필부와 아녀자의 절개를 위해 스스로 죽어 도랑에 처박혀 이름도 남기지 못한 것이 좋겠느냐?"

그렇다면 공자는 작은 의리보다 더 큰 공을 인정하는 것이 아닙니까. 맹자 선생께서는 과연 관중의 공을 이루셨습니까?

맹자 저를 관중과 비교하십니까? 관중이 환공이라는 군주를 얻어 그토록 깊은 신임을 얻었기에 오랫동안 국정을 전담했습니다. 그런데도 공은 겨우 저 정도로 비루합니다. 선생은 그예 저를 관중과 비교하십니까?《맹자》〈공손추〉*

필자 선생의 뜻이 높은 것은 인정하겠습니다. 일단 주제는 관중이 아니

• 맹자의 어투는 자못 신랄하고 자신감이 넘친다.

므로 본론으로 다시 들어가지요. 상앙은 이렇게 이야기했습니다.

"시詩, 서書, 예禮, 악樂, 선행[善], 수양[修], 어짊[仁], 청렴[廉], 변론[辯], 지혜[慧] 등의 열 개가 나라에 있으면 군주는 백성에게 지키고 싸우게 할 수 없다. 이 열 가지로 다스리면 적이 오면 반드시 땅이 깎이고, 적이 오지 않으면 가난해진다. 이 열 가지를 없애면 적은 감히 오지 못할 것이고, 기어이 온다면 패해 달아날 것이다. 우리 쪽에서 군대를 일으켜 정벌하면 반드시 취하고, 군대를 쉬게 하며 정벌하지 않으면 나라가 부유해진다."《상군서》〈농전農戰〉)

이로 보건대 법가 측은 신하와 백성의 수신은 인정하지 않는 듯합니다. 간단히 말해 군주보다 잘난 신하, 똑똑한 백성은 다스리기 어렵다는 뜻이겠지요. 이렇게 양측의 차이점은 잘 드러났습니다. 법가 측에서는 신하가 군주의 통제의 대상이라 하고 유가 측에서는 신하가 군주를 바로잡아야 한다고 말씀하십니다.

이제 다른 군주론 전문가들의 토론으로 이 장을 마치겠습니다. 이제 군주의 존엄성은 어디까지 보장되어야 하는지에 대해 토론해보지요. 노나라 정공定公이 공자에게 "한마디로 나라를 잃을 수 있는 것, 그런 것이 있습니까?" 하니 공자가 대답했습니다.

"만약 임금의 말이 선한데 이를 어기는 이가 없다면[如其善而莫之違也] 어찌 좋지 않겠습니까? 그러나 그 말이 선하지 않는데 이를 어기지 못한다면[如不善而莫之違也] 그 한마디는 국가를 잃는 말에 거의 버금가는 것이 아니겠습니까?"

공자 말씀은 못되고 난폭한 군주, 즉 플라톤 선생이 말씀하신 참주僭

主의 위험을 경고한 말씀이 아니겠습니까? 묵자 선생도 이렇게 말했습니다.

"간사한 신하는 군주를 상하고, 아첨하는 부하는 상관을 상한다. 임금에게는 반드시 '틀렸습니다' 하며 대드는 신하가 있고, 상관에게는 반드시 '제 말이 옳습니다'라고 우기는 부하가 있어서, 분분히 의견을 내고 와글와글 토론을 하면 군주는 천수를 누리고 국가는 오랫동안 보존될 수 있다. 신하는 그 작위를 중시해 말을 하지 않고, 근신近臣은 벙어리 같고, 원신遠臣은 입을 앙다물고 있으면 백성의 마음에 원한이 맺히게 된다.

아첨하는 신하가 가까이 있어 좋은 의론이 막히면 나라는 곧 위험하게 된다. 걸주가 망한 것은 천하에 선비가 없었기 때문이 아니다. 그럼에도 제 몸을 죽이고 천하를 잃었다[桀紂不以其無天下之士邪, 殺其身而喪天下]. 국가에 바치는 보물로는 현명한 이를 바치고 선비를 추천하는 것보다 좋은 것이 없다."《묵자》〈친사〉

이것은 왕의 과오를 바로잡는 선비의 역할의 중요성을 말한 것이겠지요. 맹자 선생과 한비자 선생의 중간쯤의 의견을 가진 순자 선생의 말씀을 들어보지요. 순자 선생님, 군주는 어떤 자세로 신하를 대해야 할까요?

• 직역하면 "천하의 선비가 없어서가 아니라 자신의 몸을 죽이고 천하를 잃었다"가 되는데 뜻이 통하지 않는다. 누락된 구절이 있는 듯하다. "걸주는 천하의 선비가 없어서가 아니라, (곁에 아첨하는 신하가 있었기에) 자신의 몸을 죽이고 천하를 잃었다"는 뜻으로 보인다.

순자 정사에 관해 의견을 듣는 큰 구분(원칙)은 선을 가지고 오는 자는 예로 대하며[以善至者待之以禮], 악을 가지고 오는 자는 형벌로써 대하는 [以不善至者待之以刑] 것입니다. 이 둘이 구분되면 현명한 이와 어리석은 이가 서로 섞이지 않고, 옳고 그름이 어지러워지지 않습니다. 현명한 이와 어리석은 이가 섞이지 않으면 영걸들이 오고, 옳고 그름이 어지러워지지 않으면 국가는 다스려집니다.《순자》〈왕제〉

필자 정말 최상의 인재를 얻는다면 어떻게 대하시겠습니까?

순자 훌륭한 재상을 등용하는 것은 군주된 사람이 해야 할 가장 중요한 일[樞機]입니다. 한 명을 제대로 등용하지 못하면서[不能當一人] 100명, 1000명을 제대로 등용할 수 있다는 이야기는 없었습니다. 한 명을 제대로 등용했다면 자기 자신은 고생할 필요가 무엇이 있겠습니까. 옷자락을 늘어뜨리고 가만히 앉아 있어도 천하는 자연히 안정될 것입니다. 탕왕이 이윤을 등용하고, 문왕이 여상을 등용했습니다. 그보다 못한 이들도 인재를 얻으면 최소한 패자는 되었습니다. 제 환공은 자신이 사치하고 방탕해 평이 좋지 못했지만 오직 관중을 등용해 단 한 번에 천하를 평정하고 [一匡天下] 오패五覇의 우두머리[五伯長]가 되었습니다.《순자》〈왕패〉

필자 순자 선생님의 말씀은 최상의 인재를 얻으면 그에게 모두 맡기면 된다는 뜻이군요. 개인적으로는 순자 선생님의 말씀이 수긍이 됩니다. 신하가 분분히 반대 의견을 내는 것도 중요하고, 군주와 함께 토론을 하는 것도 중요하다고 봅니다. 군주가 신하들의 말의 앞뒤가 맞는지, 혹은 말을 다 실천하지 못하는지 꼬리가 잡히기만 기다린다면 누가 의견을 내겠습니까. 또한 백성의 실정은 누가 알려줄까요? 군주가 다 알 수는 없지 않습니까. 순자 선생님의 말씀은 맹자 선생과 한비자 선생의 절충으로 보입니다. 선한 자는 선하게 대하고 악한 자는 또 그에 걸맞게 대하면 된다는 말씀이십니다.

플라톤, 독재자는 참된 군주가 아니다

필자 다시 군주가 과오로 흐를 경우에 대해 토론을 이어가겠습니다. 플라톤 선생이 이 분야에서는 적어도 서방 최고로 여겨지는 분이니 그 말씀을 듣도록 하겠습니다. 군주에게 도대체 어느 정도의 권한을 주어야 할까요. 통치권을 맡기기에는 능력이 떨어지는 군주도 있겠지요?

플라톤 (왕권에 대해) 만약에 누군가가 알맞은 정도를 무시하고 한층 작은 것들에 한층 큰 것들을 부여한다면, 즉 작은 배에 지나치게 큰 돛을, 인간의 몸에 지나친 영양을, 혹은 인간의 혼에 지나친 통치권을 부여한다면 아마도 뒤집히거나, 파멸하거나, 질병이나 부조화의 상태에 빠질 것입니다. 어떤 인간의 영혼이 아직 젊고 책임을 물을 수 없는 처지에 있는데도 인간들 사이에 가장 큰 통치권을 감당해낼 수 있는 경우는 결코 없습니다. 그러므로 알맞은 정도를 알고서 그런 파멸에 대비

하는 것이 위대한 입법자들이 할 일입니다.(691c-d)

우리네도 한때 대륙을 넘볼 만큼 대단히 강한 군대를 거느렸고 바다에서 힘을 휘두르던 적이 있습니다. 소아시아의 강자 트로이를 점령했던˙ 그 강대하고 큰 조직이 어떤 이유로 무너졌을까요? 역사를 살펴보면 여러분께서는 이제 왕들의 몰락과 전체적인 구상이 좌절한 원인은 비겁함이 아니라는 것을, 또한 다스리는 사람과 다스림을 받는 게 적절한 사람이 전쟁과 관련된 것들을 몰라서도 아니라는 것을 알게 될 겁니다. 그들이 몰락하게 된 이유는 그 밖의 전체적인 나쁨˙˙ 때문임을, 그리고 인간사 가운데 가장 중요한 것들에 대한 무지로 인한 것임을 말입니다.(686c-687b)

필자 그 중요한 것이란 내부의 단결, 그리고 끊임없이 지혜를 추구하는 정신을 말하는 것이겠지요. 그럼에도 용렬한 군주에게 모든 권한을 집중시킨다면 군주 자신이 감당해내지 못할 것이라는 뜻이군요. 하물며 무지한 자라면 더하겠지요.

플라톤 참주적인 기질을 가진, 즉 자신의 포학한 기질을 통제하지 못하

• 그리스인들은 트로이 원정을 여러 차례 진행하고 승리하기도 했지만 실제로 얻은 것은 적었다. 또한 원정 시기에 흔히 자기들끼리 서로 질시하곤 했다.

•• 전체적인 나쁨이란 통치자 혹은 전사戰士로서의 덕성을 잃은 상태를 말한다. 플라톤에 따르면 덕성을 잃게 되는 것은 지혜의 부재 때문이다. 지혜가 없다는 것은 그의 지적인 능력이 부족하다는 뜻이다. 플라톤은 지적인 능력이 떨어지는 통치자를 용납해서는 안 된다고 지적하고 있다.

는 인간이 군주가 되면 남은 물론 자신도 비참해집니다. 참주적인 성품을 가진 자들은 세상에서 한 명의 친구도 갖지 못한 채 생을 마감합니다. 그들은 언제나 남의 주인이거나 노예이며, 영원히 진정한 우정이나 자유의 맛을 알지 못합니다.(576a)

참주에 의해 통치되는 국가는 자유로울까요, 아니면 노예 상태에 있을까요? 완전한 노예 상태지요. 그러나 이런 국가에도 (남의) 주인이거나 자유민인 이들이 있겠지요? 물론 있습니다. 그러나 그들은 극소수입니다. 대부분의 사람들과, 그들의 가장 뛰어난 요소(덕성·지혜, 즉 정신)들이 권리 없는 비참한 노예 상태에 있습니다.(477d)

필자 참주 통치 아래의 인간들은 노예 상태에 놓이게 되고, 그 정신도 노예 상태로 타락하게 된다는 말씀입니다. 한비자 선생의 군주론에 대한 반박이시군요. 물론 군주가 자신이 다스리는 이들을 노예 상태로 만들면 군주 자신도 무사하지 못하겠지요?

플라톤 그렇습니다. 노예 상태의 호위대에 둘러싸인 참주를 상상해봅니다. 그가 처자를 거느리고 온 재산을 가지고 50명 남짓의 노예 호위병과 함께 저 먼 땅으로 이동한다고 생각해봅시다. 그곳에는 자유민이란 아마도 없을 것이고요. 그는 혹시 자신의 처자가 노예들에게 살해당하지 않을까 엄청난 두려움에 빠지지 않겠습니까? 당연히 그는 두려움에 빠지겠지요.

이제는 참주 자신이 이 노예들에게 아부를 해야 합니다. 엄청난 약속들을 하고, 그들에게 자유를 주겠다느니 하며, 결국 자기 노예들의 더부살이가 되지요. 이것이 바로 참주가 갇혀 있는 상황입니다. 그는 천성이 온갖 종류의 두려움과 정욕의 먹이임에도, 다른 사람들은 자유로이 노니는데 혼자 밖으로 나가지도 못하고 자신의 집에 갇혀 있다고 생각해보십시오.(478e-479b 요약)

필자 물론 중국에서는 그런 노예 용병들은 존재하지 않았습니다. 그러나 포학한 짓을 하다 비참한 말로를 맞은 군주는 많았습니다. 그들도 위기가 닥치면 선생님이 말한 참주처럼 주위로부터 아무런 도움도 받지 못했습니다. 주위를 둘러싸고 있는 사람들이 노예냐 아니냐가 중요한 것은 아니었습니다. 신하든 백성이든 그에게 등을 돌렸지요. 포학함으로 원한만 쌓았으니까요. 서쪽의 정치체제에 관한 이야기를 더 들려주시지요. 그 말씀을 듣고 다음 주제로 넘어가고자 합니다.

플라톤 1인 전제체제의 극단을 페르시아가 가지고 있고, 민주체제의 극단을 우리 아테네가 가지고 있습니다.(693d-e) 실상 페르시아인들은 위대한 왕인 키루스Cyrus˙ 시절에는 노예 상태와 자유 사이에서 알맞은 적도適度를 누린 편이었습니다. 통치자들이 피지배자들에게 자유를 나

• 기원전 6세기, 페르시아를 일약 세계제국으로 만든 왕이다. 이란과 메소포타미아 지방은 물론 지중해 일대와 북아프리카, 북쪽 초원지대 유목세계까지 페르시아는 압도적인 영향력을 행사했다. 필자는 페르시아를 최초의 세계제국이라고 묘사한 적이 있다. 페르시아의 세계제국으로서의 위상에 대해서는 《춘추전국이야기 1》을 참고할 것.

누어주고 평등하게 대해줌으로써 군사들이 지휘관들과 더욱 우애롭게 되었으며, 위험에 처해서는 헌신적으로 임했습니다. 또한 그들 가운데 누군가가 지혜로워서 조언을 해줄 수 있을 경우에는, 왕이 시샘하는 일이 없었으므로 거리낌 없이 말하게 해주었고, 어떤 일에 대한 조언을 할 수 있는 자들을 존중해서 그의 능력이 공공의 이익에 기여하게 했습니다. 그래서 그때는 그야말로 모든 것이 향상되어갔는데 이는 자유와 우애, 그리고 지성의 공유를 통해서였습니다.(694a-b)

필자 선생께서는 상하의 거리낌 없는 소통을 중시하시는군요. 동쪽에는 묵자 선생이 비슷한 주장을 합니다. 계속하시지요.

플라톤 페르시아의 정치체제는 날이 갈수록 나빠졌는데 그 까닭은 민중에게서 자유로움을 너무 많이 빼앗은 반면에 전제적인 것을 적절한 정도 이상으로 끌어들임으로써 나라 안에 우애로움과 공동체적인 것을 말살해버렸다는 것입니다. 이리하여 통치자들은 피치자들을 위해 의사결정을 하지 않고 그저 자신들의 통치를 위해 그랬습니다. 조금이라도 자신들에게 이익이 될라치면 다른 나라들을 뒤엎는가 하면, 우호적인 민족들을 화염으로 파멸시켜서는, 원수처럼 무자비하게 미워하며 미움을 받습니다. 그리고 자신들을 위해 평민들이 싸워줄 필요가 생길 때는 막상 그들을 위해 위험을 무릅쓰는 공동체 정신이 사라진 상태였습니다. 계산상으로는 무수히 많은 사람을 가졌지만, 모두가 전쟁에서는 무용한 자들을 가진 셈이라, 마치 사람이 모자라는 것처럼

외국의 용병을 고용합니다.(697d-e)

필자 거대한 페르시아가 그토록 공을 들이고도 자그마한 그리스를 점령하지 못한 것도 그런 까닭이겠습니다.

플라톤 그렇습니다. 그리스 사람들은 페르시아의 위협에 자신들을 위한 피난처는 오로지 자기 자신들과 신들에게 있다는 것을 발견하게 되었습니다. 따라서 이 모든 것이 이들에게 서로에 대한 우애를 생겨나게 했습니다. 즉 그때 이들이 겪고 있던 두려움과 또한 이전의 법률로 인해 생기게 된 두려움이 그렇게 만든 것입니다.(699c) 저는 철인 군주를 이상으로 보고 있습니다. 최대의 권력이 지혜로움과 절제를 갖춘 한 사람과 만날 때, 그때에 최선의 정치체제와 그런 법률의 탄생을 보게 됩니다.(712a)

필자 선생께서는 어쩌면 동양의 철학자들이 말하는 중용이라는 말로 군주의 권한과 인민의 자유의 관계를 설명해주셨습니다. 논의가 좀 멀리 나간 것 같습니다. 한비자 선생과 같은 법가 인사들이 군주를 옹호하긴 하지만 참주를 옹호할 리는 없을 테니까요.

그러나 플라톤 선생께서 중요한 점을 언급해주셨습니다. 위기상황에서 법에 대한 두려움이 인민들을 단결시켰다는 말입니다. 한비자 선생은 또한 법이 인민을 위한 것이 되기를 바란다고 말합니다. 이제 본격적으로 법의 역할을 토론하면 한비자 선생의 주장이 뚜렷해질 것이라 봅니다. 일단 군주의 통치술로 넘어가지요.

4. 기밀주의 대 공개주의

필자 이번에는 대단히 흥미진진한 대담이 될 것 같습니다. 한비자 선생과 그 스승이신 순자 선생께서 주로 발언을 해주실 텐데요, 바로 '군주의 치술의 관건은 무엇인가'라는 점입니다. 알다시피 한비자 선생은 도가에서 허정虛靜이라는 관점을 빌려와 군주의 통치술과 접목시키셨습니다. 허정이란 '텅 비고 고요하다'는 뜻입니다. 그러나 한비자 선생이 말씀하시는 허정과 도가의 허정은, 적어도 제가 보기에는 매우 다릅니다. 도가의 허정은 다음 장에서 밝힐 것이기 때문에 여기서는 군주의 치술 방면에서 보는 허정을 적극적으로 살펴보겠습니다. 한비자 선생부터 시작하시지요.

한비자, 군주의 도는 본심을 숨기는 것이다
—

한비자 군주는 호오好惡를 드러내서는 안 됩니다. 제나라 환공의 말로를 보십시오. 그가 여자를 좋아하자 수초豎貂라는 자가 자신의 생식기를 자르고 환관이 되었고, 맛있는 것을 즐기자 역아易牙라는 자가 자신의 맏아들을 삶아 바치고 아부했습니다. 환공이 병이 들자 이자들이 작당해서 그를 감금했고, 죽은 뒤 시체에서 구더기가 문 밖으로 나오는데도 장례도 치르지 못했습니다.《한비자》〈이병〉요약)

필자 너무 극단적인 예를 든 것이 아닙니까? 공자는 "군자는 섬기기는 쉬우나 기쁘게 하기는 어렵다. 도가 아닌 방법으로는 그를 기쁘게 해도 기뻐하지 않는다. 또한 사람을 쓸 때는 상황에 맞추어 쓰지[器之] 모든 재능을 갖추기를 원하지 않는다.' 소인은 섬기기는 어려우나 기쁘게 하기는 쉽다. 도가 아닌 방법이라도 기쁘게 하면 기뻐한다. 또한 사람을 쓸 때는 그가 모든 것을 갖추기를 원한다"《논어》〈자로〉)고 하기도 했는데요.

한비자 선생님, 선생은 《논어》를 깊이 연구한 것으로 보입니다. 공자가 말한 군자와 선생께서 말씀하신 법술을 갖춘 군주의 모습은 어떤 차이가 있을까요? 공자가 말한 군자는 섬기기 쉽다고 하는데요, 그 원인은 도를 좋아하기 때문이겠지요. 물론 도란 관점에 따라 다르겠습니다. 일단 군주의 도에 대해 한번 말씀해주시지요.

한비자 도란 만물의 시원이며 시비의 기준입니다. 그러므로 현명한 군주는 시작을 지켜서 만물의 근본을 알며, 기준을 다스려 성패의 실마리를 알아냅니다. 그러니 비움과 고요함[虛靜]으로 기다려 이름이 스스로 불리고[令名自命]" 일이 스스로 안정되도록 합니다. 비우면 실제의 정황[實情]을 알 수 있고, 고요하면 움직임의 실태를 알 수 있습니다[虛則知

• 기지器之는 그릇(기물)을 쓰는 것처럼 용도에 맞추어 쓴다는 의미다.

•• 말이 스스로 나온다는 의미다.

實之情, 靜則知動者正].* 말할 바가 있는 이는 스스로 말하고, 일을 하는 이는 스스로 성과를 드러냅니다. 이름[名]과 실적[形]이 같은지 확인만 하면 되니, 군주는 이제 아무것도 하지 않아도 그 실정을 파악합니다. 그러므로 이렇게 말합니다.

"군주는 바람을 드러내서는 안 된다. 바람을 드러내면 신하는 장차 거기에 맞추어 꾸밀 것이다. 군주는 의지를 드러내서는 안 된다. 의지를 드러내면 신하는 장차 (자기 의지를 그대로 드러내지 않고) 자신의 의지와는 다른 것을 보여줄 것이다[臣將自表異]."**

필자 군주가 자신의 속내를 드러내지 않는다면 신하들이 바른 대로 말하고 자신의 지혜를 다 발휘할 것이라는 말이군요.

한비자 '현명한 군주가 위에 있으면 신하들은 아래에서 두려워 벌벌 떤다'는 말입니다. 도가 있으면 보지 못할 것도 알아내지 못할 것도 없습니다. 비우고 고요히 있으면서 아무 일도 하지 않지만, 신하들의 잘잘못을 다 알아차릴 수 있습니다.

---

* 허실과 정동이 대비되고 있으나, 동자정動者正은 의미가 잘 통하지 않는다. 전체적으로 허정으로 동정과 실태를 알아낸다는 뜻이므로 이것을 '움직임의 실태'로 의역해보았다.

•• 직역하면 "신하는 장차 다른 것을 드러낸다"는 뜻이다. 많은 번역본이 이 구절을 '신하는 스스로 남과 다른 의견을 표시하려고 할 것이다'라는 의미로 번역했는데 전체 문맥에 맞지 않는다. 한비자는 지금 군주의 욕망과 의지가 드러나면 신하들이 실정을 숨기고 곧바로 꾸며서 영합한다는 취지로 이야기하고 있다. 그러니 표이表異는 속마음과 다른 것을 드러낸다는 뜻으로 보는 것이 옳다.

필자 이렇게까지 속마음을 감추어야 군주의 자리가 안정되는 것일까요? 다른 방법은 없는 걸까요?

한비자 빗장을 제대로 지르고 문을 단단히 만들어놓지 않으면 호랑이가 나타나게 됩니다. 군주가 일을 신중하게 처리하고 속뜻을 숨기지 않는다면 장차 도적이 생겨납니다. 군주를 죽이고 그 자리를 차지하려는 사람들은 위세에 눌려 감히 그와 같이하지 않을 수 없으니 그런 이를 호랑이라 부르는 것입니다. 군주 옆에 있으면서 그 틈을 노리기 때문에 그를 도적이라 부르는 것입니다. 그 도당들을 흩어버리고, 잔당들을 거두어들이고, 문을 닫고, 돕는 자들을 빼앗아버리면 나라 안에 호랑이는 없을 것입니다. (마음의) 크기와 깊이를 헤아릴 수 없게 하고, 이름과 실제를 맞추어보고, 법식에 맞는지 검토해 멋대로 구는 자를 베면 나라에 도적이 없을 것입니다.

필자 감히 군주에게 대들 엄두를 내지 못하게 하라는 것이군요. 그러나 위에서는 감시하고 아래는 일하는데 이렇게 하면 아래위가 한마음이 될까요? 신하가 군주를 위해 최선을 다할까요?

한비자 신하를 분발하게 할 방편으로 상벌이 있습니다. 진실로 공이 있다면 비록 멀거나 천한 자라도 반드시 상을 줍니다. 진실로 잘못이 있다면 가깝거나 아끼는 자라도 반드시 벌합니다. 그러면 멀고 천한 자들도 나태해지지 않고 가깝고 아끼는 자들도 교만해지지 않을 것입니

다.(《한비자》〈주도主道〉)

필자 노장의 허정이 이렇게 통치술로 변모할 수도 있군요. 그러나 허정이 신하의 속내를 읽어내는 독심술로 전락한 것이 아닌가 하는 우려도 생깁니다. 물론 사적인 거리를 고려하지 않고 상벌을 공정하게 한다는 점은 수긍이 됩니다. 이제 순자 선생님의 말씀을 들어보죠. 먼저 군주의 치도로서 술수[術]라는 것을 어떻게 보십니까?

순자, 군주의 도는 밝게 드러내는 것이다
—

순자 나라를 들어 오직 공리功利만 외치고, 의를 넓히고, 믿음을 주는 데 노력하지 않고 오로지 이익만 구해, 안으로는 백성을 속이는 것을 꺼리지 않고 작은 이익을 구하고, 밖으로는 이웃 나라를 속이는 것도 꺼리지 않고 큰 이익을 얻으려 하는 나라가 있습니다. 이렇게 되면 속임수가 상하로 퍼지고 권모술수만이 남아 결국 망하고 말 것입니다. 제나라 민왕閔王과 설공薛公(맹상군)이 그런 짓을 했습니다.˙ 예의를 무시하

—

• 제나라 민왕은 약소국들이 틈만 보이면 아무런 원칙도 없이 쳐들어가 땅을 넓혔다. 그에 연나라가 가장 많이 피해를 입었다. 결국 민왕은 연나라 명장 악의樂毅의 반격을 받아 비참한 최후를 맞이했다. 맹상군은 설薛 땅에 봉지를 두고 있었기 때문에 설공이라 불렀다. 제나라 공족으로서 무수한 식객을 거느리고 있어서 오랫동안 제나라의 2인자 노릇을 했다. 맹상군은 그의 세력을 두려워한 민왕에 의해 축출되었는데, 얼마 지나지 않아 연나라 군대를 끌고 들어와 오히려 민왕을 제거했다. 그러나 그의 후손들은 다시 제나라 왕실의 공격을 받아 봉지를 잃고 제거되었다. 사마천은 그의 실력과 도량을 크게 평가했지만, 순

고 오직 동맹국을 모으는 데 혈안이 되어 한때는 초나라를 깨고 진秦나라를 굴복시키고 송나라를 들어내기에 충분할 정도였으나 연나라와 조나라가 힘을 합쳐 쳐들어오자 마치 마른 나무처럼 떨다가 자신의 몸도 죽이고 나라를 망쳤습니다. 예의에 힘쓰지 않고 권모에만 힘쓴 까닭입니다.《순자》〈왕패〉)

필자 약간 오해가 있는 듯합니다. 한비자 선생은 물론이고 전체 법가가 공리를 주장하지만 백성을 속인다거나, 동맹국을 모은다거나, 권모에 힘쓰는 것을 주장하는 것은 아니지 않습니까? 특히 한비자 선생은 설공 같은 권신을 미워했고, 또 종횡가들의 주장을 배격했습니다. 통치술의 관점으로 돌아가 다시 말씀해주시겠습니까?

순자 말이 좀 밖으로 흘렀지만 대강의 뜻은 변하지 않습니다. 저는 법가의 허정이라는 것이 근거가 없다고 생각합니다. 먼저 일을 맡기는 것부터 말씀을 드리지요. 군주는 잡다한 것을 다 챙기지 않고 오로지 가깝고 명백한 요점만 챙기는 사람입니다. 군주가 요점 잡기를 좋아하면 백사가 다 상세하게 처리되지만, 군주가 상세한 것을 붙잡으려 하면 백사가 다 망합니다. 군주는 한 사람의 재상을 세우고, 하나의 법을 펼치며, 하나의 방침을 밝혀, 이로써 두루 덮고 두루 밝혀 일들이 성盛

자는 그를 사실상 왕권을 침범한 '찬탈하는 신하'로 혹평했다.

하는 것을 관망하는 사람입니다.《순자》〈왕패〉

필자 이제 이해가 됩니다. 한 명의 재상[一相], 하나의 법[一法], 하나의 방침[一指]을 굳건히 지킨다는 것은 법가와 비슷한 듯하면서 명백히 다릅니다. 군주 스스로 하리들의 실적을 검토하는 대신 한 명의 재상에게 맡기면 된다는 것이지요. 그리고 그 재상을 쓰면서 감시한다는 생각을 버려야 한다는 말씀이시지요.

순자 세속에 설을 푸는 자(한비자)가 말하길 "군주의 도는 주밀(은밀)한 것이 좋다"고 합니다. 그렇지 않습니다. 군주는 백성의 창도자입니다. 윗사람은 아랫사람이 본받는 이입니다. 백성은 군주의 선창을 듣고 응하며 그를 본받아 움직일 것이니, 선창자가 아무 소리가 없으면 민은 호응하지 않고, 은밀한(숨기는) 것으로 본을 보이면 아래는 움직이지 않습니다. 백성이 응하지도 않고 움직이지도 않으면 상하가 서로 있을 까닭이 없고, 그렇다면 위(군주)가 없는 것이나 마찬가지니 이보다 더 불행한 일은 없습니다. 위는 아래의 근본이니 위에서 밝게 펼치면 아래는 다스려질 것이고, 위에서 성실하면 아래는 진실해질 것이며, 위에서 공정하면 아래는 곧아질 것입니다. 백성이 다스려지면 하나로 하기 쉽고, 진실하면 부리기 쉬우며, 곧으면 알기 쉽습니다. 쉽게 하나가 되면 강하고, 쉽게 부리면 공을 이루고, 알기 쉬우면 실상이 명백히 드러납니다. 이것이 다스림이 생기는 시발점입니다.

　위가 주밀하면 아래는 의혹을 품고, 위가 음험하면 아래는 속이며,

위가 치우치고 구부러지면 아래는 끼리끼리 모입니다. 이런 방식으로는 백성을 하나로 만들 수도 없고, 부릴 수도 없고, 알기 쉽게 만들 수도 없습니다. 이것이 바로 어지러움의 시발점입니다. 그러니 군주의 도는 밝으면 좋고 음험하면 좋지 않으며, 명백히 펼치면 좋고 숨기면 좋지 않습니다[主道利明不利幽, 利宣不利周].(《순자》〈정론正論〉)

필자 선생님 말씀은 허정과 완전히 반대라는 뜻이 분명하군요. 아래위가 하나가 되는 것은 서로 비밀이 없기 때문이며, 또한 같은 목적[道]을 추구하기 때문이라는 말씀입니다. 그럼에도 법가나 술가는 여전히 군주의 도는 주밀해야 한다고 말합니다. 그렇지 않으면 간신들에게 휘둘린다는 의미인데요.

순자 주밀해서 성공하고 누설해서 실패하는 것은 밝은 군주에게는 없는 일입니다. 널리 밝게 펼쳐서 성공하고 숨겨서 실패하는 것은 어두운 군주에게는 없는 일입니다(암군은 숨기고 명군은 밝힌다). 그러니 군주된 이가 주밀하면 참언이 들어오고 곧은 말은 돌아가며, 소인이 가까이 오고 군자는 멀어집니다.《시경詩經》에 "어두운 것이 밝은 것이 되니, 여우와 삵만 들끓는구나[墨以爲明狐狸其蒼]" 한 것이 바로 위가 의뭉하니 아래는 음험해진다는 이야기입니다.(《순자》〈해폐解蔽〉)

필자 난군亂君의 양상은 비슷하더라도 분석은 이렇게 달라질 수 있군요. 저는 더는 판단할 능력이 없습니다. 그러나 한비자 선생께 여담 하나 올리지요. 선생은 〈세난說亂〉에서 "무릇 용이라는 짐승은 가히 길들여 탈 수가 있다. 그러나 목 아래에 한 자 정도의 거꾸로 선 비늘이 있는데, 만약 어떤 이가 이를 건드리면 반드시 그를 죽인다. 군주에게 유세하는 이가 군주의 이 역린逆鱗을 건드리지 않는다면 성공을 기대해볼 수 있다"고 하신 적이 있지요.

한비자 그렇습니다.

필자 이는 유세자가 군주의 호오를 제대로 알고 유세해야 한다는 말씀이 아닙니까? 선생께서는 군주는 호오를 드러내지 않아야 한다고 하셨습니다. 그러면 신하들이 파고든다고요. 그러면 선생은 유세객들에게 군주의 호오를 파고들라고 가르치시는 것입니까? 어쩌면 군주는 감정에 휘둘리는 존재라고 인정하시는 것도 같습니다. 그럼에도 군주를 보호하는 역할을 자임한 선생의 어려움이 느껴집니다.

군주의 권한과 권한행사 방법

이번 장은 쟁점이 많았지만 결국 군주의 권한과 그 권한을 행사하는 방법에 관한 것이 요지다. 법가 측의 주장은 명백하다. 군주와 신하는 상하의 주종관계이며, 또 군주는 본심을 숨기고 신하를 감시·통제해야 한다는 것이다.

그러나 순자가 통렬히 반박했듯이 숨김과 감시·통제는 상하의 단결을 해칠 수 있다. 또한 플라톤이 지적했듯이 통치권을 감당할 수 없는 한 군주에게 권한이 집중될 경우 국가가 파멸할 수도 있다. 필자는《관자》에서 절충의 단서를 찾았다. 물론 국가의 수장은 위세를 갖추어야 하고, 자신의 권한을 붙들고 있어야 한다. 그러나 국가는 거대한 조직이기 때문에 그 수장은 개인의 수양을 멈출 수 없다. 또한 군대를 움직여야 하기에 사안에 대한 태도를 분명히 할 필요가 있다.《상군서》〈수권修權〉에 이렇게 씌어 있다.

"나라를 다스리는 데는 세 가지 방도가 있다. 첫째는 법이며 둘째는 믿음이며 셋째는 권세다. 법은 군주와 신하가 함께 지켜야 하는 것이며, 믿음은 군주와 신하가 함께 세우는 것이다. 그러나 권세만은 오직 군주가 독단하는 것이다. 군주가 권세를 잃으면 위험하다[國之所以治者三, 一曰法, 二曰信, 三曰權. 法者君臣之所共操也, 信者君臣之所共立也, 權者君之所獨制也. 人主失守則危]."

전형적인 법가의 주장이다. 그리고《관자》〈임법任法〉은 "성군은 법에 맡기지 지혜(로운 말)에 맡기지 않는다[聖君任法而不任智]"로 시작하는데 대체로 한비자의 주장과 비슷하다. 상앙의 사상이 먼저였는지《관자》의 기록이 먼저였는지는 현재로서는 알 수 없다. 그러나 법을 틀어쥐고 사적인 친소나 검증되지 않은 학설 따위를 무시해야만 나라가 강해지고 공평해진다는 것이 〈임법〉의 주장이다. 특히, 생사와 부귀빈천을 주고 빼앗는 여섯 자루의 권력[六柄]은 절대로 남에게 주어서는 안 된다는 〈임법〉의 주장은 상앙과 하나도 다르지 않다. 이와 관련된 기록은 다음과 같다.

"군주가 꽉 잡아야 할 것이 여섯이니, 살리고 죽이며, 부하게 하고 가난하게 하며, 귀하게 하고 천하게 하는 것이다. 이 여섯 자루는 군주가 움켜쥐어야 할 것이다."

이는 바로 상벌을 말하는 것이 아니겠는가? 그러나 군주가 처할 자리로 제시한 것은 꽤 차이가 있다. 필자가 보기에 후대의 법가와《관자》의 사상이 갈리는 지점으로 보인다.

"군주가 처할 자리는 네 곳이다. 첫째는 문이요, 둘째는 무요, 셋째는 위세요, 넷째는 덕이다[主之所處者四, 一曰文, 二曰武, 三曰威, 四曰德]. 이 네 가지 자리가 군주가 처할 곳이다. 자기가 꽉 쥐고 있어야 할 것을 남에게 넘기는 것을 두고 '자루(권력)를 빼앗겼다[奪柄]' 하고, 자신이 처할 곳을 남에게 넘기는 것을 '지위를 잃었다[失位]'고 한다."

그렇다면 문文(교양)이란 어디서 나오는 것인가? 군주 개인의 수련으로 나오는 것이 아닌가? 그리고 그를 받칠 인사들에게서 나오는 것이라 할 수 있지 않은가? 무란 군대를 말하는 것이라 할 수 있다. 군대는 오직 호령에 따라 움직이는데 어찌 군주의 태도가 분명하지 않을 수 있겠는가. 신하들의 조언을 듣지 않고는 자기 몸을 닦을 수[文] 없고 명백하게 자신을 드러내지 않고는 호령을 내릴 수[武] 없다고 한다면, 신하를 억누르고 자신을 숨기는 '허정'은 군주의 통치술로서는 부족한 듯하다. 요즘 시절에 과연 그런 군주가 나타날 수 있을지 모르겠지만, 탕왕의 축문祝文으로 이런 것이 전한다. 탕왕은 왕이란 남의 잘잘못을 드러내어 질책하는 이가 아니라, 잘못한 이를 감싸고 그 잘못의 책임을 지는 사람이라 말한다.

"제가 죄를 짓는다면 이는 천하 만방 때문은 아니며, 만방이 죄를 짓는다면 그 죄는 저에게 있습니다[朕躬有罪, 無以萬方, 萬方有罪, 罪在朕躬]."

《논어》〈요왈堯曰〉

제3장

법치와 질서, 경제, 전쟁

...

정나라 재상 자산子産이 정나라에 형법을 공포하자 진晉의 숙향叔向이 서신을 보내 한탄했다.

"선왕의 도가 있습니다. 이제 형법을 공포함으로써 백성들을 서로 다투게 하시렵니까? 법이란 극히 어지러운 나라가 내세우는 말단의 방편입니다."

자산은 덤덤히 대답했다.

"지적해주신 말씀이 맞습니다. 그러나 무능한 저는 멀리 내다보지는 못하고 그저 지금의 저의 나라만 구해보고자 합니다."

이렇듯 춘추시대의 명사들은 대개 법의 시대가 도래하는 것을 두려워했다. 그러나 법의 공포는 이미 시대의 대세가 되었으니, 얼마 안 있어 진晉나라도 형법을 새긴 정[刑鼎]을 주조했다. 이 소식을 듣고 공자는 탄식했다.

"옛 왕의 도리가 있지 않은가? 이제 소인들도 법조문을 들고 대들겠구나. 귀천의 질서가 어그러졌다. 그 질서를 버리고 어떻게 나라를 다스릴 것인가?"

공자는 법을 기준으로 하면 상하의 종법 질서가 무너질 것이라고 경고했다. 그러나 자산은 법만이 나라를 구하는 수단이라고 주장하고 있다. 전국시대에 들어서면 모든 나라가 변법變法, 즉 법제의 개혁에 골몰한다. 경쟁에서 살아남기 위함이었다. 제자백가가 이 흐름을 놓쳤을 리가 없다. 법은 질서를 유지하는 수단임과 동시에 이익을 분배하는 기준이었기 때문에 법을 둘러싼 당사자들 사이의 투쟁은 격렬할 수밖에 없었다.

이제 우리는 각 학파들의 다스림의 각론으로 들어가 법치론·경제론·전쟁론을 살펴볼 것이다. 그 중심에는 역시 법이 있다. 질서를 잡는 것은 물론, 경제를 운영하는 것 모두에 법이 있다. 법을 중심에 놓고 각 학파의 경세 이론이 어떻게 부딪히는지 살펴보자.

1. 법치론: 법의 효용과 한계는 어디까지인가

필자 드디어 논의가 핵심에 닿았군요. 인치仁治와 법치가 부딪힙니다. 이제부터 한비자 선생께서 고생을 하시겠습니다. 많은 논자들을 동시에 상대해야 할 테니까요.

법은 누구의 이익을 위한 것인가
—

필자 본격적인 논의를 시작하기 전에 플라톤 선생께 물어보죠. 법의 목적은 누구를 위한 것입니까?

플라톤 우리가 국가를 세우는 목적은 어떤 특정 계급의 행복을 증진시키기 위한 것이 아니라, 가능하다면 우리 공동체 전체의 행복을 증진시키기 위한 것입니다.(420b)

필자 좋은 지적입니다. 우리는 먼저 다음의 전제를 마음에 새기면 좋을 것 같습니다.

'우리의 법은 과연 공동체 전체의 안녕을 염두에 두고 있는가?'

이제 논의를 시작하죠. 한비자 선생님, 일반적으로 유가는 법의 가혹함을 비난합니다. 그러나 법가는 법을 강하게 하는 목적이 백성의 이익을 보호하는 것이라고 주장합니다. 법을 엄격하게 집행하고자 하는 취지를 설명해주시겠습니까?

한비자 사람들은 저의 이론을 곡해하는 경향이 있는 듯합니다. 저의 주장은 이렇습니다. 농민과 병사들은 가난하나 상공인이 부유하면 그 나라는 망합니다. 농민들은 생산을 하고 병사들은 전쟁에 나가 싸웁니다. 그 고생하는 사람들에게 제 몫을 주자는 것입니다. 그리고 법을 사람을 죽이는 수단으로 쓰자는 것이 아닙니다. 오직 법에 의해 사람을 죽이자는 것입니다. 법을 살피지 않고 함부로 사람을 죽이면 망합니다.(《한비자》〈망징亡徵〉)

필자 선생께서는 지금 백성을 위해 법을 쓰자고 말씀하십니다. 전에는 오늘날 백성들의 자질이 옛날과 같지 못하니 법을 써야 한다고 하지 않으셨습니까?

한비자 그렇습니다. 옛날과 지금은 풍속이 다르니, 지금의 대책은 옛날과 달라야 합니다. 관대하고 느슨한 옛날의 정책으로 오늘날의 급박한 세상의 백성들을 다스리려 한다면, 이는 고삐와 채찍 없이 날뛰는 말을 제어하려는 것과 마찬가지입니다. 지금 유가와 묵가의 이론가들은 모두 선왕이 두루 천하를 사랑해서[兼愛] 백성을 마치 부모를 대하듯 다루었다고 칭찬합니다.

　군주와 신하가 아버지와 아들의 관계 같으면 반드시 다스려질 것이라 하는데, 그렇다면 부자관계에는 어지러움이 없어야 합니다. 그러나 지금 선왕이 백성을 사랑하는 바가 부모가 자식을 사랑하는 것보다는 못합니다. 그리고 자식이라고 꼭 부모의 말을 받드는 것이 아닌데, 백성들을 어떻게 사랑으로 다스린단 말입니까?

필자 백성들의 자질이 예전만 못하다면 법으로 강제한다고 효력을 발휘할까요?

한비자 백성은 능히 의를 가슴에 품는 이는 적지만 위세에는 쉽게 굴복합니다. 공자는 의로운 이였지만 겨우 일흔 명의 제자가 있었고 그 가운데 인의를 갖춘 이는 하나뿐이었습니다. 노나라 애공哀公은 하등 군주였지만 감히 복종하지 않는 이가 없었습니다. 백성은 위세에 쉽게 복종하니, 애공이 군주가 되고 공자는 도리어 신하가 되었습니다. 공자가 의를 품지 않는 것이 아니라 위세 때문에 복종한 것입니다. 인의로 따진다면 공자가 애공에게 복종할 일이 없었겠지요.

그런데도 지금의 학자라는 이들이 군주에게 유세를 하면서 '필승의 위세[必勝之勢]'에 올라타라고 하지 않고 인의를 행하면 왕 노릇을 할 수 있다고 합니다. 이는 군주더러 반드시 공자와 같은 사람이 되라 하고, 세상 사람 모두 그의 제자와 같은 이가 되라고 하는 것과 마찬가지이니, 이는 실현 불가능한 셈법입니다.

필자 하지만 선생은 세상 사람들을 너무 얕보는 것이 아닙니까? 세상에는 위세에 굴복하지 않고 의를 실천하는 사람이 많습니다. 예컨대 전쟁터에서 의롭게 죽는 이들도 있지 않습니까? 선생께서 제나라 민왕을 언급하셨는데, 제나라 민왕이 대책 없이 굴다 연나라의 악의에게 70여 개의 성을 빼앗겼으나 잃은 땅을 찾은 이들은 바로 제나라의 백성들이었습니다. 그들이 있었기에 제나라는 겨우 남은 두 성에 의지해 다시 살아났습니다.

• 《전국책戰國策》에 제나라의 소년 의사義士에 대한 기록이 있다. 당시 제나라는 악의가 이끄는 연나라 군대에 패해 70여 개 성을 잃고, 왕(민왕)마저 초나라 장수 요치淖齒에게 죽자 나라가 곧 망할 처지였다. 초나라 군대는 제나라를 원조하러 왔지만 전황이 여의치 않자 오히려 민왕을 죽였다. 민왕이 초나라를 여러 번 속인 것도 배반당한 이유 가운데 하나였다. 그때 제 민왕을 섬기던 어린 왕손가王孫賈가 집으로 돌아오니 어머니가 꾸짖었다.
"군주가 시해되었는데, 너는 비겁하게 집으로 도망 와서 숨는단 말이냐? 나는 네가 나라를 다시 일으켜 세우는 것을 원한다."
그러자 왕손가가 느끼는 바가 있어 저자로 달려 나가 사람들에게 외쳤다.
"요치가 우리 제나라 군주를 죽이고 나라를 뒤집었습니다. 저와 함께 그자를 죽일 사람은 모두 오른쪽

한비자 그것은 연나라 사람들이 제나라 사람들을 함부로 대했기 때문이었습니다. 망하는 나라를 의로운 백성들이 되살리는 일은 쉽게 일어나지 않습니다. 지금 재질이 나쁜 아들이 있다고 합시다. 부모가 노해도 고치지 않고, 마을 사람들이 꾸짖어도 꿈쩍도 않고, 스승이나 연장자가 가르쳐도 바꾸지 않습니다. 부모가 노하고 마을 사람들이 꾸짖고, 또 스승이나 연장자가 갖은 수를 다해서 고치려 해도 털끝만치도 고치려 하지 않지만, 고을 관리가 관병을 이끌고 공법에 의거해 간악한 자를 처벌한다 하면 그제야 벌벌 떨며 태도를 바꾸고 행동을 고칩니다. 그게 현실이 아닙니까?

필자 그렇다면 나라가 어지럽게 되는 원인을 구체적으로 말씀해주십시오. 그 후 선생의 치란의 대책을 듣고 싶습니다.

한비자 공로가 없지만 말만 번듯한 유자들에게 작위를 주어서는 안 됩니다. 이들은 문文을 가지고 법을 어지럽힙니다. 사사로이 칼을 들고 복수하는 협객들을 인정해서는 안 됩니다. 이들은 무武를 가지고 법을 어지럽힙니다.

어깨를 드러내십시오."
그러자 400명의 장정이 어깨를 드러내고 그를 따라 요치를 찔러 죽였다. 또한 거의 유일하게 남은 즉묵卽墨을 지키던 전단田單은 백성들을 모아 대반격을 개시했는데, 결국 연나라 군대를 완전히 몰아냈다.

필자 문무를 내걸고 국가의 권위에 대드는 이들이군요. 그렇다면 군주나 국가의 고위 관리들은 누구를 중시해야 할까요?

한비자 위정자는 이율배반적인 일을 해서는 안 됩니다. 적의 수급을 베는 이를 상주면서 자혜慈惠로운 행동을 높이고, 성을 점령하면 상으로 작위를 주면서 겸애의 설을 믿으며, 견고한 갑옷과 예리한 무기로 전쟁에 대비하면서 화려하고 치렁치렁한 복장을 아름답게 여기고, 농민에게 기대어 부를 얻고 병사들에게 기대어 적을 막으면서 학문하는 선비를 귀하게 여기며, 윗사람을 존중하고 법을 두려워하는 백성을 못살게 하고 사사로이 칼을 차고 다니는 유협의 무리를 기르면서 강하고 다스려지는 나라를 만드는 것은 불가능합니다. 평화 시에는 유자나 협객을 기르다가 정작 난리가 터지면 갑옷 입을 병사들을 씁니다.˙ 그러니 쓰이는 이들은 이득을 얻지 못하고, 쓸모없는 이들은 이득을 얻습니다[所利非所用, 所用非所利]. 이리하여 일하는 자는 본업에 소홀하고, 떠돌이 협객과 유자들은 나날이 늘어나니 세상이 혼란해지는 것입니다.

필자 법가식 위민정치를 말씀하시는군요. 국가에 도움이 되지 않는 글쟁이나 칼잡이 대신 국가를 위해 재물을 생산하는 농민, 목숨을 거는 병사들을 보호해야 한다는 말씀이시지요.

- "쓸모없는 유자·협객은 평화로운 때에 떵떵거리고, 정작 난리가 나면 병사들이 나가서 고생한다"는 의미다.

한비자 그렇습니다. 농민들은 고달프게 농사지어도 얻는 것이 없는데, 말재주만 익혀도 큰 이익을 얻는다면 누가 농사를 지으려 하겠습니까. 어렵게 전장에 나가 싸우는데도 얻는 것이 없는데, 사사로이 칼부림하는 이들을 높인다면 누가 전장에서 목숨을 걸겠습니까.

필자 선생의 말씀이 신랄합니다. 토론의 본류에서 좀 어긋나지만, 선생이 말하신 협객, 즉 묵자 선생은 먼저 공격하지 말라 했지 수비를 할 때는 목숨을 걸라 했습니다. 그의 말을 몇 가지 정리해보겠습니다.

"성의 네 모서리에 높은 망루를 만들고 큰 가문의 자제들[重室子]로 하여금 그 위에 올라가 적의 동태를 살피게 한다. 적의 포진 상태와 진퇴좌우의 이동을 감시하는데, 감시에 실패하면 벤다[失候, 斬]. (중략) 백성들의 가옥의 나무와 기와와 돌로써 성을 수비하는데, 도움이 되는 것은 모두 바치게 한다. 명을 듣지 않는 자는 벤다[不從令者, 斬]."《묵자》〈비성문備城門〉)

묵자 선생은 되풀이해서 수비할 때 목숨을 걸라고 합니다. "수비하는 장소를 떠난 자는 벤 후 사흘 동안 시체를 널어놓는다[離守者三日徇]", "한 사람이 성을 넘어 적에게 항복할 경우 그 부모·처자와 형제들을 모조리 수레에 매달아 사지를 찢어 죽인다[歸敵者, 父母妻子同産皆車裂]"는 이야기들이 있습니다. 위에서 든 예는 모두 '두루 사랑하되 먼저 공격하는 이는 절대로 용서하지는 말라'는 이야기지요. 토론이 좀 옆으로 샜습니다. 다시 구체적으로 혼란을 다스리는 대책을 묻겠습니다.

한비자 군주는 법과 술, 두 가지를 지켜 자신의 나라를 안정시키면 됩니다. 왕자는 능히 남을 공격할 수 있는 이입니다. 그러나 안정된 나라는 공격할 수 없습니다. 강자는 능히 남을 공격할 수 있습니다. 그러나 잘 다스려진 나라는 공격할 수 없습니다. 다스려짐과 강함[治强]은 밖에서 구할 수 있는 것이 아니라 안에서 바르게 다스려서[內政] 얻는 것입니다. 지금 나라 안에서 법과 술을 행하지 않고, 밖에서 지혜를 구하고 있지만 다스려지고 강한 나라를 만들 수는 없지요.

필자 밖에서 구한다는 말이 좀 애매합니다. 외교를 말하는 것입니까?

한비자 그렇습니다. 힘이 없으면 합종연횡合從連橫이란 것들도 다 허사입니다. 예를 들어볼까요? 주周(명맥만 유지하고 있던 동주東周)나라는 진秦을 버리고 합종에 참여했으나 한 해 만에 망했고, 위衞나라는 위魏나라를 버리고 연횡에 참여했으나 불과 반년 만에 망했습니다. 주나라나 위衞나라가 합종연횡 따위의 계략을 버리고 내치에 힘써서 법으로 금할 것을 명백히 하고, 신상필벌하고, 토지를 최대한 활용해 양식을 쌓아두고, 백성들이 죽음으로써 성을 지켰다고 해보지요. 천하 여러 나라의 입장에서는 주나 위 같은 나라의 땅을 차지하자니 이익이 적고, 나라를 공격하자니 자신들의 손상도 클 것이니, 만승의 나라라도 감히 견고한 성 밑에서 진을 빼고 그 틈에 다른 강적이 자신을 노리게 하지는 않을 것입니다. 이것이 절대로 망하지 않는 방법[必不亡之術]인 것입니다.

필자 선생의 법술은 공격전쟁을 높이 사는 상앙의 법과는 다른 것 같습니다. 무도한 자로부터 자신을 보호하자는 말씀입니다. 선생이 한나라 출신이기 때문일 겁니다. 선생께서 작고 약한 한나라를 위해 사신으로 가고, 또 군주를 위해 끊임없이 대책을 낸다는 말씀은 이미 들었습니다. 작더라도 내정이 안정되면 큰 나라도 어찌할 수 없다는 말씀은 어쩌면 맹자 선생의 의견과도 통합니다. 그렇다면 법으로써 내정을 다지는 방안으로 누구를 누르고 누구를 높이며, 어떤 일을 장려하고 어떤 일을 억제해야 할까요?

한비자 원래 백성들은 전쟁에 목숨 걸기를 좋아하지 않습니다. 권문세족[私門]에 빌붙어 병역을 피하는 이들을 줄여야 합니다. 그런 이들이 많으면 병사가 부족합니다. 그리고 상공업을 누르고 농업을 장려해야 합니다. 돈으로 관작을 살 수 있으면 돈을 가진 상공인의 지위가 올라갑니다.

필자 중농과 강병을 말씀하셨습니다. 그렇다면 중농과 강병에 장애가 되는 이들의 행동을 구체적으로 설명해주시겠습니까?

- 상앙은 강한 진나라의 정치를 휘둘렀기 때문에 주로 공격하는 입장이었다. 그는 심지어 밖에서 외국과 싸우지 않으면 자국 백성들의 힘이 강해진다고 주장했다. 군주는 강하지만 백성은 약하게 만들고, 나라의 힘이 모이면 전쟁을 통해 소모해야 권력이 안정된다는 것이다. 그러나 한비자는 원래 망해가는 한나라의 공족이었다. 그래서 작은 나라는 외교를 믿지 말고 수비에 전력해야 한다고 주장했던 것이다.

한비자 어지러운 나라의 풍속은 이렇습니다. 유자란 이들은 선왕의 도를 칭송하고 인의를 구실로 행색을 성대하게 하고 변설을 꾸며 오늘날의 법을 의심하고 군주의 마음을 흐트러뜨립니다. 말재주를 피우는 자[言談者](유세객)들은 거짓말과 사칭으로 외국의 힘을 빌려 사익을 취할 뿐 국가의 이익을 잊어버립니다. 칼을 차고 다니는 자들[帶劍者](유협)은 무리를 지어 절조를 세운답시고 이름을 날리고, 나라가 금한 것을 범합니다. 세도가의 측근들[患御者]은 권문세족과 가까이해 뇌물을 마구 뿌리며, 중요한 이의 청탁을 받아들여 전쟁에 나가는 수고를 면제받고 있습니다. 상공인이란 이들은 다 부서진 기물을 고치고 화려한 물건을 만들어 쌓아놓고 기다리다가 농부의 이익을 가로챕니다. 이들은 국가의 다섯 좀벌레입니다.《한비자》〈오두〉

필자 유자, 유세객, 유협, 세도가의 측근, 상공인을 사회를 좀먹는 좀벌레로 표현하셨는데, 아주 과감한 주장입니다. 그들은 이미 사회의 주도층이 되었는데 말입니다. 지금 선생은 오직 생산자계급과 전사계급만 남기고 나머지 좀벌레 같은 비생산자계급을 해체시켜야 한다고 말씀하시는군요.

그러나 법을 적용할 때는 공세와 수세를 구분해야 하지 않을까요? 백성들이 약한 나라의 강한 법을 따르겠습니까, 아니면 강한 나라의 약한 법을 따르겠습니까? 어쩌면 가난하고 약한 한나라와 강하고 부유한 제나라의 조건이 다르기 때문에 법에 대해서도 다른 주장이 나오는 듯합니다. 제나라는 자신의 부유함을 기반으로 온화한 법으로 백성을 끌어들이려 하고, 한나라는 가난하기 때문에 강한 법으로 백성을 묶어두려 한다는 느낌이 드네요.

이쯤에서 맹자 선생의 반론을 듣고 다시 시작하겠습니다. 한비자 선생은 자애로움을 주장하면서 적의 침입을 방어하라는 것을 모순이라고 했습니다. 제가 보기에 맹자 선생님의 인과 법 사이에는 모순이 존재하는 듯합니다. 그래서 좀 짓궂은 질문 하나를 던지겠습니다. 순이 천자가 되고 고요皐陶가 형벌을 관장하는 사사士師로 있는데, (순의 아버지) 고수瞽瞍가 사람을 죽였다면 어찌하면 됩니까?*

맹자 잡아들이면 될 뿐입니다.

필자 그러면 순이 못하게 하지 않을까요? 그는 대단한 효자인데요.

맹자 순이 어떻게 금할 수 있겠습니까? 선조로부터 받은 명이 있는데요[夫有所受之也].**

필자 그러면 순은 어떻게 해야 합니까? 아들이 아비를 처벌할 수 있습

- 도응桃應(아마도 맹자의 제자)이 맹자를 곤경에 빠뜨리려고 물었던 질문이다. 고수는 비록 순이라는 효자를 낳았지만, 그 자신은 아주 그악스러운 자였다고 한다. 순을 죽이려 했다는 전설과 기록들이 곳곳에 흩어져 있다. 또한 고요는 형벌을 관장할 때 공평함으로 이름을 날린 사람이다.

- 무엇을 받았다는 뜻일까. 순이 선조에게 받은 것(법령)인가, 혹은 고요가 순에게 받은 것인가? 여하튼 살인은 어찌할 수 없는 중죄라는 뜻이다.

니까?

맹자 순은 헌신짝을 버리듯 천하를 버려야 합니다. 그리고 몰래 아비를 업고 달아나, 먼 바닷가에 가서 살며 종신토록 기쁜 모양으로 즐거이 천하의 일을 잊어야 합니다.《맹자》〈진심〉)

필자 공적인 자리에서는 사적인 것을 잊어야 하지만 공적인 자리에서 어쩔 수 없이 천륜을 어겨야 할 일이 생긴다면 공적인 자리를 떠나라는 말씀이었습니다. 한비자 선생의 저술《한비자》에 이런 예가 나오는 것을 보았습니다.

"양을 훔친 사람을 고발하는 것이 국법인데 아버지가 그런 짓을 했다면 어떻게 할 것인가? 그러니 효도와 충성은 충돌하는 가치관이다."

자식으로서의 가치관과 공직자로서의 가치관의 모순을 맹자 선생께서는 이렇게 해결하셨군요.

맹자 (유가가 법 자체를 반대하는 것은 아닙니다.) 백성을 편안하게 하기 위해 백성들을 수고롭게 하면 원망하지 않습니다. 백성들을 살리기 위해 누군가를 죽이면 비록 죽는 이라도 죽이는 이(위정자)를 원망하지 않습니다[以生道殺民雖死不怨殺者].《맹자》〈진심〉)

필자 법치의 동기를 말씀하시는군요. '한비자 선생의 법치는 너무 가혹하지 않은가? 정말 백성을 살리려고 하는 것인가'라는 비판이었습니다. 한비자 선생님, 반론하시겠습니까?

한비자 제가 보기에 세상의 어리석은 학자들은 모조리 치란治亂의 실정도 모르면서 옛날 책만 달달 외워 오늘날의 다스림을 오히려 어지럽히고 있습니다. 성인은 이와 다릅니다. 성인은 시비와 치란의 실정을 숙고하고 살핍니다. 그러니 나라를 다스림에, 밝은 법을 세우고[正明法], 엄한 처벌을 보여[陳嚴刑], 이로써 장차 뭇 삶들의 어지러움을 구해내고, 천하의 재앙을 제거하며, 강한 자가 약한 자를 능욕하지 못하게 하고, 다수가 소수에게 폭력을 쓰지 못하게 해서, 노인은 천수를 누리고 고아들은 보살핌을 받아 길러지고, 변경은 침략을 받지 않고, 군주와 신하가 서로 친하며, 부자가 서로 보호하도록 해서, 싸움에서 죽거나 포로[虜]가 되는 우환이 없도록 합니다. 이 역시 지극히 후한 공적이 아닙니까? 어리석은 이들은 이를 알지 못하고 법치를 폭압이라 간주합니다.(《한비자》〈간겁시신姦劫弑臣〉)

필자 주로 유가를 공격하시는 것으로 들립니다. 맹자 선생님, 유가의 견해에서 말씀해주시지요.

맹자 말만 하면 성인을 비방하고 인과 의를 버리는 것은 자포자기自暴自棄*하는 이들입니다.(《맹자》〈이루〉) 과연 백성들이 엄한 처벌이 없어서 잘살지 못하는 것입니까? 양나라 혜왕이 이렇게 말하더군요.

"과인은 나라를 다스림에 온 마음을 다했습니다. 하내河內에 흉년이

들자 사람들을 하동河東으로 옮겼고, 곡식은 하내로 옮겼습니다. 하동에 흉년이 들 때도 역시 그렇게 했습니다. 이웃 나라들이 정치하는 것을 살펴보면 저처럼 마음을 쓰는 이가 없습니다. 그런데도 이웃 나라의 인구가 (우리 쪽으로 와서) 줄어드는 것도 아니고 과인의 인구가 늘어나지도 않는데 이는 무슨 까닭입니까?"

저는 이렇게 되물었습니다.

"왕께서 전쟁을 좋아하시니, 청컨대 전쟁에 비유해서 말씀을 드리지요. 둥둥 진격의 북이 울리고 창칼의 날이 서로 부딪히는 상황인데, (우리 군이) 갑옷을 버리고 무기를 끌면서 달아납니다. 어떤 자는 100보를 달아난 후 멈추고, 어떤 자는 50보를 달아난 후 멈추었습니다. 그런데 50보 달아난 이가 100보 달아난 이를 비웃는 것[以五十步笑百步]을 어떻게 생각하십니까?"

그러니 "안 되지요. 100보는 아니라도 50보도 달아난 것이지요" 하더이다. 저는 이렇게 대답해주었습니다.

"그렇다면 왕께서는 백성이 이웃 나라보다 많아지기를 바라서는 안 됩니다. 농민들이 농사지을 때를 뺏지 않으면 양식이 먹을 수 없을 정

- 자포자기 성어의 원문은 이렇다.
  "스스로를 해치는 자와는 더불어 말을 할 수가 없고 스스로를 버리는 자와는 더불어 행동할 수 없다. 말만 하면 예와 의를 비방하는 것을 스스로를 해친다고 하고, 인에 거하고 의를 따를 수 없다고 하는 것을 스스로를 버린다고 한다[自暴者不可與有言也, 自棄者不可與有爲也, 言非禮義, 謂之自暴也, 吾身不能居仁由義, 謂之自棄也]."
  그렇다면 맹자가 보는 인과 의는 어떤 것인가?
  "인은 사람이 거처할 편안한 집이며, 의는 사람이 갈 바른 길이다[仁, 人之安宅也, 義, 人之正路也]."

도로 넘칠 것입니다. 그물의 눈(그물코의 크기)만 규제하면 물고기와 자라도 먹을 수 없을 정도로 많아질 것입니다. 나무를 베는 데 기한을 정해두면 목재는 다 쓰지 못할 정도가 될 것입니다. 이리하면 산 사람의 양생과 죽은 사람을 보내는 일에 모두 유감이 없을 것입니다. 이것이 왕도정치의 시작입니다.

　(지금) 개·돼지가 사람이 먹을 것을 먹는데도 거두어들일 생각을 하지 않고[狗彘食人食而不知檢]*길 위에 굶어 죽은 시체가 있어도 창고를 풀 줄 모릅니다[塗有餓莩而不知發]. 사람이 죽으면 말하기를 '내가 한 것이 아니라 흉년이 한 것이다' 합니다. 이것이 사람을 칼로 찔러 죽이고는 '내가 죽인 것이 아니다. 칼이 죽인 것이다'라고 하는 것과 무엇이 다릅니까? 왕께서 흉년 탓을 하지 않는다면 천하의 백성들이 몰려올 것입니다."《맹자》〈양혜왕〉)

필자 백성에게 베푼다면 백성 역시 충성으로 갚는다는 말씀이시군요.

한비자 빈곤한 사람에게 베푸는 것을 세상 사람들은 이른바 인의라 부

• 맹자의 유려한 문장력이 돋보이는 구절이다. '검檢'에 대한 해석은 두 가지가 있다. 하나는 '거두어들이다[斂]'로 보는 견해고, 하나는 '제지하다'로 보는 견해다. 맹자의 사상에 비추어보아 두 가지 다 일리가 있지만, 이어지는 구절에 '곡식을 풀다[發]'는 내용이 나오므로 '곡식을 국고로 거두어들인다'로 해석하는 것이 더 타당해 보인다. 《춘추전국이야기 1》에서 밝혔듯이 공자나 맹자, 그 후의 순자까지 이어지는 유가의 경제사상은 관중의 경제사상의 요약판에 지나지 않는다. 관중의 경제사상의 핵심은 풍년에 쌓고 흉년에 푸는 적극적인 재정정책이다. 즉 풍년에 비축하고 흉년에 푸는 정치만 제대로 하면 될 것을, 백성들을 이리저리 옮기면서 자랑까지 하느냐는 것이다.

르고, 백성을 아껴서 차마 주벌하지 못하는 것을 세상 사람들은 혜애惠愛라고 부릅니다. 빈곤하다고 베풀면 이는 공이 없는 이에게 상을 주는 것이고, 차마 주벌하지 못하면 폭란한 자들이 끊이지 않습니다. 회초리와 채찍으로 위협하고 재갈을 입에 물리지 않으면 조보造父*와 같은 말몰이꾼도 말을 굴복시킬 수 없는 법입니다.(《한비자》〈간겁시신〉)

필자 한비자 선생의 마지막 비유는 너무 지나친 듯합니다. 재갈을 물리고 채찍에 맞는 것이 어찌 말이 원하는 것이겠습니까? 그러나 한편으로 이해가 되기도 합니다. 지금은 서로 목숨을 걸고 싸우는 시절이니까요. 한비자 선생께서 "전쟁에 패하면 그 비참함을 어떻게 할 것이냐"고 물으신 것은 정말 일리가 있습니다. 선생께서는 망한 서나라나 주나라를 예로 들어 힘이 없어 싸움에서 패한 자의 비참한 운명을 언급하셨습니다. 법치는 안으로는 약자를 보호하고, 밖으로는 외국에 맞서 국민의 목숨을 보호하는 것이라고 말이지요.

혹자는 "사람들이 평화라고 부르는 것은 그냥 이름일 뿐이고, 사실 모든 나라는 다른 모든 나라를 상대로 전쟁을 하고 있는 것이다. 선전포고를 하지 않았을 뿐이다. 전쟁에서 패하면 모든 것을 승자에게 뺏기고 만다"(626a-b)고도 합니다. 이기기 위해서 엄한 법을 사용하는 것은 가혹한 것이 아니라는 주장에 대해 맹자 선생님께서 한말씀을 해주시지요.

• 조보는 전설적인 마부로서 주周 목왕穆王을 데리고 서쪽으로 가서 서왕모西王母를 만났다고 한다. 《사기》에는 조보가 진秦 왕족의 선조로 기록되어 있다.

맹자 과연 법이 약해서 나라가 약해지는 것입니까? 저는 오히려 그 반대라고 봅니다. 다시 양 혜왕의 이야기를 들려드리겠습니다. 왕이 말하기를, "아시다시피 한때 진晉나라˙는 천하에 막강이었습니다. 과인에 이르러 동쪽으로는 제나라에 패해 장자가 죽고, 서쪽으로는 진秦나라에 700리 땅을 잃었고, 남쪽으로는 초나라에 욕을 당했습니다. 과인은 이를 수치스럽게 생각합니다. 죽은 이들을 위해서라도 철저히 복수하고 싶은데 어찌하면 가능할까요?"하더군요. 저는 이렇게 대답했습니다.

"사방 100리의 땅으로도 왕이 될 수 있습니다. 왕께서 백성들에게 인정을 베푸시고 형벌과 세금을 줄이시고, 백성들로 하여금 깊이 갈고 자주 김매게 하며, 장년들은 한가한 날에는 효제충신孝悌忠信을 닦게 하시어, 들어와서는 그 부형을 섬기고 나가서는 어른과 윗사람을 섬기게 한다면, 몽둥이만 만들어 들려주어도 진秦과 초의 견고한 갑옷과 예리한 병기를 물리칠 수 있습니다."

필자 아니, 몽둥이로 훈련된 병사들을 이길 수 있단 말입니까? 일단 전투에 나서면 모두 살기 위해 싸울 텐데요. 장수는 천문·지리는 물론 사

• 앞서 언급했듯이 진晉나라에서 한·위·조나라가 갈라져 나왔다. 세 나라로 갈라지기 전의 진은 중원의 패자였다. 위나라는 한때 황하의 진진秦晉 대협곡 건너 서하西河에 거점을 두고 진秦을 견제하던 강국이었다. 그러나 지금은 계속 동쪽으로 밀려 양[大梁] 땅까지 밀려났다. 원래 위나라의 땅은 잃었으므로, 이제는 위나라 왕도 못 되어 양나라 왕으로 불리는 지금, 그때의 막강했던 진晉나라를 회상하며 그 이름을 부르고 있다. 자신들이 진晉의 적통이라 생각해 하는 말이다.

람을 부리는 데 통달한 사람이어야 단단하게 진영을 정비하고, 대오를 모으고 산개하는 데 능숙하겠고, 군인들이란 오랫동안 훈련을 거쳐서 자신감을 쌓은 사람이라야 자신감으로 적에게 달려들지 않을까요?

맹자 인정을 베푸는 나라의 백성은 싸우려는 의지가 폭정 아래 있는 이들과 다릅니다. 저들(폭정하는 이들)은 백성의 농사짓는 시기를 빼앗아 밭을 갈고 부모를 봉양하지 못하도록 하고 있습니다. 부모는 추위와 굶주림에 허덕이고 형제·처자는 흩어집니다. 저들이 백성을 구렁텅이에 빠뜨릴 때 왕이 나서서 정벌하면 누가 왕을 대적하겠습니까? 그러니 "인자는 적이 없다[仁者無敵]"고 하는 것입니다.《맹자》〈양혜왕〉)

필자 결국 두 분은 강대한 나라를 만들고 상대의 침탈에 자신을 방어할 힘을 갖자는 부분에서는 의견이 일치합니다만 그 방법에 대해 서로 다른 주장을 합니다. 그렇다면 법을 만드는 이유에 대해 다시 원론적인 이야기를 들어보죠. 플라톤 선생님, 법을 만들 때 대외전쟁의 승리를 어느 정도 고려해야 할까요?

플라톤 제일 좋은 것은 병이 생겼다가 낫는 것보다 병이 아예 없는 것이겠지요. 나라의 법을 세울 때 대외전쟁을 먼저 주목하는 것은 결코 올바른 정치가가 되지 못할 것이며, 전쟁과 관련된 것들을 위해 평화와 관련된 것들을 입법화하기보다는 평화를 위해 전쟁과 관련된 것을 입법화하지 않는다면 그는 엄밀한 뜻에서 입법자도 되지 못할 것입니

다.(628d)•

　그렇다면 한 나라를 화합하게 만드는 이가 법을 만들 때는 어떻습니까? 그가 나라를 경영하면서 대외전쟁에 주목할까요, 아니면 나라 안에서 생기는 전쟁(내란)에 주의할까요? 내란은 국민 모두가 바라지 않는 것이고, 일어난다면 빨리 끝나기를 바라는 것이지요.(627e-628b)

필자 선생의 말씀은 알겠습니다. 법은 전쟁이 아니라 오히려 내란을 더 중시해서 만들어진다는 의견이시지요. 법을 통해 전쟁에 대비한다는 한비자 선생의 견해를 비판하고 계십니다. 그러나 지금은 대외전쟁이 비일비재한 전국시대입니다. 법을 매개로 삼아 농사와 전쟁을 연결시키려는 주장은 상당한 호응을 얻었습니다. 상앙이 한 말을 예로 들어볼까요.

　"녹은 후하고 (봉지의) 세는 많이 거두며, 데리고 있는 식구도 많은 이는 농사를 망치는 자다. 식구의 수에 따라 부세를 걷고 요역을 시켜야 한다. 그러면 하는 일 없이 빈둥거리는 이들은 밥을 먹지 못하고, 밥을 먹지 못하면 반드시 농사를 지을 것이고, 농사를 지으면 반드시 땅을 개간하게 된다[祿厚而稅多, 食口衆者, 敗農者也, 以其食口之數, 賦而重使之, 則辟淫游惰之民無所於食. 無所於食則必農, 農則草必墾矣]."《상군서》〈간령墾令〉)

• "전쟁과 관련된 것들을 위해 평화와 관련된 것을 입법화한다"는 것은 대외전쟁을 위해 평화 시의 행동을 법으로 규정한다는 뜻이다. 예를 들어 전투에 강한 병사를 기르기 위해 몇 세 이상의 장정들이 달리기를 어느 정도 해야 하는지에 대한 법령을 정하는 것과 같은 것이다. 평화를 위해 전쟁과 관련된 것을 입법한다는 것은 내란을 방지하기 위한 행동규범을 법으로 정한다는 뜻이다.

그리고 이렇게 주장했습니다.

"귀족의 장남 이외의 자식들은 모두 요역에 나오라는 령을 내리고, 그 후손도 모두 요역을 시킨다[均出餘子之使令, 以世使之]."《상군서》〈간령〉)

이런 시책이 보통 백성들에게 해가 되겠습니까? 이 정책은 백성들에게 득이 되리라 봅니다. 상앙은 엄형嚴刑주의를 이렇게 옹호합니다.

"형벌을 써서 형벌을 없앤다면 나라는 다스려지고, 형벌을 써서 더 형벌이 많아지게 하면 나라는 어지러워진다. 그러니 말하길, '가벼운 죄를 무겁게 다루면 형이 없어지고 공업을 이루어 나라는 강해지고, 무거운 것을 무겁게 다루고 가벼운 것을 가볍게 다루면 형은 더 많아지고 일도 생겨나니 나라가 깎인다'고 하는 것이다[以刑去刑國治, 以刑致刑, 國亂. 故曰, 行刑重輕, 刑去事成國彊, 重重而輕輕, 刑至事生, 國削]."《상군서》〈거강去彊〉)

상앙의 견해를 살펴보니 정나라 대부 자산의 말이 생각나는군요.

"불은 사람들이 무서워해서 다치는 이가 적지만, 물은 사람들이 쉽게 생각하니 빠져 죽는 경우가 많다."

엄한 처벌이 오히려 백성을 보호한다는 논리지요.

한비자 강한 법은 오히려 백성을 보호합니다. 옛날부터 전하는 말이나 《춘추》가 기록한 바를 보면, 법을 어기고 반역하며 크게 간악한 짓을 하는 자로서 원래 존귀한 대신이 아니었던 이가 없습니다. 그럼에도 법으로 대비하고 형으로 베는 이는 모두 비천한 자들이었습니다. 그러니 일반 백성은 절망하고 호소할 곳이 없는 것입니다.《한비자》〈비내〉)

필자 전시가 아니라 평시에도 강한 법이 백성에게 득이 된다는 말씀이시군요. 그러나 법가의 주장들을 보면 한비자 선생의 이야기가 다 믿기지는 않습니다. 과연 강한 법이 백성을 다치지 않게 할 수 있을까요? 상앙 선생의 주장을 서너 가지만 요약해보지요.

"형을 중하게 하고 연좌해서 처벌해야 한다. 그러면 편벽되고 급한 백성들이 사사로이 싸움을 하지 못할 것이고, 험하고 강고한 백성들이 소송을 제기하지 못할 것이다[重刑而連其罪, 則褊急之民不鬪, 很剛之民不訟]."

"백성들이 이사를 하지 못하게 해야 한다."《상군서》〈간령〉)

"나라가 착한 사람으로 하여금 간악한 사람을 다스리게 하면 반드시 어지러워지고 깎이게 된다. 반면 간악한 사람으로 하여금 착한 사람을 다스리게 하면 반드시 다스려지고 강해진다[國以善民治姦民者, 必亂至削. 國以姦民治善民者, 必治至彊]."《상군서》〈거강〉)

"선한 사람을 쓰면 백성들은 그를 가까이하고, 간악한 이를 임명하면 백성들은 그 법을 가까이한다[用善, 則民親其親, 任姦, 則民親其制]."《상군서》〈세민說民〉)

이런 것이 가혹하지 않단 말씀이십니까? 대체로 백성들을 최대한 부리고 잘못을 엄하게 처벌한다는 내용입니다. 이런 가혹한 법에 대해 이야기해보죠. 일단 연좌제에 관해 순자 선생이 이견이 있는 것 같습니다. 연좌제는 혼란을 다스리는 방법이 아니라 오히려 그 원인이라고 주장하셨지요?

순자 그렇습니다. 옛날에는 형刑이 그 죄를 넘지 않았고, 작爵(벼슬)은 그

덕을 넘지 않았습니다. 그러니 순임금은 곤을 죽이고도 그 자식 우에게 치수를 맡긴 것처럼, 그 형을 죽이고도 아우를 신하로 썼습니다. 이리하니 선한 이는 권면되고 악한 이는 저지되어 형을 거의 쓰지 않더라도 위의威儀가 물처럼 흐르고 정령은 밝혀져 교화되기가 신묘했습니다.

작금의 난세는 그렇지 않습니다. 형이 그 죄를 넘고 작은 그 덕을 넘으니, 일족을 단위로 죄를 논하고[以族論罪] 한 집안에 몇 대를 이어서 등용합니다[以世擧賢]. 한 사람이 죄를 지으면 삼족을 모두 죽이니 비록 순임금 같은 덕을 지녀도 형을 면치 못합니다. 또한 선조에 어떤 이가 현명하면 그 자손은 반드시 들여 쓰니 비록 걸주 같은 포학한 자들이라도 지위가 반드시 귀해집니다. 이러고도 어지럽지 않기를 바라니 될 일입니까?《순자》〈군자君子〉)

필자 순자 선생님은 연좌제란 오히려 난세를 부르는 제도라고 말합니다. 플라톤 선생님, 연좌제에 대해 어떤 생각을 가지고 계신지요.

플라톤 죄가 아무리 크더라도 연좌제를 적용해서는 안 된다고 생각합니다. 글쎄요, 어떤 죄가 가장 클까요? 일단 국가를 무너뜨리려는 죄를 떠올릴 수 있겠지요. 이런 죄를 저지른 자를 어떻게 처리할까요? 저는 이렇게 생각합니다.

국민들은 나라의 체제를 불법적으로 바꾸려고 시도하는 자를 고발해 재판을 받도록 합니다. 사형은 투표로 결정합니다. 그러나 아버지의 수치나 처벌은 아이들에게 절대 연계되지 않습니다. 아버지·할아

버지·증조부까지 다 사형을 당한 경우가 아니면 말입니다.(755c-d)

필자 삼대를 연이어 사형죄를 지은 자의 집안이라야 그 집 자식의 자질을 의심한다는 말씀이시군요.

이제 작은 죄도 엄하게 다스린다는 것에 대해서도 토론해보죠. 상앙 이전의 선배 법가들의 주장에 그토록 가혹한 이야기는 없었던 듯한데요.《관자》〈법법法法〉에는 이렇게 씌어 있습니다.

"백성들이 큰 과오가 없는 것은 위에서 사면을 하지 않기 때문이다. 위에서 작은 과실을 사면하면 백성들은 큰 죄를 많이 짓게 되니, 이것은 작은 과실이 쌓여서 그렇게 된 것이다[上赦小過則民多重罪積之小生也]."

이것은 작은 과오라고 용서하지 말라고 한 것이지 작은 과오에 큰 벌을 적용하라는 것은 아닙니다. 그럴수록 법의 권위가 무너지고 백성들은 멀어진다는 이야기지요. 그래서《관자》〈권수權修〉'에 이런 말이 있습니다.

"법은 백성들의 생사를 관장하는 것이다. 백성들의 생사를 관장하는 것을 쓰니, 형벌은 잘 심사하지 않을 수 없다." 그래서 "죄 있는 자를 죽인다는 명목으로 죄 없는 자까지 죽인다면 국가는 찬탈하는 신하가 생기지 않을 수 없다.""

• 《관자》의 법가사상이다. 이 백과사전식 치국책에는 유·법·도·묵·병兵이 다 들어 있다. 너무 많은 사람의 논집이라 어떤 성격이라고 용단할 수는 없다. 다만 이 책의 미덕은 균형이다.

•• 《상군서》는 〈권수〉를 〈수권〉이라 바꾸어놓고 《관자》보다 훨씬 가혹한 주장들을 늘어놓았다. 후대의 위

이어서 말했습니다.

"금령을 많이 내려서 그치게 한 경우도 없고, 호령을 많이 내려서 자주 실행되게 한 경우도 없었다. 그러니 말하길, '위가 가혹하면 아래가 듣지 않고, 아래가 듣지 않는데 형벌로 강제하면 대중은 윗사람을 도모할 생각을 한다[上苛則下不聽, 下不聽而彊以刑罰, 則爲人上者衆謀矣]'고 했던 것이다."

계강자季康子가 정치를 물으며, "무도한 자를 죽여 백성이 도를 따르게 하면[殺無道, 以就有道] 되겠습니까?" 했더니 공자는 이렇게 대답했습니다.

"정치를 하면서 어찌 사람을 죽이는 방법을 쓰려 하십니까? 선을 추구하시면 백성들은 따라 선해집니다. 군자의 덕은 바람이요, 소인의 덕은 풀입니다. 풀 위로 바람이 불면 풀은 반드시 눕게 되어 있습니다."

남을 죽이기 전에 자신을 바르게 한다는 말이지요

"정령으로 이끌고 형벌로 가지런히 하면 백성들은 (법을) 모면하면서도 부끄러운 줄을 모른다. 덕으로 이끌고 예로 가지런히 하면 부끄러움을 알고 또한 바르게 된다[道之以政, 齊之以刑, 民免而無恥, 道之以德, 齊之以禮, 有恥且格]"《논어》〈위정〉)는 것도 다 똑같은 말입니다.

저의 짧은 소견으로도 죄를 넘어서는 형벌은 오히려 백성을 해치는 것 같습니다.

———

작으로 보여 이 논의에 포함시키지는 않는다.

이제 논의를 정리할 시간이 된 듯합니다. 다음의 주제에서도 서로 할 말이 많을 테니까요. 플라톤 선생님도 마지막 발언을 해주시지요.

플라톤 강제성을 설득과 섞어서 조화시키지 않고 순전히 강제성만 이용해서는 안 됩니다. 설득이 필요한 것은 바로 법을 받아들이게 될 사람이 호감을 갖고, 또 그로 인해 더 쉽게 알아듣도록 하기 위함입니다.(722c-723b)

강제력으로 지배하면 지배하는 쪽은 지배당하는 쪽을 두려워하게 되어, 그들이 훌륭해지는 것도, 부유해지는 것도, 강해지는 것도, 용감해지는 것도, 그리고 전사답게 되는 것도 절대로 자발적으로 허용하는 일이 없을 테니까요.(832c-d)

누가 법의 집행자가 될 것인가

—

필자 한비자 선생은 법의 목적에 대해 이미 말씀하셨습니다. 엄격한 법이 오히려 백성들에게 이롭기에 엄격한 법을 쓴다고 하셨지요. 이제 법가사상가들이 해결하지 못한, 혹은 해결했다 하더라도 자세히 밝혀주지 않았던 문제로 들어가겠습니다. 사실 이것은 매우 중요한 문제입니다. 그렇다면 누가 그 법을 만들고 집행할 것입니까?

한비자 선생은 "법술을 아는 자"라고 간단히 말씀하시는데 과연 그들이 그 무거운 법을 구부러뜨리지 않는다고 보장할 수 있겠습니까?

그래서 앞서 순자 선생은 "군자가 없으면 법을 집행할 수 없다"고 하셨습니다. 그 군자란 고도로 절제되었으며, 오랜 교육과정을 거친 이들입니다. 법가 측에서 이 문제를 해결할 수 없다면 많은 사람을 설득할 수 없으리라 생각합니다. 일단 법 전문가이신 플라톤 선생님의 의견을 들어보겠습니다.

플라톤 예컨대 의사는 정신으로 육체를 치료하는 사람입니다. 그래서 자신의 몸에 병이 많을수록 오히려 병을 더 잘 이해하게 됩니다. 그러나 선악과 시비를 판단하는 재판관은 다릅니다. 재판관은 (스스로의) 정신으로 (남들의) 정신을 통제하는 사람입니다. 그래서 그의 정신은 젊어서부터 사악함에 물들도록 길러져서는 안 되며, 다른 사람의 범죄에 대해 즉각적인 판단을 내리기 위해 스스로 온갖 범죄를 경험해야 하는 것은 아닙니다. 그와 반대로, 재판관이 정말 공정한 재판을 하려면 그의 마음은 어려서부터 어떤 나쁜 습성에 접촉해서도 안 되고 그런 것을 경험해서도 안 됩니다. 그래서 정말 선한 성품을 지닌 이들은 젊을 때 순박하며, 또 정직하지 못한 이들에게 이용당합니다. 그들은 사악함이 무엇인지 심정적으로 이해할 어떤 단서도 가지고 있지 않기 때문입니다.

그러므로 훌륭한 재판관이 되려면 젊은이로는 안 됩니다. 만년에 사악함에 관한 지식을 이해한 노인이어야 합니다. 그 본성 안에서 그 사악함을 감지한 것이 아니라 다른 사람의 행동을 오랫동안 관찰한 결과 얻어진 것입니다. 악에 대해 알고는 있지만 그 자신은 그런 경험이 없는 노인이어야 합니다. (409a-d)

필자 재판관이 갖출 자질에 관해서 상당히 중요한 점을 지적해주셨습니다. 상앙이 가혹한 이로 선한 이를 다스려야 효과가 있다고 한 것과는 정반대를 말씀하시는 것이니까요. 선생님은 천성이 선한 재판관은 심지어 젊어서는 자신의 착한 본성 때문에 사기를 당하기도 한다고 하셨습니다. 그래도 그의 능력이 줄어드는 것은 아니겠지요. 즉 본성이 선하며, 선하게 교육받고, 오직 남들의 과오를 오랫동안 관찰한 경험이 있는 사람이라야 남의 잘못을 판단할 수 있다는 말입니다. 그러나 법가들의 오랜 주장을 보아도 어떤 사람이 법의 집행자가 되어야 하는지, 법의 수호자가 되기 위해 어떤 자질을 갖추어야 하는지에 대한 구체적인 설명이 없습니다. 어떤 이는 오히려 인정사정없는 이를 법의 집행자로 세워야 질서가 잡힌다는 주장을 하기도 했는데요. 앞서 살펴본 상앙의 주장이 대표적인 예입니다.

플라톤 선생님의 주장은 법가적 통설을 깨뜨리는 주장이라고 할 수 있습니다. 법가적 통념에 따른다면 공자 같은 이는 절대로 법을 쥐어서는 안 되겠군요. 집의 마구간에 불이 나자 공자가 퇴조하며 "사람이 다쳤느냐?"고만 하고 말에 대해서는 묻지 않았다고 합니다.(《논어》〈향당鄕黨〉) 당시에 말은 엄청나게 귀한 재산이었지요. 그렇게 용서를 잘하는 사람이 어떻게 엄격하게 법을 처리하겠습니까. 하지만 공자는 노나라의 사구司寇(재판관)를 맡아 성과를 냈던 적이 있습니다. 플라톤 선생님, 재판관이 내린 판결의 목적은 징벌일까요, 계도일까요? 바람직한 재판관의 위상에 대해 말씀해주시겠습니까?

플라톤 누가 더 좋은 재판관일까요? 나쁜 형제들은 다 처치하고 남은 선량한 형제들끼리 다스리도록 하는 재판관일까요? 아니면 선량한 자들이 다스리도록 하되, 한결 못한 자들을 살려두고 자진해서 선한 자들의 다스림을 받도록 하는 재판관일까요? 아니면 그 누구도 처치하지 않고 화해시킨 다음 그들에게 법률을 제정해주고 그들을 서로 친구가 되게 하는 재판관이 좋을까요?(627e)

필자 공자가 "소송을 심리하는 일은 나도 남만큼 할 수 있다. 그러나 나는 반드시 송사가 없도록 하겠다"라고 한 말의 취지와 꼭 같군요. 플라톤 선생은 그들의 임무를 대단히 신성하게 보는 듯합니다. 그렇다면 재판관은 누가 어떻게 뽑습니까?

플라톤 재판관을 뽑는 일의 경건함에 대해 말씀드리지요. 나라의 모든 관리는 한 신전에 모여야 합니다. 그러고 나서 신께 맹세를 한 다음, 각각의 관직에서 가장 훌륭한 이로 판단될 뿐 아니라 동료 시민들에게 가장 훌륭하게 그리고 가장 경건하게 판결을 내려줄 것으로 보이는 재판관 한 사람을 모든 관직에서, 이를테면 첫 수확물처럼 뽑아 모셔야 합니다.ᐧ 그러나 그들이 뽑힌 다음에는 그들을 뽑은 사람들 앞에서 심

• 고대 농경사회에서 첫 수확물(마중물)은 대단히 중요하다. 첫 수확물이 나올 때 신에게 감사를 드리고 축제를 열었다. 플라톤은 재판관이란 직책은 너무나 중요하기 때문에 마치 첫 수확물을 내듯이 결정해야 한다고 말한다.

사를 받게 됩니다.(767d)

필자 동양에서도 성군들은 축문에 항상 형벌이 공정해지기를 기원합니다. 그만큼 엄숙한 일이라는 것이겠지요. 공자의 제자 자공은 이렇게 말했습니다.

"군자의 잘못은 일식·월식과 같다. 잘못하면 모든 이가 지켜보고, 고치면 또 모든 이가 우러러본다[君子之過也, 如日月之食焉, 過也人皆見之, 更也人皆仰之]."《논어》〈자장子張〉)

이 말은 플라톤 선생의 말씀과 통하는군요. 재판관은 만인이 우러러보는 이여야 하고, 또 그의 일거수일투족이 모범이 되어야 하니 모든 사람 가운데 가장 고귀한 사람이어야 한다는 것입니다. 또한 그는 법을 집행할 때 개개인이 처한 상황을 간파할 능력이 있는 사람이어야겠지요?

플라톤 그렇습니다. 재판관은 자발적인 범죄와 비자발적인 범죄를 구분하고, 전자를 더 엄하게 처리합니다.(861a) 전쟁상황을 예로 들어보죠. 무장을 갖추고도 적에게 대항하지 않고, 용기를 수반한 아름다운 죽음보다 부끄러운 삶을 선택한 경우에는 처벌이 있어야겠지만, 자발적인지 아니면 적에게 당한 것인지 잘 살펴야 합니다. 나쁜 사람은 언제나 벌주어야 하지만, 이는 더 나아지도록 하기 위해서지, 불운한 자를 벌주는 것은 아닙니다.(944d)

필자 물론 상앙이 말한 간악한 사람[姦民]이란 세속에서 말하는 악한 사람은 아니라는 것을 압니다. 친한 사람에게도 엄격하게 법을 적용할 정도로 인정에 흔들리지 않는 사람이라는 뜻이지요. 그러나 한비자 선생도 분명 "착한 사람이 백성들을 착하게 만들지 못한다"고 했습니다. 착한 사람이 남의 위에서 다스리는 것은 방도가 아니라는 주장이 법가의 기반에 있음은 부인하지 못할 것입니다. 이 점이 유가로서 법치를 주장한 순자 선생의 사상과 상앙 및 한비자 선생의 주장이 갈리는 지점이 아닐까요?

그러나 개인적으로는 의문이 듭니다. 진정 선한 이여야 남을 미워할 수 있는 것이 아닐까요? 공자의 말씀을 다시 해보겠습니다. 자공이 "고을 사람들이 모두 좋아하면 어떻습니까?" 하니, 공자가 "안 된다" 했습니다. 또 "모두 그를 미워하면 어떻습니까?" 하니, "안 된다. 고을의 선한 이들이 좋아하고 선하지 않은 이들이 미워하는 것이 낫다"고 대답했습니다. 선한 이여야 남을 미워할 수 있다는 말과 재판관 본인은 선하되 남의 악을 관찰할 수 있는 이라는 플라톤 선생의 말씀과도 통하는데요.

이제 다시 법가 측의 의견을 들어보겠습니다. 한비자 선생님, 법의 집행자는 어떤 태도를 지녀야 합니까? 그리고 그는 어떤 책임을 져야 합니까? 물론 그는 군주이겠지요.

한비자 안술安術(편안하게 하는 술수)로 일곱 가지가 있고, 위도危道(위험으로 이르는 길)로 여섯 가지가 있습니다. 안술에 대해 먼저 말씀을 드리지요. 우선 법을 집행하는 일에 관해서입니다. 하나, 상과 벌은 옳고 그름에 따라 행해야 합니다[賞罰隨是非]. 둘, 화와 복을 내림은 선악에 따라야 합니다[禍福隨善惡]. 셋, 죽이고 살리는 것은 법도에 따라야 합니다[死生隨法度].

필자 인재를 쓰는 일에 관해서도 아울러 말씀해주시겠습니까? 선생님이 말씀하신 인재란 '법술을 아는 사람'이므로 지금 우리가 토론하고 있는 재판관과 관련이 있을 테니 말입니다.

한비자 먼저 현명함과 못남이 있을 뿐, 사랑과 증오가 있어서는 안 됩니다[有賢不肖而無愛惡]. 다음으로 어리석음과 지혜로움이 있을 뿐, 비난이나 칭찬에 흔들려서는 안 됩니다[有愚智而無非譽]. 또한 오직 정해진 척도를 따를 뿐 임의적인 의도에 따르지 않아야 합니다[有尺寸而無意度]. 마지막으로 믿음이 있게 할 뿐 속임이 있어서는 안 됩니다[有信而無詐].

필자 역시 선생님은 법의 집행자로서의 자질을 인재 판단의 기준으로 삼았습니다. 공평하며, 사적인 이해관계를 떠나 있고, 공법에 따라 판단할 뿐 사사로운 의견을 끼워 넣지 않는다는 말씀이시군요. 이제 여섯 가지 위험으로 가는 길에 대해 말씀해주시지요.

한비자 하나, 먹줄 안을 깎아버리는 것입니다[斲削於繩之內].* 둘, 법의 밖

---

* 먹줄(법도)을 따르지 않고 마음대로 처리한다는 뜻이다.

에서 베어버리는 것입니다[斷割於法之外].* 셋, 남을 해치면서 자신의 이익을 채우는 것입니다[利人之所害]. 넷, 남의 화를 자신의 즐거움으로 여기는 것입니다[樂人之所禍]. 다섯, 남의 안전을 깨뜨려 위험하게 하는 것입니다[危人之所安]. 여섯, 사랑하는 이를 가까이 두지 않고 미워하는 이를 멀리 두지 않는 것입니다[所愛不親, 所惡不疏].

필자 역시 선생은 상앙과 같은 초기 법가의 난점들을 간파하고 법가의 활로를 모색한 분입니다. 말씀하신 것들은 모두 군주가 반드시 지켜야 할 것, 군주 자신에게 적용되는 법규라고 할 수 있겠군요. 우선은 법의 집행자에 의한 법의 오용을 막자는 것이고, 어쩌면 군주가 난폭한 참주로 변하는 것을 막자는 취지이기도 하겠지요.

한비자 군주 자신이 요임금처럼 되지 않고 신하들이 오자서만 못하다고 꾸짖는다면 이는 은나라 사람들이 모두 충신 비간比干처럼 되는 요행을 바라는 것과 같습니다.(이상《한비자》〈안위安危〉)

필자 선생의 의도는 위의 말씀에서 완전히 드러난 것 같습니다. 군주는 자기 멋대로 다스려서는 안 되며 마치 목수가 자로 잰 후 자르고, 줄을 친 후 깎는 것과 같다는 것이지요?

• 법에 의거하지 않고 사람을 죽이는 것을 의미한다.

그런데 한비자 선생께서는 보통 사람들이 법을 가지고 왈가왈부하는 것을 강하게 막아야 한다고 하셨지요?

한비자 그렇습니다.

필자 그러나 법 전문가들은 법에 대해 의논해야 하지 않을까요? 혹자의 말씀처럼 법이 "그 아래의 사람들을 행복하게 해주는 것, 즉 인간적인 것으로서 건강, 준수함, 힘참, 그리고 부를 주고, 지혜·절제·정의와 용기를 주는 것"(631b-c)이 되고자 한다면 말입니다. 유가 측 법률 이론가이신 순자 선생의 말씀을 들어보겠습니다. 법 시행의 원칙에 대해 말씀해주시지요.

순자 정사를 처리하기 위해 남의 의견을 구할 때, 위엄이 너무 맹렬해 관용으로 사람들을 이끄는 것을 좋아하지 않으면 아랫사람들은 두려워 가까이하지 않으며 마음을 닫고 진심을 감춥니다. 이리하면 큰일, 작은 일이 모두 어그러집니다. 반면 온화하고 느슨하며 두루 통해 관용으로 사람들을 잘 이끌지만 지나쳐서 제지하는 바가 없으면, 온갖 간사한 언설이 한꺼번에 들어오고 시험 삼아 해보는 책임 없는 주장들[嘗試之設]이 마구잡이로 일어납니다. 이리하면 들어야 할 일이 너무 번잡해져 또한 해가 됩니다.

그러니 법을 시행하되 의논하지(토론하고 심사하지) 않으면 법이 미치지 못하는 부분은 반드시 버려지게 되며, 직(임무)을 맡되 두루 통하지

(상관되는 분야를 살펴 추측하지) 않으면 직이 미치지 않는 부분은 반드시 빠트리게 됩니다[故法而不議, 則法之所不至者必廢, 職而不通, 則職之所不及者必隊]. 그러니 법을 행하되 의론하고 직을 맡되 두루 통하면 가려지는 대책이 없고 버려지는 선함이 없으니 백사에 과오가 없게 됩니다.

필자 그렇다면 누가 법을 의론하고, 두루 통합니까?

순자 이는 군자가 아니면 할 수 없는 일입니다. 그러니 공평은 정사를 듣는 저울추요, 중화는 정사를 듣는 먹줄입니다[公平者, 聽之衡也, 中和者, 聽之繩也] 법이 있으면 법대로 행하고, 법이 없으면 유사한 예를 따라 행하는 것이 정사를 온전히 듣는 방법입니다. 그러니 좋은 법이 있으되 어지러웠던 적은 있으나 군자가 있으되 어지러웠다는 이야기는 고금을 통틀어 들어보지 못했습니다[故有良法而亂者有之矣, 有君子而亂者, 自古及今, 未嘗聞也]. 전하는 말에 "다스려짐은 군자에게서 생기고 어지러움은 소인에게서 생긴다"고 했는데 바로 이를 두고 한 말입니다.《순자》〈왕제〉

필자 마치 논의를 정리하는 발언처럼 들립니다. 법을 집행하는 실질적인 주체는 군주가 아니라 군자라는 말씀입니다. 또한 법 담당관들이 법을 의론하지 않으면 법이 두루 미치지 못한다는 주장은 보통 법가들의 주장을 정면으로 공박한 것입니다. 법가의 대표자인 상앙은 법이 정해진 후 일반 백성이나 담당자들이 그것에 대해 왈가왈부하는 것을 엄격히 금했지요. 한마디로 '법의 조문을 짧게 하고 적용을 강하게 한다'는 것이 핵심입니다. 그러나 선생님은 '법의 집행에 대해 토론하고 심사하라, 또한 관리들은 상관 분야를 두루 살펴서 일을 처리하라'고 하셨습니다. 이것은 법에 대해 토론하지 말고, 관리들은 여러 사정을 참작하지 말고 오직 법으로 소급해 일을 처리하라는 일반적인 법가의 논리에 대항해 법의 적극적인 해석을 강조하신 것으로 들립니다. 또한 그 해석의 주체는 군자입니다.

어쩌면 공자도 그런 취지로 말을 하신 듯합니다. "군자는 덕을 품고 소인은 땅을 품으며, 군자는 형刑을 품고 소인은 은혜를 품는다[君子懷德, 小人懷土, 君子懷刑, 小人懷惠]"《논어》〈이인〉)고 했는데요. 군자는 명백한 법[刑]을 마음에 가지고 있을 뿐, 사사로운 은혜관계를 마음에 두지 않는다는 뜻으로 읽을 수 있습니다. 혹은, 사적인 친근이나 시혜를 가까이하지 않으니, 공적인 법에 걸릴 것을 두려워하기 때문이라는 뜻으로 읽을 수 있겠습니다.

이 장은 플라톤 선생님의 말씀으로 시작했으니 플라톤 선생님이 정리해주시죠. 선생님은 저술 《국가》와 《법률》에서 지속적으로 정의를 이야기하셨으니, 정의 혹은 정의로운 삶의 관점에서 법의 의의를 말씀해주시지요.

플라톤 만약에 제가 입법자라면 나라 안에 있는 모든 시인과 사람들로 하여금 이렇게 말하도록 강제하고자 합니다. 누군가 "못된 사람이 즐겁게 살고 있다"거나 "유익하고 이득이 되는 것들과 올바른 것들은 별개의 것"이라고 말한다면 저는 그들에게 최고 중형에 가까운 벌을 내

릴 것입니다.(662b-c)

2. 전국시대 경제와 전쟁에 대한 논의 ━━━━━━

필자 앞서 법의 효과, 입법자, 실행자에 관해 격렬하게 토론했습니다. 이제 이를 기반으로 국가의 대사인 전쟁과 백성의 살림살이, 즉 경제 문제로 넘어가겠습니다. 법가의 경제 이론은 강력한 중농주의라 정리할 수 있고, 전쟁 이론의 핵심은 '이익으로 끌고 형벌로 미는 것'입니다. 이제 토론 당사자로 다시 맹자 선생님이 등장합니다. 전쟁에 대해서는 묵자 선생도 전문가이지요. 물론 이 두 분은 법가의 이론을 반대합니다.

경제론, 자유인가 통제인가
━

필자 맹자 선생님, 선생께서 생각하시는 국가를 부유하게 하는 핵심을 간단히 서술해주시지요.

맹자 농사를 잘 짓도록 하고 적게 거두면 백성을 부유하게 할 수 있습니다. 때에 맞추어 먹고 예에 맞추어 쓰면 재물은 다 쓸 수가 없습니다 [食之以時用之以禮, 財不可勝用也]. 예를 들어볼까요. 백성들은 물과 불이 없으면 살아갈 수 없어 날이 어두워 남의 문을 두드리고 물과 불을 구하니 주지 않는 사람이 없는데, 이는 물과 불이 지극히 풍족하기 때문입니다. 성인이 천하를 다스릴 때 콩과 조를 물과 불처럼 많게 했습니다. 먹을 것이 물과 불처럼 많은데 백성이 어찌 관대하고 착하지 않을 수 있겠습니까?(《맹자》〈진심〉)

필자 세제와 상업 부분까지 아울러 구체적으로 말씀해주시겠습니까?

맹자 현명한 이를 존중하고 능력 있는 이를 쓰며[尊賢使能] 뛰어난 인사에게 자리를 찾아주면[俊傑在位] 천하의 선비 모두 기뻐하며 달려와 조정에 서고 싶어 할 것입니다. 시장에서 내는 세금을 없애거나 줄이면 [廛而不征, 法而不廛]* 천하의 상인들이 기뻐 모여들 것입니다. 관세를 받지 않으면 천하의 여행객(보부상)들이 길을 떠나 몰려들 것입니다. 정전법에 따라 공전의 수확만 걷고 따로 세금을 두지 않으면[助法] 천하의 농민들이 몰려들어 들판을 개간할 것입니다. 거주지세를 없애면 사람들이 망명해와 정착할 것입니다. 이 다섯 가지를 잘하면 사방 이웃의 백성들이 부모처럼 여기고 자신의 식솔을 거느리고 몰려올 것입니다.(《맹자》〈공손추〉)

• 이 부분은 해석이 어렵고 분분하다. 다만 전체적으로 '세를 걷지 않는다[不征]'는 취지로 읽힌다.

필자 선생님의 말씀은 역시 유가의 근본 취지를 벗어나지 않는군요. 공자는 "백성이 많으면 우선 무엇을 해야 하는가? 부유하게 해야 한다. 그다음은 교화를 시킨다"고 하신 적이 있지요. 또 "천승의 나라를 이끌 때는 일을 공경히 실천하되 믿음으로 하고, 아껴 써서 남을 사랑하며, 백성들을 부릴 때는 계절에 맞게 한다"고도 하셨습니다.

사람들을 부릴 때는 농사지을 시기를 빼앗지 않는다, 또 세금으로 물자의 유통을 방해하지 않는다는 이야기는 지극히 평범한 방법이군요. 이제 법가 측 상앙 선생이 쓴 조세 정책의 요강을 읽어드리겠습니다.

"수확량에 따라 세를 걷으면 위는 하나가 되고 백성들은 고르게 된다[訾粟而稅, 則上壹而民平]."《상군서》〈간령〉

이 말에 따르면 수확량에 따라 세를 낸다면 많이 내는 이들은 분명 우대를 받게 되겠고, 그것으로 농민들을 부지런하게 한다는 뜻입니다. 맹자 선생의 이상과는 완전히 다릅니다.

맹자 수확량에 따라 세를 낸다고요? 좋은 제도로 옛 정전법이 있고, 또

- 순자의 경제사상은 이렇게 요약된다.
"왕자의 법에 부세에 차등을 두고 정사에 임한 것은 만물을 풍부하게 해 만민을 기르려는 것이었습니다. 전야는 (수확량의) 10분의 1세, 관시는 검문은 하되 세를 거두지는 않으며, 산림과 소택지는 들어가지 못하는 시기를 정해주되 세금을 거두지는 않았습니다. 토지를 헤아려 부세를 징수하고[相地而衰政], 길의 원근을 헤아려 공물을 부과했으며, 재화와 곡물을 유통시킴에 지체되지 않고 서로 쉽게 이동하도록 했습니다."《상군서》〈왕제〉
여기서 "토지를 헤아려 부세를 징수한다[相地而衰政]"와 "전야 10분의 1세"는 일견 모순된다. 많은 이론이 있지만 아직 해결되지 않았다. 세율은 정해져 있지만 전야를 배분할 때 땅의 등급에 따라 나누어준다는 뜻일까?

세는 적게 거두는 것이 좋습니다. 대영지戴盈之(송나라 대부)가 말하길, "수확량의 10분의 1을 내는 전세[什一]와 관시의 세금을 없애는 것은 올해는 하기 어려우니, 일단 경감하고 내년을 기다려 (관시의 세금을) 없애는 것이 어떻습니까?" 하더군요.

제가 "지금 어떤 사람이 하루에 한 마리씩 이웃의 닭을 훔친다고 합시다. 어떤 이가 그에게, '그것은 군자가 할 일이 아닙니다' 하니, 그가 대답하길 '청컨대 수를 줄이겠습니다. 한 달에 한 마리씩 훔치다가 내년에는 그만두겠습니다' 하고 대답했습니다. 의가 아닌 것을 알았으면 속히 그만두어야지 왜 내년을 기다리십니까?"《맹자》〈등문공〉)

필자 선생께서는 지금 당장 백성의 부담을 덜어서 그들이 힘쓸 동기를 부여해야 한다고 하십니다. 다시 상앙의 이론을 들려드리겠습니다. 상앙의 주장은 이렇습니다.

"국토가 넓어도 개간되지 않으면 우리 땅이 아니다. 개간해서 세금을 늘려야 국가가 강해지지 않겠는가? 농지를 넓히고 세수를 넓히는 것이 국가의 책무다."

그리고 이렇게 여러 가지 방책을 주장합니다.

"상인들이 곡물을 사지 못하게 하면, 농민들도 곡물을 사지 못하게 해야 한다. 농민이 곡물을 사지 못하면 나태한 자들이 농사에 힘을 쓴다[使商無得糴, 農無得糶. 農無得糶, 則窳惰之農勉疾]. 그러면 국토가 개간된다."

"여관은 없애야 한다. 그래야 간사하고 거짓스러우며 조급해서 사적으로 사귀며 농사 말고 다른 일을 기웃거리는 이들이 돌아다니지 못한다. 그런 자들이 밥을 먹지 못하게 되면 반드시 농사를 짓게 되고, 그러면 땅을 개간한다[廢逆旅, 則姦僞躁心私交疑農之民不行. 逆旅之民無所於食, 則必農, 農則草必墾矣]."

"산택을 국가가 관리한다. 그러면 농사짓기를 싫어하고 게으르며 욕심만 많은 백성이 밥을 먹을 수 없게 되고, 그러면 그들은 농사를 지을 것이고 황무지는 개간된다[壹山澤, 則惡農慢惰倍欲之民無所於食, 無所於食則必農, 農則草必墾矣]."

"술과 고기의 값을 올리고 세금을 무겁게 부과해 즐기는 데 열 배의 돈이 들게 해야 한다. 그러면 상인들은 줄어들고, 백성들은 술에 취할 수 없을 것이며, 대신들은 흥청망청 즐기며 배불리 먹지 못할 것이다[貴酒肉之價, 重其租, 令十倍其樸. 然則商酤少, 民不能喜酣奭, 大臣不爲荒飽]."

"관시의 세금을 무겁게 매기면 농민들은 장사를 싫어하고 장사꾼은 일에 회의를 품고 열의를 잃는다[重關市之賦, 則農惡商, 商有疑惰之心]. 그러면 그들이 농사를 짓는다."(이상 《상군서》 〈간령〉)

그의 주장이란 무엇이겠습니까? 사실상 백성이 너무 부유해지는 것을 막고, 국가의 창고가 튼튼해야 한다는 것입니다. 그래서 이런 말을 합니다.

"나라는 부유하나 가난한 나라를 다스리는 방도로 다스리면[貧治] 나라는 거듭 부유해진다. 거듭 부유해지면 강해진다. 나라는 가난하나 백성들을 부유한 나라를 다스리는 방도로 다스리면[富治] 나날이 거듭 가난해진다. 거듭 가난해지면 나라는 약해진다[國富而貧治, 曰重富, 重富者

彊. 國貧而富治, 曰重貧, 重貧者弱]."《상군서》〈거강〉

정말 하나부터 열까지 다르다는 것은 이를 두고 하는 말일까요? 몇 가지만 보충하고 정리하겠습니다. 유가는 산림과 소택지에 들어가는 데 기간의 제한만 두고 세를 걷지는 않는다 하고, 법가는 국가의 독점을 주장합니다. 유가는 감세를 주장하고, 법가는 세수 확장을 주장합니다. 유가는 중농을 주장하는 동시에 물자의 유통도 중시하지만, 법가는 억상숭농을 주장합니다. 상앙 정책의 핵심 가운데 하나는 곡식으로 작위를 사도록 하는 것입니다. 국가에 곡식을 많이 내면 요역을 면제받고 또한 작위도 얻습니다. 맹자 선생님, 반론 있으십니까?

맹자 공자께서는 염구冉求가 계씨의 가신이 되어 세금을 두 배로 늘리는 것을 보고 말씀하셨습니다.

"구는 내 제자가 아니다. 자네들은 북을 울리고 그를 공격해도 좋다."《논어》〈선진先進〉

필자 공자의 평소 화법으로 보아 상당히 과격한 언사입니다.

맹자 그렇습니다. 이로 본다면, 군주가 인을 행하지 않는데 그를 부유하게 하는 이는 모두 공자에게 버림을 받았습니다. 하물며 그런 군주를 위해 전쟁을 강행하는 이들이야 말할 나위가 있겠습니까? 전쟁으로 땅을 다투어 사람의 시체로 들판을 메우고, 전쟁으로 성을 빼앗고자 시체로 성을 채웁니다. 이런 짓을 이른바 토지를 이끌어다 사람 고기를 먹게 한다는 것이니, 그 죄는 죽음으로도 용서할 수 없습니다. 그러므로 전쟁을 좋아하는 자들은 최고형에 처하고, 세 치 혀로 제후를 엮는 자들은 그다음 형에 처하며, 백성들에게 황무지를 개간해 농사를 짓게 하는 자들은 그다음 형을 주어야 합니다.《《맹자》〈이루〉》*

필자 백성이 스스로의 이익을 찾아 땅을 개간하는 것은 좋지만 국가의 곳간을 채우기 위해 백성을 황무지로 보내는 것은 반대한다는 말씀입니다. 이쯤에서 잠깐 서쪽으로 가보지요. 플라톤 선생도 그 나름의 경제관을 가지고 있다고 들었습니다. 선생님의 나라 그리스 일대도 바다와 가까워 상업이 융성하지요?

플라톤 우리 지역에 인접해 있는 바다(지중해)는 날마다 즐거움을 주는 것이기는 하나 참으로 몹시 짜고 쓴 이웃이지요. 통상과 소매업을 통한 돈벌이로 그 지역을 충만케 함으로써 사람들에게 변덕스럽고 믿을 수 없는 성격이 생기도록 하고 이 나라를 자체로도 믿을 수 없고 우애롭지도 못하게 만들며 또한 다른 나라 사람들에 대해서도 마찬가지이게 만들기 때문입니다.(705a)

필자 플라톤 선생 역시 농업을 중시하십니다. 그러나 농업으로 인민들

---

* 갑자기 논의에 맞지 않는 전쟁 이야기까지 나왔지만 원문의 취지를 살리기 위해 편집하지 않았다.

이 쓸 재화를 다 얻을 수 있나요?

플라톤 저는 경제 부분에서도 만족이 필요하다고 봅니다. 제가 생각하는 이상적인 사회의 경제는 이렇습니다. 토지는 일정 수의 절제 있는 사람들을 먹여 살리기에 넉넉한 크기의 것이면 되고, 그 이상은 전혀 추가적으로 필요하지 않으며, 인구는 이 정도면 됩니다. 곧 자신들을 부당하게 해치는 이웃들을 스스로 막아낼 수 있는 정도이며 또한 부당하게 불의를 당하는 이웃들을 도와주는 데 속수무책이 되지 않을 정도를 말합니다.(737d) 처음에 알맞은 정도로 몫을 배정해 받은 재산의 수준과 크기를, 그것을 서로 사고팔고 함으로써 무시하는 일이 없도록 하십시오.(741b)

필자 빈부의 차이가 벌어지는 것을 두려워하시는군요.

플라톤 나라가 어쩌면 가장 큰 질환, 곧 불화나 내란이라 불리는 게 더 옳을 것에 말려들지 않으려면, 극심한 가난도 부도 그 나라의 일부 시민들에게 있어서는 안 된다고 우리는 주장합니다.(744d-e) 사람들이 서로 우애롭게 사는 데 방해가 되는 것들은 없애야 합니다. 그래서 나라에는 금도 은도 있어서는 안 되며, 또한 수공이나 이자놀이, 여자들로 돈벌이하는 것도 없어야 할 것입니다.(743d)

지나친 부는 인간들을 사치와 타락에 빠지게 하는 반면, 지나친 가난의 고통은 그를 파렴치한으로 내몰죠. 그러니까 지성을 갖춘 나라에서는 이 질환에 어떻게 대처해야 하겠습니까? 첫째, 되도록 소매상들의 부류를 최소 규모로 하고, 그다음으로 나라에 해가 되지 않는 사람들에게 소매업을 배분하는 것이며, 그다음은 이 업무의 당사자들이 파렴치해지지 않게 방책을 찾아주는 것입니다.(919c-e)

필자 기본적으로 농업을 가장 우선시하는 것은 법가와 비슷하지만, 맹자와 마찬가지로 인위적인 개간을 권장하지는 않는 것 같습니다. '적절한 정도'가 중요하니까요. 어쩌면 공자의 "부유하지 못한 것보다 고르지 못한 것을 걱정한다"는 맥락과 비슷합니다. 공업분야는 어떻게 생각하십니까?

플라톤 제가 보기에 자국민˙은 그 누구도 장인들의 기술분야에 종사하지 않도록 해야 합니다. 두 가지 업무 혹은 기술에 철저하게 종사하기에는 어떤 인간도 충분하지 못할 것입니다.(746d-e)

필자 잘 들었습니다. 이제 마무리를 할 시간입니다. 아시다시피 상앙은 실제로 자신의 정책을 시행해 성과를 거둔 사람입니다. 그러나 상업을 막아서라도 농업을 강하게 하고, 백성들의 기쁨(술잔치 등)을 줄여서라

• 중국의 사대부계급에 해당한다. 플라톤은 이상 국가란 자국의 자유민은 국가를 지키는 일과 농업에만 종사하고, 외국인들만 공업에 종사하는 것이 좋다고 보았다. 그리스는 인접 국가들끼리의 인구 이동도 많고, 해안에 식민 거주지도 많았다.

도 국가의 창고를 채워야 한다는 것은 하나의 극단으로 보입니다. 그 래서 진秦은 강한 나라이고 창고는 실하지만 백성의 삶은 팍팍했다고 순자 선생도 직접 보고 말씀하셨습니다. 저는 또 하나의 재미있는 극 단적인 주장을 들었습니다.《관자》〈치미侈靡〉에 이런 말이 있습니다.

"단사丹沙*가 나는 굴을 막지 않으면 상인들이 쉬지 않고 들락거리 고, 부자들이 소비하면 가난한 자들이 만들어낸다[富者靡之貧者爲之]. 이 로써 백성의 삶을 편안하게 하고 온갖 산업을 일으켜 먹을거리를 얻게 된다."

이 또한 하나의 극단이 아니겠습니까? 이미 곡식이 넘치는데 농사 만 강조하면 백성의 생활이 윤택해지지 않을 것이지만, 일용한 양식을 얻기도 어려운 가난한 나라에서 사치품의 생산을 장려한다면 굶는 이 들이 생기겠지요.

법가와 유가의 경제 이론이 크게 차이가 나는 것은 유가 이론이 바 다와 평원을 함께 거느려 부유함으로 천하에 이름이 높은 제나라에서 주로 발전했고, 법가 이론은 구릉이 많은 데다 전화에 시달리는 한· 조·위와 분지로 된 진秦나라에서 발전했던 것과 관계가 있는 듯합니 다. 이념이 아니라 실정에 맞는 것이 좋은 경제 이론일 것입니다.

그리고 유가의 경제 정책이《관자》를 넘지 못하고, 또 시혜적인 면도

• 염료·약재, 심지어 단약을 만드는 재료로까지 쓰이던 귀중한 광물이다. 고대에 광물성 염료는 대단히 희 귀했고 가치도 높았다. 예를 들어 오늘날은 대단하지 않은 광물인 청금석은 고대에는 아시아 여러 지역 에서 금보다 더 높은 가치로 유통되었다. 이것들은 일반 백성의 삶과는 관계없는 사치품이다.

있지만, 그저 작은 은혜만 이야기하는 것은 아닌 듯합니다. 맹자 선생은 정나라 자산이 수레에 사람들을 태워 강을 건네주었다는 이야기를 듣고, "은혜로운 일이지만 정치를 모르고 있다. 다리를 놓아주면 백성은 걱정 없이 건널 것이다. 군자가 정치를 공평하게 잘한다면, 길을 다닐 때 사람들을 옆으로 비키게 해도 괜찮은 것이다[君子平其政, 行辟人可也]. 어찌 한 사람 한 사람 건네준단 말인가? 그러니 위정자가 한 사람 한 사람을 기쁘게 해주다가는 하루를 다 써도 부족할 것이다"《맹자》〈이루〉)라고 말씀하셨지요.

사실 경제란 한두 마디로 정리할 수 있는 것은 아닙니다. 어떤 방책이 어떤 때는 효용이 있다가 어떤 때는 역효과를 내기도 합니다.

전쟁론, 군대를 쓰는 자의 자격

—

필자 다음으로 죽느냐 사느냐를 결정하는 일, 즉 전쟁을 다루어보겠습니다. 《논어》〈안연顏淵〉에 이런 이야기가 나옵니다. 자공이 정치를 묻자 공자는 이렇게 대답했습니다.

"먹는 것이 족하고, 군사력이 족하며, 백성이 믿으면 된다."

"어쩔 수 없이 세 가지 가운데 하나를 버려야 한다면 무엇을 먼저 버릴까요?"

"군사력을 버려라."

"또 하나를 버려야 한다면 무엇을 버릴까요?"

"식량을 버려라. 자고로 사람은 다 죽게 마련이다. 그러나 백성이 믿지 않으면 (나라가) 설 수 없다[民不信不立]."

공자가 보기에 군사력이란 통치의 한 축이지만 백성이 먹는 문제나 그들을 화합시키는 것에 비하면 뒤처지는 것이었습니다. 또 《노자》*에도 이런 구절이 나옵니다.

"도로써 군주를 보좌하는 이는, 군사력으로 천하에 시위할 욕심을 내지 않는다. 목적을 취하면 될 뿐, 군사력을 쓰지는 않는다[以道佐人主者, 不欲以兵强於天下. 善者果而已, 不以取强]. 군자가 거할 때는 왼쪽을 중하게 여기지만, 용병을 할 때는 오른쪽을 높이네. 이리하여 말하기를, 병이란 성서롭지 못한 기물이며, 부득이하게 쓸 때는 예리하게 속전속결하는 것을 최고로 치니, 군사軍事를 쓰는 것을 미화하지 말라. 만약 군사를 미화한다면 이는 살인을 즐기는 것이요, 살인을 미화하는 짓으로는 천하에서 뜻을 이룰 수가 없다. 고로 좋은 일에는 왼쪽을 높이고, 상사에는 오른쪽을 높이는 것이다. 그런 까닭에 편장군이 왼쪽에 있고, 상장군이 오른쪽에 있으니, 이는 상례를 치르는 방식으로 군사를 처리함을 말함이다. 그러니 많은 사람을 죽이면 슬픔으로 대하고, 전쟁에서 승리하면 상례로써 처리하라."

법가가 전쟁을 불사한다는 것은 이미 기정사실입니다. 강한 나라의 법가(상앙·오기 등)는 돌격조를 기르느라 정신이 없고, 약한 나라의 법가

(한비자 등)는 뒤로 물러나는 자는 모조리 죽인다고 병졸들을 위협합니다. 전쟁에 관한 법가의 주장을 간단히 듣고 전쟁의 폐해, 그리고 멈추는 법에 대해 논자들과 토론을 해보죠. 다시 상앙의 주장을 요약해드립니다.

"나라를 잘 다스리는 사람은 백성들을 오직 한 가지 기준으로 관작을 얻을 수 있도록 가르친다. 즉 농사짓고 싸우는 것[農戰]이 아니면 작위를 얻을 방법이 없다[不以農戰, 則無官爵]. 백성들이 농사를 지으면 순박해져서 부리기 쉽다."《상군서》〈농전〉)

간단히 말해 싸움에 쓰기에는 순진한 농부들이 최고라는 말입니다.

"군대는 적이 감히 행하지 못하는 행동을 하면 강해지고, 적이 부끄러워 차마 하지 못하는 것을 행하면 이롭다. 군주는 변화가 많은 것을 귀하게 여기며 국가는 변화가 적은 것을 귀하게 여긴다[兵行敵所不敢行, 彊. 事興敵所羞爲, 利. 主貴多變, 國貴少變].·"

이것은 싸움에서는 수단과 방법을 가리지 않는다는 뜻이지요.

"나라가 강한데도 싸우지 않으면 독이 안에서 쌓이고, 예악禮樂과 이[蝨] 같은 관리들이 생겨나니 반드시 나라는 깎인다. 나가 싸움을 하면 독이 적국에 쌓이게 되니 예악과 이 같은 관리들이 생기지 않아 나라는 반드시 강해진다[國彊而不戰, 毒輸於內, 禮樂蝨官生, 必削. 國遂戰, 毒輸於敵國, 無禮樂蝨官, 必彊].·"(이상《상군서》〈거강〉)

• 변화가 적은 것이란 법을 뜻하고, 변화가 많은 것이란 권모술수를 뜻한다. 다시 말해 아래의 백성들은 순진하고, 위의 통치자는 교활하고 기민해야 한다는 뜻이다.

이것은 전쟁에 관한 상식을 뒤집는 대단히 무서운 주장입니다. 백성의 힘을 전쟁에 할애해 통치권을 강화한다는 뜻이니, 싸움 자체가 나라를 다스리는 수단이 될 수도 있다는 말이니까요. 이 밖에도, "백성들에게 양식이 쌓이면 잔치를 벌인다", "전쟁이 없는 상황에서는 곡식으로 바쳐서 작위를 얻게 해야 한다"는 주장이 있고, 심지어 "백성들이 전쟁을 보기를 굶주린 늑대가 고기를 본 것처럼 한다면[如餓狼之見肉] 백성은 (제대로) 쓰이는 것이다"라고도 합니다.

"힘이 있는데 치는 것이 무슨 문제냐, 싸움에서 이기기 위해 속임수를 쓰는 것이 무슨 대수냐, 잉여를 싸움에서 해소하지 않으면 백성들이 나태해진다, 적의 수급에 상금을 걸어서 이리처럼 적의 목을 향해 달려들게 해야 한다"는 주장들이니 듣기에도 끔찍합니다. 그러나 현실은 그렇게 돌아가고 있습니다. 실제로 지금 전국시대는 오직 진秦만 승승장구하고 있고 이른바 6국은 먼저 당하지만 않으면 된다는 심사로 눈치 보기에 급급합니다. 이제 전쟁론에 대해 들어보겠습니다. 먼저 가장 열렬한 반전주의자이신 묵자 선생을 모십니다.

선생은 남의 나라를 공격하는 것을 남의 가축을 훔치는 도둑질보다 훨씬 악질로, 남을 해쳐 자신의 살을 불리는 행동이라고 비난하십니다. 선생의 겸애 주장을 이해하면 남을 선제공격해서는 안 된다[非功] (공격을 비난한다)는 주장은 자연히 따라 나옵니다. 남의 나라를 내 나라처럼 여기는데 공격할 수는 없을 테니까요. 그러나 지금은 전국시대입니다. 내가 힘이 없으면 남이 쳐들어오고, 내가 움직이지 않으면 남이 거점을 먼저 점령해서 위협합니다. 남을 공격해서는 안 된다는 전제는 수긍하더라도, 당장의 손실과 이익을 고려할 수밖에 없는 처지입니다. 선생은 성을 수비하는 데 전문가로서, 상앙과 반대로 공격전쟁이 사실 상 손실이라고 주장하시는데, 그 근거는 무엇입니까? 공격전의 실제 손실을 말씀해주시겠습니까?

묵자 먼저 작금의 전쟁의 실태를 말씀드리지요.˙ 지금 왕공대인들과 천 하의 제후들이 하는 행동을 봅시다. 그들은 반드시 용맹한 군사[爪牙之 士]로 대오를 정돈하고, 배를 타고 전차를 타는 졸오卒伍를 이끌고 견고 한 갑옷과 예리한 병기로 무장하고 죄 없는 나라를 정벌하러 갑니다. 그들의 국경을 넘어서 곡식을 거두고 나무를 베어내며, 성곽을 부수고 해자를 메우며, 그들의 가축을 마구 죽이고, 조상의 사당을 불태우며, 만민의 목을 베어 죽이고[勁殺萬民], 늙고 약한 이들을 거꾸러뜨리고[覆 其老弱], 귀중한 기물을 약탈합니다. 병사들을 진격해 맞붙게 하면서 소 리칩니다.

"죽음으로써 명을 받드는 것이 최상이고, 적을 많이 죽이는 것이 그 다음이며, 부상을 입는 것이 그 아래다. 하물며 대열을 이탈하고 달아 나는 자임에랴. 그자들의 죄는 죽음으로도 용서할 수 없다[罪死無赦]."

이런 말로 군사들을 겁줍니다.

필자 만민의 목을 베고 노약자를 거꾸러뜨린다는 말에서 전쟁의 참상이 그대로 느껴집니다. 지휘관들의 위협도 귀에 들리는 듯합니다. 그들은 전쟁이 좋아서가 아니라 법에 밀려 싸우지 않을 수 없어 싸우는 것이군요.

묵자 지금 군대를 일으킨다고 생각을 해보지요. 겨울에 일으키자니 추위가 두렵고 여름에 일으키자니 더위가 두렵습니다. 봄에 일으키자니 씨 뿌리고 밭 갈고 나무 키우는 일을 폐하게 되고, 가을에 일으키자니 가을걷이를 폐하게 됩니다. 지금 오직 한 철만 폐해도 헐벗고 굶주려 죽는 이가 헤아릴 수 없이 많습니다.

　전쟁에 나갈 때 쓰는 전차·창칼·화살·방패·깃발·장막 따위 가운데 다시 가져오지 못하는 것이 얼마나 많습니까? 살 오른 우마도 나갔다가 죽거나 삐쩍 말라서 돌아오는 수가 얼마나 많습니까? 길이 멀어 양식이 끊어져 죽는 백성은 얼마나 많으며, 풍찬노숙을 견디지 못하고 스러지는 이는 또 얼마나 많습니까? 전장에서 싸우다 죽는 이들은 얼마나 많으며, 심지어 전멸하는 경우도 얼마나 많습니까? 그러니 제사를 지낼 사람(아들)까지 잃은 귀신(아버지)은 또 헤아릴 수 없이 많습니다[鬼神之喪其主后, 亦不可勝數].

필자 그렇다면 나라의 정치를 폐하고 백성이 쓸 것을 수탈하며 백성의 이익을 폐하는 것이 이와 같이 심한데도 무엇 때문에 공격을 하는 것일까요? 어떤 이는 말합니다.

"나는 승리해서 이름을 얻고 남의 이익을 얻기 위해서 그렇게 한다."

과연 그럴까요?*

묵자 이제 싸워서 이겼다고 가정하고 그 득실을 따져보지요. 사방 3리의 내성과 7리의 외성[郭]을 공격한다고 가정하지요. 그들이 선선히 성을 내주겠습니까? 정예의 병사를 동원해 사람들을 죽이지 않고는 얻을 수 없습니다. 많이 죽이면 1만 명이요, 적으면 1000명을 죽여야 3리의 내성과 7리의 외성을 차지할 수 있습니다. 지금 만승의 나라라면 빈 성은 1000을 헤아리니 다 채울 수도 없고, 토지는 만을 헤아리나[廣衍數於萬]** 다 개간할 수도 없습니다. 그러니 토지는 남고 백성은 부족한 실정입니다. 지금 백성을 다 죽이고 아래위의 걱정을 심하게 만들어가며 텅 빈 성을 두고 싸우는 것은 부족한 것(백성)을 버리고 남는 것(땅)을 중시하는 것이니, 이런 식의 정치는 국가가 힘쓸 바가 아닌 것입니다.

필자 선생님의 말씀은 일리가 있습니다. 그러나 전쟁은 계속 일어나고 있고, 어떤 나라들은 전쟁을 통해 나날이 커지고 있습니다. 또한 선생님이 말씀하신 옛 성왕들의 시절에도 전쟁은 있지 않았습니까? 선생님을 비방하는 이들은 말합니다.

- 원래 묵자의 자문자답이지만 문답으로 바꾸었다.

•• '넓어서 만을 헤아린다'인데 구체적인 단위는 나와 있지 않다. 대단히 넓다는 뜻이다.

"그대는 공격해 정벌하는 것이 의롭지 못한 것이라고 말한다. 옛날 우임금이 유묘有苗(三苗)를 정벌하고, 탕왕이 걸왕을 정벌하고 무왕이 주왕을 정벌했다. 이들은 다 성왕이 되었는데, 그것은 어떤 까닭인가?"

그들은 또 이렇게 묻습니다.

"초·월·제·진晉은 과거 겨우 수백 리 땅에서 시작했는데 지금은 천하를 넷으로 나누어 다스리고 있다. 그 까닭은 무엇인가?"

묵자 저는 이렇게 대답합니다.

"성왕들이 폭군을 친 것은 주벌誅伐이지 정벌이 아니다."

삼묘가 큰 난리를 일으켰을 때 이상한 해가 밤에 나타나고 사흘 동안 핏비가 내렸고 조당에 용이 나타났습니다. 오곡이 서로 바뀌니[五穀變化] 백성들이 두려워 떨었습니다. 그래서 우가 삼묘를 주벌해 천하를 안정시킨 것입니다. 걸주의 시절도 마찬가지였습니다. 그들의 포학함에 온갖 기괴한 징조들이 나타나자 탕왕과 무왕은 모두 하늘의 명령을 직접 듣고 그 미친 사내들을 주벌했던 것입니다. 이것과 오늘날의 전쟁은 다릅니다.

자, 초·월·제·진이 커진 것에 대해 말씀을 드리지요. 옛날 천자께서 봉한 제후는 1만 명이 넘었습니다. 그런데 계속 겸병이 일어난 결과 지금은 네 나라만 홀로 섰다는 것이지요. 이것은 비유하자면 의사가 1만 명이 넘는 사람에게 약을 주었는데, 그 가운데 네 명만 고친 것과 마찬가지입니다[醫之藥萬有餘人, 而四人愈也].

필자 선생께서는 지금 겸병 전쟁의 폐해를 말씀하셨습니다. 그러나 천하가 나뉘어 있는 상태에서는 싸움이 없을 수 없다는 사실은 말씀하지 않고 있습니다. 바야흐로 천하는 전쟁을 없애기 위한 전쟁, 즉 통일전쟁을 말하고 있는데요. 이 부분은 선생님 시절에는 크게 논의되지 않았던 것이기에 더는 말씀드리지 않겠습니다.

선생님, 절용은 선생님 사상의 한 축을 이루고 있습니다. 선생님은 쓸데없는 것을 버리고 쓸모 있는 것을 늘려야 한다고 주장하시는데요. 쓸모 있는 것 가운데 최고는 바로 사람입니다. 인구와 전쟁을 연관시켜 논해주시겠습니까?

묵자 생각해보시지요. 대인들이 구슬류나 애완동물을 모으는 짓을 그만두고 그 대신 의복과 집, 방패, 갑옷, 다섯 병기, 배와 수레 등을 만들어내면 이것들을 두 배로 불릴 수 있습니다. 실상 이것은 어려운 일이 아닙니다. 그러면 무엇이 두 배로 늘리기 어려운 것일까요? 오직 사람만은 두 배로 늘리기 어렵습니다. 그러나 바른 정치를 행하면 사람도 두 배로 늘릴 수가 있습니다. 옛 성왕께서는 법을 만들어 선포하셨습니다.

"사내가 나이 스물이 되면 감히 장가들지 않는 일이 없고, 여자가 열다섯이 되면 감히 시집가지 않는 일이 없어야 한다[丈夫年二十毋敢不處家, 女子年十五毋敢不事人]."

이것이 성왕의 법이며 인구를 늘리는 방법입니다.

필자 아이를 낳으려면 가정이 안정되어야 하고, 또 잘 길러야 하지 않습니까? 오늘날 전쟁에서 가장 피해를 보는 이들이 누구이겠습니까? 바로 어린아이들이지요.

묵자 그렇습니다. 그러나 지금의 왕공대인 가운데 인구를 오히려 줄이는 방법을 쓰는 이가 적지 않습니다. 백성을 혹독하게 부리고 재물을 많이 거두어들이니 백성이 쓸 재물이 부족하고 추위와 굶주림에 죽는 이가 부지기수입니다. 또한 대인들은 오로지 군대를 일으켜 이웃나라들을 치는데, 길면 수년이요 짧아도 수개월입니다. 이리하여 남녀가 서로 만나지 못하니, 이는 인구를 줄이는 방법입니다. 잠자리가 불안하고 때에 맞추어 끼니를 들지 못하며 병이 들어 죽는 이, 무기를 들고 성을 공격하고 들판에서 접전하다 죽는 이도 부지기수입니다. 이것이 바로 지금의 위정자들이 인구를 줄이는 방법을 써서 일어난 일들이 아닙니까?

필자 묵자 선생님의 말씀을 잘 들었습니다. 간단히 말해 싸움은 천하에서 가장 귀한 인간을 죽이는 것이기에 나쁘다는 말씀이십니다. 또한 인구 자체가 바로 국력이기도 하지요. 이제 유가 측 순자 선생님의 말씀을 들어보겠습니다. 순자 선생은 아마도 유가 가운데 가장 많이 전쟁의 본질을 탐구한 분으로 보입니다.

순자 선생님, 선생님은 많은 법가 제자를 거느리고 있습니다. 한비자 선생도 그 가운데 하나입니다. 그럼에도 선생은 법가식의 전쟁에는 반대하시지요? 먼저 원론부터 말씀해주시지요. 왕자王者도 싸움을 하지 않습니까?

순자 공자의 문하에서는 다섯 살 어린아이라도 오패를 이야기하지 않았습니다. 왕자는 패자와 다릅니다. 지극히 현명하나 능히 어리석은 이를 구할 수 있고, 지극히 강하나 능히 약한 이를 용납할 수 있으며, 싸우면 반드시 적을 위험에 빠뜨릴 수 있으나 어울려 싸우는 것을 수치스럽게 생각합니다. 의연히 문文을 이루어 천하에 이를 드러내니 포학한 나라라도 스스로 감화되고, 그래도 재난을 일으키는 자가 있으면 그 후에 주벌[誅]했으니, 주벌을 하는 경우는 대단히 적었습니다.

　문왕은 네 번 주벌했고, 무왕은 두 번 했으며, 주공이 일을 완수한 후 성왕에 이르기까지 한 번도 주벌이 없었습니다. 그러니 어찌 도를 행하지 않을 수 있겠습니까? 문왕은 사방 100리의 땅으로 천하를 통일했고, 걸주는 도를 버렸기에 천하의 위세를 가지고도 필부의 죽음도 맞이하지 못했던 것입니다.《순자》〈중니仲尼〉

필자 묵자 선생님의 의견과 일견 비슷하군요. 왕자는 비록 강하지만 무고한 싸움을 일으키지는 않는다는 말씀이십니다. 이제 전쟁에 반대하는 이유를 구체적으로 설명해주시지요. 패자와 왕자의 이야기와 더불어 오늘날 강자彊者들의 이야기까지 들어보지요.

순자 자고로 왕자는 인민을 취하고, 패자는 자기편이 될 이를 취하고,

강자는 땅을 빼앗습니다. 힘을 써서 남의 땅을 빼앗는 일의 폐해를 말씀드리지요.

힘을 쓰는 이(강자)가 남의 나라를 공격해, 그들이 굳게 지키는 성과 용감히 맞서 싸우려는 군사들과 맞붙어 기어이 이기려 한다고 합시다. 그러면 반드시 남의 나라 백성을 많이 상하게 할 것이고, 남의 나라 사람들은 그를 증오해, 하루하루 그와 싸우려고 벼를 것입니다. 싸움 중에 그의 백성들도 많이 상하겠지요. 그러면 그의 백성들은 그를 증오할 것이고, 더는 그를 위해 싸우려 들지 않을 것입니다.

남의 백성들은 나날이 그와 싸우려 하고 자신의 백성들은 그를 위해 싸우려 하지 않는 것, 이것이 강자가 도리어 약자가 되는 이유입니다. 땅은 들어오지만 백성은 떠나가고, 피로는 쌓이지만 공은 적으며, 지켜야 할 곳은 많으나 지킬 백성은 오히려 줄어듭니다. 이것이 큰 나라가 오히려 깎여 작게 되는 까닭입니다. 제후들은 겉으로는 친한 척하나 호시탐탐 원수를 갚으려 하겠지요. 그러면 위기의 순간이 다가옵니다. 그래서 정말 강해지는 방법을 아는 이는 (병사가) 강해지는 것에 힘쓰지 않습니다. 왕명을 따르고 자신의 힘을 보존하고 덕을 닦는 데 힘씁니다. 힘을 보전하니 제후들이 그를 약하게 할 수 없고, 덕을 닦으니 제후들이 그들의 땅을 깎아 먹을 수 없습니다. (지금처럼) 천하에 왕자와 패자가 없는 경우에 이 방안을 따르면 항상 승리할 것이니, 이것이 강해지는 길을 아는 것입니다.《순자》〈왕제〉)

필자 선생께서는 부국과 강병의 근본을 말씀하셨습니다. 오늘날 전쟁으로 나라를 강하게 한다고 생각하는 사람들이 많은데, 선생께서는 전쟁이 결국 나라를 강하게 하는 것이 아니라 약하게 한다고 주장하십니다. 각론으로 들어가서 유가가 말하는 병법의 요체를 묻고 싶습니다.*

순자 요체는 군대를 써서 나가 싸우는 근본은 백성과 하나가 되는 데 있습니다[凡用兵攻戰之本, 在乎壹民].** 활과 화살이 조화되지 못하면 천하의 명궁 예라도 표적을 맞추지 못하고, 마차를 끄는 여섯 마리 말이 불화하면 천하의 마부 조보라도 멀리까지 달릴 수 없습니다. 사민士民이 친하게 따라붙지 않으면 탕왕·무왕이라도 반드시 이길 수는 없습니다. 그러니 백성들이 잘 따라붙게 만드는 이가 용병을 잘하는 사람입니다. 용병의 요체란 백성을 잘 따라붙게 하는 데 있을 뿐입니다.

필자 선생님, 손무나 오기가 백성을 따라붙게 하는 방법으로 이겼단 말입니까? 그들은 세勢와 이利를 중히 여겼고, 적이 예상하지 못하는 허실의 전략으로 백전백승하지 않았습니까?

순자 그렇지 않습니다. 제가 말씀드리는 것은 어진 사람의 군대요, 왕자의 군대를 뜻하는 것입니다. 말씀하시듯이 권모와 세리를 중시하고 공

- 조나라 효성왕孝成王 앞에서 임무군臨武君이 순자에게 던진 질문이다.

•• '일민壹民'을 '백성을 하나로 만들다'로 번역하는 경우가 많으나, 이어지는 구절을 보면 군주와 백성이 하나로 된다는 뜻으로 읽힌다.

격해 빼앗고 변화무쌍하게 속이는 것은 제후의 군대를 말함입니다.

어진 이의 군대는 속일 수가 없습니다. 기껏 태만한 군대, 지친 군대, 군신 상하의 사이가 흐트러지고 덕을 떠난 상대라야 속일 수 있겠지요. 그러니 걸의 군대로 걸을 속인다면 속임수의 세련됨과 졸렬함에 따라 요행을 바랄 수 있습니다. 그러나 걸의 군대로 요의 군대를 속인다면, 이는 비유하자면 마치 바위에 계란을 던지고 손가락으로 끓는 물을 휘젓는 격이며, 불에 뛰어들어 타 죽는 것과 같습니다. 원수 같은 자신의 군주를 위해 부모처럼 여기는 이웃 나라 군주를 해치려 (누가) 힘을 다하겠습니까?

필자 싸우기 전에 이긴다는 말이 바로 이런 경지를 뜻하는 것이겠군요. 선생님의 말씀은 권모와 세리를 중시하는 여러 병서들을 무색하게 하는군요. 그러나 진秦은 4대째 내리 승리하고 있으며 그 병사는 온 세상에서 강하다고 소문이 나 있어 제후들 사이에서 위세를 떨치고 있습니다. 이는 인의로 그렇게 한 것이 아니요, 상황에 따라 편하게 일을 처리했기 때문이 아닙니까?*

순자 저는 전장에서 임기응변으로 싸움하는 기술을 말하는 것이 아닙니다. 인의라는 것은 정치를 닦는 방법입니다. 정치가 닦이면 백성들

---

* 이사李斯가 한 질문이다. 이어지는 답은 이사의 질문에 대한 대답뿐 아니라 비슷한 취지의 다른 구절도 포함시켰다.

이 그 위를 친하게 대하며 군주를 좋아해 죽음도 무릅씁니다. 그러니 군사의 일에서 장솔將率은 말단이라 하는 것입니다. 진나라는 4대를 내리 이겼지만 여전히 천하가 힘을 합해 자신을 밟아버리지 않을까 떨고 있으니, 이는 말세의 군대입니다.

진秦나라는 상앙이 변법을 시행한 이래 백성들이 먹고사는 것을 절박하게 하고 백성들을 혹독하게 부리는데, 위세로 겁을 주고 절박함으로 옥죄고, 상에 익숙해지게 하고 형벌로 핍박해, 천하의 백성들로 하여금 위에서 이익을 얻으려면 오직 싸움밖에는 다른 수가 없도록 하고는 궁지로 몰아서 씁니다. 갑사 다섯의 수급을 얻으면 다섯 가구를 거느리게 합니다. 이리하여 진은 오랫동안 싸움에서 이겨왔습니다. 그러나 이들은 그저 상이나 얻고 이익이나 탐하기 위해 싸우니, 이는 날품팔이나 장사꾼의 도입니다[傭徒鬻賣之道].

필자 그래도 효과는 보지 않았습니까?

순자 사람들이 포상을 바라 움직인다면 같은 이치로 자신에게 해롭다 생각하면 바로 그만둘 것입니다. 그래서 상·형벌·위세·속임수 따위는 사람의 힘을 다하고 죽음으로 싸우게 하기에 부족합니다. 군주된 자가 아래 백성들을 대할 때 예의충신으로써 하지 않고 상·형벌·위세·속임수로 궁지로 내몰아 공을 얻고자 한다면, 큰 적이 도달할 때 그들에게 위태로운 성을 지키라 하면 반드시 배반할 것이고, 적과 맞서 싸우라 하면 반드시 도주할 것이며, 힘들고 괴로우면 반드시 흩어질 것입니다. 그리고 그런 상황에서는 오히려 아래가 위를 제압할 것입니다. 그러니 상·형벌·위세·속임수 따위는 날품팔이나 장사치의 도인 것이며, 대중을 화합시켜 국가를 아름답게 할 수 없습니다. 그래서 옛사람들이 부끄러이 여기고 말하지 않았던 것입니다.

필자 선생의 말씀은 묵시론적인 느낌을 줍니다. 선생께서는 목격하실 수 없겠지만 불과 수십 년 후에 그런 일이 실현되었으니까요.˙ 선생은 무언중에 공격과 수비의 이치가 다르다는 것을 웅변하셨습니다. 쳐서 뺏는 것과 뺏은 땅을 반석 위에 올리는 것도 물론 다르겠지요?

순자 남의 나라를 병합하기는 오히려 쉽지만 굳혀 안정시키기는 훨씬 어렵습니다. 제나라가 송나라를 병합했지만 굳히지 못하고 위나라에게 빼앗겼고, 조나라는 사방 수백 리에 성곽을 다 갖춘 상당上黨을 완전한 채로 거저 얻었지만 굳히지 못해 다시 진나라에게 빼앗겼습니다.˙˙

• 순자의 말은 진秦나라가 통일을 이루자마자 붕괴하는 과정을 예언하는 듯하다. 진나라의 엄한 정치를 받아들일 수 없었던 6국의 백성이 들고 일어나자 전국시대 진나라 본토의 백성들도 그에 호응했다.

•• 기원전 286년, 제나라는 송나라의 내란을 틈타 송나라를 멸망시켰다. 그러나 이내 위나라에게 빼앗기고 말았다. 그로부터 겨우 26년이 지난 기원전 260년, 진나라는 한나라를 몰아붙여 상당으로 들어가는 길을 끊고 태행산 남부를 장악하려 했다. 그때 한나라 상당의 태수는 조나라를 끌어들일 생각으로 진나라에 항복하지 않고 땅을 조나라에 바쳤다. 이리하여 조나라가 싸움에 개입했지만 결과는 대패였다. 《사기》 기록에 의하면 무려 40만의 조나라 장병이 몰살당했는데, 이로 인해 조나라는 국력을 거의 소진하고 말았다. 순자는 남의 내란을 틈탄 행동, 혹은 노력 없이 거저 얻으려는 태도를 비난하고 있다. 그렇게 얻은 것들은 금방 다시 나간다는 말이다.

선비는 예로써 굳히고, 백성들은 공평한 정치로 굳혀야 합니다. 예로 써 사를 복종시키고 공평한 정치로 백성들을 안정시키는 것을 일러 '크게 굳혔다[大凝]'고 합니다. 이 방법으로 들어와 지키면 견고하고, 나 가 정벌하면 강하며, 명하면 행해지고 금하면 그쳐지니 이로써 왕자의 사업은 끝난 것입니다.(이상《순자》〈의병議兵〉)

필자 순자 선생님의 말씀 잘 들었습니다. 선생님께서는 정의의 군대에 대해 말씀하셨습니다. 공자가 "착한 사람이 7년간 백성을 가르치면 역 시 전쟁에 데리고 나갈 수 있다[善人敎民七年, 亦可以卽戎矣]" 하고, "가르치 지 않은 백성을 데리고 전쟁을 하는 것을, 백성들을 버리는 짓이라 한 다[以不敎民戰, 是謂棄之]"(《논어》〈자로〉)고 하신 취지를 알 것 같습니다.
　다시 맹자 선생님의 의견으로 옮겨 가겠습니다. 맹자 선생님, 선생 께서는 제나라 선왕이 연나라와 싸워 50일 만에 완전히 나라를 들어 냈을 때, "취해서 그 나라 백성들이 기뻐한다면 취하십시오. 옛날에도 그렇게 한 사람이 있었으니 무왕입니다. 취해서 그 백성들이 기뻐하지 않는다면 취하지 마십시오. 옛날에도 그렇게 한 사람이 있었으니 바로 문왕입니다"라고 했습니다. 왕자의 군대는 취할 때와 취하지 않을 때 를 분별해야 한다는 것이죠?

맹자 그렇습니다. 그렇기에 천시는 지리만 못하고 지리는 인화만 못합 니다[天時不如地理, 地理不如人和].

필자 순자·맹자 선생님의 말씀이 이해가 됩니다. 반드시 싸워서 이길 조건을 만들어놓고 사람들을 싸우라 해야겠지요. 사졸들을 모아 오직 투지와 욕심으로 이기라 한다면, 이기더라도 사람이 크게 상하고 원망이 쌓일 테니까요. 《관자》〈유관幼官〉에 이렇게 씌어 있습니다.

"반드시 승리한다는 것을 밝혀주면 자애로운 사람도 용기를 내며[明必勝則慈者勇], 병기를 예리하게 해두면 어리석은 사람도 현명해진다[器無方則愚者智]. 지키지 않는 곳을 공격하면 서툰 사람도 정교해진다[攻不守則拙者巧]. 이것이 이치다."

비록 인의가 아닌 실리를 말하고 있지만 새겨들을 말입니다. 단지 강한 법으로 사람들을 몰아세울 일은 아니라는 이야기니까요.

이제 플라톤 선생께 서쪽의 일을 물어볼 생각입니다. 플라톤 선생님, 중국에서는 법가와 유가가 주로 수비 시설을 두고 의론을 벌입니다. 두꺼운 성벽을 쌓고 강병으로 지켜야 한다는 법가의 입장과 두꺼운 성벽이 아니라 상하가 단결해 인민으로 성벽을 쌓아야 한다는 유가가 대립하는 실정입니다. 선생님은 수비 때 성벽의 역할을 어떻게 평가하십니까?

플라톤 저는 성벽을 믿지 않습니다. 높은 성벽으로 도성을 둘러싸는 것은 좋지 않습니다. 건강에도 좋지 않고 그 안에 있는 사람들에게 유약한 습성이 생기게 하는 경향이 있습니다. 적들을 막지 않고 그 안으로 도망가고, 밤낮으로 지키는 대신 성벽의 보호를 받고자 합니다.(778e-779a)

필자 알겠습니다. 선생님께서도 침략전쟁은 정의롭지 못하다고 하신 적이 있습니다. 그러나 침략을 당할 때, 특히 사나운 적들이 연합해 쳐들어오면 어떻게 합니까? 맹자 선생의 말씀처럼 내부가 단결되어 있기만 하면 과연 작은 나라의 군대가 두 배, 세 배나 되는 적과 싸울 수 있을까요?

플라톤 일견 동조하긴 합니다만 저는 그 이상이 필요하다고 봅니다. 싸움의 기술은 오랫동안 숙련해야 합니다. (양방향에서 침략을 받는다면) 우리는 그 두 국가 가운데 하나에 사절을 보내 진술하게 말합니다.

"당신들과 달리 우리는 금과 은이 필요 없습니다. 우리는 그런 것을 갖는 것이 허용되어 있지 않습니다. 그러므로 당신들 나라가 우리 편에 서서 싸운다면 여느 나라들이 가지고 있는 것(금과)을 갖게 될 것입니다."

그런 말을 듣고 어떤 나라가 살찌고 유순한 양을 상대하는 대신 우리의 사납고 말라빠진 감시견(국가의 수호자들)과 싸울 것입니까?(422d)

필자 작은 나라가 살아나는 방법에 대한 통찰로 보입니다. 스스로 강하기도 하지만 외교도 필요하다는 말씀으로 들립니다. 그러나 맹자 선생께서는 인의를 대단히 강조하시는데요. 개인적으로는 인의로 나라가 부유해지면 어쩌면 사납고 말라빠진 개가 아니라 살찌고 순한 양이 되지 않을까 걱정이 되기도 합니다. 물론 양도 스스로를 지키는 데는 용맹할 수 있겠습니다만.

마지막으로 싸움의 규칙에 관해 물으면서 정리를 하죠. 지금 진秦나라는 적의 수급 다섯을 베면 다섯 호를 거느리게 합니다. 과연 진나라 용사들은 사납기가 타의 추종을 불허합니다. 적의 수급에 가격을 매기는 일에 대해 어떻게 생각하시는지요?

플라톤 이런 포상이 과연 투지를 불러일으킬까요? 수급을 베어서 상을 받는 것보다는 좀 더 순한 이야기를 해보지요. 결국 본질적으로는 같습니다.

승리 후 적의 몸에서 무장 이외의 것을 아무것이나 벗겨내는 행동이 옳은 일일까요? 이렇게 하면 겁쟁이들은 여전히 싸울 능력이 있는 적들은 추적하지 않고 뒤에 남아 적의 전사자들을 약탈합니다. 사실, 예전에 수많은 군대가 이런 약탈의 습성 때문에 실패했지요.*

　　어떻습니까? 시체를 약탈하는 행동은 저열하고 비천하며, 또 이미 투지가 몸을 떠난 시체를 적으로 간주한다는 것은 아녀자와 같은 옹졸함이 아니겠습니까? 그건 돌을 던진 사람에게는 가까이 가지 못하면서, 이미 던진 돌에다 으르렁대는 개와 같은 꼴이 아닙니까?(469c-e)

필자 물론 진秦나라의 전사들이 비겁했던 것은 아니지만, 그들이 시체

• 플라톤이 구체적으로 어떤 전투를 말하는지는 알 수 없다. 역사적으로 승리한 후 약탈에 취해서 대패한 군대는 수없이 많다. 칭기즈칸의 군대는 급박한 경우 퇴각하면서 군수품이나 귀중품을 버리고서 적이 이것들을 취하느라 정신이 없을 때 몰아쳐 대승을 거둔 적이 많았다고 한다. 더 가까운 예로 임진왜란 당시에 명나라 지원군은 왜군의 수급에만 정신이 팔려 전투를 제대로 하지 못한 적이 있다.

에서 가장 중요한 것, 즉 수급을 약탈한 것은 사실입니다. 저는 여전히 결론을 내릴 수 없습니다. 전국시대에는 확실한 이익으로 전투를 이끄는 이가 승률이 높으니까요. 진정 진秦이 강한 것입니까, 아니면 그저 진晉이 세 갈래로 쪼개진 덕을 보고 있는 것입니까? 실제로 진秦이 등을 돌린 이에게 달려드는 개와 같은 존재일까요? 언젠가 진정으로 강한 상대를 만나면 싸우지도 않고 꼬리를 내릴 가능성이 있을까요? '의로운 군대는 용감하다'라는 말이 실현될지 아직은 두고 볼 일입니다.

순자 선생의 이론을 믿는다면 여전히 반전의 가능성은 있다고 봅니다. 법가의 포상규칙을 보면 효과가 있는 듯하기도 하고 그 반대인 듯하기도 하니까요. 승기를 잡고 공세를 올릴 때는 효과가 크지만, 더는 공격할 곳이 없을 때, 혹은 자국의 법의 손길이 미치지 못할 때는 더 빨리 붕괴할 수도 있지 않을까요? 승리의 목적이 오직 이익이라면 상대방의 미움을 더욱 받을 테니까요. 물론 아직 목격하지는 못했지만요.

공세에서 열을 올리다가 수세에서 갑자기 패하고 마는 운명을 맞은 군대, 혹은 국가는 역사적으로 여럿이 관찰됩니다. 페르시아도 그렇지 않았습니까? 그래서 이런 질문을 드려봅니다. 국가는 어느 수준까지 팽창할 수 있을까요?

플라톤 제가 보기에 국가의 통일성에 발을 맞출 수 있는 한에서 국가의 성장은 허용되지만, 그 이상은 아니라고 봅니다.(423b)

필자 너무 많이 먹으면 소화할 수 없다는 말씀으로 들립니다. 플라톤 선생님의 말씀에는 도가적인 느낌도 있습니다. 과연 문화와 통치유형이 다른 국가들을 점령하는 속도에도 제한이 있을까요? 기존의 기준을 그대로 두고 확대된 영토를 다스릴 수 있겠습니까? 혹여 빠른 성장이 빠른 해체의 자양분이 될 수도 있을까요? 이 모든 것을 역사에 맡기고 이번 장을 정리하기로 하지요.

활을 끝까지 당기면 시위가 끊어진다

흔히 진秦이 전국을 통일한 이유는 법을 엄격하게 적용했기 때문이라고 한다. 그러나 통일제국 진이 그렇게 빨리 무너진 것 역시 법을 엄격하게 적용했기 때문이라고 한다. 일리가 있는 말이다. 법은 꼭 무장武裝과 같다. 쏟아지는 화살을 뚫고 적장을 사로잡아야 할 때 중무장하지 않고 달려드는 것은 무모하다. 그러나 숲을 지나고, 늪을 건너고, 언덕을 오르내리며 원정을 하는 군대가 온몸을 갑주로 두르고 무거운 창칼을 들고 길을 나선다면 도중에 모두 쓰러질 것이다.

법가의 집대성자인 한비자는 전형적인 법가의 정치관을 보여준다. 그는 오직 법을 기준으로 했기 때문에 논설에 재주가 있는 사람이면 말재주만 있다 하고, 의를 행하는 이들은 소용없는 이라 하고, 쉽사리 나서지 않는 은사를 쓸모없는 자라고 몰아세웠다. 엄격한 법으로 빨리 나라를 강하게 해야 했기 때문이다. 한비자가 작은 나라의 공족으로 태어났기 때문에 더욱 조바심이 났을 것이다.

그러나 근본적으로 사람은 억압받는 것을 싫어한다. 가장 큰 억압은 물론 전쟁으로 몰리는 것이다. 묵자는 이렇게 말한다.

"지금 왕공대부들이 천하의 왕자가 되어 제후들을 바르게 하려 하지만, 덕과 의가 없다면 장차 무슨 수로 이를 이룰 수 있겠습니까? 반드시 위협으로 떨게 하고 위세로 강권하겠다고 말하겠습니까? 결국 백성들이 죽어 나갈 뿐입니다. 백성들은 진실로 살기를 바라고 죽기를 증오합니다. 바라는 삶은 오지 않고 미워하는 죽음만 겹쳐 올진대, 자고로 그런 방법으로 천하의 왕자가 되고 제후를 바로잡은 이는 없었습니다. 그들은 어찌하여 현명한 이를 숭상하는 것이 정치의 근본이 된다는 것을 살피지 않을까요?"《묵자》〈상현〉)

묵자는 엄격한 법과 인간의 본성이 양립할 수 없기 때문에 엄격한 법으로는 왕자가 될 수는 없다고 했다. 그러나 현실에서 진秦은 전국을 통일했다. 그래서 얻을 때와 지킬 때를 구분해서 정치를 해야 한다는 공자의 말을 새겨들을 필요가 있다. 대체로 강한 법은 공격할 때는 유용하지만 수비할 때는 불완전하다는 것이다. 공자는 오랫동안 지키기 위해서 위정자는 선량함과 관대함[仁], 인격 완성을 통한 엄숙미[莊], 백성을 동원하기 위한 합리적인 제도[禮]를 갖추어야 한다고 주장한다.•

플라톤은 더 나아가 법을 진선미와 연결하려 했는데, 이는 인간의 본성을 정치의 기준으로 삼은 묵자와 장구한 번영을 추구한 공자의 사상이 결합된 형태다. 그는 이렇게 말했다.

———

• "지력으로 얻었다 하더라도 인으로써 그것을 지키지 못하면, 비록 얻었더라도 반드시 잃을 것이다[知及之, 仁不能守之, 雖得之, 必失之]. 지력으로 얻고 인으로써 지킨다 하더라도 장엄함으로써 임하지 않으면 백성들은 경외하지 않을 것이다[不莊以涖之, 則民不敬]. 지력으로 얻고 인으로 지키며 장엄함으로써 임한다 할지라도 예로써 부리지 않는다면 여전히 완전하지 않다[動之不以禮, 未善也]."《논어》〈위영공〉)

"즐거운 것, 올바른 것, 좋은 것, 그리고 아름다운 것을 떼어놓지 않은 주장은 적어도 누군가로 하여금 경건하고 올바른 삶을 살고 싶어 하도록 하는 면에서 설득력이 있다."(663a)*

다시 공자로 돌아가 법과 윤리의 문제를 검토해보자. 결국 법은 인정人情을 빼앗을 수 없다. 공자와 섭공葉公의 대화를 들어보자. 섭공이 공자에게 이런 말을 했다.

"우리 무리** 가운데 직궁直躬***이라는 이가 있습니다. 그 아비가 양을 훔치니 아들이 이를 증언했습니다."

그러자 공자가 대답했습니다.

"우리 무리 가운데 정직한 자는 이와 다릅니다. 아버지는 아들을 위해 숨겨주며, 아들은 아버지를 위해 숨겨주니[父爲子隱, 子爲父隱], 정직

• 진선미가 흩어지지 않은 조화를 중용이라 부를까? 플라톤은 《법률》과 《국가》에서 중용을 수없이 강조한다. 그에 따르면 인간이 가질 수 있는 최선의 정치체제는 극단적인 전제專制와 자유의 중간형태다. "이렇게 이루어지는 선출은 1인 전제체제와 민주체제의 중간을 취하는데, 나라의 체제는 이 중간을 항상 유지해야 합니다. 왜냐하면 노예들과 주인들은 결코 친구가 될 수 없기 때문입니다."(757a)

•• 무리[黨]를 향당鄕黨(작은 마을)으로 풀이하는 경우도 있다.

••• 직궁이라는 이름이 특이하다. 고유명사가 아니라 정직한 이를 뜻한 것일 수도 있다. 《춘추전국이야기 3》 2부에도 등장하는 이 섭공이라는 인물은 국정 운영능력도 탁월한 데다 이름난 효자였다. 그의 어머니와 동생이 동시에 오나라에 억류되어 있다가 동생이 어머니를 두고 혼자 귀국하자 평생 만나지 않았다는 기록이 《좌전》에 등장한다. 섭공이 아버지의 죄를 증언한 이를 달갑게 보았을 것 같지는 않다. 초나라는 자신이 한 말은 목숨을 걸고 반드시 실천한다고 떠벌리는 백공 승勝의 난리를 겪었다. 이 난리를 평정한 이가 섭공인데, 그는 사전에 승을 보고 인간됨을 이렇게 비판했다. "두루 어진 것을 신의[信]라 하고 의를 따르는 것을 용감[勇]이라 합니다. 무조건 자기 말을 지키는 것은 신의라 할 수 없고, 목숨을 함부로 거는 것은 용감이라 할 수 없습니다." 어쩌면 섭공 심제량이 공자를 떠보려고 한 말일 수도 있다.

이란 그중에 있습니다."《논어》〈자로〉

순자는 유가와 법가를 종합했다. 서양의 플라톤과 같은 임무를 맡았다고 할 수 잇다. 그는 법의 효용을 인정하는 동시에 법의 한계도 인정했다. 법은 순서를 지켜서 써야 한다. 인간의 본성으로 견딜 수 없는 수준까지 법을 적용해서는 절대로 안 된다.

순자는 공법에 의거한다면 살인도 꺼릴 필요가 없다고 말한다. 일단 살인을 피하며 정치를 해야 한다는 공자의 주장에 비하면 법가에 훨씬 가깝다.˙ 그러나 그는 정치를 할 때 인의에서 시작해 천천히 상벌로 나아가야 한다고 주장했다.

"말이 놀라 흥분하면 군자가 수레에 타는 것을 불안해하고 서민이 정치에 놀라면 군자는 그 지위를 불안해합니다. 말이 놀라 흥분하면 달래는 수밖에 없고 서민이 놀라면 은혜를 베푸는 수밖에 없습니다. 현량한 이를 고르고 독실하고 공경한 이를 쓰며, 효제를 부흥하고 고아와 과부를 거두어들이고 빈궁한 이들을 도와주면 서민들이 정치를 편안하게 여길 것입니다."《순자》〈왕제〉

———

• "현명하고 능력 있는 이는 순서를 기다리지 않고 들여 쓰며, 어리석고 무능한 이는 한시도 지체하지 않고 내친다. 악당의 수괴[元惡]는 가르칠 것도 없이 죽이고, 평범한 여러 잡민[雜民]들은 정령을 기다릴 것도 없이 교화한다. 비록 왕공대인의 자손일지라도 예의에 힘쓰지 않는 자는 서민으로 귀속시키고, 서민의 자손일지라도 학문을 쌓고 몸과 행동을 바르게 해 능히 예의에 힘쓸 수 있는 자라면 경상대부로 귀속시킨다. 그러니 간사한 말을 하고 간사한 일을 하며 능히 법망을 빠져나가고 눈치를 보며 이리저리 움직이는 백성들은 직분으로써 가르치고[職而敎之]. 얼마 지난 후 상으로 권면하고 형벌로 응징해서, 그들이 직분을 편안하게 여기면 그대로 두고 불안해하면 버린다. 장애인들은 모두 거두어 합당한 일을 주고 관에게 의식을 해결해주어 버려진 이가 없도록 한다. 자질이나 행동이 시책[時]에 반하는 자가 있으면 죽이고 용서해주지 않는다. 이것을 하늘의 덕[天德]이라 하니, 이는 왕자의 정치다."《순자》〈왕제〉

순자는 다음과 같이 자신의 주장을 일반화한다.

"처음 일을 맡아서 백성들을 대할 때는 도의와 응변으로써 하고, 너그럽게 하고 많이 용서해주고, 공격으로써 그들을 앞에 세우니, 이것이 정치의 시작이다. 그런 후에 중화와 찰단(살피고 판단함)으로 그들을 보좌함이 정치의 중간단계다. 그런 후에 들일 사람은 들이고 물리칠 사람은 물리치며, 죽일 사람은 죽이고 상을 줄 사람은 상을 주는데 이것이 정치의 마지막 단계다[臨事接民, 而以義變應, 寬裕而多容, 恭敬以先之, 政之始也. 然後中和察斷以輔之, 政之隆也. 然後進退誅賞之, 政之終也]."**《순자》〈치사致士〉)

그의 말대로 이 순서를 거꾸로 해서 처음부터 강한 법을 적용하면 백성들이 따라갈 수가 없을 뿐 아니라, 실수로 법을 잘못 적용할 수 있다. 법을 잘못 적용하면 원망이 일어나고 상하가 합심할 수 없다." 공자는, "가르치지 않고 죽이는 것은 잔학한 것이요[不教而殺, 謂之虐], 주의를 주지 않고 성과를 따지는 것을 포악하다 하며[不戒視, 謂之暴], 명령은 더디게 내려놓고 기한을 다그치는 것을 해친다고 한다[慢令致期, 謂之賊]"《논어》〈요왈〉)라고 했는데, 이것은 통일 진왕조의 몰락을 예언하는 말이었다. 그 이유는 다음과 같다. 첫 번째, 효산 동쪽의 백성들이 진에 반란을

• 선지는 선도先導한다는 뜻도 있고, 그들을 앞에 둔다는 뜻도 있다. 후자로 해석해보았다.

•• 《논어》에 나오는 다음 두 구절은 순자가 주장한 정치를 하는 순서의 원형이라 할 수 있다.
"군자는 믿음을 얻은 후 백성들을 부린다. 신임이 없는데 부리면 자기를 괴롭힌다고 생각 한다[君子信而後勞其民, 未信則以爲厲己也]."《논어》〈자장〉)
"백성을 부릴 때는 큰 제사를 지내는 듯하고, 자신이 원하지 않는 것은 남에게 시키지 말라[使民如承大祭, 己所不欲勿施於人]."《논어》〈안연〉)

일으켰는데, 그것은 진의 법에 익숙하지 않은 사람들에게 바로 그들의 법을 일률적으로 적용시켰기 때문에 일어난 일이었다. 두 번째, 전시의 상황을 고려하지 않고 오직 승패에 따라 상과 벌을 논했기 때문에 장수들은 상황이 불리해지면 본국으로 소환되어 법의 처벌을 기다리느니 차라리 투항해서 창을 거꾸로 들었다. 진나라 정부의 주력군을 이끌던 장한章邯이 반란군에게 투항한 것도 그런 까닭이었다. 마지막으로 진의 몰락을 부른 농민 반란은 어떻게 일어났는가? 장마로 도저히 기한에 맞출 수 없는데도 당장 변경으로 가서 병역을 이행하라는 명령 때문에 일어났다. 시간에 맞추어 가지 않으면 처형한다는 것이 당시의 법이었기 때문에, 변경으로 가던 사람들이 시간에 맞추어 도착할 수 없게 되자 반란을 일으켰다.

결국 법을 적용할 때는 인간의 본성에 맞추어 순서와 강도를 조절해야 한다. 이런 면에서 《관자》는 유가와 법가의 균형추 역할을 한다. 《관자》는 법가의 술術을 적용해 군주는 파당을 짓는 신하를 경계해야 한다고 한다.

"온 나라의 선비를 모아 자기를 위한 사당을 만들고, 공도로써 사적인 시혜를 베풀며[行公道以爲私惠], 나아갈 때는 끼리끼리 밀어서 군주에게 추천하고, 물러나서는 백성들에게 서로를 칭찬해준다."

그러나 보통 백성들에게는 먼저 엄한 법을 들이대지 않는다.

"성왕이 백성들을 가르칠 때는 인으로써 자리를 잡아주고[以仁錯之],

• 책錯의 본뜻이 모호하다. 원래 '두다'라는 뜻이 있으므로 '자리를 잡아주다'로 해석해보았다.

염치로써 부리고[以恥使之], 그 잘하는 것을 길러서 성취를 이루게 한 후에 그친다[修其能致其所成而止]. 그래서 말하기를, '끊어서 안정시키고, 고요하게 다스리고, 편안해서 존귀하고, 거동이 경박스레 변하지 않는 것, 이것이 성왕의 도다[絶而定, 靜而治, 安而尊, 擧錯而不變者, 聖王之道也]. 어찌 보통 백성들에게 강한 법을 적용시키겠는가?"(이상《관자》〈법금法禁〉)

도랑을 뛰어넘지 않는 이는 바보다. 그러나 태산을 뛰어 오르는 사람은 아직 없었다.

제4장

전국시대의 계급투쟁, 묵자와 순자의 예 논쟁

...

예의 본질이란 무엇인가? 그리고 의의 본질이란 무엇인가? 예의 본질이라 하니 혹자는 조선시대의 예송禮訟논쟁과 같이 실상과 떨어진 케케묵은 고담준론으로 오해할 수도 있을 것이다. 그러나 전국시대의 예론은 역사와 현실의 직접적인 반영이다. 예론은 '왕을 중심에 둔 신분제를 어떻게 볼 것인가', '계층 간에 재화를 어떻게 분배할 것인가', '계층 간의 의무와 권리는 상호적인가, 일방적인가', '통치의 근본 원리로서 예식은 어떤 의미가 있는가' 등 사회 전반의 첨예한 문제들이 예를 중심으로 부딪친다. 도식적으로 말하면 묵자를 필두로 한 개혁파는 "당신들이 말하는 예란 차별과 착취를 고착화시키는 수단에 지나지 않는다" 하고, 순자를 필두로 한 보수파는 "예가 없으면 질서가 무너지고, 질서가 무너지면 일반 백성이 가장 참혹한 피해를 입을 것이다"라고 반격한다. 투박한 고대의 표현으로 되어 있지만, 오늘날 진보·보수 논쟁에 하등 뒤질 것이 없다. 따라서 예론은 말로 된 계급투쟁이다.

순자가 예의 의미를 말하고자 하니, 묵자는 존재의 본질로 응수한다. 공자가 의義와 이利를 구분하니, 묵자는 의의 본질로 응수한다. 역사적으로 예는 혼란을 방지한다는 명목으로 만들어지지만 점점 차별을 고착화하는 수단이 된다. 묵자는 예의 계급적인 함의를 예리하게 간파한 사람이다. 그래서 이번에는 가장 보수적인 신분론자 순자와 가장 혁명적인 평등론자 묵자가 충돌한다. 이제 도덕의 본질을 두고 두 사람이 대결하지만, 주인공은 묵자라고 하는 것이 옳다. 시대를 앞선 경향이 있기는 했지만, 묵자의 사상은 언제나 중국사의 저변에 흐르며 하층민의 요구를 대변했다.

묵자는 누구인가? 설명 대신 그의 음성을 들어보는 것으로 충분할 것이다. 공자가 "군자는 의에 밝고 소인은 이에 밝다[君子喩於義, 小人喩於利]"《논어》 〈이인〉)고 주장한 것에 비해 묵자는 다음과 같이 말했다.

"의가 바로 이다[義, 利也]."《묵자》〈경설經說〉)

묵자는 이런 사람이다. 반면 순자는 앞장에 등장한 논객인 맹자보다 훨씬 더 논리적인 사람이다. 그는 차별이 있어야 인간이 공존할 수 있다고 말한다.

1. 예의 본질: 질서의 열쇠인가 차별의 굴레인가 ─────

필자 공자 선생은 "주례周禮로 돌아가자" 하고 순자 선생은 학문이 예 (서적으로는《예》나《주례》)에서 끝난다고 합니다. 주나라의 전성기를 염두에 두고, 그 시대의 질서를 회복하자는 것이겠지요?

　묵자 선생님, 내키지 않으시겠지만 공자 말씀부터 시작을 하지요. 자장子張이 공자에게, "열 세대 후의 일을 알 수 있습니까?" 하니, 공자는 "은나라는 하나라의 예에서 출발했으니, 거기서 더하고 덜어낸 것을 알 수 있다. 주는 은의 예에서 출발했으니 거기서 덜어낸 것을 알 수 있다. 혹, 주의 예를 잇는다면[或繼周者] 비록 100세대 후의 일이라도 알 수 있다"고 했습니다. 이처럼 공자는 예를 역사의 큰 주제로 두고 있습니다. 그래서 예의 본을 보이기 위해《춘추》를 지었지요. 그리고《춘추》

의 집필 원리로 '술이부작述而不作'을 내세웠습니다. 기본적으로 옛 제
도를 존중하는 이러한 태도에 대해 총평을 해주시지요.

묵자 유자는 말합니다.

"군자는 옛것을 따를 뿐 새로 만들지 않는다[循而不作]."

저는 이렇게 대답하겠습니다. 옛날 예羿는 활을 만들었고, 여伃는 갑
옷을 만들었고, 해중奚仲은 수레를 만들었고, 교수巧垂는 배를 만들었
습니다. 그러면 지금 옛날 방법을 따라 활을 만들고 가죽을 다루고 수
레를 만드는 사람들은 모두 군자이고, 처음에 그것들을 만든 예와 여,
해중 등은 모두 소인이란 말입니까?

그리고 지금 따르는 것들도 예전에 반드시 누가 만든 것입니다. 새
방식의 창도자를 소인이라고 부른다면 오늘날 우리가 따르고 있는 것
은 모두 소인들이 되겠습니다.《묵자》〈비유非儒〉

필자 유가들은 한마디로 과거에 묶여 있다는 말씀이시군요. 선생님은
기술이든 사상이든, 역사에 따른 진보를 확신하고 있는 듯합니다. 선
생은 출신성분 때문인지 항상 오늘날 현실에서의 효과, 즉 실질을 숭
상하십니다. 선생의 실질의 출발점을 묻고 싶습니다.

• 술이부작과 같은 말이다. 술은 서술한다는 뜻과 본받는다는 뜻이 있다. 본받는다는 것은 고치지 않고 그
대로 서술한다는 것과 통한다.

묵자 군자는 전장에 나갈 때는 비록 진법이 있지만 용기를 근본으로 하며, 상사(초상)를 맞으면 비록 예식이 있지만 슬퍼함을 근본으로 합니다. 선비는 비록 배워서 지식을 쌓더라도 몸으로 실천하는 것을 근본으로 여기는 것이니, 근본이 불안한 자는 말단을 풍성하게 하는 데 힘쓰지 말아야 합니다. 가까운 이들과 친하지도 못하면서 먼 곳에 있는 이들을 오게 하는 데 힘쓰지 말며, 친척과 화목하지 못하면서 먼 사람들과 사귀려[外交] 해서는 안 됩니다. 한 가지 일을 끝맺지도 못하고 여러 가지 직업에 힘써서는 안 되며, 한 가지 사물에도 깜깜하면서 여러 가지를 듣는 것에 힘써서는 안 됩니다. 그래서 선왕이 천하를 다스릴 때는 반드시 가까운 것을 먼저 살피고 먼 곳으로 나갔습니다.《묵자》〈수신〉)

행동의 기준은 사람인가 하늘인가

—

필자 묵자 선생께서는 말단이 아니라 근본을 중시해야 한다고 말씀하셨습니다. 먼저 예의 근본을 묻고 싶습니다. 이야기를 시작하려면 우선 기준이 있어야겠지요. 무엇이 예의 기준이 됩니까? 순자 선생님부터 말씀해주시지요.

순자 예는 세 가지 근본이 있습니다. 천지는 생의 근본이며, 조상은 인류의 근본이며, 스승은 다스림의 근본입니다. 천지가 없으면 어찌 뭇 생명이 있을 것이며, 조상이 없으면 어찌 인간이 나왔으며, 군주와 스승이 없으면 어찌 다스림이 있겠습니까? 이 셋 가운데 하나만 없어져도 인간은 안정을 잃습니다. 그러니 예는 위로는 하늘을 섬기고 아래로는 땅을 섬기며, 선조를 존중하고 군주와 스승을 높입니다. 이 셋이 바로 예의 세 가지 근본입니다[是禮之三本也].

필자 순자 선생은 다스림의 근본은 항상 예라고 주장하셨고, 예는 다시 천지·조상·군주와 스승을 근본으로 한다고 하셨습니다. 묵자 선생님, 어떻게 보시는지요? 순자 선생이 제시한 기준에 동의하십니까?

묵자 자, 무엇으로 다스림의 법도를 삼으면 될까요? 모두 그 부모(의 행동)를 법도로 삼으면 될까요? 세상에 부모가 된 이들은 많습니다. 그러나 그 가운데 (진정으로) 어진 이는 드뭅니다. 그렇다면 부모를 법도로 삼는 것은 어질지 않은 것을 법도로 삼는 것과 같습니다. 어질지 않은 법이란 법으로 삼을 수 없겠지요.

　　그렇다면 모두 스승[學]을 법도로 삼으면 어떨까요? 천하에 남을 가르치는 이는 많으나 어진 이는 드뭅니다. 그렇다면 스승을 법도로 삼는 것도 어질지 않은 것을 법도로 삼는 것이지요. 그러면 군주를 법도로 삼는 것은 어떻습니까? 천하에 군주 노릇을 하는 이는 많지만 역시 어진 이는 드뭅니다. 그러니 부모·스승·군주 이 셋은 다스림의 법도로 삼을 수 없습니다. 저는 이렇게 말합니다.

　　"하늘을 법도로 삼는 것이 최고다[莫若法天]."

　　하늘의 운행은 광대하나 사심이 없고[天之行廣而無私], 베풂은 두터우

나 은덕을 과시하지 않으며[其施厚而不德], 그 밝음이 오래이나 훼손되지 않습니다.(《묵자》〈법의法儀〉)

필자 선생님은 순자 선생이 말한 예의 근본을 모두 부정하셨습니다. 이른바 유가에서 말하는 군사부일체에 대한 반박이기도 하고요. 그래서 하늘의 뜻을 따라 모든 것을 이롭게 하고 사랑하는 자는 하늘의 보우를 받고, 남을 해치는 자는 하늘의 벌을 받는다고 하시는군요. 결국 유가의 기준이 되는 선조나 군주와 스승이 모두 오류에 노출된 인간일 뿐이고, 그러니 유가가 말한 예란 기준으로 삼을 만한 것이 아니라고 말씀하셨습니다. 순자 선생님, 어떻게 생각하십니까?

순자 하늘과 사람의 길은 다릅니다. 예컨대, 기우제를 지낸다고 오지 않을 비가 오겠습니까? 그러면 세상이 잘 다스려져 안정되거나[治] 거꾸로 혼란해지는 것[亂]이 하늘에 달려 있단 말입니까?

하늘의 운행은 일정한 법칙이 있습니다. 하늘은 섭군 요임금을 위해 존재하는 것도 아니요, 폭군 걸 때문에 없어지는 것도 아닙니다[天行有常, 不爲堯存, 不爲桀亡]. 하늘에는 일정한 도가 있고, 땅에는 일정한 수數가 있으며, 군자에게는 일정한 체體가 있습니다[天有常道矣, 地有常數矣, 君子有常體矣].˙ 하늘은 사람과 관계없이 움직이고, 사람은 그저 사람이 해야

• 문맥으로 보아 도·수·체란 각각 하늘·땅·인간의 운동의 기준을 말하는 것이다. 고대 그리스에도 천체의 운동을 수로 나타내려는 시도가 있었다. 특히 체란 근본·본보기·도리 등의 의미로 쓰인 듯하다. 《시경》

할 일을 하면 됩니다. 하늘의 일과 사람의 일을 연결시켜서 생각할 수 있습니까?《순자》〈천론天論〉)

필자 묵자 선생께서는 오류에 노출된 스승이나 부모 같은 인간이 법도의 기준이 될 수 없고 하늘을 기준으로 삼아야 한다고 주장하시고, 순자 선생께서는 하늘의 길과 인간의 길은 다른 것이므로 인간은 인간의 길을 따르면 된다고 하셨습니다. 일단 묵자 선생이 본질을 말씀하셨으니 순자 선생의 구체적인 예론을 한번 들어보지요.

예는 겉치레인가 변별인가

—

필자 예는 무엇이며, 왜 필요하며, 또 어디에서 생겨났을까요?

순자 사람은 태어나면서 욕망이 있으니, 욕망이 있으나 얻지 못하면 그것을 구하지 않을 수 없습니다. 구하되 법도와 한도가 없으면 싸움이 일어나지 않을 수 없습니다. 싸움이 일어나면 어지러워지며, 어지러워지면 궁해집니다. 선왕께서는 그 혼란을 미워하셔서 예의로써 (상하귀천의) 구분을 둠으로써[故制禮義以分之] 사람의 욕망을 기르고[以養人之

—

《상서商書》《회남자淮南子》 등에 근본·본보기·도리의 의미로 두루 등장한다.

欲], 사람이 구하는 것을 충족시켰던 것입니다[給人之求]. 이리하여 반드시 욕망이 사물에 궁하지 않게 하고, 사물이 욕망에 굴복하지 않게 하니, 양자가 서로 지지하며 자라납니다. 이로 인해 바로 예가 일어납니다[使欲必不窮於物, 物必不屈於欲, 兩者相持而長, 是禮之所起也].*

그러니 예란 기르는 것입니다. 맛있는 음식은 입을 기르는 것이고[養口], 향기는 코를 기르는 것이고[養鼻], 조각과 수는 눈을 기르는 것이며[養目], 듣기 좋은 음악은 귀를 기르기 위한 것이며[養耳], 좋은 집과 자리는 몸을 기르는 것입니다[養體].

필자 '예란 형식은 억제하는 것이지만 본질은 기르는 것이다', '욕망과 사물, 즉 재화를 조화시킨 상태다'라는 말이 모두 함축적입니다. 예란 기르는 것이라는 의미에 대해 더 들어보지요. 욕망을 억제하는 것이 그것을 기르는 것이라는 말은 일견 모순처럼 들리니까요.

순자 군자는 이미 기르는 것을 얻었으면 차별하는 것을 좋아합니다[好其別]. 무엇을 차별이라 하는가요? 귀천에 등급이 있고, 장유에 차이가 있으며, 빈부에 경중이 있는 것을 말합니다.

천자의 용이 그려진 아홉 술 달린 깃발은 신의[信]를 기르기 위한 것이고, 장식과 기구들은 위엄[威]을 기르기 위한 것이며, 반드시 말을 길

• 욕망만큼 얻지 못하는 것도 아니고, 욕망대로 다 얻는 것도 아니다. 그렇다면 그것은 욕망이 '적절히' 제어된 상태를 뜻한다.

들인 후에 타는 것은 안전[安]을 기르기 위한 것입니다.

누가 (신하로서) 사지로 나가 절조를 지키는 것이 오히려 사는 길임을 알겠습니까[孰知夫出死要節之所以養生也]? 누가 돈을 미리 투자하는 것이 재물을 기르는 것임을 알겠습니까[孰知夫出費用之所以養財也]? 누가 공경과 사양이 안전을 기르는 것임을 알겠습니까[孰知夫恭敬辭讓之所以養安也]? 누가 예의와 문리가 성정(본성)을 기르는 것임을 알겠습니까[孰知夫禮義文理之所以養情也]?

그러니 사람이 진실로 (나 혼자) 살겠다고 하면 반드시 죽으며, 진실로 이익을 얻겠다고 하면 반드시 손해를 보며, 게으름 피우는 것이 안전한 것이라고 여기면 반드시 위태로워지며, 성정(본능·본성)을 만족시키는 것을 즐겁다고 여기면 반드시 멸망하게 됩니다. 그러므로 사람은 예의를 지켜 그것과 일체가 되면 두 가지(성정과 예의)를 다 얻을 것이며, 성정을 따라 그것과 일체가 되면 양쪽을 다 잃을 것입니다. 그러므로 유자는 장차 사람들에게 이 둘을 다 얻게 할 것이며, 묵자 선생의 주장을 따르면 장차 이 둘을 잃게 될 것입니다. 이것이 유자와 묵자의 차이입니다.《순자》〈예론禮論〉)

필자 지금 순자 선생께서는 묵자 선생의 이론을 따른다면 성정과 예의를 다 잃을 것이라고 강하게 발언하셨습니다. 차별은 예의 형상이며 그 자체로 바로 질서라는 뜻인데요. 어쩌면 공자가 "자기를 이기고 예로 돌아가는 것이 인을 행함[克己復禮爲仁]이니, 하루라도 자기를 이기고 예로 돌아가면 천하가 모두 인으로 귀의할 것이다. 그러니 인을 행함은 남이 아니라 자기에게서 말미암는 것이다"(《논어》〈안연〉)라고 한 것과도 통하는 듯합니다. 예를 통해 오히려 본성을 실현한다는 말씀이시네요. 묵자 선생의 반론을 듣기 전에, 개인이 예를 익히는 과정까지 듣고 싶습니다.

순자 간干, 월越, 이夷, 맥貊의 아이들은 태어나면서 울음소리는 같지만 크면 다른 습속을 가집니다. 가르침이 다른 까닭입니다[干越夷貊之子, 生而同聲, 長而異俗, 敎使之然也].

학문은 어디에서 시작해 어디에서 끝날까요? 그 방법은 《시경》과 《서》를 외는 데서 시작해 《예》를 읽는 데서 끝나며, 그 뜻은 선비가 되는 것에서 시작해 성인이 되는 것에서 마칩니다. 《서》는 정사의 기강이며, 《시경》은 바른 소리가 끝내 도달한 바이며[中聲之所止], 《예》는 법의 대원칙이며 여러 무리의 기강입니다[禮者, 法之大分, 群類之綱紀也]. 그러니 학문은 예에 이르러 그칩니다.

장차 선왕들의 행적을 탐구해 인의의 근본을 밝히려 한다면, 예가 진실로 도달하는 길이 됩니다[將原先王, 本仁義, 則禮正其經緯蹊徑也].《순자》〈권학勸學〉)

필자 선생님은 예의 본질은 차별이며, 또 인간은 예에서 완성된다고 주장하셨습니다. 묵자 선생은 어떤 주장을 하시기에 그동안 순자 선생께서 그토록 비난을 받는 것일까요?

묵자 순자 선생은 예는 생을 기르는 것이라 하셨고, 또 차별하는 것이라 하셨습니다. 저는 옛일과 오늘날을 한번 대비시켜 순자 선생이 하신 말씀의 문제점을 말해보겠습니다.

옛날 백성들이 집을 지을 줄 몰랐을 때는 구릉에다 굴을 뚫어 생활했기에, 습기에 몸이 상했습니다. 그래서 성왕이 처음으로 집을 지은 것입니다. 그 집이라는 것이 높이는 습기를 피하고 벽은 바람을 피할 정도였으며 지붕은 비와 눈을 막을 정도였습니다.

그러나 지금 군주들이 궁실은 짓는 방법은 이와는 완전히 다릅니다. 반드시 백성들에게 많이 걷고 백성들이 먹고 입는 재산을 강제로 빼앗아서 곧고 굽은 휘황찬란한 궁실과 누대를 만들어 장식합니다. 군주가 이러하니 신하들이 그를 본받고, 국가는 흉년에 대비하고 과부와 고아를 돌볼 여분을 축적하지 못하게 되니 국가는 가난하고 백성을 다스리기 힘들게 되었습니다.

추위와 더위를 막고 가볍고 편리한 것이 아니라 쓸모없이 화려하게 꾸미고 채색한 의복, 쉬어버리고 다 먹지 못해 버리는 산해진미, 가볍고 튼튼한 것이 아니라 쓸데없이 조각하고 치장한 수레와 배도 모두 마찬가지입니다. 이런 쓸모없는 일을 하느라 백성들은 시기와 힘을 뺏기고 굶고 헐벗게 되었습니다.

필자 선생님은 예가 현실에서 구체적으로 드러난 폐해, 즉 예가 권력자들의 무한한 욕망을 채우는 수단이 되고 그들이 재화를 독점하는 뒷받침이 되었을 뿐 "백성의 생을 기른다"는 순자 선생이 말씀하신 효용은 전혀 발휘하지 못하고 있음을 지적하셨습니다. 백성들은 오히려 위정자들의 겉치레 때문에 의식이 부족하게 되어서 간사해졌다는 말인데요. 이렇게 묵자 선생의 예에 관한 관점은 유가와 완전히 다릅니다. 유가는 예식을 차리는 데 일정한 재화를 소비해도 백성들은 충분히 먹을 수 있다고 보지요. 반면 묵자 선생은 실질적이지 않은 것은 예가 아니라 겉치레, 혹은 착취의 수단이라 보고 계십니다.

묵자 더 극단적인 예를 하나 들어볼까요? 지금 세상에서 배필을 찾지 못한 사람들을 실제로 들어보지요. 옛부터 천지지간 사해지내에 하늘과 땅의 정과 음양의 조화는 존재하지 않은 적이 없었습니다. 이는 지극한 성인이라도 어찌 고칠 수 없는 것입니다.

비록 상세上世의 지극한 성왕들도 사적으로 부리는 사람(여자)들이 있었으나 그 행동을 상하게 할 정도는 아니었습니다. 그러니 백성들은 원망하지 않았고, 궁궐 안에는 갇혀 있는 여인이 없었고 밖에는 아내 없는 사내가 없었습니다. 그러니 천하의 백성이 크게 늘었습니다.

그러나 지금 군주들이 사적으로 부리는 이들로 치자면, 큰 나라는 궁 안에 갇힌 여자가 몇천이요, 작은 나라는 몇백입니다. 그러니 천하에 남정네로서 처가 없는 이가 수두룩하고, 궁에 갇혀 남편이 없는 여자가 수두룩합니다. 이들이 남녀가 사랑할 기회를 놓치니 천하의 인구는 줄게 되었습니다. 군주가 진실로 백성들이 많아지기를 바란다면 당연히 사적으로 부리는 여인들을 줄이지 않을 수 없습니다.

필자 남녀의 자연스러운 교합을 극히 존중하시는 선생님의 의도가 수긍이 됩니다. 실제로 음양의 이치를 따르지 못하고 강제로 홀아비·과부 역할을 하는 선남선녀가 많기는 하군요. 군주가 그러하니 신하들이 따라 하고, 급기야 나라의 여인들이 부족한 상황이 되겠습니다. 군주가 예를 차린다고 많은 여인의 시중을 받는 것이 사실은 천하를 해치는 행위라는 것이지요. 이것이 물론 생을 기른다는 예의 취지에 맞을 리도 없겠습니다.

묵자 (간단히 말해서) 먹고, 입고, 살고, 타고, 사람을 부리는 점에서 성인은 절검[儉節]하고 소인배들은 절도 없이 정도를 넘어섭니다[淫佚].(이상 《묵자》〈사과辭過〉)

필자 선생의 말씀은 오늘날 전국시대의 사치스러운 군주와 지배층이 실제로는 탐욕에 물든 소인배라는 소리로 들립니다. 순자 선생님, 묵자 선생께서는 오늘날 예라고 부르는 것이 사실은 사치에 불과하고, 또 생을 기르는 것이 아니라 죽이는 것이라고 말합니다. 위정자들이 보통 백성들과 그토록 다른 생활을 하는 것이 과연 정당한 일입니까?

순자 위와 아래는 구분이 있어야 합니다. 무릇 귀하기로는 천자가 되고, 부유하기로는 천하를 가지는 것이 사람이라면 모두가 원하는 것입니다. 그러나 사람들이 모두 제 욕심대로 귀하고자 한다면 형세가 용납하지 않을 것이며, 부유하려 한다면 재물이 감당할 수 없을 것입니다. 그래서 선왕께서 예의를 만들어 분별을 두었습니다[故先王案爲之制禮義以分之]. 귀천의 등급을 두고, 장유의 차이를 두고, 지혜롭고 현명한 이와 어리석은 이, 능력 있는 이와 무능한 이를 나누었습니다. 이리하여 모든 사람들이 자기에게 합당한 일을 갖도록 한 후 봉록의 다소와 후박의 차이를 두었으니, 이것이 여러 사람이 함께 조화롭게 사는 도입니다. 그러니 어진 이가 위에 있으면 농부는 밭에서 힘을 다하며, 상인은 재물을 유통시키는 데 온 마음을 쓰며, 온갖 공인들은 기물들을 만들어내는 데 정성을 기울입니다. 사대부에서 그 위로 공후公侯까지 인후지능仁厚知能을 다해 직무를 완수하지 않는 이가 없으니, 이를 일러 지극한 공평함[至平]이라 합니다.《순자》〈영욕〉)

필자 좋습니다. 선생님은 분별과 절제, 그리고 욕망의 조절과 조화를 강조합니다. 절제와 조화는 플라톤 선생께서 특히 강조하는 덕목인데요. 플라톤 선생님, 어떻습니까?

플라톤 절제self-discipline는 확실히 어떤 종류의 질서이며, 어떤 욕망이나 쾌락을 통제하고 있는 상태입니다. 그래서 사람들은 절제를 표현하기 위해 '자기 자신의 주인이 된다'는 등의 말을 씁니다. 그렇지 않습니까?(430e)

　절제는 화합의 일종임이 확실합니다. 왜냐하면 어떤 특정 부분에서 우리의 국가를 용감하게 혹은 현명하게 하는 용기나 지혜와는 달리, 절제는 온 분야에 다 걸려 있습니다. 절제는 가장 강한 자와 가장 약한

자, 그리고 그 중간에 있는 자들 사이의 조화를 만들어냅니다. 지력이나 물리력, 혹은 숫자나 금전 등의 모든 방면에서 말입니다. 그래서 우리가 절제를, 높은 국가이든 개인이든 누가 다스릴 것인가에 대해 높은 자(우등한 자)들과 낮은 자(열등한 자)들 사이에 만들어진 자연적인 만장일치의 합의라고 파악해도 적절합니다.(432a)

필자 플라톤 선생님은 지금 우등과 열등을 구분하고 양자 사이의 조화를 주장하시는데요, 이것은 순자 선생과 거의 같은 주장입니다. 선생께서 말씀하신 절제의 표현형태는 한자로 '예의'로 풀이됩니다. 극기복례란 바로 '자신을 극복하고 예로 돌아간다'는 뜻이니, 절제와 완전히 같은 뜻이니까요. 그렇다면 사회의 통치자로 인정받는 기준은 절제, 곧 예가 되겠습니다. 순자 선생이 예에 의해 사람 사이의 차별이 시작되었다고 하는 것과 선생님의 주장에 별 차이를 느끼지 못하겠습니다.

자, 다시 순자 선생님의 논설을 분석해보겠습니다. 선생님 주장의 핵심은 차별이 사실은 공평함이란 말씀이시지요? 그리하여 어떤 이는 천하를 녹으로 주어도 스스로 많다고 생각하지 않고, 어떤 이는 문지기 일을 해도 일이 보잘것없다고 여기지 않는다는 것이군요. 모두 각자의 능력에 맞는 일을 찾았으니까요.

순자 맞습니다. 사람이, 사람이 되는 까닭은 무엇입니까? 그것은 변별[辨] 때문입니다. 변별은 분分(각자의 임무를 나누어 정하는 일)보다 더 큰 것이 없고, 분은 예보다 큰 것이 없으며, 예는 옛날의 성왕보다 더 큰 이가 없습니다. 성왕이 100명이라면 저는 누구를 따를까요? 후왕後王을 따른다고 하겠습니다. 성왕의 발자취를 보려면 후왕에서 시작해야 합니다. 오늘날로부터 가까운 후왕을 버리고 상고시대를 말한다면 이것은 자신의 군주를 버리고 남의 군주를 섬기는 것과 같습니다. 오제五帝 이전의 일은 전해지는 것이 적어 잘 알 수 없지만 주나라의 일은 상세하게 전해집니다. 가까운 것을 먼저 알아야 먼 옛날의 것을 추론할 수 있습니다.《순자》〈비상非相〉*

필자 일단 묵자 선생이 상고시대의 성왕을 표본으로 삼아야 한다고 역설한 것을 반박하시는군요. 그리고 선생님은 차별을 여러 차례 강조하셨습니다. 차별은 질서의 원천이라는 주장인데 수미쌍관한 논리로군요.

차별은 질서의 기초인가 혼란의 발단인가

필자 묵자 선생님, 나와 남 혹은 위와 아래를 구분하는 것을 혼란混亂과 치란治亂의 관점에서 설명해주시겠습니까? 앞에서 차별에 대해 대체

• 묵자는 상고시대의 성왕을 주로 이야기한다. 그의 이상적인 성향 때문이기도 하지만, 또한 유자들의 공격을 피하기 위해서다. 묵자는 유자들을 "상갓집에서 얻어먹는 거지"라고 혹평한 적이 있는데 이것은 유자들이 주례의 전문가이기 때문이다. 순자는 그런 묵자의 태도를 염두에 두고 이와 같은 말을 하고 있다.

로 부정적인 견해를 보여주셨는데요.

묵자 살펴보건대 어지러움이 어디에서 일어납니까? 바로 사랑하지 않는 데서 일어납니다[起不相愛]. 신하와 아들이 군주와 아비에게 효를 다하지 않는 것을 이른바 '어지럽다' 합니다. 아들이 아버지를 사랑하지 않으니 아버지를 해쳐 자신의 이익을 채우고, 동생이 형을 사랑하지 않으니 형을 해쳐 자신의 이익을 채웁니다. 신하가 군주를 사랑하지 않으니 군주를 해쳐 자신의 이익을 채웁니다.

그 반대도 마찬가지입니다. 아버지와 형과 군주가 아들과 동생과 신하를 해쳐 자신의 이익을 채우는 것도 어지러움입니다. 도둑질이 발생하고 대부들이 남의 집안을 넘보고 제후들이 남의 나라를 공격하는 것도 마찬가지 이유입니다. 모두 자신의 집·가문·나라만 생각하고 남을 사랑하지 않기에 그들을 해쳐 자신의 이익을 얻으려는 것입니다.

필자 아들이 아버지를 공경해야 한다는 것은 누구나 하는 말입니다. 그러나 선생은 아버지도 아들에게 똑같은 의무가 있다고 말씀하시는군요. 아버지와 아들은 차별이 아니라 서로 사랑해야[相愛] 하는 상호적인 관계로 바뀌었습니다. 그렇다면 혼란의 해결책까지 말씀해주시겠습니까?

묵자 남의 나라를 제 나라처럼 여기고, 남의 집을 제집처럼 여기며, 남의 몸을 제 몸처럼 여기면 천하의 재난과 어지러움이 사라질 것입니다. 그러나 지금 천하의 사군자士君子들은 "그러나 정말 실천하기 어려운 일이다"라고 합니다. 이는 그들만이 서로 사랑하는 일의 이익을 모르고, 그 까닭도 모르기 때문입니다.

필자 남을 제 자신처럼 사랑하는 것이 쉬운 일로 보이지는 않는데요.

묵자 과연 불가능한 일일까요? 성을 공격하고 들판에서 싸워 자신의 몸을 죽이고 이름을 드러내는 것은 천하의 백성들이 모두 싫어하는 바입니다. 그럼에도 진실로 군주가 그것을 좋아하면 선비(군사)와 일반 백성들은 이를 해냅니다. 그런데도 서로 사랑하고 서로 이익을 주는 일을 하지 못한단 말입니까? 무릇 남을 사랑하는 이는 남도 그를 사랑할 것이며, 남을 미워하는 이는 남도 그를 미워할 것입니다.

예를 들어보지요. 옛날 진 문공이 거친 옷을 입는 선비를 좋아하니 신하들이 모두 따라했습니다. 초楚 영왕靈王이 선비의 허리가 가는 것을 좋아하니 신하들이 하루에 한 끼를 먹고 허리띠를 졸라매 한 해가 지나자 조정의 신하가 모두 말라깽이가 되었습니다. 월왕 구천이 용기 있는 선비를 좋아했습니다. 그가 선비들을 가르치려고, 배에 불을 지르고 시험 삼아, "우리 월나라의 보물이 다 이 안에 있다"고 외치고, 스스로 북을 잡고 선비들에게 그 속으로 뛰어들게 하자 북소리를 듣고 마구잡이로 불로 뛰어들어 죽은 이가 좌우에 100명도 넘었습니다.

적게 먹고 나쁜 옷을 입으며, 자신의 몸을 죽여 이름을 내는 것은 천하의 백성들이 모두 어려워하는 바입니다. 그럼에도 군주가 정말로 그것을 좋아하니 백성들은 그것을 해냈습니다.

필자 선생님의 말씀은 나와 남의 차별을 두지 않고 사랑하면 서로 해칠
까닭이 없다는 것이지요. 그러나 '사랑한다'와 '해치지 않는다'는 동어
반복처럼 보입니다. 어떻게 하면 서로 사랑할 수 있을지가 관건이겠습
니다. 선생께서 위에서 솔선해 사랑하고 해치지 않으면 아랫사람들이
따라서 하지 못할 것도 없다고 하고, 옛 선왕들이 모두 이를 실천했다
고 하는데 여전히 실감이 나지 않습니다. 그리고 높은 사람들이 험한
옷과 거친 음식을 좋아할까요? 그래서 천하의 선비들은 서로 차별하
는 대신 하나같이 아우른다[兼]는 선생님의 주장을 끊임없이 비방합니
다. 그들은 말합니다.

　"좋기는 하다. 그러나 어찌 이 방법을 이용할 수 있겠는가?"

묵자 그렇습니다. 그러나 저는 이렇게 대답하겠습니다.

　"만약 써먹지 못할 것이라면 나도 그르다 할 것이다. 그러나 어찌 좋
으면서 써먹지 못할 것이 있을쏜가?"

　예를 들어보지요. 지금 두 선비가 있습니다. 한 선비는 차별을 주장
하고[執別] 한 선비는 아우르는 것을 주장합니다. 차별하는 선비는 말
합니다.

　"어찌 친구의 몸을 내 몸처럼 위할 수 있으며, 친구의 부모를 내 부모
처럼 여길 수 있으랴?"

　다른 한 선비는 반대로 말합니다.

"듣건대 천하에서 높은 선비는 반드시 친구를 제 몸처럼 생각하고 친구의 부모를 제 부모처럼 대한다고 하더라."

그리고 차별하는 선비는 친구가 굶주려도 먹여주지 않고, 추위에 떨어도 입혀주지 않고, 병이 들어도 부축하고 봉양해주지도 않습니다. 그러나 아우르는 선비는 친구의 고난을 자신의 고난처럼 여깁니다.

이제 묻겠습니다. 갑옷을 입고 투구를 쓰고 출전하는 전사나, 저 멀리 파巴, 월越, 제齊, 형荊에 사신으로 가는 대부가 있습니다. 그들은 미래를 장담할 수 없는 사람들입니다. 그러면 이들은 누구에게 처자와 부모를 맡기겠습니까?

필자 저라면 물론 아울러 사랑하는 친구에게 맡기겠습니다.

묵자 그렇지요. 천하의 어리석은 사내나 아낙이라도 모두 아울러 사랑하는 사람을 택할 것입니다. 아우르는 것이 그르다 비난하는 이라도 아우르는 이에게 가족을 맡길 것이니 사실 그들은 말과 행동이 다릅니다.

군주라서 다르겠습니까? 여기 두 군주가 있습니다. 차별하는 군주는 "내가 어찌 만민의 몸을 내 몸처럼 위할 수 있겠는가? 이는 천하의 실정과 너무 어긋난다. 인생이란 기약 없는 것, 사두마차가 벽의 틈을 스쳐 지나는 것처럼 속절없는 것이다"라고 합니다. 그러나 아우르는 군주는 이렇게 말합니다.

"듣자니, 천하의 명군은 반드시 만민의 몸을 먼저 돌본 후 자신의 몸을 챙긴다고 한다."

그러니 차별하는 군주는 만백성이 굶주리고 헐벗고 병이 나고, 심지어 죽어도 아랑곳하지 않습니다. 그러나 아우르는 군주는 굶주리면 먹이고, 헐벗으면 입히고, 병이 나면 부양하고, 죽으면 장례를 치르고 땅에 묻어줍니다.

감히 묻겠습니다. 올해 전염병이 돌아 만민이 온갖 발버둥을 쳐도 헐벗고 굶주림을 면치 못하다가 도랑에 처박혀 죽는 이가 이미 수도 없다고 합시다. 이런 경우에 두 군주 가운데 누구를 선택하겠습니까? 천하의 어리석은 남자와 여자, 그리고 아우르는 것을 비난하던 이도 모두 아우르는 군주를 택할 것입니다.

필자 그럼에도 천하의 선비들 가운데 아울러 사랑해야 한다는 선생님의 주장을 비방하는 이들이 끊이지 않는데, 그들은 이렇게 말합니다.

"아우르는 것은 어질고 의롭다[兼卽仁矣義矣]. 그러나 어찌 그것을 행할 수 있겠는가? 아우르는 것이 불가능하다는 것은 비유하자면 태산을 끼고 장강과 황하를 건너뛰는 것[挈泰山以超江河]과 같다. 아우른다는 것은 정말 그런 일이 이루어지기를 바라는 것이니, 어찌 될 법이나 할 일인가?"

묵자 저는 이렇게 대답하겠습니다.

"태산을 끼고 장강과 황하를 건너뛴 이는 자고로 지금까지 한 명도 없었다. 그러나 서로 아울러 사랑하는 것[兼相愛]과 서로 이익을 주는

것[交相利]은 선대의 여섯 성왕*이 몸소 행하셨던 일이다."(이상《묵자》〈겸애兼愛〉)

필자 선생님은 지금 말씀을 삼가고 있지만 사실 옛 성왕께서 하신 일은 예를 밝히는 것이 아니라, 즉 차별을 밝히는 것이 아니라 사랑을 베푸는 것이었다고 말하는 것으로 들립니다. 그런데 다른 의문이 하나 있습니다. 혼란의 원인은 서로 사랑하지 않기 때문이라 하셨는데, 이는 동어반복이 아닙니까? 혼란은 서로 사랑하지 않는 상태일 텐데요. 일단 순자 선생에게 다시 발언권을 드리겠습니다.

순자 젊은이가 나이 든 이를 섬기고, 천한 이가 귀한 이를 섬기며[賤事貴], 어리석은 이가 현명한 이를 섬기는 것은 천하의 보편적인 의입니다[天下之通義]. 어떤 사람이 그 위세가 남의 위에 있지 않으면서 남의 아래에 있는 것을 수치로 여기는데 이는 간사한 사람의 마음입니다[有人也, 執不在人上, 而羞爲人下, 是姦人之心也]. 간악한 사람의 마음가짐을 벗어나지 못하고 그들의 행동을 벗어나지 못하면서 군자나 성인의 이름을 얻으려는 것은 비유하자면 엎드려서 하늘을 핥고, 목맨 사람을 구해주겠다며 발을 잡아당기는 격입니다. 그의 유세는 반드시 실패할 것이며, 힘을 쓸수록 점점 더 멀어질 것입니다. 그러니 군자는 굽혀야 할 때

---

* 요·순·우·탕·문·무왕을 말한다.

는 굽히고 펴야 할 때는 펴야 합니다.《순자》〈중니〉

필자 묵자 선생께서 부자, 혹은 군신의 관계마저 차등이 아닌 상애 관계로 보신 것에 대한 반론으로 보입니다. '합당한' 신분을 벗어난 행동을 '죽어가는 사람의 명을 재촉하는 것'이라고 한 선생님의 비유가 자못 섬뜩합니다. 차별을 배격해야 한다는 묵가의 인사들을 살인자에 비유하고 있으니까요. 그렇다면 직위든 능력이든 차이를 인정하지 않으면 세상의 평화는 절대로 오지 않는다는 말씀이신가요?

순자 그렇습니다. 똑같이 직분을 나누면 차등이 생기지 않고, 위세가 모두 같으면 하나가 될 수 없으며, 여럿의 위세가 같으면 (윗사람이 아랫사람을) 부릴 수가 없습니다[分均則不偏, 執齊則不壹, 衆齊則不使]. 하늘과 땅이 있는 것처럼 아래와 위는 차등이 있고, 밝은 왕이 처음 서서 나라를 세울 때 이런 제도를 만들었습니다. 양쪽이 모두 똑같이 귀하면 서로 섬길 수가 없고, 양쪽이 똑같이 천하면 서로 부릴 수가 없으니, 이것은 정해진 이치입니다. 위세와 지위가 모두 같고 바라고 싫어하는 바가 모두 같은데 재화가 넘치지 않는 이상 반드시 싸움이 일어나게 됩니다. 싸움이 일어나면 반드시 어지러워지고 어지러워지면 빈궁해집니다. 선왕께서는 그 어지러움을 싫어하셔서 예의를 만들고 직분을 나누어[制禮義以分之] 빈부귀천의 등급이 있게 해서 서로 어울려 살 수 있게 했습니다. 이것이 천하를 기르는 근본입니다.《서》에 "그저 가지런하기만 한 것은 가지런한 것이 아니다[維齊非齊]"라고 한 것은 바로 이를 이

른 것입니다.《순자》〈왕제〉

예를 지킬 의무 – 묵자의 상호주의 대 순자의 차등주의

—

필자 묵자 선생님, 순자 선생은 성악설에 근거해 묵자 선생님의 현실론을 부정하고 겸애가 비현실적이라고 주장했습니다. 순자 선생님이 말씀하신 천하의 보편적인 의[天下之通義]는 어쩌면 계층의 차별은 바꿀 수 없다는 운명론처럼 느껴지기도 합니다. 예컨대 농부가 쉽사리 선비의 일을 배울 수 있겠습니까?《시》와《서》를 외우고 예를 익힐 수 있겠습니까? 중국의 한자는 얼마나 어렵습니까? 선생님은 누차 현명한 이는 천거해 써야 한다고 하시지만 왠지 농부들에게는 적용되지 않는 말인 것 같습니다. 차별이 숙명처럼 느껴지기도 하는데요.

묵자 차별로 백성의 마음을 얻을 수 있을까요? 그것은 재화가 넘칠 때 가능한 일이지요. 그리고 백성을 사랑하는 군주의 기본 태도도 말씀드리겠습니다.

무릇 오곡이란 백성들이 (군주를) 우러르는 수단이며, 군주가 (스스로를) 기르는 수단입니다[凡五穀者, 民之所仰也, 君之所爲養也]. 그러니 백성이 (군주를) 우러르지 않으면 군주는 (스스로를) 기르지 못하며, 백성이 먹지 못하면 (군주를) 섬길 수가 없습니다. 그러니 먹는 것에 힘쓰지 않을 수 없으며, 땅을 가는 일에 힘쓰지 않을 수 없으며, 쓰는 일에 절제가 없어서는 안 됩니다.

오곡이 다 걷히면 군주의 밥상에 다섯 맛의 음식을 다 올립니다. 한 가지가 걷히지 않으면 벼슬아치들의 녹봉을 5분의 1 줄이고, 두 가지가 걷히지 않으면 5분의 2 줄이며, 이런 식으로 다섯 곡식이 다 걷히지 않아 녹봉이 없으면 관의 창고의 곡식을 먹을 따름입니다. 그러니 나라가 흉년으로 기근이 들면 군주는 큰 상차림[鼎食]의 5분의 3을 치우고, 대부는 매달아놓고 치는 큰 악기를 없애며, 사士는 학당에 들어가지 않고, 군주는 조회복도 새로 짓지 않아야 합니다.

필자 백성은 군주를 먹여 살리는 존재이므로 군주도 백성에 대한 '예'가 있다는 말씀이십니다. 백성들의 아픔을 같이하고(겸애), 또 그렇기에 아껴야 하니(절용), 풍흉에 따라 녹봉을 주어야 한다는 것은 선생님의 이상이 반영된 것이라고 봅니다.

다스리는 자는 치렁치렁한 예가 아니라 백성에게 받은 것을 돌려주는 예, 그리고 백성과 고락을 같이한다는 아래로 향하는 도리를 보여주어야 한다는 것이겠습니다. 역시 선생님은 상하의 차별이 아니라 상하의 일치를 중시하는군요. 그리고 이것이 혼란을 극복하는 방안이라는 말씀이십니다.

묵자 그렇습니다. 풍년이 들면 백성들은 어질고 또 선량해지지만, 흉년이 들면 인색하고 그악스러워집니다. 농민들이 노력한다고 어떻게 항상 풍년이 들겠습니까? 옛날에도 홍수가 있고 가뭄이 있었습니다. 우임금 시절에 홍수가 7년이나 이어졌고, 탕왕 시절에 가뭄이 5년이나 이어졌다고 합니다. 그런데도 그때 기근이 없었던 것은 무슨 까닭이겠습니까? 때에 따라 열심히 일하되 자신의 몸 보양에는 소박했기 때문이며[其力時急而自養儉也], 생산하는 데는 주도면밀하되 쓰는 데는 절약했기 때문입니다[其生財密其用之節也].

필자 선생님은 허식을 배격하십니다. 그렇다면 허식에 대비되는 실질, 즉 안정된 나라가 갖추어야 할 실질에 대해 말씀해주시겠습니까?

묵자 양식은 나라의 보배이며, 군대는 나라의 발톱이며, 성은 자신을 지키는 수단입니다[食者國之寶也, 兵者國之爪也, 城者所以自守也]. 이 셋은 국가가 갖출 기구입니다. 그러니 이렇게 말씀드립니다. (군주가) 공이 없는 자에게 엄청난 상을 내려 창고를 비게 하고, 수레와 말을 다 갖추고 기괴한 갖옷을 입으며, 역부들을 수고롭게 하면서 궁실을 다스리고 음악을 듣는 것, 온갖 천으로 된 옷과 가죽 옷을 갖추고 두꺼운 관곽에 싸여 묻히고, 살아서는 높은 누각을 누리고 죽어서도 화려한 분묘에 안치되는 통에 백성들은 밖에서 괴롭고, 창고는 안에서 빕니다. 그러니 나라는 적을 만나면 패배하고, 백성들은 흉년에 기근을 만나면 죽어 나갑니다. (이상 《묵자》 〈칠환七患〉)

필자 선생님은 철저하게 예라는 단어를 피하고, 실질을 말씀하십니다. 화려한 음악, 꾸민 수레, 수놓은 옷 따위는 실질을 해치는 패악이라 하십니다. 사실은 그런 기물들이 차별을 드러내는 것이니 이른바 유가에서 말하는 차별의 예를 부정하시는 셈입니다. 순자 선생님, 반론해주시지요.

순자 옛날 선왕들이 인민들을 갈라 차등을 두었습니다. 그래서 어떤 이는 아름답게 어떤 이는 추하게 하고, 어떤 이는 후하게 어떤 이는 박하게 대하며, 어떤 이는 편하고 안락하게, 어떤 이는 수고하게 했습니다. 이는 쓸데없이 화려하고 사치스러움을 즐기기 위한 것이 아니라, 장차 인仁의 문식文飾(꾸밈이나 예식)을 밝히고, 인의 질서(상하의 질서)를 통하게 하기 위함이었습니다[將以明人之文, 通人之順也]. 그러므로 (옥이나 집, 혹은 기물 따위를) 조각하고 (의복이나 관복에) 색과 무늬를 넣는 것은 귀천을 구분하기 위함[辨貴賤]일 따름이지 멋있게 보이려는 것이 아닙니다. 갖은 타악기·관악기·현악기를 만드는 것은 길흉과 합환合歡, 정화定和를 구분하려는 것이지 그 나머지를 바라는 것이 아닙니다. 궁실과 높은 대를 만드는 것도 습기와 더위를 피하고 덕을 길러 경중을 구분하게[辨輕重] 하려는 것일 뿐 그 이상을 바라는 것이 아닙니다.

군주가 갖가지 음식을 먹고 갖가지 색의 옷을 입으며 여러 제물을 가지고 천하를 합쳐서 임금 노릇을 하는 것은 사치를 즐기려는 것이 아니라 진실로 천하를 하나로 만들어 온갖 변화를 다스리며[一天下治萬變], 만물을 써서 만민을 기르기 위함이었습니다[材萬物養萬民].

그러니 백성들이 그를 위해서 조각과 수놓은 옷을 올리며 그의 덕을 기르는 것입니다. 그래서 어진 사람이 위에 있으면 백성들은 그를 귀하게 여기기를 상제처럼 하며, 그를 친하게 여기기를 부모처럼 해, 그를 위해 나서서 목숨을 바치더라도 유감이 없는 것은 다른 까닭이 아닙니다. 군주가 위에 있는 것이 마땅해 정말로 아름답고, 그로 인해 얻는 것이 정말로 크며, 그로 인한 이익이 정말로 많기 때문입니다.

필자 예란 아랫사람의 삶을 길러주기 위한 방편인데, 이를 위해 윗사람의 위엄을 더해주는 것이 무슨 문제인가 하는 것이군요. 또한 윗사람이 아랫사람과 구별되는 삶을 사는 것도 개인의 사치를 위한 것이 아니라, 질서를 밝히기 위한 수단이라는 말씀이십니다. 그렇다면 이것은 상호부조, 혹은 일종의 사회계약론이군요.

순자 그러므로 말합니다.
 "군자는 덕으로써 하고, 소인은 힘으로써 한다."
 힘은 덕이 부리는 바이니, 백성의 힘은 군자의 덕을 기다린 후에 효과를 거둘 수 있습니다[君子以德, 小人以力. 力者德之役也, 百姓之力, 待之而後功]. 백성들이 모여서 화합하고, 안정을 얻고, 재물을 얻는 것도 다 군자의 덕을 기다린 후에 가능한 것입니다.

필자 정신노동과 육체노동의 분업관계를 말씀하시는 것 같습니다. 군자는 백성의 힘을 조직하는 기획자로군요.

상하화목의 필수 덕목

—

필자 오늘날 전국시대의 군주 혹은 군자와 백성들은 상호부조의 관계를 맺고 있다고 생각하십니까?

순자 지금 세상은 그렇지 않습니다. 돈을 많이 거두어 백성의 재물을 빼앗고, 전야의 세를 중하게 거두어 그들의 먹을 것을 빼앗고, 관시關市의 세를 무겁게 거두어 저들˙의 생업을 어렵게 만듭니다. 그렇지 않으면 약점을 잡아 함정에 빠뜨릴 기회를 보다가[掎挈伺詐]˙˙ 권모술수로 넘어뜨려 아주 피폐하게 만들어버립니다.

필자 그렇다면 묵자 선생의 주장이 일리가 있는 것이 아닙니까? 오늘날은 재물이 위로 흘러 백성의 삶이 실제로 피폐해지고 있으니까요. 당해서 피폐해지는 위치에 있는 사람도 묵묵히 자신의 자리를 고수해야 할까요?

순자 그렇다고 모두 같아지는 것이 해법은 아닙니다. 그러면 세상은 싸

—

• 일차적으로 상인들, 이차적으로는 중세重稅로 인한 가격 상승으로 고생하는 농민들을 뜻한다.

•• 명확하지 않은 구절이지만 대체로 약점을 들추어 함정에 빠뜨린다는 뜻이다. 기설掎挈이란 뒤에서 다리를 잡아 끌어내리고 앞에서는 (머리를 잡아) 끌어올린다는 뜻이고, 사사伺詐는 함정에 빠뜨릴 기회를 엿본다는 것이다. 기각지세掎角之勢는 달아나는 사슴의 뿔과 다리를 잡아 제어한다는 뜻이므로 이와 통할 것이다. 그렇다면 이미 앞뒤를 다 조사해놓고 기회만 엿보는 행위를 말하는 구절로 볼 수 있다.

움터가 되겠지요. 세상의 모든 사람을 만족시키는 길은 직분(분수)을 밝히는 데 있습니다[兼足天下之道在明分].˙ 전야에서 풀을 뽑고 거름을 주는 일은 농부와 일반 백성의 일입니다. 때를 지켜 백성들을 독려하고 일을 진척시켜 공을 이루며 백성들을 가지런하게 하는 것은 장솔將率들의 일입니다. 계절을 조화시켜 곡식을 잘 여물게 하는 것은 하늘의 일입니다. 이 모두를 아울러 덮어주고[兼覆] 사랑하며[兼愛] 제재해[兼制], 비록 흉작이나 한발, 홍수가 있어도 백성들이 춥고 굶주리는 걱정이 없도록 하는 것이 바로 성군과 현상賢相의 일입니다.

필자 선생께서는 겸애는 물론 겸제를 함께 갖추는 것이 위정자의 역할이라는 의미이군요?

순자 묵자 선생은 자질구레하게 천하를 위해 부족을 걱정하십니다. 부족이란 천하의 공적인 우환이 아니라, 그저 묵자 선생의 사적인 걱정이며 계산착오입니다.

　지금 땅에서 오곡이 나는 것을 보면, 사람이 잘 가꾸기만 하면 한 묘에서 여러 동이[盆]가 나며 한 해에도 두 번 거둘 수 있습니다. 온갖 채소들도 잘 가꾸기만 하면 소택[澤] 단위로 셀 수 있고,˙˙ 가축이나 금수,

---

• 이어지는 단락에서 순자는 계속 묵자의 겸애와 절용을 공격하기 위해 묵자의 언어를 차용하고 있다. 순자는 이른바 진정한 겸애와 절용의 의미를 자신이 밝히겠다고 나선 것이다.

•• 소택지 가에 심은 채소가 하도 많아 소택 단위로 센다는 의미다.

물에서 나는 물고기도 제때에 번식을 한다면 무수히 많을 것입니다. 천지가 만물을 생육할 때는 진실로 사람을 먹이고도 남는 것이 있습니다. 입고 쓰는 것도 마찬가지입니다. 그러니 부족을 걱정하는 것은 천하의 공적인 걱정이 아니라 묵자 선생의 사적인 걱정입니다.

필자 그렇다면 선생께서 생각하시는 공적인 우환은 무엇입니까?

순자 천하의 공적인 우환이란 바로 어지럽혀 상하게 하는 것입니다[天下之公患, 亂傷之也]. 누가 천하를 어지럽히는지 살펴볼까요? 제가 보기에는 묵자 선생의 비악非樂(음악을 그르다 비난한 것)은 천하를 어지럽히고, 절용은 천하를 가난하게 합니다.

묵자 선생이 크게는 천하, 작게는 한 나라를 가진다면 반드시 삼가면서 나쁜 옷을 걸치고 거친 음식을 먹을 것이고, 걱정하며 음악을 폐할 것입니다. 그렇게 되면 몸이 수척해질 것이고, 수척하면 (일을 할) 욕망이 줄어들고, 욕망이 줄어들면 포상을 행할 수 없을 것입니다. 또 그가 천하나 나라를 다스린다면 반드시 따르는 무리도 줄이고 관직도 줄여 윗사람은 일을 하느라 고생할 것이며, 백성들과 더불어 꼭 같이 일을 하고 그들과 같이 고생할 것입니다.

이렇게 하면 위엄이 서지 않습니다. 위엄이 서지 않으면 상벌을 행할 수 없고, 상을 행할 수 없으면 현명한 이를 얻어 등용할 수 없고, 법을 행할 수 없으면 어리석은 이를 가려 물리칠 수 없습니다. 이리하면 만물이 마땅함을 얻지 못하고 만사의 변화에 응할 수 없으며, 위로는 천시를 잃고 아래로는 지리를 잃으며, 가운데로는 인화를 잃어 천하가 불타는 꼴이 될 것입니다. 묵자 선생이 비록 갈포 옷을 입고, 허리에는 새끼줄을 매고, 콩국물이나 마신다고 해도 어찌 천하를 만족시킬 수 있겠습니까? 이미 그 줄기를 베어내고 뿌리를 캐어내어 천하를 말려 버린 것입니다.

필자 군주가 누리는 것이 백성과 같아지면 위엄이 없어지고, 군주와 백성이 할 일은 엄연히 구분된다는 말씀이시군요.

순자 그렇습니다. 선왕과 성인은 그렇게 하지 않았습니다. 무릇 군주가 되어 남의 위에 있는 사람이 아름답게 꾸미지 않고 부유하지 않다면 민을 관할할 수 없습니다. 반드시 악기를 동원해 귀를 채우고, 조각과 문양을 통해 눈을 채우고, 갖가지 맛으로 입을 채운 후, 관직을 정비하고 형을 엄하게 해서 백성을 다스립니다. 상과 벌로 현명한 이를 등용해 천시와 지리, 인화를 얻으면 재물은 황하나 바다처럼 넘치고 언덕이나 산처럼 쌓일 텐데 어찌 부족을 걱정하겠습니까?

군주가 할 일을 버려두고 백성들을 부양하고 어루만지는 것에만 힘써서, 겨울에는 죽을 쑤고 여름에는 오이와 보리밥만 먹으면서 잠시의 명성을 얻는 것은 도를 훔치는 것입니다[偸道].(이상 《순자》 〈부국富國〉)

필자 언사가 사뭇 거칩니다. 저는 묵자 선생이 스스로의 명성을 위해 그런 고행을 한다고 보지는 않습니다. 그리고 근래 재물이 산처럼 쌓인 적이 있었던가요? 흉년만 들면 기근이 따라오는 것도 사실이 아닙니까? 묵자 선생님, 선생님은 차별 대신 겸애와 절용, 그리고 상하의 대립 대신 상동*을 주장하시지요? 그러나 순자 선생님은 그런 방법이 오히려 뿌리를 캐내어 나무를 말라 죽게 하는 방식이라고 하는데요.

묵자 전에 제가 천하 사람들이 혼란을 피하기 위해 천하에서 가장 어진 사람을 찾아 천자로 세웠다고 말씀을 드렸습니다. 그리고 비슷한 과정으로 다른 지도자들도 생겨났지요.

필자 그렇습니다. 처음에 천하 사람들이 자발적으로 가장 어진 사람을 찾아 천자로 세웠다는 이야기는 선생님만의 독특한 주장입니다. 가장 어진 사람으로 인정을 받았으니 자연히 위엄도 있었으리라 짐작이 가능합니다.

묵자 이제 지도자들이 다 준비되면 천자는 천하의 백성에게 정령을 발표합니다.
"선한 행동을 보든지 악한 행동을 보든지 모두 위에 보고하라. 위에서 옳다고 여기는 것은 모두 그것을 옳다고 여기고, 그르다 여기는 것은 모두 그르다 여겨야 한다[上之所是必皆是之, 所非必皆非之]. 위에 잘못이

• 아래위가 하나 됨을 중시한다는 의미다.

있으면 간해서 바로잡고, 아래에 선한 이가 있으면 추천하라. 이와 같이 하면서 아래로 따로 무리를 짓지 않는 이[上同而下不比者]는 위의 상을 받고 아래의 칭찬을 받을 이다."

이와 같이 행동하는 자는 포상과 명예를 얻고, 이와 반대로 행동하는 자는 벌과 비난을 받습니다. 천하의 가장 어진 사람인 천자가 그렇게 하듯이 큰 고을의 가장 어진 사람인 행장 또한 아랫사람들에게 같은 명을 내리고, 작은 고을의 이장도 똑같이 해서 위아래가 뜻을 같이하게 합니다.

필자 선생은 아래위가 상호 소통을 통해 하나가 되어야 한다고 말합니다. 위에서 두려워하는 것은 아래가 뭉쳐 명령을 어기거나 정변을 일으키는 것이겠지요. 말씀의 취지는 화동和同의 방법으로 아래위가 나누어지지 않게 해야 한다는 것이지요?

묵자 그렇습니다. 전쟁을 예로 들어볼까요? 어떤 군대가 나가서 주벌해 이기는 까닭은 무엇입니까? 오직 위정자의 뜻과 아랫사람의 뜻이 같아지는 것을 추구[尙同爲政者]하는 방법밖에는 없습니다.

필자 그렇다면 오늘날 상동이 되지 않는 까닭은 또 무엇입니까?

묵자 예전에 우두머리들을 세워 높은 작위를 주고 부귀하게 해준 것은 그저 그 자리를 차지하고 즐기라는 것이 아니었습니다. 만민을 위해 이익을 일으키고 해를 제거하며[爲萬民興利除害], 가난하고 외로운 이들을 부귀하게 해주고[富貴貧寡], 위태로운 것을 안정시키고 어지러운 것을 다스리라[安危治亂]는 것이었습니다. 옛날 선왕들의 정치는 실로 이러했습니다.

그러나 지금의 왕공대인들의 형정은 이와 반대입니다. 정치는 한곳으로 치우쳐 가문의 부형이나 오랜 친구라면 측근으로 앉히고 우두머리로 삼습니다. 백성은 위에서 우두머리들이 바르지 못한 방법으로 임명해 다스린다는 것을 알고 있습니다. 그래서 백성은 모두 자기들끼리 무리를 짓고 실정을 숨기며, 위와 뜻을 같이하려고 하지 않습니다. 이리하여 상하의 뜻이 다르면 상과 명예로써 선을 권면하지 못하고, 형벌로써 포학한 행동을 막지 못합니다. 왜 그렇습니까?

위아래의 뜻이 다르면 위에서 상을 내리는 이를 백성은 오히려 비난할 것입니다[上之所賞則衆之所非]. 위에서 벌을 주는 사람을 백성은 오히려 칭찬할 것입니다[上之所罰則衆之所譽]. 백성들의 우두머리가 되어 국가의 정치를 맡은 사람으로서, 상과 명예로써 선을 권하지 못하고 형벌로써 포학함을 막지 못한다면 이전에 제가 말한 것처럼 백성들이 처음 생겨나 우두머리가 없는 때와 마찬가지가 아닙니까?

필자 오늘날 위정자들은 아래위가 하나가 되는 것을 추구하는 것이 아

• 전체적으로 묵자의 분석은 오늘날 민주정치의 시작에 대한 분석과 대단히 유사한 점이 있다.

니라 차별을 고착화시켜 자기들만 살 궁리를 하고 있다는 말씀이시군요. 그렇다면 위에서 백성들을 부릴 때의 요결을 한마디로 정리하면 무엇일까요?

묵자 백성들로 하여금 상하가 하나됨을 숭상하게 하려면 반드시 백성을 사랑해야 합니다.˙ 백성을 사랑하는 데 힘쓰지 않으면 백성을 부릴 수가 없습니다[愛民不疾, 民無可使]. 반드시 그들을 사랑하는 데 힘쓴 후에 부리고[必疾愛而使之], 믿음을 주어 그들을 유지해주며[致信而持之], 부귀로써 앞에서 끌어주고[富貴以道其前] 벌을 명백히 함으로써 뒤를 끌어주어야 합니다[明罰以率其後].(이상《묵자》〈상동〉)

필자 제가 정리하는 발언을 한번 하겠습니다. 묵자 선생께서 먼저 부하게 한 후에 법을 적용한다고 하신 것은 유가의 백성관과 비슷하고, 주로 법가와 충돌합니다. 그러나 선생은 예 대신에 사랑, 차별 대신 아우름을 강조합니다. 이 점에서는 순자 선생과 대립하고 맹자 선생과 통하는 면이 있습니다. 맹자 선생은 부지불식간에 순자 선생과는 차이가 나는 사랑과 예의 관념을 가진 것 같습니다. 논의가 약간 밖으로 흐르

• "백성들로 하여금 상하가 하나 됨을 숭상하게 하는 것은[凡使民尙同者] 다음에 바로 "백성들을 사랑하는 데 힘쓰지 않으면 백성을 부릴 수가 없다[愛民不疾, 民無可使]"라는 구절이 등장한다. 뒤의 문장에 "반드시 사랑하는 데 힘써야 한다[必疾愛]"라는 구절이 등장하는 것으로 미루어보아, 아마도 두 문장 사이에 "반드시 백성을 사랑하는 데 힘써야 한다[必疾愛民]"는 구절이 누락된 듯하다. 묵자는 흔히 앞의 말을 받아서 뒤의 구절을 시작하는 버릇이 있기 때문이다.

고 있지만, 맹자 선생을 직접 부르지 않고 발췌해보겠습니다.

제 선왕은 새로 만든 종에 바를 피를 얻기 위해 소를 끌고 가는 것을 보았습니다. 소도 죽을 곳으로 가는 것을 아는지라 겁을 먹어 벌벌 떨고 있었지요. 그 광경을 보고 왕이 "소를 놓아주어라" 하니, 소를 끌고 가는 사람이 물었습니다.

"종에 피를 바르는 예를 폐할까요?"

왕이 대답했습니다.

"어찌 폐할 수가 있겠는가? 양으로 바꾸게."

어떻게 보면 이것 역시 오십보백보가 아닙니까? 맹자 선생은 고루한 점이 있습니다. 그러나 때로는 큰 융통성을 보입니다. 이번에 맹자의 대응은 달랐습니다.

"그런 마음이라면 왕자가 될 수 있습니다[是心足以王矣]. 백성들은 왕께서 소가 아까워서 그런다고 하시겠지만 저는 왕께서 차마 소를 죽이지 못해 그런 것이라는 것을 알고 있습니다."

"맞습니다. 제나라가 비록 작다고 하나 어찌 소 한 마리를 아끼겠습니까? 벌벌 떨면서 죄 없이 죽으러 가는 것을 보고 차마 하지 못해서 그랬습니다."

"소가 죄 없이 죽는 것을 차마 보지 못했다면 어찌 소 대신 양을 택하셨습니까?"

왕은 웃으며 대답했습니다.

"정말 무슨 마음이었는지 모르겠습니다. 재물이 아까워서 양으로 바꾸었던 것은 아닌데……. 백성들이 제가 재물을 아낀다고 생각할 만하군요."

맹자 선생이 대답했습니다.

"마음 상해하지 마십시오. 그것이 바로 어진 마음입니다. 그저 왕께서는 소는 보았지만 양은 보지 못했을 뿐입니다."

왕의 마음이 풀어졌습니다. 그러자 맹자 선생이 말을 이었습니다.

"어떤 사람이 왕께 이렇게 말한다고 해보지요. '저는 3000근을 들어 올릴 수 있지만 새털은 들어 올릴 수 없습니다. 눈으로 가을철의 가는 털[秋毫]은 볼 수 있지만 수레에 가득 실릴 만큼의 장작은 보지 못합니다.' 그런 말을 믿으시겠습니까?"

"물론 믿지 않습니다."

"지금 왕의 은덕이 족히 금수에게까지 미칠 정도인데, 공덕이 백성에게 미치지 못하는 것은 유독 무엇 때문이겠습니까? 그러니 깃털 하나를 들 수 없다는 것은 힘을 쓰지 않기 때문이고, 수레 가득한 장작이 보이지 않는 것은 눈으로 보지 않기 때문입니다. 백성들이 보호받지 못하는 것은 은덕을 베풀지 않기 때문입니다. 그러니 왕께서 왕자가 되지 못하는 것은 하지 않는 것[不爲者]이지 하지 못하는 것[不能者]이 아닙니다."

"하지 않는 것과 하지 못하는 것의 형세는 어떻게 다릅니까?"

"태산을 끼고 북해를 건너뛰는 것[挾太山以超北海]을 남들에게 말하며, '나는 못 한다'고 한다면 이것은 정말 하지 못하는 것입니다. 그러나 노인의 팔다리를 주물러주는 일을 남에게 말하며, '나는 못 한다'고 한다면 이것은 하지 않는 것이지 하지 못하는 것이 아닙니다. 왕께서 왕자가 되지 않는 것은 태산을 끼고 북해를 건너뛰는 부류의 일이 아니며, 어른의 다리를 주물러드리는 것과 같은 부류의 것입니다. 우리 집 노인을 노인으로 대접하는 것부터 시작해 남의 집 노인에게 미치며, 우리 집 어린아이를 귀하게 여기는 것에서 시작해 남의 집 어린아이까지 미친다면[老吾老以及人之老, 幼吾幼以及人之幼], 천하를 손바닥 위에서 운영할 수 있습니다."(《맹자》〈양혜왕〉)

이렇게 맹자의 예론은 순자 선생의 예론과 상당히 다른 태도입니다. 맹자 선생은 비유도 묵자 선생과 비슷한 것을 들고 있네요. 그래서 묵자 선생의 겸애와 맹자의 애민은 서로 통한다고 한 것입니다. 공자도 자공이 고수레에 쓰는 양을 없애려 하자 이렇게 말한 적이 있습니다.

"사야, 너는 양을 아끼느냐? 나는 예를 아낀다."

순자께서는 항상 맹자 선생을 무시하고 공자를 높이는 분입니다. 예를 중시하시는 분이 양에 대한 측은함으로 법식法式을 바꿀 리는 없겠지요. 맹자 선생의 백성과 같이 즐긴다[與民偕樂]는 주장은 그의 예론을 분명하게 보여줍니다. 그것은 묵자 선생 정도의 평등도 아니고 순자 선생 정도의 차별도 아닌 듯합니다. 분명히 측은지심에 근거를 두고 있으니까요. 비슷한 이야기는 많습니다.

제 선왕이 맹자 선생에게 "과인이 사냥터[囿]가 사방 40리인데 백성들은 오히려 크다고 생각합니다. 왜 그렇습니까?" 하니 맹자 선생은 이렇게 대답했습니다.

"문왕의 사냥터는 사방 70리였습니다. 그러나 꼴 베고 나무하는 사람도 들어가고, 꿩과 토끼를 잡으려는 사람도 들어가게 해서 백성들과 공유했습니다[與民同之]. 저는 처음 제나라 국경에 도착하자마자 우선 나라가 크게 금하는 것[大禁]이 무엇인지 물어보고 감히 들어왔습니다. 저는 교외 관문 안에 사방 40리의 사냥터가 있는데 그곳의 사슴들을 잡는 죄는 살인죄와 같다고 들었습니다. 그러니 이것은 나라 가운데 사방 40리의 함정이 있는 것과 같습니다. 백성들이 이것을 크다고 여기는 것은 당연하지 않겠습니까?"《맹자》〈양혜왕〉)

이는 역시 순자 선생과는 다른 태도입니다.

각설하고 오늘날 위정자들이 백성들을 하찮게 보는 것이 도를 넘은 감이 있는 것 같습니다. 묵자 선생님, 이어서 오늘날 왕공대인들이 정치하는 실태에 대해 논평해주실까요?

묵자, 유가의 정실주의는 차별을 고착화한다
—

묵자 지금의 왕공대인들은 골육지친이면 무조건 쓰고, 이유 없이 부귀하고 행색이 번드르르하면 들여다 씁니다. 정말 이들의 친척이라면 앉은뱅이나 벙어리나 귀머거리, 포학하기가 걸주와 같은 이도 씁니다. 그러면 현명한 이라고 해서 상을 타는 것도 아니요, 포학한 이라고 해서 벌을 받는 것도 아닙니다. 이리하면 백성들은 포기해 선행을 하려 하지 않고, 노력하지도 않고, 서로 위로하지도 않으며, 재물이 썩어도 없는 이에게 나누어주려 하지도 않고, 좋은 도를 숨겨두고 서로 가르쳐주지도 않습니다. 그러니 어지러워지는 것은 당연합니다.《묵자》〈상현〉)

필자 차별이 점점 고착화되는 상황이 안타까우시군요. 오늘날 혈연에 따른 등용에 대해서는 순자 선생도 같은 의견이시지요?

순자 그렇습니다. 군주는 가까운 사람과 먼 사람, 귀한 사람과 천한 사람을 가리지 않고 신실하고 유능한[誠能] 사람을 등용해야 합니다. 이리하면 왕자의 시절이 다시 올 것입니다.《순자》〈왕패〉)

필자 일단 유가 이론에 한정해서 말씀드리겠는데요, 이 문제는 가까운 사람을 쓰고자 하는 현실적인 욕망을 제어할 수가 있느냐는 것이겠지요. 예컨대 주 무왕은 이렇게 말한 적이 있습니다.

"주나라는 큰 복이 있습니다. 착한 사람들이 많습니다. 비록 친한 친척이 있으나 어진 이들만은 못하며, 백성이 잘못이 있으면 그 죄는 저 하나에게 있습니다[周有大賚, 善人是富, 雖有周親, 不如仁人, 百姓有過, 在予一人]."《논어》〈요왈〉)

인재를 쓰면서 무왕은 친척을 쓰고자 하는 유혹을 누르려 애썼습니다. 그러나 주공은 아들 백금伯禽을 임지인 노나라로 보내며 이렇게 말했습니다.

"군자는 친척을 버리지 않으며, 대신들로 하여금 써주지 않는다고 원망하게 하지 않으며, 오래된 이들은 큰 과실이 아니면 버리지 않으며, 한 사람이 다 갖추기를 바라지 않는다[君子不施其親, 不使大臣怨乎不以, 故舊無大故則不棄也, 無求備於一人]."《논어》〈미자微子〉)

이렇게 보면 유가적 사고 속에는 정실주의로 흐를 위험이 항상 있는 것 같기도 합니다. 그리고 주공이 말하던 당시는 군주의 권한이 제한적이던 시절이니 친척을 찾고 오랜 신하를 찾았을 겁니다. 저로서는 정실주의 인사를 유가의 이론으로 극복할 수 있을지가 의문입니다. 이 문제의 전문가들은 오히려 법가 인사들이지요.

다시 플라톤 선생께 물어보겠습니다. 현명하고 능력 있는 자를 등용한다는 당위론이 있기는 하지만, 친분과 혈연을 통해 관직을 독점하려는 욕구는 어디에나 있는 것이겠지요?

플라톤 물론 이곳에도 그런 행태들이 있습니다. 지배권과 관련된 관직들이 다툼거리가 되었을 경우, 승자들은 나라의 일들을 아주 독차지해 버림으로써 패자 당사자는 물론 그 자손들에게도 그 어떤 관직도 나누어주지 않게 되어, 서로 감시하면서 삽니다. 혹시 누군가가 관직에 오르게 되면, 이전에 있었던 나쁜 일들을 기억하고서 반란을 일으킬까 봐 두려워서 그런 것이지요. 틀림없이 이런 것들은 이제 국가의 체제도 아니고, 또한 나라 전체의 공동의 것을 위해 제정된 것이 아닌 것들은 바른 법률도 아니라고 말할 수 있습니다. 법률이 일부 사람들을 위한 것일 경우에, 이 사람들을 우리는 '도당'이라고 말하지 '시민들'이라고 말하지 않으며, 이들이 올바른 것들이라고 말하는 것들도 의미 없는 것입니다.

제가 오늘날 통치자들이라는 사람들을 법률에 대한 봉사자들로 일컬은 것은 명칭들의 쇄신을 위해서가 아니라, 무엇보다도 그 봉사에 나라의 복지와 불행이 달려 있기 때문입니다.(715b-d)

필자 그렇습니다. 차별이란 쉽게 고착화됩니다. 누구나 지배하는 삶을 연장하고 싶고, 지배당하는 삶으로 돌아가기는 싫으니까요. 이렇게 보면 묵자 선생께서 하시는 말씀이 공연한 기우는 아닙니다. 현실이 그러하니까요.

묵가의 현명한 사람 대 유가의 예를 아는 사람
—

필자 그렇다면 다시 묻겠습니다. 묵자 선생님은 현명한 사람만이 귀해지고 지도자가 된다고 하셨고, 현명함에 사대부나 농공상이 따로 없다고 하셨습니다. 그렇다면 각자 위치에서 어떻게 하면 현명해질까요?

묵자 지금 천하의 사군자들은 모두 부귀하기를 바라고 빈천해지는 것을 싫어합니다. 그렇다면 어떻게 그렇게 될 수 있을까요? 현명해지는 것이 최선입니다. 그러면 어떻게 하면 장차 현명해질 수 있습니까? 힘이 있는 자는 당장 힘없는 자를 도와주고[有力者疾以助人], 재물이 있는 자는 힘껏 남에게 나누어주고[有財者勉以分人], 도를 지닌 자는 권면하며 남을 가르치면 됩니다[有道者勸以敎人]. 이리하면 굶던 이가 밥을 먹을 수 있고, 추운 이가 옷을 입을 수 있고, 어지러운 자는 가지런해집니다.(《묵자》〈상현〉)

필자 현명함이 오직 지식에 국한되는 것은 아니라는 말씀이시군요. 재물이나 힘으로도 현명해질 수 있다는 말입니다. 사대부는 일단 제외하고, 재물을 모으는 데는 농민보다는 아마도 상인이나 공인이 더 유리할 것 같습니다. 그러나 이들이 국가의 지도자가 될 수 있는지 회의하는 사람들이 많습니다. 국가의 수호자들, 국가 전체를 어떻게 운용하고 어떻게 지켜나갈 것인가 생각하고 실행하는 것은 전문적인 능력이 필요한 특수한 기술이 아닐까요? 다시 플라톤 선생에게 물어볼까요.

플라톤 목수의 지식을 가지고 있다고 해서 지혜롭고 훌륭한 판단력을 가지고 있다고 할 수 있습니까? 아닙니다. 그것은 그저 목공을 할 때 유용할 뿐입니다.(428c) 천성이 장인이거나 상인인 사람이 자신의 부나 대중적인 지지, 혹은 힘이나 여타 비슷한 것에 힘입어 우리의 군인계급으로 들어오려 하거나, 우리의 군인계급이 자신에게 맞지도 않은 입법 수호자계급으로 들어가려 하거나, 혹은 특정 개인이 여러 가지 일을 한꺼번에 하고자 한다면, 내가 보기에 이런 식의 상호 교환과 간섭은 우리 국가를 파괴시킬 것이라고 생각합니다.(434b)

필자 선생님도 신분에 관계없이 현명해질 수 있다는 묵자 선생의 의견에 동조하지 않으시는군요. 번지樊遲가 공자에게 농사짓는 법을 배우려고 하자 공자는 이렇게 말했습니다.

"나는 늙은 농부보다 못하다."

그리고 이렇게 비평했다고 합니다.

"소인이구나, 번지는. 위에서 예를 좋아하면 백성은 감히 불경스러운 짓을 하지 못하고, 위에서 의를 좋아하면 백성은 감히 불복하지 못하며, 위에서 신의를 좋아하면 백성들이 진심을 다하지 않을 수가 없다. 이렇게 하면 사방의 백성들이 제 자식을 강보에 싸서 업고 찾아올 것이니, 농사를 배워서 무엇하겠는가?"

번지는 농업 생산을 늘리는 기술을 배워서 이용후생을 하려 했을 것입니다. 그럼에도 공자는 그렇게 말했다는군요. 이런 말도 비슷한 의미를 품고 있습니다.

"민이란 따르게 할 수는 있다. 그러나 그들로 하여금 연유를 알게 할 수는 없다[民可使由, 之不可使知之]."《논어》〈태백泰伯〉)

묵자 선생은 토목 기술자이니 이런 이야기를 들을 때 안타까울지 모르겠습니다. 그러나 아직까지 동서를 막론하고 생산직에 종사하는 사람들이 국정 운영자로서는 부적격이라는 생각이 만연한 것 같습니다. 어쩌면 천성에 따라 지능과 직업이 정해진다고 보는 듯한데요. 사대부들은 그런 생각을 더 심하게 하는 것 같습니다. 공자가 소인은 이를 밝히고, 군자는 의를 추구한다고 한 것도 그런 맥락이 아니겠습니까?

앞서 우리는 차별의 고착화에 대해 이야기했습니다. 차별을 고착화시키는 방법으로 지배계층은 흔히 운명론을 퍼뜨립니다.˙ 선생님은 하

• 순자가 능력에 따라 인재를 등용한다고 했지만 농부들이 관료제로 편입되는 것은 극히 어려웠을 것이다. 그리고 정신노동과 육체노동을 분리하는 것은 인간을 지배층과 피지배층의 두 부류로 나누는 것과 크게 다르지 않다. 유가의 이론에는 은연중에 천직은 쉽게 바꿀 수 없다는 운명론이 스며들어 있다. 고대 인도의 법전인 《마누법전Code of Manu》은 사제·군인·생산자·노비 이하의 천민으로 계층을 나누는데, 그 핵심은 특수한 경우가 아니면 절대로 그들의 출신성분을 바꿀 수 없다는 것이다. 직위를 독점하고자 하는 욕구에서 지배층은 운명론을 개발한다.

늘의 상과 벌을 내리는 것, 즉 천명을 믿는다고 하셨습니다. 걸주가 포학한 짓을 할 때 하늘은 탕왕과 무왕에게 이 세상을 바꾸라는 명을 내렸다고 하셨습니다. 선생님께서는 천명을 말씀하셨는데, 그 천명과 운명은 어떻게 다를까요? 선생님은 운명을 믿지는 않으시지요?

묵자 (먼저 작은 일부터 말해보지요.) 지금 운명이 있다고 주장하는 이들의 말을 듣는다면, 위에서는 정치에 귀를 기울이지 않고 아래에서는 생업에 힘쓰지 않을 것입니다. 위에서 정치에 귀를 기울이지 않으면 형정이 문란해지고, 아래에서 생업에 종사하지 않으면 쓸 재물이 없게 됩니다. 그리하면 어떻게 나라가 지탱되겠습니까?

　(다음으로 큰일을 말해보겠습니다.) 걸이 어지럽힌 세상을 탕왕이 나와 다스렸으며, 주가 어지럽힌 세상을 무왕이 나와 다스렸습니다. 이는 세상과 백성들이 바뀌지 않았는데도 위에서 정치를 바꾸자 백성들이 위를 따라 교화된 것입니다. 탕왕과 무왕이 나오자 세상이 다스려졌고, 걸과 주가 정치를 할 때는 어지러웠습니다. 안위와 치란 모두 윗사람이 정령을 발하는 것에 달려 있는데, 어찌 운명이 있다고 하겠습니까?

필자 선생님은 변화의 징조와 운명을 구분하시는 것 같습니다. 하늘은

중국에서도 운명론이 등장할 법했지만 인도와 같은 방향으로 고착화되지는 않았다. 이렇게 중국과 인도의 사상이 차이가 나는 데는 아마도 사상가로서는 묵자가 큰 역할을 했을 것이다. 본문의 질문은 '숨어 있는' 운명론에 대한 묵자의 태도를 묻는 것이다.

징조를 보일 수 있지만 실제로 세상을 바꾸는 것은 사람이라는 뜻이겠지요. 운명을 주장하는 사람들의 저의는 무엇일까요?

묵자 지금 천하의 사군자들이 진실로 장차 천하의 이익을 일으키고 폐해를 제거하려 한다면 운명을 주장하는 자들의 말을 강력하게 비난해야 합니다. 운명이란 폭군이 만들어낸 것이며, 궁지에 몰린 인간이 하는 말이니 인의의 말이 아닙니다.《묵자》〈비명非命〉

필자 사농공상을 가리지 않고 인재를 쓰고, 아래위가 함께 힘을 합쳐야 한다고 주장하는 선생은 당연히 태어나면서 직분이 정해져 있다는 운명론을 받아들일 수 없을 것 같습니다. 분발하면 누구나 현명한 이가 될 수 있다는 말씀으로 들립니다.*

이제 예의 본질에 대해 정리할 시간이 되었습니다. 묵자 선생과 순자 선생은 다음 장에서 계속 토론을 벌여갈 것이기에 선배 공자께서 예에 대해 말씀하신 것을 좀 정리해볼까 합니다.《논어》는 너무 함축적인데다가 가끔은 순자 선생과 비슷한 말을 하고 가끔은 묵자 선생과 비슷한 말을 합니다. 어쩌면 고민을 덜한 듯한 구절도 있습니다. 여기서 공자의 말씀을 한번 정리해봅니다.《논어》에 공자가 계씨를 비판한

• 안타깝게도 《묵자》에는 운명론에 대한 구체적인 대화가 많지 않다. 그리고 그가 말한 운명의 의미도 명확하지 않다. 당시의 시대적인 한계를 고려한다면, 묵자가 운명을 비난하면서 계층의 차별을 비난한 것 같다.

내용이 있습니다. 당시 계씨 가문은 노나라 공실을 제치고 정권을 잡고 있었지요.

"팔일八佾을 뜰에서 추게 할 수 있는 것을 보니, 무슨 짓인들 못하겠는가?"

팔일은 대부가 출 수 있는 춤이 아니지요.* 공자는 분명히 예의 본질은 차별이라고 밝히고 있습니다. 그런데 인격은 예에서 완성된다는 순자 선생의 주장과는 좀 다르게 들리는 말씀도 곧잘 합니다. 그런 이야기는 쉽게 찾아볼 수 있습니다.

누군가 체禘 제사를 지내는 법에 대해서 묻자 공자가 대답했습니다. 체 제사는 천자의 제사로서 그에 해당하는 예법으로 지내야 한다고 합니다.

"나는 모릅니다. 그 제사를 아는 이가 천하에 임한다면, 마치 이 위에서 천하를 내려다보는 것과 같을 것입니다[或問禘之說, 子曰不知也, 知其說者之於天下也]."

그러고는 손바닥을 가리켰습니다[其如示諸斯乎, 指其掌].

그러나 이런 말씀도 있습니다.

"사람이 되어 착하지 못하면 예는 무슨 소용이 있으며, 음악은 무슨 소용이 있겠는가[人而不仁, 如禮何, 人而不仁, 如樂何]?"

착하다는 것은 예와 악 이전에 있는 본성이 아닙니까? 공자는 인이

• 주례周禮에 의하면 천자·제후·경대부에 따라 주연에서 즐길 수 있는 춤의 격이 정해져 있다. 팔일은 천자만 즐길 수 있는 춤이다.

란 사람을 사랑하는 것이라 하셨고, 묵자 선생은 인의 본체는 사랑하는 것이라 하셨는데, 왠지 예 이전에 사랑하는 마음을 강조하신 듯도 합니다. 다음은 좀 절충적인 것입니다. 임방林放이 예의 근본[禮之本]이 무엇인지 물었습니다. 그러자 공자가 이렇게 대답했습니다.

"크구려, 그 질문이. 예는 사치하기[奢]보다는 차라리 검소하고[儉], 상은 이것저것 갖추기[易]보다는 차라리 슬픔을 다하는 것[戚]이 좋습니다."

그러면 예란 차별의 문식이 아니라, 오히려 인을 드러내는 징표라는 말씀이 아닙니까? 또 이런 말씀도 하셨습니다.

"선진先進이 예악을 행함에는 야인과 같았다. 후진後進이 예악을 행함에는 군자와 같다. 만일 둘 가운데 하나를 고른다면 나는 선진의 것을 따르겠다."

공자 말씀이 이렇게 다양하니 저로서는 종잡을 수가 없습니다. 그래서 이해할 수 있는 이야기를 들어 논의를 이어가 보지요. 순자 선생님, 공자는 자주 자산과 관중을 평가했습니다. 예의 관점에서 자산과 관중을 한번 평해주시지요.

순자 정나라 자산은 백성을 취한 사람[取民者]이었지만 정령을 행한 사람[爲政者]에 미치지 못했고, 관중은 정령을 행했지만 예를 닦지는 못했습니다. 그러니 예를 닦으면 왕자가 되며, 정령을 행하면 강해지며, 백성을 취하면 안전하고, 세금을 잘 거두면 망합니다.《순자》〈왕제〉

필자 그러나 예가 아래로 행할 때와 위로 행할 때를 구별해야 하지 않을까요? 공자는 자산을 이렇게 평했습니다.

"자산은 군자의 네 가지 도를 갖추고 있었다. 스스로는 공손했고[恭], 위를 섬김에는 공경했고[敬], 백성을 기를 때는 은혜로웠으며[惠], 부릴 때는 의로웠다."《논어》〈공야장公冶長〉)

자산은 형법을 공포해서 정나라 사람들에게 모두 지키라고 한 사람입니다. 그 당시 명망 있는 군자들은 모두 그를 비난했고, 공자 또한 그랬습니다. 그러나 자산은 공자의 칭찬을 받았습니다. 어떻습니까? 은혜로움과 의로움은 몰라도 공경은 예의 근본이 아닙니까?《논어》〈옹야雍也〉에 공자와 제자 중궁仲弓(이름은 옹)의 대화가 나옵니다. 중궁은 공자에게 이렇게 묻습니다.

"자상백자子桑伯子는 어떤 사람입니까?"

이에 공자는 "가하다. 소탈하다[可也, 簡]"라고 대답합니다. 중궁은 공자에게 다시 묻습니다.

"공경스럽게 거居(평소 행동)하되 (밖에서) 행동은 소탈하게 하면서 백성들에게 임해야 하지 않겠습니까[居敬而行簡, 以臨其民, 不亦可乎]? 거할 때도 소탈하고 행동도 소탈하다면 너무 소탈한 것이 아닙니까?"

이에 공자는 "옹의 말이 옳구나"라고 답합니다. 어떻습니까? 예란 거창한 것입니까? 중궁의 말은 즉 자신은 엄격하고 경건하게 행동하되, 일반 백성들에게 임할 때는 소탈하라는 듯한데요. 아마도 자상백자는 관직을 수행하는 사람으로 보입니다. 공자는 예에 대해 좀 유연한 생각을 가지고 있었던 것 같습니다. 윗사람은 예를 엄격하게 대하고 아래는 느슨하게 대해도 된다는 말씀이 아닐까요? 그러면 공자가 자산을 평가한 말씀도 이해가 되지 않을까요? 아래로는 은혜롭고 의로우며, 위로는 공경함, 즉 예를 다한다는 뜻으로요. 다음 말씀도 같은 취지로 들리는데요.

"마로 된 면관[麻冕]을 쓰는 것이 예법이다. 그러나 지금은 실로 된 관을 쓴다. 검소한 것이다. 나도 여러 사람을 따르겠다. 당 아래에서 절을 하는 것이 예법이다. 그러나 지금은 위에서 한다. 거만한 것이다. 비록 여러 사람의 방식을 어기더라도 나는 아래에서 절하겠다."《논어》〈자한〉)

이는 아래로 면관을 만드는 장인은 편하게 해주되, 위로 군주는 엄격하게 공경으로 섬기겠다는 뜻이 아닐까요? 다음 논의로 들어가기 전에 공자의 말씀 한마디만 더 들어보고 마치죠.

"질박함[質](실질)이 문식[文](꾸밈)을 누르면 촌스럽고, 문식이 질박함을 누르면 수다스럽다. 문식과 질박함을 함께 갖춘 후에야 군자라 하리라[文質彬彬, 然後君子]."《논어》〈옹야〉)

제가 보기에 스스로는 예를 지키되 아래로는 관대하라는 말로 들립니다.

2. 음악의 본질: 교화의 수단인가 혼란의 단서인가 ━━━━━

필자 예의 구체적인 형식 가운데 음악을 검토해보도록 하겠습니다. 요즈음은 음악이라고 하면 예술의 한 갈래, 혹은 오락의 한 분야로 생각하는 사람이 많습니다. 그러나 고대에 음악이란 누구나 쉽게 즐길 수 있는 것도 아니었기에 위정자들은 음악을 즐길 때 엄격한 격식을 차렸지요. 구리로 된 악기란 엄청난 노동력을 들여야 만들 수 있으니 어지간한 재력으로는 감당할 수 없었고, 또 이를 연주하고 춤을 추자면 무용수나 악공을 동원해야 하니 권력 없이는 상상도 할 수 없었으니까요. 그래서 음악은 단순히 즐기는 수단이 아니라 권력의 상징이요, 고도로 정교한 예의 한 형태였습니다. 그러니 물론 지위에 따라 즐길 수 있는 음악이 정해져 있었습니다. 오늘날 상황에 대비해보면 천자는 관현악 합주단과 발레단을 몇 팀씩 거느리고, 제후는 하나씩 거느리고, 사대부는 중주나 독주에 작은 군무나 독무를 즐겼다고 할 수 있습니다. 음악을 하는 것은 잘못이라는 묵자 선생의 이른바 '비악 이론'은 엄청난 반향을 불러일으켰습니다. 공문의 제자임을 자임하는 맹자와 순자 선생이 분연히 떨쳐 일어난 것은 당연한 것이지요. 간단히 유가에서 악이 차지하는 미묘한 위치를 점검하며 논의를 시작하겠습니다.

공자께서 "시에서 감흥을 얻고, 예로 세우며, 악에서 완성된다[興於詩立於禮成於樂]"《논어》〈태백〉)고 한 것은 식자라면 누구나 알고 있습니다. 이 음악은 단순히 즐기는 것이 아니라 통치의 수단으로도 빼놓을 수 없는 것입니다. 이 음악이 절묘한 경로를 통해 정치에 관여하더군요. 경공이 정치를 묻자 공자가 대답했습니다.

"임금은 임금답고 신하는 신하답고 아버지는 아버지답고 아들은 아들다워야 합니다[君君臣臣父父子子]."

이렇게 정치는 명분을 바르게 하는 것에서 시작합니다. 그다음을 들어보지요.

"명분이 바르지 않으면 말이 불순하고[名不正, 言不順], 말이 불순하면 일이 이루어지지 않고, 일이 이루어지지 않으면 예악이 흥성하지 않고, 예악이 흥성하지 않으면 형벌이 적중하지 않으며[事不成, 則禮樂不興, 禮樂不興, 則刑罰不中], 형벌이 적중하지 않으면 백성들은 손발을 둘 곳이 없다."《논어》〈안연〉)

다른 부분은 이해가 되지만 "일이 이루어지지 않으면 예악이 흥성하지 않고, 예악이 흥성하지 않으면 형벌이 적중하지 않는다"는 말은 분석해볼 필요가 있습니다.

명분이 바로 서지 않으면 말로 남을 설득할 수 없을 것입니다. 말로 남을 설득하지 못한다면 일을 이룰 수 없겠지요. 일을 이루지 못한다면 즐길거리도 없고 즐길 재산도 없으니 예악의 제도는 흥성할 수 없을 것입니다. 그다음이 중요합니다. 법을 집행하는 인간이 예악으로 교화되지 않고, 법의 다스림을 받는 인간도 예악으로 교화되지 않은 상황에서 법을 집행하면, 죄 없는 사람을 다치게 하고 죄 있는 사람을 가려내지 못한다는 말씀입니다.

그러니 공자의 정치 이론에서 예악은 법의 근본이 되는 것이지요. 순자 선생은 법의 집행자는 군자라고 하셨는데, 이 군자가 법을 집행하려면 반드시 예와 악을 겸해야 하겠지요.

묵자, 음악은 효과 없는 낭비다

—

필자 묵자 선생님은 순자 선생의 견해에 반박을 하십니다. 통치의 수단으로서 음악의 효능을 부정하십니까?

묵자 어진 이가 천하를 생각할 때는, 자신의 눈에 아름답고 귀에 즐겁고 입에 달콤하고, 몸에 편안하고자 백성이 먹고 입을 재물을 빼앗지 않습니다.* 그러하니 제가 음악을 그르다 하는 것은 큰 종과 북, 금瑟과 슬瑟, 우竽와 생笙의 소리가 즐겁지 않아서가 아닙니다. 위로 고찰해보면 성왕께서 일을 하시던 바와 부합하지 않고 아래로는 만민의 이익과 부합하지 않기 때문입니다.

지금 왕공대인들은 오로지 악기를 만드는 것을 국가를 위한 것으로 생각하고 있습니다. 그러나 그것은 물을 푸고 흙을 모아서 만든 것이 아닙니다. 큰 종과 북, 금슬과 우생은 반드시 백성들에게 심하게 거두어서 만든 것입니다. 수레는 땅에서 쓰고 배는 물에서 씁니다. 악기가 수레나 배와 같다면 저는 악기 만드는 것을 비난하지 않겠습니다. 그러나 악기를 만들어 어떤 이익이 있단 말입니까?

백성들에게는 세 가지 우환이 있습니다. 배고파도 먹지 못하는 것, 추위도 입지 못하는 것, 고생을 하면서도 쉬지 못하는 것이 그것입니

—

• 이하 논설은 《묵자》 〈비악非樂〉에 근거했다.

다. 그런데 만약 이들을 위해서 종을 치고, 북을 두드리며, 금슬을 뜯고 우생을 불며 도끼와 방패를 들고 춤을 춘들 백성들이 먹고 입을 재물이 어디에서 나온단 말입니까?

지금 큰 나라는 작은 나라를 치고, 큰 가문은 작은 가문을 치며, 강자가 약자를 겁박하고, 다수가 소수를 포악하게 대하며, 약삭빠른 자가 어리석은 이들을 속이고, 귀한 이가 천한 이를 거만하게 대하며, 적의 침략과 도적질이 한꺼번에 일어나고 있는데도 금할 수 없습니다. 그런데 만약 종과 북을 치고, 금슬을 뜯고, 우생을 불며 도끼와 방패를 들고 춤을 춘다면 장차 천하의 어지러움을 어떻게 다스린단 말입니까?

필자 악기는 실생활에 쓸모가 없다는 말씀이고, 음악으로는 적을 막을 수도 없다는 뜻이지요? 다시 말하면 유가가 말하는 음악이란 교화에 도움이 되기는커녕 사치와 낭비만 조장할 뿐이고, 백성들의 삶과는 무관하고 오히려 그들의 삶을 피폐하게 만들어 천하의 어지러움만 보탠다는 주장이군요.

묵자 낭비는 악기 자체를 만드는 데서만 발생하는 것이 아닙니다. 지금 왕공대인들이 커다란 누대에 올라앉아 종을 걸어놓았으나 치지 않으면 무슨 즐거움이 있겠습니까? 장차 반드시 이것을 칠 것인데, 늙은이와 어린아이를 시켜 치지는 못할 것입니다. 그러면 반드시 팔다리가 굳세고 이목이 밝은 젊은이들을 부리겠지요. 장부가 종을 치면 농사를 폐하고 아낙이 종을 치면 길쌈을 폐하게 됩니다. 이렇게 그들의 음악을 즐김으로써 백성이 먹고 입는 것을 만들 시기를 놓치게 만듭니다.

옛날 제나라 강공康公은 음악과 무용을 부흥시킨다면서 춤추는 이들을 잘 꾸미게 하고 먹였습니다. 말하길, "먹고 마시는 것이 좋지 않으면 면목과 안색이 볼품없어지고, 의복이 아름답지 않으면 신체와 거동이 볼품없어진다"고 했습니다. 그래서 반드시 그들에게 조와 고기를 먹이고 수놓은 옷만 입혔습니다. 그들은 항상 먹고 입는 것을 만드는 일에 종사하지 않고, 남에게 기대어 먹었습니다. 저는 이렇게 말하겠습니다.

"지금의 왕공대인들이 백성이 입고 먹을 것을 빼앗아 음악을 연주하는 바가 이처럼 심하다."

또 음악에 빠지면 아래위가 모두 시기를 잃게 됩니다. 위정자가 음악을 즐기면 일찍 일어나고 늦게 퇴청하는 정치의 근면함을 잃고, 농부가 음악에 빠지면 일찍 나가 늦게 들어오는 고된 농사일에 집중하지 못하며, 부인이 음악에 빠지면 길쌈을 할 시간이 없습니다. 이렇게 음악에 빠지면 나라는 어지럽고 가난해집니다.

필자 음악을 즐길 때 건장한 사람의 노동력을 쓰고, 춤추고 악기를 연주하기 위해 또 노동력이 드니 백성들은 이중으로 피폐해진다는 말씀이었습니다. 순자 선생님, 반론해주시지요. 인간에게 음악이란 무용한 것입니까?

순자, 음악은 백성을 화목하게 하는 도구다

—

순자 자고로 음악이란 즐기는 것이니 사람의 천성으로는 절대로 피할 수 없는 것입니다[夫樂者樂也, 人情之所必不免也].ˎ 사람에게는 즐거움이 없을 수 없고, 즐거우면 반드시 소리로 나타나고 동작으로 드러나게 됩니다. 사람에게 즐거움이 없을 수 없는데, 즐거워도 형태로 나타낼 수 없고, 형태로 드러나도 이끌지 않는다면 어지러워지지 않을 수 없습니다[形而不爲道則不能無亂].ˎˎ 선왕께서는 그 어지러움을 싫어하셔서 아송雅頌의 소리를 만들어 계도함에, 그 소리는 족히 즐기되 방탕하지 않게 했습니다.

필자 음악이란 인간의 자연스러운 감정의 표현이므로 잘 이용하면 백성을 계도할 수 있다는 말씀입니다. 하지만 묵자 선생은 음악이 그르다고 합니다. 묵자 선생은 이렇게 말씀합니다.

"음악이란 성왕들께서 그릇된 것이라고 즐기지 않은 것이다. 그러나 유자들이 이를 하고 있으니 이는 그릇된 것이다."

순자 저는 그렇게 생각하지 않습니다. 음악은 성인께서 즐기신 것이며,

—

• 이하 논설은 《순자》 〈악론樂論〉에 근거했다.

•• 여기서 도道는 '이끌다'는 뜻으로 쓰였다.

백성의 마음을 착하게 할 수 있으며, 사람을 깊이 감화시킬 수 있으며, 풍속을 교정할 수 있습니다. 그러므로 선왕들은 예와 악으로 백성들을 이끌어 그들을 화목하게 했습니다. 백성들에게는 좋고 싫어하는 감정이 있는데 기쁨과 노함의 대응(음악)이 없으면 어지러워집니다. 선왕들은 그 어지러움이 싫어서 자신의 행동을 닦고 음악을 바르게 하니 천하가 순응했던 것입니다.

상복을 입고 곡하고 읍하는 소리는 사람의 마음을 슬프게 하며, 갑옷을 두르고 투구를 쓰고 대오 중에서 부르는 노래는 사람의 마음을 비감하게 하며[歌於行伍使人之心傷],* 요염한 용모와 정나라와 위衛나라의 음악은 사람의 마음을 음탕하게 하고, 예복을 입고 소韶 춤을 추고 무武를 노래 부르면 사람의 마음이 장엄해집니다. 그러니 군자는 귀로 음탕한 소리를 듣지 않고 눈으로 여색을 보지 않으며 입으로 나쁜 말을 하지 않습니다.

필자 순자 선생께서는 음악은 마음을 움직일 수 있는 것이므로, 선용하면 사람을 교화할 수 있다고 하셨습니다. 다시 묵자 선생께 질문을 드리겠습니다. 혹자는 이렇게 묻습니다.

"전하는 바에 따르면 옛날 제후들은 정치를 듣다가 피로하면 음악을

• 여러 판본에 '상傷(상하게 하다)'으로 되어 있어서 비감하다고 의역했는데 어색하다. 이운구 번역자의 《순자》(한길사, 2006)에는 '척惕'으로 표기하고 '마음을 격동하다'로 해석했는데 의미는 더 잘 통한다. 어쨌든 순자는 음악의 효용에 대해 이야기하고 있다.

들었고, 대부들도 피리를 불고 슬을 뜯으며 쉬었습니다. 농부들도 가을걷이가 끝나면 노래를 부르며 쉬었습니다. 선생께서 옛날 성왕들은 음악을 즐기지 않았다고 하시는데, 이는 비유하자면 말을 수레에 매기만 하고 풀어주지는 않으며 활을 당기기만 하고 놓아주지는 않는 것과 마찬가지이니, 혈기를 가진 인간으로서 도저히 할 수 없는 바가 아니겠습니까?"*

묵자 제 말은 음악을 완전히 부정하는 것이 아니라 극히 소박하라고 하는 것입니다. 옛날 요순은 띠풀 집에 살 때도 예를 행했으며 음악도 즐겼습니다. 은나라 탕왕이 하나라 걸왕을 몰아내고 스스로 천하의 왕이 된 후 공은 이미 이루어졌고 큰 후환은 없을 것이라 생각하고 선왕의 음악을 따라 음악을 지었으니 '호護'라고 했고, '구초九招'도 고쳤습니다. 주나라 무왕은 은나라 걸왕을 죽이고 스스로 왕이 된 후 선왕의 음악을 따라 '상象'이라는 음악을 지었고, 성왕成王은 선왕의 음악을 따라 '추우騶虞'를 지었습니다. (이렇게 음악은 날로 성대하고 복잡해졌습니다.) 그런데 성왕이 천하를 다스림은 무왕만 못했고, 무왕은 탕왕만 못했고, 탕왕은 요순만 못했습니다. 이로 보건대 음악은 천하를 다스리는 수단이 아닌 것입니다[樂非所以治天下也].(이상《묵자》〈삼변三辯〉)

• 정번程繁이라는 사람이 묵자에게 한 질문을 인용했다.

필자 선생님께서는 "성왕도 음악을 했지만 극히 적었다. 그러니 이는 없는 것이나 마찬가지다[聖王有樂而少此亦無也]""라고 말씀하시는 것이군요. 선생님께서 음악을 완전히 부정한 것은 아니라고 하신 말씀의 뜻이 이해가 됩니다. 선생님은 무엇이든 본질에 맞는 소박한 것을 좋아하십니다. 음악은 음악일 뿐 다스림의 수단은 아니라는 것이지요. 그리고 그 때문에 백성의 삶을 해치면 안 되겠지요.

반면에 동서양을 따져 가릴 것 없이 일급 철학자들은 음악의 효용에 주목한 것 같습니다. 공자가 소韶를 평하면서 "아름다움도 지극하고 선하기도 지극하다"고 했고, 무武를 평하면서는 "아름다움은 지극하나 선함이 지극하지는 않다"고 했다 합니다. 소는 순임금의 음악이라 하고, 무는 무왕의 음악이라 합니다. 과연 음악으로 그들의 정치를 알 수 있을까요?

오나라 계찰季札은 노나라를 방문하고 이렇게 평했다고 하더군요. 대무의 춤을 보더니, "아름답습니다. 주나라가 성할 때 바로 이러했을 것입니다"라고 했고, 소소韶箾 춤을 보더니, "덕이 지극합니다. 크군요. 하늘이 덮어주지 않는 것이 없고, 땅이 실어주지 않는 것이 없는 덕에 비기는군요. 어떤 성대한 덕이라도 이보다는 더하지 못할 것입니다"《좌전》〈양공襄公29년〉)라고 했다 합니다.

• 이 앞의 몇 구절은 의미가 통하지 않고, 이 마지막 구절만 통한다. 명백한 점은 묵자는 음악을 완전히 부정하지 않았다는 것이다. 요순의 음악이란 극도로 단순했지만 정치는 더 훌륭했고, 후대에 성공을 축하하고 후환을 제거한다는 의미에서 늘어난 음악들이 효과가 없었다고 말하고 있다.

공자가 제나라에 있으면서 소韶 음악을 듣고는 세 달 동안 고기 맛을 잊고 이렇게 말했습니다.

"음악이 이런 경지에 이를 수 있을 줄은 생각도 하지 못했다."《논어》〈술이述而〉

이는 다른 사람은 몰라도 자신은 음악의 정치적인 가치를 깊이 느낀다는 말이 아니겠습니까? 또 공자는 다음과 같은 말로 음악가이자 정치가로서 자못 자신감을 나타내기도 했습니다.

"내가 위나라에서 노나라로 돌아온 연후에 음악이 바르게 되었다. 아雅와 송頌이 각기 제자리를 찾았다."《논어》〈자한〉

플라톤, 음악은 최소한으로 족하다

—

필자 사실 저는 음악에는 문외한입니다. 그러나 음악에 정치적인 역할을 부여하고자 했던 철학자들의 열망을 찾기는 어려운 일이 아닙니다. 플라톤 선생님도 음악에 조예가 깊은 것으로 아는데요, 특히 음악의 진취적인 역할을 중시하신다고 들었습니다.

플라톤 그렇습니다. 우리에게는 장송가나 탄식가 따위는 필요 없습니다. 여자라도 점잖은 이라면 그런 것들을 거부할 텐데 하물며 남자에게 그런 것들이 필요하겠습니까?

그리고 이렇게 주장합니다. 술에 취한 것, 연약한 것, 게으른 것은 국가의 수호자에게 어울리지 않는 자질입니다. 그렇다면 술에 취한 노래에 어울리는 늘어지는 음악들도 없애야 합니다. 이런 것들은 군인들의 정신에 해를 끼치기 때문입니다.

필자 그렇다면 어떤 음악을 남기고 싶습니까?

플라톤 저는 선법旋法 전문가는 아닙니다. 하지만 저에게 이런 선법 하나를 남겨주었으면 좋겠습니다. 전쟁이나 어떤 위험한 일을 수행하는 용감한 사나이의 목소리와 억양에 어울리는 것 말입니다. 불행과 맞서고, 상처를 입고, 죽음에 이르고, 혹은 어떤 다른 재앙에 맞서서도 똑같이 의연한 그런 이들 말입니다.

또 하나는 그들이 평화 시에 비폭력적인 일에 종사할 때를 표상하는 음악 하나를 가지고 싶습니다. 예를 들면 남에게 요청을 들어달라고 설득하거나, 신에게 기도를 드리거나, 이웃들을 가르치고 꾸짖을 때, 반대로 다른 사람들의 요청이나 지도 혹은 설득을 받아들일 때, 그리고 자만을 버리고 온화하고 상식에 어긋나면 결과를 수용하는 태도를 갖고 행동할 때 쓰는 그런 음악 말입니다. 저에게 이 두 선법을 남겨주면 좋겠습니다. 하나는 엄격하고 하나는 기쁜 것으로 말입니다.

필자 단 두 가지의 선법만 남긴다고요?

플라톤 그렇습니다. 이 두 가지의 선법만 남긴다면 우리는 수많은 현과 광범위한 화음이 필요하지 않겠지요.

필자 물론 그렇겠지요.

플라톤 그렇다면, 현이 많은 악기나 광범위한 화음을 구현하는 악기를 만드는 장인들도 필요가 없습니다. (현이 많은) 하프나 기타 같은 것 말입니다.

필자 네, 필요가 없겠습니다.

플라톤 좋습니다. 피리는 가장 음역대가 광범위합니다. 사실상 광범위한 화음을 구현하는 악기는 피리의 모방에 불과하지 않습니까? 그렇다면 도시에는 리라와 기타만 남기고, 시골에는 양치기들이 몇 가지 관악기를 가지면 되겠습니다. (이상 398c~399d)•

필자 플라톤 선생님은 음악의 기능을 유사시에 작전능력을 배양하는 것과 평화 시에 사회성을 배양하는 것으로 구분하고, 또 복잡한 악기는 필요가 없다고 주장하시는데요. 묵자 선생과 순자 선생의 중간쯤 되는 견해라고 할까요. 무엇이 과연 균형 잡힌 절제일까요? 플라톤 선

• 소크라테스와, 음악에 조예가 있는 글라우콘Glaucon의 대화다. 화자는 소크라테스이지만 사실은 플라톤 자신의 의견이다.

생님은 과도하게 복잡한 악기와 과도하게 즐기는 음악을 배제하시는 군요.

플라톤 저는 음악 교육에 찬성합니다. 리듬과 선법의 즐거움을 느끼는 감각이 우리를 움직이게 하며 가무를 유도합니다. 그러니 첫 번째 교육은 음악 교육으로 해도 되겠지요?(654a) 남자들의 말에 여자들의 색조나 노랫가락을 부여하도록 한다거나 자유민들의 노랫가락과 춤사위들을 노예 및 자유민이 아닌 사람들의 리듬들과 맞추도록 궁리하지 않으며, 짐승과 사람 및 악기의 소리들과 온갖 소음을 단일한 것으로 결합하는 짓도 결코 하지 않을 것입니다.(669c-d)

필자 역시 소박함을 강조하는 면은 묵자와 같고, 음악이 뒤섞임이 아니라 분별의 징표가 되어야 한다는 면은 순자와 닮았습니다. 그러나 전국시대 중국의 현실은 선생님의 말씀과 전혀 다르게 전개되고 있습니다. 대부마다 장정이 혼자 들 수도 없는 종과 소가죽 몇 장이 드는 북이 있고, 수놓은 옷을 입고 춤추는 여인들이 마당을 가득 메우는 처지군요. 묵자 선생과 순자 선생의 의견을 절충할 방법이 없을까요? 물론 두 분 다 받아들일 수 없겠습니다만, 맹자 선생이 한 말은 어떤 단초를 던져주는 듯합니다. 그 대화를 옮겨보겠습니다. 제 선왕은 맹자 선생에게 이런 말을 했습니다.

"과인은 선왕의 음악을 좋아할 능력이 없습니다. 그저 세속의 음악을 좋아합니다."

이 말을 들은 맹자 선생께서는 "왕께서 정말 음악을 좋아한다면 제 나라는 잘될 것입니다. 지금의 음악도 옛날 음악에서 나온 것입니다[今之樂, 由古之樂也]"라고 이야기했습니다. 이에 제 선왕은 맹자 선생의 의견을 묻습니다. 제 선왕은, 맹자 선생의 "혼자서 음악을 즐기는 것과 남과 더불어 즐기는 것 가운데 어느 것이 좋습니까?"라는 질문에 "더불어 듣는 것이 낫습니다"라 대답했고, "몇몇 사람과 듣는 것과 여러 사람과 듣는 것 가운데 어느 것이 좋습니까?"라는 질문에 "여러 사람과 듣는 것이 낫습니다"라고 이야기합니다. 이에 맹자 선생은 다음과 같이 이야기합니다.

"그러면 청컨대 제가 음악에 대해 말씀드리겠습니다. 왕께서 북을 두드리고 종을 치면서 음악을 즐기시는데 백성들이 서로 수군거립니다. '우리 군주는 북을 두드리며 노는 것을 좋아하는데 어찌하여 우리를 이런 비참한 지경에 빠뜨리는가? 아비와 자식이 서로 보지 못하고, 형제·처자를 흩어지게 하니.' 이것은 다른 까닭이 아니라 왕께서 백성들과 함께 즐기지 않기 때문입니다[不與民同樂也]."《맹자》〈양혜왕〉)

혹자들은 맹자 선생을 고루하다 하지만 가끔 핵심을 찌르는 의견들을 보여주는군요. 이제 더 심각한 문제로 넘어가겠습니다. 음악이야 '어떻게 즐기느냐'가 주제지만, 다음에서 '우리는 어떻게 슬퍼할 것인가'라는 좀 더 심각한 주제를 다루어야 합니다.

3. 장례의 본질: 산 자를 위한 절제 대 죽은 자를 위한 정성 —

필자 묵자 선생님, 비악 이론이 논란이 되었다고 하지만 절장節葬 이론에 비하면 아무것도 아니지요? 특히 이 일 때문에 맹자 선생으로부터 근거 없는 비난까지 받은 적이 있었던 것으로 압니다. 순자 선생은 선생의 이론을 혁파하고자 연구에 매달리기도 했다고 들었습니다. 그러나 유가 안에서 선생의 주장이 반향이 없는 것도 아닙니다. 공문孔門의 자유子游도 이렇게 말했습니다.

"상례는 슬픔을 다하는 것으로 그친다[喪致乎哀而止]."《논어》〈자장〉

일단 선생님의 말씀을 들으며 핵심을 파악해보겠습니다. 선생은 유가의 장례문화에 대해 거침없는 비판을 가한 것으로 아는데, 어떤 근거로 하는 말씀이십니까?

묵자, 도를 넘는 장례는 효가 아니다
—

묵자 효자란 어떻게 해야 할까요? 어버이가 가난하면 부유하게 해드리는 일을 하고, (집안에) 사람이 적으면 늘리는 일을 하고, 사람은 많으나 어지러우면 다스리는 일을 해야 합니다. 지금 삼대의 성왕들이 돌아가신 후 천하는 의를 잃어버리니 후세의 군자들은 후하게 장사 지내고[厚葬] 상기를 오래 끄는 것[久喪]을 인이요, 의요, 효로 여기고 있지만, 저 같은 이는 그 반대로 생각합니다. 정말 장례를 후하게 지내고 상기를 오래 두는 것이 가난한 것을 부하게, 적은 것을 많게, 위태로운 것을 안정되게 합니까? 그렇지 않다면 그런 것은 인의도 효자의 일도 아닌 것입니다.

필자 효도의 본질은 살아 있는 분을 잘 모시는 것이지 후하게 장례를 지내는 것이 아니란 말씀이십니다.

묵자 후하게 매장하고 상기를 오래 끄는 것이 좋다는 주장대로 한번 해봅시다. 왕공대인이 상을 당하면 관곽은 반드시 여러 겹으로 하고, 묘혈을 반드시 깊게 파고, 수의와 이불도 반드시 많고, 무늬와 수는 반드시 화려해야 하며, 봉분은 반드시 우람해야 하겠지요. 이런 식으로 한다면 필부나 천한 사람이 죽으면 거의 집이 파산할 지경이 되고, 제후가 죽으면 창고를 비워 옥으로 시신을 두르고, 솥과 그릇, 말과 마차, 무기는 물론 갖은 기물을 함께 묻습니다. 그러니 죽은 이를 보내는 것이 마치 이사를 가는 것과 같습니다. 천자와 제후가 죽으면 사람들을 따라 죽이는데 많을 경우는 수백이요, 적을 경우는 수십입니다.

상을 지내는 법은 어떻습니까? 과장되게 울고, 거친 옷을 입고, 움막에 거주하며, 일부러 몸을 여위게 만듭니다. 그러고는 높은 선비가 상을 당하면 반드시 부축을 받아야 일어날 수 있고 지팡이를 짚어야 걸어갈 수 있다고 하는데, 이렇게 하는 것이 3년입니다.

만약 세상에 이런 상법을 지키게 한다면 일은 어떻게 할 수 있습니까? 왕공대인들이 이 방법을 쓰면 반드시 일찍 조회에 나가고 늦도록 일하는 바를 행하지 못할 것이고, 농부들이 이렇게 하면 때에 맞추어 농사를 지을 수 없을 것이고, 공인들이 이대로 하면 수레와 배와 기물들을 만들어내지 못할 것이며, 부인들이 이를 따르면 실을 뽑고 천을 짜지 못할 것입니다.

군주상이 3년, 부모상이 3년, 부인과 큰아들상이 또 3년, 숙부와 형제, 그리고 차남 이하의 상은 1년으로 해서 몸을 상하게 하는데, 이렇게 추위와 더위를 견디며 상을 지내다가 병을 얻어 죽은 이도 부지기수입니다. 또한 이것은 남녀의 교합을 막는 바가 큽니다. 그러니 인구가 늘어날 수 있겠습니까? 이리하면 아래위 할 것 없이 자신의 일을 잃어서 형정이 문란해지고 나라는 반드시 가난해집니다.

그런 것은 성왕의 법이 아닙니다. 예컨대 옛날 요임금께서 북방의 여덟 적족[八狄]을 교화하다 길에서 돌아가셨을 때 공산蛩山의 남쪽에 장사를 지냈습니다. 옷과 이불은 세 벌로 하고, 나무 관을 칡으로 동이고, 묻고 곡하고 구덩이를 메우되 봉분은 만들지 않았습니다.

필자 선생께서 그렇게 말하면 후하게 묻고(후장) 상기를 오래 두는 것(구상)을 옹호하는 이들은 다음과 같이 반박합니다.

"후장과 구상이 성왕의 법이 아니라면 중국의 군자들이 아직도 그것을 계속 행하며 손에 꽉 쥐고 있는 것을 어떻게 설명할 것인가?"

묵자 저는 이렇게 대답하겠습니다.

"그것은 그냥 오래된 습속을 편하게 여겨 따르기 때문이다."

옛날 월나라 동쪽에 해목駭沐이라는 나라가 있었습니다. 이 나라에서는 큰아들이 태어나면 찢어 먹으며 말하길, "동생에게 좋다"하고, 아버지가 죽으면 그 어머니를 업어다 버리면서 말하길 "귀신의 처와는 한집에서 지낼 수 없다"고 합니다. 이런 것이 위로는 정령이 되고 아래로는 풍속이 되어 고수하기를 그치지 않았습니다. 그러나 이것이 어찌 인의의 길이겠습니까? 그냥 해오던 습속을 편하게 여겨 따른 것뿐입니다.

초나라 남쪽의 염인국炎人國은 부모·친척이 죽으면 살은 썩혀서 버리고 남은 뼈를 추려 묻는데, 이렇게 해야 효자가 됩니다. 진秦나라 서쪽의 의거국儀渠國에서는 부모·친척이 죽으면 땔나무를 모아 화장을 하는데, 연기가 올라가면 사자가 하늘로 올라갔다고 하며, 거기서는 이렇게 해야 효자로 인정받습니다. 이런 습속들이 어찌 실로 인의의 길이겠습니까? 역시 습속을 고치지 않고 따를 뿐입니다. 지금 중국의 군자들이 하는 장례는 너무 후하고 이 세 나라가 하는 장례는 너무 박합니다.

필자 선생님은 어느 정도가 적당하다고 보시는지요?

묵자 저는 이렇게 장례 법을 제정합니다.

"관은 세 치로 뼈를 썩게 하기에 족하고, 수의는 세 벌로 살을 썩게 하기에 족하고, 땅은 아래로 물이 스며들지 않고 위로 썩은 기운이 올라오지 않을 정도로 파고, 봉분은 무덤이라는 것을 알 정도에 그친다.

그리고 곡을 하고 돌아와서는 의식의 본업에 종사해 제사를 이어 효도가 부모에게 미치게 해야 한다."

저의 방법은 살아 있는 사람과 돌아가신 분의 이익을 모두 잃지 않은 것입니다[不失死生之利者].(이상 《묵자》〈절장節葬〉)

필자 선생님은 장례로 살아 있는 사람이 피해를 보지 않게 하라는 것이고, 또 장례로 사람들의 등급이 매겨지는 것을 반대한다고 말씀하셨습니다. 선생님께서 "관의 두께는 세 치, 수의는 세 벌로 한다"고 하시면서 따로 신분을 언급한 것은 아니니까요. 본격적으로 순자 선생의 반론을 듣기 전에 오해를 풀 일이 있는 것 같습니다. 맹자 선생은 묵자 선생을 비난할 때 가끔 과장하는 면이 있는 듯합니다. 《맹자》〈등문공〉의 문장을 읽어드리겠습니다. 원래는 묵가의 설을 믿는 이지夷之라는 사람을 평하며 한 말입니다. 사랑에 차등이 없다는 이야기에 맹자 선생은 이렇게 반문했습니다.

"형의 아들에게 친하게 대하는 것이 이웃의 아이에게 친하게 대하는 것과 같다고 생각하십니까?"

그리고 박장薄葬에 대해서는 이런 주장을 했습니다.

"아마도 아주 옛날에는 부모를 매장하지 않고 부모가 돌아가시면 들어서 골짜기에다 버렸을 것입니다. 그 자식이 어느 날 부모를 버린 곳을 지나가게 되었는데 여우와 삵이 뜯어 먹고, 파리·모기 떼가 달라붙어 피를 빨고 있었습니다. 이 꼴을 보고 그는 이마에 땀을 줄줄 흘리며 고개를 돌리고 차마 더 보지 못했습니다. 그가 땀을 흘린 것은 누구에게 보이려는 것도 아니고, 마음을 울려 그것이 얼굴에 드러난 것입니다. 그는 삼태기와 삽을 가지고 와서 시신을 묻었습니다. 시신을 묻는다는 것이 진실로 이런 것이니, 효자와 어진 사람이 그 부모의 시신을 묻는 것도 반드시 도리가(이유가) 있는 것입니다."

이는 너무 심한 비난이라 생각됩니다. 관에 넣어서 잘 묻으라고 하셨지, 그냥 방치하라고 한 것은 아닌데 말입니다.

순자, 후한 장례는 깊은 정의 표출이다

필자 이제 다시 순자 선생의 장례 이론을 들어보지요.

순자 세속의 설을 푸는 사람(묵자)은 이렇게 말합니다.

"태곳적에는 박장을 했다. 관의 두께는 세 치요, 수의는 세 벌에 장지는 농토를 침범하지 않을 정도였다. 지금 난세가 되니 후장을 해서 관을 꾸미니 도굴범이 봉분을 파헤친다."

이것은 치도를 알지 못하고 도굴의 원인을 알지 못하는 사람의 말입니다. 사람이 남의 것을 훔치는 데는 반드시 원인이 있습니다. 부족한 것을 채우려는 것이 아니라 충분하더라도 그 위에 더하려고 하기 때문입니다[不以備不足, 足則重有餘也].˙ 성왕들께서 백성을 먹여 살릴 때는 모두 부후富厚하게 하고 만족을 알도록 했으니,˙˙ 남는 것이 도를 넘지 않도록 했습니다. 그러니 도둑은 훔치지 않고 도적은 찌르지 않았습니다

[賊不刺].*** 그러니 옥으로 시신을 덮고 수놓은 비단으로 관을 채우며, 황금을 곽에 채우고 온갖 기물을 함께 묻어도 파헤치는 사람이 없었습니다. 바로 이익을 구하고자 하는 나쁜 마음이, 작고 분수를 범하는 일에 대한 수치심이 컸기 때문입니다.

오늘날은 위에서는 무법으로 사람을 부리고 아래는 법도를 넘어 행동을 하니 지혜롭고 능력 있고 현명한 이도 어쩔 수 없게 된 것입니다. 이리하여 위는 천성을 잃고 아래는 지리를 잃으며 가운데는 인화를 잃어 재물이 고갈되고 백성이 굶주리게 되었습니다. 산 사람도 잡아먹는 판인데 무덤을 파헤치는 것이 뭐 대수겠습니까.《순자》〈정론〉)

필자 귀한 물건이 있고 봉분이 큰 무덤들을 발굴할 때 제일 먼저 발견되는 것이 바로 먼저 들어간 손님이 남긴 흔적들입니다. 커다란 고분들이 텅 빈 것은 어떻게 설명하실지 모르겠습니다. 도굴의 역사에 대해 자세히 고찰하시지는 못한 듯합니다.**** 이 부분은 쉽게 증명할 수 없

- 흔히 "부족한 것을 채우려 하는 것이 아니면, 남는 것을 더하려 한다"로 해석하는데 뜻이 잘 통하지 않는다. 심하게 부족한 것을 채우려 한다면 죄가 되지 않는 것이 아닐까? 진짜 도둑의 심보라면 부족한 것을 채우려는 것을 넘어 남아도 더 가지려 할 것이다.

- 원문은 "만족을 모른다(不知足)"로 되어 있으나 대체로 주석가들은 不가 잘못 삽입된 것으로 본다.

- 땅을 파고 꼬챙이로 찔러보는 도굴행위를 말하는 듯하다.

- 아주 오래전부터 도굴에 성공하면 한몫 잡는 것은 사실이었다. 고고학적인 결과에 의하면 특히 전국시대의 고분에서 압도적으로 부장품들이 많이 나온다. 전국시대의 물질적인 생활이 그 전 시대를 압도했기 때문이리라. 그러나 드러난 무덤들은 대개 도굴되었다. 부자들의 묘가 더 도굴되는 것을 보면

을 듯하니, 선생님의 장례론을 좀 더 들어보겠습니다.

순자 저는 이렇게 생각합니다. 죽은 이의 것을 깎아 산 사람에게 더하는 것을 묵墨(매정함, 척묵瘠墨)이라 하고, 산 사람의 것을 깎아 죽은 이에게 붙이는 것을 혹惑(미혹함)이라 하고, 산 사람을 죽여 죽은 사람을 보내는 것을 적賊(잔혹한 짓)이라 합니다[刻死而附生謂之墨, 刻生而附死謂之惑, 殺生而送死謂之賊]. 예는 사람의 태어남과 죽음을 다스리는 데 엄숙합니다. 태어남은 사람 생의 시작이며 죽음은 그 끝입니다. 처음과 시작을 모두 잘 다스리면 사람의 도리는 이로써 끝납니다.

산 사람을 섬기는 데 충후하지 않고 공경히 꾸미지 않는 것을 야박[野]하다 하고, 죽은 사람을 보냄에 충후하지 않고 꾸미지 않는 것을 척박[瘠]하다 합니다. 군자는 야박함을 천하게 여기고 척박함을 부끄럽게 여깁니다. 그러니 천자의 관곽은 열 겹이오, 제후의 것은 다섯 겹, 대부는 세 겹, 사인은 두 겹으로 하고 옷이나 싸는 것같이 묻는 것도 모두 차등을 두어 정했던 것입니다. 천자의 장례에 천하 사람들이 모이고 서민의 장사에 친척들이 모이는 것도 다 처음과 끝을 좋게 하기 위한 취지입니다.《순자》〈예론〉)

필자 좋습니다. 앞서 언급했던 삼년상이 다시 논점이 되었는데요.《논

순자의 반박은 설득력이 약하다.

어》〈양화〉에 이런 이야기가 나옵니다. 재아宰我가 물었습니다.

"삼년상은 너무 깁니다. 군자가 3년 동안 예를 행하지 않으면 예가 반드시 무너질 것이고, 3년 동안 음악을 하지 않으면 음악이 반드시 무너질 것입니다. 묵은 곡식이 이미 지고 새 곡식이 올라오며, 나무구멍을 새로 뚫어 새 불을 일으키는 것처럼 1년으로 하는 것이 가할 것입니다."

공자가 대답했습니다.

"쌀밥을 먹고 비단옷을 입으면 너는 편안하겠느냐?"

"편안합니다."

"편안하다면 그렇게 하려무나. 대체로 군자가 상을 당하면 맛난 음식을 먹어도 맛을 모르고, 음악을 들어도 즐겁지 않으며, 숙소에 처해도 편안하지 않다. 그러니 삼년상을 깨지 않는 것이다. 네가 1년으로 편안하다면 그렇게 하라."

재아가 나가자 공자가 말했습니다.

"여予(재아)는 어질지 않다. 자식은 태어나 3년이 지난 후에 부모의 품을 벗어난다. 삼년상은 천하에 통용되는 상례법이다. 여도 3년 동안은 부모의 사랑을 받았을 것이다."

이렇게 공자는 삼년상을 지극히 중시합니다. 삼년상이란 절대로 고칠 수 없는 법식입니까? 선생님의 의견을 듣고 싶습니다.

순자 왜 삼년상을 치르는 것입니까? 상처가 크면 낫는 데 오랜 시일이 걸리고, 통증이 크면 치유되는 것이 더딥니다. 삼년상이란 사람의 정을 의식으로 정해 지극한 아픔을 드러낸 것입니다. 지팡이를 짚고 죽을 먹으며 여막에 거주하는 것도 다 아픔을 나타내는 것입니다. 25개월로 상기를 끝내는 것은 애통함이 그대로지만 보내는 데도 절도가 있기에 어쩔 수 없이 그러는 것입니다.

금수라도 부모가 떠나면 반드시 슬픔을 표시하고 고통스러워 울부짖습니다. 혈기를 가진 것들 가운데 사람의 지각이 으뜸이니, 자식이 부모를 그리워하는 마음은 죽을 때까지 다하지 않습니다. 장차 저 어리석고 비루하며 음란하고 사악한 인간들[愚陋淫邪之人]을 따른다고 해봅시다. 그러면 그들은 아침에 부모가 돌아가시면 저녁에는 잊어버리니, 그런데도 이런 자들을 따른다면[然而縱之]˙ 금수의 무리나 다를 바가 없습니다. 이런 자들과 함께하면 어찌 혼란이 없을 수 있겠습니까?《순자》〈예론〉)

플라톤, 절제된 예라야 아름답다

——

필자 간소하게 하고 다만 슬픔을 다하라는 묵자 선생의 주장과 장례를 후하게 지내는 것은 인간의 마지막 도리를 다하는 것이라는 순자 선생의 토론을 보면 용호상박이라는 말이 저절로 떠오릅니다. 플라톤 선생

——

• "그런 이들을 방치한다면[縱]"으로 해석하는 경우가 많은데, 순자의 말로 보기에 너무 과격하다. 종縱은 '따르다'라는 뜻이 있다. 그리고 앞 구절에 '따른다고 하자[由……與]'라고 했으니 "그런데도 이들을 따른다면"으로 받아야 마땅하다.

님, 묵자와 순자 선생의 토론을 들으셨지요. 효와 장례의 기본에 대해 한말씀 해주시지요.

플라톤 저는 이렇게 생각합니다. 아버지께서 살아계실 때는 순종해야 합니다. 그러나 돌아가시면 가장 절제된 장례가 가장 아름다우며 관례로 된 규모보다 넘치지도 않고 모자라지도 않게 하면 됩니다.(717d-e)

필자 대개 묵자 선생의 의견을 지지하시는군요.

플라톤 다른 예식도 마찬가지라고 봅니다. 혼례에도 양측에서 친구들을 다섯 명 이상 초청하지는 않아야 하며, 친척과 가족도 꼭 그만큼만 초청해야 합니다. 그리고 그 비용은 재산에 따른 비율 이상을 넘을 수 없습니다.(775b)

필자 잘 들었습니다. 공자는 순자 선생의 이론의 기반을 제공했습니다. 공자의 말씀을 다시 들어볼까요.

"아버지께서 살아 계실 때는 그 뜻을 살피고, 돌아가신 후에는 생전의 행동을 살핀다. 3년 동안 아버지의 방법을 바꾸지 않아야[三年無改於父之道] 효자라고 할 수 있을 것이다."《논어》〈학이學而〉)

사람들이 주목하는 구절은 "3년 동안 아버지의 방법을 바꾸지 않는다"는 것일 텐데요. 묵자 선생은 그 10분의 1이면 된다고 보셨습니다. 묵자 선생께서는 삼년상 대신 삼월상을 주장하셨지요?

묵자 그렇습니다. 저는 삼년상 대신 삼월상이 좋다고 봅니다.

필자 유학을 배운 어떤 이가 이렇게 묻더군요.

"묵자가 삼년상을 그르다 한다면 그가 주장하는 삼월상도 그른 것이다."

묵자 제가 대답할까요? 삼년상으로 삼월상을 비난하시는데, 이는 마치 발가벗은 사람이 옷을 걸은 사람을 공손하지 못하다 하는 것과 같습니다[是猶裸謂撅者不恭也].《묵자》〈공맹公孟〉

필자 공자와 순자 선생은 삼년상을 고수하고, 재아는 일년상을 제기했고, 지금 묵자 선생은 삼월상을 주장합니다. 정말 중용을 찾는 일은 어렵군요. 여담입니다만, 저는 그 후대의 일도 목격할 기회를 얻었기에 한말씀 드리겠습니다. 오늘날 우리는 삼일장을 지냅니다. 묵자 선생의 예법을 따른다면 지독한 보수주의자라고 비난을 받을 것입니다.

4. 전쟁을 이해하는 관점

필자 얼핏 들으면 아무 관계도 없는 것처럼 보이지만, 이번에는 예와 전쟁을 연결시켜보겠습니다. "나라의 큰일은 제사와 전쟁이다[國之大事, 在祀與戎]"라는 말이 있듯이, 예식과 전쟁은 국가가 가장 중시하는 두

가지 일입니다.˙ 이 말은 예를 써서 되지 않을 때 전쟁이라는 대안을 쓰고, 또한 전쟁 중에도 예를 품고 있다는 복합적인 뜻으로 들립니다.

순자 선생께서는 예가 없어지면 세상이 싸움터로 바뀐다고 하셨습니다. 싸움 가운데 가장 큰 것이 국가 사이의 싸움이 아니겠습니까? 묵자 선생께서는 허울보다 실질을 중시하셨고, 공격에는 반대하지만 수비에는 목숨을 걸어야 한다고 하셨습니다. 그러니 두 분 다 전쟁과 예를 연결해서 사고하신 적이 있다고 생각합니다.

묵자, 내가 옳다면 이겨야 한다

—

필자 두 분 모두 침략전쟁을 반대하십니다. 특히 묵자 선생님은 전쟁이라면 치를 떱니다. 또 순자 선생님은 군사 전문가 못지않은 병법 이론가입니다. 이 장에서는 침략전이 아닌 방어전의 개념을 가지고 논의를 전개해보겠습니다. 묵자 선생님, 오늘날 중국의 전쟁상황이 어느 정도라고 보십니까?

묵자 노양문군魯陽文君이 묻더군요.

—

• 《좌전》에 나오는 말이다. 사직에 드리는 제사는 나라에서 거행하는 가장 큰 의례다. 동시에 출정식과 개선식 역시 그에 버금가는 행사로서, 대단히 절차가 복잡하다. '제대로 된 제사를 드릴 수 있다', 혹은 '제사의 예식을 준수할 수 있다'는 것은 국가가 이념적으로 안정되어 있다는 뜻이고, '군대를 내고 승리할 수 있다'는 것은 국가가 실질을 갖추고 있다는 것을 의미한다.

"초나라 남쪽에 담인국啖人國'이 있습니다. 그 나라에서는 장남이 태어나면 날로 먹으면서 (앞으로 태어날) 동생에게 좋다고 하고, 용모가 좋으면 군주한테 바치는데 군주는 기뻐하며 그 아비에게 상을 준다고 합니다. 이 어찌 나쁜 풍속이 아니겠습니까?"

그래서 제가 이렇게 대답했습니다.

"중국의 풍속도 이와 비슷합니다. 싸움터로 내보내 아비를 죽이고는 그 아들에게 상을 주는데, 이것이 자식을 먹은 아비에게 상을 주는 것과 무엇이 다릅니까[殺其父而賞其子, 何以異食其子而賞其父者哉]? 진실로 인의를 쓰지 않는다면 어찌 오랑캐들이 자식을 잡아먹는 것을 그르다 할 수 있겠습니까?"《묵자》〈노문〉）

필자 묵자 선생님은 전쟁을 일삼는 중국이 사람을 잡아먹는 다른 나라들보다 더 예가 없다고 하셨습니다. 전쟁이란 가장 예와 어긋나는 행동이니까요. 그러나 선생께서는 침략자, 혹은 불의한 자와 싸울 때는 철저히 응징해야 한다고 하시는데요.

묵자 말이 나왔으니 다시 유자의 예에 대한 태도를 가지고 이야기를 시작해보겠습니다. 유자는 말합니다.

"군자는 싸움에서 이기면 달아나는 자를 추적하지 않으며, 함지[陷

• 〈절장〉에서는 염인국炎人國이라 했다. 둘 가운데 한 글자가 틀리든지, 혹은 글자 그대로 '사람을 씹어먹는[啖人] 나라'라는 뜻인지는 알 수 없다. 바로 뒤의 구절은 글자가 빠진 것인지 뜻이 통하지 않는다.

地]에 빠진 이는 쏘지 않으며, 수레바퀴가 진창에 빠지면 도와서 들어 준다[君子勝不逐奔, 揜函弗射, 施則助之胥車]."*

필자 전쟁에서도 예를 차린다는 뜻이겠지요.

묵자 대답을 드리겠습니다. 만약 포학한 두 나라가 싸운다고 하지요. 이긴 쪽이 적을 추적하려 하지 않고, 함지에 빠진 적은 쏘지 않고, 움직이지 못하는 차를 공격하지 않는다 하더라도 그는 여전히 군자(의 나라)가 될 수 없으며 포학하고 잔인한 나라일 뿐입니다.

　(반면) 성인이 장차 천하를 위해 해를 제거하고자 군대를 일으켜 포학한 나라를 주벌하는데, 이기고는 장령들에게 "뒤쫓지 말고, 함지에 빠진 이를 쏘지 말고, 수렁에 빠진 전차를 도와서 빼주어라"라고 한다면 폭란한 자는 살아남아 도망갈 것이니 천하의 해악은 제거되지 않은

• 마지막 두 구절은 글자가 빠진 것인지 전혀 해석이 되지 않는다. 아직 정설은 없기에 추측을 할 뿐이다. 국내 판본 가운데 '엄함揜函'을 '갑옷으로 가린 곳'으로 보고 "군자는 갑옷으로 가린 곳을 쏘지 않는다"로 해석하는 경우가 있는데 이치에 맞지 않다. 군자라면 오히려 가린 곳을 쏴야 한다. 상고시대 귀족들 사이의 전차전에서 바퀴가 빠진 적을 공격하지 않고, 갑옷을 입지 않은 적을 공격하지 않은 경우는 허다하다. 인도의 서사시 《마하바라타Mahabarata》에는 주인공 아르주나가 화가 나서 갑옷으로 가리지 않은 적을 공격하고는 비난을 받는 대목이 나온다. '엄함'에서 함函(나무상자)은 함陷(함정)과 통한다. 그러면 이 구절은 꼼짝도 하지 못하는 나무상자와 같은 함지陷地에 빠졌다는 뜻으로 해석할 수 있다. 늪에 빠진 군대가 그런 예다. 송 양공襄公은 물을 건너는 초나라 군대를 공격하지 않은 적이 있다.
마지막 문장 '시즉조지서거施則助之胥車'에서 '시施'와 '서胥'의 뜻이 모두 통하지 않는다. 흔히 이 문장을 "자신이 강하면 상대를 도와준다"로 해석하는 경우가 있는데 이는 '서거胥車'를 고려하지 않은 의역이다. 《좌전》에, 적이지만 전차 바퀴가 진창에 빠졌을 때 공격하지 않고 도와주는 이야기가 종종 등장한다. 바퀴가 빠졌을 경우 공격하지 않고 빼준다는 뜻으로 해석하면 앞뒤의 뜻이 통한다.

것입니다. 이는 부모를 잔혹하게 대하고 세상을 심하게 해치는 일이니, 이보다 더 큰 불의가 있겠습니까? 유자들의 행동이란 이런 식입니다.(《묵자》〈비유〉)*

필자 유가의 예란 허위에 불과하다는 말씀을 하셨습니다. 전국시대에 그런 옛날의 싸움법을 고수하는 유자들은 없을 것이라 생각합니다만. 어쨌든 선생은 단순히 겸애를 주장하는 것은 아니군요. 내가 옳다면 전쟁에서 이겨야 하고, 상대를 응징해야 한다는 말씀이십니다. 잔폭한 자가 침범해왔을 때 철저하게 응징하는 것이 바로 정의를 세우는 것이며, 그 싸움에서 자잘한 예를 이야기하는 것은 큰 도리에 어긋난다는 말씀이시군요. 선생의 유가들의 예법에 대한 비판은 전장에서도 그치지 않는군요.

이제 적국에서 침략당하지 않는 방도를 가르쳐주시겠습니까? 역시 허위적인 예를 배격하는 것이 주가 되겠지요?

묵자 나라에는 일곱 가지 우환이 있습니다. 성곽이나 해자를 지키지도 못하면서 궁실을 다스리는 것이 첫째입니다. 적의 군대가 국경에 닿았는데도 이웃 나라들이 도와주지 않는 것이 둘째입니다. 쓸데없는 공사

• 〈비유〉에는 묵자가 공자를 직접 공격하는 대목들이 등장하지만 사실에 맞지 않는 부분도 있다. 묵자가 쓰지 않았을 가능성이 크다. 또한 인신공격성 발언은 사상의 대결을 논하는 이 글 전체의 취지와도 맞지 않아 생략한다.

에 백성의 힘을 다 써버리고 무능한 자에게 상을 내리는 것, 즉 무용한 일에 백성의 힘을 다 빼고 (말만 하는) 객을 대우하느라 재보를 다 쓰는 것이 셋째입니다. 벼슬아치들은 녹만 기대하고, 떠돌아다니는 이들은 무리를 짓고, 군주는 법을 만들어 신하들을 치지만 신하들은 두려워 감히 어기지 못하는 것이 넷째입니다.

군주가 자신이 성인이나 지자智者라 여기고는 일에 대해서는 자문하지 않고, 자신의 나라는 안전하고 강하다고 여기고는 수비를 하지 않고, 사방의 이웃 나라들이 호시탐탐 노리는데도 경계하지 않는 것이 다섯째입니다. 불충한 자들을 믿고 충성스러운 자들을 믿지 않는 것이 여섯째입니다. 쌓아놓은 곡식과 콩과 조가 사람이 먹기에 부족하고, 대신들은 군주를 섬기기에 부족하고, 상을 내려도 기뻐하게 할 수 없고 벌을 주어도 겁을 줄 수 없는 것이 일곱째입니다. 이 일곱 가지 우환이 있으면 국가는 반드시 재앙을 입습니다.《묵자》〈칠환〉)

필자 저는 앞의 몇 구절에 주목하고 싶습니다. 허식만 쫓는 나라, 쓸모 없는 일에 백성의 힘을 빼는 나라는 힘이 없다는 말씀이었습니다. 나머지 내용은 유가나 법가가 말하는 것과 별로 다르지 않습니다.

순자, 예로 단련되고 은혜로 감화된 군대가 이긴다
—

필자 마지막으로 평상시에 전쟁에 대비하는 방법에 대해 이제는 순자 선생에게 물어보겠습니다. 지금까지 예에 관한 말씀은 많이 나누었으니, 이번에는 굳이 예와 관련시킬 필요 없이 저희가 교훈을 얻을 수 있는 실질적인 내용으로 말씀해주시지요.

순자 국력이 왕성할 때 중립을 지켜 한쪽으로 치우치지 않고 외교관계를 다지고[爲縱橫之事]˙ 태연스레 군대 발동을 억제하고는 저 포악한 나라들이 서로 싸우는 것을 관찰합니다. 평정을 지켜 정교를 실행하고 예절을 심사하며 백성을 단련시킵니다. 이리하면 군대는 천하 최강이 될 것입니다.

국력이 성할 때 오히려 군사를 발동하지 않고 쉬게 하며, 백성을 사랑하며 전야를 개간하고 창고를 채우며, 도구를 편리하게 하고 재능 있는 사람을 골라 상을 주어 선도하게 하고, 엄한 벌로 악을 방지합니다. 이리하면 저들은 들판에서 싸우느라 나날이 소모되고 우리는 쓸 것이 나날이 늘어나며, 저들은 들판에서 곡식을 버리지만 우리는 나날이 쌓아갑니다. 저들은 재능이나 용맹이 있는 인재들을 싸움에서 소모하지만 우리는 매일 받아들이고 단련시킵니다. 이리하면 저쪽은 피폐해지는데 우리는 풍부해지며, 저쪽은 괴로운데 우리는 편안합니다.

군주 스스로는 소박한 보통의 풍속[備俗, 庸俗]을 따르고, 일을 처리할 때도 타당한 관행[備故]을 존중하며, 들이고 물리고 귀하고 천하게 하

• 종횡지사는 외교관계를 뜻한다. "종횡으로 마음대로 일을 한다"로 번역하는 경우가 있으나 그르다.

는 일(인재 등용)에는 소박한 선비[備士]를 쓰고, 낮은 백성들을 대할 때는 관용과 은혜로 한다면 이 나라는 안존할 것입니다. 그러나 반대로 몸가짐은 경솔하고 망령되며, 일을 처리할 때는 일단 의심하고, 사람을 쓸 때는 말이나 꾸미는 자를 쓰고, 낮은 백성들의 것을 침탈하기를 좋아한다면 나라는 위태롭습니다.《순자》〈왕제〉)

필자 많은 말씀을 들었습니다. 두 분은 예의 본질을 두고 격렬하게 논쟁을 벌였습니다만 전쟁에 대한 태도만큼은 공통된 점이 있었습니다. 이제 마무리를 할 시간이 되었습니다. 전국시대라는 이 난국에서 두 분의 대책이 어떻게 쓰이는지 사례를 통해 살펴볼 일만 남았습니다.

묵자는 유가를 살찌웠다

묵가와 유가의 예 논쟁을 보면 교학상장敎學相長, 청출어람靑出於藍, 오월동주吳越同舟라는 세 구절이 떠오른다. 왜 교학상장이라 하는가? 묵자는 유가의 예를 지배자의 전횡을 정당화하는 수단이라 고발했고, 맹자와 순자는 묵자의 실질론을 통치와 생산을 혼동한 무지의 소치라고 비난했다. 그러나 둘은 싸우면서 서로 배웠다. 실제로 묵자는 공자의 학문을 배웠고, 또 맹자와 순자는 묵자의 학문을 배웠다. 왜 청출어람이라 하는가? 묵자는 겸애를 통해 맹자에게 강력한 민본사상을 전수했고, 순자에게는 상동이라는 사회사상을 전수했다. 맹자와 순자는 은연중에 묵자의 설을 발전시켰다. 그래서 맹자는 강력한 인치仁治의 주창자가 되었고, 순자는 또한 중국식 사회계약론을 발전시켰다. 왜 오월동주라 하는가? 묵가와 유가가 서로를 공격했지만 법가를 마주했을 때 둘은 연합했다. 묵가는 비공非攻이론으로 법가의 호전성에 대응했고, 유가는 교화론으로 법가의 상벌론에 대항했다.

결론적으로 말하자면 묵자는 유가를 비난하면서도 유가가 장기적으로 살아남을 수 있는 기반을 제공했다.

맹자는 겸애론의 계승자다

겉으로 보면 맹자는 묵자를 원수를 보듯 한다. 맹자는 묵자의 설이 퍼지는 현상에 화가 나서 이렇게 한탄했다.

"성왕은 나타나지 않고 제후들은 방자하니, 처사들은 마음대로 의론해 양주楊朱˙와 묵적의 설이 천하에 가득 찼다. 천하의 설이란 양주 아니면 묵적에게 돌아간다. 양씨는 자신만을 위하니 이는 군주를 무시하는 것이고, 묵씨는 겸애를 주장하니 이는 아비를 무시하는 것이다[楊氏爲我是無君也, 墨氏兼愛是無父也]."《맹자》〈등문공〉)

그리고 〈진심〉 편에서는 이렇게 비아냥대기도 했다.

"묵자는 두루 사랑한다고 정수리에서 발꿈치까지 다 닳아도 천하에 이익이 된다면 그것을 했다. 그러나 그것은 극단에 불과하다. 이렇게 극단을 취하면 나머지 중요한 것을 다 버리게 된다."

때로는 묵자가 한 짤막한 구절도 못마땅하면 장황하게 반박했다. 묵자는 성왕들을 도와 위대한 공업을 이룬 이윤과 백리해도 원래 미천한 사람이었고, 때를 만나기 위해 주방일과 양치기 등 천한 일도 마다하지 않았다고 주장했다. 그랬더니 맹자는 당장 반박했다.

"그렇지 않다. 이윤은 의가 아니고 도가 아니면 천하를 녹으로 주어도 거들떠보지도 않을 사람이었다. 탕 임금이 거듭 사람을 보내 예물을 주

• 양주의 저술은 지금 남아 있지 않고 여기저기 다른 전적에 그에 관한 이야기가 흩어져 있다. 그는 무엇보다 개인의 가치를 절대시한 것으로 본다. 그는 "천하를 다 주어도 자기 자신이 상한다면 무슨 가치가 있는가" 하고 주장했다. 맹자는 그를 극단적인 이기주의자로 몰아붙이지만 당시에는 양주의 학설을 따르는 이들이 상당히 많았던 듯하다. 양주의 개인관은 도가와 상통한다.

어도 '내가 무엇하러 임금의 예물을 받는단 말인가. 요순의 도를 즐기는 것이 낫다' 하고 출사하지 않았다. 그래도 탕임금이 계속 사람을 보내니, '내가 들판에서 요순의 도를 즐기는 것보다 군주를 요순과 같은 분으로 만드는 것이 낫지 않을까' 생각하고 출사했던 것이다. 그러니 이윤이 요리사 짓을 하면서 때를 기다렸다는 것은 근거가 없다."《맹자》〈만장〉)

대체로 맹자가 묵자를 공격한 이유는 묵자가 산 사람에 대한 연민은 넘치지만 죽은 사람에 대한 연민이 부족하다고 생각했기 때문이다.'그러나 산 사람에 관한 한 맹자의 마음 씀은 묵자의 겸애론과 다를 바 없다. 묵자는 '다 같이 아끼자' 하고 맹자는 '다 같이 즐기자' 하지만, '다 같이[兼]'는 똑같다. 맹자의 민본사상은 '같이 즐기자'는 대목으로 압축할 수 있다.

양혜왕이 연못가에 서서 고니와 기러기, 사슴 따위를 보면서 물었다.

"현명한 사람도 이런 것을 즐깁니까?"

———

• 맹자가 제나라에서 노나라로 돌아가 모친상을 치렀다. 제나라로 돌아와 있는데 장사에서 관을 만들던 일을 감독했던 충우充虞가 와서 물었다.
"불초한 저에게 관 짜는 일을 감독하게 하셨습니다. 급해서 감히 물어보지 못했는데 이제야 물어봅니다. 목재가 너무 아름다웠던 것 같습니다."
맹자는 다음과 같이 대답했다.
"아주 옛날에는 관곽棺槨을 만드는 규정이 없었다. 중고中古 시절에는 관을 칠촌으로 하고 곽도 그것에 맞추었다. 천자에서 서민까지 모두 그렇게 했으니, 이것은 그저 겉을 아름답게 꾸미려는 것이 아니라 그래야 사람의 마음을 다할 수 있기 때문이었다. (할 수 있어도) 그렇게 하지 못하면 마음이 흡족할 수가 없고, 재산이 없으면 (그렇게 할 수 없으니) 흡족할 수 없었다. 할 수도 있고 재산도 있으면 옛사람들은 다 그렇게 좋은 재료를 썼다. 그런데 나만 왜 홀로 그렇게 하지 않는단 말이냐? 그리고 돌아가신 분의 살에 흙이 직접 닿지 않게 하는 것이 사람의 마음에도 흡족하지 않으냐? 나는 이렇게 들었다. '군자는 부모를 위해서는 천하도 아끼지 않는다(君子不以天下儉其親)'."《맹자》〈공손추〉)

맹자가 대답했다.

"현명한 사람이 된 연후에야 이런 것을 즐길 수 있고, 현명하지 않은 이는 이런 것이 있어도 즐기지 못합니다. 문왕이 백성의 힘으로 대를 만들고 연못을 팠지만 백성들은 반기고 즐겼습니다. 그래서 그 이름이 영대靈臺요 영소靈沼였고, 말사슴과 사슴, 물고기와 자라가 있음을 기뻐했습니다. 옛사람은 백성들과 함께 즐겼기에 능히 즐길 수 있었습니다(古之人與民偕樂故能樂也).

탕서湯誓에 (백성들이 폭군 걸을 원망하며 한 말인) '저 해는 언제나 없어지려나, 내 너와 같이 죽으리'라는 말이 있습니다. 백성이 군주와 함께 죽어버리기를 원하는 마당에 비록 대니 연못이니 새니 짐승이 있은들 어찌 혼자 즐길 수 있겠습니까?"《맹자》〈양혜왕〉)

맹자는 상하의 욕망의 차별을 이야기하기 전에 욕망의 동일함을 이야기한다. 그래서 맹자는 순자보다 오히려 묵자에 가깝다. 순자가 "그 언담이설言談議設이 묵자와 이미 다를 바가 없는데도 이를 판별하지 못하고, 선왕의 이름을 들먹이며 어리석은 이들을 속여 옷과 음식을 구한다"《순자》〈유효〉)라고 한 것은 분명 맹자를 겨냥했던 것이다.

순자는 묵자에게 사회이론을 빌렸다

순자는 예론을 통해 논리적으로 묵자를 비판한다.

"천하의 국가를 세우는 법도[權稱]는 모르면서 공용功用을 높게 보고 검약을 크게 보며, 차등을 경시해서[慢差等], 서로 다름을 구분하고 군신 상하의 차이를 두는 것을 이해하지 못한다. 그럼에도 주장하는 바는 전거가 있고 말은 조리가 있어서 어리석은 대중을 속일 수 있는 자, 이들이 묵적과 송견宋鈃이다.”《순자》〈비십이자非十二子〉)

그렇다면 순자는 순전히 묵자의 대척점에 있는가? 그렇지 않다. 순자는 묵자에게 사회사상을 빚지고 있다. 순자가 “군주란 사람들을 잘 모이게 하는 자입니다[君者善群也]”《순자》〈왕제〉)라고 주장할 수 있었던 것은, 묵자가 상동을 소리 높여 제창했기 때문이다.

순자는 묵자의 겸애에 대항해 차별을 주장하지만, 사실상 묵자의 논리 전개 방식을 그대로 가지고 왔다. 묵자도 사람은 노동 때문에 짐승과 다르고, 노동이 모여야 힘을 발휘한다고 했다. 순자는 이렇게 말한다.

“사람이란 태어나면서부터 무리를 짓지 않을 수 없습니다. 무리를 짓고도 차별과 구분이 없으면 싸움이 벌어지고, 싸움이 벌어지면 어지러워지고, 어지러워지면 흩어지며, 흩어지면 약해지고, 약해지면 다른 사물(짐승)들을 이겨낼 수 없습니다.”《순자》〈왕제〉)

순자는 묵자와 마찬가지로 무리(사회)에서 힘이 나오고, 무리가 화합할 때 강해진다고 한다. 묵자는 무리 구성원들이 서로 사랑하는 것이 화합으로 가는 길이라 하고, 순자는 인위적으로 질서를 정하는 것이 화합의 왕도라고 본 것이 다르지만, 무리 생활에서 국가가 나아갈 길을 찾은 것은 같다. 이 점에서 묵가와 유가는 공히 자연으로 회귀하려는 성향을 보인 도가와 대립한다.

묵자 이전의 유가의 예론은 현실과 유리된 점이 많았다. 만약 묵자가 일어나 실질론으로 그 약점을 공격하지 않았다면 유가는 절름발이가 되었을 것이다. 이에 관한 공자의 행동을 살펴보자.

진성자陳成子(전성자)가 제 간공을 시해하자 공자는 목욕하고 입조하여 노 애공에게 고했다.

"진항陳恒(진성자)이 자기 군주를 시해했사옵니다. 청컨대 그를 토벌하소서."

"(나는 이미 실권이 없는 군주니 신하인) 삼가三家(맹손·숙손·계손씨)에 가서 고하시오"라고 대답했다. 그러자 공자는 이렇게 자조했다.

"내가 대부의 말석에라도 있으니 감히 고하지 않을 수 없었다."《논어》〈헌문〉)

현실적으로 작은 노나라의 무능한 군주가 큰 제나라의 유능한 실력자를 이길 수 있을까? 그러니 공자의 말은 가식적이라 하겠다. 묵자는 공자처럼 명분을 위해서 할 수도 없는 일을 하라고 주장하지 않는다.

묵자는 봄이 오기 전에 핀 목련 같다. 눈바람에 지고 말았지만 그예 봄을 불렀다.

제5장

장자, 절대적 생명과 평등을 부르짖다

...

그는 홀로 천하를 걷는다(獨步天下)고 한다. 백가가 이름을 다투었지만 그는 이름에는 관심이 없었다. 그는 홀로 걸었지만 역설적으로 이른바 동양사상은 2000년이 넘는 시간 동안 그의 발자국을 따라다녔다. 그는 은혜를 베푸는 일 따위에는 관심이 없었지만 여전히 동양철학은 그의 그늘 아래서 쉰다. 그의 사상이 없었다면 지사志士들은 전란으로 점철된 난세나 관료제가 특출한 인사들의 숨을 틀어막는 치세治世를 어떻게 견뎌낼 수 있었을까? 그는 바로 장자다.

장자는 오늘날 흔히 무위자연을 누리는 신선 같은 이미지로 알려져 있지만, 그는 맹렬한 투사였다. 모든 것을 삼키려는 기세로 커지고 있던 무소불위의 괴물 앞을 해진 옷을 입은 그가 가로막고 있다. 행색은 보잘것없지만 한 발자국도 물러나지 않는다. 어쩐 일인지 그 괴물은 이 초라한 사나이를 삼키지 못하고 으르렁거리기만 한다. 삼키면 자신을 태울 불덩이라는 것을 아는 것일까? 그는 전국시대 전체와 맞선 휴머니스트이자 중국사 전반에 걸쳐 모든 전체주의에 맞선 생명주의자였다. 급기야 오늘날 그의 사상은 중국이라는 지역의 울타리를 넘어 세계적인 보편성을 얻었다.

1. 소용없는 것의 소용

필자 이 참혹한 전국시대에 선생님의 말씀을 들으면 마음이 트이고 분이 풀리는 듯하지만, 아무리 생각해도 확연히 잡히지 않는 것도 있습니다. 그래서 후배 학자들 가운데 선생과 선생의 선배인 노자를 묶어서 폄하하는 이들이 있습니다. 예컨대 순자 선생은 이렇게 말했더군요.

"노자는 굽히는 것을 보았으나 펴는 것을 보지 못했다. 굽힘만 있고 폄이 없으면 귀천의 구분이 없게 된다[老子有見於詘無見於信. 詘而無信則貴賤不分]."《순자》〈천론〉)

• 굽힐 굴詘은 굽을 굴屈, 믿을 신信은 펼 신伸을 뜻한다.

'굽힌다'는 것은 윗사람이 아랫사람에게 굽힌다는 뜻이겠지요. 이어서 이렇게 말합니다.

"장자는 하늘에 가려져 사람을 알지 못했다[莊子蔽於天而不知人]."《순자》〈해폐〉)

하늘[天]이란 천성, 사람[人]이란 인위人僞를 말하는 것이겠지요. 개인적인 생각입니다만, 폄하하는 것보다 비트는 것이 더 위험하다고 봅니다. 법가사상가들은 노자와 선생님의 허虛 개념을 '의뭉스러운 군주를 위한 독심술' 정도로 비튼 감이 있습니다. 선생의 말씀을 이해하지 못하는 세속의 학자들을 향해 한마디 던져주시지요.•

나는 백가를 초월했다

—

장자 저는 일부러 말을 어렵게 하는 사람은 아닙니다. 다만 비유를 좋아합니다. 비유를 들지 않으면 이해하지 못하는 사람들이 더 많아지니

—

• 《장자》에는 여러 사람의 글이 들어 있다. 〈내편內篇〉이 가장 체계를 갖춘 논문이며, 그중에도 장자 자신의 저작으로 보이는 〈소요유逍遙遊〉와 〈제물론齊物論〉이 다른 모든 편을 압도한다. 그러나 안타깝게도 이 부분이 가장 이해하기 어렵고 번역의 오류도 되풀이되었다. 〈외편〉은 후대에 명백히 가필한 부분과 장자의 본 사상인 듯한 것이 뒤섞여 있다. 대부분은 후대의 가필로 보인다. 상호 모순되는 주장들이 교차하기 때문이다. 물론 전국시대에 가필한 것이라면 문제가 없다. 장자 학파의 전체 사상을 알 수 있기 때문이다. 문제는 진秦제국 성립 이후에 가필한 부분이다. 허황된 신선사상이나 무질서한 논쟁으로 전국시대 장자 사상의 진면목을 오히려 가리기 때문이다.

필자는 〈소요유〉와 〈제물론〉에서 장자사상의 반 이상이 완성되었다고 보고, 두 편을 기본으로 하되 기타 〈내편〉에서 일부를 보충했다. 〈외편外篇〉이나 〈잡편雜篇〉은 내편의 사상과 일치하는 것만 발췌했다.

까요. 말씀을 드리겠습니다.

먼 북쪽 바다에 곤鯤이라는 물고기가 있습니다. 이 물고기가 얼마나 큰고 하니, 몸뚱어리가 몇천 리가 되는지도 모릅니다. 이것이 새로 변하면 이름을 붕鵬이라고 하는데, 이 새도 얼마나 큰고 하니 그 등짝이 몇천 리나 되는지도 모릅니다. 붕이 힘차게 한 번 날아오르면 날개가 꼭 하늘에 드리운 구름 같습니다. 바다가 용솟음칠 정도로 큰 바람이 일면 붕은 바야흐로 남쪽 바다로 옮겨 갑니다. 남쪽 바다란 즉 하늘의 못[天池]이지요. 《제해齊諧》는 기이한 일을 적어놓은 책입니다. 그 책에 보면, 붕이 남쪽 바다로 건너갈 때 날개를 치니 물이 3000리나 튀어 오르고, 바람을 타고 9만 리나 솟구쳐 올라, 여섯 달을 날고 나서야 한 번 쉰다고 합니다.

물이 얕으면 큰 배를 띄울 힘이 없겠지요. 웅덩이에 한 잔의 물을 쏟아놓으면 지푸라기야 뜨겠지만, 잔을 띄울 수는 없겠지요. 물은 적은데 배는 큰 까닭이지요. 바람이 두텁지 않으면 큰 새의 날개를 들어 올릴 힘이 없겠지요. 그래서 9만 리 정도는 날아올라 그 정도 두께의 공기를 눌러야 비로소 바람을 탈 수 있는 것이지요. 거침없이 푸른 하늘을 등진 후라야 비로소 남쪽으로 날아갈 수 있는 것이지요.

매미와 비둘기가 붕을 보고 비웃으며 말합니다.

"우리가 폴짝 날아오르면 느릅나무 가지에나 앉을 수 있고, 그나마 때로는 거기에 미치지 못하고 땅에 떨어진다. 무엇 하러 9만 리나 날아 남쪽으로 간단 말인가?"

가까운 풀밭으로 나가는 사람이야 세 끼만 먹고 돌아와도 여전히 배가 부르겠지만, 100리를 가는 사람은 전날 저녁에 양식을 찧는 법이지요. 1000리를 갈 사람이라면 세 달 동안은 양식을 모읍니다. 비둘기나 매미와 같은 벌레들이 무엇을 알겠습니까?

작은 앎으로는 큰 앎에 미치지 못하고, 몇 해로는 긴 세월에 미치지 못합니다. 어떻게 그것을 압니까? 보십시오. 잠깐 사이에 시드는 아침 버섯은 하루 종일[晦朔]을 알지 못하고, 한 철을 사는 쓰르라미는 한 해 [春秋]를 알 수가 없습니다. 붕이 바람을 타고 남쪽 바다로 가는 것을 보고, 메추라기는 이렇게 비웃습니다.

"저 새는 도대체 어디로 가는 걸까? 나는 호로록 겨우 몇 길만 날아올라도 그만 땅으로 내려와서, 쑥대 사이를 날아다니지만 이 역시 나는 것이다. 그런데 저 새는 또 어디로 가는 것일까?"

이것이 바로 큰 것과 작은 것의 차이지요. 그러니, 앎으로는 한 관직을 당해낼 만하고, 행동으로는 한 고을을 감당할 만하고, 덕으로는 임금에 부합해 한 나라를 맡을 정도의 인물들의 소견이라는 것도 저 메추라기 같을 뿐입니다.

나는 명성이 필요 없다
—

필자 마치 선생의 앎은 이 시대라는 조건을 벗어난 것처럼 들립니다. 오늘날 '매미나 메추라기 같은' 사대부들이 이 시대의 조건 아래서 할 수 있는 것이 바로 작게는 하급 관리가 되고 크게는 재상이 되는 것이 아닙니까?

노자 선생이 "하등의 선비가 도를 들으면 크게 비웃는다. 비웃음을 당하지 않는다면 도가 되기에 부족하다. 그래서 이런 말이 있다. 밝은 도는 깜깜한 것과 같다[明道如孛]. 그리고 큰 그릇은 늦게 이루어진다[大器晩成]"고 하신 말의 뜻이 이해가 됩니다.

장자 그래서 말하는 것입니다. "지극한 사람[至人]은 자기가 없고[無己], 신묘한 사람[神人]은 공이 없고[無功], 성스러운 사람[聖人]은 이름조차 없다[無名]"라고요.

필자 자기 자신을 부려 공을 이루고 이름을 얻는다는 것이 다 그 시대의 조건 아래서 이루어지는 일이겠지요. 선생님은 그 조건들을 다 부정하셨습니다.

장자 이어서 말씀드리지요. 요임금이 허유許由에게 천하를 물려주려고 이렇게 말했다지요.

"해와 달이 나왔는데도 횃불을 끄지 않으면, 그게 밝다고 하기는 어렵지 않겠습니까? 때맞춰 비가 오는데 또 물을 끌어들이는 건 쓸데없

- 곽점 출토 초간본 《노자》를 주로 인용한다. 마왕퇴馬王堆 출토 백서 《노자》는 현재 주로 통용되는 왕필 주 《노자》와 크게 차이가 나지 않는다. 곽점본은 최소한 전국시대 중반기에 유통된 것으로 보이니, 이것이 장자가 읽은 노자일 것이다.

이 물을 주는 격이 아니겠습니까? 어른께서 임금이 되면 천하가 다스려질 것인데, 제가 여전히 그 자리를 차지하고 있습니다. 저는 스스로 부족함이 있는 사람이라 여깁니다. 청컨대 천하를 받아주십시오."

그러자 허유가 대답했답니다.

"그대가 천하를 다스려도, 이미 천하는 다스려졌습니다. 그런데도 제가 그대를 대신한다면, 그예 제가 이름이나 얻고자 그런단 말입니까? 이름이란 실체의 손님일 뿐입니다. 그럼, 제가 손님이나 되란 말입니까? 뱁새가 깊은 숲에 둥지를 튼다 해도 그저 가지 하나를 차지할 뿐이고, 두더지가 황하의 물을 마신다 해도 그저 제 배를 채울 뿐입니다. 임금께서는 돌아가 쉬십시오. 저는 천하를 위해 할 일이 없습니다. 요리사가 부엌일을 잘하지 못한다고 해서, 시축尸祝(제사 지내는 이)이 제기를 넘어가 요리사를 대신할 수는 없는 노릇입니다."

최고의 소용은 소용이 없는 것

—

필자 취지는 알겠습니다. 천하는 잘 다스린다는 사람에게 다스리게 하고 선생께서는 관여하지 않겠다는 말씀으로 들립니다. 그러나 지금은 전국시대가 아닙니까? 공자께서 "독실하게 믿고 학문을 좋아하며, 죽음으로써 도를 지켜야 한다. 위태로운 나라에는 들어가지 말고, 어지러운 나라에는 머무르지 마라. 천하에 도가 있으면 나타나고, 없으면 은거하라. 나라에 도가 있는데도 빈천하면 부끄러운 일이고, 나라에

도가 없는데도 부귀하면 역시 부끄러운 일이다"라고 하셨습니다. 또한 묵자 선생은 하루 저녁이면 신이 다 닳을 정도로 동분서주했습니다. 그들이 다 진실하지 않은 사람이라고 할 수 있겠습니까? 시절이 급한데 선생은 나서지 않겠다고 하는 것 같아 안타깝습니다.

장자 과연 그럴까요? 혜자惠子가 와서 말했습니다.

"위魏나라 왕이 박씨를 하사하기에 심었더니, 다섯 섬石들이 박이 열렸소. 물이나 장을 채웠더니 너무 커서 혼자 들려니 꼼짝도 하지 않고, 쪼개서 바가지를 만들려니 너무 평퍼짐해서 물을 담을 수가 없더군. 정말 커다란 박이 아닌 것은 아니지만, 쓸모가 없는 것 같아 부숴버렸소."

제가 대답해주었습니다.

"선생은 실로 큰 것을 쓰는 데 익숙하지 않군요. 송나라 사람 가운데 손이 트지 않는 약을 잘 만드는 사람이 있었는데, 누대로 솜을 빼는 일을 했습니다. 어떤 손님이 이 소문을 듣고 가서 백금을 들여 그 기술을 사기를 청했다지요. 그는 가족을 모아놓고 의논을 했답니다.

'우리는 누대로 솜을 빨고 있지만 수익이란 불과 몇 금에 지나지 않았다. 지금 하루아침에 100금에 기술을 사겠다 하니 팔자.'

이리하여 이 기술을 가지게 되자, 그 객은 오나라 왕에게 가서 유세했습니다. 마침 월나라와 싸우게 되니, 오왕은 그를 장수로 임명했습니다. 겨울에 월나라 사람들과 수전을 벌여 대승을 거두었습니다. 그리하여 오왕은 그에게 땅을 떼어 봉해주었습니다. 똑같이 손이 트지 않게 하는 기술을 썼을 뿐인데, 어떤 이는 땅을 받았고 어떤 이는 솜 빼는 일에서 벗어나지 못한 건 기술을 쓰는 방법이 달랐기 때문이지요. 지금 그대는 다섯 섬들이 박을 가지고 있으면서 어찌 커다란 술통을 만들어서 강호에 띄울 생각을 하지 않소? 그러고는 박이 커서 쓸데가 없다고 하니, 선생은 쑥부쟁이같이 옹졸한 마음을 가지고 있군요."

이에 혜자가 지지 않고 또 묻더군요.

"내게 큰 나무(종자)가 있소. 사람들은 그것을 가죽나무라고 하오. 줄기는 울퉁불퉁 혹이 나서 먹줄을 댈 수가 없고, 가지는 뒤틀려서 자를 댈 수가 없소. 길옆에 서 있건만, 목수들은 쳐다보지도 않소. 지금 자네의 말은 크긴 하지만 쓸모가 없으니, 여러 사람이 모두 외면할 것이오."

제가 대답해주었습니다.

"유독 그대만 삵이나 족제비의 행동을 보지 못한 것입니까? 그놈들은 몸을 구부려 엎드려 있다가 먹이가 튀어나오는 것을 기다리고, 동서로 뛰어다니며 높은 곳, 낮은 곳을 가리지 않지만, 급기야 덫에 걸려 그물 속에서 죽음을 맞이합니다. 대저, 리우犛牛라는 소는 크기가 하늘에 드리운 구름 같지요. 그놈은 큰일은 할 줄 알지만 쥐를 잡을 줄은 모릅니다. 지금 그대는 큰 나무가 있다면서 그 쓰임이 없는 것을 걱정합니다. 왜 아무도 없는 한적한 고을 광막한 들판에 심어두고, 그 옆을 하릴없이 어슬렁거리다가 그 아래서 한가히 누워 잠이나 자지 않습니까? 이 나무야 도끼에 일찍 잘릴 리도 없고, 누구도 해치지 않을 텐데요. 쓸모가 없다고, 무슨 걱정이 있겠습니까?"(이상《장자》〈소요유〉)

필자 선생께서는 소용이 없는 것의 소용을 말씀하셨습니다. 큰 소용은 얼핏 보면 소용이 없는 것처럼 보인다는 것이지요? 노자가 "도는 언제나 이름이 없다. 통나무 [樸](소박함)는 비록 미미한 물건이나 하늘과 땅도 감히 신하로 삼지 못한다. 후왕이 능히 이를 지킬 수 있다면 만물이 장차 스스로 찾아올 것이다. 하늘과 땅이 서로 화합해 감로가 내리고, 백성은 명령을 내리지 않아도 저절로 고르게 될 것이다"라고 한 것과 선생님의 말씀이 부절처럼 맞아떨어지네요. 역설적입니다. 소박함이 오히려 남의 부림을 받지 않는 조건이며, 또한 크게 남을 이롭게 하는 조건이군요.

그럼에도 저는 비루한 글쟁이인지라 선생이 말씀하신 큰 박과 큰 나무의 소용을 다시 밝혀야 하는 처지입니다. 각론으로 들어가겠습니다.

2. 만물은 평등하다

필자 오늘날 사람들은 앞다투어 공을 이루고 이름을 날리려 안달합니다. 심지어는 그 때문에 받은 압박으로 몸이 상하기도 합니다. 사실 공리를 추구하고 오래 살기를 기원하는 것은 인간의 본성이라고 할 수도 있는데, 이에 대해 어떻게 생각하시는지요.

장자 (사람은) 일단 그 이루어진 형체(신체)를 받았으면 훼손시키지 않고 생명이 다할 때까지 기다려야 합니다. 외부의 사물과 서로 날카롭게 부딪히고 서로 부대껴 마모되고, 치달리듯이 앞으로만 가면서 멈출 수 없다면 이 또한 비참하지 않습니까? 평생 동안 끙끙대면서도 끝내 공을 이루는 것을 보지 못하고, 각고의 노고를 들이고도 돌아갈 바를 모르니 가히 슬프지 않습니까? 남들이 그를 불사不死라고 한들 무슨 득이 있겠습니까? 그 형체가 변해가는(늙어가는) 것을 따라 마음도 그리된다면 어찌 크게 슬프지 않다 할 수 있겠습니까? 사람의 삶이란 진실로 이렇게 아둔한 것입니까? 그예 나만 아둔한 것입니까? 아니면, 남들 중에도 아둔하지 않은 이가 있는 것입니까?

명철함을 삶의 기준으로 삼다

—

필자 사람이 되어 무언가를 이루기 위해 각고로 노력하는 것은 당연하지 않습니까? 지식으로 세상에 참여하는 이가 늙는 줄도 모르고 배우고 익히는 것은 학문을 이루지 못하더라도 마땅히 해야 할 일이 아닐까요?

장자 이미 이루어진 마음을 좇아 그것을 스승으로 삼는다면 누구라서 유독 스승이 없겠습니까? 어찌 지식으로 마음을 대신해서, 스스로 스승을 찾은 자만 스승이 있겠습니까[奚必知代而心自取者有之]?* 어리석은

—

• 미묘하고 어려운 구문이다. 그러나 제물론 전체를 이해하는 데 대단히 중요한 구절이기에 결론을 지을 수밖에 없다. '해필지대奚必知代'와 '이심자취자유지而心自取者有之'로 끊어 읽으면, "대代를 알아, 마음으로

사람도 (마음이 있으니) 스승이 있는 것입니다. 그런데 마음에서 (뜻이) 이루어지지도 않았는데[未成乎心] 시비[是非]를 가리려 하는 것은, 오늘 월나라로 떠나고는 어제 벌써 도착했다고 하는 것으로, 이리하면 없는 것이 있는 것이 되는 것입니다. 없는 것을 있다고 한다면, 신묘한 우임금이라도 (어찌할지) 알 도리가 없을 터인데, 유독 제가 어찌 알겠습니까?

필자 선생께서는 오늘날의 여러 학파가 뜻도 모르는 말을 가지고 시비를 따진다고 보십니까?

장자 말이란 그저 내뱉는 의미 없는 소리가 아닙니다. 말하는 이는 말

스스로 취한 이만이 스승이 있겠습니까?"로 해석할 수 있다. 국내 대표적인 판본인 김학주 번역자의 《장자》(연암서가, 2012)에는 "어찌 반드시 마음의 변화를 인식하고 나서 자신의 마음으로 스스로의 스승을 삼는 사람만이 있겠는가?"로 해석되어 있다. '대代'를 마음의 변화로 옮긴 것이다. 그러나 '심자취자心自取者'를 "마음으로 스스로의 스승을 삼다"로 옮긴 것은 지나친 의역이다. 그래서 대부분은 이 구절에 빠진 글자가 있다고 생각한다. 어쨌든 장자가 말하는 이 사람은 이른바 현명한 사람이다. 그다음 구절에 어리석은 사람[愚者]이 대구로 나오기 때문이다.

'해필奚必, 지대이심知代而心, 자취자유지自取者有之'로 끊어 읽는 것이 옳다고 본다. 그러면 이而는 너(이爾)로 풀이되어 "지식으로 자기(너)의 마음을 대체하고, 스스로 (마음 밖에서 스승을) 취한 자만 스승이 있겠는가?"로 풀이할 수 있다. 〈제물론〉의 다른 부분에서 장자는 "(신체 기관 전체를 주재하는) 참된 임금은 분명 있다[其有眞君存焉]"고 단정한다. 그 참된 임금이란 결국 마음을 통해 파악할 수밖에 없다. 그러면 자신의 마음을 제대로 살펴서 스승으로 삼는다는 말이 이해가 된다. 그것이 참된 임금을 찾는 일이기 때문이다. 장자는 마음을 관조하는 것에 대단한 가치를 두고 있다. 그래서 앞에서도 "그 형체가 변해가는 것을 따라 마음도 그리된다면 어찌 크게 슬프지 않다 할 수 있겠습니까?"라고 했던 것이다. 그렇다면 개인에게 마음은 신체와 함께 늙어갈 수 없는 존재다. 이렇게 이해하면, 지식으로 만든 의견을 가지고 평생을 치닫는 사람들에 대한 장자의 연민도 이해가 된다.

을 하지만 그 말의 의미가 완전히 정해지지 않았다면, 이것은 말을 한 것입니까, 하지 않은 것이나 마찬가지입니까? 병아리가 찍찍대는 소리와는 다르다고 여기지만, 과연 판별이 있는 것입니까, 없는 것입니까? 도는 어쩌다 (진상이) 가려져 진위眞僞(의 의론)가 생겨나고, 말은 어쩌다 가려져 시비가 생긴 것일까요? 도는 어쩌다 가고 없어졌으며, 말은 어쩌다 있으되 가당치 않게 되었을까요? 도는 자그마한 공에 가려진 것이고 말은 화려한 수식에 가려진 것이지요. 그러니 유가와 묵가의 시비다툼이 생겨나서, 상대가 그르다 여기는 것은 옳다고 하고 옳다 여기는 것은 그르다고 비난하는 것이지요. (그러니) 그르다 하는 것을 옳다 하고 옳다 하는 것을 그르다 하려면, (기준을) '명철함[明]'으로 하는 것보다 나은 것은 없습니다.

필자 명철함을 기준으로 삼는다는 것은 무슨 뜻입니까?

장자 저것은 이것에서 비롯하고, 이것은 저것에서 비롯합니다. 바로 이것과 저것이 서로 상대로부터 비롯된다는 설이지요.[彼是方生之說] 그래서 죽음(이라는 개념)에서 삶(이라는 개념)이 나오고, 삶에서 죽음이 나옵니다. 가능에서 불가능이 비롯하고, 불가능에서 가능이 생깁니다. 옳음에서 그름이 생기고 그 역도 마찬가지입니다. 그래서 성인은 이런 방식(이것으로 저것을 따지는 방법)을 따르지 않고, 사물을 하늘에 비추어 봅니다. 이리하면 이것이 저것이기도 하고, 저것이 이것이기도 합니다. 저것은 동시에 옳기도 하고 그르기도 하며, 이것 또한 옳기도 하고 그르기도 합니다. 그러니 정말 이것이니 저것이니 하는 것이 있습니까? 아니면 그런 것이 없습니까? 저것이 이것이라는 짝을 얻지 못하는 것, 그것을 가지고 바로 도의 중추[道樞]라고 합니다. 도의 중추가 처음 구멍의 한가운데를 차지하면, 그 변화에 응하는 바는 무궁무진합니다. 옳음 역시 무궁하고 그름 역시 무궁합니다. 그러니 명철함으로 하는 것이 최고라는 것입니다.

구분과 분별, 다툼을 낳는 싹
—

필자 명철함이란 어쩌면 공空에 비추어 본다는 뜻으로 볼 수도 있겠습니다. 노자가 "바퀴살 서른 개가 하나의 바퀴통으로 모인다. 통이 비어 있기 때문에 수레를 쓸 수 있는 것이다. 흙을 구워서 그릇을 만들지만, 그릇 중앙이 비어 있기 때문에 비로소 그릇을 쓸 수 있다"고 한 것과 비슷하군요. 분명히 일대일 대응, 특히 정반대의 개념을 동원해 사건이나 사물을 설명하는 것은 한계가 뚜렷하다는 말씀이시지요? 마치 수레바퀴의 통이 대응하는 것이 없기 때문에 자유자재로 상황의 변화에 대응한다는 것처럼 말이지요.

장자 그러니 저는 말합니다. 종을 두드리는 자그마한 막대기와 커다란 기둥도, 문둥이와 미인 서시도, 보배로운 것과 괴이한 것도, 도로써 통하면 하나가 됩니다[道通爲一]. 나누어지는 것은 (모여) 이루어지는 것이며, 이루어지는 것은 또한 부서지는 것입니다. 만물은 이루어짐과 부서짐이 없고, 다시 통해서 하나가 되는 것입니다. 오직 통달한 사람만이 통해서 하나가 되는 것을 알 수 있습니다.

필자 선생께서는 노자보다 한 걸음 더 나가신 것 같습니다. 노자는 "천하 사람들은 모두 아름답게 보이는 것을 아름답다고 알지만, 그것은 추한 것일 뿐이다. 모두가 선하다고 알지만 그것은 사실 불선不善일 뿐이다. 있음과 없음이 서로(로 인해) 생겨나고[有亡之相生也], 어려움과 쉬움이 서로(로 인해) 이루어지고, 길고 짧음이 서로(로 인해) 형성된다. 높고 낮음이 서로 채워주고, 음音과 성聲이 서로 어울리며, 앞과 뒤가 서로 따른다. 그러니 성인은 무위의 일[亡爲之事]에 거처하며, 무언의 가르침[不言之敎]을 행한다"고 하셨는데, 선생은 선악과 미추의 구분 자체도 인정하지 않는군요.

장자 힘을 들여 정신을 하나로 집중시키고도 만물이 서로 같음을 알지 못하는 것을 조삼朝三(조삼모사)이라고 합니다. 무슨 말입니까? 원숭이를 키우는 이가 원숭이에게 먹이를 주면서 말했습니다.

"아침에 세 개, 저녁에 네 개 주겠다."

이 말을 들은 원숭이들이 모두 화를 내는 겁니다. 그러자, "그러면 아침에 네 개, 저녁에 세 개를 주겠다"고 했더니, 원숭이들이 다 기뻐했다는 겁니다. 명실이 하나도 변한 것이 없어도 이렇게 기뻐하기도 하고 성을 내기도 하니, 이는 다 하나임을 모르기 때문입니다. 그래서 성인은 시비를 하나로 조화시켜 자연의 큰 균형[天鈞]에서 쉬는데, 이를 '양행兩行'˙이라 합니다.

필자 유가와 묵가의 투쟁, 혹은 백가의 논쟁을 조삼모사에 비유하고 있는 것 같기도 합니다. 그래서 선생은 소문昭文과 같은 뛰어난 거문고쟁이, 사광과 같은 뛰어난 음악 감별가를 높이 평가하지 않으시는 것이로군요. 그들은 그저 기교가 남보다 뛰어났을 뿐이라는 것이지요. 물론 도의 관점에서는 뛰어나다는 말도 성립하지 못하겠습니다. 구별은 끝없는 구별, 끝없는 다툼으로 귀결될 듯도 합니다.

그러나 여전히 의심스럽습니다. 우리의 말이란 의미의 구분 없이 성립할 수도 없고, 사회란 선악과 미추의 구분 없이 운용될 수 있을까요?

장자 도가 처음부터 경계가 있는 것은 아니었고, 말이 처음부터 고정된 의미가 있는 것은 아니었습니다. 그런 연후에 구분이 생겨난 것입니다. 구분에 대해 말을 해볼까요? 좌와 우가 있고, 대강을 논함과 자세히 설명함이 있으며, 분석과 판별이 있으며, 승부 가림과 싸움이 있는 것이지요. 이를 (말의) 여덟 기능[八德]이라고 합니다.

성인은 천지 밖의 일은 가늠해볼 뿐 논하지 않고, 천지 안의 일은 (사실을) 논할 뿐 (의미를) 설명하지는 않습니다. 《춘추》는 세상을 다스리는

• '둘을 다 행한다', '시와 비의 균형을 깨뜨리지 않는다'는 뜻이다.

이치를 쓴 책입니다. 성인은 선왕의 뜻을 설명하기는 해도 판단을 내리지는 않았습니다. 그러니 분별할 것은 분별하지 않고, 판별할 것은 판별하지 않았습니다. 왜 그렇습니까? 성인들은 아울러 품지만 뭇 사람들은 판별하고, 서로 자기주장을 과시합니다. 그래서 말하나니, 판별하면 (오히려 진상이) 드러나지 않습니다.

자고로 큰 도는 이름으로 특정할 수 없으며, 큰 판별은 말로 할 수 없으며, 큰 착함은 오히려 착하지 않으며, 큰 용기는 해치지 않습니다.

필자 노자가 "학문을 하는 사람은 날로 더하고, 도를 행하는 사람은 날로 덜어낸다. 덜어내고 또 덜어내어, 결국 무위[亡爲]에 이른다. 하는 일이 없으나 하지 않는 일도 없으니[亡爲而亡不爲], 학문을 끊으면 걱정이 없다[絶學無憂]"고 했을 때, 그 학문이란 이른바 분별을 이르는 듯합니다. 선생님의 도는 어떤 쓰임이 있는지 한마디만 해주시지요.

장자 옛날에 요가 순에게 물었습니다.

"저는 종宗, 회膾, 서오胥敖나라를 치고 싶습니다. 임금이 되어 남면하고 있으나 (아직 평정하지 못한 곳 때문에) 마음에 찜찜한 것이 남아 있으니 그 까닭이 무엇일까요?"

순이 대답했습니다.

"어른께서는 아직도 쑥부쟁이 사이에 계신 듯합니다. 여전히 찜찜하다니 무슨 까닭입니까? 옛날에는 열 개의 태양이 한꺼번에 떠올라 만물을 모두 비추었습니다. 하물며 해보다 덕이 더 나은 분이야 말할 나위가 있겠습니까?"

필자 나와 남의 분별이란 다툼의 근원이군요. 종·회·서오가 자신의 영역 밖에 있는 것을 인정하지 못하고 또다시 치려는 요의 일에서 보이는 것처럼 말이지요. 그러니 선생께서 어떻게 그런 분별을 싫어하지 않을 수 있겠습니까? 옛날 설결齧缺이 (스승) 왕예王倪에게 사물이 다 같은지를 어떻게 아느냐고 물어봤을 때 선생님께서 한 대답이 인상적이었습니다.

장자 왕예는 제자에게 이렇게 대답했지요.

"내가 시험 삼아 네게 물어보겠다. 사람은 습한 곳에서 자면 허리에 병이 나고 몸이 말라 죽는데 미꾸라지도 그렇더냐? 사람은 나무 위에 올라가면 벌벌 떨지만 원숭이도 그렇더냐? 그렇다면 이 셋 가운데 누가 바른 거처를 아는 것이냐? 사람들은 소와 돼지를 잡아먹고, 고라니와 사슴은 풀만 먹으며, 지네는 뱀 새끼를 즐겨 먹으며, 올빼미와 까마귀는 쥐를 좋아한다. 그러면 이 넷 가운데 누가 진짜 맛을 아는 것이냐?

인간들이 아름답다고 치켜세우는 여자들일지라도 물고기가 보면 물속으로 깊숙이 달아나고, 새가 보면 놀라서 날아오르고, 고라니나 사슴이 보면 후다닥 달아난다. 그렇다면 이 네 부류 가운데 누가 천하의 진정한 아름다움을 아는 것이냐? 내가 보기에는 인과 의의 기준이나 옳고 그름의 길이란 어지러이 마구 뒤섞여 있다. 내가 어떻게 이를 판별할 수 있단 말이냐?"

필자 왕예는 사실 그 나름의 판별을 하고 있는 듯합니다. 사물, 혹은 생명 '그 자체'를 존중하라는 의미가 아니겠습니까? 선생님은 사람의 편에도 미꾸라지의 편에도 서 있지 않습니다. 판별을 부정하는 것이 아니라, 자기중심적으로 정한 기준에 따른 판별의 결과를 믿을 수 없다는 말씀이시지요?

장자 저의 꿈 이야기를 한번 해줄까요? 옛날에 제가 꿈을 꾸는데 나비가 되었습니다. 훨훨 날아다니니 정말 나비 같았습니다. 마음이 실로 유쾌해서 제가 장주인 것도 알지 못했습니다. 그러나 문득 잠을 깨니 여전히 저는 장주더군요. 그런데 알 수 없습니다. 저 장주가 꿈에 나비가 된 것인지, 아니면 나비가 꿈을 꾸며 장주가 된 것인지. 장주와 나비는 분명히 다른 것이지요. 이것을 만물의 변화라고 하지요. (이상 《장자》 〈제물론〉)

필자 꿈에서만 그런 것 같지는 않습니다. 선생님은 현실에서도 종종 나비가 되니까요. 어떤 조건과 위치에서 느끼는 것이 절대적인 진리가 될 수 없다는 말씀으로 들립니다. 꿈속에서 나비가 되었을 때 선생님은 자신을 전혀 의식하지 못했고, 또 꿈에서 깨어난 후에는 다시 나비의 마음으로 돌아갈 수는 없겠지요.

그러나 선생님은 현실에서도 종종 나비가 되는 것처럼 보입니다. 자아를 버리고 완전히 상대를 긍정하고 그의 조건과 처지로 몰입하는 것이지요. 이제 다음 토론으로 넘어가기 전에 더 나은 삶을 찾아 아등바등하는 우리를 위해 삶의 방편을 하나 제시해주시지요.

장자 우리의 삶은 유한하지만 앎은 무한합니다. 유한한 것으로 무한한 것을 좇으면 위태롭습니다. 그러니 지식을 좇는 자는 위태롭습니다. 선을 행한답시고 이름을 날리려 하지 말고, 그렇다고 형을 받을 나쁜 짓을 하지도 말아야 합니다. 극단을 버리고 중간을 기준으로 삼으면 가히 몸을 보전하고 삶을 온전히 하며, 어버이를 봉양하고 정해진 명을 다 살 수 있습니다.《장자》〈양생주養生主〉)

필자 좋습니다. 노자가 "명예[名]와 자신의 몸 가운데 무엇이 더 가까운 것인가? 자신의 몸과 재물 가운데 어느 것이 더 중한[多] 것인가? 얻는 것이 더 걱정인가, 잃은 것이 걱정인가? 심하게 아끼면 반드시 더 크게 허비하고, 심하게 쌓아두면 반드시 더 크게 잃는다. 그래서 만족함을 알면 욕을 당하지 않고, 멈춤을 알면 위태롭지 않으니, 가히 장구할 수 있다"고 한 말씀과 같군요.

3. 최상의 참여는 관조

욕심을 버리면 공을 이룬다
—

필자 선생님을 대신해 변명을 하나 할까 합니다. 흔히 도가의 사상을 두고 '너무 나약하지 않나? 너무 비겁하지 않나? 엉뚱하지 않나'고 합니다. 그러나 큰일의 시작은 담담함이라고 하신 말씀은 현실적으로도 큰 의미가 있다고 봅니다. 그리고 선생께서 흔히 신랄하게 공자를 공격하신 것으로 알려져 있습니다만, 제가 보기에는 그렇지 않은 것 같습니다. 선생님께서는 공자에 관한 서적도 많이 읽으셨고, 또 인정할 부분은 인정하셨습니다.' 선생님은 《장자》〈인간세人間世〉에서 공자를 길게 인용했습니다. 인용된 부분을 제가 읽어보겠습니다. 섭공 자고子高와 공자가 나눈 이야기인데요. 섭공 자고는 아마 제나라와 연합해 오나라를 견제하는 중임을 수행하고 있었을 것입니다. 그는 맡은 임무의 무게를 감당하지 못해 공자에게 이렇게 물었습니다.''

"왕께서는 저 제량諸梁(섭공)에게 심히 중대한 일을 맡겼습니다. 제나라가 사자를 대하는 태도를 보면 참으로 공손하기는 하지만 일을 이루려고 서두르지는 않습니다. 필부의 마음도 움직일 수 없거늘 하물며 제후의 마음이야 어찌하겠습니까? 저는 실로 두렵습니다.

(중략) 아침에 명을 받고 저녁에 냉수를 마셨건만 속에서 열이 납니다.

- 장자는 공자를 존중한다. 〈외편〉과 〈잡편〉에서 여러 사람이 공자를 비방한 것과 장자의 본뜻은 다르다. 이에 관해서는 이미 《춘추전국이야기 2》 2부에서 《노자》와 원시유가가 멀지 않음을 이야기했다.

- 실제로 섭공 자고와 공자는 만난 적이 있다. 그들의 대화는 《논어》에 등장한다. 《춘추전국이야기3》 2부에서 그의 활약에 대해 자세히 기술했다. 그는 한마디로 초나라 중흥의 주역이었다. 그런데 여기에 나오는 인용문의 어투는 실제로 《좌전》과 《논어》에 등장하는 공자의 것과 유사하다. 효와 충을 명(운명)과 의로 설명하고 있는 것도 유가의 특색이다.
  이 편에 인용된 공자의 말이 장자의 순수한 창작은 아닌 듯한데, 내용도 공자의 '중용' 논리에서 거의 벗어나지 않고 있다. 장자, 혹은 장자 일파가 공자의 이야기 가운데 공명하는 부분을 빌려왔을 가능성이 크다. 고치지 않고 그대로 인용했다면 사상사적인 가치는 대단히 크지만, 진위를 예단할 수 없다.

저는 아직 일을 시작하지도 못했는데 벌써 음양의 우환(마음이 오락가락하는 상태)이 생겼습니다. 일을 이루지 못하면 필시 인도人道의 우환(아마도 법의 처벌)이 있겠지요. 이 두 가지는 남의 신하된 자로서 감당할 수 없는 일입니다. 어른께서 저에게 무슨 말씀이라도 해주시기를 바랍니다."

그러자 공자가 대답했습니다.

"천하에는 두 가지 큰 기강이 있으니, 하나는 명命이며 하나는 의義입니다. 아들이 어버이를 섬기는 것은 명이니 한시도 마음에서 놓을 수 없습니다. 신하가 임금을 섬기는 것이 의입니다. 어디를 간들 임금 없는 곳이 없으니 천지간에 임금 없는 곳으로 달아날 수는 없습니다. (중략) 남의 신하된 사람은 정말 부득이하게 해야 하는 일이 있습니다. 일을 하다보면 자신의 몸도 잊는 법인데, 어떻게 생을 즐기고 죽음을 미워할 겨를이 있겠습니까? 어른께서는 가셔도 됩니다.

청컨대 저 구丘가 들은 것을 말씀을 드리지요. 무릇 사귐(외교)은 가까운 사이라면 서로 믿음으로 만나야 하며, 먼 사이라면 반드시 말로써 정성을 다해야 한다 합니다. 말이란 반드시 누가 전하는 것입니다. 모름지기 양쪽을 다 기쁘게 하거나 다 노하게 하는 것은 어려운 일입니다. 양쪽을 다 기쁘게 하는 말이라면 필시 지나치게 꾸미는 말일 것이고, 양쪽을 다 노하게 하는 말이라면 필시 지나치게 혐오스러운 말일 것입니다. 이렇게 지나친 부류들은 다 망령된 것이니, 믿음이 부족합니다. 믿음이 부족하면 말을 전하는 사람이 재앙을 입게 됩니다. 그래서 격언에 이런 말이 있지요.

'곧이곧대로 전하고, 넘치는 말을 전하지 말라. 그러면 거의 다 된

것이다.'

기교로 힘을 다투는 이들은 처음에는 양에서 시작해서는 대체로 음으로 끝납니다. 너무 지나치면 기교를 많이 부리게 됩니다. 예를 들어 술을 마셔도, 처음에는 절도를 지키다가 끝내는 어지러워집니다. 지나치면 기이한 즐길거리가 많아집니다. 무릇 일이란 다 그렇습니다. 준수하게 시작해서는 비루하게 끝나는 것이지요. 처음에는 간소하지만 끝에 가서는 반드시 일이 커집니다.

말이란 풍파요, 행동이란 실상實喪*입니다. 풍파란 쉽게 움직이는 것이고, 실상이란 쉽게 위태로워지는 것입니다. 그러니 분노가 생기는 것은 다른 이유가 아니라, '꾸미는 말과 치우친 말[巧言偏辭]' 때문입니다. 짐승은 죽을 지경이 되면 꽥꽥 악을 쓰고 숨을 씩씩 몰아쉽니다. 마음도 다급해지는 것이지요. 너무 다급해서 한계에 달하면 반드시 어리석은 마음이 따라 생겨나지만 그런 줄도 모릅니다. 왜 그런 줄도 모르는데 어떻게 일의 결과를 알겠습니까? 그래서 이런 격언이 있습니다.

'명을 바꾸지 말고, 공을 이루려고 도모하지 마라. 정도를 넘으면 참람하게 된다.'

명을 바꾸고 공을 도모하면 일이 위태로워집니다. 완미한 성공은 천천히 이루어지고, 일단 일을 잘못 이루면 고칠 수도 없으니, 어떻게 신중하지 않을 수 있겠습니까? 일이 흘러가는 것에 따르며 마음을 편안

• 짐작하기 어려운 말이다. 흔히 득실로 해석하지만 잘 통하지 않는다.

히 쉬게 하고[乘物而遊心], 어쩔 수 없는 것을 놓아두고 중용을 잘 기르는 것[託不得已而養中]*이 최선입니다. 어찌 억지로 하려 하십니까? 명을 따르면 될 뿐입니다. 이것이 그예 어려운 일이겠습니까?"

저는 이 부분을 읽고 선생님의 사상은 현실을 관조하지만 현실과 동떨어진 것은 아니라는 확신을 얻었습니다. 외교하는 이들이 "중정中正을 지키는 것으로 신하의 외교 임무는 끝난다"는 선생의 말씀을 간직했더라면, 온 나라를 제 잇속이나 챙기는 종횡가들의 혀끝에 맡기고 요행을 바라는 일은 없었을 것입니다. 노자가 "기어이 하려고 하는 일을 그르치며, 잡으려고 하면 오히려 멀어지네. 그래서 성인은 기어이 하려 하지 않기에 실패하지 않으며 잡으려 하지 않기에 놓치지 않네. 일에 임하는 근본은, 끝에도 처음처럼 신중한 것이라네. 이리하면 일을 그르치지 않네. 성인이 바라는 것은 바라는 것이 없음이며, 성인은 얻기 어려운 재화를 귀하게 여기지 않네[聖人欲不欲, 不貴難得之貨]"라고 하신 것도 같은 맥락이라 생각합니다.

- 직역하면, '사물 위에 올라타고 마음은 편안하게 하고, 어쩔 수 없다는 것을 핑계로 중간을 기른다'는 뜻이다. 사물 위에 올라탄다는 말을 '일을 제어한다'는 뜻으로 해석하기도 하지만, 사실은 '일이 흘러가는 대로 간다'로 보는 것이 자연스러울 듯하다.

최고의 교화는 교화하지 않는 것

—

필자 《논어》에서 초나라 미치광이 접여接輿에 관한 이야기를 읽었습니다. 선생님도 그를 인용하시더군요. 그 이야기는 이렇습니다. 초나라 미치광이 접여가 노래를 부르며 공자의 곁을 지나갔습니다. 공자가 천하를 주유하다 초나라 땅에 들어갔을 때 일이겠지요.

"봉鳳아 봉아, 어찌 덕이 쇠했는가? 지난 일은 간할 수 없으나, 올 일은 그래도 좇을 수 있나니[往者不可諫來者猶可追]. 아서라, 아서라. 지금 정치에 나서면 위태하나니."《논어》〈미자〉

공자가 내려서 말을 나누고 싶었으나, 그는 뛰어서 도망갔다고 합니다. 접여에 관한 말씀을 좀 더 들려주시지요. 접여는 왜 그렇게 행동했을까요?

장자 견오肩吾가 말했습니다.

"일중시日中始가 제게 이렇게 말했습니다. '남의 임금된 사람이 솔선해서 옳고 바른 법도를 보이면[以己出, 經式義度]' 누가 감히 그의 말을 듣지 않을 것이며, 따라 교화되지 않을 수 있겠습니까?"

그러자 미치광이 접여가 대답했습니다.

• '이기출以己出'은 자신으로부터 드러낸다는 뜻이다. 즉, 솔선수범을 말할진대, '자기 마음대로'라고 해석하는 이도 있지만 문맥이 통하지 않는다. '경식법도經式義度'는 다양하게 해석될 수 있으나 합당한 법식이라는 뜻은 변함없다. 유가가 말하는 예식인지 법가의 엄격한 법식인지 모호하다. 대체로 규범을 말한다.

"그것은 덕을 속이는 짓입니다. 그예 그렇게 천하를 다스리려 한다면, 이는 마치 바다를 건너거나 땅을 파서 대하를 만들고, 모기더러 산을 지라는 것과 같은 짓입니다. 자고로 성인의 다스림이란 것이, 어찌 밖을 다스린다는 뜻이겠습니까? 스스로 바르게 한 후에 행하며, 확고하게 다진 다음에 일을 처리할 수 있을 뿐입니다. 저 새는 높이 날아올라 줄 달린 화살을 피하고, 두더지는 사당이 있는 언덕 아래 굴을 파서 연기에 쪄지고 파내지는 환난을 피합니다. 어찌 이 두 벌레보다 못하단 말입니까?"

필자 이번 말씀은 어쩌면 '수신제가치국평천하'보다 더 명확히 자신을 닦는 일을 설명하는 듯합니다. 드러나는 것이 중요한 것이 아니라, 행동은 스스로 바르게 하고 일을 할 때는 스스로 실력을 확고하게 갖추는 것이 우선이라는 말씀이겠지요. 노자의 "지혜를 끊고 분별을 버리면 인민의 이익이 100배가 될 것이며, 기교를 끊고 이익을 버리면 도적이 없어질 것이다"라는 말과도 통하는 듯합니다. 보이는 것으로는 부족하며 오직 자신을 충실하게 하는 것이 있을 뿐이라는 말씀입니다. 자신이 충실하지 않은데 남을 교정하려 한다면 남들이 따르지 않겠지요. 물론 자기 자신도 위태로워질 것입니다.

장자 재미있는 신화 이야기 하나 해드릴까요? 남해의 제왕을 숙儵이라하고, 북해의 제왕은 홀忽, 중앙의 제왕을 혼돈渾沌이라 합니다. 숙과 홀이 때때로 혼돈의 땅에서 만났는데, 혼돈은 그들을 대단히 잘 대접해주었습니다. 그래서 숙과 홀이 어떻게 하면 혼돈의 덕을 갚을까 상의 했지요.

"사람들은 모두 일곱 구멍이 있어서 보고 듣고 먹고 숨을 쉬는데 혼돈만 그런 게 없구나. 시험 삼아 그에게도 구멍을 뚫어주자."

그래서 하루에 한 구멍씩 뚫어 일곱 구멍을 만들었는데, 혼돈은 7일째 그만 죽고 말았습니다.(이상《장자》〈응제왕應帝王〉)

필자 숙과 홀은 전혀 죽이거나 괴롭힐 생각이 없었습니다. 그런데도 결과적으로 친구를 죽였지요. 그러니 그들의 행동은 어쩌면 '덕으로 교화한다'고 하는 사람들과 비슷하군요. 그런 사람들의 행동도 저런 결과를 가져왔는데 하물며 법으로 교화하는 행동이야 말할 나위가 없겠습니다. 세상에는 '하지 않는 것이 진정 하는 것이 되는 일'이 종종 있는 듯합니다. 노자의 "도는 항상 무위다. 후왕이 능히 이를 지킬 수 있다면, 만물은 스스로 생장·변화할 것이다. 변화해 욕심이 일어나면, 장차 이름 없는 통나무[亡名之樸]로 이를 진정시킬 것이다. 만족을 알면 고요하고[靜], 만물은 스스로 안정될[定] 것이다"라는 말도 그런 이야기겠지요. 만물이 스스로 안정되기를 바라지 않고 칼을 들이대는 것은 꼭 숙과 홀이 하는 짓과 같겠습니다.

4. 장자의 정치관

도둑질에 참여하지 않는 법

—

필자 그러나 세상이 괴로움에 빠져 있을 때 혼자 유유한 것은 배운 사람의 도리가 아니지 않을까요? 세상에 진실하다는 사람들을 예로 들어보면 치욕을 무릅쓰고 출사하는 이들도 있습니다. 유하혜柳下惠가 사사士師의 벼슬을 하다가 세 번 쫓겨나자 어떤 사람이 물었습니다.

"아직도 (미련이 있어) 나라를 떠날 수 없습니까?"

유하혜가 대답하길, "곧은 도로써 사람을 섬기면[直道而事人] 어디를 간들 세 번 쫓겨나지 않겠습니까? 도를 구부려 남을 섬긴다면[枉道而事人] (내 나라에서 하지) 하필 부모의 나라를 떠나겠습니까?"《논어》〈미자〉)했답니다. 유하혜는 청렴한 사람인데도 세 번이나 오명을 얻으면서까지 참여 의지를 꺾지 않았습니다.

공자는 여러 차례 은자들의 비웃음을 샀지만 꺾이지 않았습니다. 공자가 위나라에서 경磬을 치자 삼태기를 매고 가는 이가 있어 공자가 거처하는 문 앞을 지나가며 말했습니다.

"경치는 소리에 감정이 실려 있구나. 비루하다, 깽깽거리는 소리여. 자신을 알아주는 이 없거든 그냥 가면 될 뿐이다. 깊으면 옷을 입고 건너고 얕으면 걷고 건너는 것이지[深則厲淺則揭]."

공자가 대답했습니다.

"(그의 행동이) 과감하구나. 그러나 (나도 저렇게 하는 것이) 어렵지는 않다."《논어》〈헌문〉

또 공자가 세상을 주유하던 시절 자로子路가 걸익桀溺이라는 은자를 만난 적이 있습니다. 자로는 이런 소리를 들었습니다.

"노나라 공구의 제자구려?"

"네, 그렇습니다."

"(시세의 물결이) 도도하오. 천하가 모두 그렇소. 한데 뉘라서 바꿀 수 있으리오. 사람을 피하는 (공자 같은) 인사를 따르느니 차라리 세상을 피하는 (우리 같은) 인사를 따르는 것이 낫소[與其從辟人之士也, 豈若從辟世之士哉]."

그렇게 말하면서 계속 써레질을 했습니다. 자로가 돌아와서 공자에게 고하니 공자는 이렇게 탄식했습니다.

"(사람은) 새나 짐승과는 함께 무리를 지을 수 없다[鳥獸不可與同羣]. 나는 이런 사람들과는 다른 사람인데 (정치하는 사람들이 아니면) 누구와 함께하겠느냐[吾非斯人之徒與, 而誰與]? 천하에 도가 있으면 나 또한 바꾸려 하지 않을 것이다."《논어》〈미자〉

또 자로는 어떤 농사짓는 은자로부터 이런 핀잔을 듣기도 했습니다.

"우리 선생님[夫子]을 보셨습니까?"

"사지를 움직이지도 않고 오곡을 분간하지도 못하는데, 누가 선생님이라는 것이오?"

그러자 공자는 이 은자에게 전갈을 보냈습니다.

"출사하지 않는 것은 의롭지 않은 일입니다[不仕無義]. 장유의 예절을 폐할 수가 없는데, 군신의 의리를 어찌 폐할 수가 있겠습니까? 이는 제 몸을 깨끗이 하고자 큰 윤리를 어지럽히는 일입니다[欲潔其身而亂大倫]. 군자가 출사하는 것은 그 의를 행하는 것이니, 도가 행해지지 않음은 이미 알고 있습니다."《논어》〈미자〉

　유하혜나 공자의 이야기는 이쯤에서 그치겠습니다. 그들이 말하는 바는 모두 출사가 의미가 없을 수도 있지만 나선다는 것입니다. 그럼에도 선생은 이런 그들에 대해 극히 비판적이시지요. 오늘날 세상을 구하겠다는 경세가들을 어떻게 평가하십니까?

장자 기어이 세상에 몸을 던지겠다는 사람들이 하는 일이란 실상 다음과 같은 것입니다. 장차 상자를 열고 주머니를 뒤지며 궤짝을 여는 도둑을 대비하기 위해서는, 반드시 끈으로 꽁꽁 동이고 자물쇠를 단단히 채워야 하겠지요. 이것이 세속 사람들이 말하는 도둑을 막는 지혜입니다. 큰 도둑이 들어가 물건을 훔칠 때를 가정해보십시오. 그는 통째로 들고 달아나겠지요. 그러니 그는 상자든 주머니든 궤짝이든 걸머지고 내달려야 할 판이니 그저 제대로 묶이지 않았는지 자물쇠가 잘 채워지지 않았는지 걱정할 뿐입니다. 그러니 고을의 이른바 지혜로운 자들이란 어찌 '큰 도둑'을 위해서 재물을 쌓는 이라고 하지 않을 수 있겠습니까?

　한번 시험 삼아 의론해보지요. 세속의 이른바 지혜롭다는 자들 가운데 큰 도둑을 위해 재물을 쌓는 일을 하지 않는 이가 있습니까? 이른바 성인이란 자들로서 큰 도둑의 재산을 지키는 노릇을 하지 않는 자가 있습니까? 어떻게 실상이 그렇다는 것을 알 수 있을까요? 옛날, 제나라는 이웃한 읍들이 서로 마주 보고 닭과 개의 음성이 서로 들릴 정도였고,* 그물을 드리우고(어장) 괭이와 보습으로 가는 땅(농장)이 사방 2000리에 이르렀습니다. 사방 국경 안에 종묘와 사직을 세워 읍邑, 옥屋, 주州, 려閭, 향鄕, 곡曲을 다스리는 자로서 일찍이 성인의 방식을 따르지 않은 자가 어찌 있겠습니까? 그러나 전성자田成子(田常)**가 하루아침에 제나라 군주를 죽이고 나라를 도둑질했습니다. 어찌 그 나라만 훔쳤겠습니까? 나라를 다스리는 성인·지자의 법도도 함께 훔쳤지요. 그러니 지금 전성자는 도적의 이름을 얻었으나 그 몸은 요순처럼 편안한 곳을 차지하고 있습니다. 작은 나라들은 감히 그를 그르다 하지 못하고 큰 나라도 감히 주벌하지 못하니, 열두 대가 지나도록 전씨가 제나라를 다스리고 있습니다. 그런즉 이것이 나라만 훔친 것이 아니라 성인·지자의 법도마저 훔쳐서 도적의 몸을 보호한 것이 아니란 말입니까?

또 한번 시험 삼아 의논해보지요. 세속의 이른바 지혜롭다는 자들 가운데 큰 도둑을 위해 재물을 쌓는 일을 하지 않는 이가 있습니까? 어떻게 그렇다는 것을 알 수 있을까요? 옛날 하나라 걸왕에게 직간하던 충신 관용봉關龍逢은 목이 잘렸고, 상나라 주왕에게 직간하던 비간은 배가 갈렸고, 주나라 왕에게 간하던 장홍萇弘은 창자가 끊겼고, 오자서

• 인구가 많다는 의미다.

•• 조상이 진陳나라 출신이기에 진성자라고도 한다. 그와 후손들은 강씨의 제나라를 찬탈해 전씨의 제나라를 열었다.

는 부차에게 간하다 자루에 넣어 강물에 던져졌습니다. 이 네 사람은 현명함에도 몸은 주륙을 면치 못했습니다. 그래서 큰 도둑 무리가 두목 척跖*에게 이렇게 물었습니다.

"도둑에게도 도道가 있습니까?"

척이 대답했습니다.

"어디 간들 도가 없는 곳이 있겠느냐? 남의 방 안에 있는 물건을 억측하는 것[妄意]이 바로 성스러움이고[聖], (남보다 빨리 훔치러) 먼저 들어가는 것이 용감함[勇]이며, (남보다 많이 훔치러) 늦게 나오는 것이 의로움[義]이고. 도둑질에 성공할지 하지 않을지 아는 것이 지혜로움[知]이며, (장물을) 고루 나누는 것이 착함[仁]이다. 자고로 이 다섯 가지 도리를 갖추지 않고 큰 도둑이 된 자는 세상에 없었느니라."

이를 보면, 착한 사람이라도 성인의 도를 얻지 못하면 설 수가 없고, 도둑 척도 성인의 도를 얻지 못하면 도둑질을 할 수가 없습니다. 세상에 착한 사람은 적고 악한 사람은 많습니다. 그러니 성인이 세상에 이로움을 주는 바는 적고, 해를 끼치는 바는 크다고 하겠습니다.《장자》〈거협胠篋〉)**

- 흔히 공자와 같은 시절을 살았다고 하는 전설적인 대도大盜로 도척盜跖으로 불린다. 아마도 장자가 꾸며낸 인물인 듯하다.

-- 이 편은 장자 일파의 전국시대에 대한 태도를 알게 해주는 중요한 논설이다. 세상의 지혜롭다는 이들이 열심히 일하고 있지만 실상은 큰 도적(아마도 군주)을 위해 일하고 있을 따름이라는 과격한 주장을 하고 있다. 안타깝게도 이 글은 장자가 살던 시대의 글로 보기는 어려울 듯하다. 다음 글귀로 간단하게 확인된다. "전씨가 12대 동안 제나라를 통치했다[十二世有齊國]"는 구절은 《장자》의 여러 이본에 동시에 보인

필자 아, 성인의 다스리는 도란 결국 큰 도적들에게 이용당하는 일일 뿐이라는 것이지요? 천하가 나뉘어 있는 상황에서 한 나라만 잘 다스리는 일의 부질없음을 논한 것처럼 보입니다. 아무리 잘 다스려도 힘센 자가 들어와 빼앗으면 어쩔 수 없다는 뜻이겠지요. 어쩌면 도둑질하는 자들이 성인 평계를 대는 것으로도 볼 수 있겠습니다. 크게 하나로 되지 않은 상태에서 작은 덕목들은 결국 해로울 뿐이군요. 마치 도둑의 마차를 잘 몰아주는 마부나, 해적선의 배를 충실히 젓는 노군처럼 말이지요. 그러나 선생님의 도는 어쩌면 이 시대의 분열이 극복되고 크게 통일된 상태에서나 사용될 수 있겠습니다.

《대학》에 "옛날 밝은 덕을 천하게 밝히고자 했던 이는 먼저 그 나라를 다스리고, 그 나라를 다스리고자 하는 이는 그 가정을 가지런하게 했으며, 그 가정을 가지런하게 하고자 하는 이는 몸을 닦았고, 몸을 닦고자 하는 이는 그 마음을 바로잡았으며[古之欲明明德於天下者, 先治其國, 欲治其國者, 先齊其家, 欲齊其家者, 先修其身, 欲修其身者, 先正其心]" 하는 이야기가 나옵니다. 그러나 노자 선생은 "큰 도가 폐했는데 어찌 인과 의가 있겠으며, 육친의 불화한데 어찌 효와 자애가 있겠으며, 나라가 어지러운데 어찌 바른 신하가 있겠는가[故大道廢, 安有仁義, 六親不和, 安有孝慈, 邦國

다. 전씨가 제나라의 군위를 찬탈한 이래 8대째에 진秦에게 멸망당한다. 전성자에서 시작하면 12대째에 망한다. 그러니 이 글은 전씨 제나라의 마지막 임금[建]의 즉위(기원전 264) 이후에 쓴 것이라고 볼 수 있다. 그럼에도 이 부분을 장자의 음성으로 읽는 것은 이 편이 장자의 사상을 발전적으로 계승한 것이 분명하고, 〈외편〉과 〈잡편〉의 여러 문장 가운데 일관성이 두드러지기 때문이다. 비유와 구성의 기발함 또한 백미다.

昏亂, 安有正臣]"*라고 하셨지요. 저는 지금껏 이 두 글 속에 '수신제가치국평천하'의 순서가 바뀌어 있는 것의 의미를 잘 알지 못했습니다. 그러나 오늘 선생님의 말씀을 들으니《대학》과 노자 선생의 차이도 명확해지는 것 같습니다.

플라톤 선생도 비슷한 말을 한 적이 있습니다. 큰 사상에는 동서의 구별이 없나 봅니다. 그는 이렇게 말했습니다.

"만약 부정의不正義와 악행의 극단을 예로 들면 제가 한 말의 의미를 가장 잘 이해하실 겁니다. 이런 행동들을 하는 자들은 최고의 행복을 얻는 반면에 정직한 희생자들을 비참함의 구렁텅이로 빠뜨리니까요. 제 말은 물론 참주tyranny를 가리키는 것입니다. 이자들은 자그마한 도둑질이나 폭력이 아니라 왕창 약탈하는 자들이지요. 신전 약탈자니, 유괴범이니, 강도니 하는 짓들이 한 건씩 발견된다면 처벌을 받고 불명예를 얻겠지요. 그러나 어떤 자가 모든 시민을 강탈하고 그들을 노예로 끌어내리는 데 성공하면, 사람들은 그자의 추악한 범죄 행위의 이름들은 다 잊고 그저 행복하고 운이 좋은 자라고 부릅니다. 부정의라는 것은 크게 저질러지기만 하면 정의보다 훨씬 강한 법이지요."(344a-c 요약)

• 왕필본에는 다음과 같이 되어 있다.
"대도가 폐하니 인의가 생기고, 지혜가 나타나니 큰 거짓이 생기고, 육친이 불화하니 효와 자애가 생기고, 국가가 혼란하니 충신이 생겨났다[大道廢, 有仁義. 慧智出, 有大僞. 六親不和, 有孝慈. 國家昏亂, 有忠臣]."
일견 완전히 거꾸로 된 것처럼 보인다. 그러나 왕필본을 "큰 도가 폐한 후에 나온 인의라면 진정한 인의가 아니다"라는 의미로 본다면 죽간본도 크게 의미가 다르지 않다. "큰 도가 폐했는데 어떻게 인의가 있겠는가? 그 인의는 진실된 것이 아니다"로 의역할 수 있다.

참된 정치는 인민의 본성을 죽이지 않는 것

—

필자 선생님의 의론을 다 이해하기는 무척 어렵지만 선생께서 뭇 생명들을 한없이 아끼시는 것을 절감합니다. 지금은 전국시대입니다. 하루가 멀다 하고 여기저기서 싸움이 벌어지고, 선비들은 저마다 자신들이 전쟁을 멈추고 백성을 살릴 수 있다고 합니다. 백성을 살리기 위해 가혹한 조치를 취해도 된다는 이들도 있습니다. 전쟁에서 패하면 결국 모든 것을 잃을 테니까요. 이미 이 시대와 국가라는 한계에 갇히지 않은 선생께 또 묻기가 난감합니다만 가혹한 수단을 쓰더라도 공리를 달성하면 된다는 주장에 대해 어떻게 생각하시는지요?

장자 말은 발굽으로는 서리와 눈을 밟을 수 있고, 털로는 바람과 추위를 막을 수 있습니다. 이빨로 풀을 뜯고 물을 마시며, 다리를 솟구치며 뛰어다닙니다. 이것이 말의 순수한 본성[眞性]입니다. 비록 화려한 누대와 궁전이 있다 하더라도, 말에게는 아무 소용이 없습니다. 그런데 백락伯樂이라는 사람이 나타나서는, "나는 말을 잘 다룬다"고 하더니, 털을 깎고, 발굽을 깎고, 낙인을 찍었습니다. 굴레를 씌우고, 고삐와 띠를 매고, 구유에다 죽을 먹이고 마구간에서 재웠습니다. 그러자 열에 두셋은 그만 죽고 말았습니다. (길들인다고) 굶기고 물을 주지 않고, 치달게 하고 몰아대고, 줄 세우고 발을 맞추고, 머리에는 장식을 달아 귀찮게 하고 엉덩이는 채찍으로 때리며 위협하니, 죽는 말이 반을 넘게 되었습니다. 그런데도 누대로 사람들은 칭찬합니다.

"백락은 말을 잘 다스린다."

이는 또한 천하를 다스리는 자들의 잘못입니다. 제가 생각하는 천하를 잘 다스리는 이는 이와 다릅니다. 인민[民]들이란 변치 않는 성품을 지니고 있습니다. 즉, 실을 짜서 입고, 밭을 갈아 먹으니, 이를 '모두에게 해당하는 한결같은 덕[同德]'이라 합니다. 모두 하나로 볼 뿐 덩어리로 나누어 구분하지 않고, 이를 일러 천성을 따라 놓아준다고 합니다 [一而不黨, 名曰天放].*

(이렇게 속박을 당하니 기회만 오면) 멍에와 끌채를 피하려 하고, 재갈을 뱉고 고삐를 물어뜯는 것이지요.《장자》〈마제馬蹄〉)**

필자 선생님이 보시기에 인간 사랑의 본질은 상대를 자신의 목적의 대상으로 보지 않고 놓아주어 스스로를 완전하게 해주는 것이군요. 말이

• 중요한 문구이지만 뜻이 대단히 함축적이다. 주어는 '인민'이다. 인민들은 소박하게 옷을 지어 입고, 밭을 갈아 먹는 성품이 있다. 그들은 같은 덕을 가지고 있다. 그러니 끼리끼리 무리 지어 나뉠 필요가 없을 것이다. 그들은 천성에 따라 속박 없이 살아갈 뿐이다. 이 부분은 천하를 잘 다스리는 사람[善治天下者]의 특성으로 적극적으로 해석해보았다. 성인은 '노예도 존중'할 정도이며, 짐승의 본성도 아끼는 존재이니, 백성을 계급으로 구분할 까닭이 없을 것이다. 길들여진 말과 길들여지지 않은 말을 구분하는 일이 바로 끼리끼리 무리로 나누어 차별하는 것이다. 본성이 강해서 길들여지지 못하는 말은 본성을 잃고 죽는다. 천하를 다스리는 사람이라면 그렇게 하지 말라는 뜻이 아닐까.

•• 이 편은 장자의 글이 아닌 듯하나 제물론의 정신을 현실적인 비유를 통해 유려하게 펼치고 있다. 유가 이론이 사대부들을 옥죄고, 법가 이론이 백성을 핍박하던 시절을 겪으며, 장자 학파가 추구했던 일반 백성에 대한 사랑이 선명하게 드러난다. 〈내편〉〈제물론〉에 장자가 주장하는 성인의 한 일면이 "노예와 서로 존중한다[以隸相尊]"로 표현되어 있다. 노예란 예약과 법도의 말단에서 가장 고통받는 민중이다. 제물론은 일체 사물의 차별도 인정하지 않으니, 노예와 사대부의 차별이란 당연히 인정되지 않을 것이다. 도공과 목수의 이야기도 나오지만 생략하고 말 이야기 부분만 정리했다.

그런 고난과 속박을 겪으면서 잔꾀가 더 늘어나듯이 백성들도 부리려 할수록 잔꾀만 는다는 말씀입니다. 그러나 말몰이꾼이 다스리는 세상의 법은 나날이 가혹해지니, 선생의 스승이신 노자의 말씀이 더욱 마음에 와닿습니다.

"(성인은) 바름으로써 나라를 다스리며, 기발한 계책으로 군대를 쓰며, 무사[亡事]로써 천하를 취한다. 내가 이를 어떻게 아는가? 천하에 꺼리고 피해야 할 것[忌諱](하지 말라는 명령)이 많아지자 인민들은 더욱 반발해 들고 일어나고, 사람들이 편리한 도구를 많이 가지게 되자 나라가 더욱 혼란해졌다. 사람들이 아는 것이 많아지자 기이한 물건들이 더 많이 생기고, 기이한 물건들이 생기는 것을 본받아 도적들도 많아졌다. 그러니 성인께서 이렇게 말씀하셨다.

'내가 하는 일이 없으면[無事] 인민들은 스스로 부유해지고, 내가 하는 일이 없으면 그들은 스스로 교화되고, 내가 고요함을 좋아하니 그들은 스스로 바르게 된다. 내가 불욕不欲을 바라면 그들은 스스로 통나무[樸](순박한 본연의 상태)가 된다.'"

나의 의지를 강요하지 않고 그의 것을 빼앗지 않으며, 상하가 아닌 동등한 위치에서 상대를 만나고, 실현되지 않은 욕망에 갇히지 않고 오늘을 즐기는 것, 그것이 제물론과 소요유의 사회적인 의미가 아닌가 합니다.

무위는 존중이다

인간이라면 누구나 감옥보다는 넓은 들판을 선호할 것이다. 장자는 모든 인간이, 심지어 동물까지도 들판에서 살아갈 자유를 주자고 주장했다. 그들에게 해를 끼치지 말라는 것, 그들을 존중하라는 것이 바로 무위無爲다. 그러므로 생명 존중을 주장하는 사상들은 결국 무위를 지향할 수밖에 없다.

공자는 철저한 유위有爲의 강변자였다. 그는 주장한다.

"사람이 도를 넓힐 수 있는 것이지 도가 사람을 넓히는 것이 아니다 [人能弘道, 非道弘人]."《논어》〈위영공〉)

그는 얼마나 유위를 강조했는지, 재여宰予가 낮잠을 자자 "썩은 나무로는 조각을 할 수 없고, 똥 흙으로 담을 쌓으면 다듬을 수가 없다. 자여 같은 이를 꾸짖어 무엇 하랴?"《논어》〈공야장〉)라고 독설을 날렸고, "실컷 먹고 하루 종일 태평하게 마음을 쓰지 않으면 어려운 일이 아니냐. 장기나 바둑도 있지 않으냐? 그런 것이라도 하는 것이 현명하다[飽食終日, 無所用心, 難矣, 不有博奕者乎, 爲之猶賢乎已]"《논어》〈양화〉)라며 심지어 잡기를 하는 것이 노는 것보다 낫다고 했다.

그러나 그가 바라는 최고의 경지는 역시 무위였다. 《논어》〈양화〉에 이런 대화가 나온다. 공자는 이렇게 말한다.

"나는 말을 하지 않는 경지를 바라노라[我欲無言]."

그의 말에 자공은 이렇게 묻는다.

"선생께서 말씀을 하지 않으시면 소자들은 무엇을 전하겠습니까?"

"하늘이 무슨 말을 하더냐? 사시를 운행하고 백물百物을 키우지만, 하늘이 무슨 말을 하더냐?"

완미한 자연에 대해서 인간은 무위의 태도를 가져야 한다는 주장이다. 《노자》에 "하늘과 땅 사이는 아마 풀무와 같을지언저! 비어 있으나 쇠함이 없으니[虛而不屈], 움직일수록 계속 (무언가가) 나온다"라고 한 것과 같은 말이다.

그렇다면 인간을 대할 때는 어떤가? 역시 최고의 경지는 무위라고 한다. 《논어》〈위영공〉에서 공자는 이렇게 말했다.

"아무것도 하지 않으면서 다스린 분은 그예 순임금일 것이로다[無爲而治者其舜也與]! 그간 무엇을 하셨던가? 그저 몸을 공손히 하고 남면했을 뿐이다."

몸을 공손히 하고 남면했다는 것은 비록 왕이되 다스림을 받는 사람들을 존중했다는 뜻이다. 《노자》에는 다스림의 극치는 자연을 따라 행동해서 다스림을 받은 사람의 아래로 가는 것이라고 했다. 바로 공자가 말한 존중이다.

"강과 바다가 능히 수많은 온갖 계곡물의 왕일 수 있는 것은, 그들의 계곡이 아래에 처하기 때문이다. 그런 까닭에 그들은 골짜기들의 왕이 될 수 있다. 성인이 백성들의 앞에 설 수 있는 까닭은 그 몸을 백성들 뒤에 두었기 때문이고, 백성들 위에 설 수 있었던 까닭은 말로는 백성들 아래에 처했기 때문이다."

맹자의 마음속에도 꼭 같은 것이 들어 있다. 그는 "대인은 어린아이 시절의 마음을 잃지 않은 사람이다[大人者不失其赤子之心者也]"라고 하며 인위가 미치지 않는 순수한 상태를 존중했고, "우 임금이 치수를 행함은, 아무것도 하지 않은 것을 행했던 것이다[禹之行水也, 行其所無事也]"(《맹자》〈이루〉)라고 하며 지극한 다스림 역시 무위라고 실토했다.

그러나 공자나 맹자는 무위를 실천할 수 없었다. 철저한 인위인 '극기복례'와 어린아이의 마음이 어떻게 양립할 수 있겠는가? 또한 순임금과 우임금의 무사無事와 벼슬을 찾아 천하를 주유한 공자와 맹자의 행동 역시 양립할 수 없었다. 그들이 무위와 무사를 거론해도 사대부로서의 신분과 자의식에 눌려 그 방향으로 갈 수는 없었다. 무위에는 자의식이 없어야 한다. 《노자》는 베풀고도 의식하지 못하게 하는 것이 도라고 한다.

"큰 상象(道)만 꽉 잡으면 천하가 몰려옵니다[執大象天下往].˙ 와도 해를 끼치지 않으니 크게 평안해집니다. 음악과 음식은 지나가는 사람들을 멈추게 합니다. 도가 밖으로 나오면, 그 맛은 담백해서 아무 맛도 없는 듯하고, 보아도 보이지 않고, 들어도 들리지 않으니, (쓰임이) 끝이 없습

• 이는 도가적인 천하 통일관이라 할 만하다. 맹자와 비슷한 점이 있다.

니다.”

그러나 무위를 마음에 두고도 신분제하에서 실천하기는 어렵듯이, 무위 역시 난세에는 유위로 바뀐다. 《노자》가 “문을 닫고 구멍[兌](눈·코·입·귀)을 막으면, 평생토록 혼란하지 않을 것이다[廢其門, 塞其兌, 終身不瞽]”라고 하니 법가는 이것을 의뭉스러운 군주의 통치술로 바꾸었다. 《노자》는 아래와 어울리고 위에 영합하지 않는 민중적인 선비, 혹은 무위의 도로 세상을 감싸는 군주의 도리를 말한 것인데 법가들은 오히려 군주가 신하를 부리는 수단으로 활용했던 것이다.

노자는 무위로 왕자의 도를 말했지만 장자는 무위로 피지배자의 저항이론까지 제시했다.

“비록 왕자라 할지라도 함부로 나를 부리려 하지 말라. 물론 나 이외의 남도.”

장자에 따르면 무위는 생명에 폭력을 행사하지 않는 것, 즉 존중이다.

- 《노자》의 원래 말은 이런 것이었다.
  “아는 이는 말하지 않고, 말하는 이는 알지 못한다. 구멍을 막고, 문을 닫으며, 낯빛을 온화하게 하며 속세와 함께한다. 예리함을 무디게 하고 얽힌 것을 풀어내니, 이를 현묘하게 하나가 된다[玄同]고 한다. 그러니 (그를) 가까이할 수도 없고 멀리할 수도 없으며, 이롭게 할 수도 없고 해칠 수도 없으며, 귀하게 할 수도 없고 천하게 할 수도 없다. 그리하여 천하에서 귀하게 된다.”

나가며

고대철학과 실용학문

. . .

지금까지의 허술하고 짧은 여행을 정리하면 다음과 같다. 이 세 가지의 짧은
논설로 논의를 마무리할까 한다.

　'법가가 군주를 위해 도모하는 바는 참고할 점이 있었다. 유가가 다스리
는 사람들을 위해 숙고한 바는 성실한 점이 있었다. 묵가가 인간을 위해 노
력하는 바는 진실한 점이 있었다. 도가가 생명을 이해하는 바는 아름다운
점이 있었다.'

1. 철학이 실용학문을 이끈다 ━━━━━━━

이 장에서 살펴볼 것은 철학과 실용학문의 관계다. 과연 철학은 실용
학문과 동떨어진 것, 혹은 무기력한 것인가? 이어서 현실에서 좌절한
철인들의 삶에 관한 감상을 적어본다. 전국시대를 살아간 국가의 지도
자들이라면 누구나 익히던 실용 학문이 하나 있으니, 바로 병법이다.
전쟁에서 지느냐 이기느냐에 국가의 존망이 달린 상황인지라 군주는
입으로는 인의도덕을 외치더라도 반드시 전쟁에 관한 전문가들을 양
성했다.

병법가들은 누구나 말하지만 전장에서 장수의 미덕은 빠른 상황판
단이다. 그래서 백전불패의 전략가 오기도 "의심 때문에 우물쭈물거리
고 판단하지 못하는 것이 실패의 가장 큰 원인이다"라고 주장했다. 그

렇다면 어떤 상황에서도 확고하게 판단을 내려야 하는 전쟁 전문가, 즉 야전사령관에게 '철학'이 없어도 될 것인가? 그들은 오로지 객관적인 상황을 관찰·분석해서 판단할까?

그러나 철학이 없다면 분석도 불가능하다. 철학이 없다면 전장에서 강령을 세우지 못하고, 강령이 서지 않으면 전략을 펼 수 없고, 전략이 펼쳐지지 않으면 전술이란 처음부터 불가능한 것이다.

병법가라면 누구나 한번쯤 입에 올리는 전국시대의 대표적인 병법가 두 명을 불러본다. 그들은 어떤 철학을 가지고 있으며, 누구의 영향을 받았을까? 한 명은 손자孫子, 즉 손무孫武고 또 한 명은 오기다. 먼저 손무의 병법에는 어떤 철학이 스며 있을까?《손자병법孫子兵法》에 다음과 같은 글이 나온다.

"전쟁은 국가의 대사이며 죽고 사는 마당이기에 반드시 잘 살펴야 한다. 그래서 전쟁을 시작하기 전에 다섯 가지 기준을 가지고 헤아려야 한다. 첫째는 도道요, 둘째는 하늘[天時], 셋째는 땅[地利], 넷째는 장수[將], 마지막은 법法이다."

도가 첫머리에 등장한다. 그 도란 무엇일까?

"도라는 것은 백성들로 하여금 위와 뜻을 같이하게 하는 것이다. 그들과 더불어 죽을 수도 살 수도 있으나 위험을 두려워하지 않는다[道者令民與上同意也, 故可與之死可與之生而不畏危]."

그 도란 묵자의 '상동'이 아닌가? 그러나 손무가 훨씬 큰 영향을 받은 쪽은 법가의 입장에서 도가의 이론을 흡수한 술가術家 집단이다. 그래서 그는 전쟁에서 속이는 기교를 유독 강조한다.

"군대를 쓰는 일은 속이는 것이다[兵者詭道也]. 그래서 군대는 속임으로써 서고, 이익으로써 움직인다[兵以詐立, 以利動]."

손무 병법의 속임수는 인정사정이 없다. 그는 간첩 활동을 병법의 주요한 측면으로 본다. 죽어도 되는 간첩[死間]과 살려야 하는 간첩[生間]을 이용해서 적의 실정을 정탐해야 한다고 한다. 아군의 간첩 활동이 발각되면 그 간첩을 바로 죽인다.

이처럼 손자의 병법은 術술을 중시한다. 술이란 임기응변을 뜻한다. 알다시피 술은 법가가 도가에서 빌려와 변형시킨 기술로서 정당하지 않은 방법, 즉 사술邪術도 포함된다. 손무가 도가의 기본적인 사상 아래 병술兵術 이론을 전개하고 있는 것은 여러 부분에서 발견된다.

"그러니 병은 졸렬하더라도 빨리 끝낸다는 말은 들어봤어도 기술이 있다고 오래 끈다는 말은 들어본 적이 없다[故兵, 聞拙速未覩巧之久也]."

이것은 《노자》의 대교약졸大巧若拙(크게 교묘한 것은 일견 졸렬하게 보인다), 이기용병以奇用兵(기발함으로써 군대를 쓴다)을 말하는 것이다. 그러나 손자는 도가를 바탕으로 하면서도 술을 중시한다. 즉 법가적으로 변형된 도가다.

"지혜로운 장수는 적의 식량을 먹는다[智將務食於敵]. 적의 식량 한 종은 아군의 식량 스무 종에 해당한다. 고을을 약탈하면 군사들에게 나누어주고, 땅을 점령하면 이익을 나누어, 이를 계산하면서 움직인다[掠鄉分衆, 廓地分利, 懸權而動]."

역시 싸움에서 상대방이 군졸이든 무장하지 않은 백성이든 가리지 않는다. 유가의 세례를 받은 이는 절대로 이런 이야기를 하지 않는다.

특히 유가의 영향을 크게 받은 오기는 용병의 대가이지만 적의 식량을 먹으며 고을을 약탈한다는 등의 말을 감히 하지 않는다. 오기에게 전쟁의 목적은 상대의 백성을 끌어들이는 것이다. 그러나 손무에게는 전투에서의 승리가 더 중요하다. 다음 구절이 바로 손무가 병가에 가장 크게 기여한 바일 것이다.

"장수는 능력이 있고 임금은 그를 제어하지 않는 나라가 이긴다[將能而君不御者勝]."

이것은 군주의 무위와 상통한다. 그러나 한비자와는 판이하게 다르다. 한비자는 비록 전장에서도 장수에게 전권을 위임하지 말고, 군주가 장수를 제어해야 한다고 했다. 손무의 발언은 병가 자신들의 이해관계와 도가의 원류를 반영한 것이다. 이제 두 가지만 더 검토해본다.

"미묘하고 미묘하도다, 모양도 없는 지경에 이르렀네. 신묘하고 신묘하도다, 소리도 없는 지경에 이르렀네. 그래서 적의 사명司命(목숨을 관장하는 별)이 될 수 있었네[微乎微乎, 至於無形, 神乎神乎, 至於無聲, 故能爲敵之司命]."

"그러므로 군대는 일정한 세가 없고, 물은 일정한 형상이 없다. 능히 적의 변화에 따라 승리를 거두니 이를 신묘하다 한다[故兵無常勢, 水無常形, 能因敵變化, 而取勝謂之神]."

소략하게 살펴보았지만, 손무가 추구하는 군대는 도와 술로 움직이는 군대로 필자는 이를 도술병道術兵이라 부르고 싶다. 그러니 노자 없이 손무는 없다. 순간순간 판단을 내려야 할 상황에서 손무의 이론을 따르는 사령관은 노자를 먼저 떠올리고, 이어서 법술가들의 술법을 내놓는다. 장수는 철학 없이 급변하는 전장을 다스릴 수 없다.

이제는 유가와 묵가의 영향을 받아 손무의 군대와 성격이 판이하게 다른 군대를 살펴보자. 바로 오기의 군대다. 《오자병법吳子兵法》의 기본 강령을 보자.

"옛날 국가를 도모하는 이들은 반드시 먼저 그 백성을 가르치고 만민을 친하게 하는 일에 힘썼다. 네 가지의 불화가 있다. 국가 내부가 불화하면 군대를 출진시킬 수 없으며, 군 내부가 불화하면 나가서 진을 칠 수가 없으며, 진 내부가 불화하면 나가서 싸울 수가 없으며, 싸움 와중에 불화하면 이길 수가 없다[昔之圖國家者, 必先敎百姓而親萬民. 有四不和: 不和於國, 不可以出軍, 不和於軍, 不可以出陳, 不和於陳, 不可以進戰, 不和於戰不可以決勝]."

이는 사실 묵자의 주장, 즉 싸움의 성패는 아래위가 합심하는가에 달려 있다는 주장을 변형한 것이다. 오기 병법의 저변에 있는 또 하나의 사상은 유학이다. 순자는 백성을 잘 따라붙게 하는 것이 병법의 가장 우선순위라고 했다. 아래서는 유학의 영향이 더욱 두드러진다.

"자고로 나라를 제어하고 군대를 다스리려면 반드시 예로써 가르치고, 의로써 격려하며, 수치를 느낄 줄 알게 해야 한다. 자고로 사람으로서 수치심이 있으면 크게는 (나가) 싸울 수 있으며 작게는 (들어와) 지킬 수 있다."

예·의·염치[恥]란 《관자》의 핵심사상이며, 법가들의 이론에 대응해 유가에서 절충안으로 내세우는 것이다. 다시 묵가 이론의 영향을 살펴보자. 위 무후가 오기에게 물었다.

"진을 치면 반드시 안정되고, 지키면 반드시 공고하고, 싸우면 반드시 이기는 도[戰必勝之道]를 듣고 싶습니다."

오기가 대답했다.

"군주가 능히 현명한 이를 위에 앉히고 못난 이를 아래에 두면[使賢者居上, 不肖者處下] 진은 이미 안정된 것입니다. 백성들이 자기들의 밭과 집을 편안하게 여기고 관리를 친근하게 여기면[民安其田宅, 親其有司] 수비는 이미 공고한 것입니다. 백성들이 모두 자신의 군주가 옳다고 하고 이웃나라가 그르다 하면 싸움은 이미 이긴 것입니다[百姓皆是吾君, 而非隣國, 則戰已勝矣]."

역시 《묵자》의 〈상현〉과 〈상동〉에 나오는 내용을 글자만 약간 고쳐서 제시하고 있다. 오기는 부하들을 극진하게 대해 전장에서 목숨을 아끼지 않게 만든 것으로 유명하다. 군사들과 같이 먹고 같이 잤으며, 군사의 종기를 입으로 빨았다는 일화는 유명하다. 이것은 묵자의 겸애와 절용사상과 상통한다. 이제 손무와 오기가 확연히 드러나는 부분을 보자. 오기의 적을 공파하고 성을 점령할 때의 방법이다.

"군대가 이르는 곳에서 나무를 베지 않고, 집들을 뒤지고 양식을 취하지 않고, 가축을 죽이거나 그들의 재물을 태우지 않음으로써, 그 백성들에게 우리 군대가 잔혹한 마음이 없다는 것을 보여준다[示民無殘心]. 항복하는 자들이 있으면 받아들이고 안심시킨다[其有請降, 許而安之]."

이것은 바로 순자가 말한 유가의 군대의 강령이다. 민심을 거두어들이는 것이 목적이지, 전투 자체의 승리가 목적이 아니다. 흔히 오기는 법가의 시조로 추앙받지만 그는 법가의 말류들과는 달랐다. 그의 근본은 여전히 유학과 묵학이다. 무후가 질문했다.

"형을 엄격하게 하고 상을 밝히면 이길 수 있겠습니까[嚴刑明賞足以勝乎]?"

오기가 대답했다.

"저는 엄한 형과 밝은 상에 대해서는 잘 모르겠습니다만, 믿을 만한 바는 못 됩니다. 호령을 내리면 사람들이 즐겨 듣고[樂聞], 군대를 일으키고 사람들을 동원해도 즐겨 싸우려 하며[樂戰], 무기를 들고 접전을 벌일 때도 죽음을 기꺼이 받아들여야[樂死] 합니다. 이 세 가지는 군주가 믿을 것입니다."

"어떻게 하면 그리할 수 있습니까?"

"공이 있는 자를 들여 연회를 열어 대접하고, 공이 없는 자를 격려해야 합니다[君擧有功而進饗之, 無功而勵之]."

오기의 병법은 이렇게 상과 벌을 동시에 강조하는 법술과는 거리가 멀다. 오기는 심리적으로 상하가 완전히 동화된 상태의 군대를 지향한다. 그래서 오기의 군대를 유가와 묵가가 혼합된 강령을 가진 군대, 즉 유묵병儒墨兵이라 부르고자 한다. 묵가의 상현尚賢과 상동, 친애親愛, 그리고 유가의 인애와 명분과 예의염치를 결합한 군대라고 할 수 있다.

묵가의 사상 없이 오기의 병법이 있었을까? 오기의 병법을 따르는 사령관이라면 전장에서 묵자처럼 행동한다. 병사와 동고동락하며 운명공동체를 만든다. 또한 '우리는 옳고 적은 그르다'는 일념으로 무장하고, 전장에서 군인과 민간인을 철저하게 구분하고 대우해, 적과 차별되는 행동으로 적의 민심을 동요시킬 것이다. 이렇게 보면 당시 철학은 실용학문의 시녀가 아니라 오히려 주인이었다.

2. 철인의 삶, 상갓집 개와 버림받은 처녀 ━━━━━━━

철학자와 그들의 이상은 오른쪽 다리와 왼쪽 다리의 관계와 같은 것 같다. 공자는 말했다.

"천하에 도가 있으면 예악과 정벌이 천자로부터 나오고, 도가 없으면 제후로부터 나온다. 천하에 도가 있으면 정령이 대부의 손에 있지 않다[天下有道, 則政不在大夫]."《논어》〈계씨〉)

공자는 천하에 도가 있는 상태, 즉 주례가 행해지던 시대로 돌아가고 싶어 했지만, 당시 세상은 이미 돌아갈 수 없는 지경까지 와 있었다. 서쪽의 상황도 마찬가지였다. 플라톤은 지배자가 의사와 같은 자라고 철석같이 믿고 있었다.

"진정한 의사라면 그 자신의 이익이 아니라 환자의 이익을 위해 처방을 내릴 것이다. 글자 그대로 진정한 의사라면 이윤이 아니라 신체를 다스리는 사람이니까. (중략) 어떤 지배자라도, 그가 정말 지배자라면, 그 자신의 이익을 염두에 두고 권위를 행사하는 것이 아니라 그의 통치술의 기술을 펼칠 대상, 즉 피지배자의 이익을 위해 행사한다고 하겠네."(342d-343b)

그러나 논쟁을 펼치던 상대방은 즉각 반론을 펼쳤다.

"오, 그대는 양치기나 소치기가 가축들을 보살피는 기술을 익히고 살찌게 하는 것이 자기 자신이나 가축 주인의 이익이 아니라 가축들의 이익을 위해서라고 생각하십니까?"(342d-343b)

플라톤이 철학적인 논증을 통해 지배자의 진정한 모습은 의사라고 밝힌다 해도 '철학적이지 않은 사람들' 눈에 지배자는 양을 살찌워서 잡아먹으려는 사람처럼 보였다. 그래서 다음은 결국 그의 한탄처럼 들린다.

"선상 반란자들(철학을 매도하는 자)은 전정한 항해사는 계절, 하늘, 별, 바람, 그리고 제대로 배를 통제하는 데 필요한 모든 주제를 다 공부해야 한다는 것을 몰라. 그리고 그들은 통제에 필요한 그런 전문적인 기술을 익히는 것이 거의 불가능하다고 생각하고, 그런 항해의 기술이 있다는 것도 부정하네. 이런 배에 탄 선원들은 진정한 항해사를 그저 말이나 지껄이는 자, 별이나 보는 자, 그들에게는 아무 쓸모도 없는 자로 간주할 것이 아닌가 말이야."(489a)

다음 구절에서 플라톤은 마치 시인 굴원屈原이 〈이소離騷〉를 쓰며, "처음에는 나와 언약하더니, 나중에 마음 바꿔 딴생각을 하더라"고 한탄한 것과 똑같이 들린다.

"그래서 철학이라는 여인은 자신의 진정한 연인이 되었어야 할 사람들에 의해 버림받았네. 그들은 스스로에게 진실로 맞지도 않는 삶을 추구하느라, 그녀를 버리고 독신으로 남겨두었네. 그녀는 버려진 고아처럼, 이류 침입자의 손에서 온갖 수모와 학대를 겪네."(495c)

공자가 '상갓집의 개' 신세가 된 것처럼 플라톤은 '버림받은 처녀'가

되었다. 등용되어 뜻을 펼치고자 한 공자의 노력은 눈물겹다. 섭공이 자로에게 공자의 사람됨을 물었더니, 자로가 대답하지 않았다고 한다. 섭공이 묻기만 하고 쓸 생각은 하지 않았기 때문일까? 공자의 대답은 울먹임처럼 들린다.

"너는 왜 말하지 않았느냐? (공구) 그 사람은 발분하면 밥을 먹는 것도 잊고, 즐거움에 걱정도 잊고, 늙음이 장차 닥치는 것도 모를 지경이라고 말이야."《논어》〈술이〉)

무엇 때문에 무시당하고 쓰이지 못하는가? 철학자를 따라다니는 이상 때문이다. 플라톤은 "대중은 철학자가 될 수 없다"고 무수히 되뇐다. 그렇다면 그는 처량한 신세를 벗어나기 위해 철학을 버릴 수 있을까? 만약 그가 진정한 철학자라면 그럴 수 없다. 묵자는 이렇게 말한다.

"의를 행하다가 할 수 없는 지경에 빠지더라도 결코 도를 고치지 마시게. 비유하자면 목공이 나무를 깎다가 제대로 깎을 수 없다 하며 먹줄을 고치지 않는 것과 같네[爲義而不能, 必無排其道譬, 若匠人之斲, 而不能無排其繩]."《묵자》〈귀의貴義〉)

철학자는 대중의 비난을 받을 수밖에 없다고 한 플라톤의 고백은 수많은 동양의 철학자가 똑같이 도달한 결론이었다. 만약 철학자의 탈을 쓴 모리배가 아니라면 제자백가 누구도 현실에 만족할 수 없었을 것이고, 똑같이 한탄했을 것이다. 한탄이 바로 철학자의 운명인 것이다. 그래도 위대한 철학자들이 추앙받는 까닭은 어떤 상황에서도 탐구를 멈추지 않았기 때문일 것이다. 공자는 고백했다.

"아침에 도를 들으면 저녁에 죽어도 괜찮다[朝聞道, 夕死可矣]."《논어》

〈이인〉

　성과를 이루지 못했을 때, 한탄은 먼저 자기 자신에게 향한다.

　"심하다! 나의 쇠함이여. 오래되었구나. 꿈에 다시 주공을 보지 못한 것이[甚矣, 吾衰也, 久矣, 吾不復夢見周公]."《논어》〈술이〉)

　철학자는 쉼 없이 사고하지만 보상의 그릇은 항상 쾡하다. 그러나 철학자는 철학자가 아닌 사람이 받을 수 없는 보상 하나를 받았다. 바로 제자다. 플라톤이 스승 소크라테스를 위해 변론을 펼쳤듯이, 아리스토텔레스는 플라톤의 이야기에 주를 달았다. 그래서 플라톤은 서양 사상 자체가 되었다. 공자는 어디를 가도 대체로 홀대를 받았지만 재기 발랄한 자공은 환대를 받았다. 그는 수시로 공자에게 불만을 토로했고, 또 가장 자주 핀잔을 들었다. 그러나 그는 남의 면전에서 이렇게 스승을 옹호한다. 마치 소크라테스를 옹호하는 플라톤처럼 말이다.

　진자금陳子禽이라는 이가 자공을 높이 평가해서 이렇게 말한 적이 있다.

　"(제가 보기에) 님이 공손한 것입니다. 어찌 중니가 님보다 더 현명하단 말입니까?"

　그러자 자공은 이렇게 대답했다.

　"군자는 한마디로 지혜로워지고, 한마디로 지혜롭지 못하게 되오. 그러니 말을 삼가지 않을 수 없소이다. 선생님에게 미칠 수 없음은, 비유하자면 마치 계단으로는 하늘에 오를 수 없는 것과 같소이다. 선생님께서 나라를 얻어 다스리신다면, 이른바 (백성을) 세우면 모두 서고, 이끌면 모두 행동하고, 편안하게 해주어 모두 오게 하고, 움직이면 모두 조화를 이룹니다. 그리하여, (백성들은) 살아서는 영화를 누리고 죽어서는 애도를 얻습니다. 제가 어떻게 그분을 따라갈 수 있겠습니까[夫子之不可及也, 猶天不可階而升也. 夫子之得邦家者, 所謂立之斯立, 道之斯行, 綏之斯來, 動之斯和, 其生也榮, 其死也哀, 如之何其可及也].”《논어》〈자장〉)

공자가 죽고 다른 제자들은 다 삼년상을 했으나, 자공은 홀로 움막을 짓고 6년 동안이나 무덤을 지켰다. 스승이 살아 있을 때는 양식을 대고 돌아가신 뒤에는 무덤을 돌보는 데 장년을 바쳤던 것이다. 그래서 공자는 동양사상의 신화가 되었다.

묵자의 제자들의 활약상은 많이 남아 있지 않기에, 그의 제자들의 일면을 보여주는 이야기는 아주 가끔 보인다. 묵자의 제자 고석자高石子가 위衛나라로 출사했다. 위나라 군주가 녹을 후하게 주고 경의 작위를 내려주었다. 그래서 고석자는 조회에 참석하게 된다. 그는 조회에 나가 진심으로 세 번 간언했다. 그러나 위나라 군주는 받아들이지 않았다. 결국 그는 위나라를 떠나 제나라로 가서 묵자를 뵈었다.

“저는 선생님 덕으로 후한 녹을 얻고 경의 지위를 얻었습니다. 세 번 조회에 나가 성심으로 간했지만 위나라 군주가 듣지 않기에 떠났습니다. 위나라 군주는 저 석을 미친놈이라고 하지 않을까요?”

묵자가 대답했다.

“떠나는 것이 진실로 바른 길이라면 미친놈이란 소리를 듣는 것이 무슨 해가 되겠는가[去之苟道, 受狂何傷]? 옛날 주공단周公旦(주공)은 동생 관숙을 비난하고는 삼공三公의 자리를 사직하고 동쪽으로 가서 상엄商奄에 머물렀네. 당시 사람들은 모두 그를 미쳤다고 했지만 후세 사람들은 모두 그의 덕을 칭송하고 그의 이름을 높여 지금도 그치지 않고 있네. 또한 나 적이 듣건대 '의를 행한다는 것은 비난을 피하고 칭찬을 취하는 것이 아니다[爲義非避毀就譽]'라고 들었네. 떠나는 것이 진실로 바른 길이라면 미친놈이란 소리를 듣는 것이 무슨 해가 되겠는가?"

고석자가 대답했다.

"석이 떠나는 것이 어찌 도가 아니겠습니까? 옛날 선생님께서 말씀하신 적이 있습니다. '천하가 무도하면 어진 선비는 후한 녹을 얻는 자리에 처하지 않는다. 지금 위나라 군주가 무도한데도 그 녹과 작위를 누린다면 이는 제가 구차히 남의 곡식을 축내는 것입니다."

고석자가 나가자 묵자는 제자 자금자子禽子를 불러 말했다.

"잠시 내 말을 들어보게. 의를 저버리고 녹을 좇는 사람 이야기는 일찍이 들어보았네. 녹을 버리고 의를 좇는 이를 오늘 고석자에게서 보았네."《묵자》〈경주耕柱〉)

묵자는 '진실로 바른 길'을 두 번 말했다. 그는 제자가 진실로 바른 길을 가는 것이 못내 대견해서 남에게 자랑을 하지 않을 수 없었다. 안회를 바라보는 공자의 마음이 그랬을 것이다. 스승과 제자는 어제와 오늘을 잇는 고리가 되어 함께 미래로 간다.

깊이 읽기

플라톤의 국가론에
비추어 본 고대 중국

···

우리는 플라톤을 사실상 제자백가의 일원으로 간주하고 논의를 전개했다. 제자백가 사이 논쟁의 최고 논점이 국가라고 한다면 국가에 관한 철학을 정립한 동시대인을 배제하는 것은 예의가 아니라 생각했기 때문이다. 우리는 앞으로 전국시대의 이야기 속으로 진입할 것이다. 플라톤의 유명한 네 가지 국가의 정치체제 이론은 우리가 전국시대를 고찰하는 데도 커다란 도움이 된다. 물론 플라톤의 이론 속에는 상상과 경험이 뒤섞여 있다. 그럼에도 그 시대 정치체제에 관한 통찰력의 측면에서 그와 비견될 철학자는 없다고 할 수 있다.

일단 플라톤의 《국가》의 국가체제를 논한 부분*을 요약·정리하고 (543a-569c) 전국시대에서 통일제국으로 가던 시기의 중국의 정치체제에 대해 몇 가지 의문점을 던져본다. 중국의 고대 정치를 이해하는 새로운 안목을 기를 수 있을 것이다.

• 화자는 소크라테스이며 대화 상대는 글라우콘이다. 물론 소크라테스의 실제 화자는 플라톤이다.

플라톤의 이른바 네 가지 국가체제(정치체제)이론은 상상·관찰·논리가 결합된 고대 서양 정치철학사의 일대 정점을 이루는 명문이다. 사실상 향후 서양의 모든 정치이론은 그가 사용한 주제의식·용어·논리를 벗어나지 못했다고 할 수 있는데, 심지어 그의 주장을 정면으로 반박하더라도 그의 용어와 논리를 빌릴 수밖에 없었다.

필자는 플라톤을 통해 중국의 고대 정치사상의 취약점을 보충할 수 있고, 실제의 역사를 살필 때도 그의 이론을 참조할 수 있다고 본다. 이제 그의 이론을 통해 고대 중국의 정치체제의 면면을 살펴보자.

플라톤에 의하면 최초의 국가는 이상적인 상태, 즉 가장 지성이 뛰어난 철인이 왕이 되어 다스리던 최선자最善者 지배체제였다. 그러나 그 시절은 이미 지나갔다. "이상적인 국가에서 파생된 네 가지 국가체제라는 것에 대해 말씀해주시겠습니까?"라는 질문에 플라톤은 다음과 같이 대답했다.

"어렵지 않지. 명예제名譽制(Timocracy), 과두제寡頭制(Oligarchy), 민주제民主制(Democracy), 참주제僭主制(Tyranny)가 그것이네. 첫 번째는 많이 존중받는 크레테Crete와 스파르타Sparta의 체제(명예제)가 있네. 다음으로는 그저 그런 과두제가 오고, 그다음으로는 상당히 많은 악덕을 가지고 있는 민주제, 마지막으로 참주제가 오네. 참주제는 대개 가장 멋지고 걸출한 것으로 생각되지만, 실상은 가장 중병에 빠진 체제지."(544d)

1. 명예제

플라톤은 명예제에 대해 다음과 같이 말한다.

"명예 존중체제는 어떻게 발생하는가? 바로 지배계급의 분열에서 생긴다네. 최초의 가장 우수한 자들이 지배하는 이상적인 체제는 열등한 자들의 탄생으로 분열되지. (최초의 그리고 최상의) 수호자들이 가장 완벽한 후손의 탄생을 지배하는 법칙'을 무시하고 신랑과 신부를 적절하지 않은 때 결합시켜 재능도 운수도 없는 아이들이 태어났네. 그들이 수호자가 되자 몸과 마음의 수련을 무시하기 시작했네.(546d) (중략) 철과 구리, 은과 금이 뒤섞이자, 일관되지 않고 균질적이지 않은 물질(인

---

* 우리의 사주나 궁합과 비슷한 대단히 복잡한 남녀의 결합법칙이다. 가장 성숙한 육체가 가장 상서로운 날에 결합해야 가장 뛰어난 인간이 탄생한다는 생각이다.

간)이 탄생했네. 그의 불규칙성은 필연적으로 전쟁과 증오를 낳네."(547a)

그는, 최초에는 발생학적으로 열등한 지배자들이 태어났다고 한다. 이것은 아마도 경험적인 근거가 없는 상상으로, 플라톤의 논리 가운데 가장 취약한 부분이다. 그러나 이어지는 논설은 경험과 분석이 결합되어 탄탄한 논리를 이룬다.

"일단 지배층 내부에서 알력이 벌어지자 동철의 요소와 금은의 요소는 갈라졌네. 동철의 종족은 사적 이익과 사유 토지, 그리고 금과 은으로 향했고, 원래 자신의 마음속에 진정한 부를 간직하고 있던 금은의 종족은 덕(뛰어남)과 전통적인 질서 쪽으로 기울었네. 이 둘 사이에는 투쟁이 벌어졌고 결국 그들은 땅과 집들을 나누어 사유화하기로 절충했네. 그리고 한때 그들이 자유민이자 친구로 보호했으며, 스스로의 생활 유지를 위해 기대고 있던 이들을 노예 및 종으로 격하시켰네. 그리고 그들 자신은 전쟁을 하는 일과 자기에게 종속된 사람들을 관리하는 일에 집중했네."(547b-c)

플라톤은 이상적인 상태에서 노예란 없었다고 간주하는 것이 확실하다. 그러나 지배층 내부의 균질성이 사라지자 바로 투쟁으로 치닫고 계급 사이에 적대감이 생겼다고 한다. 그는 이 체제하에서의 인간 특징을 선과 악이 뒤섞인 것, 더 좋은 체제인 우수자 지배와 더 열등한 과두제의 중간 정도로 파악했다. 즉, 전사계급은 전쟁에 몰두하고 어느 정도의 공동생활을 한다. 그들은 열정적이기 때문에 평화보다 전쟁을 선호한다. 그들은 이미 어느 정도 타락했기 때문에 몰래 돈을 탐낸다.

그러나 공공연히 벌 수는 없으므로 인색하다. 그들의 정신의 가장 강렬한 특색은 강렬한 투쟁정신이다.

"그들은 하나의 강렬한 특징을 가지고 있네. 바로 투쟁적인 정신과 야망일세."(548c)

그들은 음악이나 문학을 배격하지는 않지만 제대로 이해하지는 못한다. 그리고 그들의 투쟁정신은 아래로 가혹하고 권위에는 순종하는 특징이 있다.

"이들은 노예에게는 가혹하고 자신의 동료 자유인에게는 정중하며, 권위에는 쉽게 굴복하지."(549a)

비록 사회경제적으로는 다른 배경을 가지고 있지만 플라톤이 말한 명예제하의 지배자들은 공자가 묘사한 춘추시대 말기 중국의 사대부들과 비슷한 심성을 가지고 있다. 예를 들어 춘추시대 전반에 걸쳐 진晉나라의 실권을 잡고 있던 6경은 앞으로는 국가를 동원해서 전쟁을 하고, 뒤로는 가신들을 동원해서 재산을 불렸는데, 표면적으로는 대단한 교양인들이었다.

2. 과두제

그러나 그들의 투쟁적이고 야심에 찬 정신은 또 다른 분열을 예고하고 있다. 그들은 어느 순간 명예를 버리고 돈을 선택한다. 그리하여 더 열등한 체제인 과두제가 등장한다. 플라톤은 과두제를 다음과 같이 설명한다.

"재산이 중요한 사회지. 그리고 정치적인 권력은 부유한 자들의 손에 있고 가난한 자들은 나누어 가지지 못하지."(550d)

그렇다면 어떻게 명예제에서 과두제로 넘어가는가? 이에 대한 플라톤의 말이다.

"개인들의 수중에 축적된 부가 명예제를 파괴하네. 남자들은 사치를 추구하고, 이런 까닭에 법을 오용하고 어기게 되네. 그리고 여자들이 그 예를 그대로 따르는 것이지."(550e)

그들은 돈을 위한 경쟁에 점점 더 몰입한다. 부자가 될수록 덕행을 경멸하게 된다. 부자가 대우받기 때문이다. 그들은 돈을 기준으로 보통 시민들의 정치참여를 제한한다.

"그들은 관직에 나갈 수 있는 조건으로 재산의 하한선을 설정하네."(551b)

그러면 일정액 이상의 재산이 있는 이들만 정치에 참여한다. 물론 그들은 무력으로 이를 강제할 수 있다. 그 결과는 무엇일까? 배제와 분열이다.

"만약 재산을 기준으로 배의 선장을 뽑는다고 해보세. 그리고 가난한 사람들에게는 결코 기회를 주지 않는다고 말이야. 비록 그가 더 뛰어난 선원이라도. 그러면 항해는 어떻게 될까?"(551c)

그 배는 파선할 것이다. 재산 때문에 정치에 참여할 수 없는 사람들이 넘치는 사회는 분열된 사회다.

"이 사회는 필연적으로 두 부분으로 갈라지네. 부자들과 가난한 자들로. 이들 부자와 가난뱅이들은 한곳에 살지만 항상 서로에 대항해 음모를 꾸미네.(551d) 또 그들은 이 때문에 전쟁을 제대로 수행할 수 없네. 왜? 적보다도 더 두려워하는 가난한 사람들을 무장시키지 않으면 몇몇밖에 되지 않는 자신들이 전투를 수행해야 하기 때문이지. 그리고 그들은 돈을 꽉 그러쥐고 전쟁비용을 대려고 하지 않네."(551e)

그리고 한때 부자의 일원으로 있다가 재산을 모두 팔아버리고 가난뱅이이자 할 일도 없어진 이들은 침을 가진 수벌이 된다! 그들은 침을 가지고 있으며 악습에 물들어 있다. 또한 과거에 사회를 위해 진정한 무언가를 한 적도 없기 때문에 존경을 받지도 못한다. 그들은 범죄자이자 잠재적인 사회의 적대세력이 된다. 그들은 부자들을 증오한다.

과두제의 지배자들은 사실은 오직 돈만 추구할 뿐 공익을 추구하는 데도 무관심하며 또한 가난한 이들보다 뛰어난 실력을 쌓는 데도 관심이 없다. 피지배자를 착취하는 데 익숙하고 이 계층의 젊은이들은 쾌락만 추구한다. 그러던 가운데 이런 일이 발생한다.

"그런데 지배자와 피지배자가 해군이나 육군으로 원정을 나가 서로 조우했을 때 어떤 일이 벌어지겠는가? 위험에 닥쳤을 때 서로를 쳐다보는데, 적어도 이 순간만은 부유한 자는 가난한 이를 멸시할 수 없지. 그는 근육질에 볕에 그을린 몸을 가지고, 보호받는 나약한 생활로 인해 비대해진 몸을 이끌고 허덕이는 부자 옆에서 싸우고 있네. 헐떡거리면서 어쩔 줄 몰라 하는 자 옆에서 말이야. 그런 상황에서 그 가난한 사람이 이런 결론을 내리지 않을 수 있겠나. '이자들이 부유한 것은 지배당하는 이들이 겁이 많기 때문일 뿐이야.' 그리고 그들끼리 모였을

때 말하겠지. '저자들은 아무짝에도 쓸모없어. 정작 필요할 때 저자들이 나타난 적이 있어?'"(556d)

중국에 과연 이런 시대가 있었던가? 부분적으로만 비슷할 뿐 확정하기는 어렵다. 그러나 크게 보면 명예제에서 과두제로 넘어가는 과정은 중국에서 전국시대가 도래하는 과정과 유사한 점이 있다. 비록 플라톤은 규모가 작은 그리스를 대상으로 이론을 펼치고 있지만, 시야를 넓혀서 전국시대의 한 국가를 과두들 가운데 하나로 본다면 여전히 이 이론은 중국에서도 생명력이 있다. 과두들은 명예를 버리고 공공연히 재산과 힘을 키운다.

그리고 그들은 어정쩡한 귀족계급들을 몰락시키고 군주와 백성 사이의 직접적인 통로를 지향한다. 또한 과두 가운데 힘이 센 자들은 기존의 질서를 무시하고 독립한다. 제자백가의 상당수가 '과두지배체제'로 가는 와중에 몰락한 어정쩡한 귀족계급이다. 그들은 대체로 관료제로 편입되기를 바랐다. 물론 피할 수 없는 차이는 중국의 과두들은 평민 출신이 없었다는 점이다.

3. 민주제, 그리고 참주제 ━━━━━━━━

민주제는 중국에서는 현재에도 실현되지 않은 체제이며, 고대 사회에서는 더욱 찾기 어렵다. 플라톤은 민주제를 이렇게 설명했다.

"민주제는 가난한 자들이 그들의 반대편(부유한 자)들을 이기고, 죽이

거나 추방한 후, 나머지에게 똑같은 시민권과 관직의 기회를 줄 때 생겨나네."(557a)

그러나 무한한 자유와 다양성이 보장된 것처럼 보이는 이 체제는 방종의 위험을 갖고 있다. 제일 위험한 점은 인민이 이용당한다는 것이다. 그저 어떤 자가 "나는 인민의 친구다"라고 말하기만 하면 떠받들게 된다. 수벌들이 쾌락을 맛보면서 오만·무정부·낭비 등, 국가를 지탱하는 데 필요한 미덕(훈육)의 반대들이 활개를 치게 된다. 그들은 심심찮게 마음 내키는 대로 직업을 바꾸기 때문에 진정한 전문성과 플라톤이 정의라고 부르는 것이 없다.

민주제를 시행하는 당시 지도자들은 충분히 술을 주면 만족하지만 술통이 비기 시작하면 지도자들에게 책임을 전가하려고 한다. 이제 민주주의하에서는 없는 자들이 가진 자들의 것을 빼앗으려는 투쟁이 시작된다. 그때 참주라는 자가 슬그머니 인민의 보호자로 등장한다. 그는 강한 자이며 선동하는 자다. 인민은 언제나 우월한 자를 떠받드는 습성이 있다.

이들 속칭 인민의 친구는 경쟁자들을 어떤 방법을 써서라도 제거하고 자신이 인민의 보호자임을 자처한다. 빼앗은 것 가운데 많은 몫은 자신이 챙기고 일부는 인민에게 나누어준다. 그리하여 마지막으로 민주제에서 싹이 튼 참주제가 등장한다. 이 체제는 중국의 고대사회를 개관하는 데 대단히 유용한 분석틀을 제공한다.

"고기를 한 조각이라도 먹어본 적이 있는 사람은 늑대로 변하네. 그런 이야기를 들어본 적이 있겠지? 이런 일이 대중 지도자에게도 일어나지. 폭도들은 그가 하는 말이라면 뭐든지 따르네. 그리고 동포의 피를 보고픈 욕망이 너무나 강하네. 그는 그의 적수에게 정당하지 않은 죄목을 끌어다 붙이고는 법정으로 끌고 가서 살해하네. 이리하여 사람을 죽이고 동료들의 성스럽지 못한 피 맛을 보네. 추방·사형·빚 등 벌을 경감해주고 토지를 다시 분배해주겠다는 암시가 뒤따르네. 이런 것들은 그자가 결국 자신의 적에 의해 파멸되거나, 혹은 살아남아 늑대로 변해서 자신이 참주로 등극할 때까지 계속되네. 바로 그자가 재산을 가진 자들에 대한 계급전쟁을 이끄는 자인 게지."(565d-566a)

이것은 혹시 민주제를 건너뛰어 바로 전제주의로 이행한 진秦을 말하는 것이 아닐까? 민주제로 가기 전의 과두제를 전국시대에 비유한다면, 진이 6국을 병탄하고 무소불위의 군주로서 황제 자리를 두었던 것은 과두제에서 참주제로의 이행과 상통하는 면이 있다. 플라톤의 분석은 이어진다.

"그자는 적수를 모두 때려눕히고 국가라는 전차의 조종자가 된다네. 바로 절대군주지. 그는 주변의 용감한 자, 현명한 자, 부유한 자를 찾아내어 모조리 제거한다네."

진 제국이 절대왕정을 구축한 후 행한 분서갱유와 무장해제는 이른바 똑똑하고 용감한 이를 제거하기 위한 것이었다. 그다음 과정은 무엇인가?

"참주는 시민들의 노예를 빼앗아 자유를 주고 자신의 호위병으로 삼는다네. 인민들은 무거운 세금으로 착취당하고 감시당해서 점점 힘을 잃어가지."

시민들의 노예란 중국에서는 공경대부들의 가신들과 봉지의 예속 농민들이다. 더 무서운 일은 그다음이다. 지도자는 마지막으로 인민을 완전히 배신한다.

"참주는 지금까지 아버지로서 자신을 길러준 인민들에게 폭력을 행사하지. 그리고 그에게 반대하면 손을 치켜든다네.(569b) 그리하여 인민들은 자유인에 대한 복종이라는 화덕에서 뛰쳐나와 노예에 대한 복종이라는 불 속으로 뛰어들게 된다네.(569c) 바로 방종에서 '노예의 노예' 상태로 전락한 것이지."

플라톤의 말처럼 인민들은 자신이 길러낸 자식이 괴물이라는 것을 알지만, 막상 깨달았을 때는 이 괴물 자식이 자신들보다 훨씬 강하다는 것을 깨닫는다.

앞서 말했듯이 중국에 민주제는 없었다. 그러니 '자유인에 대한 복종', '노예의 노예' 등의 개념들은 그대로 적용하기 힘들다. 그러나 그 부분을 제외하고 정리한 부분들에서 우리는 여전히 시사점을 얻는다. 전국시대의 인민들은 통일이 되면 전쟁이 없어지고, 전쟁이 없어지면 생활이 나아질 것이라 기대했다. 그러나 진의 통일은 인민들에게 오히려 가혹한 일이었다. 진시황秦始皇이나 그의 아들이 역사적으로 이룬 업적은 있었지만, 그 시절에 인민들이 법 아래 받는 고통은 대단했다. 진을 뒤엎은 것은 바로 진을 세운 법이었다.

한漢 제국의 출현으로 문자 그대로의 참주제는 중국에서 사라졌다. 왜냐하면 한 제국 이후의 황제들은 최소한 명목상으로 유학자 관료들의 견제를 받았기 때문이다. 황제는 권력의 정점에 있었지만 진나라 황제처럼 무소불위는 아니었다. 그러나 그 후에도 물론 다양한 변형들이 계속 등장했고 몇몇 황제는 진 제국의 황제들보다 훨씬 자의적으로 권력을 휘둘렀다. 어쩌면 오늘날도 그 변형된 참주의 아래에 있는지 모르겠다.

지금껏 제도가 수없이 바뀌었지만 참주들의 등장을 막지는 못했다. 그래서 공자의 통찰은 시대를 뛰어넘는 울림이 있다. 위정자가 이런 마음을 가지고 있다면 절대로 참주가 될 수 없다.

"자신이 하고 싶지 않은 일을 남에게 베풀지 말라[其恕乎, 其所不欲, 勿施於人]."《논어》〈위영공〉)

전체 후기

다시 올 손님을
기다리며

이 시리즈를 시작한 지 거의 7년이 다 되어 전권을 완성한다. 작업은 언제나 예정된 대로 진행되지 않았고, 독자들에게 중국사의 원형을 선뵈겠다는 허황된 욕망은 한낮의 이슬처럼 사라진 지 오래다. 자유롭고 싶어 길 위에 섰지만, 그 길을 돌고 돌아 나는 또 선생을 찾는 학생이 되었다.

　지난 시간은 그저 마디마디 아쉬움의 사슬로 맺혀, 한발 디딜 때마다 절그렁 소리를 낸다. 실로 역사란 족쇄에 매달린 사슬, 길수록 더 얽혀 벗어날 수 없는 시간의 사슬이리라. 이른바 역사가란 또 누구인가? 사슬을 세는 인간, 뫼비우스의 띠처럼 처음으로 돌아올지도 모르는 그런 사슬의 고리를 따라가는 인간이리라. 다행히 그가 역사가라는 이름을 부끄럽지 않게 하는 이라면, 역사가는 21세기의 지적인 시시포스 Sisyphos일 것이다. 그런 의미에서 나는 역사가의 자격이 없음을 실감했음을 고백한다.

이제 한숨을 돌리면서 독자들에게 용서를 빈다. 애초에 했던 고대의 북방유목세계를 쓰겠다는 약속을 지키지 못했다. 한 권에 담기에 너무 큰 세계였고, 기실 내게 그 일을 할 힘이 없었다. 그 권은 새로 시작한 학문의 학위 논문으로 남긴다. 하지만 진秦이 아니라 한漢으로 이야기를 맺겠다는 처음의 생각만은 여전히 스스로 대견해한다. 글쓰는 사람이기 이전에 한 명의 자연인으로서 나는 진의 솔직함보다 여전히 한의 위선僞善을 사랑한다. 나를 비롯한 하근기下根氣의 중생들은 대략 음식남녀飮食男女의 바다에서 허우적대며, 수면 위로 머리만 내밀고 위선의 하늘을 갈구할 뿐이다. 하지만 위선으로 바다를 채우고 넓히다 보면 혹여 성인聖人의 길에 들어설지 누가 알겠는가? 그것만은 희망으로 남겨두자.

역사의 길에서 7년은 하찮은 토막이지만, 인생의 여정에서는 여전히 큰 부분이다. 그간 이 땅에서든 저 땅에서든 많은 일이 벌어졌다. 실로 나는 우리가 타자를 이해하고, 공존을 통해 확장되기를 원했다. 그러나 차별과 싸움에 익숙한 우리들이 이해와 공존으로 다가가는 것이 얼마나 어려운지 이제 알겠다. 우주의 창생이 다 닳아 없어져도 피를 좋아하는 자들은 싸울 것이고, 하늘과 땅이 닫히는 날까지 눈 감은 이들은 깨어나지 않을지도 모르겠다. 우리들의 전국시대가 아직 끝나지 않았다면, 또 어둠을 헤집고 나아가며 새벽을 기다릴 수밖에.

허나 과거는 지나갔고, 뼈저리게 후회할 방법도 없다. 미래를 안다면 과거를 후회할 것이나 미로迷路 속에서 무슨 수로 지나온 길을 평가하랴. 다만 오늘 이토록 어질지 못함을 부끄러워하고, 그저 내일 한 뼘만 더 어질고자 다짐한다. 그러기에 칼로 이야기를 들었지만 어짊으로 마무리하고자 했다. 그것은 나의 희망을 넘어 이야기의 처음과 끝인 관중과 유방의 유언이며, 아시아와 그 너머 연결된 세계 전체의 평화를 바라는 장삼이사들의 마음이기도 하다.

인내로 기다려주신 독자들을 비롯해 무수한 분들에게 감사드린다. 몇 명의 편집자가 이 시리즈와 함께했다. 처음을 같이한 이효선 편집자와 끝을 같이한 신민희 편집자에게 특히 감사하다. 위즈덤하우스의 연준혁 전 대표만큼 배려와 여유를 갖춘 경영자는 많지 않을 것이다. 나와 함께 《춘추전국이야기》를 기획한 박찬철 형, 언제나 중국에 대한 열정을 심어주는 박철현 형, 그리고 빈한한 작가에게 항상 넘치도록 술을 사던 손한섭 형에게도 고마움을 전한다. 임재서 형의 추상秋霜같은 비판정신, 김건우 형의 한결같은 위로는 두고두고 기억하겠다.

중국어로 바꾸기 어려운 필자의 글을 번역하고 편집할 중국 친구들에게도 감사의 말씀을 전한다. 그분들에게 인문학의 세계에서 피아와 상하·대소의 구분은 없다고 전하고 싶다. 평평하고 둥근 아서 왕의 원탁을 둘러싼 기사들이 그랬듯, 지식의 원탁을 공유하는 이들은 영원한 친구이며 언제 어디에서나 무적無敵임을 믿는다.

마지막으로, 그녀가 들으면 손사래를 칠지 모르겠지만, 혹여 다시 기회가 온다 해도 왕환王歡을 평생의 반려자로 맞을 생각이다. 이 책을 쓰는 동안 그녀의 도움은 절대적이었다. 그리고 그 사이 우리 두 아들은 무럭무럭 자라 아비의 서재를 넘본다. 아비는 자식에게 이 글이 부끄럽지 않은가 하여 얼굴을 붉힌다.

부록

전국시대 주요국 제후 재위 연표

연도 (기원전)	동주 東周	진 秦	제 齊	초 楚	진 晉	조 趙	위 魏	한 韓	연 燕
460									효공孝公
455					출공出公				
454									
453	정정왕貞定王	여공공厲共公					환자桓子	환자桓子	
452									
451				혜왕惠王					성공成公
445					경공敬公				
442						양자襄子		강자康子	
440		조공躁公							
438	고왕考王		선공宣公						
433									
431									
428		회공懷公			유공幽公				문공文公
425									
424						환자桓子			
423	위열왕威烈王	영공靈公		간왕簡王		헌후獻侯	문후文侯		
415								무자武子	
414									
410									
408		간공簡公			열공烈公				
407				성왕聲王				경후敬侯	
404									
401						열후烈侯			
399									
395		혜공惠公						열후烈侯	
388			강공康公	도왕悼王					간공簡公
386	안왕安王	출자出子				경후敬侯	무후武侯	문후文侯	
384									
383									
380					환공桓公				
379			·강씨 제나라 멸망 ·전씨 제 시작	숙왕肅王					
376		헌공獻公	전섬田剡					애후哀侯	
375									
374	열왕烈王					성후成侯			
369					진晉 멸망			의후懿侯	
368			환공桓公	선왕宣王			혜왕惠王		환공桓公
362	현왕顯王								
361								소후昭侯	
356			위왕威王			숙후肅侯			문공文公
349		효공孝公							
339			위왕威王	위왕威王					

연도 (기원전)	동주 東周	진 秦	제 齊	초 楚	진 晉	조 趙	위 魏	한 韓	연 燕
337									
334									
332									
328		혜문왕 惠文王 (혜왕)							역왕 易王
325									
324								의혜왕 宜惠王	
320									
319	신정왕 慎靚王								연왕쾌 燕王噲
318				회왕 懷王		무령왕 武靈王			
314			선왕 宣王						
311									
310		무왕 武王					양왕 襄王		
306								양왕 襄王	
300									소왕 昭王
298			민왕 湣王						
295									
283	난왕 赧王						소왕 昭王		
278				경양왕 頃襄王		혜문왕 惠文王		이왕 釐王	
276		소왕 昭王	양왕 襄王						혜왕 惠王
272									
271									
265									무성왕 武成王
264									
262			제왕건 齊王建						
257							안리왕 安釐王		효왕 孝王
256	주 멸망					효성왕 孝成王		환혜왕 桓惠王	
254				고열왕 考烈王					
250		효문왕 孝文王							
249		장양왕 莊襄王							
246									
244									
242						도양왕 悼襄王			연왕희 燕王喜
238							경민왕 景湣王		
237		진시황 秦始皇 (秦王政)						한왕안 韓王安	
235				유왕 幽王		조왕천 趙王遷			
227				초왕부추 楚王負芻			위왕가 魏王假	한나라 멸망 (기원전 230)	
225						대왕가 代王嘉	위나라 멸망		
223				초나라 멸망					
222						조나라 멸망			연나라 멸망
221			제나라 멸망						

전국시대 주요 사건

연도(기원전)	주요 사건
209	진승, 오광의 봉기.
207	조고가 호해를 살해하고 자영을 왕으로 세움.
206	유방이 자영의 항복을 받고 진나라를 멸망시킴.
203	유방과 항우, 초나라 팽성에서 대규모 회전.
202	해하의 전투에서 유방의 한군이 항우를 격파함, 항우 사망, 유방 황제 즉위.
200	장안으로 천도.
196	한신, 팽월 사망.
195	유방 사망.
193	소하 사망.

찾아보기

춘추전국이야기 6

합본 개정2판 1쇄 인쇄 2023년 11월 30일
합본 개정2판 1쇄 발행 2023년 12월 28일

6권 초판 1쇄 발행 2013년 11월 5일
6권 개정판 1쇄 발행 2017년 10월 20일
11권 초판 1쇄 발행 2017년 10월 20일

지은이 공원국
펴낸이 이승현
기획 H2 기획연대, 박찬철

출판2 본부장 박태근
지적인 독자 팀장 송두나
교정교열 문용우
디자인 김태수

펴낸곳 ㈜위즈덤하우스 **출판등록** 2000년 5월 23일 제13-1071호
주소 서울특별시 마포구 양화로 19 합정오피스빌딩 17층
전화 02) 2179-5600 **홈페이지** www.wisdomhouse.co.kr

ⓒ 공원국, 2023

ISBN 979-11-7171-074-4 04900
     979-11-7171-075-1 (세트)